Investitions-controlling

Von
Universitätsprofessor
Dr. Dietrich Adam

Zweite, bearbeitete und erweiterte Auflage

R. Oldenbourg Verlag München Wien

Die Deutsche Bibliothek - CIP-Einheitsaufnahme

Adam, Dietrich:
Investitionscontrolling / von Dietrich Adam. - 2., bearb. und
erw. Aufl. - München ; Wien : Oldenbourg, 1997
ISBN 3-486-23680-6

Gesamtherstellung: R. Oldenbourg Graphische Betriebe GmbH, München

ISBN 3-486-23680-6

Vorwort zur 1. Auflage

Das Schreiben von Büchern ist eine sehr zeitaufwendige und meist auch noch schlecht bezahlte Tätigkeit. Ich wollte mich daher eigentlich drücken, ein weiteres Lehrbuch zu verfassen. Insbesondere aus investitionstheoretischer Sicht ist es auch wenig rational, sich dennoch dieser Aufgabe zu stellen, da der Kapitalwert der Investition "Lehrbuchschreiben" auf der Basis eines sinnvoll gewählten Opportunitätszinssatzes negativ ist. Entstanden ist dieses Buch aus einer anderen Überlegung. Da zu meiner Veranstaltung "Investitionscontrolling" kein Lehrbuch existiert, das den behandelten Stoff vollständig und zudem in der von mir gewählten Form erklärt, kamen von seiten der Studenten ständig Klagen, da sie die Dinge so nicht nachlesen konnten. Folglich war mein Zeitaufwand und der meiner Mitarbeiter sehr hoch, um den Studierenden die Dinge in kleinen Gruppen oder in Sprechstunden nochmals zu erklären. Durch dieses Buch erhoffe ich mir daher eine Zeitersparnis und Effizienzsteigerung der Lehre.

Das Buch richtet sich nicht nur an Studierende, sondern zielt insbesondere mit den aus der Realität entlehnten Fallstudien auch auf Praktiker. Zudem wurde eine didaktische Form gewählt, bei der mathematische Kenntnisse beim Leser weitgehend fehlen können. Im Vordergrund stehen die ökonomischen Wirkungen von Investitionen und nicht der Formelapparat. Soweit dennoch Formeln vorkommen, haben sie nur die Funktion einer Kurzschrift.

Der Kern der klassischen Investitionsrechnung besteht darin, das Entscheidungsfeld so weit zu vereinfachen, daß eine isolierte Beurteilung einzelner Investitionen möglich wird. Die darauf aufbauenden Methoden haben jedoch den Nachteil, die Verflechtung der einzelnen Investitionsentscheidung mit dem betrieblichen Ganzen nicht zu erfassen. Im Grunde wird daher das Koordinationsproblem von Investitionsentscheidungen mit anderen betrieblichen Entscheidungen überhaupt nicht beachtet. Dieses Konstruktionsprinzip ist jedoch in einer vernetzten, interdependenten Welt für eine Steuerung dezentraler Entscheidungsfelder ungeeignet. Die klassische Investitionsrechnung wird damit dem Grundgedanken des Controlling nicht gerecht. Es kann nicht der Sinn von Modellen sein, das Beziehungsgefüge der Entscheidungen durch irreale Prämissen zu leugnen. Eine zielgerichtete Steuerung eines Unternehmens ist durch das Controlling nur zu erreichen, wenn dieses Beziehungsgefüge - wenn auch in vereinfachter Form - in die Steuerungskonzepte eingeht. Ziel dieses Buches ist es daher, einen Beitrag zur Überwindung der klassischen, wenig realistischen, isolierten Investitionsrechnung zu leisten und das Problem einer zielgerichteten Koordination und Steuerung von Investitionsvorhaben im Beziehungsgeflecht betrieblicher Entscheidungen in den Mittelpunkt zu rücken. Die Bemühungen um eine praktisch handhabbare Koordination dezentraler Investitionsentscheidungen stehen heute noch am Anfang. Zwar ist die Theorie schon sehr weit entwickelt. Es fehlt jedoch an einer praktikablen Umsetzung der aus der Theorie gewonnenen Erkenntnisse. Infolgedessen setzt die Praxis heute überwiegend noch Methoden ein, die in der realen Entscheidungssituation nicht zu zielgerechten Entscheidungen führen, da sie keine sinnvolle Beurteilung der Investitionen erlauben.

Das Buch "Investitionscontrolling" ist in der relativ kurzen Zeit zwischen zwei Semestern aus der bestehenden Materialsammlung zu meiner Vorlesung entstanden. Diese kurze Abwicklungszeit war nur mit intensiver Unterstützung durch die Mitarbeiter meines Institutes zu erreichen. Für die Durcharbeitung meiner Manuskripte, die Verbesserungsvorschläge, die Anfertigung der Zeichnungen, die Literaturrecherchen und die drucktechnischen Arbeiten danke ich Herrn Dipl.-Kfm. Thomas Hering, Frau Dipl.-Kfm. Christiane Poppenborg, Herrn Dipl.-Kfm. Stephan Puke, Herrn Dipl.-Kfm. Roland Rollberg M.Sc., Herrn Dr. Jörg Schlüchtermann, Herrn Dipl.-Math. Rainer Sibbel, Herrn Dipl.-Kfm. Franz Vallée, Herrn Dipl.-Kfm. Roland Ventzke, Herrn Dipl.-Kfm. Michael Welker, Herrn Dr. Andreas Witte und meiner Sekretärin Frau Fischer sehr; ohne ihren Einsatz wäre das gesteckte Ziel nicht zu erreichen gewesen. Dank gilt auch meiner Frau, die es fast geduldig ertragen hat, mich in der vorlesungsfreien Zeit ständig vor dem Computer zu finden. Danken möchte ich auch dem Verlag, der das Buch zu einem studentenverträglichen Preis in der äußerst kurzen Zeit von gut zwei Monaten auf den Markt bringt.

Dietrich Adam

Vorwort zur 2. Auflage

Bereits nach knapp zwei Jahren ist die Erstauflage vergriffen. Für die 2. Auflage waren nur sehr wenige Überarbeitungen nötig. Ausgebaut wurde lediglich das Kapitel zur Marktzinsmethode. Die Kritik wurde noch um einige Facetten erweitert. In den übrigen Kapiteln waren nur geringfügige Korrekturen - einige Schreibfehler, Zahlendreher usw. - erforderlich. Ich danke in diesem Zusammenhang insbesondere meinen Studenten, die diese Macken der ersten Auflage mit Akribie zusammengetragen haben, sie haben damit einen Beitrag zur kontinuierlichen Qualitätsverbesserung dieses Buches geleistet.

Dietrich Adam

Inhaltsverzeichnis

Vorwort..V

Inhaltsverzeichnis..VII

1 Aufgaben des Investitionscontrolling...1
  11 Grundbegriffe der Investitionsrechnung 1
    111 Investitionsbegriff..1
    112 Typen von Investitionen..3
    113 Investitionsprozeß als Ansatzpunkt für das Controlling.............6
  12 Aufgaben des Controlling 9
    121 Controllingbegriff..9
    122 Spezielle Funktionen des Controlling..11
      1221 Koordinationsfunktion..11
      1222 Anpassungs- und Innovationsfunktion.............................13
      1223 Servicefunktion 15
  13 Operatives und strategisches Controlling 17
  14 Integrierte Beurteilung von Investitionen
      als Aufgabe des Controlling..20
  15 Instrumente des Investitionscontrolling (ein Überblick).............21

2 Ziele und Entscheidungsfelder der Investitionsrechnung...................29
  21 Ziele in der Investitionsrechnung 29
  22 Entscheidungsfelder in der Investitionsrechnung 40
    221 Typen von Investitionsproblemen 40
    222 Mengenmäßige und zeitliche Ausdehnung
      des Entscheidungsfeldes..44
  23 Vergleichbarkeit von Investitionsalternativen.............................50
  24 Vereinfachungen des Entscheidungsfeldes
      der Investitionsrechnung..59
  25 Bewertungsprobleme von Investitionen..................................62
    251 Rechenmaßstab (Erfolgs- oder Zahlungsgrößen)....................62
    252 Zurechnung von Zahlungsströmen auf Investitionsobjekte...........65
    253 Zeitpräferenzen und Vergleichsmaßstab
      in der Investitionsrechnung...67

3 Methoden der Investitionsrechnung bei gegebener Nutzungsdauer...72

31 Methoden der strategischen Investitionsplanung 72

311 Überblick 72

312 Checklisten...73

313 Nutzwertanalysen 76

314 Preis-Leistungsmodelle 87

32 Methoden der statischen Investitionsrechnung 88

321 Einperiodige Erfolgs- und Rentabilitätsrechnungen 88

322 Amortisationsdauer..100

33 Dynamische Investitionsrechnung..101

331 Merkmale dynamischer Investitionsmodelle..............................101

332 Modelle der Vermögensmaximierung......................................104

3321 Unvollkommener Kapitalmarkt.......................................104

3322 Vollkommener Kapitalmarkt...115

333 Modelle der dynamischen Gewinnmaximierung.........................122

334 Modelle der Entnahmemaximierung..124

3341 Unvollkommener Kapitalmarkt.......................................124

3342 Vollkommener Kapitalmarkt...127

335 Verzinsungsmodell 132

3351 Über den Sinn von Rentabilitätskennziffern.......................132

3352 Der interne Zinsfuß..134

3353 Vermögensrentabilitäten..139

33531 Realverzinsung..139

33532 Initialverzinsung..141

33533 Vofi-Rentabilitäten...142

34 Berücksichtigung von Steuern in der Investitionsrechnung 144

341 Struktur des Entscheidungsproblems.......................................144

342 Vofis als Planungsinstrument bei
     unvollkommenem Kapitalmarkt...151

343 Steuern bei vollkommenem Kapitalmarkt.................................154

3431 Überblick über die Vorgehensweisen
      zur Erfassung der Steuern..154

3432 Standardmodell..158

34321 Kapitalwertfunktion im Standardmodell.....................158

34322 Berechnung des steuerkorrigierten Zinssatzes...............159

34323 Beispiel zum Standardmodell...................................162

34324 Das Steuerparadoxon...164

3433 Zinsmodell (ein Kapitel, das man weder
 schreiben noch lesen sollte)..169
35 Inflationseffekte in der Investitionsrechnung.........................174
351 Ökonomische Wirkungen der Inflation..............................174
352 Erfassung des Inflationseffektes.....................................176

4 Nutzungsdauer von Investitionen...180
41 Struktur des Entscheidungsproblems................................180
42 Optimale Nutzungsdauer..185
421 Nutzungsdauer einer Einzelanlage 185
422 Endliche Investitionsketten aus identischen
 und nicht identischen Investitionen...............................189
423 Unendliche Investitionskette..193
43 Ersatzproblem..195
431 Einzelersatz einer Anlage..195
432 Ersatzprobleme bei unendlichen Investitionsketten 203

5 Planung von Investitionsbudgets..207
51 Struktur des Budgetierungsproblems................................207
511 Basisfragestellungen 207
512 Spezielle Strukturmerkmale.......................................210
52 Budgetierungsmodelle auf der Basis der klassischen
 Investitionsrechnung..216
521 Einperiodenfall...216
522 Mehrperiodenfall...228
523 Echte Wahlprobleme 231
53 Ansätze der mathematischen Programmierung 238
531 Simultane Investitions- und Finanzplanung 238
532 Simultane Investitions-, Finanz- und Programmplanung.........248
54 Theorie endogener Grenzzinsfüße (Lenkpreise) 252
541 Problemstruktur 252
542 Endogene Grenzzinssätze im Standardfall........................253
543 Sonderfälle der Lenkpreistheorie 263
5431 Überblick 263
5432 Endfällige Kredite...264
5433 Bilanzstrukturregeln 267
5434 Im Zeitablauf steigende Zinserwartungen......................270

5435 Investitionen als Grenzprojekte...273

5436 Zusammenfassung der Ergebnisse der Lenkpreistheorie........276

55 Investitionsrechnung bei nicht-flachen Zinsstrukturkurven.............277

551 Prämissen der Marktzinsmethode 277

552 Arbeitsweise der Marktzinsmethode...280

553 Unzulänglichkeiten der Marktzinsmethode für
      Investitionsentscheidungen...289

5531 Unbeschränktes Entscheidungsfeld.....................................289

5532 Begrenzungen des Entscheidungsfeldes...............................297

5533 Absonderlichkeiten der Marktzinsmethode..........................300

5534 Zur Prognoseeigenschaft von Forward-Rates......................306

5535 Differenzen zwischen Soll- und Habenzinsen.....................311

5536 Fazit...312

6 Investitionsplanung bei unsicheren Daten.................................316

61 Struktur des Entscheidungsproblems..316

62 Denkprinzipien der Investitionsplanung bei Unsicherheit...............321

621 Komplexität und Abbildungsgenauigkeit....................................321

622 Quasi-Sicherheit contra Planung mit allen Datensituationen.......322

623 Anpassungsfähigkeit der Entscheidungen...................................322

624 Starre, flexible und rollierende Planungsmethoden....................323

625 Risikoausgleich 330

63 Zielproblematik bei Unsicherheit...332

64 Methoden der Investitionsrechnung bei Unsicherheit.....................334

641 Methodischer Überblick 334

642 Korrekturverfahren 335

643 Sensitivitätsanalyse...335

644 Entscheidungstheoretische Bewertung von Investitionen...........337

6441 Erwartungswertkriterium 337

6442 μ-σ-Prinzip...339

6443 Risikoanalyse 345

645 Mathematische Programmierung...351

646 Entscheidungskriterien bei fehlenden Wahrscheinlichkeiten......352

647 Mehrzielentscheidungen ohne Nutzenfunktion..........................353

7 Steuerung und Kontrolle von Investitionen.................................354

71 Grundsätzliche Anforderungen an die Projektsteuerung.................354

72 Effiziente Organisation der Projektentwicklung..............................360

73 Ablaufstrukturierung der Arbeitspläne von Projekten 362

74 Ablaufsteuerung von Projekten mit Hilfe
   der Retrograden Terminierung (RT)..368

75 Budgetsteuerung 373

8 Fallstudien zur Investitionsrechnung..378

Fallstudie 1: Wahlproblem zwischen zwei Maschinen......................378

Fallstudie 2: Optimaler Ersatzzeitpunkt..390

Fallstudie 3: Investitionsrechnung mit Ertragsteuern.......................395

Fallstudie 4: Kapitalbudgetierung nach dem Dean-Modell 407

Fallstudie 5: Kritische Werte 419

Fallstudie 6: Statischer Vorteilhaftigkeitsvergleich bei Unsicherheit.....429

Fallstudie 7: Investitionsentscheidungen auf Basis des Bernoulli-,
   des μ- und des μ-σ-Prinzips...441

Fallstudie 8: Kauf von Geschäftsanteilen 447

Fallstudie 9: Leasing aus der Sicht des Leasinggebers......................456

Fallstudie 10: Leasing aus der Sicht des Leasingnehmers..................464

Fallstudie 11: Umbau eines alten oder Betrieb eines neuen LKW.........472

Fallstudie 12: Standortverlagerung einer Fabrik 483

Anhang: Ausgewählte Zinsfaktoren 500

Literaturverzeichnis...510

Stichwortverzeichnis...520

1 Aufgaben des Investitionscontrolling

11 Grundbegriffe der Investitionsrechnung

111 Investitionsbegriff

Investieren ist die Kernfunktion jedes Wirtschaftens. Eine Investition ist eine Auszahlung für die Beschaffung von Gütern, deren Verwertung Einzahlungen erwarten läßt, die die Auszahlungen möglichst deutlich übersteigen. Jede Investition hat daher spekulativen Charakter. Mit Sicherheit fallen Auszahlungen für die zu beschaffenden Güter an; die Höhe der Auszahlungen, insbesondere aber die Höhe der Einzahlungen und die Dauer, für die Einzahlungen erzielt werden können, sind unsicher. Ob eine Investition in den Augen eines Investors vorteilhaft ist, hängt daher nachhaltig von seinen Erwartungen über die Auszahlungen und Einzahlungen und seiner Einstellung zum Risiko ab. Aus der Unsicherheit über den Investitionserfolg resultiert auch eines der zentralen Probleme bei der Bewertung von Investitionen: Ihnen läßt sich kein eindeutiger, für jedes Wirtschaftssubjekt gleichermaßen gültiger Wert zuordnen. Die Zahlungsgrößen, mit denen bei der Bewertung gearbeitet wird, sind vielmehr ein Spiegelbild der individuellen Erwartungen über die Einzahlungen, die Auszahlungen und die Nutzungsdauer der Investition sowie über den Zeitraum, der zur Realisierung einer Investition erforderlich ist. Eine Bewertung von Investitionen basiert daher real immer auf unsicheren Erwartungen.

Jede Auszahlung, mit der sich die Erwartung verbindet, Einzahlungen erzielen zu können, muß nach obiger Begriffsbildung als Investition bezeichnet werden. Auszahlungen für Maschinen, Geldanlagen am Kapitalmarkt, Auszahlungen für die Entwicklung neuer Produkte sind dann genauso Investitionen wie Auszahlungen für Rohstoffe, Löhne, Gehälter und Mieten. Ein derartig weit gefaßter Investitionsbegriff ist für die Zwecke dieses Buches nicht geeignet. Als Investitionen sollen deshalb nur jene Auszahlungen bezeichnet werden, die längerfristige Nutzungspotentiale bzw. Vermögenspositionen zur Folge haben wie z.B. Maschinen, neue Produkte oder Geldanlagen am Kapitalmarkt. Dabei muß es sich nicht um Vermögenspositionen im Sinne des deutschen Bilanzrechts handeln; - Bilanzierungsfähigkeit ist keine Voraussetzung für eine Investition. Dementsprechend sind Auszahlungen für Forschung und Entwicklung genauso als Investition zu interpretieren wie die Beschaffung von Maschinen, der Bau von Gebäuden sowie die Ausbildung von Mitarbeitern. Nicht unter den Investitionsbegriff fallen hingegen Auszahlungen für Löhne, Rohstoffe, Mieten usw. Dennoch sind auch diese Auszahlungen für die Bewertung einer Investition relevant. Wird eine Maschine beschafft, mit der bestimmte Produkte erzeugt werden, ergeben sich die Einzahlungsüberschüsse eines Jahres als Differenz aus den erzielten Verkaufseinnahmen und den in der gleichen Periode durch die Produktion verursachten Auszahlungen für Löhne, Rohstoffe, Mieten, Versicherungsprämien für die Maschine usw.

Investitionen im definierten Sinne lassen sich nach der Anlageform in zwei Klassen differenzieren:

■ Real- oder Sachinvestitionen, bei denen Geld für materielle Objekte ausgegeben wird. Der Investitionszeitpunkt bezeichnet dann den Startpunkt des Güterumwandlungsprozesses. Zu dieser Klasse sollen auch Auszahlungen für Forschung und Entwicklung rechnen, aus denen immaterielle Güter (Patente, Nutzungsrechte) hervorgehen können.

■ Finanzinvestitionen als Anlage von Geld in geldwerte Ansprüche. Bei den Finanzanlagen werden sowohl kurz- als auch langfristige Anlageformen dem Investitionsbegriff subsumiert.

Investition ist als Anlage von Geld bzw. als Auszahlung definiert worden. In der Realität lassen sich Investitionen aber nicht losgelöst von Finanzierungsüberlegungen beurteilen. In der Regel verfügen Unternehmen nicht über ausreichende Mittel, um die erforderlichen Investitionsauszahlungen zu finanzieren; - das nötige Geld muß erst beschafft werden. Jede Investition hat damit i.d.R. die Beschaffung von Finanzierungsmitteln zur Voraussetzung. Erst durch die Beschaffung dieser Mittel kann das finanzwirtschaftliche Gleichgewicht gewahrt werden. Investitionen können folglich nur durchgeführt werden, wenn zu keinem Zeitpunkt innerhalb der Nutzungsdauer der Investition finanzielle Defizite auftreten.

Wenn aber über Investition und Finanzierung stets gleichzeitig nachgedacht werden muß, sind auch die auf die Investition und die Finanzierung zurückgehenden Zahlungswirkungen stets gleichzeitig zur Beurteilung einer Investition heranzuziehen. Die Analyse muß sowohl die Zahlungsreihe der Investition (Anschaffungsauszahlungen, laufende jährliche Überschüsse und einen etwaigen Liquidationserlös) als auch die Zahlungsreihe der Finanzierung (Auszahlungsbetrag eines Kredites, Zinszahlungen und Tilgung) erfassen. Erst die Analyse der Zahlungswirkungen beider Aspekte einer Investition (Geldanlage und Geldbeschaffung) erlaubt ein Urteil über deren Vorteilhaftigkeit. Können aufgenommene Gelder für verschiedene Investitionen eingesetzt und kann der Geldbetrag durch unterschiedliche Formen der Finanzierung aufgebracht werden, müssen gleichzeitig die im Hinblick auf die Zielsetzung optimale Investitionsalternative und die optimale Finanzierung bestimmt werden.

Zwischen beiden Problemen bestehen damit in der Realität Interdependenzen, da Finanzierungsmittel oder Anlagemöglichkeiten begrenzt sind. Die optimale Entscheidung kann nur durch ein simultanes Kalkül bestimmt werden. Simultankalküle sind jedoch sehr komplex. Mitunter fehlen sogar die Möglichkeiten zur rechnerischen Bewältigung derartiger Modelle. Die Investitionstheorie bedient sich daher einiger "Tricks", um die Beurteilung von Investitionen zu vereinfachen. In der klassischen Investitionsrechnung wird z.B. für die Finanzierungsseite von einem theoretischen Konstrukt ausgegangen, bei dem von der Finanzierung keine Wirkung auf den Erfolg einer Investition ausgehen kann. Kraft Voraussetzung ist dann der Erfolgsbeitrag der Finanzierung gleich null, und die Zahlungsreihe der Finanzierung kann aus der Analyse ausgeklammert werden. Dieses in der klassischen Investitionsrechnung sehr beliebte Konstrukt des vollkommenen Kapitalmarktes ist durch folgende Merkmale gekennzeichnet:

- Der Sollzinssatz entspricht dem Habenzinssatz.
- Der einheitliche Zinssatz verändert sich im Zeitablauf nicht.
- Kapital ist nicht knapp.
- Kapital ist ein homogenes Gut. Es gibt keine Kredite unterschiedlicher Laufzeit, insbesondere gibt es keine unterschiedlichen laufzeitabhängigen Zinssätze.

Unter diesen Voraussetzungen muß sich ein Unternehmen um die Finanzierung nicht kümmern. Das finanzwirtschaftliche Gleichgewicht ist automatisch gewahrt (Konkurs wegen Liquiditätsmangel ist undenkbar), und die Finanzierung hat keinerlei Erfolgswirkungen. Die Ergebnisse einer Analyse auf der Basis dieses Konstruktes dürfen jedoch nicht für Entscheidungen in der Praxis herangezogen werden, da die obigen Voraussetzungen auf realen Kapitalmärkten nie erfüllt sind. Wird dennoch von einer Investitionsrechnung ausgegangen, die die Finanzierungsseite aus der Analyse ausklammert, kommt es zu Fehlentscheidungen.

112 Typen von Investitionen

Die betriebswirtschaftliche Theorie differenziert Investitionsobjekte nach bestimmten Kriterien. Z.B. wird nach dem Grad der Entscheidungsfreiheit unterschieden zwischen:

- **Investitionen ohne Entscheidungsfreiheit**
  Derartige Investitionen müssen durchgeführt werden unabhängig davon, ob sie aus wirtschaftlicher Sicht vorteilhaft sind oder nicht. Sie werden durch Auflagen oder gesetzliche Vorschriften erzwungen. Beispiele da-

für sind Investitionen für den Umweltschutz, um gesetzliche Emissions-
normen zu erfüllen, oder Investitionen für die Arbeitssicherheit. In der
Regel sind derartige Investitionen nur mit Auszahlungen, nicht aber mit
Einzahlungen verbunden. Obwohl in diesen Fällen von vornherein fest-
steht, daß investiert werden muß, kann es dennoch erforderlich sein,
Investitionskalküle durchzuführen. Stehen für die Erfüllung einer Auflage z.B. mehrere technische Alternativen zur Verfügung, ist die Alternative mit den geringsten Auszahlungswirkungen zu identifizieren. Auch
Kalküle über den günstigsten Zeitpunkt einer derartigen Investition
können notwendig werden, wenn der Gesetzgeber eine Frist setzt, bis zu
der die Investitionen spätestens durchgeführt sein müssen.

■ **Investitionen mit Entscheidungsfreiheit**
In diesem Fall steht die Entscheidung zwischen Durchführung oder
Unterlassung der Investitionen im Belieben des Investors. Sinnvoll sind
diese Investitionen nur, wenn sie im Sinne der unternehmerischen Zielsetzung vorteilhaft sind. Bei diesen Investitionen ist daher zu entscheiden, ob sie durchgeführt werden sollen oder nicht. Stehen mehrere technische Alternativen zur Realisierung eines Investitionsvorhabens zur
Verfügung, ist zudem eine Auswahl zwischen diesen zu treffen, und es
ist über die im Sinne der Zielsetzung günstigste Nutzungsdauer des
Investitionsobjektes zu entscheiden.

Eine zweite Unterscheidung von Investitionen knüpft an die Frage an, ob es
sich um eine völlig neue Art von Investitionsobjekt handelt (**Errichtungs-
investition** bzw. Gründungs- oder Neuinvestition) oder ob durch die Investition bereits bestehende Anlagen ergänzt werden (**Ergänzungsinvestitionen**).[1] Für ein Investitionskalkül ist diese Unterteilung von Bedeutung,
weil im zweiten Fall der bestehende Betriebsmittelbestand mit in das Kalkül
einzubeziehen ist. Findet z.B. bei einem mehrstufigen Produktionsprozeß ein
Ausbau der Engpaßabteilung statt, ergibt sich nach dem Ausbau u.U. ein
neuer Engpaß. Von diesem neuen Engpaß hängt es ab, welcher Teil der
Kapazität der Ergänzungsinvestition genutzt werden kann und zu Einzahlungen führt. Das Urteil über die Ergänzungsinvestition hängt folglich von
den Merkmalen des Betriebsmittelbestandes ab, in den sie eingefügt wird.

---

1   Vgl. Kern (1974), S. 13 ff. Siehe auch Heinen (1957), S. 98.

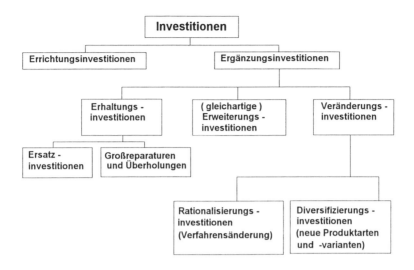

Aus obiger Abbildung ist zu entnehmen, daß die Ergänzungsinvestitionen noch weiter unterteilt werden können. Eine **Erhaltungsinvestition** liegt vor, wenn für eine bestehende Anlage eine Großreparatur oder Überholung durchgeführt wird oder wenn eine Anlage durch eine neue Anlage ersetzt werden soll. Bei Investitionen dieser Art bleibt die Kapazität des Unternehmens im allgemeinen unverändert. Bei Erweiterungen der Kapazität kann danach differenziert werden, ob gleiche Anlagen wie bisher (gleichartige **Erweiterungsinvestition**) oder ob andersartige Betriebsmittel (**Veränderungsinvestition**) angeschafft werden sollen. Nach dem Grund für die andersartigen Betriebsmittel können dann noch Rationalisierungsinvestitionen und Diversifizierungsinvestitionen unterschieden werden. Bei Rationalisierungsinvestitionen wird in funktionsgleiche, aber günstiger arbeitende Anlagen investiert. Mit diesen Anlagen werden die gleichen Produkte hergestellt wie mit den bisher vorhandenen. Ist der Anlaß für die Investition jedoch eine Erweiterung des Produktionsprogramms, um neue Erzeugnisse mit neuen Bearbeitungsfunktionen herstellen zu können, wird von Diversifizierungsinvestitionen gesprochen.

Die Unterteilung der Investitionen entsprechend obiger Abbildung ist nicht trennscharf. Beispielsweise kann es sich bei Ersatzinvestitionen auch um Rationalisierungen handeln, wenn die Kapazitäten mit technisch fortschrittlicheren Anlagen ergänzt werden.

Die obigen Differenzierungen sind für die generellen Methoden zur Beurteilung von Investitionen (Kapitalwertbetrachtung, Endvermögensbetrachtung, Analyse der Entnahmemöglichkeiten) ohne Bedeutung. Die Differenzierung betrifft nur die konkrete Ausgestaltung der Modelle im Hinblick auf die in einer gegebenen Entscheidungssituation relevanten Merkmale.

113 Investitionsprozeß als Ansatzpunkt für das Controlling

Der Investitionsprozeß[2] kann in vier Phasen unterteilt werden:

- Investitionsentscheidung
- Realisation und Investitionssteuerung
- Kontrolle
- Nachbesserungsentscheidungen

In jeder dieser Phasen sind Ansatzpunkte für den Einsatz von Instrumenten des Controlling zu finden. Ziel des Controlling muß es sein, die einzelnen Phasen in Hinblick auf die unternehmerische Zielsetzung zu koordinieren und den mit der Investition betrauten Abteilungen beratend zur Seite zu stehen.

Um die Ansatzpunkte des Investitionscontrolling deutlich werden zu lassen, sollen die vier Phasen des Investitionsprozesses beschrieben werden.

Anregungsinformationen lösen den Investitionsprozeß aus und leiten damit die **Entscheidungsphase** ein, in der über Investitionen nachgedacht werden soll. Es schließt sich die Analyse der Entscheidungssituation und die Entwicklung eines Modells zur Bewertung der Investitionen an. Zu dieser Phase gehört es auch, ein Beurteilungskriterium (Zielsetzung) zu vereinbaren. Danach folgt die Erhebung und Analyse der in einer konkreten Situation relevanten Daten der Alternativen (Auszahlungs- und Einzahlungswirkungen). Auf der Basis dieser Daten und des ausgewählten Modells wird schließlich eine Handlungsempfehlung abgeleitet. Die Investitionsrechnung beschäftigt sich üblicherweise allein mit dieser Entscheidungsphase des Investitionsprozesses.

Ist die Entscheidung für eine Investitionsalternative gefallen, muß die Investition realisiert werden. Im allgemeinen erfordert diese **Realisationsphase** in der Praxis erhebliche Zeit, da Genehmigungsverfahren eingeleitet werden müssen, Verträge für die Lieferung der Investitionsobjekte abzuschließen sind und die Anlagen gebaut und errichtet werden müssen. Innerhalb der Realisationsphase ergeben sich neue Informationen über die Marktchancen einer Investition oder über die erforderlichen Auszahlungen. Häufig sind die

---

2   Vgl. die Ausführungen zum Planungsprozeß in Adam (1993a), S. 15 ff.

Investitionsobjekte nach der Entscheidung auch noch nicht ausreichend spezifiziert. Es kommt dann in der Realisationsphase zu laufenden Nachbesserungen der Spezifikationen der Projekte mit der Folge zusätzlicher Auszahlungen oder einer längeren als erwarteten Realisationsphase. In der Praxis ergeben sich für ein bereits genehmigtes, in der Ausführung befindliches Investitionsobjekt ständig neue kleinere Investitionsrechnungsprobleme. Z.B. muß entschieden werden, ob eine technische Weiterentwicklung, die zum Zeitpunkt der grundsätzlichen Investitionsentscheidung noch gar nicht abzusehen war, implementiert werden soll oder nicht. Auch in diesem Fall ist abzuwägen, ob zwischen dem Nutzen der neuen Spezifikation und den zusätzlichen Auszahlungen ein angemessenes Verhältnis existiert. In ein großes Investitionsproblem können daher viele kleine Investitionsprobleme eingelagert sein. Diese kleineren Investitionsentscheidungen gewinnen an Gewicht, je länger die Realisierung einer Investition dauert und je schneller neue Informationen über technisch verbesserte Handlungsalternativen oder neue Daten über die Beschaffungs- oder Absatzmärkte zur Verfügung stehen.

Die zweite Phase des Investitionsprozesses umfaßt folglich nicht nur die Realisierung von Investitionsobjekten, sondern gleichzeitig auch eine Form der **Investitionssteuerung**. Da der Realisierungszeitraum von Investitionen in der Praxis im allgemeinen immer länger wird, gewinnt diese Phase immer mehr an Bedeutung. Gegenstand dieser Steuerung von Investitionsprojekten sind nicht nur die eingeschlossenen kleineren Investitionsentscheidungen. Vielmehr verdient das Zeitmanagement besondere Beachtung; d.h., die verschiedenen Arbeiten in der Realisierungsphase müssen zeitlich so durch einen Netzplan koordiniert werden, daß der vorgesehene Zeitpunkt zur Inbetriebnahme eines Investitionsobjektes eingehalten und nicht überschritten wird.

Im Zeitalter des Lean Management und des Simultaneous Engineering[3] wird ein Unternehmen bestrebt sein, möglichst viele Aktivitäten zur Realisierung einer Investition zeitlich parallel anzuordnen, um eine kurze Realisationsphase der Investition zu erreichen. Von diesem Zeitmanagement gehen in der Praxis ganz erhebliche Wirkungen auf die Vorteilhaftigkeit einer Investition aus. Durch Reduzierung der Dauer einzelner Aktivitäten zur Realisierung einer Investition steigen z.B. die aktivitätsbezogenen Auszahlungen, da mehrere Arbeitskräfte gleichzeitig eingesetzt werden. Die sinkende Gesamtdauer der Projektabwicklung kann jedoch zu reduzierten Auszahlungen und zu erhöhten Einzahlungen führen, wenn z.B. eine früh-

---

3 Zum Lean Management vgl. Bösenberg, Metzen (1993); Wildemann (Hrsg.) (1993). Zum Simultaneous Engineering vgl. Töpfer, Mehdorn (1993), S. 80 ff. und Bösenberg, Metzen (1993), S. 166 ff.

zeitige Einführung neuer Produktideen erreicht wird. Es entsteht dann für das Zeitmanagement ein neues Investitionsproblem. Dieses Problem besteht darin, die ökonomischen Wirkungen einer Projektbeschleunigung abzuschätzen und eine Form der zeitlichen Koordination der Aktivitäten zu finden, die möglichst vorteilhaft ist.[4]

Insbesondere in der Realisationsphase und der Investitionssteuerung treten in der Praxis erhebliche Defizite auf, die zu gravierenden Zeitüberschreitungen und erheblichen Überschreitungen der ursprünglich budgetierten Auszahlungen führen. Investitionssteuerung ist damit ein zentrales Problem im Investitionsprozeß.

Ist die Investition realisiert, schließt sich die **Kontrollphase** des Entscheidungsprozesses an. Es ist zu überprüfen, welche Abweichungen zwischen Planung und Ist-Zustand auftreten und welche Ursachen dafür verantwortlich sind. Sinn dieser Nachschau ist es, Fehler und Unzulänglichkeiten aufzudecken, die bei künftigen Investitionsprojekten möglichst zu vermeiden sind. Die Vorstellung, die Kontrollphase beginne erst mit der Fertigstellung eines Investitionsprojektes, ist gängig in der betriebswirtschaftlichen Literatur. Tatsächlich läuft der Kontrollprozeß aber schon zeitversetzt in der Realisationsphase. Die Kontrolle erstreckt sich dann auf bereits abgeschlossene Teile des Investitionsvorhabens. Diese laufende Kontrolle hat den Vorteil, daß noch in den Realisationsprozeß eingegriffen werden kann, wenn durch die Überwachung Defizite in der Realisierung deutlich werden. Die Kontrolle erlaubt somit noch steuernde Eingriffe, die in der Regel zu einer Verbesserung der Erfolgssituation einer Investition beitragen.

Nach herrschender Meinung in der Theorie ist ein Investitionsvorhaben nach Entscheidungsfindung, Realisation und Kontrolle abgeschlossen. In der Realität ergeben sich jedoch weitere Problemstellungen, die ihre Ursache in der häufig langen Zeitdifferenz zwischen Entschluß und Realisierung haben. Erstreckt sich dieser Zeitraum über viele Jahre, ist es in der Entscheidungsphase sehr schwierig, der Entscheidung fundierte Informationen zugrunde zu legen. Es kann daher sein, daß Erwartungen und Realität erheblich auseinanderklaffen und die ursprünglichen Entscheidungen teilweise revidiert werden müssen (**Nachbesserungsentscheidungen**). Tritt z.B. ein unerwarteter technischer Fortschritt auf (neue Produkte oder neue Produktionsverfahren), können die Einzahlungen aus einer Investition erheblich hinter den Erwartungen zurückbleiben. Diese Unsicherheit in den Daten kann dazu führen, daß der ursprünglichen Investitionsrechnung eine nachträglich nicht als sinnvoll erscheinende Nutzungsdauer der Investitionsprojekte zugrunde

---

4   Vgl. Adam (1993b), S. 431 ff.

gelegt wurde. Es muß dann ständig darüber nachgedacht werden, ob es noch sinnvoll ist, eine Anlage weiter zu nutzen. Vorzeitiger Ersatz der Aggregate oder völliger Ausstieg aus der Produktion bestimmter Artikel sind mögliche Entscheidungsalternativen. U.U. bietet sich aber auch die Chance, auf den angeschafften Anlagen neue, zum Zeitpunkt der ursprünglichen Investitionsentscheidung unbekannte Produkte zu fertigen und dadurch die Einnahmesituation zu verbessern.

In allen vier Phasen des Investitionsprozesses ist es Aufgabe des Controlling, Effizienz und Effektivität der Planung zu steigern. Durch gezielten Einsatz von Instrumenten des Controlling ist eine Verbesserung des Zielerreichungsgrades anzustreben. Um zeigen zu können, in welcher Form das Controlling auf die Zielerreichung Einfluß nehmen kann, wird zunächst auf die *generellen* Aufgaben und Funktionen des Controlling eingegangen.

12 Aufgaben des Controlling

121 Controllingbegriff

Der Begriff "Controlling" erfreut sich seit einigen Jahren zunehmender Beliebtheit. Dabei wird der Ausdruck in Literatur und Praxis in unterschiedlichen Zusammenhängen und mit unterschiedlichen Inhalten verwendet. Das Problem besteht darin, daß Controlling meist als Zusammenfassung von Aufgaben interpretiert wird, die von anderen Funktionen nicht hinreichend erfüllt werden.[5] Damit sind aber die Elemente des Controlling unklar.

Um eine klare Abgrenzung der Merkmale des Controlling gewährleisten zu können, muß die **grundlegende Zwecksetzung** des Controlling in der **Koordination** des Führungssystems gesehen werden.[6] Kernaufgabe des Controlling ist es, in arbeitsteiligen Prozessen die Handlungen auf ein gemeinsames Ziel auszurichten, d.h., zu koordinieren, und damit die Führung eines Unternehmens zu verbessern. Jede Führung basiert auf einem Führungs- oder Managementsystem, das folgende Elemente umfaßt:

- das Zielsystem,
- die Führungsgrundsätze,
- das Organisationssystem,

---

5 Vgl. Küpper (1990), S. 788 f.

6 Vgl. ebenda.

- das Planungs-, Kontroll- und Informationssystem,
- das Motivationssystem,
- das Personalführungssystem.

Das Controlling soll die verschiedenen Bestandteile des Führungssystems auf eine gemeinsame Aufgabe hin ausrichten. Insbesondere soll es

- zu einer rationaleren Entscheidungsfindung beitragen (Ausrichtung aller Aktivitäten auf ein gemeinsames Ziel),
- die Koordination der arbeitsteiligen Prozesse verbessern und abteilungs- bzw. gruppenspezifische Interessen überwinden helfen (Interdependenzproblem),
- eine Anpassung der Unternehmensstrategien an Umweltveränderungen herbeiführen und beschleunigen (Erkennen von Anpassungsnotwendigkeiten, Suche von Anpassungsalternativen).

Koordination des Führungssystems als grundlegende Zwecksetzung des Controlling resultiert also letztlich aus der Arbeitsteilung und den Kopplungen (Interdependenzen) zwischen den Organisationseinheiten. Aus dieser zentralen Aufgabe leiten sich die speziellen Funktionen des Controlling ab:

- Koordination der Handlungen der Organisationseinheiten im Hinblick auf das gemeinsame Unternehmensziel,
- Anpassungs- und Innovationsfunktion für die Unternehmensstrategie,
- Servicefunktion für die Führung.

Art und Umfang der Koordinationsaufgaben sind vom Grad der Arbeitsteilung, von der organisatorischen Struktur und den Prinzipien für die Gestaltung des Leistungsprozesses abhängig (funktionaler, objektorientierter oder prozeßorientierter Unternehmensaufbau).

Controlling muß sich auf alle Phasen des Güterumwandlungsprozesses (Beschaffung, Lagerung, Produktion, Absatz), den Finanzierungs- und Informationsprozeß, alle Produktionsfaktoren (Anlagen, Material, Personal) und alle Organisationseinheiten erstrecken. Aus diesem Grunde ist Controlling als Querschnittsfunktion zu definieren, deren Ziel es sein muß, den durch die Arbeitsteilung zunächst verlorengegangenen Gesamtzusammenhang der Prozesse im Sinne des Unternehmensziels wiederherzustellen.

Dieses Ziel ist nur zu erreichen, wenn sich das Controlling laufend mit

- der Ableitung eines konsistenten Zielsystems für die Organisationseinheiten (Bereichsziele)[7],
- der Abstimmung der Planungen der Organisationseinheiten und
- der Analyse von Abweichungen zwischen Plan und Ist

auseinandersetzt und unter Berücksichtigung der Ursachen derartiger Abweichungen an der Anpassung der Unternehmensstrategien an Umfeldver-
änderungen mitwirkt. Wenn durch die Art der Organisation Interdependenzen zerschnitten werden, hat das Controlling bei den Planungen der einzelnen Bereiche mitzuwirken, um eine hinreichende Berücksichtigung der
Belange der übrigen Bereiche sicherzustellen. Controlling setzt daher über-
greifendes, vernetztes Denken voraus.

122 Spezielle Funktionen des Controlling

1221 Koordinationsfunktion

Die Notwendigkeit zur Koordination hat ihren Urspung in der **Arbeitsteilung** bei Existenz von Kopplungen zwischen den gebildeten Organisationseinheiten. Diese Interdependenzen erfordern Maßnahmen zur Ausrichtung
der organisatorischen Teilbereiche auf das Gesamtziel der Unternehmung.[8]
Der Sinn des Controlling besteht darin, dafür Sorge zu tragen, daß das
Beziehungsgeflecht zwischen den Teilentscheidungsfeldern nicht verlorengeht, sondern zumindest der Tendenz nach bei den Planungen erfaßt wird.

Die gewählte Struktur- und Ablauforganisation eines Unternehmens determiniert in entscheidendem Maße die Ausgestaltung der Koordinationsaufgabe. Bei starker Arbeitsteilung (Spezialisierung), starker Hierarchisierung der
Organisation und inhaltlich kleinen Kompetenzbereichen der Entscheidungsträger ist die Koordinationsaufgabe wesentlich umfangreicher und schwieriger durchzuführen. Werden dagegen durch den Delegationsprozeß und die
Art der Kompetenzverteilung im betrieblichen Ablauf möglichst wenige Interdependenzen zerschnitten (objekt- und prozeßorientierte Organisation),
sind der Koordinationsaufwand und der Komplexitätsgrad der Koordinationsaufgabe wesentlich geringer. Controlling läßt sich dann leichter als Querschnittsfunktion installieren. Insbesondere die heute in der Praxis deutscher

---

7   Vgl. Adam (1993a), S. 83 ff.

8   Vgl. Peemöller (1992), S. 143.

Unternehmen zu findenden Formen der Struktur- und Ablauforganisation (starkes funktionales Denken bei gleichzeitig hoher Spezialisierung) sind letztlich im Kern dafür verantwortlich, daß die deutsche Wirtschaft derzeit in einer Strukturkrise steckt. Controlling kann unter diesen Voraussetzungen nur sehr begrenzt die Effizienz und Effektivität der Führung verbessern.

Das Controlling unterscheidet drei Formen der Koordination:[9]

■ **Vertikale Koordination** der einzelnen Hierarchieebenen in der Organisation: Abstimmung der Pläne über- und untergeordneter Stellen im Hinblick auf das Unternehmensziel. Bei Organisationsstrukturen mit geringer Tiefe - geringer Anzahl von Instanzen - ist diese Aufgabe leichter zu bewältigen als bei Existenz vieler Hierarchieebenen.

■ **Horizontale Koordination**: Abstimmung der Handlungen benachbarter Abteilungen im Leistungserstellungsprozeß. Gerade die horizontale Koordinationsaufgabe wird durch eine prozeßorientierte Organisation wesentlich erleichtert, während sie durch eine funktionsorientierte Organisation behindert wird (Schnittstellenprobleme).

■ **Koordination in zeitlicher Hinsicht**: Abstimmung der kurz-, mittel- und langfristigen Planung. Darüber hinaus hat auch eine Anpassung der längerfristigen Strategien zu erfolgen, wenn sich die derzeitigen Strategien nicht mehr als erfolgversprechend erweisen.

Die Koordinationsaufgabe des Controlling erstreckt sich auf zwei Ebenen:[10]

■ Die **strukturelle oder systembildende Koordination** schafft geeignete Rahmenbedingungen, um koordinierte Entscheidungen überhaupt erst zu ermöglichen. Controlling hat in diesem Zusammenhang die Aufgabe, an der Schaffung geeigneter Organisations- und Prozeßstrukturen mitzuwirken, und es ist gefordert, sinnvolle Vorschläge für Führungs-, Informations-, Planungs- und Kontrollsysteme mitzuentwickeln.

■ Die **laufende oder systemkoppelnde Koordination** befaßt sich mit laufenden Abstimmungsproblemen im Leistungsprozeß. Controlling muß dazu an der Planung der einzelnen Bereiche mitwirken, um die Belange der durch die Entscheidungen im jeweiligen Bereich tangierten anderen Bereiche einfließen zu lassen. Schließlich muß es für die erforderlichen Informationen sorgen.

---

9   Vgl. Peemöller (1992), S. 142 ff.

10   Vgl. Küpper (1990), S. 789 f.

Die Koordinationsfunktion muß **zielorientiert** ausgeführt werden. Im Vordergrund stehen dabei operationale, meßbare Erfolgsziele.[11] Dennoch ist eine Einengung des Controlling auf operationale, meist kurzfristige Ziele und damit eine Einengung auf allein quantitative Analysen abzulehnen. Denn durch eine derartige Einengung würde die Kernfunktion des Controlling auf den kurzfristigen, operativen Bereich beschränkt werden. Controlling hat sich aber auch mit der strategischen Ausrichtung eines Unternehmens zu befassen, denn gerade in dieser langfristigen Orientierung weisen die meisten Unternehmen heute erhebliche Defizite auf. Diese Aufgabe kann das Controlling jedoch nur dann wahrnehmen, wenn es

- sich mit der Analyse langfristiger, meist konkurrierender, nicht immer operationalisierbarer Ziele auseinandersetzt,
- an der Entwicklung eines rückgekoppelten strategischen und operativen Zielsystems beteiligt wird und
- qualitative und quantitative Analysetechniken einsetzt.

1222 Anpassungs- und Innovationsfunktion

Die Anpassungs- und Innovationsfunktion kann das Controlling nur wahrnehmen, wenn es in den Planungs- und Entscheidungsprozeß eingebunden wird.

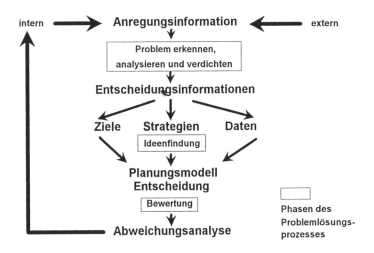

---

11 Vgl. Küpper (1990), S. 790.

Controlling muß für den Planungsprozeß Inputinformationen bereitstellen, und es muß am Problemverständnis sowie an der Problemanalyse und -verdichtung mitwirken. Dazu sind Informationen über das Umfeld des Unternehmens auszuwerten, um externe Anregungsinformationen für die Anpassung der Strategien zu gewinnen, und die Leistungsprozesse und -ergebnisse des Unternehmens sind zu analysieren.

Die nach außen gerichtete Aufgabe des Controlling liegt insbesondere darin, für die Offenheit des Unternehmens gegenüber seinem Umfeld zu sorgen, um Veränderungen auf den Märkten (Beschaffungs-, Absatz-, Finanzmärkten) und einen möglichen Einstellungswandel der Konsumenten rechtzeitig zu erkennen. Es muß wahrnehmen, wenn sich das Markt-, Produktions- oder Beschaffungsverhalten der Mitbewerber verändert, um nicht von neuen Entwicklungen (z.B. Lean Management) abgeschnitten zu werden. Insbesondere muß es von dem Gedanken des Continuous Improvement beseelt sein, der zur ständigen Suche nach Verbesserungspotentialen für die Unternehmensprozesse anspornt. Dazu ist es erforderlich, eine Atmosphäre der Kreativität, des offenen Gedankenaustausches und der partnerschaftlichen Kooperation zu schaffen. Nur dann wird es gelingen, frühzeitig neue Trends zu erkennen und aktiv mitzugestalten.

Die nach innen gerichtete Aufgabe des Controlling besteht darin, die Ursachen dafür aufzudecken, warum Prozesse nicht so verlaufen sind, wie sie geplant waren. Der Schwerpunkt dieser kontrollorientierten Aufgabe des Controlling darf nicht auf der Suche nach Schuldigen dafür liegen, warum schlechtere als geplante Zielniveaus erreicht wurden. Das eigentliche Ziel von Kontrollen sollte darin gesehen werden, für die Zukunft Verhaltensänderungen zu bewirken. Kontrollen dürfen daher nicht belehrend und negativ sein; vielmehr sollen sie Entscheidungsträger in der Zukunft dabei unterstützen, ihre Aufgaben besser durchführen zu können. Controlling darf daher nicht mit der Mentalität von inneren Revisionsabteilungen betrieben werden, die im Kern immer nur nach Fehlern und nach nicht ordnungsgemäßen Abläufen suchen. Die Suche nach Fehlern hat nur dann einen zukunftsgerichteten Sinn, wenn daraus etwas für das künftige Verhalten gelernt wird. Controlling darf daher nicht nur Schwächen der gegenwärtigen Prozesse deutlich machen, sondern es muß insbesondere Hilfestellung bei der Beantwortung der Frage geben, wie Verbesserungen zu erreichen sind. Es muß dazu die Kontrollierten aktiv in den Kontroll- und Innovationsprozeß einbeziehen.

1223 Servicefunktion

Controlling nimmt Teile der Führungsaufgaben des Unternehmens wahr, entlastet damit die Linien-Manager und ist so gesehen eine Servicefunktion für die Führung. Obwohl das Controlling an der Führung und den Entscheidungen mitwirkt, bleibt die Entscheidungskompetenz dennoch in der Linie. Controlling hat damit eine beratende und unterstützende Funktion.[12] Diese Unterstützung bezieht sich auf folgende Teilaspekte:

- Gewährung von Hilfestellung bei der Analyse und Verdichtung von Problemen und der sinnvollen Gestaltung von Entscheidungsmodellen.
- Bereitstellung geeigneter Methoden für Informationsbeschaffung, Planung und Kontrolle. Dazu muß das Controlling über eine gute Methodenkenntnis verfügen; inbesondere muß es in der Lage sein, die Leistungsfähigkeit der Methoden in bestimmten Entscheidungssituationen treffsicher zu beurteilen.
- Ermittlung des nötigen Informationsbedarfs zur Steuerung des Unternehmens; Erzeugung und zweckgerichtete Aufbereitung der Informationen (Berichtswesen).

Bestimmungsgrößen für den Informationsbedarf sind:[13]

- Die Gestaltung der betrieblichen Führungssysteme (Aufgabenverteilung, Kompetenzgliederung), das verfolgte Zielsystem sowie Art und Umfang des Kontrollsystems.
- Die Verhaltenseigenschaften der Führungskräfte (Akzeptanz der Informationen als Folge eines adäquaten Kenntnisstands und der Schulung der Führungskräfte; Bereitschaft zur Verwendung der aufbereiteten Informationen).
- Externe Bedingungen: Tempo von Umfeldänderungen; Veränderung von Dokumentationsvorschriften (z.B. Handelsrecht).

Für die Informationsbeschaffung greift das Controlling auf das Rechnungswesen (Kosten- und Leistungsrechnung, Investitionsrechnung), auf externe und interne Statistiken, auf Prognosen über die Marktveränderungen und auf die Planungsüberlegungen übergeordneter Organisationseinheiten zurück. Bei der Beschaffung von Kosten- und Ausgabeninformationen kommt es insbesondere darauf an, das typisch europäische, kurzfristige Denken zu überwinden. Dieses Kostendenken setzt erst mit der Produktion oder dem

---

12 Vgl. Küpper (1990), S. 791.

13 Vgl. dazu auch Küpper (1990), S. 806.

Vertrieb von Erzeugnissen ein. Die Gestaltungspotentiale der Kosten in der Entwicklung und Konstruktion von Erzeugnissen sowie in der Wahl von Produktionsverfahren werden in den üblichen Kostenrechnungssystemen (Voll- oder Teilkostensysteme) nicht analysiert.

Bei Investitionsanalysen muß gerade die Frage im Mittelpunkt stehen, wie durch die Gestaltung von Produkten und Investitionsobjekten (F&E-Projekten) Rationalisierungen erreicht bzw. Kosten- und Ausgabensenkungspotentiale erschlossen werden können. Insbesondere kommt es darauf an, sich von der Auffassung zu lösen, daß Kosten mehr oder weniger unbeeinflußbar entstehen und der Preis durch einen Gewinnaufschlag auf die entstandenen Kosten zu ermitteln ist. Kosten müssen vielmehr vom Absatzmarkt her gesehen werden. Es muß gefragt werden, welchen Zielpreis ein Unternehmen einhalten muß, um mit seinen Produkten am Markt Erfolg zu haben. Das Controlling hat dann systematisch zu erforschen, welche Möglichkeiten existieren, die Kosten zu senken, um den Zielpreis mit Gewinn erreichen zu können (Target Costing[14]). Ein derartig verändertes Kosten- und Ausgabendenken setzt voraus, daß sich ein Unternehmen von liebgewordenen Arbeits-, Konstruktions- und Ablaufprinzipien trennt und kreativ nach neuen, günstigeren Alternativen sucht.

Für die Investitionspolitik bedeutet dies, daß die Schätzung der Auszahlungen für die Investition und der laufenden Betriebsausgaben nicht auf Erfahrungen und Verhaltensweisen der Vergangenheit basieren darf. Bislang angefallene Kosten bzw. Auszahlungen dürfen nicht einfach hingenommen werden. Es ist systematisch nach Wegen zu suchen, wie diese Auszahlungen gesenkt werden können, ohne die Marktfähigkeit der Erzeugnisse zu gefährden. Die Informationsbeschaffung darf mithin nicht rückwärts gerichtet sein und darin bestehen, die Vergangenheit fortzuschreiben. Ein zentrales Anliegen des Controlling ist gerade darin zu sehen, eine derartige rückwärtsorientierte Unternehmensführung zu überwinden und statt dessen Möglichkeiten und Chancen für die Zukunft unabhängig davon zu erkennen, ob es dem Unternehmen noch gut oder aber schon schlecht geht.

Bei der Informationsaufbereitung kommt es darauf an, Berichtsformen zu finden, die das Linien-Management nicht mit Zahlenfriedhöfen zudecken. Informationen sollten möglichst nicht in standardisierter Form bereitgestellt werden, wenn diese Standardform für den konkreten Informationsbedarf unbrauchbar ist. Derartige, nicht problembezogenen Informationen werden letztlich vom Management nicht akzeptiert; - sie landen in der Ablage P. oder verstopfen die Schreibtische. Anzustreben sind

---

14   Vgl. Horváth (Hrsg.) (1993); Seidenschwarz (1993).

- benutzeraktive Dialogsysteme mit möglichst freier Abfrage,
- Systeme, die zusätzlich Entscheidungsunterstützung gewähren,
- Systeme, die eine aktive Bearbeitung der Daten erlauben (möglichst keine Papierform),
- Systeme, die Informationen möglichst nicht in verdichteter Form vorhalten, sondern eine Verdichtung erst problemspezifisch vornehmen.

13 Operatives und strategisches Controlling

Strategisches Controlling hat zur Aufgabe, die langfristigen Erfolgsfaktoren eines Unternehmens zu erkennen und bei der Absicherung bestehender Erfolgspotentiale bzw. der Schaffung neuer Potentiale mitzuwirken. Das strategische Controlling soll damit die Effektivität und Effizienz der strategischen Planung steigern helfen. Kernfunktionen der strategischen Planung werden Controllern übertragen, um deren Wissen und Erfahrung aus der Planung und Kontrolle im operativen Bereich auszunutzen.[15] Strategisches Controlling kann nur erfolgreich sein, wenn die Controller auch über visionäre Fähigkeiten verfügen und sich Alternativen zur derzeitigen Unternehmenssituation vorstellen können. Sie dürfen nicht zu tradiertem Verhalten neigen, weil sie sonst im Altgewohnten steckenbleiben.

Die Einzelaufgaben, die sich mit dem strategischen Controlling verbinden, können drei Ebenen zugeordnet werden:[16]

- Unterstützung der strategischen Planung

  - Analyse, Auswahl und Entwicklung strategischer Planungsinstrumente und -methoden
  - Organisation der Planungssitzungen, Ideenfindungsprozesse und Ergebnispräsentationen
  - Unterstützung und Koordination der Informationsbeschaffung und -aufbereitung
  - Hilfe bei der Umsetzung der strategischen Ziele in Strategien und Maßnahmen

---

15   Vgl. Pfohl, Zettelmeyer (1987), S. 147 und Peemöller (1992), S. 109.

16   In Anlehnung an Peemöller (1992), S. 111.

■ Umsetzung der strategischen in die operative Planung

- Überprüfung, ob die strategischen Pläne (z.B. Investitionsprojekte) so weit definiert und konkretisiert sind, daß mit ihrer Realisierung begonnen werden kann.
- Herbeiführung eines gemeinsamen Verständnisses über die Entwicklungsaufgabe zur Förderung der Bindung aller beteiligten Mitarbeiter an das jeweilige Projekt (Commitment): Das einheitliche Verständnis ist zwingend erforderlich, wenn nicht im Entwicklungsprozeß funktionsspezifische Interessen dominieren und infolgedessen lange Abwicklungsdauern auftreten sollen.[17]
- Unterstützung bei der Formulierung von Etappenzielen
- Zeitliche Koordination der Informationen bei einer vernetzten Form der Projektentwicklung (Simultaneous Engineering)
- Schätzung der monetären Auswirkungen der strategischen Pläne (z.B. periodenbezogene Abschätzung der Einzahlungen und Auszahlungen für neue Produkte oder Investitionen in Maschinen usw.)

■ Strategische Kontrolle

- Entwicklung von Kontrollgrößen
- Aufbau eines Frühwarnsystems zur Gewinnung von Kontrollinformationen
- permanente Überprüfung des strategischen Planungsprozesses und der implementierten Strategien
- Ermittlung von Soll-Ist-Abweichungen
- Erarbeitung von Vorschlägen zur Gegensteuerung oder Revision der strategischen Planung

Mit Hilfe der strategischen Planung, Steuerung, Kontrolle und Informationsversorgung als zentralen Elementen des strategischen Controlling soll die strukturelle Anpassungsfähigkeit des Unternehmens gegenüber der Umwelt gewahrt bleiben.

Die durch Mitwirkung des strategischen Controlling geschaffenen **Erfolgspotentiale** gilt es im Rahmen des operativen Controlling **wirtschaftlich auszunutzen**. Damit ist aber das operative Controlling durch das strategische weitgehend determiniert.[18]

---

17 Zur Projektorganisation vgl. auch Womack, Jones, Roos (1992), Kapitel 5, S. 109 ff.

18 Vgl. Peemöller (1992), S. 142.

Dabei stehen vorwiegend Erfolgsziele wie Wirtschaftlichkeit, Produktivität und Rentabilität im Mittelpunkt: Die effiziente Steuerung der innerbetrieblichen Funktionen und Prozesse ist unabdingbare Voraussetzung, um die angestrebten Unternehmensziele zu erreichen. Dazu muß das operative Controlling für Transparenz der innerbetrieblichen Abläufe sorgen, Soll-Ist-Vergleiche durchführen und Ursachen für Abweichungen aufdecken, um gegensteuernde Maßnahmen sowie gegebenenfalls Plankorrekturen einleiten zu können.[19]

Mit den Funktionen Planung, Steuerung, Kontrolle und Informationsversorgung verfügen das **strategische und operative Controlling** über formal gleiche Bausteine.[20] Der Unterschied liegt allein in der inhaltlichen Dimension der Aufgaben und Methoden. Die folgende Abbildung[21] gibt einen Überblick über die unterschiedliche Ausrichtung.

	Strategisches Controlling	**Operatives Controlling**
Orientierung	Umwelt und Unternehmung: Adaption, neue Entwicklungen	Unternehmung: Wirtschaftlichkeit betrieblicher Prozesse
Planungsstufe	strategische Planung	taktische und operative Planung, Budgetierung
Dimensionen	Chancen/Risiken Stärken/Schwächen Nutzen/Kosten Ein-/Auszahlungen	Kosten/Leistungen
Ziel	Erfolgspotentiale schaffen und (weiter)entwickeln → langfristige Erfolgsorientierung	Erfolgspotentiale wirtschaftlich ausnutzen

Während das strategische Controlling vorwiegend innovativ orientierte Strategiefragen zum Inhalt hat, bewältigt das operative Controlling eher Routineaufgaben. Daraus darf allerdings nicht geschlossen werden, daß eine organisatorische Trennung beider Bereiche zu empfehlen wäre, denn ganz-

---

19   Vgl. Peemöller (1992), S. 105.

20   Vgl. ebenda.

21   In Anlehnung an Peemöller (1992), S. 106.

heitliche Planung kann nur mit einem integrierten System gewährleistet werden.[22]

14 Integrierte Beurteilung von Investitionen als Aufgabe des Controlling

Die Beurteilung von Investitionen erfolgt in zwei Schritten:

■ Mit Hilfe **qualitativer Verfahren** wie der **Nutzwertanalyse** (synonym: Punktbewertungsverfahren, Scoring-Modell) wird zunächst die **strategische Grundausrichtung** des Unternehmens festgelegt. Hierzu zählen z.b. grundsätzliche Entscheidungen über neu in das Programm aufzunehmende Produktfelder und die dafür gegebenenfalls erforderlichen neuen Fertigungs- und Informationstechnologien (z.B. FFS oder CIM). Das Ergebnis dieser Planungsphase sind **vorläufige Entscheidungen** für und endgültige Entscheidungen gegen bestimmte Investitionsvorhaben.

■ In einem zweiten Schritt ist unter Verwendung **quantitativer Verfahren** der Investitionsrechnung die **Zielkonformität** der zunächst anvisierten Grundausrichtung bzw. Investitionsvorhaben zu überprüfen.

Insbesondere die Forderung nach zielkonformen Investitionen macht deutlich, daß die klassische Wirtschaftlichkeitsrechnung um den Aspekt der Koordination zu erweitern ist. Es reicht nicht mehr aus, einzelne Vorhaben isoliert auf ihre Vorteilhaftigkeit zu untersuchen oder isoliert zwischen zwei Alternativen zu wählen. Vielmehr muß den vielfältigen Interdependenzen im komplexen System "Unternehmung" Rechnung getragen werden: Interdependenzen

■ zwischen verschiedenen Investitionsobjekten
■ als Folge einer mehrstufigen Fertigung
■ zwischen Produktionsprogramm und Investition
■ zwischen Investition und Finanzierung

sind daher so weit es geht in den Kalkülen zu erfassen. Wie in der Diskussion um die Koordinationsfunktion deutlich wurde, liegt es im Aufgabenbereich des Controlling, dafür Sorge zu tragen, daß das Beziehungsgeflecht zwischen den verschiedenen Teilentscheidungsfeldern nicht verlorengeht, sondern *zumindest der Tendenz nach* bei den Planungen erfaßt wird. Die Verfahren der klassischen Investitionsrechnung abstrahieren aber von jegli-

---

22 Vgl. Peemöller (1992), S. 107.

chen Interdependenzen und gehen von einer isolierten Zahlungsreihe je Investitionsobjekt aus. Das Controlling hat deshalb die zerschnittenen Interdependenzen in den künstlich getrennten Entscheidungsfeldern wieder zusammenzuführen. Controllingorientierung in der Investitionsrechnung bedeutet daher Abkehr von der klassischen, isolierten Investitionsrechnung für Einzelprojekte und bedeutet die Integration der Investitionsrechnung in den Gesamtzusammenhang des Unternehmens.

Darüber hinaus ist insbesondere die Kontrolle und Steuerung von Investitionsprojekten in der Realisationsphase eine zentrale Aufgabe des Controlling. Von der Effizienz dieser Steuerungsmaßnahmen, die die zeitliche Koordination der Teilarbeiten und des Informationsflusses zwischen allen Beteiligten umfassen, wird die Dauer der Realisation und somit ihr finanzieller Aufwand ganz nachhaltig beeinflußt. Diesen Maßnahmen kommt damit ein starker Einfluß auf die Auszahlungsreihe einer Investition zu. Von ihnen hängen aber auch die Höhe und die zeitliche Verteilung der erzielbaren Einzahlungen ab. Mißlingt eine effiziente Projektsteuerung, kommt ein neues Produkt z.B. zu spät auf den Markt. Ist die Konkurrenz mit vergleichbaren Produkten früher am Markt, werden die Absatzchancen weit geringer sein als erwartet. Die Investition erzielt u.U. unzureichende Einzahlungen und ist damit nachträglich unvorteilhaft.

Leicht entsteht der Eindruck, die Beurteilung von Investitionen sei Teil des operativen Controlling, weil sich die Investitionsrechnung zumeist quantitativer Verfahren bedient. Tatsächlich ist sie aber dem strategischen Controlling zuzuordnen, weil mit der Entscheidung über Potentialfaktoren die langfristigen Erfolgspotentiale einer Unternehmung festgelegt werden: z.B. bezüglich der Flexibilität und Produktivität der Anlagen, der Qualität der Produkte und der Kostenstruktur im Unternehmen.

15 Instrumente des Investitionscontrolling (ein Überblick)

Für das Investitionscontrolling gibt es im Grunde keine spezifischen Methoden. Vielmehr geht es darum, allgemein einsetzbare Methoden speziell für den Einsatzzweck in der Investitionsrechnung auszugestalten.

Je nach der Qualität der zur Beurteilung von Investitionen zur Verfügung stehenden Informationen kann zwischen qualitativen und quantitativen Instrumenten unterschieden werden.

Bei der Beurteilung der Vorteilhaftigkeit **strategischer Handlungsalternativen** können wegen der Strukturdefekte[23] des Problems häufig nur qualitative Planungsverfahren eingesetzt werden. Diese Modellklasse bietet sich deshalb an,

- weil die relevanten Daten nur "weich" zu quantifizieren sind,
- weil sich Einzelmerkmale nicht willkürfrei verdichten lassen (Bewertungsdefekt) oder
- weil nur eine unvollkommene Kenntnis über die künftigen Handlungsalternativen - offenes Entscheidungsfeld - existiert.

Qualitative Planungstechniken sind ein Instrument zur Strukturierung von Problemen. Sie verbessern das Problemverständnis des Planenden und geben ihm Grundvorstellungen über die Qualität von Lösungsvorschlägen. Die qualitativen Verfahren können insbesondere zur Vorauswahl von Entscheidungsalternativen eingesetzt werden. Je nach erreichtem Informationsstand können für die gleiche Fragestellung unterschiedliche Methoden herangezogen werden. Für eine erste grobe Strukturierung finden z.B. Checklisten Anwendung. Aufbauend auf den daraus gewonnenen Erkenntnissen kann eine Nutzwertanalyse oder ein Modellansatz der Fuzzy-Logik eingesetzt werden.

Die Bezeichnung "qualitative Planungsmethoden" trifft eigentlich nicht den Kern des Gemeinten. Es geht nicht um die Frage, wie Informationen in einem Modell ausgewertet werden; vielmehr liegt der Unterschied zwischen qualitativen und quantitativen Verfahren in der Art der Informationen, auf denen die Auswertung beruht. Von qualitativen Modellen wird gesprochen, wenn die ursprünglichen Daten in nicht metrischer Form vorliegen. Eigenschaft quantitativer Modelle hingegen sind metrische Daten. Werden in qualitativen Methoden nicht metrische Daten in pseudometrische Informationen transformiert, können auf die qualitativen Problemstellungen auch quantitative Auswertungstechniken angewendet werden. Im allgemeinen ist die Übersetzung nicht metrischer Informationen in pseudometrische Daten ein typisches Merkmal qualitativer Planungsmethoden.

Das generelle Problem qualitativer Methoden besteht einerseits in der Frage, ob sich qualitative Informationen, z.B. Ergebnisse einer ordinalen Messung, überhaupt sinnvoll in pseudometrische Daten übersetzen lassen. Andererseits muß bei der Verwendung pseudometrischer Größen darüber nachgedacht werden, ob das Ergebnis derartiger Rechnungen inhaltlich noch sinnvoll interpretiert werden kann, also mit Inhalt zu füllen ist, der sich aus der

---

23   Vgl. Adam (1993a), S. 10 ff.

Ausgangslage ableiten läßt. Dagegen ergeben sich bei metrischen Daten immer nachvollziehbare Resultate. Fehlt es bei qualitativen Methoden an einer inneren Entsprechung von Problem und Lösung, wird sich der Entscheidungsträger nicht mit der Lösung identifizieren können. Es kommt daher bei qualitativen Methoden darauf an, durch die Transformation der qualitativen Daten in pseudometrische Informationen keine wesentlichen Informationsinhalte zu verlieren.

Die Übersetzung der Daten kann als heuristisches Prinzip zur Übertragung schwer oder nicht meßbarer Informationen in rechnerisch auswertbare Daten interpretiert werden. Für den Transformationsvorgang gibt es sinnvolle, aber auch recht unsinnige Vorgehensweisen. Leider werden von vielen Anwendern qualitativer Planungsmethoden die unsinnigen Alternativen, die sich durch maximalen Informationsverlust auszeichnen, präferiert. Quantitative Auswertungstechniken sind aber immer nur so gut wie die Übersetzung der ihnen zugrundeliegenden Daten. Die metrischen Rechenoperationen, die auf transformierte Daten angewendet werden, können zu nicht interpretierbaren Planungsergebnissen führen, in die der Planende dann hinterher subjektive Meinungen hineinlegt. Bei der Planung mit diesen Methoden wird dann häufig der alte Programmierergrundsatz "garbage in - garbage out", "Müll rein - Müll raus" realisiert.

Die rein an ökonomischen Kriterien orientierten quantitativen Analysetechniken des Controlling lassen sich in

- Kennzahlensysteme
- Budgetvorgaben
- Lenkpreisinstrumente

unterteilen. Diese allgemeinen Instrumente sind für den speziellen Anwendungszweck "Beurteilung von Investitionen" auszugestalten.

Kennzahlen[24] sind Berechnungsergebnisse, die in verdichteter Form über relevante Sachverhalte und Zusammenhänge Auskunft geben. Dabei kann es sich z.B. um Rentabilitätszahlen (RoI, interner Zins, Endvermögen in Relation zum Startkapital usw.) handeln. Die zur Führung eingesetzten Kennzahlen müssen die quantitativen Ziele des Unternehmens widerspiegeln.[25] Aus der Menge aller Input- und Outputdaten eines Kalküls sind mithin die Informationen herauszufiltern, die die Grundlage von Entscheidungen bilden, d.h., mit deren Hilfe die Entscheidungsalternativen bewertet werden können.

---

24 Vgl. hierzu auch Küpper (1990), S. 849 ff.

25 Vgl. Kern (1971), S. 703.

Kennzahlen geben damit Anhaltspunkte für die Güte einer Entscheidung. Sie geben Aufschluß darüber, aus welchen Komponenten sich der Unternehmenserfolg zusammensetzt (z.B. Wirkung von Zinsänderungen auf den Erfolg, Zusammenhang von Umsatzrentabilität und RoI).

Probleme bei der Auswahl steuerungsrelevanter Kennzahlensysteme treten dann auf, wenn innere Zusammenhänge zwischen einzelnen Kennzahlen bestehen. Bestimmte Ausprägungen von Kennzahlen können dann nicht unabhängig voneinander auftreten. Z.B. ergibt sich aus der Kennzahl "Umsatzrentabilität" und "RoI" automatisch die zugehörige Kapitalumschlagshäufigkeit.

Es sind zwei Arten von Kennzahlensystemen gebräuchlich:[26]

- Definitionslogische Systeme mit mathematischen, funktionalen Zusammenhängen zwischen einzelnen Kennzahlen (z.B. Du-Pont-Schema der Rentabilität[27]).
- Empirisch-induktive Kennzahlensysteme: Deren Kennzahlen sind das Ergebnis statistischer Auswertungen. Z.B. werden RoI-Werte mit den F&E-Ausgaben verknüpft. Die Begründung für eine durch derartige Kennzahlen ausgedrückte Beziehung wird häufig nur vermutet oder als plausibel angesehen. Deshalb werden häufig mehrere mögliche Einflußgrößen im Kennzahlensystem nebeneinander gestellt. In Abhängigkeit von den gemachten Annahmen und gesetzten Prämissen sind die Kennzahlen dann individuell zu werten. Derartige Kennzahlen finden z.B. bei der Analyse strategischer Erfolgsfaktoren im PIMS-Programm[28] Anwendung.

Budgetierung[29] liegt vor, wenn eine Organisationseinheit zu erreichende oder nicht zu überschreitende Vorgaben (z.B. Investitionsvolumen) für seine Entscheidungen erhält. Das Budget kann dann als zu erreichendes Ziel interpretiert werden. Budgets fixieren keine Handlungsalternativen, sondern legen lediglich Handlungsspielräume fest. Dieses Instrument eignet sich insbesondere für offene Entscheidungsfelder (nur zum Teil bekannte Handlungsalternativen im Zeitpunkt der Budgetierung, Unsicherheit über Datensituationen). Mit einer Steuerung über Budgets kann nur dann das übergeordnete Unternehmensziel erreicht werden, wenn die Budgets der Organisationseinheiten im Hinblick auf das Unternehmensziel koordiniert sind.

---

26 Vgl. auch Küpper (1990), S. 851 ff.

27 Vgl. Staehle (1973), S. 224 und Coenenberg (1992), S. 698.

28 Vgl. Buzzell, Gale (1989).

29 Vgl. im folgenden auch Küpper (1990), S. 854 ff.

Budgets dürfen daher nicht isoliert vereinbart werden. Es ist der innere Zusammenhang zwischen den Budgetniveaus im Leistungsprozeß benachbarter Organisationseinheiten zu beachten (z.B. Abstimmung von Investitionsbudgets der verschiedenen Organisationseinheiten). Sinn von Budgets ist es, Mitarbeiter zur Eigenverantwortlichkeit zu motivieren. Im Rahmen der vereinbarten Budgets dürfen sie selbständig über Investitionen entscheiden und nach sinnvollen Handlungsalternativen suchen.

Eine sinnvolle Budgetplanung erfordert die genaue Kenntnis der wichtigsten Einflußgrößen und ihrer Beziehungen zueinander (z.B. Produktions- und Kostenfunktionen). Nur dann lassen sich für die Budgetierung quantitative Verfahren einsetzen. In Hinblick auf den indirekten Bereich des Unternehmens (Steuerungs- und Kontrollabteilungen) fehlt es meist an derartigen Kenntnissen. Dort ist die Leistung meist nicht meßbar, und der Beitrag zum Gewinn des Unternehmens ist kaum zu quantifizieren. Prozesse im indirekten Bereich besitzen i.d.R. nur schwache Beziehungen zum Produktionsprozeß. Diese meist schlechtstrukturierten Prozesse können kaum durch quantitative Methoden der Budgetierung unterstützt werden.

Messen läßt sich allenfalls der Zeitbedarf für bestimmte Teilprozesse (z.B. Lagerentnahmen) im Vergleich zu industriellen Standards. Bei häufig wiederkehrenden Prozessen können dann z.B. Anhaltspunkte für das Budget aus den Ergebnissen einer Prozeßkostenrechnung, einer Gemeinkostenanalyse, einfachen Fortschreibungsverfahren oder durch Zero-Base-Budgeting gewonnen werden. Die letzte Methode wirkt dem Prinzip der Fortschreibung von Vergangenheitsdaten entschieden entgegen.[30] Es werden alle bisherigen Prozesse in Frage gestellt (Basis null), und sowohl ihr Sinn als auch ihr Wertschöpfungsbeitrag müssen neu hinterfragt werden.

Für eine Steuerung über Budgets müssen folgende Aspekte beachtet werden, wenn es sich um ein effizientes Instrument handeln soll:

- Partizipation der Mitarbeiter an der Budgetvereinbarung (MbO) zur Motivation der Mitarbeiter.

- Budgets müssen sich auf beeinflußbare Größen beziehen, wenn von ihnen Motivation ausgehen soll.

- Gefahr dysfunktionaler Verhaltensweisen: Die Abteilungen sehen nur die direkt in ihrer Abteilung beeinflußbaren Leistungen, ohne

---

30 Vgl. Küpper (1990), S. 860.

negative Wirkungen ihres Verhaltens auf andere Bereiche oder spätere Perioden zu beachten (keine Förderung vernetzten Denkens).

- Leistungsanreize sind nur gegeben, wenn die Budgets mit vernünftiger Anstrengung erreichbar sind. Budgets dürfen die Mitarbeiter nicht über-, aber auch nicht unterfordern.

- Flexibilisierung von Budgets, d.h. Anpassung des Budgets bei erheblichen Veränderungen im Umfeld, die bei der Budgetierung nicht vorhersehbar waren (z.B. Anpassung von Budgets an die Ist-Beschäftigungslage).

Unter **Verrechnungs- oder Lenkpreisen** werden die Knappheitspreise eingesetzter Produktionsfaktoren oder zwischen den Organisationseinheiten ausgetauschter Leistungen verstanden.[31] Anwendung finden derartige Lenkpreise in Partialmodellen, um über die Bewertung des Faktoreinsatzes indirekt die Interdependenzen zwischen den Organisationseinheiten zu erfassen. Lenkpreise beschreiben den Grenzerfolgsbeitrag einzelner Faktoren in einer bestimmten Entscheidungssituation und für eine bestimmte Zielsetzung. Eine bestimmte Entscheidungsalternative ist nur dann vorteilhaft, wenn sie mindestens den Erfolgsbeitrag der Grenzverwendung der Faktoren realisiert.

Ziel der Lenkpreise ist es, trotz dezentraler Entscheidungsfelder alle Organisationseinheiten auf das Unternehmensziel hin zu koordinieren (pretiale Lenkung).[32]

Auf der Basis von Lenkpreisen gibt es zwei verwandte Systeme zur Koordination dezentraler Entscheidungen:[33]

- Direkte Steuerung über Lenkpreise: Die Unternehmensleitung legt für die knappen Ressourcen einen Preis fest, zu dem die Organisationseinheiten Produktionsfaktoren beschaffen können. Übersteigt die Nachfrage das Angebot an Faktoreinheiten, muß die Unternehmensleitung dafür sorgen, daß über steigende Preise Ressourcen eingespart werden.

- Budgetsteuerung: Die knappen Ressourcen werden zunächst willkürlich auf die Organisationseinheiten aufgeteilt. Weichen die

---

31   Vgl. Küpper (1990), S. 863.

32   Vgl. Schmalenbach (1948); Coenenberg (1973).

33   Vgl. Adam (1993a), S. 309 ff.

Grenzerfolge eines Faktors in den einzelnen Organisationseinheiten voneinander ab, liegt offensichtlich keine optimale Aufteilung der Ressourcen vor. Die Produktionsfaktoren werden so lange umgeschichtet, bis sich die Grenzerfolge ausgleichen.

Lenkpreiskonzepte sind mit einer Problematik verbunden. Entscheidungsträger, die das System durchschauen, erkennen schnell, daß nur Engpaßabteilungen nach diesem Konzept Gewinne erwirtschaften. Abteilungen, die keine Engpässe und damit keine Gewinne vorweisen können, werden dann angereizt, sich durch dysfunktionale Verhaltensweisen Gewinne zu verschaffen. Das gelingt ihnen, indem sie ihr Kapazitätsangebot künstlich reduzieren und sich scheinbar zum Engpaß machen.[34] Diese Gefahr ist insbesondere dann gegeben, wenn ein Unternehmen auf der Basis der Gewinne der Organisationseinheiten eine Erfolgsbeteiligung gewährt.

Die Instrumente "Qualitative Techniken", "Lenkpreise", "Budgets" und "Kennzahlen" sind allgemeine Instrumente des Controlling. Es handelt sich also keineswegs um spezielle Koordinationsinstrumente für Investitionsentscheidungen. Diese allgemeinen Instrumente müssen vielmehr jeweils auf den Anwendungsfall, z.B. die Investitionsrechnung, zugeschnitten werden. Wie dabei vorzugehen ist, wird in den einzelnen Kapiteln dieses Buches eingehender behandelt. Aus der allgemeinen Lenkpreistheorie ist dann z.B. für den speziellen Anwendungsfall der Investitionsrechnung ein System von Lenkpreisen für Kapital zu entwickeln, d.h., es sind Lenkzinssätze abzuleiten.

Außer den beschriebenen Instrumenten gibt es noch eine ganze Reihe weiterer Analysetechniken des Controlling, denen zwar im Rahmen eines Investitionscontrolling keine *zentrale* Bedeutung zukommt, die aber bei bestimmten Teilfragen der Investitionsrechnung dennoch von *begrenzter* Bedeutung sein können. Einen weitgehend vollständigen Überblick über die Techniken vermittelt die folgende Zusammenstellung[35], in der die Methoden den verschiedenen Phasen des Problemlösungsprozesses zugeordnet sind. Die Methoden zur Problemdefinition können z.B. für die Analyse des Entscheidungsfeldes von Investitionsentscheidungen eingesetzt werden. Kreativitätstechniken werden dagegen bei der Suche nach Investitionsalternativen oder Verbesserungsmöglichkeiten bestehender Alternativen herangezogen. Die Prognose von Absatzdaten zur Quantifizierung von Zahlungsreihen erfordert eine Anwendung der angegebenen Prognoseverfahren. Für die Bewertung von Investitionsalternativen können wahlweise die in der letzten

---

34 Vgl. Hax (1965), S. 157 ff.

35 In Anlehnung an Küpper (1990), S. 837.

Rubrik zusammengefaßten Methoden eingesetzt werden. Ergebnisse der Kosten- und Leistungsrechnung sind dann z.B. für statische Methoden der Investitionsrechnung von Interesse. Bei einer zahlungsorientierten Bewertung der Investitionen sind hingegen mathematische Methoden kombiniert mit Methoden der klassischen Investitionsrechnung von Bedeutung. Für die Teilaufgaben in den einzelnen Phasen des Investitionsprozesses muß das Controlling aus dieser Methodenübersicht eine problemgerechte Auswahl treffen.

Phase	Methode

Problemdefinition	Gap-Analyse
	Checklisten
	Verflechtungsmatrix (Papier-Computer)
	    nach Gomez
	Relevanzbaumverfahren nach Ishikawa
	    (Ishikawa-Diagramm)
	Kennzahlenanalysen
	Progressive Abstraktion

Alternativensuche	Brainstorming/Methode 635 Synektik/Bionik Morphologischer Kasten

Prognose	Befragung:
	    Delphi-Methode
	Mathematische Prognoseverfahren:
	    gleitender Durchschnitt
	    exponentielle Glättung
	Methoden der Zeitreihenanalyse
	Szenariotechnik

Bewertung und Entscheidung	ABC-Analyse
	Quantitative Methoden:
	    Lineare Programmierung, Branch and
	    Bound, Dynamische Programmierung,
	    Sensitivitätsanalyse, Parametrische
	    Programmierung
	Kosten- und Leistungsrechnung
	Investitionsrechnungsmodelle
	Kosten-Nutzen-Analysen (Scoring-Modelle)
	Risikoanalysen

2 Ziele und Entscheidungsfelder der Investitionsrechnung

21 Ziele in der Investitionsrechnung

Investitionen werden unter zwei Blickrichtungen durchgeführt:

- Sie sollen einerseits das langfristige Überleben und die Ertragskraft eines Unternehmens sichern.

- Andererseits sollen sie eine kontinuierliche Entnahme für den Konsum des Unternehmers ermöglichen.

Aus diesen beiden Blickrichtungen resultieren zwei Basisziele für die Beurteilung von Investitionen. Ausgehend von einem bestimmten Niveau verfügbaren Kapitals strebt das Unternehmen an, das Endvermögen zu maximieren oder den Strom der jährlichen Entnahmen möglichst breit zu gestalten.

Politiken, die für ein zeitlich **offenes Entscheidungsfeld**[1] - der Planungszeitraum ist noch nicht festgelegt - das Endvermögen oder die Breite des Entnahmestroms maximieren sollen, sind nicht operational. Bei hinreichend langem Planungshorizont und vorteilhaften Entscheidungsalternativen strebt das Endvermögen mit wachsender Länge der Planungsperiode grundsätzlich gegen unendlich. Eine Maximierung der Breite des Entnahmestroms scheitert, weil die Breite des Entnahmestroms von der Länge der Planungsperiode abhängig ist. Sinnvoll werden beide Ziele erst, wenn der Planungszeitraum bekannt ist. Für den Fall eines gegebenen Planungszeitraumes geht es bei dem ersten Basisziel darum, das Vermögen am Ende der Planperiode durch die Investitionstätigkeit möglichst groß werden zu lassen. Beim zweiten Basisziel ist z.B. die Breite des Entnahmestroms in der Planperiode zu maximieren. Diese zweite Zielformulierung hat jedoch einen großen Nachteil. Jenseits des Planungshorizontes ist bei Entnahmemaximierung der Kapitalstock gleich null; das Unternehmen entzieht sich bei diesem Ziel für die Zeit nach dem Planungshorizont die Existenzbasis. Bei gegebenem Planungszeitraum ist eine allein entnahmeorientierte Zielsetzung nur für ein auf Zeit, nicht aber für ein auf Dauer bestehendes Unternehmen geeignet.

Jedes der beiden Ziele hat den Nachteil, den jeweils anderen Zielaspekt in der Investitionspolitik überhaupt nicht zu berücksichtigen. Im allgemeinen - bei einem unvollkommenen Kapitalmarkt - besteht zwischen den beiden Zielen eine Konfliktsituation, d.h., bei der Zielsetzung *Endvermögensmaximierung* kommt es zu einer anderen optimalen Politik als beim Ziel *Ma-*

---

1   Vgl. Adam (1993a), S.75 ff.

ximierung der Breite des Entnahmestroms. Die Konfliktsituation kann nur aufgelöst werden, wenn:[2]

■ aus beiden Zielen eine übergeordnete Nutzenfunktion abgeleitet wird oder
■ eines der beiden Ziele in eine Restriktion umgewandelt wird.

Beim ersten Vorgehen entsteht z.B. eine übergeordnete Zielfunktion, wenn das Unternehmen nicht die Breite des Entnahmestroms, sondern die gesamten Entnahmen innerhalb des Planungszeitraumes maximieren möchte. In diesem Fall ist es dem Unternehmen gleichgültig, ob eine Entnahme bestimmter Höhe im Zeitpunkt 1 oder in einem späteren Zeitpunkt 2 erfolgt. Ein Entnahmebetrag von 1.000 Geldeinheiten (GE) im Zeitpunkt 1 wird dann dem gleichen Betrag im Zeitpunkt 2 als gleichwertig angesehen. In diesem Falle hat der Entscheidungsträger keine Konsumpräferenzen. Er wird deshalb auf eine Entnahme im Zeitpunkt 1 verzichten und diesen Betrag bis zum Zeitpunkt 2 rentierlich anlegen. Kann er für das Geld zwischen den beiden Zeitpunkten eine Verzinsung von 10% realisieren, führt der Verzicht auf eine Entnahme von 1.000 GE im Zeitpunkt 1 zu einer möglichen Entnahme im Zeitpunkt 2 von 1.100 GE. Auf diese Entnahme wird er auch wieder verzichten, wenn das Geld abermals rentierlich angelegt werden kann. Maximiert werden die gesamten Entnahmen in der Planungsperiode, wenn mit der Entnahme bis zum Ende der Planperiode abgewartet wird. Ohne Konsumpräferenzen ist dann das Ziel *Entnahmemaximierung* mit dem Ziel *Maximierung des Endvermögens* identisch. Letztlich führen also Konsumpräferenzen zum Zielkonflikt zwischen den beiden ursprünglichen Zielen.

Wird der zweite Weg zur Auflösung des Zielkonfliktes gewählt, ist z.B. das Endvermögen am Planungshorizont unter der Voraussetzung festgesetzter Entnahmen in den einzelnen Jahren zu maximieren. Denkbar ist es auch, für das Ende der Planperiode ein bestimmtes zu erreichendes Endvermögen vorzugeben und die jährlichen Entnahmen zu maximieren. Beim Ziel *Entnahmemaximierung* bei gegebenem Endvermögen kommt es jedoch im allgemeinen zu einer anderen optimalen Lösung als beim Ziel *Maximierung des Endvermögens bei gesetzten jährlichen Entnahmen.*

Durch die Wahl einer bestimmten Planungsperiode für das Investitionskalkül werden die bei offenen Entscheidungsfeldern nicht operationalen[3] Ziele der Endvermögensmaximierung und der Entnahmemaximierung in eindeutige Ziele überführt. Die Definition eines Planungszeitraumes bestimmter Länge

---

2   Vgl. auch Adam (1993a), S. 105 ff.

3   Vgl. Adam (1993a), S. 84 f.

wirft jedoch für die Investitionsrechnung eine neue Frage auf. Ob bei einer dynamischen Betrachtung bestimmte Entscheidungen sinnvoll sind, hängt von der Länge der Planungsperiode ab. Es ist damit nicht belanglos, ob einem Kalkül eine kurze oder lange Planungsperiode zugrunde gelegt wird. Der Grund für dieses Phänomen liegt in den zeitlich vertikalen Interdependenzen zwischen den einzelnen Perioden des Planungszeitraums. Wird willkürlich ein Planungszeitraum bestimmt, kann z.B. die Nutzungsdauer einzelner Investitionen größer sein als der Planungszeitraum. Somit besteht die Möglichkeit, daß eine Investition bei nur fünfjährigem Planungszeitraum unvorteilhaft ist, während sie für einen Planungszeitraum von acht Jahren positiv zu beurteilen ist. Durch die Einführung eines Planungshorizontes wird von den Interdependenzen mit dem abgeschnittenen, hinter dem Planungshorizont liegenden Teil des Wirtschaftsprozesses abstrahiert. Die beiden operationalisierten Basisziele garantieren damit nur eine optimale Politik für den gewählten Zeitraum des Kalküls. Diese Politik kann aber für einen größeren Planungszeitraum suboptimal sein.

Aus diesem Dilemma kann sich ein Entscheidungsträger nur bedingt befreien. In einer Sensitivitätsanalyse kann z.B. untersucht werden, ob Entscheidungen im Hinblick auf eine Verlängerung des Planungshorizontes stabil sind.

Die beiden bislang diskutierten Basisziele bauen in der Berechnung der Vorteilhaftigkeit von Investitionen auf Zahlungsgrößen auf. Bei der Maximierung des Endvermögens wird z.B. aus den Zahlungen des ersten Jahres nach der Investitionsentscheidung das Geldvermögen am Ende dieses Jahres bestimmt. Dieses Geld wird verzinslich angelegt[4]. Im zweiten Jahr ergeben sich dann aus der eigentlichen Investition und der Geldanlage am Ende des ersten Jahres Zahlungsvorgänge, die zum Geldvermögen am Ende des zweiten Jahres führen usw.

In der betriebswirtschaftlichen Theorie gibt es nun noch eine zweite Gruppe von Zielen für Investitionsentscheidungen. Diese zweite Gruppe bestimmt die Vorteilhaftigkeit einer Investition auf der Basis von jährlichen Gewinngrößen. Gewinn eines Jahres und die Zahlungsgrößen des gleichen Jahres sind jedoch nicht identisch. Bei zahlungsorientiertem Vorgehen werden z.B. die Anschaffungsauszahlungen einer Investition im Investitionszeitpunkt erfaßt. In einer gewinnorientierten Rechnung wird dieser Betrag über die Abschreibungen auf die Jahre der Nutzungsdauer verteilt. Entsprechend erfaßt eine gewinnorientierte Rechnung in den einzelnen Perioden nur die Zinszahlung auf das durchschnittlich gebundene Kapital, während bei einer zah-

---

4 Ergibt sich ein negatives Vermögen, ist ein entsprechender Kredit aufzunehmen und in der zweiten Periode sind Sollzinsen zu zahlen.

lungsorientierten Betrachtungsweise auch die Kreditauszahlung und die Tilgung in den einzelnen Perioden berücksichtigt werden. Eine gewinnorientierte Betrachtung findet sich insbesondere in den statischen, nur eine Periode betrachtenden Investitionsrechnungsverfahren wieder. Bewertungsmaßstab für Investitionen sind die Erlöse abzüglich der Kosten.

Wird eine gewinnorientierte Rechnung korrekt durchgeführt, hat sie grundsätzlich das gleiche Resultat wie die Endvermögensmaximierung.[5] Schlüsselgröße für die Überführung beider Betrachtungsweisen sind die zu verrechnenden Zinsen auf das jeweils gebundene Kapital. Das in den einzelnen Jahren gebundene Kapital ist die Differenz der bis zu diesem Zeitpunkt getätigten Ausgaben abzüglich der kumulierten Einnahmen. Hierauf sind die jährlichen Zinsen zu berechnen.[6] Diese Zinsverrechnung gleicht letztlich die Differenzen zwischen zahlungs- und gewinnorientierter Rechnung wieder aus, so daß es belanglos ist, ob in der Investitionsrechnung eine zahlungs- oder eine gewinnorientierte Bewertung der Investitionsobjekte erfolgt.

Die Überführung des Gewinnziels in das Ziel der Endvermögensmaximierung ist jedoch nur dann möglich, wenn die obige Definition der Kapitalbindung zugrunde gelegt wird. In der betriebswirtschaftlichen Investitionstheorie gibt es jedoch noch einen zweiten, rein auszahlungsorientierten Kapitalbindungsbegriff[7]. Nach dieser zweiten Definition ergibt sich das gebundene Kapital als Anschaffungsbetrag abzüglich der bis zu einem bestimmten Zeitpunkt verrechneten Abschreibungen. Dieser engere Kapitalbindungsbegriff wird insbesondere in den statischen Methoden der Investitionsrechnung verwendet. Eine Bewertung von Investitionen auf der Basis dieser engeren Definition der Kapitalbindung verrechnet jedoch im Vergleich zu der ersten Kapitalbindungsdefinition "falsche" Zinsen. Gewinnorientierte und zahlungsorientierte Bewertung von Investitionen führen dann im allgemeinen zu unterschiedlichen Entscheidungen.

Die bislang diskutierten Ziele gehören alle der Klasse absoluter Ziele an. Das erwerbswirtschaftliche Prinzip läßt sich aber in absoluter oder relativer Form formulieren.[8] Ein absolutes Ziel liegt vor, wenn der Gewinn, das Endvermögen oder die jährliche Entnahme maximiert werden soll. Bei relativer Formulierung wird der Gewinn oder das Endvermögen auf eine zweite Größe bezogen, z.B. auf den Kapitaleinsatz oder den Umsatz. Die Frage, ob

5   Die Überführung der beiden Zielformulierungen wird an späterer Stelle eingehend beschrieben.

6   Vgl. Lücke (1955).

7   Vgl. Perridon, Steiner (1993), S. 38 f.

8   Für die folgenden Ausführungen vgl. Adam (1993a), S. 101 ff.

Ziele absolut oder relativ formuliert werden sollen, kann ausschlaggebende Rückwirkungen auf die Frage haben, welche Investitionsstrategie optimal ist. Dieser Zusammenhang soll am Ziel *Gewinnmaximierung* und *Maximierung des RoI* (Return on Investment bzw. Gewinn/Gesamtkapital) für eine einperiodige Betrachtungsweise erläutert werden. Es sind zwei unterschiedliche Entscheidungssituationen denkbar:

■ Der zu investierende gesamte Kapitalbetrag steht fest. Zu entscheiden ist lediglich, auf welche Investitionsobjekte dieser Betrag aufgeteilt werden soll. Gewinn- und RoI-Maximierung führen in diesem Fall zum gleichen Ergebnis, da der Nenner des RoI eine Konstante ist und durch die Investitionsentscheidung nur der Zähler beeinflußt wird.

■ Im zweiten Fall verändern sich mit den anstehenden Entscheidungen der Gewinn und der Kapitaleinsatz. Beide Ziele führen dann in der Regel zu unterschiedlichen Entscheidungen. Das liegt darin begründet, daß bei einer Maximierung des RoI andere Größen entscheidungsrelevant sind als bei der Gewinnmaximierung. Fixe Kosten und ein konstanter, von der anstehenden Entscheidung nicht mehr zu beeinflussender Teil des Kapitaleinsatzes sind zwar für die RoI-Maximierung von Bedeutung, sie spielen jedoch für das Gewinnziel keine Rolle. Nur in Sonderfällen kommt es bei beiden Zielen zur gleichen Entscheidung. Das ist z.B. der Fall, wenn der Kapitaleinsatz nach oben begrenzt ist und die Grenze wirksam wird.

Führen relative und absolute Zielformulierungen zu unterschiedlichen optimalen Strategien, so liegt zwischen den verschiedenen Formen zur Formulierung des erwerbswirtschaftlichen Prinzips ein Zielkonflikt vor. Es fragt sich dann, ob absolute oder relative Zielformulierungen für die Steuerung von Investitionen sinnvoll sind. Sowohl relative als auch absolute Ziele sind mit Problemen verbunden, was an einigen Beispielen gezeigt werden soll.

Eine absolute Zielgröße, z.B. ein Endvermögen von 1.000 GE, läßt nicht erkennen, welcher Kapitaleinsatz dahintersteht. Es ist daher nicht klar, wie der Gewinn zu werten ist. Führt eine Entscheidungsalternative nach n Jahren zu einem Endvermögen von 1.000 GE und eine zweite im gleichen Zeitraum zu einem Vermögen von 1.100 GE, sind die beiden Ergebnisse nicht unmittelbar vergleichbar. Setzt ein Unternehmen A für die Alternative mit 1.100 GE Endvermögen doppelt soviel Startkapital ein wie Unternehmen B, das ein Endvermögen von 1.000 GE realisiert, ist ein ausschließlicher Vergleich der Alternativen auf Basis der Endvermögen unzureichend. Die Alternativen unterscheiden sich durch mehr als nur die Endvermögensdifferenz voneinander und sind damit letztlich nicht vergleichbar.

Relative Ziele können zu unsinnigen Strategien führen. Dazu ein Beispiel. Strebt ein Unternehmen einen maximalen RoI an, kann sich eine Strategie als optimal herausstellen, bei der der Gewinn zwar gering ist, bei der aber kein oder nur wenig Kapital eingesetzt werden muß. Der Rentabilitätsquotient ist dann u.U. "traumhaft" hoch, aber von der kleinen Differenz - dem Gewinn - kann das Unternehmen nicht existieren. Ziel der Politik muß es vielmehr sein, mit den verfügbaren Ressourcen einen möglichst hohen Gewinn (Endvermögen) zu erzielen.

Relative Ziele verstoßen gegen die Grundprinzipien der Vergleichbarkeit von Entscheidungsalternativen. Eine Aussage über die Rentabilität einer Investition läßt im allgemeinen leider keinen Schluß auf den zu erzielenden Gewinn oder das Endvermögen zu. Ein Investitionsobjekt mit 10% Verzinsung muß durchaus nicht besser sein als ein Objekt mit einer Rendite von 7%. Besser ist das erste Objekt nur dann, wenn für beide Objekte der gleiche Kapitaleinsatz erforderlich ist. Sind bei der ersten Investition jedoch 1.000 GE Kapitaleinsatz und bei der zweiten 2.000 GE notwendig, hat das Unternehmen einmal ein Endvermögen von 1.100 GE und im anderen Fall ein Vermögen von 2.140 GE. Die Alternativen sind somit nicht vergleichbar.

Relative Ziele sind nur dann aussagefähig, wenn in den Vergleich eine weitere Aussage einbezogen wird. Im obigen Beispiel müssen Verwendungsalternativen für die restlichen 1.000 GE Startkapital aufgezeigt werden, falls die erste Investition gewählt wird. Kann dieses Geld z.B. nur zu 3% angelegt werden, realisiert die zweite Investitionsalternative einen Vermögenszuwachs von 140 GE für 2.000 GE Kapitaleinsatz, während bei der ersten Alternative bei gleichem Kapitaleinsatz nur 100 + 30 = 130 GE Vermögenszuwachs zu erreichen sind. Wird die ergänzende Investition in die Betrachtung einbezogen, erwirtschaftet die eine Alternative eine Rentabilität von 7% während die zweite Alternative im Durchschnitt nur 6,5% Rendite - bezogen auf die beiden investierten Kapitalbeträge - erzielt.

Die Diskussion über die relativen und absoluten Ziele zeigt eines sehr deutlich: Sowohl relative als auch absolute Ziele führen nur dann zu sinnvollen Entscheidungen, wenn vergleichbare Entscheidungsalternativen gegeben sind. Vergleichbare Entscheidungsalternativen liegen aber im obigen Fall nur dann vor, wenn für alle Alternativen der gleiche Kapitaleinsatz erforderlich ist. Erfolgt die Beurteilung einer Einzelinvestition auf Basis einer relativen Zielsetzung, kommt es zu krassen Fehlurteilen. Damit wird auch bereits ein Hauptproblem der Investitionsrechnung deutlich. Eine sinnvolle Beurteilung von Investitionen ist nur dann möglich, wenn vergleichbare Alternativen vorliegen. Einzelne Investitionsprojekte mit unterschiedlichem Kapitalbedarf und unterschiedlicher Nutzungsdauer erfüllen diese Voraussetzung im allgemeinen nicht. Das Hauptproblem der Investitionsrechnung besteht daher darin, für Vergleichbarkeit der Alternativen zu sorgen. Liegt Vergleichbarkeit vor, ist es belanglos, ob das Ziel relativ oder absolut formuliert wird. Beide Formulierungen führen zu gleichen Entscheidungen.

Leider gelingt es bei praktischen Entscheidungsproblemen nur bedingt, Vergleichbarkeit herzustellen. Es findet häufig ein Vergleich von einzelnen Investitionsobjekten statt, die eigentlich gar nicht komparabel sind.

Für die Beurteilung einzelner Investitionen werden in der Praxis sehr gerne relative Ziele eingesetzt. Z.B. wird mit dem RoI oder der Eigenkapitalrentabilität gearbeitet. Bei mehrperiodigen Analysen wird häufig auf die interne Verzinsung zurückgegriffen. Diese Ziele sind jedoch recht zweifelhaft, wenn sie für die Bewertung nicht vergleichbarer Investitionsalternativen herangezogen werden.

Gewinnmaximierung sowie Optimierung des RoI oder der Eigenkapitalrendite können als kurfristige Ersatzziele für die bei zeitlich offenen Entscheidungsfeldern nicht operationalen, langfristigen Ziele der Entnahme- oder Endvermögensmaximierung aufgefaßt werden. Ihre Befolgung soll die langfristigen Ziele möglichst fördern. Welches kurzfristige Ziel in diesem Sinn richtig oder zweckmäßig ist, läßt sich nicht sachlogisch entscheiden, da durch die Wahl einer beliebigen Länge für die Planungsperiode Interpendenzen zu den noch unbekannten Entscheidungsalternativen im abgetrennten Teil des Entscheidungsfeldes verloren gehen. Anders formuliert gibt es bei zeitlich offenen Entscheidungesfeldern keine optimale Politik. Die Auswahl eines Zielbündels kann dann allenfalls plausibel sein. Die Frage relativer oder absoluter Ziele wird damit z.T. zur Glaubensfrage. Da beide Formulierungsarten Probleme aufwerfen, kann sich ein Unternehmen für die **praktische Investitionspolitik** mit einer Kombination der Ziele behelfen. Eine derartige Kombination kann z.B. darin bestehen, den Gewinn zu maximieren, aber nur, solange der RoI und/oder die Eigenkapitalrentabilität ein bestimmtes, als befriedigend empfundenes Niveau nicht unterschreitet. Die Kombination der Ziele sollte jedoch so erfolgen, daß langfristig unvorteilhafte Strategien, die bei kurzfristiger Sichtweise - z.B. im Hinblick auf die Eigenkapitalrentabilität - sinnvoll erscheinen, ausgeschlossen werden. Dadurch soll tendenziell die Intention der nicht operationalen, langfristigen Ziele im Kalkül erfaßt werden.

Grundsätzlich kann zwischen allen drei kurzfristigen Zielen (Gewinn, RoI, Eigenkapitalrentabilität) eine Konfliktsituation bestehen, die in einer übergeordneten Zielfunktion überwunden werden muß. Einige Beispiele sollen diesen Zusammenhang beleuchten.

Ein Unternehmen möge vor Abzug von Zinsen mit einer einperiodigen Investition einen Gewinn von 10 GE mit einem Eigenkapitaleinsatz von 100 GE erzielen.[9] Die Eigenkapitalrentabilität beträgt damit 10%. Angenommen, dem Unternehmen werden 50 GE Eigenkapital durch Entnahmen des Eigentümers entzogen und dieser Betrag wird durch Fremdmittel zum Zinssatz von 10% ersetzt, dann sinkt der Gewinn auf 5 GE, da das Unternehmen 50 GE · 0,1 = 5 GE Zinsen zahlen muß. Die Eigenkapitalrentabilität verändert sich gegenüber der Ausgangslage jedoch nicht, da dem Gewinn von 5 GE nur noch ein Eigenkapitaleinsatz von 50 GE gegenübersteht. Der RoI, ursprünglich gleich der Eigenkapitalrendite, sinkt auf 5% ab (5/100). Anhand der Eigenkapitalrendite beurteilt, ist die Situation vor und nach der Umfinanzierung gleichwertig. Nach dem Gewinnkriterium stellt sich das Unternehmen jedoch nach der Umfinanzierung schlechter.

Angenommen, im vorherigen Beispiel beträgt der Zinsatz für Fremdkapital nur 5%, dann führt die Kapitalsubstitution zu folgenden Ergebnissen:

Zielniveau **vor** der Substitution:
Gewinn:	10 GE
Eigenkapitalrendite:	10%
RoI:	10%

Zielniveau **nach** der Substitution:
Gewinn:	10 - 0,05 · 50 =	7,5 GE
Eigenkapitalrendite:	7,5/50 =	15%
RoI:	7,5/100 =	7,5%

Aus der Sichtweise von RoI und Gewinn ist die Substitution negativ zu beurteilen, während sie aus Sicht der Eigenkapitalrentabilität vorteilhaft ist. Betreibt ein Unternehmen die Kapitalsubstitution konsequent weiter, kommt es aufgrund des **Leverage-Effektes**[10] bei 5%-igem Fremdkapitalzins mit zunehmender Substitution zu einer ständig steigenden Eigenkapitalrentabilität. Es stellt sich aber die Frage, ob die mit der Substitution eintretende Lage des Unternehmens wirklich so vorteilhaft einzuschätzen ist. Das Unternehmen unterhöhlt durch zunehmende Kapitalsubstitution seine Überlebensfähigkeit, da sich das Haftungskapital vermindert, und es schränkt damit bei niedriger Eigenkapitalquote die Kreditfähigkeit ein,[11] was sich langfristig negativ auf das Unternehmenswachstum auswirken kann. Die aus der Sicht der Eigenkapitalrentabilität vorteilhafte Strategie der Kapitalsubstitution ist

---

9   Für das folgende Beispiel vgl. Adam (1993a), S.104 f.

10   Vgl. Adam (1993a), S. 94 ff.; Perridon, Steiner (1993), S. 423 ff.

11   Vgl. z.B. Perridon, Steiner (1991), S.462 ff. und Swoboda (1991), S. 175 ff.

also langfristig gar nicht "so vorziehenswürdig" wie es zunächst erscheint. Eine Maximierung der Eigenkapitalrentabilität läßt kurzsichtige Verhaltensweisen zu, die den langfristigen Bestand des Unternehmens gefährden können.

Wie kritisch diese Ziele zu beurteilen sind, belegt auch ein weiteres Beispiel. Ein Unternehmen erzielt mit einem einjährigen Investitionsprogramm einen Gewinn vor Abzug der Zinsen von 10 GE. Es setzt Kapital in Höhe von 100 GE ein, das zur Hälfte aus eigenen Mitteln besteht. Für Fremdkapital ist ein Zins von 4% zu zahlen. Die drei Zielgrößen weisen damit folgendes Niveau auf:

Gewinn:	$10 - 0,04 \cdot 50$	$= 8$ GE
Eigenkapitalrendite:	$8/50$	$= 16\%$
RoI:	$8/100$	$= 8\%$

Angenommen, das Unternehmen streicht ein im Hinblick auf den RoI unterdurchschnittlich gutes Investitionsprojekt mit einem Deckungsbeitrag von 0,5 GE aus dem Programm und reduziert damit den Fremdkapitaleinsatz um 10 GE, so verändert sich das Niveau der Ziele wie folgt:

Gewinn:	$10 - 0,5 - 0,04 \cdot 40$	$= 7,9$ GE
Eigenkapitalrendite:	$7,9/50$	$= 15,8\%$
RoI:	$7,9/90$	$= 8,8\%$

In diesem Fall verringert sich der Gewinn durch die Aussonderung eines Investitionsprojektes, der RoI verbessert sich, da der Beitrag des eliminierten Projektes zum RoI ($0,5/10 = 5\%$) unterdurchschnittlich war. Aus der Sicht der Eigenkapitalrendite hingegen wird die Strategie als nachteilig beurteilt.

Die Situation eines **Dilemmas** zwischen den drei Zielen besteht insbesondere für die langfristige Investitionspolitik mit noch weitgehend variablem Einsatz von Eigen- und Fremdkapital. Für die kurfristige Politik mit größtenteils vorgegebenem Kapitaleinsatz reduziert sich der Zielkonflikt erheblich. Aus der Konfliktsituation kann nur die Konsequenz gezogen werden, daß für die praktische Investitionspolitik letztlich alle drei Zielgrößen relevant sind. Es gibt in der Regel keine Politik, die alle Ziele extremiert. Der Zielkonflikt kann z.B. dadurch überwunden werden, daß ein Ziel - z.B. der RoI - zum Hauptziel deklariert wird, das es zu maximieren gilt, während für die beiden übrigen Ziele ein mindestens zu erreichendes Niveau vorgeschrieben wird. Durch eine derartige Konstruktion eines Zielsystems lassen sich z.B. extrem negative Konsequenzen des Leverage-Effektes nach unten begrenzen. Vergleichbare Effekte können auch erreicht werden, wenn das Planungsproblem um Kapitalstrukturregeln erweitert wird: Das Hauptziel - z.B. Maximierung der Eigenkapitalrentabilität - darf dann nur verfolgt werden, solange die Eigenkapitalquote einen bestimmten Anteil am Kapitaleinsatz - z.B. 40% - nicht unterschreitet.

Die Diskussion der 4 Grundtypen von Zielen für Investitionsentscheidungen

- Maximierung des Endvermögens,
- Maximierung des Entnahmestroms,
- Maximierung des Gewinnes und
- Maximierung der Rentabilität

hat gezeigt, daß es die einzig richtige Zielsetzung für Investitionsentscheidungen nicht gibt. Das zeitlich offene Entscheidungsfeld läßt prinzipiell keine optimalen Entscheidungen zu. Optimiert werden kann eine Investitionsentscheidung nur für einen plausibel gewählten Planungszeitraum. Ob als Planungszeitraum nur eine Periode angesetzt wird, so daß statische Ziele wie der RoI oder der Gewinn der Periode geeignet sind, oder ob mehrperiodige Entscheidungen auf der Basis längerfristiger Ziele wie Vermögensmaximierung, Maximierung des Entnahmestroms oder der internen Verzinsung erfolgen, kann sachlogisch nicht entschieden werden. Kurzfristige Ziele erfassen einerseits keine vertikalen Interdependenzen[12] zu dem Zeitabschnitt, der sich jenseits des Planungszeitraumes befindet; sie erlauben daher nur eine eingeschränkt sinnvolle Analyse. Kurzfristige Kalküle haben andererseits den Vorzug, weniger aufwendig und weniger komplex zu sein. Mit steigender Länge des Planungszeitraums werden die Analysen zwar theoretisch exakter. Diese Kalküle erfordern jedoch mehr Informationen und der Modellumfang ist u.U. rechnerisch nicht zu bewältigen. Der dadurch zu erreichenden Annäherung an die theoretische Exaktheit wirkt jedoch die mit zunehmender Länge des Planungszeitraumes wachsende Ungenauigkeit der Daten entgegen. Investitionskalküle sind damit in der Praxis immer Kompromisse zwischen Exaktheit, Datengenauigkeit und einer nur bedingten Vergleichbarkeit der Investitionsalternativen.

Für die vier diskutierten Basisziele gibt es eine Vielzahl von Untervarianten, auf die in diesem Zusammenhang hier nicht näher eingegangen werden soll. Das Rentabilitätsziel tritt z.B. in einer großen Zahl von Spielarten auf: Beispiele sind interner Zinsfuß, RoI, Eigenkapitalverzinsung, Initialverzinsung oder die Baldwin-Verzinsung[13]. Hinsichtlich des Zieles *Vermögensmaximierung* kann zwischen Maximierung des Endvermögens und Maximierung

---

12   Vgl. Adam (1993a), S. 163 ff.

13   Vgl. Blohm, Lüder (1991), S. 114 f.

des Barwertes - abgezinstes Endvermögen - unterschieden werden. Im Rahmen der entnahmeorientierten Ziele kann eine konstante Breite des Entnahmestroms maximiert werden, oder es ist ein Zahlungstrom mit einer bestimmten Zahlungstruktur im Zeitablauf - z.B. Faktor 1 im ersten Jahr und Faktor 1,1 im zweiten Jahr usw. - zu optimieren. Zu den entnahmeorientierten Zielen ist auch die Maximierung der Annuität zu rechnen. Diese Unterspielarten der vier Basisziele werden an späterer Stelle[14] eingehender behandelt.

In der Praxis findet sich für Investitionsentscheidungen sehr häufig noch eine fünfte Zielkategorie, die Amortisationsdauer oder Pay-off-Periode. Im einfachsten Fall wird unter der Amortisationsdauer der Zeitraum verstanden, der erforderlich ist, um die Investitionsausgabe gerade zu verdienen. Für eine Investitionsausgabe von 1.000 GE und jährlich konstante Überschüsse von 200 GE sind ohne Berücksichtigung von Zinsen 5 Jahre für die Rückgewinnung des investierten Geldes erforderlich. Die Pay-off-Periode wird in der Praxis als Ausdruck des mit einer Investition verbundenen Risikos angesehen. Dem liegt die Vorstellung zugrunde, daß mit zunehmender Amortisationsdauer das mit der Investition verbundene Risiko steigt. Eine Beurteilung von Investitionen allein nach dem Kriterium der Amortisationszeit hat jedoch erhebliche Nachteile:

- Die Amortisationszeit ist ein höchst unbefriedigender Maßstab zur Erfassung des Risikos. Das Risiko liegt letztlich in den zu erwartenden Ein- und Auszahlungen einer Investition. Die Amortisationszeit geht jedoch von einer deterministischen Zahlungsreihe aus.

- Das Kriterium bevorzugt Investitionsobjekte, die ihre Investitionssumme kurzfristig wieder einspielen. Für die Beurteilung spielt die Frage, wie hoch die Entnahmen oder das Endvermögen sind, die auf diese Investition zurückgehen, keine Rolle. Die Ertragskraft einer Investition geht folglich nicht in die Entscheidung ein. Das Kriterium ist daher abzulehnen, da nur ein Teil der Nutzungsdauer einer Investition in der Beurteilung erfaßt wird. Langlaufende Investitionen werden durch dieses Kriterium systematisch benachteiligt. Das Kriterium steht damit der durch Investitionen eigentlich beabsichtigten langfristigen Sicherung des Einkommensstromes und des Endvermögens entgegen.

Die Amortisationszeit kann bestenfalls als Zusatzkriterium oder als Restriktion für die Investitionsbeurteilung herangezogen werden. Z.B. werden hinsichtlich der Nutzungsdauer und des Investitionsumfangs vergleichbare

---

14   Vgl. Kapitel 33.

Investitionen nur dann nach Erfolgsaspekten weiter analysiert, wenn die Pay-off-Periode eine vorgegebene Anzahl von Jahren nicht überschreitet. Die Amortisationszeit fungiert dann als Ausschlußkriterium.

Die fünf Klassen von Zielen der Investitionsrechnung werden abschließend noch einmal in einer Übersicht zusammengefaßt.

22 Entscheidungsfelder in der Investitionsrechnung

221 Typen von Investitionsproblemen

In der Investitionsrechnung gibt es drei Typen von Entscheidungsproblemen:

- Analysen zur Vorteilhaftigkeit einzelner Investitionen,
- Wahlprobleme (Wahl zwischen zwei Sachinvestitionen oder Wahl der Nutzungsdauer von Investitionsobjekten) und
- Investitionsprogrammanalysen.

Die Struktur dieser Entscheidungsprobleme soll für das Ziel *Endvermögensmaximierung* erläutert werden.

Bei **Vorteilhaftigkeitsanalysen** wird eine einzelne Sachinvestition mit einer Anlage des Geldes in Finanzanlagen verglichen. Gefragt wird nach der Höhe des Endvermögens, wenn ein bestimmter Betrag in einer Sachinvestition angelegt wird, sowie nach der Höhe des Endvermögens der alternativ möglichen Finanzinvestition. Eine Sachinvestition ist im Vergleich zur Finanzanlage vorteilhaft, wenn ihr Endvermögen höher ist als das der Finanzanlage. Die Finanzanlage dient damit als Beurteilungsmaßstab für die Sachanlage, sie ist die Opportunität an der die Vorziehenswürdigkeit gemessen wird. Die Frage nach der Vorteilhaftigkeit einer Sachinvestition läßt sich nur beantworten, wenn beide Investitionsalternativen vergleichbar sind bzw. vergleichbar gemacht werden. Vergleichbarkeit wird in diesem Falle über die Wiederanlageprämisse von Geld erzielt, das mit den beiden Investitionen verdient wird.

Angenommen es steht ein Startkapital von 1.000 GE zur Verfügung, das bei einer zweijährigen Finanzanlage jährlich 10% Zinsen erwirtschaftet, dann ergibt sich für diese Geldanlage nach 2 Jahren ein Endvermögen von 1.210 GE. Im ersten Jahr erhält der Investor 100 GE Zinsen, die dem Kapital zugeschlagen werden. Im zweiten Jahr fallen auf das gestiegene Kapital von 1.100 GE 110 GE Zinsen an.

Die auch zweijährige Sachinvestition hat folgende Zahlungsreihe: Die Investitionsausgabe beläuft sich auf 1.000 GE (entspricht der Höhe des Startkapitals) am Anfang des ersten Jahres. Am Ende des ersten bzw. zweiten Jahres fallen finanzielle Überschüsse von 140 bzw. 1.100 GE an. Um die beiden Alternativen vergleichen zu können, ist für den Überschuß des ersten Jahres eine Finanzanlage zu 10% zu tätigen; die 140 GE sind damit am Ende des zweiten Jahres 154 GE wert. Für die Sachanlage ergibt sich dann ein Endvermögen von 1.254 GE. Das Endvermögen der Sachanlage übersteigt damit den der Finanzinvestition um 1.254 - 1.210 = 44 GE. Die Sachanlage ist mithin vorteilhafter als die Finanzanlage. Dieser Vorteil beläuft sich am Ende des zweiten Jahres auf das Zusatzvermögen von 44 GE. Dieser Betrag kann auch als Endvermögen eines noch unbekannten Kapitalbetrages im Zeitpunkt der Investition interpretiert werden, der zu 10% angelegt wurde. Der Barwert der Sachinvestition ergibt sich, wenn das zusätzliche Endvermögen von 44 GE durch 1,21, den Zinsfaktor für eine zweijährige Anlage, dividiert wird (44/1,21 = 36,3636). Die Sachanlage ist damit im Investitionszeitpunkt 36,36 GE mehr wert als die Finanzanlage.

Findet der Investor einen anderen Anleger, der ihm den Barwert der Sachinvestition abkauft, und legt er dieses Geld dann in Finanzinvestitionen zu 10% an, steht er sich nach zwei Jahren genau so, wie bei der Sachinvestition. Der Bar- oder Kapitalwert der Sachinvestition ist damit nichts anderes als das kapitalisierte zusätzliche Endvermögen der Sachanlage im Vergleich zur Finanzanlage. Aus diesem einfachen Beispiel wird die generelle Bedeutung von Kapitalwerten von Sachanlagen deutlich. Der Kapitalwert bezeichnet immer denjenigen Betrag, den der Anleger im Zeitpunkt t=0 bei der Sachanlage mehr oder weniger hat als bei der Finanzanlage. Der Kapitalwert ist damit eine relative Größe, eine Größe, die sich auf die Opportunität bezieht. Der Kapitalwert einer Sachinvestition gibt damit keine Auskunft über den tatsächlichen Vermögenszustand. Der würde sich bei der Sachanlage auf 1.036,36 im Investitionszeitpunkt belaufen, vorausgesetzt das zusätzlich Endvermögen von 44 GE ließe sich kapitalisieren.

Die Vorteilhaftigkeit einer Sachinvestition ist immer dann gegeben, wenn ihr Kapitalwert positiv ist. Bei negativem Kapitalwert ist die Finanzanlage vorzuziehen. Das Beispiel zeigt, daß nur über die Wiederanlage der finanziellen Überschüsse zu 10% eine Berechnung des Endvermögens und des Kapitalwertes möglich ist und damit eine Aussage über die Vorteilhaftigkeit von Investitionsobjekten gemacht werden kann. Steigt der Zinssatz der Finanzanlage, kann eine bei einem niedrigeren Zinssatz vorteilhafte Investition unvorteilhaft werden. Der Kapitalwert und das Endvermögen hängen folglich von der Verzinsung der Finanzanlage ab.

Vorteilhaftigkeitsanalysen können auch zu anderen Opportunitäten durchgeführt werden. Z.B. könnten zwei Sachinvestitionen miteinander verglichen werden. Ein derartiger Vergleich ist jedoch auch möglich, wenn die beiden Sachinvestitionen zunächst mit der Finanzanlage verglichen werden und anschließend die Kapitalwerte der beiden Sachinvestitionen gegenübergestellt werden. Diese Form eines Vorteilhaftigkeitsproblems wird als **Wahlproblem** bezeichnet. Beim Wahlproblem geht es darum, von sich gegenseitig ausschließenden, vorteilhaften Investitionsalternativen die günstigere Anlage zu bestimmen.

Wahlprobleme treten in in drei Arten auf:

- Wahl zwischen zwei noch nicht realisierten Investitionsalternativen. Diese Form wird auch als reiner Wirtschaftlichkeitsvergleich bezeichnet.
- Wahl zwischen einer bereits realisierten und einer neuen Anlage. In diesem Fall wird von einem Ersatzproblem gesprochen.
- Wahlentscheidungen über die Länge der Nutzungsdauer von Investitionsobjekten (Bestimmung der optimalen Nutzungsdauer).

Bei der zweiten und dritten Fragestellung handelt es sich grundsätzlich um identische Probleme. Ein Unterschied existiert nur insoweit, als beim Wahlproblem der dritten Art die optimale Nutzungsdauer von Investitionen im Investitionszeitpunkt bestimmt wird, während beim Ersatzproblem für eine vorhandene Anlage analysiert wird, ob es im Vergleich zu einer neuen Anlage sinnvoll ist, die Altanlage weiterhin zu nutzen. Treten während der Nutzungsdauer einer Anlage genau die Zahlungsströme ein, die im Investitionszeitpunkt bei der Wahl der Nutzungsdauer zugrunde gelegt wurden, führen beide Fragestellungen hinsichtlich des Nutzungszeitraumes zum identischen Ergebnis. Zwischen den beiden Fragestellungen besteht nur dann ein Unter-

schied, wenn die Erwartungen im Investitionszeitpunkt über die Zahlungsreihe nicht eintreten. Ex-post kann dann eine andere Nutzungsdauer von Investitionsprojekten sinnvoll sein als ex-ante bestimmt wurde.

Hinter der Frage nach der optimalen Nutzungsdauer verbirgt sich grundsätzlich folgendes Problem. Das Endvermögen einer Sachinvestition wird für
eine bestimmte Laufzeit einer Investition berechnet. Entsprechend gilt der
Kapitalwert auch für eine gegebene Investitionsdauer. Bei vielen Investitionsobjekten steht die wirtschaftlich sinnvolle Nutzungsdauer jedoch nicht
von vornherein fest. Es ist zu fragen, ob es vorteilhaft ist, die Nutzungsdauer
zu erhöhen. Das ist grundsätzlich dann der Fall, wenn mit der Ausdehnung
der Nutzungszeit die Endvermögensdifferenz zwischen Sach- und Finanzanlage steigt. Gleichzeitig erhöht sich der Kapitalwert der Investition.

Wahlprobleme bereiten in der Investitionsrechnung immer dann Probleme,
wenn die Alternativen nicht direkt vergleichbar sind. Angenommen, es sollen zwei sich ausschließende Sachinvestitionen mit einer Laufzeit von je
zwei Jahren verglichen werden, die sich in der Investitionssumme und im
Kapitalwert unterscheiden. In diesem Fall ist der Einzelvergleich der beiden
Investitionen zunächst sinnlos. Gilt für die Investition A mit einer Investitionssumme von 5.000 GE ein Kapitalwert von 1.300 GE, während bei B
mit 8.000 GE ein Kapitalwert von 1.800 GE realisiert werden kann, ist nur
dann eine sinnvolle Lösung des Problems zu finden, wenn eine Aussage gemacht wird, was mit der Differenz von 3.000 GE Startkapital geschieht und
welcher Kapitalwert daraus bei zweijähriger Anlage resultiert. Es muß also
eine Ergänzungsinvestition C gefunden werden. Angebracht ist in diesem
Fall nur ein Vergleich der Kapitalwerte der Investition B mit dem Kapitalwert des Investitionsbündels bestehend aus A und C. Wird mit der Differenz
von 3.000 GE Kapital ein Barwert von z.B. 600 GE erzielt, ist das Investi-
tionsbündel um 100 GE besser als die Einzelinvestition B. Das Grundproblem bei Wahlentscheidungen ist es daher, für Vergleichbarkeit der Alternativen zu sorgen.

Bei der dritten Form von Entscheidungsproblemen, den **Programmanalysen**[15], geht es darum, einen gegebenen Kapitalbetrag so auf Investitionsalternativen aufzuteilen, daß das Endvermögen maximiert wird. Dieses Problem kann auch in der Form eines noch unbekannten Budgets auftreten. Im
ersten Fall liegt ein reines Aufteilungsproblem des Budgets vor. Im zweiten
Fall ist zusätzlich zu untersuchen, ob durch eine Vergrößerung oder Ver-
kleinerung eines Budgets eine positive Wirkung auf das Endvermögen erzielt werden kann. Die Wirkungen auf das Endvermögen einer Budgetände-

---

15 Vgl. Blohm, Lüder (1991), S. 271 ff.; Perridon, Steiner (1993), S. 128 ff.; Busse
    von Colbe, Laßmann (1990), S. 197 ff.

rung setzen sich aus zwei Bestandteilen zusammen. Mit einer Budgeterhö-
hung wachsen die Finanzierungsausgaben, gleichzeitig erhöhen sich die
Überschüsse aus den Investitionsobjekten. Optimal ist ein Budget dann,
wenn die Finanzierung genau soviel kostet, wie die Sachanlage zu erwirtschaften in der Lage ist. Bei den Programmentscheidungen geht es folglich
darum, das Budget zu finden, bei dem die Grenzausgaben der Finanzierung
den Grenzerträgen der Sachinvestition entsprechen (Lenkzinssätze oder endogene Grenzzinssätze)[16].

Programmentscheidungen sind damit stets auch spezielle Wahlprobleme. Es
ist aber nicht zwischen Einzelinvestitionen eine Wahl zu treffen, sondern es
werden Investitionsalternativen gegenübergestellt, die vollständig vergleichbar sind. In dieser vollständigen Vergleichbarkeit liegt auch der Grund für
die Überlegenheit von Programmentscheidungen gegenüber Wahlentscheidungen einzelner Sachinvestitionen. Durch die Art des Modellansatzes für
Programmentscheidungen wird die Vergleichbarkeit der Alternativen automatisch sichergestellt. Das obige Beispiel der Investitionen A, B und C im
Wahlproblem war letztlich bereits eine derartige Programmentscheidung.

Der Nachteil von Programmentscheidungen besteht in der höheren Komplexität der Modelle. Einzelvergleiche sind einfacher, erlauben in der Regel
aber keine treffsichere Aussage, welche Alternative wirklich die günstigste
ist.

222 Mengenmäßige und zeitliche Ausdehnung des Entscheidungsfeldes

Das Entscheidungsfeld erfaßt die Auswirkungen einer bestimmten Entscheidung in einer gegebenen Datensituation auf das in der Investitionspolitik angestrebte Ziel. Daten und Aktionsparameter sind die beiden Inputgrößen des
Modells für das Investitionskalkül und die Wirkungen z.B. auf das Endvermögen sind der Modelloutput. Das Entscheidungsfeld der dynamischen,
mehrperiodigen Investitionsrechnung hat eine mengenmäßige und eine zeitliche Dimension. Bei statischen Rechnungen entfällt die dynamische Dimension, da nur Einflüsse einer Periode erfaßt werden.

Die **mengenmäßige Dimension** bildet ab, welche Typen von Entscheidungen in einem bestimmten Modell abgebildet werden. Von einer **isolierten
Analyse** ist zu sprechen, wenn im Entscheidungsmodell nur eine Variable
erfaßt wird, wenn z.B. über eine einzelne Investition in einem Kalkül zu ent-

---

16   Vgl. Hering (1992).

scheiden ist. Werden im Modell horizontale Interdependenzen[17] zwischen mehreren Entscheidungsvariablen erfaßt - z.B. Programmentscheidungen bei knappem Budget, Entscheidungen über das Produktionsprogramm, Investitions- und Finanzierungspolitik - liegt ein im Hinblick auf die mengenmäßige Dimension des Entscheidungsfeldes **simultanes Kalkül** vor.[18]

Die klassische Investitionsrechnung beschäftigt sich mit **isolierten Analysen** für einzelne Investitionsobjekte. Derartige Analysen weisen jedoch einige Nachteile auf: Die Ergebnisse für einzelne sich gegenseitig ausschließende Investitionen sind bei dieser Konstruktion des Entscheidungsmodells in der Regel nicht unmittelbar vergleichbar. Zudem erfassen derartige Modelle die Rückwirkungen auf andere betriebliche Funktionsbereiche nicht. Z.B. muß die Finanzierungsentscheidung bereits getroffen sein, und es muß bei einer neuen Produktionsanlage bereits bekannt sein, welche Produkte darauf erzeugt werden. Die Investitionsrechnung ist folglich für eine gegebene Finanzierungsform und ein bekanntes Produktionsprogramm durchzuführen. Es kann dann in der Investitionsrechnung auch nur analysiert werden, ob ein Investitionsobjekt unter den gegebenen Finanzierungs- und Programmbedingungen vorteilhaft ist. Der Einfluß eines veränderten Programms oder einer anderen Finanzierung auf das Ergebnis des Kalküls kann nur für neue Datensätze in einem neuen Kalkül transparent gemacht werden.

Simultane Modelle sind bemüht, diese Nachteile zu vermeiden. Je nach mengenmäßiger Ausdehnung des Entscheidungsfeldes erfassen sie die Beziehungen zwischen einzelnen betrieblichen Funktionsbereichen und erlauben in *einem* Modell der Frage nachzugehen, wie die Investitionsobjekte bzw. das Investitionsprogramm und z.B. die Finanzierung sinnvoll im Hinblick auf das Unternehmensziel zu gestalten sind. Diese Modelle benötigen keine vorgegebenen Entscheidungen aus anderen betrieblichen Funktionsbereichen. Der zweite Vorteil simultaner Kalküle liegt darin, daß durch die Art der Modellkonstruktion automatisch vollständig vergleichbare Entscheidungsalternativen entstehen. Insoweit sind die Ergebnisse qualitativ besser als jene aus isolierten Kalkülen.

Nach dem Grad an Simultaneität lassen sich verschiedene Arten von Investitionsmodellen unterscheiden. Wird z.B. lediglich analysiert, wie sich eine neue Maschine in einen bestehenden Betriebsmittelbestand einfügt, d.h., werden im Modell nur die Umverteilungseffekte von Produktionsmengen von alten Maschinen auf die neue Maschine abgebildet, ist der Komplexitätsgrad noch gering, da das Programm und die Finanzierung nach wie vor

---

17 Vgl. Adam (1993a), S. 163 ff.

18 Vgl. Adam (1993a), S. 77 ff.

vorgegeben sind. Werden zusätzlich auch Finanzierungs- und Programment-scheidungen in das Modell einbezogen, steigt der Komplexitätsgrad und er-reicht sehr schnell die Grenze des Rechenbaren.

Isolierte Analysen sind zwar einfach, aber sie bilden das reale Entschei-dungsproblem nur unvollständig ab. Simultane Modelle führen zu qualitativ besseren Ergebnissen; diese Modelle sind jedoch sehr komplex und der Mo-dellformulierungs- und Berechnungsaufwand ist erheblich. Bei Investitions-entscheidungen in der Praxis muß daher stets zwischen den beiden Faktoren Genauigkeit und Komplexität abgewogen werden. Zu fragen ist, ob die wachsenden Planungskosten zunehmender Komplexität durch verbesserte Planungsergebnisse gerechtfertigt sind. Praktische Investitionskalküle stellen daher immer einen Kompromiß zwischen beiden Gesichtpunkten dar.

Unter der **zeitlichen Ausdehnung des Entscheidungsfeldes** wird die Wahl des Planungszeitraumes verstanden. Bei isolierten Analysen für einzelne In-vestitionsobjekte sollte der Planungszeitraum grundsätzlich die gesamte Nutzungsdauer eines Investitionsobjektes umfassen. Die zu analysierende Zahlungsreihe einer Investition sollte mithin sämtliche auf die Investition zu-rückgehenden Einnahme- und Ausgabewirkungen abbilden; nur dann ist ein vollständiges Urteil über die Vorteilhaftigkeit möglich. Deckt der Planungs-zeitraum nur einen Teil der Nutzungsdauer ab, ist das Investitionsobjekt am Ende des Kalkulationszeitraumes noch nicht voll verbraucht, d.h., es besitzt noch einen Wert. Dieser Wert müßte als Quasi-Einnahme in die Investitions-rechnung einbezogen werden.

Eine exakte Bewertung des Restvermögens am Planungshorizont ist jedoch generell nicht möglich.[19] Dem Kalkül können nur bestimmte Hypothesen über den Restwert zugrunde gelegt werden. Die Rechnung könnte z.B. da-von ausgehen, das Investitionsobjekt zu liquidieren. Dann wäre ein geschätzter Liquidationserlös anzusetzen. Bei dieser Bewertungshypothese wird davon ausgegangen, daß die Nutzung des Investitionsobjektes nach dem Planungshorizont beendet wird. Diese Hypothese muß jedoch nicht der tatsächlichen Entscheidungssituation entsprechen. Wird von einer Fortfüh-rung ausgegangen, müßte der Barwert der jenseits des Planungszeitraumes liegenden finanziellen Überschüsse angesetzt werden. Faktisch entpricht dieses Vorgehen einer Verlängerung des Planungshorizontes bis zum Ende der Nutzungsdauer. Eine dritte Bewertungshypothese setzt den Buchwert der Investition am Ende des Planungshorizontes an. Durch diese Bewertung wird dann nur ein dem Verhältnis von Kalkulationszeitraum zu Nutzungs-zeitraum proportionaler Anteil der Anschaffungsausgaben im Kalkül erfaßt.

---

19 Vgl. Adam (1968).

Für jeden der drei hypothetischen Werte ergibt sich u.U. ein anderes Urteil über die Vorteilhaftigkeit einer Investition.

Bei einem mehrperiodigen simultanen Planungsproblem mit Entscheidungs-alternativen in allen Teilperioden des Planungshorizontes existieren in der Regel **zeitlich vertikale Interdependenzen**[20]. Eine in der ersten Teilperiode zu fällende Entscheidung kann folglich nicht unabhängig von Entschei-dungen in späteren Teilperioden beurteilt werden. Eine isolierte Beurteilung einzelner Investitionsobjekte ist somit generell nicht möglich. Bei vertikalen Interdependenzen hängt der Erfolgsbeitrag der Entscheidungen einer Periode von Entscheidungen in den vorhergehenden und nachfolgenden Teilperioden ab. Der Erfolg wird stets durch eine Kette zeitlich aufeinanderfolgender Entscheidungen determiniert. Der Zielbetrag hängt mithin von bestimmten Entscheidungsfolgen ab. Der Zielbeitrag ist dann auch nur dieser Folge von Entscheidungen als Gesamtheit und nicht Einzelentscheidungen zuzu-rechnen.

Stellt ein Unternehmen Investitionsüberlegungen an, ist die Vorteilhaftigkeit einer bestimmten Investition davon abhängig, in welchen Betriebsmittelbe-stand das neue Investitionsobjekt eingegliedert wird, und welche Verände-rungen der Betriebsmittelbestand während der Nutzungsdauer erfährt. Die Vorteilhaftigkeit hängt damit von früheren, sich im Betriebsmittelbestand niedergeschlagenen Entscheidungen sowie von künftigen Entscheidungen ab, und die künftigen Entscheidungen sind wiederum von den heutigen Ent-schlüssen abhängig. Dieser Zusammenhang soll an einem Beispiel näher er-läutert werden.

Ein Einproduktunternehmen fertigt in drei nacheinander zu durchlaufenden Abteilungen A, B und C ein bestimmtes Erzeugnis. Zum gegebenen Absatz-preis kann am Markt die Menge M_{max} abgesetzt werden. Im Planungszeit-punkt ist die Kapazität der Abteilung A Engpaß. Es kann also im Rahmen des nicht harmonisierten Betriebsmittelbestandes maximal die Menge M_A in der folgenden Abbildung produziert und abgesetzt werden.

Bei einer Erweiterung der Engpaßabteilung auf die Kapazität M_D wird die zu realisierende Produktions- und Absatzmenge durch die Kapazität der Abteilung B bestimmt. Der zusätzliche Ertrag der Erweiterungsinvestition hängt damit von den Bedingungen der bestehenden Betriebsmittelausstattung ab. Da etwa nur die Hälfte der Kapazitätserweiterung der Abteilung A ge-nutzt wird, kann die Erweiterung für sich betrachtet unvorteilhaft sein.

---

20   Vgl. Adam (1993a), S. 163 ff.

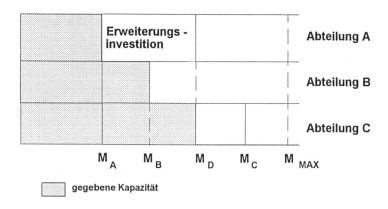

gegebene Kapazität

Der Erfolg einer für den Kalkulationszeitpunkt diskutierten Kapazitätserweiterung wird jedoch nicht allein von der Ausgestaltung des Betriebsmittelbestandes in diesem Zeitpunkt determiniert. Entscheidend sind vielmehr auch
die Veränderungen durch künftige Investitionen. Führt das Unternehmen
z.B. die Erweiterung von A durch, obwohl sie unvorteilhaft erscheint und
baut eine Periode später dann die Kapazität der neuen Engpaßabteilung B
aus, können sich beide Investitionen zusammen als vorteilhaft erweisen. Der
Erfolg einer Investition im Zeitpunkt 0 hängt dann auch vom Ausbau des
Betriebsmittelbestandes im Zeitpunkt 1 ab. Die in Zeitpunkt 1 diskutierte Erweiterung der Abteilung B bildet damit zusammen mit der bereits im Zeitpunkt 0 erfolgten Erweiterung der Abteilung A eine Investitionsfolge. Der
Erfolg dieser Kette wird letztlich vom zukünftigen Ausbau des Betriebsmittelbestandes bestimmt.

Bei einer mehrstufigen Produktion resultiert aus den vertikalen Interdependenzen auch für die Wahl des Planungszeitraumes ein Problem. Die Maschinen der einzelnen Produktionsabteilungen haben in der Regel nicht die gleiche Nutzungsdauer. Selbst wenn gleiche Nutzungsdauern existieren, werden
die Investitionsobjekte zu unterschiedlichen Zeitpunkten aus dem Betriebsmittelbestand ausgegliedert, wenn sie, wie im vorherigen Beispiel, zu unterschiedlichen Zeitpunkten beschafft wurden. Bei Wahl eines bestimmten Planungszeitraumes ist dann ein Teil des Betriebsmittelbestandes noch nicht
voll abgenutzt. Für diese Maschinen stellt sich folglich das in diesem Kapitel
bereits diskutierte Bewertungsproblem. Praktisch ist es immer erforderlich,
in die Investitionsrechnung Bewertungsfragen einzuschließen, wenn nicht
von einem unendlich langen Planungszeitraum ausgegangen wird oder wenn
nicht zufällig bei einem bestimmten Planungszeitraum die Nutzungsdauer
aller Maschinen erreicht ist.

Vertikale Interdependenzen haben zur Folge, daß Investitionskalküle eigentlich immer für einen unendlich langen Zeitraum durchgeführt werden müssen

(zeitlich offenes Entscheidungsfeld), wenn alle Verflechtungen berücksichtigt werden sollen. Praktisch sind dem Streben nach Simultaneität aber
Grenzen gesetzt. Das bedeutet, jede Investitionsrechnung wird von einem
mehr oder weniger willkürlich gesetzten Planungszeitraum ausgehen. Für die
Wahl des Planungszeitraumes lassen sich allenfalls plausible Gründe anfüh-
ren.

Mit der überlappenden Planung gibt es eine Planungstechnik, die es erlaubt,
die Interdependenzen zumindest der Tendenz nach sinnvoll zu erfassen.
Dieses Konzept bestimmt z.B. im Zeitpunkt 0 für einen Zeitraum von fünf
Jahren ein Investitionsprogramm. Von dieser Entscheidung wird nur der Teil
realisiert, der sich auf die erste Teilperiode bezieht. Nach Ablauf einer Teilperiode wird auf der Basis der in der Zwischenzeit verbesserten Daten eine
neue Planung durchgeführt. Der verbesserte Informationsstand kann dazu
führen, daß die erneute Planung andere Entscheidungen als ursprünglich
vorsieht. Auch von diesen Entscheidungen wird wiederum nur der Teil realisiert, der sich auf die unmittelbare Zukunft bezieht.

Neben den Variablen beeinflussen die **Daten** des Entscheidungsfeldes das
Unternehmensziel.[21] Welche Daten für die Investitionsrechnung benötigt
werden, hängt ausschlaggebend von der mengenmäßigen und zeitlichen
Ausdehnung des Entscheidungsfeldes ab. Der Informationsbedarf für eine
statische Investitionsplanung ist z.B. erheblich geringer als bei einer dynamischen Rechnung, weil nur Informationen einer Periode benötigt werden.
Hinsichtlich der relevanten Daten sind zwei Typen zu unterschieden: Primär-
und Sekundärdaten. Sekundärdaten resultieren aus Entscheidungen des Unternehmens. Beispielsweise handelt es sich bei einem gegebenen Betriebsmittelbestand und dessen Kapazitäten um Sekundärdaten. Bei isolierten Investitionsrechnungen für einzelne Investitionsobjekte zählen zu dieser Klasse von Daten auch die Finanzierungs- und Programmentscheidungen, auf denen die Investitionsrechnung fußt.

Zu den für die Investitionsrechnung relevanten Primärdaten zählen Informationen über:

- die absetzbare Menge, die Konjunkturentwicklung, die erzielbaren Preise und die Absatzstrategien der Mitbewerber.
- die heute und künftig erforderlichen Ausgaben für die Beschaffung von
  Produktionsfaktoren (Löhne, Rohstoffe, Energie, Mieten, Versicherun-
  gen).

---

21 Für die folgenden Ausführungen vgl. auch Blohm, Lüder (1991), S. 142 ff.

- die bei einer Liquidation der Anlagen zu erzielenden Restverkaufserlöse, die Abbruchkosten und die Kosten für die Entsorgung.
- die Finanzierungsgrenzen und die Zinsentwicklung.
- die mit einer Investition verbundene Steuerbelastung.
- die technische Nutzungsdauer der Anlagen.
- den zu wartenden technischen Fortschritt (neue Produkte, neue Produktionsverfahren).

Eines der zentralen Probleme der Investitionsrechnung besteht darin, daß die Gesamtheit dieser Informationen mit Unsicherheiten[22] behaftet ist. Über die künftigen Daten müssen daher Prognosen erstellt werden. Die Investitionsrechnung müßte dann von mehrwertigen Erwartungen ausgehen, d.h., für die Daten existieren z.b. Bandbreiten oder Wahrscheinlichkeitsverteilungen. Ein besonderes Problem besteht darin, daß bestimmte Entwicklungen von Daten nicht statistisch unabhängig voneinander sind. Z.B. kann ein innerer Zusammenhang zwischen der Zinsentwicklung und der Entwicklung der Beschaffungs- und Absatzpreise bestehen. Für die Investitionsrechnung ist dieser Zusammenhang zu beachten, d.h., es können nur ganz bestimmte Kombinationen der Daten eintreten. Aus didaktischen Gründen wird im folgenden zunächst von deterministischen Daten ausgegangen, um die modelltheoretischen Probleme der Investitionsrechnung besser herausarbeiten zu können. Den Analysen zum Unsicherheitsproblem ist ein spezielles Kapitel gewidmet.[23]

23 Vergleichbarkeit von Investitionsalternativen

Zwischen konkurrierenden Investitionsobjekten kann nur dann eine zielsetzungsgerechte Wahl getroffen werden, wenn sich die Objekte gegenseitig vollständig ausschließen. Wann sich gegenseitig ausschließende Alternativen vorliegen, soll anhand eines Beispiels erläutert werden. Ein Investor verfügt über einen Kapitalbetrag von 6.000 GE, den er in die Objekte X oder Y anlegen kann. Die Zahlungsreihen der Investitionsprojekte sind der Tabelle auf der nächsten Seite zu entnehmen. Ein Urteil über die Vorziehenswürdigkeit einer der beiden Ojekte ist nur möglich, wenn auch die Frage beantwortet wird, was der Investor mit den Differenzbeträgen der beiden Zahlungsreihen macht, welche zusätzlichen Zahlungsreihen mit einer Investition dieser Beträge verbunden sind und welche Wirkungen davon auf das Endvermögen bzw. den Kapitalwert ausgehen.

---

22   Vgl. auch Adam (1993a), S. 194 ff.

23   Vgl. Kapitel 6.

Zeitpunkt	0	1	2	3
Objekt X	-6.000	3.000	4.000	5.000
Objekt Y	-4.000	4.000	2.000	3.000
Differenz X			2.000	2.000
Differenz Y	2.000	1.000		

In die Analyse müssen also die Differenzinvestitionen einbezogen werden. Diese Differenzinvestitionen verursachen ihrerseits wiederum Zahlungsdifferenzen, die ebenfalls in den Vergleich eingehen müssen usw. Reale Investitionsobjekte sind damit nur in Ausnahmefällen **direkt** vergleichbare, sich völlig ausschließende Alternativen. In der Regel müssen sie erst durch Zusatzüberlegungen zu vollständigen Alternativen ausgebaut werden.

Auf einen derartigen Ausbau kann nur dann verzichtet werden, wenn eine Basisinvestition die andere dominiert und nur für die dominierende Investition Ergänzungsinvestitionen erforderlich sind. Direkt vergleichen lassen sich Investitionen daher in folgenden Fällen:

- Zwei Projekte C und D haben die gleiche Nutzungsdauer und den gleichen Anschaffungsbetrag. Investition C weist in allen Perioden höhere finanzielle Überschüsse aus.

Zeitpunkt	0	1	2
C	-5.000	4.000	5.000
D	-5.000	3.000	4.000

Unabhängig von der Höhe des Zinsfußes resultiert aus der Zahlungsreihe der *Basisinvestition* C bereits ein höheres Endvermögen als aus der Zahlungsreihe von D. C dominiert daher D. Das Urteil über die beiden Investitionen ist damit unabhängig von der in Periode 1 und 2 bei C zusätzlich noch möglichen *Differenzinvestition*. D.h., die Erträge, die mit den Differenzen von jeweils 1.000 GE in den Jahren 1 und 2 erwirtschaftet werden, sind für die Vorteilhaftigkeitsentscheidung bedeutungslos, sofern sie nicht negativ sind. Das zusätzliche Endvermögen der Differenzinvestition hat mithin in dieser Situation keinen Einfluß auf das Urteil über die beiden Basisinvestitionen, da das Endvermögen von C schon ohne diese Differenzinvestition höher ist als das von D. Überlegungen zu den Differenzinvestitionen sind damit im Beispiel irrelevant für die Entscheidung.

■ Die beiden Investitionen E und F weisen eine gleiche Nutzungsdauer aber unterschiedlich hohe Anschaffungsausgaben auf. Die Zahlungsreihen lauten:

Zeitpunkt	0	1	2
E	-2.000	1.500	1.500
F	-1.000	1.700	1.700

In diesem Falle dominiert Investition F, da sie bei geringerem Kapitaleinsatz in beiden Nutzungsjahren höhere Überschüsse erwirtschaftet als das Vergleichsobjekt. Das Urteil über die Qualität der beiden Basisinvestitionen ändert sich nicht, wenn bei F zusätzlich das Endvermögen der Zahlungsreihe der Differenzinvestitionen betrachtet wird, denn bereits das Endvermögen von F allein ist höher als das von E.

■ Die Investitionen G und H besitzen unterschiedliche Nutzungsdauern. In der gemeisamen Nutzungszeit sind die Zahlungsreihen jedoch identisch.

Zeitpunkt	0	1	2	3
G	-1.000	1.500	1.500	1.500
H	-1.000	1.500	1.500	-

Das Endvermögen des Investitionsobjektes G am Ende des 3. Jahres und das Endvermögen der Investitionsalternative H am Ende des 2. Jahres lassen sich im allgemeinen nicht sinnvoll miteinander vergleichen. Das Endvermögen des Projektes H müßte zunächst um eine Periode in die Zukunft fortgeschrieben werden. Weil aber beide Investitionen am Ende des 2. Jahres unabhängig von der Höhe des Zinssatzes das gleiche Endvermögen aufweisen, das als Ergänzungsinvestition in Finanzanlagen angelegt werden könnte, muß das Endvermögen von G am Ende der 3. Periode genau um 1.500 GE höher sein als das von H. G domiert damit H und zwar unabhängig davon, wie der für beide Investitionen am Ende des 2. Jahres identische finanzielle Überschuß angelegt wird.

Derartige Dominanzüberlegungen sind nur in Sonderfällen möglich. Im allgemeinen sind reale Investitionsobjekte nicht direkt vergleichbar, weil sie sich in den Anschaffungsbeträgen und gleichzeitig in den jährlichen Überschüssen und der Laufzeit voneinander unterscheiden und Differenzinvestitionen für beide zu vergleichende Alternativen existieren. Das Kernproblem einer sinnvollen Investitionsrechnung besteht dann darin, durch zusätzliche Überlegungen die fehlende Vergleichbarkeit herzustellen und die unvollständigen Alternativen in vollständige Alternativen umzugestalten.

Die Vergleichbarkeit zweier Investitionsvorhaben J und K ist gegeben, wenn aus den Basisinvestitionen durch Ergänzungsüberlegungen (Ergänzungsinvestitionen oder zusätzliche Kredite) Zahlungsreihen entstehen, die in allen Elementen bis auf eines identisch sind. Angenommen, ein Investor verfolgt die Politik, bei einer bestimmten jährlichen Entnahme das Endvermögen zu maximieren, dann liegt Vergleichbarkeit in folgendem Beispiel vor:

Zeitpunkt		0	1	2	3
J	Entnahme	0	100	100	100
	Endvermögen				350
K	Entnahme	0	100	100	100
	Endvermögen				250

Bei gleicher Breite des Entnahmestroms führt Investition J zu einem höheren Endvermögen und ist daher vorzuziehen.

Verfolgt der Investor das Ziel, den Entnahmestrom bei gleichem Endvermögen der Investitionen zu maximieren, sind die Investitionen in dem folgenden Fall zu vollständigen Alternativen ausgebaut.

Zeitpunkt		0	1	2	3
L	Entnahme	150	150	150	150
	Endvermögen				500
M	Entnahme	130	130	130	130
	Endvermögen				500

Bei gleichem Endvermögen beider Investition erlaubt L die höheren Entnahmen und ist damit M vorzuziehen.

Die betriebswirtschaftliche Theorie hat mehrere Konzepte erarbeitet, um das diskutierte Problem mehr oder weniger gut zu lösen. Es sind zwei Grundvorgehensweisen mit Untervarianten zu unterscheiden:

■ Es wird versucht, die Vergleichbarkeit herzustellen, indem reale Ergänzungsinvestitionen für die Differenzen der Zahlungsreihen der zu vergleichenden Investitionen in das Kalkül einbezogen werden. Auf diesem Wege gelingt es jedoch in der Regel wegen der nicht beliebigen Teilbarkeit von Investitionen nicht, das Problem vollständig zu lösen. In den einzelnen Jahren werden immer nicht in Investitionsobjekten anlegbare Restbeträge verbleiben, die den Vergleich stören. Durch Anlage dieser Restbeträge in Finanzanlagen mit einem bestimmten Zinssatz könnten dann allerdings vollständige Alternativen definiert werden.

Diese Art der Ergänzungsüberlegungen ist jedoch vergleichsweise aufwendig, da jeweils nach passenden Ergänzungsalternativen gesucht werden muß. Häufig gibt es nicht nur eine Möglichkeit, vollständige Alternativen zu generieren. Es besteht dann zusätzlich die Notwendigkeit, aus mehreren alternativen Ergänzungsmöglichkeiten und Finanzierungsquellen eine Auswahl treffen zu müssen. Aus allen Möglichkeiten für die vollständigen Alternativen müßte die günstigste Alternative herausgesucht werden. Diesen Weg beschreiten Investitionsrechnungen auf der Basis simultaner Modelle (z.B. LP-Ansätze, wie sie an späterer Stelle[24] besprochen werden).

Um den Komplexitätsgrad der ergänzenden Überlegungen zu verringern, wird in einer Variante dieses Vorgehens nicht mit realen Sach-Ergänzungsinvestitionen gearbeitet. Das Entscheidungsfeld des Investors wird vielmehr vereinfacht, indem ausschließlich Anlagen von Überschüssen in Finanzinvestitionen zugelassen werden. Auch dann besteht jedoch in der Regel die Möglichkeit, nach Fristigkeit und Zinskonditionen zwischen verschiedenen Anlageformen zu wählen, so daß wieder das Problem auftritt, die optimale Finanzanlage und Finanzierung zu identifizieren. Um auch dieses Problem auszuklammern, wird nur noch von einer Form der Finanzanlage und nur einer Finanzierungsform ausgegangen. In der Regel werden einjährige Finanzanlagen und eine Finanzierung mit Kontokorrentkrediten unterstellt. Diesen Weg beschreiten die vollständigen Finanzpläne (Vofi). Sie erzeugen vollständige Alternativen, indem von *einer* vordefinierten Form von Ergänzungsinvestitionen (einjährige Finanzanlage) und *einer* vordefinierte Finanzierungsart (Kontokorrent) ausgegangen wird.

Durch dieses vereinfachende Vorgehen ist nicht zu klären, wie sich andere Annahmen über die Finanzanlage und die Finanzierung auf das Urteil über die Investitionen auswirken würden. Die Qualität des Urteils über die Vorteilhaftigkeit ist damit geringer als im Falle von Simultanmodellen. Der Vorteil dieses Vorgehens besteht jedoch darin, mit relativ

---

24 Vgl. Kapitel 53.

einfachen Berechnungsmethoden ein sinnvolles Urteil über die Güte sich vollständig auschließender Investitionen zu erreichen.

■ Die klassische Investitionstheorie beschreitet einen anderen Weg, um das Problem nicht vergleichbarer Investitionsalternativen zu *lösen*. Sie nimmt das Problem nicht zur Kenntnis und unterstellt implizit bestimmte Hypothesen über die Verzinsung von Differenzinvestitionen. Von welchen Verzinsungshypothesen ausgegangen wird, hängt von den in der Investitionsrechnung angewendeten Methoden (Kapitalwert-, Annuitäten- oder Interne Zinsfuß-Methode) ab.

Wird beispielsweise mit der Kapitalwertmethode gearbeitet, werden einfach die Kapitalwerte der unvollständigen Basisinvestitionen miteinander verglichen. Hat eine Investition N mit einem Kapitaleinsatz von 1.000 GE z.B. einen Kapitalwert von 1.600 GE und ein alternatives Projekt P bei einem Kapitaleinsatz von 2.500 GE einen Kapitalwert von 2.100 GE, wird das Investitionsobjekt P mit dem höheren Kapitalwert bevorzugt. Entscheidet sich ein Unternehmen jedoch für N, unterstellt es implizit für die Ergänzungsinvestitionen (z.B. für den Unterschiedbetrag in den Anschaffungsausgaben) einen Kapitalwert von null. Die Ergänzungsinvestition trägt folglich nichts zur Vorteilhaftigkeit bei. Diese implizite Verzinsungshypothese bedeutet materiell, daß überschießende Beträge in Finanzanlagen investiert werden, deren Verzinsung genau dem Kalkulationszins entspricht. In diesem Falle gilt für die *Ergänzungsinvestition* ein Kapitalwert von null.

Wird die Methode der Investitionsrechnung gewechselt, wird z.B. mit der Internen Zinsfuß-Methode[25] gearbeitet, dann werden die internen Zinsfüße der alternativen Investionsvorhaben miteinander verglichen. Erwirtschaftet eine Investition Q einen internen Zinssatz von 25% und R einen von 30%, fällt die Entscheidung für R. In diesem Vergleich wird implizit unterstellt, daß Ergängzungsinvestitionen zur Investition Q sich genau zum Zinssatz der Investition Q verzinsen, während für Ergänzungsinvestitionen der Investition R mit einem Zinssatz von 30% gearbeitet wird.

Bei der zweiten Grundvorgehensweise zur *Lösung* des Problems unvergleichbarer Basisinvestitionen werden damit methodenspezifisch andere Annahmen über die Verzinsung der Differenzinvestitionen unterstellt. Die Kapitalwertmethode geht von einer Verzinsung zum Kalkulationszinssatz und die Interne Zinsfuß-Methode von einer Verzinsung zum in-

---

25 Als interner Zins wird derjenige Zinssatz bezeichnet, bei der eine Zahlungsreihe einen Kapitalwert von null besitzt.

ternen Zinssatz aus. Da sich in der Regel beide Zinssätze voneinander unterscheiden, führen beide Methoden im allgemeinen bei einem Wirtschaftlichkeitsvergleich zu unterschiedlichen Ergebnissen.

Der Weg, über Verzinsungshypothesen zu *vollständigen Alternativen* zu kommen, ist im Vergleich zum ersten Weg (Ergänzungsinvestitionen) die ungeeignetere Form, das Problem sinnvoll zu bewältigen. Das zeigt sich daran, daß durch den methodenbedingten Hypothesenwechsel über die Verzinsung der Differenzinvestition andere Investitionsurteile zustande kommen können.

Die zweite Grundvorgehensweise kann jedoch in Sonderfällen genau auf das Ergebnis hinauslaufen, das mit Vofis erreicht wird. Wird in einem Vofi Gleichheit von Soll- und Habenzinssatz unterstellt, hat jede Ergänzungsinvestition einen Kapitalwert von null. Das Ergebnis des Vofis ist dann mit dem der Kapitalwertmethode identisch.

Im folgenden soll erklärt werden, wie sich durch Vofis vollständige Investitionsalternativen generieren lassen. Ein Vofi ist eine spezielle Variante einer Zinsstaffelrechnung. In jeder Periode werden den Einzahlungen die Auszahlungen einer Basisinvestition gegenübergestellt. Ergibt sich zwischen beiden Zahlungsströmen eine Differenz, sind positive Beträge in Finanzanlagen zu investieren. Im einfachsten Fall wird von einer einjährigen Anlage ausgegangen. Ergibt sich ein Überhang der Ausgaben über die Einnahmen, wird für den Differenzbetrag ein einjähriger Kredit aufgenommen. Ingesamt sind durch Anlage von Überschüssen oder Finanzierung von Defiziten die Zahlungen in jeder Periode ausgeglichen. Der Vofi geht damit davon aus, daß für jede vollständig zu formulierende Investitionsalternative in jedem Jahr das finanzwirtschaftliche Gleichgewicht gewahrt wird.

Die Forderung, daß jedes vollständige Investitionsvorhaben für sich allein das finanzwirtschaftliche Gleichgewicht garantiert, ist als eine wesentliche Vereinfachung der Modellbildung anzusehen. Als Folge dieser Annahme ist es nicht möglich, Überschüsse einer Basisinvestition zur Finanzierung von Defiziten einer anderen Basisinvestition heranzuziehen. Finanzielle Verbundeffekte von Investitionen lassen sich folglich nicht analysieren, es sei denn, für zwei sich nicht ausschließende Basisinvestitionen wird ein gemeinsamer Vofi aufgestellt. In einem derartigen Vofi werden dann nur Kredite aufgenommen, wenn die Summe der Auszahlungen beider Basisinvestitionen die Summe beider Einzahlungen überschreitet. Vofis garantieren daher nicht die optimale Lösung des Investitionsproblems aus der Sicht des gesamten Unternehmens; dies gelingt nur mit Hilfe von simultanen Planungsansätzen. Vofis stellen jedoch im Vergleich zu den Verzinsungshypothesen der klassischen Investitionstheorie das eindeutig bessere Lösungsverfahren dar, da mit realen Finanzierungs- und Anlagemöglichkeiten gearbeitet wird und die Annahmen explizit gemacht werden, unter denen die Basisinvestitionen verglichen werden.

Vofis enthalten in jedem Jahr grundsätzlich vier verschiedene Zahlungsarten:

■ Zahlungen der zu analysierenden Basisinvestition (Zahlungsreihe der Investition). Je nach betrachtetem Jahr kann es sich dabei um die Anschaffungsauszahlung, die laufenden periodischen Überschüsse oder einen Liquidationserlös handeln.

■ Zahlungsvorgänge der Finanzanlagen. Im Jahr der Finanzanlage handelt es sich um einen Zahlungsmittelabfluß und bei einjährigen Anlagen im folgenden Jahr um die Rückzahlungen einschließlich der Zinsen.

■ Zahlungsvorgänge aus Kreditgeschäften. Im Jahr der Kreditaufnahme ergibt sich ein Zufluß von Finanzierungsmitteln in Höhe des Auszahlungsbetrages und bei einer Kontokorrentfinanzierung schließt sich dann ein Jahr später die Rückzahlung einschließlich der Zinsen an.

■ Entnahmen für Konsumausgaben des Unternehmers. Im Einzelfall können diese Entnahmen auch negativ sein, d.h., der Investor führt dem Unternehmen neues Kapital zu. Die Entnahmen haben entweder eine autonom festgesetzte Höhe - falls eine Maximierung des Endvermögens angestrebt wird - oder die Entnahmen sind bei gegebenem Endvermögen zu maximieren. Im folgenden wird die Variante der autonomen Entnahmen behandelt.

Ausnahmen von dieser allgemeinen Struktur der Zahlungen gibt es nur im Investitionszeitpunkt: Es kann ein zu investierendes Startkapital vorhanden sein, es gibt keine Zahlungsvorgänge für Kredite und Finanzanlagen aus vorherigen Perioden und zu diesem Zeitpunkt werden keine Entnahmen angesetzt. Im Vofi wird immer das Ende einer bestimmten Periode betrachtet. Zeitpunkt 0 bezeichnet den Investitionszeitpunkt, Zeitpunkt 1 ist das Ende des ersten Jahres usw. Das erste Jahr liegt damit zwischen den Zeitpunkten 0 und 1.

Für eine Investion A mit einer Anschaffungsausgabe von 12.000 GE und einer einmaligen Einzahlung von 19.000 GE in der dritten Periode errechnet sich damit ein Endvermögen von 15.958,25 GE, wenn eine jährliche Entnahme von null und ein Startkapital von 10.000 GE unterstellt wird und in allen Jahren ein Sollzinssatz von 15% bei einem Habenzinsatz von 10% gilt.

Investition A				
Startkapital (EK)	10.000,00			
Entnahme (EN$_t$)				
Basiszahlungsreihe				
Investitionsauszahlung (BZ$_0$)	-12.000,00			
Jährlicher Überschuß (g$_t$)		0,00	0,00	19.000,00
Liquidationserlös (L)				
Finanzanlage				
Anlage (FA$_t$)	0,00	0,00	0,00	-15.958,25
Rückzahlung	0,00	0,00	0,00	0,00
Habenzinsen 10%	0,00	0,00	0,00	0,00
Kreditaufnahme				
Kreditbetrag (FK$_t$)	2.000,00	2.300,00	2.645,00	0,00
Tilgung		-2.000,00	-2.300,00	-2.645,00
Sollzinsen 15%		-300,00	-345,00	-396,75
Endvermögen (EV$_t$)				
Anlage	0,00	0,00	0,00	15.958,25
Kreditbetrag	-2.000,00	-2.300,00	-2.645,00	0,00

Das ermittelte Endvermögen der Investition A muß mit dem entsprechenden Endvermögen einer alternativen Investition B verglichen werden. Für die Investion B mit einer Zahlungsreihen von (-15.000, 10.000, 7.000, 3.000) GE errechnet sich bei sonst gleichen Bedingungen ein Endvermögen von nur 15.842,50. Alternative A ist damit der Investition B vorzuziehen.

Investition B				
Zeitpunkt (t)	0	1	2	3
Startkapital (EK)	10.000,00			
Entnahme (EN$_t$)				
Basiszahlungsreihe				
Investitionsauszahlung (BZ$_0$)	-15.000,00			
Jährlicher Überschuß (g$_t$)		10.000,00	7.000,00	3.000,00
Liquidationserlös (L)				
Finanzanlage				
Anlage (FA$_t$)	0,00	-4.250,00	-11.675,00	-15.842,50
Rückzahlung		0,00	4.250,00	11.675,00
Habenzinsen 10%		0,00	425,00	1.167,50
Kreditaufnahme				
Kreditbetrag (FK$_t$)	5.000,00	0,00	0,00	0,00
Tilgung		-5.000,00	0,00	0,00
Sollzinsen 15%		-750,00	0,00	0,00
Endvermögen (EV$_t$)				
Anlage	0,00	4.250,00	11.675,00	15.842,50
Kreditbetrag	-5.000,00	0,00	0,00	0,00

Soll lediglich überprüft werden, ob eine bestimmte Sachinvestition einer Finanzanlage des Startkapitals von 10.000 GE zum Zinssatz von 10 % vorzuziehen ist, muß das Endvermögen der Finanzanlage bestimmt werden. Hierfür ist es nicht erforderlich, einen Vofi aufzustellen, da sich das Endvermögen aus der Formel $10.000 \cdot 1,1^3$ mit 13.310 GE ergibt. Beide Investitionen sind damit im Vergleich zur Finanzanlage vorteilhaft.

24 Vereinfachungen des Entscheidungsfeldes der Investitionsrechnung

Einige Vereinfachungen des Entscheidungsfeldes der Investitionsrechnung wurden in den Vofis des letzten Kapitels bereits mehr oder weniger stillschweigend eingeführt. Dabei handelte es sich immer um Vereinfachungen zur leichteren Formulierung von sich vollständig ausschließenden Investitionsalternativen. Die meisten dieser Vereinfachungen betrafen die Finanzierungsseite des Problems. Im einzelnen wurden folgende Vereinfachungen eingeführt:

- Zurechnung von Eigenmitteln (Startkapital) auf bestimmte Investitionen,
- Zurechnung von Krediten auf Investitionsvorhaben,
- Zurechnung von Entnahmen auf Investitionsobjekte,
- beliebige Teilbarkeit von Finanzanlagen und Krediten,
- Ausschluß von Realinvestitionen als Ergänzungsinvestitionen.

Durch diese Bedingungen wird die Finanzierungsseite des Investitionsproblems nur bedingt den praktischen Verhältnissen entsprechend abgebildet. Finanzierung ist eigentlich ein Vorgang, der sich auf das gesamte Unternehmen und nicht auf einzelne Investitionsprojekte bezieht. Das finanzwirtschaftliche Gleichgewicht ist daher über alle finanzierungswirksamen Entscheidungen eines Unternehmens zusammen zu wahren und nicht für einzelne Entscheidungen aufrecht zu erhalten. Diesem Tatbestand tragen Vofis als Folge der ersten drei Bedingungen nicht Rechnung.

Die willkürliche Zurechnung von Eigenmitteln, Krediten und Entnahmen auf bestimmte Investitionen ist für die Vorteilhaftigkeitsentscheidung bestimmter Investitionsvorhaben bei unvollkommenem Kapitalmarkt nicht bedeutungslos. Von der Höhe dieser Zurechnungen hängen letzlich die in den einzelnen Teilperioden anfallenden Soll- und Habenzinsen und damit das Endvermögen ab. Auch wenn alle Investitionsalternativen mit der gleichen Höhe zugerechneter Beträge belastet werden, ergeben sich im allgemeinen Rückwirkungen auf die Vorteilhaftigkeit der Investitionen. Das liegt daran, daß sich bei unterschiedlichen Zahlungsreihen der Basisinvestitionen bei gleichen Zurechnungsbeträgen in den einzelnen Perioden unterschiedliche Salden für die Finanzanlage und die Kreditaufnahme ergeben. Es ist somit möglich, daß in einem Jahr bei einer Entscheidungsalternative Finanzanlagen zu z.B. 10% auftreten, während bei der Vergleichsalternative Kredite zu 15% aufgenommen werden müssen. Das Vorzeichen des Zahlungssaldos kann aber bei ungleichen Soll- und Habenzinssätzen Rückwirkungen auf die Vorteilhaftigkeit haben. Das ist leicht zu erkennen, wenn zur Vereinfachung der Argumentation von einem unendlich hohen Kreditzins ausgegangen wird. Tritt für eine der Investitionen ein Kreditbedarf auf, strebt das Endvermögen dieser Alternative gegen minus unendlich, während das Endvermögen der zweiten Alternative ohne Kreditbedarf einen endlichen, positiven Wert erreicht. Ein derartiger Einfluß ist nur dann nicht vorhanden, wenn Soll- und Habenzinssätze identisch sind. In diesem Fall wird durch die Zurechnungen lediglich ein fixer Betrag vom Endvermögen abgezogen, der der Aufzinsung aller Zurechnungen bis zum Planungshorizont entspricht.

Die Prämisse beliebiger Teilbarkeit von Finanzanlagen und Krediten ist weniger gravierend, wenn in Vofis von einjährigen Anlagen bzw. Kreditformen ausgegangen wird. Bei dieser Anlage- bzw. Kreditform sind die Beträge auch in der Realität beliebig teilbar. Erst wenn in Vofis andere Finanzierungsarten, z.B. Obligationen, Ausgabe junger Aktien usw., einbezogen werden, ist die Prämisse beliebiger Teilbarkeit unrealistisch, da für derartige Finanzierungsformen Mindesttranchen einzuhalten sind oder auch keine beliebig gebrochenen Werte begeben werden können. In derartigen Fällen können in Vofis z.B. zwei Kreditarten eingebaut werden, wobei die eine nicht beliebig teilbar ist, und etwaige Differenzbeträge über die zweite Kreditart - Kontokorrentkredit - abgedeckt werden.

Die Prämisse, daß nur Finanzanlagen, nicht aber Sachinvestitionen Ergänzungsinvestitionen sein können, vereinfacht die Rechnung wesentlich, weil damit von Interdependenzen zwischen Investitionsobjekten abstrahiert werden kann. Wird diese Prämisse nicht gesetzt, geht ein Vofi in ein Simultanmodell über, in dem sämtliche Möglichkeiten alternativer Zusammensetzungen eines Investitionsprogramms aus Realinvestitionen im Hinblick auf das Unternehmensziel überprüft werden. Diese Rechnung kann nicht von einer vorgegebenen Investitionsstrategie ausgehen, vielmehr wird die Strategie erst durch den Planungsansatz bestimmt.

Die klassische Investitionsrechnung nimmt über die genannten Vereinfachungen hinaus mit den Konstrukt des vollkommenen Kapitalmarktes eine weitere drastische Vereinfachung des Entscheidungsfeldes vor.[26] Durch die Prämissen

- Soll- gleich Habenzinssatz.
- Gleichbleibende Zinssätze im Zeitablauf.
- Kapital ist ein homogenes Gut, d.h., es gibt keine unterschiedlichen Kreditformen, die sich hinsichtlich Fristigkeit und Zinssätzen unterscheiden.

werden Interdependenzen zwischen Finanzierung und Investition negiert, da die Finanzierungsmaßnahmen nichts zum Erfolg einer Investition beitragen. Die Finanzierungsseite scheidet damit als eigenständiges Problem aus dem Entscheidungsfeld aus, d.h., die Investition kann unabhängig von der Finanzierung beurteilt werden. Dieser Sachverhalt wird auch als **Fisher-Separation**[27] bezeichnet. Wird zusätzlich die vierte Prämisse des vollkommenen Kapitalmarktes unterstellt - Kapital ist kein knappes Gut[28] - dann entfällt auch das Liquiditätsproblem. Bei Investitionsüberlegungen muß sich das Unternehmen in diesem Fall keine Gedanken zur Sicherung des finanzwirtschaftlichen Gleichgewichtes machen. Zudem bestehen zwischen den Investitionen keine finanzwirtschaftlich bedingten Interdependenzen mehr, d.h. alle vorteilhaften Investitionen können realisiert werden.

Die Wirkungen der Prämissen des vollkommenen Kapitalmarkts auf das Endvermögen oder den Kapitalwert einer Investition sollen an zwei Beispielen demonstriert werden. Angenommen, ein Unternehmen nimmt im Kalkulationszeitpunkt einen Betrag von 1.000 GE für 3 Jahre zum Zinssatz von 10% auf und legt dieses Geld zu genau 10% in Finanzanlagen an, so beläuft sich der Kreditstand eines endfälligen Kredites (Tilgung plus Zinseszins) auf 1.331 GE ($1.000 \cdot 1,1^3$). Die Finanzanlage ist im gleichen Zeitraum auf ebenfalls 1.331 GE Endvermögen angewachsen. Es ergibt sich damit eine Endvermögensdifferenz beider Maßnahmen von null. Folglich ist auch der Kapitalwert der Finanzierungsmaßnahme gleich null und eine Sachinvestition kann allein auf der Basis des Endvermögens beurteilt werden, das aus der Zahlungsreihe der Sachanlage resultiert. Aus der Investitionsrechnung können damit alle Zahlungen aus der Kreditaufnahme und der Finanzanlage eliminiert werden, da sie keinen Einfluß auf die Vorteilhaftigkeit der Investition haben. In die Rechnung gehen nur die Zahlungen der Basisinvestition ein.

---

26 Vgl. Blohm, Lüder (1991), S. 74 f. und Perridon, Steiner (1993), S. 82.

27 Fisher, I. (1930).

28 Vgl. auch Kruschwitz (1990), S. 55.

Der beschiebene Zusammenhang ändert sich auch dann nicht, wenn der Kredit nicht endfällig ist und die Zinsen jährlich ausgezahlt werden. Diese Zinszahlungen kann der Investor wiederum zum Zinssatz von 10% als Finanzanlagen am Markte plazieren, so daß sich abermals ein Endvermögen aus Finanzanlagen in Höhe von 1.331 GE ergibt.

In der klassischen Investitionstheorie findet das obige Separationstheorem immer Anwendung, wenn die Kapitalwertmethode zur Beurteilung einer Investition herangezogen wird. Das Separationstheorem ist dann identisch mit der früher behandelten Hypothese über die Verzinsung der Ergänzungsinvestitionen zum Kalkulationszinsfuß. Es wird bei dieser Hypothese lediglich davon ausgegangen, daß die Differenzen zwischen den Zahlungsreihen zweier unvollständiger Sachinvestitionsalternativen auf dem vollkommenen Kapitalmarkt angelegt werden.

Das Konstrukt des vollkommenen Kapitalmarktes vereinfacht die Investitionsrechnung zwar wesentlich, es ist jedoch sehr weit entfernt von den realen Finanzierungsgegebenheiten. Die Vereinfachung kann in der Realität zu krassen Fehlurteilen über die Vorteilhaftigkeit von Investitionen führen, wenn deutliche Unterschiede zwischen Soll- und Habenzinssätzen bestehen, wenn Finanzierungmittel knapp sind, oder wenn sich die Zinssätze für Finanzanlagen und Kredite im Zeitablauf erheblich ändern. Das Separationstheorem kann daher nur als grobes heuristisches Bewertungsprinzip für Investitionen bezeichnet werden.

25 Bewertungsprobleme von Investitionen

251 Rechenmaßstab (Erfolgs- oder Zahlungsgrößen)

In der Investitionsrechnung gibt es sowohl Kalküle auf der Basis von Zahlungsgrößen (Einzahlungen, Auszahlungen)[29] als auch auf der Basis kurzfristiger Erfolgsgrößen (Erlöse, Kosten). Mehrperiodige, dynamische Rechnungen fußen auf Zahlungsreihen, während statische Verfahren mit kurzfristigen Erfolgsgrößen arbeiten. Für die dynamischen Analysen werden Zahlungsreihen eingesetzt, weil es sich um Rechnungen handelt, die aus der Sicht der einzelnen Investitionsobjekte Totalanalysen sind. Sie umfassen die gesamte Nutzungsdauer der Investitionen und der Totalerfolg läßt sich als Differenz der gesamten Einzahlungen und Auszahlungen darstellen.

---

29 Die Begriffe Einzahlung/Auszahlung und Einnahme/Ausgabe werden im folgenden synonym verwendet.

Wird eine dynamische Investitionsrechnung mit kurzfristigen Erfolgsgrößen durchgeführt, ist zu erwarten, daß sie zu einem anderen Ergebnis führt als eine zahlungsorientierte Rechnung. Der Grund dafür liegt im inhaltlichen Unterschied von Zahlungs- und kurzfristigen Erfolgssgrößen. Bei einer zahlungsbezogenen Rechnung werden die Anschaffungsausgaben für eine Investition im Kalkulationszeitpunkt verrechnet. Bei einer dynamischen Rechnung mit Kostengrößen werden die Anschaffungsauszahlungen hingegen über die Laufzeit verteilt (Abschreibungen). Werden die jährlichen Abschreibungsbeträge auf den Kalkulationzeitpunkt abgezinst, ist deren Barwert geringer als der Anschaffungsbetrag. Trotz der inhaltlichen Differenzen zwischen Auszahlungen und Kosten kann aber eine Rechnung auf Basis kurzfristiger Erfolgsgrößen zum gleichen Ergebnis führen wie das zahlungsorientierte Vorgehen, wenn die Differenzen zwischen Zahlungs- und Erfolgsgrößen durch die Verrechnung von Zinsen ausgeglichen werden. Voraussetzung für die Überführung einer erfolgsorientierten Rechnung in eine zahlungsorientierte Rechnung ist allerdings, daß die erfolgsorientierte Rechnung vom pagatorischen Kostenbegriff[30] ausgeht.

Wie die Zinsen für eine derartige Rechnung berechnet werden müssen, hat Lücke nachgewiesen.[31] Er kommt zu dem Ergebnis, daß die kalkulatorischen Zinsen auf das gebundene Kapital eine Ausgleichsfunktion beider Rechnungen besitzen, wenn vom richtigen Kapitalbindungsbegriff ausgegangen wird. In der Totalperiode (t=0 bis T) entspricht die Differenz der Einzahlungen (E) und Auszahlungen (A) der Differenz aus Leistung (LE) und Kosten (K):

$$\sum_{t=0}^{T}(LE_t - K_t) = \sum_{t=0}^{T}(E_t - A_t)$$

Das am Anfang einer Teilperiode t gebundene Kapital ergibt sich als Differenz der bis zum Ende der Periode t-1 angefallenen Zahlungs- und Erfolgsgrößen:

$$KB_{t-1} = \sum_{t=0}^{t-1}(LE_t - K_t) - \sum_{t=0}^{t-1}(E_t - A_t)$$

Die Kapitalbindung am Planungshorizont beläuft sich demzufolge nach der ersten Gleichung auf null. Zudem ist auch im Planungszeitpunkt kein Kapital gebunden. Nach dem sogenannten Lücke-Theorem ist nur dann der Kapitalwert einer Zahlungsreihe gleich dem Barwert der Erfolgsreihe, wenn zusätz-

---

30 Vgl. Koch (1958) und Koch (1959).

31 Für die nachfolgenden Ausführungen vgl. Lücke (1955).

lich zu den Erfolgsgrößen der Basisinvestition kalkulatorische Zinsen auf die Kapitalbindung KB_{t-1} verrechnet werden:

$$C_0 = \sum_{t=0}^{T}(E_t - A_t) \cdot q^{-t} = \sum_{t=0}^{T}[(LE_t - K_t) - i \cdot KB_{t-1}] \cdot q^{-t}$$

Die Überführung beider Rechnungsarten soll an einem Beipiel demonstriert werden. Eine Investition mit einer Laufzeit von drei Jahren verfügt über folgende Zahlungsreihe BZ_t in GE:

$$BZ_t = (-900; 300; 400; 500)$$

Der Zinssatz beträgt 10%. Die zahlungsorientierte Rechnung führt zu folgendem Kapitalwert:

$$C_0 = -900 + 300 \cdot 1{,}1^{-1} + 400 \cdot 1{,}1^{-2} + 500 \cdot 1{,}1^{-3} = 78{,}96$$

Aus der erfolgsorientierten Rechnung resultiert für die Größen der Basisinvestition sowie einer Abschreibung von jährlich 900/3 = 300 GE ein Kapitalwert von:

$$C_0 = (300 - 300) \cdot 1{,}1^{-1} + (400 - 300) \cdot 1{.}1^{-2} + (500 - 300) \cdot 1{,}1^{-3} = 232{,}91$$

Beide Formen der Rechnung führen folglich nur dann zum gleichen Ergebnis, wenn in der zweiten Rechnung zusätzlich kalkulatorische Zinsen in Höhe der Differenz der beiden Kapitalwerte von 153,95 GE verrechnet werden. Diese Zinsen werden in der Tabelle auf der nächsten Seite bestimmt.

Zum Kalkulationszeitpunkt ist ein Kapital von 900 GE gebunden, für das in der ersten Periode ein Zinsbetrag von 90 GE zu verrechnen ist. Dieser Zinsbetrag ist auf den Kalkulationszeitpunkt bezogen $90 \cdot 1{,}1^{-1} = 81{,}82$ GE wert. Bis zum Ende der ersten Periode wurden 600 GE mehr ausgegeben als eingenommen. Bei einem Gewinn der ersten Periode von null ist damit ein Kapital von 600 GE gebunden, auf das in der zweiten Periode Zinsen von 60 GE zu verrechnen sind, die auf den Kalkulationszeitpunkt bezogen einen Wert von $60 \cdot 1{,}1^{-2} = 49{,}59$ GE ergeben. Werden die Barwerte der Zinszahlungen summiert, ergibt sich ein Kapitalwert in Höhe von 153,94 GE (kleine Rundungsdifferenz). Dieser Kapitalwert der Zinsen zuzüglich des Kapitalwertes der Erfolgsgrößen der Basisinvestition führen damit genau zum Ergebnis der zahlungsorientierten Rechnung. Die Überführung der beiden Rechnungsmethoden gelingt allerdings nur für einen einheitlichen Zinssatz (vollkommener Kapitalmarkt).

Periode	0	1	2	3	Summe:
Zahlungsreihe	-900	+300	+400	+500	
kumulierte Zahlungen	-900	-600	-200	+300	
Periodengewinne	0	0	+100	+200	
kumulierte Gewinne	0	0	+100	+300	
Kapitalbindung KB_{t-1}	-900	-600	-300	0	
Zinsen ($i \cdot KB_{t-1}$)	0	-90	-60	-30	
Barwert der Zinsen $(i \cdot KB_{t-1}) \cdot q^{-t}$	0	-81,82	-49,59	-22,54	-153,94

Aus der Kapitalbindungsreihe der Tabelle wird deutlich, daß im Beispiel die jeweilige Kapitalbindung genau dem Restbuchwert der Investition (900; 600; 300; 0) entspricht. Für die Berechnung der Kapitalbindung sind damit in diesem Fall die Einnahmen und Erlöse irrelevant. Das liegt daran, daß der Fall so konstruiert wurde, daß es zu keinen Unterschieden zwischen Einnahme und Erlös in den einzelnen Teilperioden kommt.

252 Zurechnung von Zahlungsströmen auf Investitionsobjekte

Die klassische Investitionsrechnung sowie die vollständigen Finanzpläne gehen davon aus, daß einzelnen Investitionsvorhaben eine Zahlungsreihe zugeordnet werden kann. Einem Investitionsobjekt müssen sich dann spezielle Einzahlungen und Auszahlungen zurechnen lassen. Diese Voraussetzung ist in der Praxis im allgemeinen nicht erfüllt. Die vereinfachende Voraussetzung gegebener Zahlungsströme ist nur unter folgenden Prämissen haltbar:

- Ein Investitionsobjekt bzw. eine Maschine erbringt allein marktfähige Leistungen. Das ist dann nicht der Fall, wenn ein mehrstufiger Produktionsprozeß vorliegt und eine Erweiterung der Engpaßkapazität des bisherigen Produktionsapparates durchgeführt werden soll. In diesem Fall bestehen zwischen dem Investitionsobjekt und dem bisherigen Betriebsmittelbestand Interdependenzen. Eine Zahlungsreihe läßt sich dann nicht mehr einer einzelnen Maschine, sondern nur dem gesamten Betriebsmittelbestand einschließlich der geplanten Erweiterung zuordnen.

Eine ganz ähnliche Situation ist gegeben, wenn aus einem Betriebsmittelbestand einer einstufigen Produktion eine von mehreren vorhandenen funktionsgleichen Maschinen durch eine technisch verbesserte Anlage ersetzt werden soll. In diesem Fall führt eine Analyse der Vorteilhaftigkeit der Ersatzinvestition zu Fehlern, wenn der neuen Anlage Einzahlungsüberschüsse zugeordnet werden, die dem Beschäftigungsvolumen der zu ersetzenden Anlage entsprechen. Der Betrieb möge mit der ersetzenden Anlage bei einer Kapazität von 500 ME aufgrund unzureichender Nachfrage nur 200 ME von insgesamt 1.000 ME produzieren und für jede Mengeneinheit einen finanziellen Überschuß von 20 GE erzielen. Die gesamten Überschüsse belaufen sich dann auf 4.000 GE. Die Kapazität der neuen Maschine beträgt 1.000 ME und für die Erzeugnisse können durch den eingetretenen Rationalisierungseffekt Einzahlungsüberschüsse von 25 GE erreicht werden. Es ist nun falsch, der neuen Maschine Einzahlungsüberschüsse in Höhe von 25·200 = 5.000 GE zuzuordnen, wenn nach dem Ersatz im Betriebsmittelbestand noch alte Anlagen vorhanden sind, mit denen pro Mengeneinheit ein geringerer Überschuß (z.B. 22 GE/ME) realisiert wird. Rationalverhalten vorausgesetzt, wird das Unternehmen bestrebt sein, die neue Maschine voll auszulasten - also 1.000 ME zu produzieren -. Es wird folglich von den verbleibenden alten Anlagen 800 ME Beschäftigungsvolumen abziehen und damit die laufenden Ausgaben senken. Das Volumen dieser Einsparungen wird nicht allein von der neuen Maschine bestimmt, sondern hängt von dem Betriebsmittelbestand ab, in den die Anlage eingefügt wird. Die Investition läßt sich folglich nicht isoliert, sondern nur im Zusammenhang mit dem Betriebsmittelbestand analysieren, in die sie integriert werden soll.

■ Selbst wenn eine Investition für sich allein betrachtet marktfähige Leistungen erbringt, kann ihr nicht ohne weiteres eine Einzahlungsreihe zugeordnet werden. Lassen sich auf der zu beschaffenden Maschine sehr unterschiedliche Produkte mit unterschiedlichen Auszahlungen und Einzahlungen je Erzeugnisart herstellen, kann der gesamte Einzahlungsüberschuß nur bestimmt werden, wenn das Produktions- und Absatzprogramm bekannt sind. Die Programmentscheidung muß daher der Investitionsentscheidung vorgelagert sein, wenn in der Investitionsrechnung mit einer bestimmten Zahlungsreihe für eine Investition gearbeitet werden soll.

Einer Investition kann folglich nur dann eine bestimmte Zahlungsreihe zugeordnet werden, wenn die Interdependenzen zwischen Programm- und Investitionsentscheidung zerschnitten werden. Das kann insbesondere für das Wahlproblem von gravierender Bedeutung sein, da eine Programmentscheidung möglicherweise für eine Investitionsalternative A zielsetzungsgerecht sein kann. Wird jedoch das Investitionsobjekt B mit anderen Auszahlungen je produzierter Mengeneinheit betrachtet, muß dieses Programm keineswegs mehr optimal sein. U.U. fällt die Wahlentscheidung nur deshalb zugunsten der Alternative A aus, weil der Rechnung bei B ein nicht optimales Programm zugrunde gelegt wird.

253 Zeitpräferenzen und Vergleichsmaßstab in der Investitionsrechnung

Eine Investition wirft in verschiedenen Teilperioden Einzahlungsüberschüsse ab. Dem Investor wird nun eine Zahlung von z.B. 100 GE in der ersten Periode nicht genauso viel wert sein wie die gleiche Zahlung eine Periode später. Er wird die frühere Zahlung vorziehen. Gleiche Beträge in unterschiedlichen Perioden sind daher in den Augen des Investor nicht gleichwertig; er hat Zeitpräferenzen. Eine Investitionsrechnung muß diese Zeitpräferenzen beachten. Sie muß folglich dafür Sorge tragen, daß die 100 GE der zweiten Periode mit einem geringeren Gewicht in die Rechnung eingehen als die gleiche Zahlung der ersten Periode.

In der klassischen Investitionsrechnung - vollkommener Kapitalmarkt - wird davon ausgegangen, daß diese Bewertungsunterschiede durch die Zinseszinsrechnung erfaßt werden. Kann der Investor auf dem Kapitalmarkt einen Zins von 10% erzielen, und verfügt er heute über einen Kapitalbetrag von 1.000 GE, kann er diesen Betrag entweder für Konsumzwecke einsetzen, oder er investiert den Betrag zu 10% und erhöht damit sein Vermögen nach einem Jahr auf 1.100 GE. Er kann das Geld nach einem Jahr entnehmen und konsumieren. Entschließt er sich zur Anlage des Geldes, dann offenbar deshalb, weil ihm die Situation mit 1.100 GE am Ende der ersten Periode nicht schlechter erscheint als 1.000 GE im Kalkulationszeitpunkt. Er sieht beide Situationen als äquivalent an oder empfindet die Situation mit 1.100 GE im zweiten Jahr aufgrund seiner Präferenzen sogar als besser. Die Investitionsrechnung geht dabei grundsätzlich von Äquivalenz aus. Bei 10% Zins werden daher 1.000 GE heute, 1.100 GE in einem Jahr oder 1.210 GE (= $1.000 \cdot 1,1^2$) nach zwei Jahren usw. als gleichwertig betrachtet. Wird im Zeitablauf mit einem konstanten Zinssatz gerechnet, verbirgt sich hinter dieser Annahme die Vorstellung gleichbleibender Präferenz des Investors.

Eine Aufgabe des in der Investitionsrechnung mit Partialmodellen benutzten Zinssatzes ist es daher, die Zeitpräferenzen abzubilden. Es soll derjenige Zinssatz angewendet werden, der den Konsumpräferenzen des Investors entspricht. Dieser Zinssatz muß nicht mit dem Marktzinssatz übereinstimmen, wie obige Argumentation bereits implizit zeigt. Es kann z.b. sein, daß am Markt 10% zu erreichen sind, der Investor jedoch bereits mit einem geringen Satz zum Ausgleich seiner Konsumpräferenzen zufrieden wäre. Eine Investitionsrechnung auf der Basis individueller Zinssätze für die Konsumpräferenzen führt jedoch zu interpersonell nicht vergleichbaren Ergebnissen und damit zu keinen objektivierbaren Aussagen über die Vorteilhaftigkeit von Investitionen. Der Marktzins ist dann als objektivierter Ausdruck für die Konsumpräferenz zu interpretieren.

Der Kalkulationszinssatz in Partialmodellen hat außer der Aufgabe, objektivierte Konsumpräferenzen abzubilden, den Zweck, als Vergleichsmaßstab zur Beurteilung unterschiedlicher Anlagemöglichkeiten von Geld zu dienen. Das Kapitalwertkriterium ist so konstruiert, daß für eine Investition der Betrag ermittelt wird, um den die Sachanlage heute - also abgezinst - besser ist als die Anlageform, die jedem am Finanzmarkt offen steht. Die Vorstellung dieses Konzeptes ist, daß es nur einen einzigen Marktzins gibt, keine Unterschiede zwischen Soll- und Habenzinsen existieren und zudem keine laufzeitspezifischen Zinssätze bestehen. Zur weiteren Vereinfachung der Überlegungen wird außerdem unterstellt, daß der Zinssatz sich im Zeitablauf nicht ändert. Nur in diesem Fall kann ein Kapitalwert als abgezinste Differenz der Endvermögenswerte von Sach- und der Finanzanlage berechnet werden. Die Finanzanlage bzw. der Zins der Finanzanlage dient somit als im Zeitablauf konstanter Vergleichsmaßstab, als Opportunität für die Beurteilung einer Sachinvestition.

In der Situation des unvollkommenen Kapitalmarktes wirft das Kapitalwertkonzept Probleme auf, weil es einen einheitlichen Zinssatz nicht mehr gibt. Eigentlich ist für diesen Fall das Kapitalwertkonzept nicht mehr einsetzbar, vielmehr muß auf das allgemeinere Prinzip der Endvermögensmaximierung übergegangen werden.[32] In der Literatur finden sich jedoch Versuche, daß Kapitalwertkonzept auch in diesem Fall einzusetzen. Es werden daher für die Wahl eines Kalkulationszinssatzes eine Reihe mehr oder weniger plausibler Vorschläge gemacht. Es wird empfohlen, einen Zinssatz zu nehmen

■   der die Finanzierungskosten abdeckt,[33]

---

32   Das Kapitalwertkonzept ist bei vollkommenem Kapitalmarkt nur als eine Variante des Endvermögenskonzeptes zu bezeichnen, d.h., der Kapitalwert leitet sich aus Endwerten ab.

33   Teilweise wird empfohlen, die unter normalen Umständen erwartete Verzinsung des Kapitaleinsatzes zu wählen. Vgl. dazu Brandt (1970). Schwarz (1970) schlägt zur Quantifizierung einen Basiszins vor, der sich am für die nächsten Jahre im Durchschnitt zu erwartenden Zinsfuß für Obligationen orientiert. Blohm, Lüder

- der den Finanzierungskosten für die Risikoklasse der Sachinvestition entspricht (Basiszins plus Risikoaufschlag),[34]
- der dem Habenzins einer gewünschten Mindestverzinsung entspricht,[35]
- der für den Ausschüttungsbedarf zur Bedienung des Kapitaleinsatzes der Eigentümer ausreicht.[36]

Bei diesen Vorschlägen handelt es sich jeweils um die Wahl anderer Opportunitäten als Vergleichsmaßstab für eine zu beurteilende Investition. Je nach Wahl des Vergleichsmaßstabes kann dann eine Investition als vorteilhaft oder unvorteilhaft erscheinen. Die Entscheidung hängt somit von der Wahl der Opportunität ab. Bei einer willkürlich gesetzten Opportunität ist die Entscheidung jedoch nicht mehr zwingend zielsetzungsgerecht.

Ein anderer Vorschlag für die Wahl des Kalkulationszinssatzes besteht darin, die bisherige durchschnittliche Rentabilität des Unternehmens als Opportunität anzusetzen.[37] Hinter dieser Empfehlung steht die Vorstellung, daß eine Investition die bislang erreichte Rentabilitätslage nicht verschlechtern, sondern verbessern soll. Dieser Vorschlag ist jedoch nur bedingt zur Investitionssteuerung geeignet[38]. Verfügt eine Unternehmung z.B. über mehr Kapital als es in der Lage ist, in Sachanlagen zu investieren, steht mithin nur eine Finanzanlage offen, ist es im Sinne eines hohen Endvermögens sinnvoll, diese Anlage auch dann zu tätigen, wenn die Finanzanlage weniger erwirtschaftet als die bisherigen Investitionen, wenn die durchschnittliche Rentabiltät also sinkt. Vor die Wahl gestellt, das Geld in der Kasse zum Zins von null liegen zu lassen oder zu einem unterdurchschnittlich guten Zins zu investieren, ist die zweite Alternative immer noch besser.

Ein explizit formulierter Kalkulationszinsfuß ist für die Investitionsrechnung nur dann erforderlich, wenn mit Partialmodellen gearbeitet wird. Der Zins dient dann als externes Beurteilungskriterium. Ein Kalkulationszinssatz als expliziter Maßstab zur Beurteilung von Investitionen wird nicht benötigt, wenn mit Hilfe eines Vofis oder eines simultanen Planungsansatzes gear-

---

(1991) raten an, den Kapitalmarktzinssatz für langfristiges Fremdkapital oder den Durchschnittszinssatz des in der Unternehmung langfristig gebunden Kapitals zu wählen.

34 Vgl. Schneider, E. (1973). Teilweise wird auch eine Herleitung aus der Kapitalmarkttheorie erwogen. Vgl. hierzu Rudolph (1988).

35 Dieses Vorgehen wird teilweise in der Praxis verfolgt.

36 Vgl. Priewasser (1972).

37 Vgl. Albach (1962) und Albach (1964).

38 Vgl. Kapitel 21.

beitet wird. Bei einem Vofi bzw. einem Simultanmodell steuern die explizit formulierten Soll- und Habenzinsfüße das Entscheidungsproblem.

In einem Simultanmodell zur Maximierung des Endvermögens oder der Breite des Entnahmestroms sind alle Finanzanlageformen und alle Finanzierungsquellen mit ihren jeweiligen Zinssätzen und Volumengrenzen erfaßt. Durch diese Modellart wird mit der Wahl der optimalen Investitionsalternativen gleichzeitig bestimmt, welches die Grenzverwendung für Geld ist, bzw. welches die Grenzbeschaffung von Geld in der abgebildeten Entscheidungssituation darstellt.[39] Diese Zinssätze der Grenzalternativen - Lenkpreise, endogene Grenzzinsfüße[40] - sind für die optimale Steuerung des Entscheidungsproblems relevant. Der Kalkulationszins ist nicht mehr Vorgabe, sondern Ergebnis des Kalküls. Realisiert werden nur Investitionsobjekte und Finanzierungsarten, die mindestens den Zins der Grenzverwendung erwirtschaften, d.h., die Grenzverwendung definiert die für das Entscheidungsproblem relevante Opportunität. Die zielsetzungsgerechte Opportunität folgt damit aus dem Entscheidungsproblem und kann nicht wie bei einem Partialmodell autonom vorgegeben werden. Anders formuliert führen Partialmodelle mit einer willkürlich gewählten Opportunität nicht zur zielsetzungsgerechten Lösung des Entscheidungsproblems, wenn die gesetzte Opportunität nicht mit der aus dem Entscheidungsfeld folgenden Opportunität übereinstimmt.

Nachteil der Simultanmodelle ist es, daß die Steuerungszinssätze immer erst gleichzeitig mit der Lösung des Investitionsproblems bekannt werden, sie können damit nicht in einem Partialmodell - isolierte Analyse von Investitionen - als externer Vergleichsmaßstab vorgegeben werden. Der Nachteil aller Kalkulationszinsfüße von Partialmodellen liegt jedoch darin, daß der Vergleichsmaßstab zur Beurteilung der Investition willkürlich gesetzt wird. Bei einem unvollkommenem Kapitalmarkt führen willkürliche Kalkulationszinssätze in Partialmodellen im allgemeinen nicht zur zielsetzungsgerechten Lösung des Entscheidungsproblems, da die Vorgaben in der Regel nicht den Steuerungssätzen entsprechen. Als willkürlich sind dabei auch Zinssätze zu bezeichnen, die aus den Marktzinssätzen abgeleitet werden. Es ist nämlich keineswegs garantiert, daß die gewählten Marktzinssätze für ein Entscheidungsproblem steuerungsrelevant sind.[41] Partialmodelle mit vorgegebenen Kalkulationszinssätzen können dann allenfalls als heuristisches Vorgehen gerechtfertigt werden.

---

39   Vgl. Hax (1964) und Hering (1992).

40   Vgl. Kapitel 54.

41   Vgl. Kapitel 55.

Einen sinnvollen Ausweg aus dem Dilemma zwischen Partialmodellen - Kalkulationszinsfüße - und Simultanmodellen - endogene Grenzzinsfüße als Lenkzinssätze - bieten Vofis. Durch sie wird explizit deutlich, was hinsichtlich der Verzinsung von Ergänzungsinvestitionen oder Finanzierungkosten in der Rechnung unterstellt wird. Treffen diese Annahmen die konkrete Entscheidungssituation nicht, kann in der Rechnung von anderen Finanzierungen und Anlageformen ausgegangen werden. Vofis erlauben damit ein adaptives Verhalten.

3 Methoden der Investitionsrechnung bei gegebener Nutzungsdauer

31 Methoden der strategischen Investitionsplanung

311 Überblick

In zahlreichen praktischen Problemstellungen zur Beurteilung von Investitionsvorhaben versagen quantitative Planungsmethoden, weil Strukturdefekte und nicht metrisch quantifizierbare Daten vorliegen. Qualitative Planungstechniken sind dann ein Instrument, um zumindest gewisse Vorstellungen über die Problemsituation oder die Qualität von Lösungsvorschlägen zu gewinnen; sie erlauben eine nützliche Strukturierung von Problemen oder eine Vorselektion von Alternativen und verbessern dadurch das Problemverständnis beim Planenden. Durch die Vorauswahl gelingt es, die Menge der Entscheidungsalternativen zu reduzieren, auf die in einem zweiten Schritt quantitative Methoden der Investitionsrechnung angewendet werden können.

Diskutiert werden sollen drei qualitative Methoden:

- Checklisten,
- Nutzwertanalysen bzw. Scoringmodelle,
- Preis-Leistungsmodelle.

Die **Checkliste** ist im strengen Sinne kein Planungsverfahren, sondern mehr ein Instrument der Problemstrukturierung und Entscheidungsunterstützung. In einer Checkliste werden die zur Beurteilung einer Investition relevanten Kriterien zusammengetragen, an Hand derer Experten die Investition einstufen. Erst durch die Erweiterung der Checkliste zu einem Merkmalsprofil zeigt dieses Instrument Ansätze eines Planungsverfahrens.

Die **Nutzwertanalyse** baut auf einer Checkliste auf und verdichtet die mehrdimensionale Bewertung eines Investitionsobjektes zu einer eindimensionalen Kennziffer. Es handelt sich also um ein formalisiertes Verfahren zur Entscheidungsfindung oder -vorbereitung, wenn es um eine Auswahl von Handlungsalternativen unter Berücksichtigung eines mehrdimensionalen Zielsystems geht.[1] Häufig existiert eine große Anzahl von Alternativen, für die konkrete Daten für quantitative Planungsverfahren nicht oder nur mit ho-

---

1 Zur allgemeinen Darstellung der Nutzwertanalyse vgl. Zangemeister (1971); Berens (1991), S. 45 ff.

hen Kosten bestimmt werden können. Die Nutzwertanalyse erlaubt dann mit vergleichsweise geringem Aufwand eine erste, grobe Beurteilung von Investitionen.

Bei Nutzwertanalysen werden metrische und nicht metrische Informationen verarbeitet. Bei den metrischen Informationen tritt dabei als Folge des formalisierten Verfahrens ein Informationsverlust ein. **Preis-Leistungsmodelle** sehen eine zweistufige Beurteilung von Investitionsobjekten vor. In einer ersten Stufe wird der Kriterienkatalog einer Nutzwertanalyse nur für die nicht metrisch meßbaren Kriterien eingesetzt, und es werden Investitionsalternativen aussortiert, die bestimmten Mindestanforderungen bei diesen Kriterien nicht genügen. Für die verbleibenden Investitionsalternativen wird dann in einer zweiten Beurteilungsstufe auf der Basis der metrischen Informationen eine Investitionsrechnung durchgeführt.

312 Checklisten

Eine Checkliste ist eine Auflistung aller für ein Investitionsproblem relevanten Aspekte.[2] Sinn einer Checkliste ist es, eine geschlossene, systematische Analyse über diese Kriterienausprägungen einer Investition durchzuführen. In dieser geschlossenen Sichtweise liegt der eigentliche Vorteil von Checklisten.

Checklistenanalysen umfassen generell zwei Phasen. Die erste Phase bezieht sich auf die Erstellung der Checkliste, das Zusammentragen der für ein Problem relevanten Merkmale. In dieser Phase kann häufig auf veröffentlichte Checklisten zurückgegriffen werden. Solche Checklisten sind jedoch mit der Gefahr verbunden, nicht problemspezifisch zu sein. Es können u.U. für das spezielle Problem relevante Merkmale fehlen. Um eine nicht geschlossene Sichtweise der Probleme zu vermeiden, sind derartige Checklisten auf Relevanz der Merkmale und einen Ergänzungsbedarf hin zu untersuchen.

Die zweite Phase bezieht sich auf den Einsatz der Checkliste für ein spezielles Problem. Das Problem muß von Experten nach allen in der Liste festgelegten Dimensionen untersucht werden. Dabei sollen Vorstellungen darüber gewonnen werden, ob ein Problem die Merkmale erfüllt (Ja/Nein-Entscheidungen z.B. beim Durchchecken eines Flugzeugs), oder wie gut die zu erwartende Ausprägung der einzelnen Merkmale bei einem bestimmten Lösungsvorschlag für ein Problem ist (die Problemlösung erfüllt das Merkmal "Verfügbarkeit der Ressourcen" z.B. ausreichend, befriedigend, gut oder

---

2   Vgl. Strebel (1980), S. 133.

sehr gut). Auf diesem Wege entsteht dann ein möglichst geschlossenes Bild von der Problemsituation bzw. der Eignung von Lösungen.

Die Checkliste kann für ein einmaliges Problem ebenso eingesetzt werden wie für wiederkehrende Fragestellungen strukturähnlicher Probleme. Insbesondere für den Wiederholungsfall ist sie sehr effizient, da der Aufwand zur Entwicklung oder Überprüfung einer Checkliste entfällt oder doch zumindest gering ist.

In der Literatur wird die Checkliste häufig, wenn auch nicht unter dieser Bezeichnung, in der strategischen Unternehmensplanung für Stärken- und Schwächenanalysen bzw. Chancen- und Risikenanalysen eingesetzt.[3] Alle für die Strategieplanung wichtigen Aspekte werden aufgelistet, um sie auf ihre Relevanz für das betreffende Unternehmen hin zu überprüfen.[4] Checklisten sind insbesondere geeignet, einen Gegensatz zwischen widerstreitenden Bewertungsgesichtspunkten für Entscheidungsalternativen transparent werden zu lassen.

Die beiden Phasen "Erstellung der Liste" und "Einsatz der Liste" sollen genauer untersucht werden. Zunächst einige Überlegungen zur Auswahl der Kriterien: An die Kriterienauflistung in einer Checkliste werden keinerlei formale Ansprüche gestellt.[5] Weder Vollständigkeit noch Überschneidungsfreiheit der Kriterien sind zwingende Voraussetzungen. Für einen sinnvollen Einsatz sollten beide Kriterien jedoch möglichst erfüllt sein.

Die **Vollständigkeit** ist wünschenswert, um eine umfassende Beurteilung des Problems zu gewährleisten. Wird eine Checkliste über Jahre immer wieder eingesetzt, wird sie sich fortentwickeln und durch erweiterte Kenntnisse eines Unternehmens in einem Problemfeld damit auch vollständiger werden. Sie wird sich bei wirtschaftlichem Wandel und sich verändernden Umfeldbedingungen aber nicht in Richtung auf einen bestimmten Endzustand hin entwickeln.

Soll eine Checkliste aufgestellt oder aktualisiert werden, stellt sich immer die Frage nach dem Grad an Detailliertheit der Merkmale. Checklisten werden typischerweise zur Vorstrukturierung komplexer Probleme eingesetzt. Sie wirklich vollständig zu gestalten hieße, jeden einzelnen u.U. auch nur wenig relevanten Aspekt mit aufzunehmen. Dies kann dazu führen, daß die

---

3   Vgl. Ansoff (1965), S. 98 f.; Bircher (1976), S. 203; Kreikebaum (1991), S. 43; Hopfenbeck (1990), S. 122; Aurich, Schroeder (1972), S. 221 ff.

4   Vgl. Hinterhuber (1992), S. 85 ff.

5   Vgl. Strebel (1980), S. 134.

Checkliste einen nicht mehr handhabbaren Umfang annimmt. Selbst wenn sie handhabbar ist, stellt sich dennoch die Frage, ob der mit einer solchen Liste konfrontierte Entscheidungsträger ihren Umfang akzeptiert oder sie ihn überfordert. Bei der Auswahl der Kriterien für eine Checkliste ist mithin zwischen der Vollständigkeit und einem Umfang abzuwägen, den der Anwender noch akzeptiert.

Bei der Formulierung der in die Checkliste aufzunehmenden Kriterien entsteht zudem ein weiteres Abwägungsproblem: Je allgemeiner eine Checkliste formuliert ist, desto universeller ist sie einsetzbar. Mit zunehmender Allgemeingültigkeit können aber auch immer schwieriger direkte Handlungsanleitungen aus der Liste abgeleitet werden. Dieser Zusammenhang sei an einem Beispiel verdeutlicht:

Für eine Checkliste ist zwischen den beiden folgenden Formulierungen zu wählen:

- "Überprüfen Sie, ob beim Einsatz des Produktionsverfahrens A Altpapier der Qualitätsart y eingesetzt werden kann."

- "Überprüfen Sie, ob die beim Verfahren A erforderlichen Vor- und Zwischenprodukte aus recycliertem Material bestehen können."

Aus der ersten Formulierung lassen sich direkte Handlungsanweisungen ableiten, da auf einen konkreten Einsatzstoff hin untersucht wird. Sehr viel umfassender ist die zweite Formulierung, die eine Überprüfung aller beim Verfahren A einzusetzenden Stoffe und Halbteile verlangt. Diese zweite Formulierung erfordert eine nähere Spezifikation, bevor sie in Handlungen umgesetzt werden kann. Auch in diesem Falle ist mithin ein Kompromiß zu schließen, und zwar zwischen der direkten Umsetzbarkeit und der Allgemeingültigkeit der Checkliste.[6]

Überschneidungsfreiheit der in die Checkliste aufzunehmenden Kriterien ist aus zwei Gründen anzustreben:

- Sich überschneidende Kriterien führen dazu, daß die Wirkung des hinter diesen Kriterien steckenden, gemeinsam erklärenden Faktors auf das Planungsergebnis nicht deutlich wird. Ein Aspekt, der in mehreren Kriterien implizit zum Tragen kommt, wird das Planungsergebnis u.U. stärker beeinflussen, obwohl dies nicht beabsichtigt ist. Das liegt daran, daß

---

6   Gälweiler (1986), S. 398 f. geht davon aus, daß sich eine Checkliste an aktuellen und potentiellen Gegebenheiten orientieren muß, damit also nur sehr allgemein gehalten sein kann.

bei der Anwendung der Checkliste über diesen Aspekt häufiger diskutiert und ihm dadurch implizit eine höhere Relevanz zugemessen wird.

■ Die Formulierung überschneidungsfreier Kriterien hat eine Reduktion der Kriterienzahl der Checkliste zur Folge. Der Planungsaufwand wird dadurch geringer und die Übersichtlichkeit erhöht.

Bei der Entwicklung von Checklisten für die Auswahl von Investitionsalternativen sind alle Kriterien relevant, die sich auf die einzusetzenden Produktionsfaktoren, den Produktionsprozeß, die Qualität der Erzeugnisse und die Umweltbelastungen durch das Produktionsverfahren beziehen. Hinsichtlich der Produktionsfaktoren mag die Frage wichtig sein, ob die erforderlichen Bauteile am Markt in ausreichender Menge beschafft werden können. Für den Produktionsprozeß wäre etwa zu klären, ob das Know-How zum Betrieb des Verfahrens bei den Mitarbeitern vorhanden ist und welcher Schulungsbedarf existiert. Schließlich stellt die Qualität der am Markt verfügbaren Teile ein wichtiges Kriterium dar. Außer diesen mehr technischen Merkmalen zur Kennzeichnung einer Investitionsalternative können ökonomische Kriterien wie Kapitalbedarf bzw. Kosten- und Erlöserwartungen mit in die Checklisten einbezogen werden.

In die Checkliste sollten nur die Faktoren aufgenommen werden, die bei mindestens einer der zu beurteilenden Investitionsalternativen von Bedeutung ist. Werden auch Kriterien erfaßt, die für keine der Entscheidungsalternativen relevant sind, wird eine Checkliste von den Entscheidungsträgern kaum akzeptiert werden.

Eine für ein spezielles Problem der Investitionsbeurteilung geeignete Checkliste mit 14 Kriterien liegt der folgenden Nutzwertanalyse zugrunde.

313 Nutzwertanalysen

Die Nutzwertanalyse ordnet den Investitionsvorhaben ersatzweise für den eigentlichen Beitrag zum Unternehmensziel Punktwerte zu, die aus den Ausprägungen einer Reihe von Beurteilungskriterien abgeleitet werden. Der Punkt- oder Nutzwert ist der zahlenmäßige Ausdruck für die subjektive Vorziehenswürdigkeit eines Vorhabens. Die Nutzwertanalyse bringt folglich einzelne Handlungsalternativen bei den ausgewählten Kriterien in eine "Besser-Schlechter-Anordnung", sie verdichtet die Informationen über die Merkmale in einer Checkliste zu einem dimensionslosen Wert. Sinnvoll sind Nutzwertanalysen nur, wenn sichergestellt ist, daß ein hoher Unternehmenserfolg eng mit hohen Nutzwerten korreliert.

Die Nutzwertanalyse kann für eine Vielzahl von Anwendungsgebieten eingesetzt werden, bei denen quantitative Daten fehlen. Ursprünglich wurde sie für die Auswahl von Forschungs- und Entwicklungsvorhaben und von Produktinnovationen benutzt.[7] Weitere Einsatzmöglichkeiten ergeben sich bei der Arbeitsplatzbewertung, bei der Standortwahl, der Erklärung von Käuferverhalten[8] sowie als Instrument zur Vorauswahl von Investitionsobjekten (Bewertung von EDV-Systemen, flexiblen Fertigungssystemen). Die Nutzwertanalyse wird auch zur Analyse öffentlicher Investitionsvorhaben eingesetzt. Zumeist sind dort neben monetären Kriterien auch nicht monetäre Ziele zu beachten. Für eine derartige Mehrziel-Entscheidung vermag die Nutzwertanalyse Hilfestellung zu geben. Beispiele für diesen Bereich sind Infrastrukturinvestitionen wie Verkehrswegeinvestitionen und Fragen der Müllentsorgung.[9]

Die Nutzwertanalyse, auch als Punktbewertungsmodell oder Scoringmodell bezeichnet, existiert in einer Vielzahl von Varianten. Die unterschiedlichen Varianten ergeben sich aus den unterschiedlichen Möglichkeiten, den Kriterienausprägungen Punkte zuzuweisen, Gewichte zu vergeben und die Kriterien miteinander zu verknüpfen.[10] Zusätzlich kann die Nutzwertanalyse mit Mindestbedingungen (Restriktionen) für einzelne Kriterien arbeiten, die einzuhalten sind.[11]

Die einfachste Variante der Nutzwertanalyse geht von folgendem Konstruktionsprinzip aus:

$$N_j = \sum_k w_k \cdot P_{jk} \, .$$

Mit N_j wird der Nutzwert der Investitionsalternative j bezeichnet. P_{jk} steht für den Punktwert, den eine Alternative j beim Beurteilungskriterium k aufgrund eines Expertenurteils erreicht, und w_k entspricht dem Gewicht, das dem Kriterium k beigemessen wird. Der Nutzwert ergibt sich dann als Summe der gewichteten Punkte. Die Grundvariante der Nutzwertanalyse arbeitet mit einer additiven Verknüpfung der Teilnutzwerte. Es existieren je-

---

7   Vgl. Strebel (1978), S. 2181 und die dort angegebene Literatur sowie Zangemeister (1971).

8   Vgl. dazu das kognitive Strukturmodell von Fishbein zur Erklärung von Käuferverhalten in Meffert (1986), S. 152 ff.

9   Vgl. Schneeweiß (1990), S. 13.

10   Vgl. Schneeweiß (1990), S. 14.

11   Vgl. dazu das sogenannte Preis-Leistungmodell, Grob (1990c), S. 335 ff.

doch auch Verfahren mit einer multiplikativen Verknüpfung der Kriterienausprägungen.[12] Die Grundvariante arbeitet bei den Kriterien auch nur mit einer zulässigen Ausprägung je Kriterium. Möglich sind jedoch auch Verfahrensweisen, die für eine Strategie mehrere Ausprägungen der Kriterien zulassen und von bestimmten Wahrscheinlichkeiten für den Eintritt dieser Ausprägungen ausgehen. Diese Verfahren bestimmen dann einen Erwartungswert des Nutzens.[13]

Im folgenden soll die Grundvariante der Nutzwertanalyse mit additiver Verknüpfung der Kriterien dargestellt werden. Diese Variante läuft in fünf Schritten ab:[14]

1. Formulierung geeigneter Bewertungskriterien
2. Ableitung von Gewichtungsfaktoren für die Kriterien
3. Auswahl möglicher Kriteriumsausprägungen
4. Alternativenbewertung durch Experten
5. Berechnung des Nutzwertes und Reihung der Vorhaben nach Nutzwerten.

Ob die Nutzwertanalyse ein geeignetes Verfahren zur Vorauswahl von Investitionsalternativen ist, hängt ganz entscheidend von der inhaltlichen Ausgestaltung ab, welche Kriterien in die Analyse eingehen, wie Kriteriengewichte entwickelt werden, wie die Verdichtung der Kriterien zum Gesamtnutzwert erfolgt und von welcher Qualität die Urteile der Experten über die Ausprägungen der Merkmale bei einzelnen Investitionsalternativen sind. In der Literatur gibt es eine Vielzahl von Vorschlägen zur inhaltlichen Ausgestaltung der Stufen. Eine ganze Reihe dieser Vorschläge können nur als unsinnig bezeichnet werden, sie führen letztlich zu nicht nachvollziehbaren Urteilen. Auf einige der gröbsten Mängel bei der inhaltlichen Gestaltung der Nutzwertanalyse wird im folgenden an Hand eines Beispiels aus der Literatur eingegangen.[15] Dieses Literaturbeispiel kann als typisches Negativbeispiel für qualitative Planungsverfahren angesehen werden. In der zitierten Quelle wird beinahe kein Fehler ausgelassen, der bei Nutzwertanalysen gemacht werden kann. In dem Beispiel werden drei Investitionsalternativen für

---

12 Vgl. Zangemeister (1976), S. 277; Andritzky (1976), S. 33 ff.; Dreyer (1974), S. 265.

13 Vgl. das Verfahren von O`Meara; O`Meara (1961), S. 83 ff.; Meffert (1986), S. 356 ff.

14 In der Literatur wird mitunter noch ein sechster Schritt genannt, der sich mit der Auswahl der zu beurteilenden Alternativen befaßt. Vgl. z.B. Berens (1991), S. 44 ff. Zum allgemeinen Vorgehen vgl. insbesondere Zangemeister (1971) und Knigge (1975).

15 Vgl. REFA (1974), S. 341 ff.

Transporteinrichtungen beurteilt. In einem ersten Schritt müssen die für die Beurteilung relevanten Kriterien festgelegt werden. Für diese Überlegungen gelten die entsprechenden Ausführungen zur Kriterienauswahl bei Checklisten. Diese Kriterien können z.b. mit Hilfe einer Zielhierarchie entwickelt werden. Die unterste Stufe dieser Hierarchie entspricht dann den einzelnen Bewertungskriterien.

Dieses Vorgehen soll in Anlehnung an Zangemeister beispielhaft verdeutlicht werden.[16] In diesem Beispiel besteht die zur Bewertung entwickelte Zielhierarchie aus drei Ebenen. Auf der ersten Ebene steht das Gesamtziel "Entwicklung der für die Firma zweckmäßigsten Transporteinrichtung". Dieses Gesamtziel wird in der zweiten Ebene in die folgenden fünf Unterpunkte aufgefächert:

- Absatzziele,
- Forschungs- und Entwicklungsziele,
- Produktionstechnische Ziele,
- Finanzierungsziele,
- Technische Projektziele.

Jeder dieser Unterpunkte wird in der dritten und letzten Stufe in mehrere Elemente aufgegliedert, der Unterpunkt Absatzziele beispielsweise in die vier Elemente:

- Absatzmenge,
- Konkurrenzmaßnahmen,
- Absatzorganisation,
- Preis.

Wird im letzten Schritt der Nutzwertanalyse eine additive Verknüpfung der Teilnutzwerte vorgenommen, ist Unabhängigkeit der auszuwählenden Kriterien zu fordern. Sind Kriterien nicht unabhängig voneinander, ist die gewählte additive Verknüpfung unzutreffend.[17] Abhängigkeiten zwischen zwei Kriterien bestehen z.b. dann, wenn die Ausprägungen des einen Kriteriums in einer Konkurrenz- oder Komplementaritätsbeziehung zu den Ausprägungen des zweiten Kriteriums stehen. Derartige Abhängigkeiten lassen sich häufig schon wegen definitorischer Zusammenhänge und wegen der generell gegebenen Interdependenzen wirtschaftlicher Größen nicht ganz vermeiden.[18] Zwischen zwei Kriterien besteht eine Abhängigkeit auch dann,

---

16 Vgl. zum folgenden Zangemeister (1971), S. 164 f.

17 Vgl. z.B. Dreyer (1974), S. 157; Strebel (1978), S. 2183.

18 Vgl. z.B. Strebel (1978), S. 2183.

wenn der Entscheidungsträger nicht in der Lage ist, isoliert für ein Kriterium einen Punktwert festzulegen. Er benötigt zur Festlegung eines Punktwertes dann auch Kenntnis über die Ausprägungen eines zweiten Kriteriums. Die Unabhängigkeitsforderung soll mithin gewährleisten, daß die Bewertung jedes Kriteriums für sich allein und nicht erst in Verbindung mit Ausprägungen anderer Kriterien möglich ist.[19] Die Unabhängigkeitsforderung ist generell nur bedingt zu erfüllen, so daß die Nutzwertanalyse mit additiver Verknüpfung von Teilnutzwerten entscheidungstheoretisch auch nur bedingt vertretbar ist. Sie kann lediglich als vereinfachendes heuristisches Vorgehen bezeichnet werden.

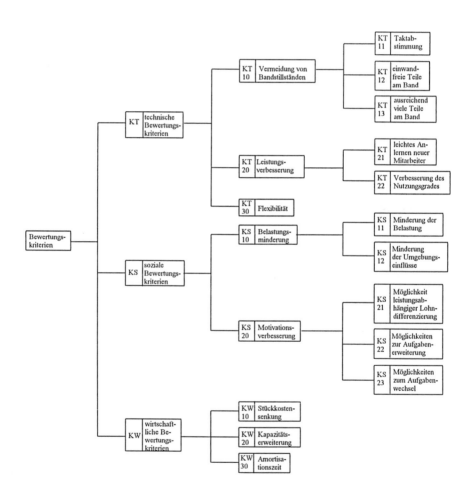

---

19 Vgl. auch zum folgenden Zangemeister (1971), S. 163.

Für das aus der Literatur[20] übernommene Beispiel wurde die umseitige Kriterienhierarchie mit 14 Kriterien benutzt.

Der gewählte Katalog verstößt ganz offensichtlich gegen die Unabhängigkeitsforderung, denn die Kriterien KT11, KT21 und KT22 beeinflussen die Stückkosten (Kriterium KW10), und Stückkosten haben einen Einfluß auf die Amortisationszeit (KW30).

Es dürfen nur Kriterien gewählt werden, die sich sinnvoll quantifizieren lassen. Die Kriterien müssen mithin operational in dem Sinne sein, daß eine Messung der jeweiligen Kriterienausprägung möglich wird. Dabei setzt der Begriff der Messung nicht notwendigerweise eine Quantifizierbarkeit im strengen Sinne (Metrik) voraus. Auch Beiträge zu nicht quantifizierbaren Zielen können eindeutig meßbar im Sinne von überprüfbar sein.[21]

Im nächsten Schritt der Nutzwertanalyse sind für die Kriterien Gewichte festzulegen, mit denen sie in die Berechnung des Nutzwertes eingehen. Hierfür sind unterschiedliche Vorgehensweisen möglich. Ein in der Praxis beliebtes Verfahren zur Ableitung von Gewichten ist der Paarvergleich von Kriterien.

Dieses Vorgehen soll wiederum am Beispiel der drei Transporteinrichtungen demonstriert und kritisch beurteilt werden. Ist ein Kriterium im Urteil von Experten wichtiger als ein zweites, erhält es in der Wertung eine eins. In einem Beispiel mit 14 Kriterien sind dann 105 Paarvergleiche durchzuführen, wenn jedes Kriterium auch mit sich selbst verglichen wird.[22] Die Paarvergleiche müssen konsistent durchgeführt werden. Ist in einer ersten Wertung das Kriterium A wichtiger als B beurteilt worden, und ergibt die zweite Wertung, daß B wichtiger als C ist, folgt aus den beiden ersten Vergleichen, daß C nicht wichtiger als A sein kann. Der Vergleichende muß sich bei einem Paarvergleich mithin immer bewußt sein, welche Werturteile er bereits in früheren Vergleichen gefällt hat. Bei einer Vielzahl von Kriterien und Wertungen ist ein Entscheidungsträger damit zumeist überfordert. Im Orginalbeispiel wird über 20 mal gegen die Konsistenzbedingung der Wertungen verstoßen.

Eine konsistente Bewertung zeichnet sich dadurch aus - das Urteil, zwei Alternativen sind gleichwertig, sei nicht zugelassen -, daß bei 5 Kriterien ein

---

20　Abbildung entnommen aus REFA (1974), S. 346.

21　Vgl. Heinen (1971), S. 115 f.; Zwehl, Schmidt-Ewig (1981), S. 98.

22　Wird ein Kriterium nicht mit sich selbst verglichen und siegt es kein einziges Mal gegen ein anderes, erhält es ein Gewicht von null, was nicht sinnvoll erscheint.

Kriterium viermal, ein zweites dreimal usw. in den Vergleichen siegen muß. Bei 14 Kriterien muß also jeder Zahlenwert von 1 bis 14 besetzt sein, wenn die Kriterien auch mit sich selbst verglichen werden. Die Fehler des Originalbeispiels wurden in der folgenden Tabelle berichtigt.

	KT 11	KT 12	KT 13	KT 21	KT 22	KT 30	KS 11	KS 12	KS 21	KS 22	KS 23	KW 10	KW 20	KW 30	Σ	Gew. faktor	Rang
KT 11	1		1	1	1		1				1			1	7	0,067	8.
KT 12	1	1	1	1	1	1	1		1		1			1	10	0,095	5.
KT 13			1				1				1			1	4	0,038	11.
KT 21			1	1			1				1			1	5	0,048	10.
KT 22			1	1	1		1				1			1	6	0,057	9.
KT 30	1		1	1	1	1	1				1			1	8	0,076	7.
KS 11							1				1			1	3	0,028	12.
KS 12	1	1	1	1	1	1	1	1	1		1			1	11	0,105	4.
KS 21	1		1	1	1	1	1		1		1			1	9	0,086	6.
KS 22	1	1	1	1	1	1	1	1	1	1	1			1	12	0,114	3.
KS 23											1			1	2	0,019	13.
KW 10	1	1	1	1	1	1	1	1	1	1	1	1		1	13	0,124	2.
KW 20	1	1	1	1	1	1	1	1	1	1	1	1	1	1	14	0,133	1.
KW 30														1	1	0,010	14.
Σ	8	5	11	10	9	7	12	4	6	3	13	2	1	14	105	1,000	

Das Gewicht eines Kriteriums wird dann als Quotient aus der Zahl der "Siege" eines Kriteriums und der Gesamtzahl der Vergleiche ermittelt (z.B. 14/105 = 0,133 bei KW 20 und 1/105 = 0,01 bei KW 30). Diese Vorgehensweise zur Ableitung von Gewichten ist wenig sinnvoll:

■ Unzulässigerweise werden durch die Art des Vorgehens ordinale Informationen in metrische "übersetzt". Als Folge dessen besteht zwischen allen Kriterien ein linearer Abstand zwischen den Gewichten.

■ Das Vorgehen führt zu unlogischen Ergebnissen, wenn ein völlig irrelevantes Kriterium - z.B. das Alter des Geschäftsführers - als 15. Kriterium hinzugenommen wird. Bei einem sinnvollen Verfahren dürften sich die Gewichte der 14 bisherigen Kriterien durch das Hinzufügen eines unsinnigen Kriteriums nicht verändern. Die Zahl der Paarvergleiche steigt aber auf 120 an. Das wichtige Kriterium KW 20 erhält dann ein Gewicht von 15/120 = 0,125, da es im Vergleich gegen das unsinnige Kriterium gewinnt. Das Gewicht des unwichtigen Kriteriums KW 30 verändert sich auf 2/120 = 0,0166, da es auch einen weiteren Sieg erzielt. Das unsinnige Kriterium 15 verändert damit die Gewichte der übrigen Kriterien, wobei das Gewicht der wichtigen Kriterien sinkt und das der unwichtigen Kriterien steigt. Diese Form der Ableitung von Gewichten aus ordinalen Informationen ist schlicht unsinnig.

Zur Vermeidung derartiger Inkonsistenzen empfiehlt sich die folgende Vorgehensweise: Eine Expertengruppe hat beispielsweise eine vorgegebene
Zahl von 100 Punkten nach der subjektiven Auffassung auf die Kriterien zu
verteilen. Dazu wird die Hierarchie der Kriterien gedanklich in der obersten
Ebene beginnend nach unten durchschritten.[23] In der ersten Stufe sind die
100 Punkte auf drei Kriteriengruppen zu verteilen, wobei den Kriteriengruppen nach ihrer Bedeutung Punkte zugeordnet werden. In der nächsten Stufe
werden die Punkte einer Kriteriengruppe weiter aufgeteilt usw., bis die letzte
Kriterienebene erreicht ist. Auf diesem Wege ist sichergestellt, daß genau
100 Punkte verteilt werden. Die Gewichte sind dann so zu normieren, daß
sie sich zu eins addieren.

Bewertungs-kriterien		Eigenschaften der Investitionsobjekte		
		Investitionsobjekt 1: 13-mm Doppelgurtband	Investitionsobjekt 2: 11-mm Doppelgurtband	Investitionsobjekt 3: 8-mm Doppelgurtband
1	KT 11	Wartezeitanteil: 2,1%	Wartezeitanteil: 5,0%	Wartezeitanteil: 3,2%
2	KT 12	wegen weitgehender Vormontage höhere Wahrscheinlichkeit als 3	wie 1	wegen Verzicht auf Vormontage geringere Wahrscheinlichkeit als bei 1 und 2
3	KT 13	Verzögerungsgefahr durch Vormontage, Wahrscheinlichkeit geringer als bei 3	wie 1	keine Vormontage, höhere Wahrscheinlichkeit als bei 1 und 2
4	KT 21	wegen geringerem Mechanisierungsgrad und kürzeren Zyklen leichter als bei 2 und 3	wegen höherem Mechanisierungsgrad schwerer als bei 1	wegen höherem Mechanisierungsgrad und längeren Zyklen wie bei 2
5	KT 22	wegen Vormontage und geringerem Mechanisierungsgrad am geringsten	wegen erhöhtem Mechanisierungsgrad höher als 1	wegen hohem Mechanisierungsgrad höher als bei 2
6	KT 30	höchste Flexibilität wegen geringem Mechanisierungsgrad	geringere Flexibilität als 1 wegen höherem Mechanisierungsgrad	geringste Flexibilität wegen höchstem Mechanisierungsgrad
7	KS 11	am geringsten	höher als bei 1	am höchsten
8	KS 12	am geringsten	höher als bei 1	am höchsten
9	KS 21	wegen hoher beeinflußbarer Zeitanteile am geeignetsten	weniger geeignet als bei 1	am wenigsten geeignet
10	KS 22	nur mangelhaft gelöst, 8 Arbeitsplätze mit zu geringem Arbeitsinhalt	besser gelöst, nur 2 Arbeitsplätze mit zu geringem Arbeitsinhalt	besser als 1, jedoch schlechter als 2, da da keine übertragbaren Ablaufab-schnitte vorliegen
11	KS 23	mit Ausnahme eines Arbeitsplatzes möglich und sinnvoll	grundsätzlich möglich, aber wahrscheinlich nur an 5 Arbeitsplätzen praktikabel	an nur 3 Arbeitsplätzen praktikabel
12	KW 10	ca. 30%	ca. 42%	ca. 40%
13	KW 20	ca. 100%	ca. 80%	ca. 110%
14	KW 30	< 11 Monate	< 10 Monate	< 9 Monate

Bei mehreren zur Bewertung befragten Experten kann dann z.B. der Mittelwert der verteilten Punkte zur Wahl des Kriteriengewichtes benutzt werden.
Der Vorteil dieser Vorgehensweise gegenüber dem Paarvergleich besteht

---

23 Vgl. zum folgenden z.B. Zangemeister (1971), S. 164.

darin, daß die Gewichte gegen das Zufügen unsinniger Kriterien insoweit stabil sind, als wichtige Kriterien nicht unwichtiger und unwichtige nicht wichtiger werden. Zudem sind die Differenzen der Gewichte der Kriterien nicht linear.

Im folgenden Schritt sind für jede Entscheidungsalternative und jedes Kriterium Unterlagen zusammenzustellen, die einer sachlichen Bewertung zugrunde gelegt werden können.[24] Für das Beispiel der drei Transportbänder wurden z.B. die Informationen in der vorigen Tabelle[25] zusammengestellt.

Nr.	Bewertungs- kriterium	Gewichtungs- faktoren	Investitionsobjekt 1: 13-mm-Doppelgurtband		Investitionsobjekt 2: 11-mm-Doppelgurtband		Investitionsobjekt 3: 8-mm-Doppelgurtband	
			Rangplatz Nr.	Teilnutz- werte	Rangplatz Nr.	Teilnutz- werte	Rangplatz Nr.	Teilnutz- werte
1	KT 11	0,067	3	0,201	1	0,067	2	0,134
2	KT 12	0,095	2,5	0,2375	2,5	0,2375	1	0,095
3	KT 13	0,038	2,5	0,095	2,5	0,095	1	0,038
4	KT 21	0,048	3	0,144	1,5	0,072	1,5	0,072
5	KT 22	0,057	3	0,171	2	0,114	1	0,057
6	KT 30	0,076	3	0,228	2	0,152	1	0,076
7	KS 11	0,029	1	0,029	2	0,058	3	0,087
8	KS 12	0,105	1	0,105	2	0,210	3	0,315
9	KS 21	0,086	3	0,258	2	0,172	1	0,086
10	KS 22	0,114	1	0,114	3	0,342	2	0,228
11	KS 23	0,019	3	0,057	2	0,038	1	0,019
12	KW 10	0,124	1	0,124	3	0,372	2	0,248
13	KW 20	0,133	2	0,286	1	0,133	3	0,399
14	KW 30	0,009	1	0,009	2	0,018	3	0,027
Gesamtnutzwerte				2,0385		2,0805		1,881

Isoliert für jedes Kriterium werden dann den Kriterienausprägungen der drei Investitionsalternativen Werte zugeordnet. Für diese Transformation stehen grundsätzlich die nominale, die ordinale und die kardinale Bewertungsmethode zur Verfügung.[26] Sinnvoll ist es, den einzelnen Kriterien einer Entscheidungsalternative Punktwerte z.B zwischen eins und zehn zuzuordnen. Durch diese Bewertung kann der unterschiedliche Erfüllungsgrad eines Kriteriums durch eine Handlungsalternative erfaßt werden. Im Beispiel der drei Transportbänder wurde für die Übersetzung der Informationen wiederum ein recht unsinniges Vorgehen gewählt, indem erneut mit Rangplätzen gearbeitet wurde. Die Alternative, die ein Kriterium am besten erfüllt, erhält den

---

24 Vgl. Zangemeister (1971), S. 164.

25 Entnommen aus REFA (1974), S. 346.

26 Vgl. auch zum folgenden Zwehl, Schmidt-Ewig (1981), S. 102 ff.; Strebel (1978), S. 2183 ff.; Dreyer (1974), S. 262 ff.

Rangplatz 3 und die schlechteste den Rangplatz 1. Die Ergebnisse dieser Umsetzung der Informationen sind aus der vorigen Tabelle zu entnehmen.

Mit diesem Vorgehen sind erneut erhebliche Informationsverluste gegenüber den viel besseren Informationen der verbalen Umschreibungen der Merkmalsausprägungen verbunden. Das auf Rangplätzen basierende Verfahren unterstellt real nicht existierende, konstante Abstände zwischen den Kriterienausprägungen der drei Alternativen.

Nach der Zuordnung von Kriterienausprägungen zu den Entscheidungsalternativen können die Teilnutzwerte je Kriterium und Alternative bestimmt werden. Dazu ist das Gewicht mit dem Punktwert eines Kriteriums zu multiplizieren. Im letzten Schritt sind dann die Teilnutzwerte zum gesamten Nutzwert jeder Alternative zu verdichten. Hierzu werden in der Literatur wiederum verschiedene Regeln diskutiert.[27] Bei unabhängigen Kriterien ist der Gesamtnutzen gleich der Summe der Teilnutzwerte der Kriterien.[28] Je höher der Nutzwert im Beispiel ist, desto günstiger erscheint eine Investition. Für die Wertsynthese ist eine Sensitivitätsanalyse des Entscheidungsvorschlags von besonderer Bedeutung,[29] da die einzelnen Schritte der Nutzwertanalyse viele subjektiven Elemente umfassen. Es sollte daher geprüft werden, ob die Entscheidung gegen Gewichtungsveränderungen der Kriterien oder Veränderungen der Kriterienausprägungen stabil ist.

Abschließend soll das Instrumentarium der Nutzwertanalyse kritisch beleuchtet werden. Das Verfahren ist bei sinnvoller Anwendung durchaus zur Informationsverdichtung bei mehrdimensionalen Zielen geeignet, wenn sich der Benutzer der Anwendungsproblematik (subjektive Einflüsse bei der Wahl der Kriterien, Problem der Unabhängigkeit der Kriterien, Probleme bei der Festlegung der Gewichte und der Beschreibung der Kriterienausprägungen) bewußt ist.[30] Gegen die Verdichtung der Kriterienausprägungen auf eine dimensionslose Größe können aber folgende Kritikpunkte vorgebracht werden:

■ Die resultierenden Kenngrößen für die Alternativen sind wegen ihrer Dimensionslosigkeit kaum zu interpretieren. Darüber hilft auch die Bezeichnung "Nutzwert" für diese Kenngröße nicht hinweg.

---

27 Vgl. z.B. Andritzky (1976), S. 30 ff.; Dreyer (1974), S. 265; Strebel (1978), S. 2184 f. und die dort angegebene Literatur.

28 Vgl. z.B. Zangemeister (1971), S. 165.

29 Vgl. auch Dreyer (1974), S. 266 f.

30 Vgl. z.B. Brauckschulze (1983), S. 236.

■ Die Verdichtung zu einem Nutzwert unterstellt, daß unzureichende Eignung einer Alternative bei einem Kriterium durch Übereignung bei einem zweiten kompensiert werden kann. Die Verdichtung geht damit von einer Substitution der Kriterienausprägungen aus. In der Realität ist eine derartige Kompensation häufig nicht erlaubt. Hat eine Alternative bei einem Kriterium eine unzureichende Ausprägung, ist sie unabhängig vom errechneten Nutzwert unbrauchbar.

■ Die Verdichtung der Informationen zum Nutzwert ist immer mit einem Informationsverlust verbunden. Die Einzelinformationen bei den Kriterien sind oft viel wichtiger als der Nutzwert. Beispielsweise können sich aus den Einzelinformationen Einsichten zur Verbesserung der vorgeschlagenen Investitionsalternativen ergeben, die aus den verdichteten Größen nicht zu gewinnen sind.

■ Der Informationsverlust äußert sich auch darin, daß sämtliche Kriterien ihre originäre Dimension verlieren. Das harte Kriterium "Kosten" (KW 10) mit der Dimension Geldeinheiten und das weiche Kriterium "Möglichkeiten zur Aufgabenerweiterung" (KS 22) werden zu einem nicht mehr interpretierbaren Nutzwert zusammengefaßt.

Entscheidender Vorteil der Nutzwertanalyse ist es, ein Investitionsvorhaben sorgfältig und geschlossen nach n Dimensionen zu beurteilen.

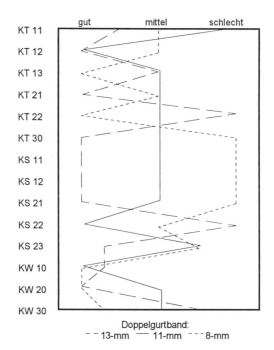

Eignungsprofile der Entscheidungsalternativen, die sich, wie die eben dargestellten, auf alle Kriterien beziehen und ein Vergleich der Profile verschiedener Investitionsvorhaben sind in vielen Fällen aber angemessener als eine
aussagelose Verdichtung zu Punktwerten.

314 Preis-Leistungsmodelle

Entscheidender Nachteil der Nutzwertanalyse ist es, hart und weich zu
quantifizierende Kriterien zu vermischen. Durch das Verfahren ergeben sich
dann für harte Kriterien wie Kapitaleinsatz, Kosten, Nutzungsdauer usw. Informationsverluste. Um diesen Nachteil zu vermeiden, läßt sich die
Nutzwertanlyse zu Preis-Leistungsmodellen[31] weiterentwickeln. Dieses
Konzept nimmt eine Trennung weicher und harter Kriterien vor. Für die
weichen Kriterien werden Mindestanforderungen (K.O.-Kriterien) definiert,
die die Alternativen zwingend erfüllen müssen. Aus der nach diesen Kriterien noch zulässigen Menge von Handlungsalternativen wird dann mit Hilfe
der harten Kriterien die ökonomisch günstigste Investitionsalternative ausgewählt. In diesem Falle dienen dann die weichen Kriterien zur Vorauswahl,
während die harten Kriterien die Endauswahl bestimmen. Für die Investitionsbeurteilung liegt damit ein Übergang von einer rein qualitativen Methode
zur kombiniert qualitativ/quantitativen Vorgehensweise vor.

Preis-Leistungsmodelle[32] sind im Vergleich zur Nutzwertanalyse eine bessere Möglichkeit zur Auswahl von Investitionsvorhaben, da diese Modelle
bei den quantitativen Daten nicht mit einem Informationsverlust verbunden
sind. Sie nehmen eine strikte Trennung zwischen harten und weichen Kriterien vor.

Gegenüber der Nutzwertanalyse weist das Preis-Leistungsmodell folgende
Vorteile auf:

- Metrisch quantifizierbare, ökonomische Kriterien (Kosten, Ausgaben
  usw.) und nur weich quantifizierbare Daten werden getrennt behandelt.

- Es wird nicht vorgetäuscht, einen zwischen der Gruppe weicher Beurteilungskriterien und harter Kriterien existierenden Bewertungskonflikt
  durch subjektive, anfechtbare Gewichte zu überwinden.

---

31 Vgl. Grob (1990c), S. 341 ff.
32 Vgl. Grob (1990c), S. 341 ff.

- Bei der Nutzwertanalyse kann sich eine Strategie als "optimal" erweisen, die gegen bestimmte K.O.-Kriterien verstößt. Dieser Tatbestand resultiert aus der der Nutzwertanalyse innewohnenden Kompensation von negativen durch positive Kriterienausprägungen. Preis-Leistungsmodelle vermeiden diesen Effekt weitestgehend, da unzureichende Kriterienausprägungen zum Ausschluß einer Alternative führen.

Nachteilig ist aber bei Preis-Leistungsmodellen, daß eine Übererfüllung des Mindestniveaus der weichen Kriterien überhaupt nicht honoriert wird. Um diesem Nachteil entgegenzuwirken, müßte in der Vorselektion alternativ mit unterschiedlich hohen Mindestanforderungen gearbeitet werden.

32 Methoden der statischen Investitionsrechnung

321 Einperiodige Erfolgs- und Rentabilitätsrechnungen

Statische Methoden der Investitionsrechnung[33] bauen auf kurzfristigen Erfolgsgrößen (Gewinn, Kosten) auf. Sie berücksichtigen nur Informationen einer Teilperiode (Jahr) des Nutzungszeitraums von Investitionen und gehen in der Regel von einer Durchschnittsbetrachtung aus. In diesen Modellen wird nicht erfaßt, daß sich die Zustandsgrößen eines Unternehmens (Absatzmengen, Kapitalbindung) im Zeitablauf verändern können. Statt dessen werden stationäre Verhältnisse unterstellt. Z.B. wird von der mittleren Absatzmenge während der Nutzungsdauer einer Anlage ausgegangen. Derartige Rechnungen können daher auch keine Zinseszinsen abbilden. Zeitpräferenzen werden folglich aus der Betrachtung eliminiert, und Zinsen werden nur auf das während der Nutzungsdauer durchschnittlich gebundene Kapital berechnet.

Mit den Gewinn- bzw. Kostenvergleichsrechnungen und den Rentabilitätsrechnungen existieren zwei Klassen von Vorgehensweisen (absolutes Ziel und relatives Ziel). Diese Methoden sind wegen ihrer Einfachheit in der Praxis weit verbreitet, was aber nichts über die Qualität dieser Verfahren, sondern nur etwas über den erforderlichen Planungsaufwand aussagt.

---

33   Vgl. hierzu auch Blohm, Lüder (1991), S. 156 ff. und Kruschwitz (1993), S. 31 ff.

Statische Rechnungen haben einige Grundmängel:

■ Zeitpräferenzen können in derartigen Rechnungen nicht erfaßt werden. Ein bestimmter Geldbetrag in der Periode t und der gleiche Betrag in einer späteren Periode werden als gleichwertig angesehen.

■ Infolgedessen sind die Zielsetzungen dieser Rechnungen (Gewinne, Rentabilitäten) nur bedingt mit denen der dynamischen Methoden identisch. Das Ziel der statischen Rechnungen kann als Vereinfachung einer entnahmeorientierten Zielsetzung (Annuität) eines dynamischen Modells interpretiert werden. Eine statische Gewinnmaximierung führt jedoch nicht zum gleichen Ergebnis wie die Maximierung der Breite des Entnahmestroms, da sich eine Zielsetzung mit und eine ohne Zeitpräferenzen nicht ineinander überführen lassen. Die in statischen Modellen angewandten Ziele sind daher nur begrenzt plausibel.

■ In den Rechnungen werden grundsätzlich keine vollständigen Investitionsalternativen miteinander verglichen. Es gibt keine Ergänzungsinvestitionen. Folglich wird auch nichts darüber ausgesagt, wie Differenzbeträge bei den Anschaffungsauszahlungen eingesetzt werden und mit welchen Gewinn- oder Rentabilitätsfolgen diese Ergänzungsinvestitionen verbunden sind. Verglichen werden in der Regel nicht vergleichbare Basisinvestitionen. Das aber bedeutet, daß den Rechnungen implizit bestimmte Annahmen über die Verzinsung von Differenzbeträgen zugrunde liegen.

■ Die Finanzierungsseite wird nur rudimentär abgebildet, indem ein einheitlicher Kalkulationszins für die Finanzierungskosten in die Rechnungen eingeht. Es wird nicht danach differenziert, ob für das gebundene Kapital Geld aufzunehmen ist oder Eigenmittel eingesetzt werden.

■ Probleme ergeben sich in derartigen Rechnungen, wenn während der Nutzungsdauer einer Investition einmalige Größen wie Anschaffungsauszahlungen oder Liquidationserlöse auftreten. Diese Größen müssen in irgendeiner Form auf die Nutzungsdauer verteilt werden. Die Anschaffungsauszahlungen gehen in Form von Abschreibungen und von Zinsen auf das durchschnittlich gebundene Kapital (z.B. die Hälfte der Anschaffungsauszahlungen) in die Rechnung ein. Die zeitliche Verteilung dieser Größen ist aus den Erkenntnissen der dynamischen Investitionstheorie heraus nicht nachvollziehbar; sie kann daher auch zu Fehlurteilen führen.

Die statischen, einperiodigen Rechnungen sollen an einigen Beispielen erläutert werden. Bei den **Gewinn- oder Kostenvergleichsrechnungen** sind zwei Grundfragestellungen zu unterscheiden: Der **reine Wirtschaft-**

lichkeitsvergleich und der **Ersatzvergleich**. Ein reiner Wirtschaftlichkeitsvergleich liegt vor, wenn zwischen zwei sich ausschließenden Investitionsalternativen zu entscheiden ist. Realisiert ist noch keine dieser Alternativen. Beim Ersatzvergleich geht es um die Frage, ob eine in Betrieb befindliche Anlage zum Kalkulationszeitpunkt gegen eine neue, technisch verbesserte Anlage ausgewechselt werden soll. Bei beiden Formen des Verfahrensvergleichs ist danach zu differenzieren, ob mit den Vergleichsalternativen die gleichen Produktions- und Absatzmengen zu realisieren sind oder ob sich die Alternativen in den Kapazitäten voneinander unterscheiden. Im Fall gleicher Kapazitäten können die Erlöse durch die Entscheidung nicht beeinflußt werden, und es reicht ein Vergleich der Kosten. Für unterschiedliche Produktionsmengen muß ein Gewinnvergleich angestellt werden.

Ein Unternehmen möchte einen **reinen Wirtschaftlichkeitsvergleich** zwischen zwei Verfahren mit folgenden Daten durchführen:

Verfahren	A	B
Anschaffungsauszahlung	52.000	80.000
variable Kosten je ME	30	20
Nutzungsdauer	8	10
Kapazität	300	400

Am Markt können 400 ME des zu produzierenden Erzeugnisses zu einem Preis von 60 GE abgesetzt werden. Da beide Verfahren unterschiedliche Kapazitäten aufweisen, ist in diesem Fall eine Gewinnvergleichsrechnung erforderlich. Das Unternehmen rechnet mit einem Zinssatz von 10%. Die Anschaffungsauszahlungen werden linear über die jeweilige Nutzungsdauer abgeschrieben. Damit ist folgende Vergleichsrechnung aufzustellen:

	A	B
Erlöse	18.000	24.000
variable Kosten	9.000	8.000
Abschreibungen	6.500	8.000
Zinsen	2.600	4.000
Gewinn	-100	4.000

Die Zinsen werden durch Multiplikation des während der Nutzungsdauer durchschnittlich gebundenen Kapitals - 26.000 GE bei Verfahren A und

40.000 GE bei Verfahren B - mit dem Zinssatz von 10% errechnet. Die Anlage B ist damit der Anlage A überlegen.

Angenommen, beide Anlagen weisen die gleiche Kapazität von 400 ME auf. In diesem Fall sind die Erlöse für das Entscheidungsproblem irrelevant, und es sind nur die Kosten zu vergleichen.

	A	B
variable Kosten	12.000	8.000
Abschreibungen	6.500	8.000
Zinsen	2.600	4.000
Gesamtkosten	21.100	20.000

Produzieren beide Anlagen jeweils 400 ME, dann ist B weiterhin vorzuziehen.

Eine für den Verfahrensvergleich interessante Frage ist die nach dem verfahrenskritischen Punkt: Bei welcher Produktionsmenge x auf beiden Anlagen werden gleiche Kosten erreicht? Diese Menge kann mit Hilfe folgender Formel bestimmt werden:

$$\underbrace{k_A \, x + \frac{a_A}{n_A} + \frac{a_A}{2} \, i}_{\substack{\text{Kapital-} \\ \text{dienst } KD_A}} = \underbrace{k_B \, x + \frac{a_B}{n_B} + \frac{a_B}{2} \, i}_{\substack{\text{Kapital-} \\ \text{dienst } KD_B}}$$

In dieser Formel besitzen die Symbole folgende Bedeutung:

k = Variable Kosten je Mengeneinheit
a = Anschaffungsauszahlung
n = Nutzungsdauer
x = Produktionsmenge
i = Kalkulationszinsfuß

Wird diese Formel nach x aufgelöst, ergibt sich für die kritische Menge:

$$x_{krit} = \frac{KD_B - KD_A}{k_A - k_B}$$

Mit den Zahlen des Beispiels errechnet sich eine kritische Menge von 290 ME.

Die Kostenfunktionen der beiden Verfahren und die Berechnung der verfahrenskritischen Menge werden in der folgenden Abbildung visualisiert.

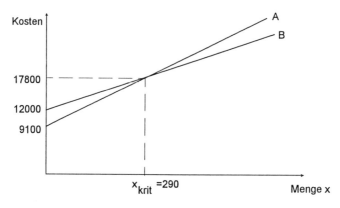

Kritischer Punkt: $30x + 9.100 = 20x + 12.000$
$$10x = 2900$$
$$x = 290$$

Beim **Ersatzvergleich** ist eine der beiden Anlagen - A im vorherigen Beispiel - bereits in Betrieb. Es wird überlegt, ob auf B übergewechselt werden soll. Durch diese Entscheidung ist der Kapitaldienst KD der Anlage A nicht mehr zu beeinflussen; es handelt sich um fixe, nicht abzubauende Kosten. Damit ist der Kapitaldienst von A für die Ersatzentscheidung irrelevant. Infolgedessen reduziert sich die obige Formel des Verfahrensvergleichs auf

$$k_A\, x = k_B\, x + \underbrace{\frac{a_B}{n_B} + \frac{a_B}{2}\, i}_{\substack{\text{Kapital-}\\ \text{dienst } KD_B}},$$

und die Formel für die verfahrenskritische Menge geht in die Spezialform

$$x_{krit} = \frac{KD_B}{k_A - k_B}$$

über. Im Beispiel erhöht sich dann die verfahrenskritische Menge auf 1200 ME. Im Ersatzvergleich ist die kritische Menge größer als im reinen Wirt-

schaftlichkeitsvergleich, weil danach zu fragen ist, wieviele Mengeneinheiten erforderlich sind, um den zusätzlichen Kapitaldienst der neuen Anlage
mit den Einsparungen bei den variablen Kosten pro Mengeneinheit zu verdienen. Beim reinen Wirtschaftlichkeitsvergleich muß lediglich die Differenz
der beiden Kapitaldienste durch die Differenz der variablen Kosten erwirtschaftet werden.

Eine besondere Schwierigkeit ergibt sich bei Ersatzvergleichen, wenn mit
dem Verkauf der alten Anlage ein Liquidationserlös L erzielt werden kann.
Diese "Einmalgröße" muß dann in irgendeiner Form auf mehrere Perioden
verteilt werden. Hierfür gibt es unterschiedliche Vorgehensweisen, von
denen an dieser Stelle zwei näher erläutert werden sollen. Einmal kann die
Verteilung auf die Nutzungsdauer der neuen Anlage erfolgen, indem deren
Anschaffungsauszahlungen um den Liquidationserlös der alten Anlage
verringert werden:

$$k_A\, x = k_B\, x + \frac{a_B - L_A}{n_B} + \frac{a_B - L_A}{2}\, i$$

Auf diese Weise wird der Kapitaldienst der neuen Anlage geschmälert, wodurch die kritische Ausbringungsmenge sinkt. Hinter dieser Vorgehensweise
steht die Vorstellung, das Unternehmen setze den Liquidationserlös zur
Finanzierung der neuen Anlage ein.

Bei einer zweiten Methode wird danach gefragt, welche Einbußen das
Unternehmen beim Liquidationserlös L erleidet, wenn es mit dem Ersatz
eine Periode wartet. Diese Einbuße wird mit ΔL bezeichnet. Der alten An-
lage wird dann die Differenz der relevanten Liquidationserlöse ΔL und die
Zinseinbuße $L \cdot i$ für den nicht realisierten Liquidationserlös als
"Kostenbetrag" zur Last gelegt:

$$k_A\, x + L\, i + \Delta L = k_B\, x + \frac{a_B}{n_B} + \frac{a_B}{2}\, i$$

Auch in diesem Fall wird die verfahrenskritische Menge gegenüber dem Fall
ohne Liquidationserlös geringer. Beide Vorgehensweisen führen jedoch
nicht zum gleichen Ergebnis. Der Grund dafür liegt in dem jeweils unterschiedlich langen Zeitraum, auf den der Liquidationserlös verteilt wird: Bei
der zuerst erläuterten Methode erfolgt die Verteilung des Liquidationserlöses auf die Nutzungsdauer der neuen Anlage, während er bei der zuletzt
vorgestellten Methode auf die Restnutzungsdauer der alten Anlage verteilt
wird. Beide Vorgehensweisen haben nur heuristischen Charakter. Sie

können anhand der Ergebnisse von Nutzungsdauerentscheidungen[34] auf der Grundlage einer dynamischen Investitionsrechnung nur unvollständig nachvollzogen werden. Den höchsten Verwandtschaftsgrad mit den Ergebnissen der dynamischen Verfahren weist das zweite Vorgehen auf.

Bei der zweiten Vorgehensweise ist jedoch auf ein Sonderproblem zu achten, denn es werden die Grenzkosten der alten Anlage mit den Durchschnittskosten des neuen Verfahrens verglichen.[35] Das zweite Kriterium ist daher nur dann sinnvoll, wenn die aus drei Komponenten bestehenden Grenzkosten der alten Anlage im Zeitablauf steigen. Der Ersatz ist dann solange aufzuschieben, wie die Grenzkosten die Durchschnittskosten unterschreiten. Nur, wenn die Grenzkostenkurve "von unten kommend" die Durchschnittskostenkurve schneidet, ist im Schnittpunkt ein Kostenminimum erreicht. Im anderen Fall handelt es sich um den Ersatzzeitpunkt der alten Anlage bei maximalen Kosten.[36] Ein Kostenmaximum tritt automatisch ein, wenn die variablen Kosten k der alten Anlage im Zeitablauf konstant sind. Auf Grund des im Zeitablauf sinkenden Liquidationserlöses L nimmt die Zinseinbuße L·i ab. Zusätzlich können auch die Veränderungen des Liquidationserlöses ΔL von Periode zu Periode abnehmen. Das ist der Fall, wenn der Liquidationserlös im Zeitablauf in degressiver Form sinkt. Sollte die Grenzkostenkurve (alte Anlage) die Durchschnittskostenkurve (neue Anlage) "von oben kommend" schneiden, d.h., daß die Grenzkosten der alten Anlage im Zeitablauf sinken, ist entweder sofort zu ersetzen oder mit dem Ersatz zu warten, bis die technische Nutzungsdauer der alten Anlage erreicht ist (Randoptimum).

Eine spezielle Variante von Verfahrensvergleichen liegt vor, wenn zusätzlich auch noch Kosten für die Umrüstung von Produktionsanlagen in den Vergleich aufgenommen werden müssen. Angenommen, eine Druckerei für Familienanzeigen will eine Druckmaschine beschaffen, dann sind neben dem Kapitaldienst und den Betriebskosten für die reine Produktion auch die Kosten für die Umstellung der Anlagen auf andere Aufträge für die Entscheidung relevant. Für die folgende Betrachtung soll vereinfachend angenommen werden, der Betrieb arbeite mit einer bestimmten durchschnittlichen Auflagengröße y und eine Umstellung der Anlagen verursache Rüstkosten in Höhe von Cr. Zudem kann während der Rüstzeit tr nicht produziert werden. Das Auflagenproblem hat dann zwei für die Beurteilung von Investitionen relevante Wirkungen:

---

34   Vgl. Kapitel 4.

35   Die variablen Kosten je Mengeneinheit k sind sowohl Grenz- als auch Durchschnittsgröße.

36   Vgl. Kapitel 432.

■ Als Folge der Rüstzeiten wird das maximale Produktionsvolumen zusätzlich beschränkt. Wird der Betrachtung eine Kapazität von T ZE zugrunde gelegt, ergibt sich bei einer reinen Produktionszeit von t ZE je Druckseite die maximal mögliche Produktionsmenge x_{max} aus folgender Beziehung:

$$tr \frac{x_{max}}{y} + t \cdot x_{max} = T$$

Die Produktionsmenge x_{max} entspricht der Kapazität T dividiert durch den durchschnittlichen Zeitbedarf pro Druckseite für Produktion und Umrüstung. Je größer die Auflage y ist, um so geringer ist die durchschnittliche Rüstzeit je Druckseite und um so größer ist die maximale Menge. Die tatsächliche Produktionsmenge x kann diese von y abhängige maximale Menge nicht überschreiten. Die Kapazität wird folglich dann maximal ausgenutzt, wenn in der Planungsperiode nur ein Los aufgelegt wird.

■ Jede Umrüstung verursacht zusätzlich Umrüstungskosten Cr. Diese Umrüstungskosten müssen mit in den Verfahrensvergleich einbezogen werden. Um die Umrüstungskosten je Periode bestimmen zu können, ist Cr mit der Anzahl der Umrüstungen im Planungszeitraum zu multiplizieren. Die Anzahl der Umrüstungen entspricht der gesamten Ausbringungsmenge x dividiert durch die Auflagengröße y. Es ergibt sich dann für die beiden zu vergleichenden Aggregate folgende Kostengleichung:

$$k_A x + KD_A + \frac{x}{y} Cr_A = k_B x + KD_B + \frac{x}{y} Cr_B$$

Aus der Formel wird deutlich, daß es nur für eine gegebene Auftragsgröße y eine verfahrenskritische Menge geben kann. Damit hängt der Break-even-Punkt zwischen zwei zu vergleichenden Anlagen nicht nur von der Produktionsmenge x, sondern auch von der durchschnittlichen Auftragsgröße y ab. Nur bestimmte Wertepaare von x und y führen zur Kostengleichheit beider Verfahren. Es existiert damit kein verfahrenskritischer Punkt, sondern eine **verfahrenskritische Linie**. Auf dieser Linie liegen alle Wertepaare von x und y, die zur Kostengleichheit der Verfahren führen.

Die verfahrenskritische Linie läßt sich folgendermaßen konstruieren: Die Kostenfunktionen der beiden Verfahren werden nach x aufgelöst. Damit ergibt sich für jede Anlage eine Formel für die Produktionsmenge x in Abhängigkeit von der Auflagengröße y und der Kostenhöhe K. Es wird dann ein bestimmter Kostenbetrag $\overline{K}$ vorgegeben und für eine bestimmte Los-

größe y gefragt, bei welcher Produktionsmenge x der vorgegebene Kostenbetrag $\overline{K}$ auf einer Anlage erreicht wird. Für alternative y lassen sich auf
diese Weise die zugehörigen Produktionsmengen x berechnen. Die entsprechenden Kombinationen von x und y, die zum Kostenbetrag $\overline{K}$ führen,
werden für beide Verfahren in ein x/y-Diagramm eingetragen. Der Schnittpunkt dieser Linien entspricht der verfahrenskritischen x/y-Kombination der
beiden Verfahren bei einem gegebenen Kostenbetrag $\overline{K}$. Werden die verfahrenskritischen Punkte für unterschiedliche Kostenbeträge miteinander verbunden, entsteht die gesuchte verfahrenskritische Linie. Ein Beispiel möge
die Zusammenhänge veranschaulichen:

Verfahren	Kapitaldienst KD	Stückkosten k	Rüstkosten Cr
A	40.000 GE	0,90 GE	40 GE
B	60.000 GE	0,30 GE	50 GE

Wird die Kostenfunktion des jeweiligen Verfahrens i auf ein bestimmtes
Niveau $\overline{K}$ festgelegt, kann die Funktion der Produktionsmengen in Abhängigkeit von der Auflagenhöhe y hergeleitet werden:

$$\overline{K} = k_i\, x + KD_i + \frac{x}{y} Cr_i \Rightarrow x = \frac{\overline{K} - KD_i}{k_i + \dfrac{Cr_i}{y}} \quad \text{für } i \in \{A; B\}$$

Für die verfahrenskritische Linie gilt:

$$k_A\, x + KD_A + \frac{x}{y} Cr_A = k_B\, x + KD_B + \frac{x}{y} Cr_B \Rightarrow$$

$$x = \frac{KD_B - KD_A}{k_A - k_B + (Cr_A - Cr_B)/y}$$

Werden die konkreten Werte der Tabelle eingesetzt, ergibt sich für die verfahrenskritische Linie der Ausdruck:

$$x = \frac{20.000}{0,6 - \dfrac{10}{y}}$$

In der folgenden Abbildung sind die x/y-Kombinationen der beiden Anlagen für drei Kostenbeträge exemplarisch eingetragen. Die durchgezogenen Linien beziehen sich auf Verfahren B, die gestrichelten auf Verfahren A. Die stark markierte Hyperbel kennzeichnet die verfahrenskritische Linie. Im Beispiel gibt es nur dann ökonomisch sinnvolle Wertekombinationen für x und y, wenn für y Werte oberhalb von 16,667 vorgegeben werden. Für Werte unter 16,667 ist das zugehörige x negativ.

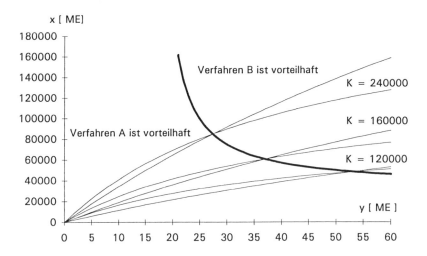

Um das richtige Verfahren auswählen zu können, muß der Investor die auf dem Markt realisierbare Menge x und die durchschnittliche Auftragsgröße y in dem erstellten x/y-Diagramm eintragen. Liegt diese Kombination oberhalb der verfahrenskritischen Linie, ist das Verfahren B günstiger als das Verfahren A.

Auch in einem x/K-Diagramm läßt sich eine verfahrenskritische Linie konstruieren. Dazu wird eine bestimmte Auftragsgröße z.B. $\overline{y}$ = 300 festgesetzt und die Kostenfunktion für jedes Verfahren in Abhängigkeit von der Produktionsmenge x gezeichnet. Für eine bestimmte Auftragsgröße liegt dann die zugehörige verfahrenskritische Produktionsmenge x_{krit} im Schnittpunkt der Kostenfunktionen von Verfahren A und B. In der folgenden Abbildung sind die Gesamtkostenkurven der beiden Verfahren aus dem Beispiel dargestellt, wenn alternativ drei verschiedene Auftragsgrößen (300, 500 und 700) vorgegeben werden. Die gestrichelte (durchgezogene) Linie kennzeichnet Verfahren A (B). Mit steigender Auftragsgröße liegen diese Kostenfunktionen auf einem niedrigeren Niveau, da bei gleicher Produktionsmenge geringere Rüstkosten anfallen. Die verfahrenskritischen Punkte lassen sich wiederum zu einer verfahrenskritischen Linie in Abhängigkeit von der Produktionsmenge zusammenfassen (fett durchgezogene Linie). Oberhalb dieser Funktion ist in der Abbildung das Verfahren A und unterhalb das Verfahren B die günstigere Alternative.

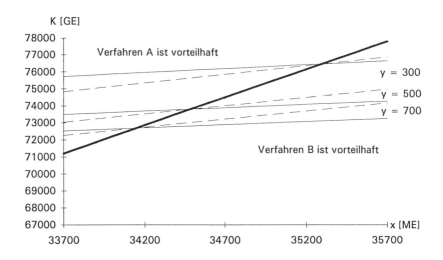

Bei statischen **Rentabilitätsrechnungen** wird der Gewinn einer Periode zum Kapitaleinsatz in Beziehung gesetzt. Ein Problem dieser Rentabilitätsziffern besteht darin, daß sich der Kapitaleinsatz einer Investition im Zeitablauf verringert. Es fragt sich dann, welche Kapitalbasis gewählt werden soll. In der Literatur finden sich drei unterschiedliche Vorschläge:

■ Der Gewinn wird auf die Anschaffungsauszahlung bezogen.

■ Der Gewinn wird zum durchschnittlich gebundenen Kapital in Beziehung gesetzt. Da sich das durchschnittlich gebundene Kapital bei kontinuierlicher Wertminderung der Anlagen auf den halben Anschaffungsbetrag beläuft, fällt die Rentabilitätskennziffer dann doppelt so hoch aus wie im ersten Fall.

■ Der Gewinn eines Jahres wird auf die jeweilige Kapitalbindung bezogen. Bei im Zeitablauf konstanten Gewinnen steigt dann die Rentabilität, weil die Kapitalbindung abnimmt: Ein unschöner Effekt, denn trotz steigender Rentabilität verbessert sich die eigentliche Situation des Unternehmens nicht.

Zudem muß bei statischen Rentabilitätsrechnungen geklärt sein, ob sich der Gewinn auf das eingesetzte Eigen- oder Gesamtkapital beziehen soll (Eigenkapital- oder Gesamtkapitalrentabilität). Die Berechnung von Eigenkapitalrentabilitäten für einzelne Investitionsobjekte ist im Kern unmöglich, da sich das Eigenkapital nicht willkürfrei bestimmten Objekten zurechnen läßt. Wer Investitionen dennoch nach der Eigenkapitalrentabilität beurteilen will, wird zwangsläufig das Opfer seiner eigenen Hypothesen über die Eigenkapitalzuordnung zu den jeweiligen Objekten. Wird beispielsweise einer Investition willkürlich ein relativ hoher Anteil am Eigenkapital zugeteilt, kann sie schon allein dadurch unvorteilhaft werden. Infolge der willkürlichen Kapitalzuordnung sagt diese Kennziffer über die wirkliche Qualität der Investitionen überhaupt nichts aus.

Eine letzte Unterscheidung der Rentabilitätskennziffern knüpft an die Definition der Erfolgsgröße an. Diese Erfolgsgröße kann zum einen der Gewinn, zum anderen aber auch der Gewinn zuzüglich der Zinsen auf das Fremdkapital sein. Bei der Gesamtkapitalrentabilität wird dem Gewinn der Zins für das Fremdkapital zugeschlagen. Der RoI bezieht hingegen nur den Gewinn auf das eingesetzte Gesamtkapital. Die Finanzlage eines Unternehmens spiegelt sich somit im RoI wider. Bei gleichen Umsätzen und Kosten sowie gleichem gesamten Kapitaleinsatz hat dann dasjenige Unternehmen den höheren RoI, das mit geringerem Einsatz an Fremdkapital arbeitet. Die Rentabilitätskennzahl (Gewinn+Zinsen)/Gesamtkapital ist hingegen finanzierungsunabhängig.

Die Verwendung von Rentabilitätskennzahlen zur Beurteilung von Investitionsentscheidungen ist sehr kritisch zu sehen. Rentabilitätskennzahlen sind zur Investitionssteuerung nämlich nur bei gleichem Kapitaleinsatz aller Vergleichsalternativen sinnvoll. Denn nur bei gleichem Kapitaleinsatz sind die zu beurteilenden Alternativen *voll* vergleichbar. In diesem Fall führt eine Entscheidung mit Rentabilitätskennziffern immer zum gleichen Ergebnis wie ein Gewinnvergleich. Unterscheidet sich der erforderliche Kapitaleinsatz der Vergleichsalternativen - sind z.B. bei Alternative A 10.000 GE und bei Alternative B 6.000 GE Kapitaleinsatz erforderlich - unterstellt ein Rentabilitätsvergleich, daß sich die 4.000 GE Differenzkapital zum gleichen Zinssatz verzinsen wie die Alternative B. Das ist eine im allgemeinen unhaltbare Prämisse, die das Planungsergebnis i.d.R. verfälscht. Als Folge dieser Unterstellung kann dann eine Rentabilitätsrechnung im Wahlproblem zu einem anderen Ergebnis führen als eine Gewinnvergleichsrechnung.

Statische Investitionsrechnungen erfordern nur einen geringen Aufwand zur Beschaffung der relevanten Informationen. Die Berechnungsmodelle sind zudem sehr einfach zu handhaben. Die Modellklasse erlaubt jedoch nur eine sehr grobe Beurteilung von Investitionsobjekten, da von wesentlichen Aspekten des Problems abstrahiert wird. Die Investitionsobjekte sind in der

Regel nicht direkt vergleichbar, so daß eigentlich Ergänzungsinvestitionen in die Betrachtung einzubeziehen sind. Die Zielsetzungen der Rechnung (Gewinn, Rentabilität) sind nur unzureichend oder gar nicht aus dem Vermögens- oder Entnahmestreben eines Unternehmens heraus zu erklären. Zudem abstrahiert diese Art der Rechnung von Zeitpräferenzen. Den Ergebnissen ist deshalb nur ein eingeschränktes Vertrauen entgegenzubringen.

322 Amortisationsdauer

Die Amortisationsdauer einer Investition ist der benötigte Zeitraum, um die Anschaffungsauszahlungen eines Investitionsprojektes über die Einzahlungsüberschüsse zurückzugewinnen. Damit ist die Amortisationsdauer der kritische Zeitraum, über den die Investition mindestens laufen muß, um sich bezahlt zu machen. Erst jenseits der Pay-off-Periode werden mit der Investition Gewinne erzielt. Diese Art der "Investitionsrechnung" ist die in der Praxis wohl am weitesten verbreitete Form.

Im einfachsten Fall wird die Amortisationszeit durch den Ausdruck

$$\text{Amortisationszeit} = \frac{\text{Anschaffungsauszahlungen}}{\text{durchschnittlicher jährlicher Einzahlungsüberschuß}}$$

bestimmt. Als Einzahlungsüberschuß wird eine Durchschnittsgröße angesetzt, die in jeder einzelnen Periode der gesamten Nutzungsdauer einer Investition gelten soll. Der Jahreseinzahlungsüberschuß ergibt sich, wenn zum Gewinn eines Jahres die kalkulatorischen Abschreibungen und die kalkulatorischen Zinsen addiert werden. Die Zinskosten gehen dann nicht mit in die Berechnung der Amortisationszeit ein. Es gibt jedoch auch Formen der Pay-off-Perioden-Berechnung, bei denen Zinsen explizit erfaßt werden. Vom Einzahlungsüberschuß aus dem Verkauf der mit einem Investitionsobjekt produzierten Erzeugnisse wird dann die Zinsbelastung abgesetzt. Die Amortisationszeit verlängert sich dann, da jährlich ein geringerer Betrag zur Deckung der Anschaffungsauszahlung verbleibt.

Unterscheiden sich die jährlichen Einzahlungsüberschüsse stark, kann die Amortisationszeit besser durch eine Rechnung mit kumulierten Auszahlungen und Einzahlungen erfolgen. Beläuft sich z.B. die Investitionsausgabe auf 1.000 GE und ergeben sich im ersten Jahr Betriebsausgaben von 600 GE bei Einzahlungen von 400 GE, sind am Ende des ersten Jahres 1.200 GE Kapital gebunden. Am Ende des zweiten Jahres sind bei zusätzlichen Betriebs-ausgaben von 800 GE und Einnahmen von 1.100 GE noch 900 GE gebun-den. Diese Rechnung wird solange fortgesetzt, bis die Kapitalbindung des Investitionsobjektes auf null abgesunken ist. Der Zeitpunkt, zu dem eine Kapitalbindung von null erreicht wird, entspricht dem Break-even-Zeitpunkt. Eine derartige Rechnung läßt sich wiederum ohne bzw. mit Berücksichti-gung von Zinsauszahlungen durchführen.

Die Amortisationsrechnung geht davon aus, daß jenseits des Amortisations-zeitpunktes nur noch Perioden existieren, in denen die Einzahlungsüber-schüsse positiv sind. Probleme ergeben sich deshalb bei dieser Art der Rechnung, wenn am Ende der Nutzungsdauer einer Investition Abbruch-oder Entsorgungsauszahlungen für die alte Anlage anfallen, die den Restver-kaufserlös übersteigen. Diese mit der Investition verbundenen Auszahlungen lassen sich in die übliche Amortisationsrechnung nicht einbeziehen, denn zum Amortisationszeitpunkt sind diese Auszahlungen noch nicht angefallen. Die Amortisationsdauer liefert somit ein unkorrektes Bild der Situation. Bei einer Amortisationszeit von fünf Jahren kann eine Investition z.B. nach obi-ger Rechnung in der Gewinnzone liegen; die Einzahlungen in der restlichen Nutzungszeit der Anlage reichen aber u.U. nicht aus, um ausreichende Überschüsse zur Finanzierung der Entsorgungsauszahlungen anzusammeln. Die Entsorgungsausgaben könnten jedoch mit in die Rechnung einbezogen werden, indem sie z.B. den Anschaffungsauszahlungen zugeschlagen werden. Es ist aber nicht einzusehen, warum diesen Auszahlungen im Kalkulationszeitpunkt die viel später anfallenden Entsorgungsauszahlungen hinzugerechnet werden sollen. Die Entsorgungsausgaben könnten allenfalls mit ihrem Barwert berücksichtigt werden. Doch dann würde es sich nicht mehr um eine *statische* Berechnungsvorschrift handeln.

33 Dynamische Investitionsrechnung

331 Merkmale dynamischer Investitionsmodelle

Zu den dynamischen Methoden der klassischen Investitionsrechnung ge-hören:

- die Kapitalwertmethode,
- die Annuitätenmethode und
- die Methode des internen Zinsfußes.

Mit zu den dynamischen Methoden ist aber auch der vollständige Finanzplan (Vofi) zu rechnen. Insbesondere dieses Instrument soll im folgenden

Anwendung finden, weil die klassischen Verfahren unter bestimmten Verhältnissen auf dem Kapitalmarkt Sonderfälle eines Vofis sind. Ein Vofi geht von universelleren Bedingungen als die drei klassischen Verfahren aus.

■ Er unterstellt grundsätzlich vollständig vergleichbare Investitionsalternativen (Basisinvestition zuzüglich Ergänzungsinvestitionen bzw. Finanzierungsmaßnahmen).

■ Er ist nicht an die Übereinstimmung von Soll- und Habenzinssätzen gebunden.

■ Es können im Zeitablauf auch unterschiedlich hohe Zinssätze gelten.

■ Ein Vofi kann auch Restriktionen für die Geldanlage auf dem Kapitalmarkt bzw. für die Finanzierung erfassen.

Bei den klassischen dynamischen Methoden werden im allgemeinen nur unvollständige Investitionsalternativen betrachtet bzw. wird für die Verzinsung von Differenzinvestitionen und von Kreditaufnahmen mit Hypothesen über den zugrundeliegenden Zinssatz gearbeitet. Ferner dürfen keine Grenzen für die Anlage und die Aufnahme von Geld bestehen, und insbesondere muß Gleichheit von Soll- und Habenzinssätzen existieren. Zudem darf sich der Zinssatz im Zeitablauf nicht verändern.

Wie bereits oben erwähnt, werden im Vofi im Gegensatz zu den klassischen Methoden stets vollständig formulierte Entscheidungsalternativen untersucht. Somit beziehen sich die Ergebnisse eines Vofis nicht allein auf die der Rechnung zugrundeliegende Basisinvestition, sondern sie schließen die Anlage überschüssiger Beträge in Finanzanlagen bzw. die Aufnahme von Krediten zur Finanzierung von Defiziten mit ein. In die Beurteilung der Investition geht daher nicht allein deren Zahlungsreihe ein, sondern im Gegensatz zu den klassischen Verfahren auch die der Ergänzungsinvestitionen und der Finanzierung. Der Fall unvollständiger Alternativen erscheint somit als Sonderfall der umfassenderen Entscheidungssituation. Durch die Analyse dieser Entscheidungssituation kann deutlich gemacht werden, von welchen Unterstellungen über die Verzinsung der Differenzinvestitionen bzw. der erforderlichen Kredite die drei klassischen Methoden implizit ausgehen.

Die dynamischen Modelle werden nach der jeweils verfolgten Zielsetzung getrennt behandelt. Die Analyse wird für die Ziele Vermögensmaximierung, dynamische Gewinnmaximierung, Entnahmemaximierung und Rentabilitätsmaximierung durchgeführt. Drei dieser Vorgehensweisen basieren auf Zahlungsströmen, während beim Ziel der dynamischen Gewinnmaximierung von kurzfristigen Erfolgsgrößen (Erlöse und Kosten) ausgegangen wird. Es läßt sich aber auf der Basis des Lücke-Theorems[37] folgendes zeigen: Eine dynamische Gewinnmaximierung ist unabhängig von der Kapitalmarktsituation immer einer Vermögensmaximierung äquivalent. Im allgemeinen führen die übrigen drei Zielsetzungen jedoch zu unterschiedlichen Entscheidungen.

Dynamische Methoden der Investitionsrechnung fußen auf Zahlungsströmen (Zeitreihe von Einzahlungen und Auszahlungen). Vereinfachend wird in den Rechnungen davon ausgegangen, daß alle Zahlungen am Ende der jeweiligen Perioden anfallen und einer Investition oder der Finanzierung zugerechnet werden können. Die zeitlichen Unterschiede der Elemente einer Zahlungsreihe werden über Zinsrechnungen erfaßt. Ein bestimmter in t angelegter Geldbetrag wächst dann z.B. bis t+1 um die Zinsen auf einen höheren Betrag an. Im Gegensatz zu den statischen Methoden der Investitionsrechnung werden damit Zeitpräferenzen abgebildet.

Die dynamischen Methoden der Investitionsrechnung werden in der Literatur üblicherweise auf der Basis finanzmathematischer Berechnungsformen dargestellt. Dieser Weg soll im folgenden bewußt nicht beschritten werden, da mit dieser Vorgehensweise automatisch Beschränkungen im Entscheidungsfeld des Investors verbunden sind. Nur bestimmte Formen des Kapitalmarktes lassen sich mit diesem Instrumentarium abbilden. Dieses Vorgehen erlaubt keine Analyse des allgemeinen Falls. Finanzmathematische Überlegungen basieren im Kern auf Barwertberechnungen. Für diese Berechnungen lassen sich elegante, einfache Formeln (z.B. Summenformeln für geometrische Reihen) entwickeln, die allerdings nur für einen vollkommenen Kapitalmarkt sinnvoll anzuwenden sind. Im folgenden werden die dynamischen Methoden auf der Basis von Aufzinsungsrechnungen dargestellt. Beide Berechnungsarten sind unter bestimmten Voraussetzungen äquivalent, d.h., das Ergebnis der Aufzinsung (Endvermögen) kann in das Ergebnis der Abzinsung (Kapitalwert) überführt werden. Der Weg einer Aufzinsung hat den Vorteil, daß der Investor über keine mathematischen Kenntnisse verfügen muß, da die Aufzinsung in der Form einer periodischen Zinszuschreibung (Zinsstaffelrechnung) erfolgt (Vofi). Dieser Berechnungsweg erscheint aus formaler Sicht unelegant, erlaubt jedoch viel besser eine inhaltliche Interpretation der Ergebnisse. Finanzmathematische Ansätze werden nur ergänzend verwendet, um für Spezialfälle die Überführbarkeit beider Rechenwege ineinander zu verdeutlichen.

---

37   Vgl. Lücke (1955).

332 Modelle der Vermögensmaximierung

Bei der ersten Klasse dynamischer Modelle geht es dem Investor um die Maximierung des Endvermögens bei autonom festgesetzten Entnahmen und einem gegebenen Startkapital. Die für dieses Ziel anwendbaren Modelle sind danach zu differenzieren, ob ein vollkommener oder unvollkommener Kapitalmarkt vorliegt.

3321 Unvollkommener Kapitalmarkt

Ein unvollkommener Kapitalmarkt ist durch die folgenden Merkmale gekennzeichnet:

■ Kapital ist knapp. Sowohl die Beschaffung als auch die Anlage von Geld auf dem Kapitalmarkt kann durch Restriktionen begrenzt sein.

■ Die Zinssätze können sich im Zeitablauf verändern.

■ Der Sollzinssatz übersteigt den Habenzinssatz. Eine Kreditaufnahme lohnt sich folglich nicht, wenn damit Finanzanlagen finanziert werden sollen. Kreditbeschaffung hat nur Sinn, um damit höher verzinsliche Sachinvestitionen zu tätigen.

■ Kapital muß kein homogenes Gut sein. Es können nach Laufzeiten differenzierte Zinssätze für Geldbeschaffung und Geldanlage bestehen. Die Sollzinssätze für Kapital einer bestimmten Fristigkeit überschreiten den entsprechenden Zinssatz für die Geldanlage, so daß es nicht sinnvoll ist, mit Krediten bestimmter Laufzeit Finanzanlagen gleicher Laufzeit zu finanzieren. Es ist jedoch möglich, durch Fristentransformation Geld zu verdienen. Bei normaler Zinsstruktur - mit der Laufzeit der Kredite oder Geldanlagen steigende Zinssätze - ließe sich u.U. Geld verdienen, wenn eine mehrjährige Finanzanlage durch revolvierende Einjahreskredite finanziert wird. Dies hängt von der tatsächlichen zukünftigen Zinsentwicklung ab.

Von den ersten beiden und der letzten Bedingung des unvollkommenen Kapitalmarktes wird zunächst vereinfachend abstrahiert, d.h., es wird nur mit einer Finanzierungsform (Einjahreskredit) und einer Form der Finanzanlage (einjährige Anlage) gearbeitet, und die Zinssätze verändern sich im Zeitablauf nicht. Es werden damit zunächst nur Unvollkommenheiten betrachtet, die ihre Ursache in der Zinssatzdifferenz haben. Die übrigen Ursachen für Unvollkommenheiten werden in Kapitel 5 - Planung von Investitionsbudgets - in die Betrachtung einbezogen.

Die Analyse baut auf den in Abschnitt 2.3 dargestellten Vofi auf. Ein Vofi arbeitet nach folgenden Prinzipien:

■ Mit Hilfe der jährlichen Zahlungsvorgänge wird eine Liquiditätsbedingung für das Ende jeder Teilperiode t und dem Investitionszeitpunkt t_0 aufgestellt. Diese Bedingungen stellen das finanzwirtschaftliche Gleichgewicht her, sorgen also dafür, daß die Auszahlungen die Einzahlungen einer Periode nicht überschreiten.

■ Das Endvermögen einer bestimmten Periode wird zum Habenzinssatz angelegt. Sind die Auszahlungen einer Periode höher als die Einzahlungen, ist für die Differenz Kredit aufzunehmen, der nach einer Periode einschließlich Zins zurückgezahlt wird.

■ Alle Zahlungsvorgänge einer Periode t können in den Finanzierungsbedingungen durch fünf Basiszahlungen erklärt werden:

- Das im Investitionszeitpunkt t_0 verfügbare Startkapital (EK), das zur Finanzierung der Investition eingesetzt werden kann.

- Die Zahlungsreihe der Basisinvestition (BZ_t) mit der Anschaffungsauszahlung a_0, jährlichen Überschüssen g_t und einem etwaigen Liquidationserlös L. Die Elemente der Zahlungsreihe BZ_t können in den einzelnen Jahren positive, aber auch negative Werte annehmen. Z.B. ist BZ_t im Zeitpunkt der Beschaffung einer Anlage negativ ($-a_0$) und in den späteren Jahren folgen positive Überschüsse g_t.

- Die Zahlungsreihe der Kredite (FK) zur Finanzierung von Defiziten. Bei einperiodigen Krediten besteht diese Zahlungsreihe nur aus zwei Termen, wobei die Rückzahlung in der Periode t+1 durch die Kreditaufnahme in t und den Sollzinssatz determiniert ist.

- Die Zahlungsreihe von Finanzinvestitionen (FA). Diese Zahlungsreihe besteht bei einperiodiger Anlage auch nur aus zwei Termen. Die Rückzahlung in t+1 ist durch die Finanzanlage in t und den Habenzins zu erklären.

- Die jährlichen Entnahmen (EN_t). Diese Entnahmen werden bei Vermögensmaximierung auf ein bestimmtes jährliches Niveau festgelegt. Im folgenden werden *jährlich gleichbleibende Entnahmen* (EN) unterstellt. Die Entnahmen können aber auch eine bestimmte zeitliche Struktur haben: Sie können z.B. jährlich um zehn Prozent wachsen.

Die Vorzeichen der Beträge von FA_t und FK_t im Vofi richten sich nach Mittelabfluß (negativ) und -zufluß (positiv) und lassen sich aus der gleich null gesetzten Liquiditätsbedingung für den Zeitpunkt t direkt ablesen. Die Liquiditätsbedingungen haben folgende Struktur.

Für den Zeitpunkt t=0 gilt:

$$EK + BZ_0 + FK_0 - FA_0 = 0.$$

BZ_0 entspricht in t=0 den Anschaffungsauszahlungen $-a_0$ für die Investition und ist folglich negativ. Für die Summe aus dem Startkapital EK (positiv) und den Anschaffungsauszahlungen BZ_0 (negativ) muß dann entweder ein Kredit FK_0 (positiv, weil Mittelzufluß) aufgenommen oder überschüssige Mittel als Finanzinvestition FA_0 (negativ, weil Mittelabfluß) angelegt werden. Von den Größen FK_0 und FA_0 ist in einer bestimmten Liquiditäts-restriktion immer nur eine relevant, d.h., mindestens eine der beiden Größen ist gleich null. Das "Endvermögen" in t=0 (EV_0) entspricht dem Ausdruck:

$$EK + BZ_0 = -FK_0 + FA_0 = EV_0.$$

EV_0 ist eine nicht vorzeichenbeschränkte Größe, kann also positiv oder negativ sein. Sie kann durch die Differenz der beiden vorzeichenbeschränk-ten Ausdrücke (FK_0 und FA_0) ersetzt werden.

Für die Zeitpunkte von t=1 bis t=T-1 hat die Finanzrestriktion die Form:

$$BZ_t - FK_{t-1}(1 + i_S) + FA_{t-1}(1 + i_H) - FA_t + FK_t - EN = 0.$$

Von den Überschüssen der Basisinvestition sind die Rückzahlungen für Kredite zu subtrahieren bzw. die Rückflüsse aus Finanzanlagen zu addieren. Nach Abzug der Entnahmen verbleibt dann entweder ein Überschuß, der in Finanzanlagen zu investieren ist, oder es tritt ein Defizit auf, das durch einen Kredit abzudecken ist.

Diese Gleichung kann wiederum in die Form

$$BZ_t - FK_{t-1}(1 + i_S) + FA_{t-1}(1 + i_H) - EN = FA_t - FK_t = EV_t$$

überführt werden. Das Endvermögen zum Zeitpunkt t entspricht der Diffe-renz der beiden Zahlungen ($FA_t - FK_t$), wobei nur eine der beiden Größen ungleich null sein kann. Materiell ergibt sich das Endvermögen somit aus dem jeweiligen Rückfluß der Basisinvestition (BZ_t), abzüglich der Entnah-men (EN), abzüglich der Rückzahlungen für die im vorigen Jahr aufgenommenen Kredite $FK_{t-1}(1+i_S)$ oder zuzüglich der Rückflüsse aus den Finanzanlagen $FA_{t-1}(1+i_H)$.

Am Ende der letzten Periode T ergibt sich ein Endvermögen in Höhe von:

$$BZ_T - FK_{T-1}(1 + i_S) + FA_{T-1}(1 + i_H) - EN = FA_T - FK_T = EV_T.$$

Für die Höhe des Endvermögens sind damit nur die Zahlungsvorgänge der letzten Teilperiode relevant. Diese Aussage gilt unter der Voraussetzung, daß am Ende der Planungsperiode T kein Sachvermögen mehr vorhanden ist. Um die in den Zahlungen enthaltenen Soll- oder Habenzinsbestandteile bestimmen zu können, muß jedoch das Endvermögen der Vorperiode bekannt sein. Entsprechendes gilt für alle Vorperioden. Das Endvermögen in T hängt damit vom erreichten Vermögen in T-1 und dieses wiederum von dem in T-2 usw. ab. Letztlich basiert die Endwertberechnung damit auf einem Rekursionsschema, das im folgenden verdeutlicht werden soll.

In den nachfolgenden Formeln wird das Endvermögen jeweils durch die nicht vorzeichenbeschränkte Variable EV repräsentiert. Die im Zinsfaktor übereinanderstehenden Soll- und Habenzinssätze sollen symbolisieren, daß in Abhängigkeit von dem Vorzeichen vor EV der entsprechende Aufzinsungssatz anzuwenden ist. Das Endvermögen einer bestimmten Periode kann dann durch den allgemeinen Ausdruck

$$BZ_t + EV_{t-1}\left(1 + \frac{i_H}{i_S}\right) - EN = EV_t \qquad \text{für } t>0$$

beschrieben werden. Ist das Endvermögen der Periode t-1 negativ, d.h., wurde in dieser Höhe ein Kredit aufgenommen, ist der Zinssatz i_S anzuwenden und der zweite Term der Gleichung ist zu subtrahieren, da EV_{t-1} in diesem Fall ein negatives Vorzeichen hat.

Für das "Endvermögen" im Planungszeitpunkt t=0 gilt der Ausdruck:

$$EK + BZ_0 = EV_0.$$

EV_0 ist damit der Betrag, um den die Anschaffungsauszahlung einer Investition von der Höhe des Startkapitals abweicht. Sofern das Startkapital die Anschaffungsauszahlung überschreitet, ist EV_0 gleich der möglichen Finanzanlage.

Für das Endvermögen in t=1 ergibt sich:

$$BZ_1 + EV_0\left(1 + \frac{i_H}{i_S}\right) - EN = EV_1.$$

In dieser Formel kann der Ausdruck für das Endvermögen EV_0 durch die linke Seite der vorhergehenden Formel substituiert werden; es ergibt sich dann der äquivalente Ausdruck:

$$BZ_1 + \left(EK + BZ_0\right)\left(1 + \frac{i_H}{i_S}\right) - EN = EV_1.$$

Das Endvermögen im Zeitpunkt $t=2$ ist durch den Ausdruck

$$BZ_2 + EV_1\left(1 + \frac{i_H}{i_S}\right) - EN = EV_2$$

zu beschreiben. Wird wiederum das Endvermögen der Vorperiode substituiert, entsteht der äquivalente Ausdruck:

$$BZ_2 + \left[BZ_1 + \left(EK + BZ_0\right)\left(1 + \frac{i_H}{i_S}\right) - EN\right]\left(1 + \frac{i_H}{i_S}\right) - EN = EV_2.$$

Diese Formel wird ausmultipliziert und die Terme nach den drei Zahlungselementen BZ, EN und EK sortiert. Es entsteht dann der äquivalente Ausdruck:

$$BZ_2 + BZ_1\left(1 + \frac{i_H}{i_S}\right) + BZ_0\left(1 + \frac{i_H}{i_S}\right)^2 - EN\left(1 + \frac{i_H}{i_S}\right) - EN + EK\left(1 + \frac{i_H}{i_S}\right)^2 = EV_2.$$

Für das Ende der letzten Planungsperiode ergibt sich das Endvermögen EV_T durch den Ausdruck:

$$EV_T = \sum_{t=0}^{T} BZ_t\left(1 + \frac{i_H}{i_S}\right)^{T-t} - \sum_{t=1}^{T} EN\left(1 + \frac{i_H}{i_S}\right)^{T-t} + EK\left(1 + \frac{i_H}{i_S}\right)^{T}. [38]$$

---

[38] Für die ersten beiden Terme gilt $\left(1 + \frac{i_H}{i_S}\right)^{\tau} := \left(1 + i_S\right)^{t_S(\tau)} \cdot \left(1 + i_H\right)^{t_H(\tau)}$ und $t_S(\tau) + t_H(\tau) = \tau$, wobei $t_S(\tau)$ bzw. $t_H(\tau)$ = Anzahl der Perioden nach $T-\tau$, in denen der Soll- bzw. Habenzins Grenzzins ist. Beim dritten Term gelten dieselben Zusammenhänge, wobei τ durch T zu ersetzen ist, mit $t_S(T)$ bzw. $t_H(T)$ = Anzahl der Perioden in T, in denen der Soll- bzw. Habenzins Grenzzins ist.

Aus der Formel wird deutlich, daß im Endwert des Vofis drei Teileinflüsse vorhanden sind. Eine Einflußgröße, die auf die Zahlungsreihe der Basisinvestition zurückgeht, eine zweite für die Entnahmen und ein Bestandteil, der sich auf das Startvermögen bezieht. Diese drei Einflußgrößen sind jedoch nicht zu separieren, weil nur für eine konkrete Datensituation das Vorzeichen des jeweiligen Endvermögens EV_t bestimmt werden kann. Nur unter Bezugnahme auf eine konkrete Datensituation wird damit klar, ob für die Zinsen des folgenden Jahres der Zinssatz i_H oder i_S zum Zuge kommt. Letztlich sind es damit die mit dem Vorzeichen des Endvermögens der einzelnen Perioden wechselnden Zinssätze, die für die Interdependenzen zwischen den drei Einflußgrößen verantwortlich zeichnen.

Die Funktionsweise eines Vofis und die beschriebenen Interdependenzen sollen an Beispielen demonstriert werden. Zunächst soll eine Basisinvestition A mit der Zahlungsreihe BZ_t = (-15.000; 10.000; 7.000; 3.000) GE unter Berücksichtigung eines Startkapitals von null GE, einer jährlichen Entnahme von null GE sowie Zinssätzen von i_H = 10% und i_S = 15% beurteilt werden.

Investition A				
Zeitpunkt (t)	0	1	2	3
Startkapital (EK)	0,00			
Entnahme (EN$_t$)		0,00	0,00	0,00
Basiszahlungsreihe				
Investitionsauszahlung (BZ$_0$)	-15.000,00			
Jährlicher Überschuß (g$_t$)		10.000,00	7.000,00	3.000,00
Liquidationserlös (L)				
Finanzanlage				
Anlage (FA$_t$)	0,00	0,00	0,00	-1.461,88
Rückzahlung		0,00	0,00	0,00
Habenzinsen 10%		0,00	0,00	0,00
Kreditaufnahme				
Kreditbetrag (FK$_t$)	15.000,00	7.250,00	1.337,50	0,00
Tilgung		-15.000,00	-7.250,00	-1.337,50
Sollzinsen 15%		-2.250,00	-1.087,50	-200,63
Endvermögen (EV$_t$)				
Anlage	0,00	0,00	0,00	**1.461,88**
Kreditbetrag	-15.000,00	-7.250,00	-1.337,50	0,00

In dieser Finanzierungssituation ergibt sich ein Endwert von 1.461,88 GE. In keinem der drei Jahre fallen Habenzinsen an, da das Endvermögen bis auf das letzte Jahr immer negativ ist. Die Berechnung des Endvermögens der Investition reicht im allgemeinen noch nicht aus, um die Frage zu beantworten, ob die Investition vorteilhaft ist. Dazu ist es erforderlich, den Endwert der Sachinvestition mit dem Endwert einer Anlage des Startkapitals in Finanzanlagen zu vergleichen. Im Beispiel gibt es jedoch kein Startkapital. Die Opportunität besteht mithin allein darin, die Sachanlage zu unterlassen, was einen Endwert von null GE nach sich zieht. Die Sachanlage ist damit um den Endwert von 1.461,88 GE besser als die Alternative, die Investition zu unterlassen; d.h., die Investition ist vorteilhaft.

Im sonst gleichen Beispiel soll nunmehr ein Startkapital von 10.000 GE berücksichtigt werden. Dadurch wird der Finanzbedarf in den einzelnen Teilperioden geringer, so daß Sollzinsen eingespart und zusätzlich in zwei Perioden Habenzinsen vereinnahmt werden können. Das Startkapital von 10.000 GE erhöht den Endwert der Investition auf 15.842,50 GE.

Investition A				
Zeitpunkt (t)	0	1	2	3
Startkapital (EK)	10.000,00			
Entnahme (EN$_t$)		0,00	0,00	0,00
Basiszahlungsreihe Investitionsauszahlung (BZ$_0$)	-15.000,00			
Jährlicher Überschuß (g$_t$)		10.000,00	7.000,00	3.000,00
Liquidationserlös (L)				
Finanzanlage Anlage (FA$_t$)	0,00	-4.250,00	-11.675,00	-15.842,50
Rückzahlung		0,00	4.250,00	11.675,00
Habenzinsen 10%		0,00	425,00	1.167,50
Kreditaufnahme Kreditbetrag (FK$_t$)	5.000,00	0,00	0,00	0,00
Tilgung		-5.000,00	0,00	0,00
Sollzinsen 15%		-750,00	0,00	0,00
Endvermögen (EV$_t$) Anlage	0,00	4.250,00	11.675,00	**15.842,50**
Kreditbetrag	-5.000,00	0,00	0,00	0,00

Auch in diesem Fall muß wiederum nach dem Endwert der Opportunität gefragt werden, die darin besteht, das Startkapital in 10%ige Finanzinvestitionen anzulegen. Nach drei Jahren führt diese Opportunität zu einem Endwert von 13.310 GE. Dieser Endwert liegt damit um 2.532,50 GE unter dem Endwert der Sachanlage. Die Sachanlage ist also vorzuziehen.

Wird der Endwert (1.461,88 GE) der Sachanlage bei einem Startkapital von null GE mit der Endwertdifferenz (2.532,50 GE) zwischen Sachanlage und Finanzanlage bei einem Startkapital von 10.000 GE verglichen, ergibt sich eine interessante Feststellung: Die Sachanlage wird durch die veränderte Finanzierungslage um 1.070,62 GE vorteilhafter. Der Grund für diese Verbesserung liegt in den Zinswirkungen der veränderten Finanzierung. Durch das Startkapital werden die Sollzinsen stark abgebaut und zusätzlich entstehen Habenzinsen. Die verbesserte Qualität der Sachanlage ist also eine Folge der veränderten Finanzierungssituation. Anders formuliert wirken in der Endvermögensdifferenz von 2.532,50 GE Sachanlage und Finanzierung zusammen. Die Sachanlage kann deshalb nicht ohne die Finanzierungsseite auf Vorteilhaftigkeit hin beurteilt werden, denn zwischen Finanzierung und Sachanlage bestehen Interdependenzen.

Zusätzlich soll noch eine Entnahme von jährlich 1.000 GE im Kalkül erfaßt werden. Der Endwert der Sachanlage sinkt damit auf 12.532,50 GE.

Investition A				
Zeitpunkt (t)	0	1	2	3
Startkapital (EK)	10.000,00			
Entnahme (EN$_t$)		1.000,00	1.000,00	1.000,00
Basiszahlungsreihe				
Investitionsauszahlung (BZ$_0$)	-15.000,00			
Jährlicher Überschuß (g$_t$)		10.000,00	7.000,00	3.000,00
Liquidationserlös (L)				
Finanzanlage				
Anlage (FA$_t$)	0,00	-3.250,00	-9.575,00	-12.532,50
Rückzahlung		0,00	3.250,00	9.575,00
Habenzinsen 10%		0,00	325,00	957,50
Kreditaufnahme				
Kreditbetrag (FK$_t$)	5.000,00	0,00	0,00	0,00
Tilgung		-5.000,00	0,00	0,00
Sollzinsen 15%		-750,00	0,00	0,00
Endvermögen (EV$_t$)				
Anlage	0,00	3.250,00	9.575,00	**12.532,50**
Kreditbetrag	-5.000,00	0,00	0,00	0,00

Durch die drei Entnahmen verschlechtert sich die Finanzierungssituation des Unternehmens. Es werden dadurch in diesem Beispiel aber nur die Habenzinsen tangiert: Sie sinken. Auf die Verrechnung der Sollzinsen ergibt sich in dieser Datensituation keine Rückwirkung. Im allgemeinen kann es aber sein, daß mit der Entnahme nicht nur die Habenzinsen sinken, sondern auch noch die Sollzinsen steigen. Um in der neuen Finanzierungssituation die Vorteilhaftigkeit der Sachinvestition bestimmen zu können, muß für die Opportunität einer Finanzanlage von 10.000 GE zu 10% bei einer jährlichen Entnahme von 1.000 GE der Endwert bestimmt werden. Er beläuft sich auf 10.000 GE, da jährlich genau die Zinseinnahmen von 1.000 GE dem Unternehmen entzogen werden. Die Sachanlage hat damit einen zusätzlichen Endwert von 2.532,50 GE im Vergleich zur Opportunität. Die Endwertdifferenz zwischen Sachanlage und Finanzanlage verändert sich damit im Vergleich zur Situation ohne Entnahmen nicht, da in beiden Fällen - Sachinvestition und Finanzanlage - die Habenzinsen um den gleichen Betrag sinken und Einflüsse auf die Sollzinsen im Beispiel nicht existieren.

Die drei Endvermögensdifferenzen der Investition A werden in der folgenden Tabelle nochmals zusammengefaßt:

Situation	Endvermögens-differenz	EK	EN
1	1.461,88	0	0
2	2.532,50	10.000	0
3	2.532,50	10.000	1.000

Das Unternehmen könnte statt in das Investitionsobjekt A in das Objekt B mit folgender Zahlungsreihe BZ_t = (-12.000; 0; 2.000; 17.000) GE investieren. Die beiden Investitionen A und B schließen sich jedoch gegenseitig aus (echtes Wahlproblem). Für die gleichen drei Finanzierungssituationen wie bei der Anlage A ergeben sich dann die folgenden Endwertdifferenzen.

Situation	Endwert Sach-investition	Endwert Fi-nanzanlage	Δ Endwert	EK	EN
1	1.049,50	0	1.049,50	0	0
2	16.258,25	13.310	2.948,25	10.000	0
3	12.785,75	10.000	2.785,75	10.000	1.000

Aus den beiden Tabellen ist zu erkennen, daß die Frage, welche der beiden Investitionen vorzuziehen ist, nicht generell beantwortet werden kann. Die Antwort hängt von der Finanzierungssituation ab. Muß die Investition ausschließlich fremdfinanziert werden, ist die Investition A vorzuziehen. In den beiden anderen Finanzierungssituationen ist hingegen Investition B vorteilhaft, weil sie eine höhere Endwertdifferenz im Vergleich zu A erwirtschaftet. Der Grund dafür, daß A in der ersten Situation präferiert wird, liegt in den Zahlungsstrukturen der beiden Basisinvestitionen begründet. A wirft früher jährliche Überschüsse ab als B. Damit können aber die Kredite schneller abgebaut werden, und die Zinsbelastung sinkt schneller als das bei der zweiten Sachanlage der Fall ist.

Aus dem Beispiel ergibt sich folgende allgemeine Erkenntnis: Die Vorteilhaftigkeit einer Investition wird bei unvollkommenem Kapitalmarkt durch das Zusammenwirken von Investition und Finanzierung determiniert. Die Investition kann in einer Finanzierungslage vorteilhaft sein, während sie in einer anderen unvorteilhaft ist. Dieser Wirkungszusammenhang ist für den unvollkommenen Kapitalmarkt typisch. Die optimale Investitionsentscheidung ist generell finanzierungsabhängig.

Der diskutierte Zusammenhang von Investition und Finanzierung bewirkt, daß die Aufteilung des insgesamt im Unternehmen verfügbaren Startkapitals auf konkurrierende Investitionen ausschlaggebend für die Beurteilung einer Investition ist. Das gleiche gilt für die Frage, welcher Teil der Gesamtentnahmen des Unternehmers durch bestimmte Investitionen erwirtschaftet werden soll. An einem Beispiel soll dieser Zusammenhang verdeutlicht werden.

Ein Unternehmen muß sich zwischen den Basisinvestitionen A, B, C und D entscheiden, wobei sich A und B bzw. C und D gegenseitig ausschließen. Es existieren dann zwei Investitionsblöcke. Einmal ist zwischen A und B - Block 1 - und das zweite Mal zwischen C und D - Block 2 - eine Wahl zu treffen.

Im Grunde ist es in dieser Situation falsch, überhaupt einzelne Basisinvestitionen beurteilen zu wollen. Über das Aufteilungsproblem des Startkapitals und der Entnahmen auf die beiden Blöcke hinaus bestehen zwischen allen gleichzeitig durchzuführenden Investitionen Interdependenzen, die sich nur in einem simultanen Planungsmodell vollständig erfassen lassen. Der Einsatz von vier Vofis zur Beurteilung der vier Basisinvestitionen ist ein äußerst kritisch zu sehendes Vorgehen. Ein Vofi für Basisinvestitionen kann in dieser Situation nur als heuristisches Instrument interpretiert werden. Bei Existenz mehrerer gleichzeitig zu beurteilender Investitionsblöcke müßte überprüft werden, ob die Entscheidung durch die Art der Aufteilung des

Startkapitals und der Gesamtentnahme auf die Investitionsblöcke verändert wird. Durch den Test alternativer Aufteilungen von Startkapital und Entnahme ist eine Lösung zu suchen, die einem Simultanansatz entspricht.

Dieses Ziel kann besser erreicht werden, wenn in einem Vofi jeweils zusammengehörige Basisinvestitionen gemeinsam erfaßt werden, wenn also vier Vofis für die vier sich gegenseitig ausschließenden Sätze vollständiger Investitionsalternativen (A mit C, A mit D, B mit C und B mit D) aufgestellt und die zugehörigen Endwerte miteinander verglichen werden. Für diese vier Vofis ist es nicht erforderlich, die Entnahmen und das Startkapital auf die beiden Investitionsblöcke aufzuteilen. Für jeden der vier Vofis gilt das gleiche Startkapital und die gleichen Entnahmen. Es liegt damit eine Simultananalyse in Form einer vollständigen Enumeration aller sich bietenden vollständigen Entscheidungsalternativen vor. Dieses Vorgehen berücksichtigt finanzielle Kompensationswirkungen zwischen den Basisinvestitionen. Denn nicht für einzelne, sondern jeweils für einen Satz sich gegenseitig nicht ausschließender Basisinvestitionen ist das finanzwirtschaftliche Gleichgewicht zu wahren. Diese Form der Rechnung ist allerdings nur bei einer geringen Zahl von Kombinationen von Basisinvestitionen durchführbar.

In der Situation eines unvollkommenen Kapitalmarktes ist es im strengen Sinne unmöglich, aus dem Endvermögen einen Kapitalwert zu berechnen. Der Grund liegt darin, daß es keinen eindeutigen Zinssatz zur Transformation des Endwertes in den Kapitalwert gibt. In der Literatur[39] existieren für diese Situation aber dennoch Barwertkonzepte. Für die Abzinsung wird mit den unterschiedlichsten Hypothesen gearbeitet. Weil das Endvermögen positiv ist, wird z.B. der Habenzins zur Abzinsung vorgeschlagen. Es gibt auch Ansätze, die ohne jede Argumentation einfach einen willkürlichen Zinssatz oder auch den Sollzinssatz benutzen. Für keinen dieser Zinssätze läßt sich allerdings eine haltbare Argumentation finden. Auf Grund der Struktur des Entscheidungsproblems ist es jedoch völlig belanglos, mit welchem Zinssatz gearbeitet wird. Der Zinssatz hat auf die Entscheidung *keinen* Einfluß. Diese Behauptung soll im folgenden bewiesen werden.

Die Kapitalwertkonzepte bei unvollkommenem Kapitalmarkt berechnen die Zinsen für die Finanzanlagen und die Kredite in den einzelnen Jahren genauso, wie das in den bisher durchgerechneten Vofis geschehen ist. Alle Zahlungen der einzelnen Perioden werden jedoch mit einem einheitlichen Zinsfaktor $(1+i)^{-t}$ auf den Kalkulationszeitpunkt bezogen. Die Zahlungen des ersten Zeitpunktes können - wie oben in diesem Kapitel gezeigt wurde - durch den Ausdruck

---

39   Vgl. beispielsweise Albach (1962).

$$EK + BZ_0 + FK_0 - FA_0 = 0$$

und die Zahlungen aller weiteren Zeitpunkte t durch

$$BZ_t - FK_{t-1}(1 + i_S) + FA_{t-1}(1 + i_H) - FA_t + FK_t - EN = 0$$

beschrieben werden. Am Ende der letzten Periode T ergibt sich dann entweder ein positives (FA_T größer null) oder ein negatives (FK_T größer null) Endvermögen:

$$BZ_T - FK_{T-1}(1 + i_S) + FA_{T-1}(1 + i_H) - EN = FA_T - FK_T = EV_T.$$

Werden die Finanzrestriktionen aller Zeitpunkte t=0 bis t=T-1 jeweils mit q^{-t} abgezinst, ist das für die Entscheidung bedeutungslos, da Größen abgezinst werden, die sich jeweils zu null ergänzen. Null abgezinst ergibt aber immer nur null. Von allen Zahlungsgrößen sind damit nur die Zahlungen in T relevant. Die Abzinsung der Zahlungen der letzten Periode führt dann zum Kapitalwert:

$$C_0 = EV_T(1 + i)^{-T}.$$

Der Abzinsungsfaktor $(1+i)^{-T}$ ist ein konstanter Term, d.h., der Kapitalwert ist dann maximal, wenn auch der Endwert maximal ist. Eine Abzinsung mit einem willkürlichen Zinssatz ist damit für die Lösung des Entscheidungsproblems völlig wirkungslos. Sie kann daher auch gleich unterbleiben, denn sie verursacht nur sinnlosen Rechenaufwand. Der Investor könnte die aus einer Investition resultierenden Zahlungen auch mit dem "Alter seiner Schwiegermutter" abzinsen. An den Planungsergebnissen ändert sich dadurch überhaupt nichts. Kapitalwertkonzepte bei unvollkommenem Kapitalmarkt, die auf einem willkürlich gesetzten, exogenen Zinssatz basieren, sind nichts anderes als verkappte Endwertmodelle. Diese Modelle sind somit eigentlich völlig überflüssig.

3322 Vollkommener Kapitalmarkt

Auf dem vollkommenen Kapitalmarkt kann der Investor beliebige Geldmengen zum einheitlichen Zinssatz i beschaffen oder anlegen, dabei ist von gleichbleibenden Zinsen i im Zeitablauf auszugehen. Als Folge des einheitlichen Zinses kann die Definition des jährlichen Endvermögens aus dem

Kapitel 3321 vereinfacht werden.[40] Die Differenz der Größen FA_t und FK_t in den Finanzgleichgewichtsbedingungen können durch das nicht vorzeichenbeschränkte Endvermögen EV_t ersetzt werden, weil vom negativen und positiven Endvermögen die gleichen Zahlungswirkungen ausgehen, - natürlich mit unterschiedlichen Vorzeichen.

Die Bedingung für den Zeitpunkt t=0:

$$EK + BZ_0 + FK_0 - FA_0 = 0$$

geht dann über in:

$$EK + BZ_0 - EV_0 = 0$$

bzw.

$$EK + BZ_0 = EV_0.$$

Entsprechend gilt für die übrigen Zeitpunkte einschließlich des letzten statt

$$BZ_t - FK_{t-1}(1 + i_S) + FA_{t-1}(1 + i_H) - EN = FA_t - FK_t = EV_t$$

die vereinfachte Schreibweise:

$$BZ_t + EV_{t-1}(1 + i) - EN = EV_t.$$

Müssen Kredite aufgenommen werden, so ist EV_t negativ, werden dagegen Finanzanlagen getätigt, dann ist EV_t positiv.

Für den Zeitpunkt t=1 gilt damit:

$$BZ_1 + EV_0(1 + i) - EN = EV_1.$$

EV_0 kann in der Gleichung für EV_1 durch $(EK + BZ_0)$ ersetzt werden:

$$BZ_1 + EK(1 + i) + BZ_0(1 + i) - EN = EV_1.$$

In gleicher Weise wird in der Definitionsgleichung für EV_2

$$BZ_2 + EV_1(1 + i) - EN = EV_2$$

---

40   Vgl. auch Kruschwitz (1993), S. 64 ff.

das Endvermögen EV_1 durch die linke Seite der vorherigen Gleichung dargestellt. Die Gleichung für EV_1 geht dann über in die Schreibweise:

$$EV_2 = BZ_0(1+i)^2 + BZ_1(1+i) + BZ_2 - EN(1+i) - EN + EK(1+i)^2$$

$$= \sum_{t=0}^{2} BZ_t(1+i)^{2-t} - \sum_{t=0}^{1} EN(1+i)^t + EK(1+i)^2$$

$$= (1+i)^2 \left[\sum_{t=0}^{2} BZ_t(1+i)^{-t} - \sum_{t=1}^{2} EN(1+i)^{-t} + EK \right].$$

Für die letzte Periode T nimmt diese Gleichung die Form

$$EV_T = (1+i)^T \left[\sum_{t=0}^{T} BZ_t(1+i)^{-t} - \sum_{t=1}^{T} EN(1+i)^{-t} + EK \right]$$

an. Der gesamte Endwert besteht damit aus drei separaten Teilen: Den auf den Zeitpunkt T aufgezinsten Kapitalwert C_0 der Basisinvestition, dem negativen Endwert der Entnahmen und dem Endwert des Startkapitals EK. Der erste Term in der eckigen Klammer ist der auf den Kalkulationszeitpunkt abgezinste Barwert (Kapitalwert) der Zahlungsreihe der Basisinvestition, der zweite Term entspricht dem Kapitalwert der Entnahmen. Werden die drei Barwerte in den eckigen Klammern mit dem Faktor $(1+i)^T$ aufgezinst, ergibt sich das Endvermögen.

Der zweite und dritte Term sind für alle zur Wahl stehenden Investitionen identisch. Es handelt sich damit um fixe Terme, die für die Entscheidung irrelevant sind. Ausschlaggebend für die Beurteilung einer Investition im vollkommenen Kapitalmarkt ist damit allein der erste Term der Klammer, der Kapitalwert der Basisinvestition. Dieser Term unterscheidet sich von Investition zu Investition. Vorteilhaft ist eine Investition immer dann, wenn der Kapitalwert positiv ist.

Aus der Gleichung wird auch deutlich, daß es sich beim Kapitalwert um eine Differenzgröße handelt. Da sich der Endwert EV_T aus drei Teilendwerten zusammensetzt, muß der Endwert der Entnahmen (des Startkapitals) zum (vom) Endvermögen EV_T addiert (subtrahiert) werden, um auf den Endwert der Basisinvestition zu kommen. Der Kapitalwert der Basisinvestition ist damit nichts anderes als der auf den Kalkulationszeitpunkt abgezinste *zusätzliche* Endwert ΔEV_T. Der Endwert des Startkapitals ist mit dem Endwert der alternativen Finanzanlage identisch.

Im Gegensatz zur Situation auf dem unvollkommenen Kapitalmarkt ist das Beurteilungskriterium für eine Investition damit völlig unabhängig von der Finanzierungssituation des Unternehmens. Investition und Finanzierung sind unter den Bedingungen des vollkommenen Kapitalmarktes zwei separierbare Tatbestände (Separationstheorem)[41]. Diese Separationsmöglichkeit ist die Folge des einheitlichen Zinssatzes.

Aus der obigen Berechnung des Endwertes bei vollkommenem Kapitalmarkt wird zudem deutlich, daß zur Ermittlung des Endvermögens mit Hilfe eines Vofis unterstellt wird, daß sich Ergänzungsinvestitionen und Kredite zur Bildung einer vollständigen Vergleichsalternative jeweils zum Kalkulationszins i verzinsen müssen. Verfügt ein Unternehmen z.b. über 15.000 GE Startkapital und benötigt Investition A den ganzen Betrag, während für B nur 12.000 GE erforderlich sind, liegen vollständig vergleichbare Alternativen erst vor, wenn in beiden Fällen das gleiche Startkapital eingesetzt wird. Überhängende, für die Investition B nicht benötigte Mittel werden deshalb zu i angelegt. Da diese Finanzanlagen für die Berechnung des Endwertes EV_T aber zum gleichen Zinssatz erfolgen, mit dem anschließend die Abzinsung durchgeführt wird, haben sie grundsätzlich einen Kapitalwert von null. Geht die Rechnung also von unvollständigen Vergleichsalternativen aus, dann wird mit der Hypothese einer Verzinsung der Differenzbeträge zum Zinssatz i gearbeitet und unterstellt, daß die Kapitalwerte der Finanzanlagen oder der Kredite den Wert null annehmen. Unabhängig von der Ursache der Differenzinvestitionen - unterschiedliche Investitionsbeträge oder unterschiedliche Nutzungsdauern - wird auf diese Weise bei der Kapitalwertmethode grundsätzlich die Vergleichbarkeit hergestellt.

Die Arbeitsweise der Kapitalwertmethode soll für das bereits im Kapitel zum unvollkommenen Kapitalmarkt eingeführte Beispiel einer Wahl zwischen den Basisinvestitionen A und B mit folgenden Zahlungsreihen

für A: BZ_t = (-15.000; 10.000; 7.000; 3.000) GE
für B: BZ_t = (-12.000; 0; 2.000; 17.000) GE

demonstriert werden. Entnahmen und ein Startkapital werden in der Rechnung nicht angesetzt, weil sie für eine Beurteilung auf dem vollkommenen Kapitalmarkt ohnehin irrelevant sind. Die jeweils mit einem Zinssatz von i=10% abgezinsten Zahlungen - Zinsfaktor q = 1,1 - führen zu den Kapitalwerten:

$$C_{0A} = -15.000 + 10.000q^{-1} + 7.000q^{-2} + 3.000q^{-3} = 2.129,98 \text{ GE,}$$

---

41   Vgl. Perridon, Steiner (1993), S. 249.

$C_{0B} = -12.000 + 2.000q^{-2} + 17.000q^{-3} = 2.425,24$ GE.

Unter den Bedingungen des vollkommenen Kapitalmarktes ist damit die Investition B vorzuziehen.

Es soll abschließend noch der Sonderfall gleicher jährlicher Überschüsse einer Investition betrachtet werden. Für die Zahlungsreihe BZ_t gilt dann folgende Struktur:

$$BZ_t = (-a_0; g_1; g_2; ...; g_n) \quad \text{mit} \quad g_1 = g_2 = ... = g_n = g.$$

Die abgezinsten Überschüsse g entsprechen dann einer geometrischen Reihe, und der Barwert der Überschüsse kann mit Hilfe der Summenformel für derartige Reihen bestimmt werden:

$$g \, \frac{q^n - 1}{q^n \cdot i}.$$

Der Bruch wird in der Investitionsrechnung als Rentenbarwertfaktor (RBF) bezeichnet. Der Kapitalwert einer Investition entspricht in diesem Fall dem Ausdruck:

$$C_o = -a_0 + g \, \frac{q^n - 1}{q^n \cdot i}.$$

Für die späteren Analysen ist z.T. der Verlauf der Kapitalwertfunktion bei variierendem Zinssatz von Bedeutung. Deshalb sollen einige Verlaufstypen an Beispielen dargestellt werden. Zunächst werden zwei Investitionen mit einer Anschaffungsauszahlung und dann nur noch positiven Jahresüberschüssen betrachtet. Für diese Investitionen gelten folgende Zahlungsreihen:

Inv 1:   (-12.000; 1.000; 2.000; 3.000; 6.000; 7.000) GE
Inv 2:   (-15.000; 8.000; 6.000; 3.000; 2.000; 1.000) GE.

Für positive Zinssätze sinken in diesem Fall die Kapitalwerte beider Investitionen mit steigendem Zins. Für Investition 1 (2) gilt die gestrichelte (durchgezogene) Kapitalwertfunktion gemäß der folgenden Abbildung.

Für Zinssätze zwischen 0 und 8,662 Prozent ist die Investition 1 vorzuziehen. Jenseits dieses kritischen Zinssatzes ist die Investition 2 vorteilhaft. Investition 1 ist bis zum Zinssatz von 13,025% vorteilhafter als eine Finanzanlage (positiver Kapitalwert), während Investition 2 bis zum Zins von

15,425% der Finanzanlage vorzuziehen ist. Kapitalwertverläufe wie in dieser Abbildung bilden in der Realität den Normalfall.

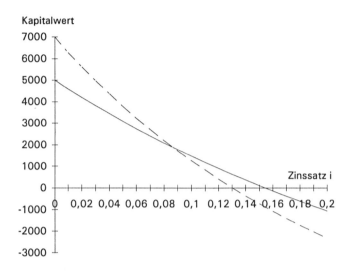

Für eine dritte Investition mit der Zahlungsreihe

Inv 3:   (-2.100; 1.000; 1.000; 1.000; 5.000; -6.000) GE

ergibt sich ein Kapitalwertverlauf entsprechend der folgenden Abbildung:

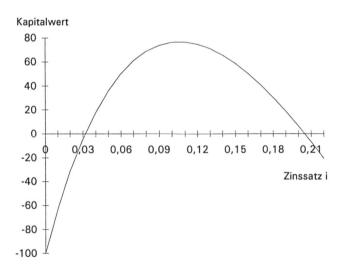

Der Kapitalwert steigt zunächst mit wachsendem Zins, erreicht dann ein Maximum, um danach wieder zu fallen. Vorteilhaft ist diese Investition nur für Zinssätze zwischen 3,19% und 20,495%. Kapitalwertfunktionen mit diesem Verlauf können sich für Investitionsobjekte einstellen, bei denen am Ende der Nutzungsdauer noch erhebliche Auszahlungen für die Entsorgung der Anlagen auftreten.

Ein Investitionsobjekt 4 hat eine Zahlungsreihe, bei der am Anfang eine Einzahlung steht, der in späteren Jahren nur noch Auszahlungen folgen:

Inv 4:   (1.000; -300; -300; -300; -300) GE.

In einem derartigen Fall steigt die Kapitalwertfunktion mit steigendem Zinssatz entsprechend folgender Abbildung:

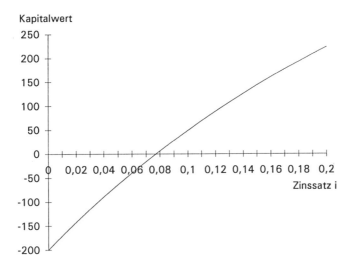

In dieser Abbildung liegt der atypische Fall einer "Investition" vor, bei dem ein "Investor" z.B. das Recht an einer Erfindung verkauft, bevor das erfundene Erzeugnis voll entwickelt wurde. Für die Realisierung der Erfindung fallen dann noch nach dem Verkaufszeitpunkt laufende Auszahlungen an. Bei unvollkommenem Kapitalmarkt können diese Fälle auch bei Zahlungsreihen für Kredite auftreten, wenn die Sollzinsen des Kredites von dem im Modell verwendeten Kalkulationszinssatz abweichen.

333 Modelle der dynamischen Gewinnmaximierung

In der betriebswirtschaftlichen Literatur[42] gibt es auch die Vorgehensweise, Investitionen auf der Basis der jährlichen Gewinne zu beurteilen. Das Ziel der Investitionsrechnung besteht dann darin, die Summe der Gewinne aller Teilperioden zu maximieren. In der Zielfunktion werden im Gegensatz zur Maximierung des Endvermögens nur Erlöse und Kosten, nicht aber Zahlungen erfaßt. Eine derartige dynamische Gewinnmaximierung, die auch als Prinzip der Gewinnrückkopplung bezeichnet wird, muß aber bei richtiger Formulierung auf Grund des Lücke-Theorems[43] grundsätzlich zum gleichen Ergebnis führen wie die Endwertmaximierung. Die Überführung beider Ziele ist für alle Formen des Kapitalmarktes möglich, denn beim Prinzip der Gewinnrückkopplung werden jeweils auf das Endvermögen einer Periode die Soll- oder Habenzinsen des nächsten Jahres berechnet. Nunmehr soll die Überführung beider Modellvarianten in allgemeiner Form vorgestellt werden. Es wird allerdings auf Entnahmen verzichtet. Für die Überführung ist folgendes zusätzliche Symbol erforderlich:

AFA = Abschreibung; sie entspricht im einfachsten Fall dem Ausdruck a_0/n (lineare Abschreibung).

Die Zielsetzung der Gewinnrückkopplung lautet:

$$\sum_t \text{Gewinn}_t = \sum_t \left[g_t + FA_{t-1} \cdot i_H - FK_{t-1} \cdot i_S - AFA \right] \Rightarrow \max.$$

Der Jahresgewinn ergibt sich, wenn zu den jährlichen finanziellen Überschüssen der Basisinvestition die Zinserträge addiert bzw. die Zinsaufwendungen subtrahiert und anschließend die jährlichen Abschreibungen abgezogen werden.

Zu jedem Zeitpunkt der Planperiode bis auf den letzten sind die Finanzierungsbedingungen einzuhalten:

$$BZ_t + FA_{t-1}(1 + i_H) - FK_{t-1}(1 + i_s) + FK_t - FA_t = 0 \quad \text{für alle Perioden t.}$$

Überschreiten die Einzahlungen in der letzten Periode die Auszahlungen, ergibt sich am Ende des Planungszeitraums ein positives Endvermögen. Die Finanzierungsbedingungen werden genutzt, um die Gewinne der einzelnen Jahre in der Zielfunktion umzuformen.

---

42 Jacob wendet dieses Vorgehen für den Fall einer Investitionsbudgetrechnung an. Vgl. Jacob (1962).

43 Vgl. Lücke (1955).

Es werden folgende Umformulierungen durchgeführt:

- In der Zielfunktion sind nur die Zinserträge $FA_{t-1} \cdot i_H$, nicht aber die Rückzahlung FA_{t-1} und die neue Anlage FA_t enthalten. Beide Terme werden zum Jahresgewinn sowohl addiert als auch subtrahiert, d.h., es werden zwei Nullen addiert.

- Mit der Kreditaufnahme wird in gleicher Weise verfahren, d.h., die Beträge für die Kreditaufnahme und die Tilgung werden einmal addiert und einmal subtrahiert.

- Während in den Finanzrestriktionen die Variable BZ_t zur Anwendung gelangt, finden sich in der Zielfunktion nur die jährlichen Überschüsse g_t wieder. Es kann aber folgender formale Zusammenhang ausgenutzt werden:

$$\sum_{t=0}^{n} BZ_t = \sum_{t=1}^{n} g_t - a_0 \Rightarrow \sum_{t=1}^{n} g_t = \sum_{t=0}^{n} BZ_t + a_0$$

In der Zielfunktion ist $\sum g_t$ durch die rechte Seite des obigen Ausdrucks zu substituieren. Dadurch wird automatisch ein a_0 zum Gesamtgewinn addiert. Da aber a_0 genau der Summe der Abschreibungen über alle Jahre entspricht ($a_0 = \sum Afa = n \cdot Afa$), können in der Zielfunktion alle Abschreibungen und das addierte a_0 gegeneinander aufgerechnet werden. Zudem bleibt zu beachten, daß in der ursprünglichen Zielfunktion der Laufindex t von 1 bis n lief; nach der Modifikation läuft t jedoch von 0 bis n.

Die Zielfunktion geht somit in die folgende Schreibweise über:

$$\sum_t \text{Gewinn}_t = \sum_t [BZ_t + FA_{t-1} \cdot i_H - FK_{t-1} \cdot i_S + FA_{t-1} - FA_{t-1} + FA_t - FA_t$$
$$+ FK_{t-1} - FK_{t-1} - FK_t + FK_t] \Rightarrow \max.$$

Die Elemente der Zielfunktion werden neu geordnet, und es ergibt sich:

$$\sum_t \text{Gewinn}_t = \sum_t [BZ_t + FA_{t-1}(1 + i_H) - FK_{t-1}(1 + i_S) - FA_t + FK_t]$$
$$+ \sum_t [FA_t - FA_{t-1} + FK_{t-1} - FK_t] \Rightarrow \max.$$

In der ersten eckigen Klammer stehen für die einzelnen Jahre die Finanzrestriktionen, die voraussetzungsgemäß gleich null sind und aus der Zielfunktion eliminiert werden können. Die Zielfunktion geht in die neue Schreibweise

$$\sum_t \text{Gewinn}_t = \sum_t [FA_t - FA_{t-1} + FK_{t-1} - FK_t] \Rightarrow \max$$

über. Wird dieser Ausdruck z.B. für die Finanzanlagen ausführlich geschrieben, ergibt sich:

$$-FA_{-1} + FA_0 - FA_0 + FA_1 - FA_1 + FA_2 - FA_2 + \cdots - FA_{n-1} + FA_n = -FA_{-1} + FA_n$$

Es verbleiben also lediglich die Finanzanlagen der letzten Teilperiode und die im Kalkulationszeitpunkt, wenn die entsprechenden Elemente gegeneinander aufgerechnet werden. Entsprechend bleibt auch für die Kreditaufnahme nur der erste und letzte Term übrig. Der Gewinn der Planungsperiode entspricht somit der Differenz:

$$\sum_t \text{Gewinn}_t = FA_n - FK_n - FA_{-1} + FK_{-1} = EV_n - EV_{-1} = \Delta EV$$

mit EV_{-1} = const.

Die Summe der Gewinne aller Teilperioden ist nach dem Prinzip der Gewinnrückkopplung gleich dem Endvermögenszuwachs. Durch die Investitionspolitik kann nur noch das Endvermögen, nicht jedoch das Anfangsvermögen, das als konstant angenommen wird, beeinflußt werden. Das Anfangsvermögen ist damit für die Entscheidung irrelevant. Die Vermögensdifferenz bzw. der Gewinn ist dann maximal, wenn das Endvermögen maximal ist. Unabhängig von der Art des Kapitalmarktes ist die dynamische Gewinnmaximierung somit der Endvermögensmaximierung äquivalent. Auf diese Modellklasse braucht deshalb nicht gesondert eingegangen zu werden.

334 Modelle der Entnahmemaximierung

3341 Unvollkommener Kapitalmarkt

Bei der dritten Klasse dynamischer Investitionsmodelle ist es das Ziel des Investors, die Entnahmen bei gegebenem Start- und Endvermögen zu maximieren. Dieses Ziel kann in mehreren Ausprägungen auftreten:

- ■ Maximierung der Breite des Entnahmestroms bei jährlich gleich hohen Entnahmen.

■ Maximierung der Breite des Entnahmestroms bei vorgegebener Entnahmestruktur: Z.B. sollen die Entnahmen jährlich um 5% wachsen. Ziel ist eine möglichst hohe Anfangsentnahme, aus der sich die Entnahmen der nachfolgenden Jahre über die vorgegebene Struktur ergeben.

■ Maximierung der Gesamtsumme der Entnahmen in der Planungsperiode.

Die letzte Zielsetzung ist mit der Endvermögensmaximierung identisch. Ist es dem Investor gleichgültig, wann er Entnahmen tätigt, wird er auf eine Entnahme in t=1 verzichten, wenn er das Geld rentierlich anlegen kann. Denn erzielt er beispielsweise eine Verzinsung von 5%, ist die in der kommenden Periode mögliche Entnahme um 5% höher. Existieren in allen Perioden rentierliche Investitionsmöglichkeiten, wird der Investor bis zum Ende der Planungsperiode auf Entnahmen verzichten, da dann bei Entnahmemaximierung die höchste Gesamtentnahme möglich ist. Mit dieser Argumentation wird bereits deutlich, daß zwischen den Zielen Endwertmaximierung und Maximierung der Breite des Entnahmestroms - mit konstanten Entnahmen oder gegebener Entnahmestruktur - im allgemeinen ein Zielkonflikt existiert. Entnahmen vor dem Ende des Planungszeitraums verringern in der Regel die Möglichkeit, durch rentierliche Anlage derselben den Endwert zu verbessern. Dieser Zielkonflikt existiert allerdings nur bei unvollkommenem, nicht aber bei vollkommenem Kapitalmarkt.

Im folgenden soll nur der Fall eines Entnahmestroms mit konstanter Breite behandelt werden. Die Analysen lassen sich jedoch auch problemlos auf die zweite Unterzielsetzung übertragen. Zunächst wird auf den allgemeingültigen Fall des unvollkommenen Kapitalmarktes eingegangen. In dieser Entscheidungssituation bietet sich wieder der Einsatz eines Vofis an. Allerdings muß die Berechnungsform etwas modifiziert werden[44]. Weil in einem Vofi immer nur für gegebene Entnahmen das zugehörige Endvermögen berechnet werden kann, muß ein iteratives Vorgehen zur Bestimmung des maximalen Entnahmestroms gewählt werden. Nach Bestimmung des existierenden Anfangs- und des einzuhaltenden Endvermögens wird zunächst eine plausible Entnahmegröße vorgegeben und mittels eines Vofis der daraus resultierende Endwert berechnet. Dieses Endvermögen wird in der Regel von dem einzuhaltenden Vorgabewert abweichen. Überschreitet (unterschreitet) der Endwert bei einer gegebenen Entnahme die Endwertvorgabe, ist die Entnahme offensichtlich zu niedrig (zu hoch) gewählt. Die Entnahme kann dann für eine zweite Planungsrunde erhöht (gesenkt) werden. Dieses Suchverfahren wird fortgesetzt, bis Endwert und Endwertvorgabe übereinstimmen. Der Suchvorgang läßt sich durch Computerprogramme effizient steuern.

---

44   Vgl. Kruschwitz (1993), S. 74 ff.

Das Modell für das Ziel einer Maximierung der Breite des Entnahmestroms soll wiederum an einem Beispiel demonstriert werden. Einem Investor stehen zwei sich gegenseitig ausschließende Basisinvestitionen zur Auswahl. Hierbei handelt es sich um die gleichen Investitionen, die bereits bei der Endwertmaximierung betrachtet wurden. Diese Investitionen haben folgende Zahlungsströme:

Investition A: BZ_t = (-15.000; 10.000; 7.000; 3.000) GE
Investition B: BZ_t = (-12.000; 0; 2.000; 17.000) GE.

Der Investor verfügt über ein Startkapital von 10.000 GE. Für Finanzanlagen ist in allen Teilperioden ein Zinssatz von 10% zu erzielen, und Jahreskredite kosten 15%. Am Ende des Planungszeitraums will der Investor über ein Endvermögen von 5.000 GE verfügen.

Für die zwei Investitionen ergeben sich am Ende des Suchprozesses die beiden folgenden Vofis.

Investition A				
Zeitpunkt (t)	0	1	2	3
Startkapital (EK)	10.000,00			
Entnahme (EN_t)		3.275,68	3.275,68	3.275,68
Basiszahlungsreihe				
Investitionsauszahlung (BZ_0)	-15.000,00			
Jährlicher Überschuß (g_t)		10.000,00	7.000,00	3.000,00
Liquiditätserlös (L)				
Finanzanlage				
Anlage (FA_t)	0,00	-974,32	-4.796,07	-5.000,00
Rückzahlung		0,00	974,32	4.796,07
Habenzinsen 10%		0,00	97,43	479,61
Kreditaufnahme				
Kreditbetrag (FK_t)	5.000,00	0,00	0,00	0,00
Tilgung		-5.000,00	0,00	0,00
Sollzinsen 15%		-750,00	0,00	0,00
Endvermögen (EV_t)				
Anlage	0,00	974,32	4.796,07	**5.000,00**
Kreditbetrag	-5.000,00	0,00	0,00	0,00

Unter den gegebenen Voraussetzungen erlaubt die Investition A eine Entnahme von 3.275,68 GE, während bei B nur eine Entnahme von 3.242,12 GE möglich ist. Beim Ziel **Maximierung der Breite des Entnahmestroms** ist also die Investition A der Investition B vorzuziehen. Diese Entscheidung für A steht im Gegensatz zum Ergebnis der Endwertmaximierung bei vorgegebenem Entnahmestrom von z.B. 1.000 GE je Periode. Bei sonst gleicher Entscheidungssituation erzielt die Investition A nur einen Endwert von 12.532,50 GE, während mit B ein Endwert von 12.785,75 GE erreicht werden kann. Das Beispiel macht den bereits diskutierten Konflikt zwischen beiden Zielen deutlich.

Investition B				
Zeitpunkt (t)	0	1	2	3
Startkapital (EK)	10.000,00			
Entnahme (EN$_t$)		3.242,12	3.242,12	3.242,12
Basiszahlungsreihe				
Investitionsauszahlung (BZ$_0$)	-12.000,00			
Jährlicher Überschuß (g$_t$)		0,00	2.000,00	17.000,00
Liquidationserlös (L)				
Finanzanlage				
Anlage (FA$_t$)	0,00	0,00	0,00	-5.000,00
Rückzahlung		0,00	0,00	0,00
Habenzinsen 10%		0,00	0,00	0,00
Kreditaufnahme				
Kreditbetrag (FK$_t$)	2.000,00	5.542,12	7.615,55	0,00
Tilgung		-2.000,00	-5.542,12	-7.615,55
Sollzinsen 15%		-300,00	-831,31	-1.142,33
Endvermögen (EV$_t$)				
Anlage	0,00	0,00	0,00	**5.000,00**
Kreditbetrag	-2.000,00	-5.542,12	-7.615,55	0,00

3342 Vollkommener Kapitalmarkt

Unter den Voraussetzungen des vollkommenen Kapitalmarktes existiert zwischen den beiden Zielen Endwertmaximierung und Entnahmemaximierung generell kein Konflikt. Um das zu zeigen, wird auf die für den vollkommenen Kapitalmarkt geltende Endwertformel[45] zurückgegriffen:

$$EV_T = (1+i)^T \left[\sum_{t=0}^{T} BZ_t (1+i)^{-t} - \sum_{t=1}^{T} EN(1+i)^{-t} + EK \right].$$

---

45 Vgl. die Herleitung in Abschnitt 3322.

Der Endwert EV_T entspricht dem aufgezinsten Kapitalwert C_0 der Basis-investition abzüglich des Endwertes aller Entnahmen und zuzüglich des Endwertes des Startkapitals. Um diesen Endwert zu berechnen, sind die drei entsprechenden Barwerte in der eckigen Klammer mit dem Zinsfaktor $(1+i)^T = q^T$ auf den Endzeitpunkt aufzuzinsen. Dieser Ausdruck für das Endvermögen soll in folgender vereinfachter Form geschrieben werden:

$$EV_T = [C_0 - EN \cdot RBF + EK] q^T.$$

Für den ersten Term der Gleichung wurde lediglich die Kurzschreibweise C_0 genutzt. Der Barwert jährlich gleichbleibender Entnahmen errechnet sich über den Barwertfaktor (RBF), d.i. die Summenformel einer geometrischen Reihe:

$$RBF = \sum_{t=1}^{T} (1+i)^{-t} = \frac{q^T - 1}{q^T \cdot i}.$$

Der modifizierte Ausdruck für das Endvermögen kann auch für die Zielset-zung **Maximierung der Breite des Entnahmestroms** verwendet werden. Die Formel ist dazu lediglich nach EN aufzulösen. Es gilt dann:

$$EN = \frac{-EV_T + C_0 \cdot q^T + EK \cdot q^T}{RBF \cdot q^T}.$$

Diese Formel wird sortiert, so daß sie leichter zu interpretieren ist:

$$EN = \frac{C_0}{RBF} - \frac{EV_T - EK \cdot q^T}{RBF \cdot q^T}.$$

Der erste Term ist die Annuität der Basisinvestition. Die Annuität ist der gleichbleibende Betrag d, der in jeder Periode entnommen werden kann, wobei das am Ende des Planungszeitraums existierende Endvermögen dem der Opportunität (Finanzanlage) entspricht. Die Multiplikation der Annuität mit dem entsprechenden Rentenbarwertfaktor führt zum Kapitalwert C_0:

$$C_0 = d \cdot RBF.$$

Der zweite Term der Entnahmeformel ist als Annuität der festgesetzten Vermögensdifferenz zu interpretieren. Auf dem Bruchstrich steht das End-vermögen der Investition abzüglich des Endvermögens für die alternative Anlage des Startkapitals in Finanzinvestitionen (Opportunität). Unter dem Bruchstrich steht der Endwertfaktor (Produkt von Barwertfaktor und Aufzinsungsfaktor q^T). Ist das verlangte Endvermögen höher als das aufgezinste Startkapital (ein *zusätzlicher* Endwert wird also eingefordert), kann nicht die ganze Annuität der Basisinvestition ausgeschüttet werden. Der zweite Term bezeichnet dann denjenigen Teil der Annuität, der einbehalten werden muß, um den zusätzlichen Endwert zu garantieren. Ist die Endvermögensdifferenz negativ (Teile des vorhandenen Eigenkapitals sollen also verkonsumiert werden), kann mehr ausgeschüttet werden, als es der Annuität der Basisinvestition entspricht.

Weil Startkapital, Rentenbarwert- und Aufzinsungsfaktor bekannt sind und das Endvermögen vorgegeben wird, ist der zweite Term der Formel bei Entnahmemaximierung eine Konstante. Für die Beurteilung einer Investition ist dieser Term somit irrelevant. Aus der Entnahmeformel wird damit deutlich, daß die Entnahme bei vollkommenem Kapitalmarkt dann maximal ist, wenn auch der Kapitalwert sein Maximum erreicht. Endwertmaximierung und Entnahmemaximierung sind folglich äquivalente Ziele, und die Anwendung der Kapitalwertmethode muß zwingend zum gleichen Ergebnis bei der Investitionsbeurteilung führen wie die Annuitätenmethode.

Zur Demonstration der Entnahmemaximierung soll wiederum auf das Beispiel der zur Wahl stehenden Investitionen A und B zurückgegriffen werden. Diese Investitionen haben die folgenden Zahlungsreihen:

Investition A: $BZ_t = (-15.000; 10.000; 7.000; 3.000)$ GE
Investition B: $BZ_t = (-12.000; 0; 2.000; 17.000)$ GE.

Für einen Zinssatz von 10%, ein Startkapital von 10.000 GE und ein verlangtes Endvermögen von 5.000 GE ergeben sich die Ergebnisse gemäß der folgenden Tabelle:

Investitionsobjekt	A	B
Annuität der Basisinvestition	856,50	975,23
Annuität der Vermögensausschüttung	2.510,57	2.510.57
Entnahme	3.367,07	3.485,80

Wie im Fall der Endvermögensmaximierung ist damit die Anlage B der Anlage A überlegen. Das verlangte Endvermögen wird erreicht, wenn das Unternehmen eine Entnahme von 3.367,07 GE bei Investition A bzw. 3.485,80 GE bei B tätigt. Die Investitionen steuern zu diesen Entnahmen nur eine Annuität von 856,50 GE bzw. 975,23 GE bei. Der größte Teil der Entnahme resultiert mithin aus der Reduzierung der Kapitalbasis. Aus der

Tabelle wird auch deutlich, daß die Annuität der Vermögensdifferenz für die Entscheidung irrelevant ist, da sie in beiden Fällen die gleiche Höhe aufweist.

Die Analysen zur Entnahmemaximierung und zur Annuitätenmethode gingen bislang von Investitionen mit gleicher Laufzeit aus. In diesem Fall sind die Ergebnisse der Kapitalwertmethode mit denen der Annuitätenmethode grundsätzlich identisch. Vorteilhaft ist eine Investition dann, wenn ihre Annuität positiv ist (positiver Kapitalwert). Hinsichtlich auftretender Unterschiede in den Zahlungsströmen bei gleicher Laufzeit - Breitendiskrepanz - werden für die Differenzinvestitionen bzw. die erforderlichen Kredite die gleichen Wiederanlageprämissen wie bei der Kapitalwertmethode unterstellt. Differenzen verzinsen sich zum Kalkulationszinssatz. Auch im Wahlproblem zwischen zwei Investitionen führen beide Methoden bei gleicher Laufzeit der Investitionen zum gleichen Ergebnis, weil letztlich nur der Kapitalwert für die Entscheidung relevant ist.

Ein zusätzliches Problem ergibt sich, wenn sich Investitionen in der Nutzungsdauer voneinander unterscheiden - Zeitdiskrepanz. Für eine Investition R mit einem Kapitalwert von 1.000 GE und einer Laufzeit von vier Jahren gilt bei einem Kalkulationszins von 10% ein Barwertfaktor von $RBF_R = 3,1699$, während sich für die Vergleichsinvestition S mit einem Kapitalwert von ebenfalls 1.000 GE, aber einer Laufzeit von zehn Jahren der Barwertfaktor $RBF_S = 6,1446$ ergibt. Die beiden Investitionen führen zu den folgenden Annuitäten:

$$1.000/RBF_R = 1.000/3,1699 = 315,47 \text{ GE},$$
$$1.000/RBF_S = 1.000/6,1445 = 162,75 \text{ GE}.$$

Da der Barwertfaktor RBF_R der kürzer laufenden Investition kleiner ist als der der länger laufenden, erscheint die Investition R als vorteilhafter. Das Problem liegt darin, daß sich ein Kapitalwert von 1.000 GE für vier Jahre nicht mit einem Kapitalwert von 1.000 GE für zehn Nutzungsjahre vergleichen läßt. Entsprechend ist auch der Vergleich der daraus abgeleiteten Annuitäten unzureichend. Werden diese Kapitalwerte mit einem Zinssatz von 10% berechnet, entspricht das Endwerten nach vier bzw. zehn Jahren in Höhe von 1.464,10 GE bzw. 2.593,74 GE. Um sich zwischen beiden Investitionen entscheiden zu können, müßte die Frage beantwortet werden, wie das Unternehmen den Endwert der Investition R in den Jahren fünf bis zehn anlegen kann. Aus den beiden Endwerten nach zehn Jahren sind dann Kapitalwerte bei vergleichbarer Nutzungsdauer und daraus die entsprechenden Annuitäten abzuleiten.

Für die Verzinsung in den sechs Differenzjahren zwischen beiden Investitionen kann mit zwei verschiedenen Prämissen gearbeitet werden:

■ Zum einen wird angenommen, daß der Endwert nach vier Jahren zum Kalkulationszinssatz von 10% angelegt werden kann. Das Endvermögen steigt dann bis zum Ende des zehnten Jahres auf $1.464,10 \cdot 1,1^6 = 2.593,74$ GE. Wird dieser Endwert mit 10% über zehn Jahre abgezinst, ergibt sich wieder ein Kapitalwert von 1.000 GE. Dieser Kapitalwert ist mit dem der Investition S von ebenfalls 1.000 GE vergleichbar. Aus beiden Kapitalwerten kann dann mit dem Barwertfaktor (RBF = 6,1446) für zehn Jahre die zugehörige Annuität bestimmt werden. Für Investition R ergibt sich somit eine Annuität von 162,75 GE. Wird also unterstellt, daß sich der Endwert der Investition R nach vier Jahren nur zum Kalkulationszinsfuß von 10% verzinst, sind beide Investitionen gleichwertig.

■ Zum anderen ist es denkbar, daß der Endwert von R nach vier Jahren zum internen Zinssatz[46] der Investition R angelegt werden kann. Aus der Zahlungsreihe dieser Investition möge sich beispielsweise eine Verzinsung von 20% ergeben. Am Ende des 10. Jahres resultiert daraus ein Endwert von $1.464,10 \cdot (1,2)^6 = 4.371,78$ GE. Wird dieser Endwert mit 10% über zehn Jahre abgezinst, errechnet sich ein Kapitalwert von $1.685,51$ GE, der mit Hilfe des Barwertfaktors RBF = 6,1446 wiederum in die zugehörige Annuität von 274,31 GE umgewandelt werden kann. Vorzuziehen ist damit die Investition R.

Ob daher im Wahlproblem bei unterschiedlicher Nutzungsdauer die Investition R oder S zu präferieren ist, hängt ganz entscheidend von der Wiederanlageprämisse des Endwertes für R nach vier Jahren ab. Ohne eine Annahme über diese Verzinsung ist ein Annuitätenvergleich der Basisinvestitionen ökonomisch unsinnig, weil es sich um keine vollständig vergleichbaren Investitionsalternativen handelt. Es ist daher auch wenig sinnvoll, für die eine Investition eine Annuität für vier und für die zweite für zehn Jahre zu berechnen und diese miteinander zu vergleichen. Ein derartiges Vorgehen impliziert, daß für die kürzer laufende Investition auch in den restlichen sechs Jahren die gleichen Annuitäten realisiert werden können wie in den ersten vier Jahren.

---

46 Der interne Zinsfuß ist derjenige Zinssatz, bei dem der Kapitalwert der Investition null wird. Vgl. Abschnitt 3352.

335 Verzinsungsmodell

3351 Über den Sinn von Rentabilitätskennziffern

Eine Beurteilung von Basisinvestitionen mit Rentabilitätsmaßen entspricht im allgemeinen weder dem Ziel der Vermögens- noch dem der Entnahmemaximierung. Rentabilitätsmaße sind Ausdruck relativer Ziele, während die beiden anderen Formulierungen zur Klasse absoluter Ziele gehören. Ein Vergleich alternativer Investitionen anhand relativer und absoluter Zielformulierungen kann nur dann zu gleichen Planungsergebnissen führen, wenn für alle Vergleichsalternativen vom gleichen Kapitaleinsatz ausgegangen wird, wenn also vollständig vergleichbare Investitionsalternativen gegeben sind. Gegen diese Bedingung verstoßen Rentabilitätsmaße jedoch häufig, weil sie einen unterschiedlich hohen Kapitaleinsatz und unterschiedliche Nutzungsdauern tolerieren. Rentabilitätskennziffern führen bei unvergleichbaren Basisinvestitionen jedoch in der Regel zu nicht nachvollziehbaren Entscheidungen, da diese ganz offensichtlich nicht dem erwerbswirtschaftlichen Prinzip - maximaler Gewinn, maximale Entnahme oder maximales Endvermögen - entsprechen.

Es ist z.B. sinnlos, eine Investition X mit einem Kapitaleinsatz von 5.000 GE, einer Laufzeit von fünf Jahren und einer Rentabilität von 25% mit einer Investition Y von 8.000 GE mit sechs Jahren Laufzeit und einer Verzinsung von 20% vergleichen zu wollen. Ein derartiger Vergleich von Basisinvestitionen wird erst sinnvoll, wenn die Frage beantwortet wird, was mit dem Differenzkapital im Kalkulationszeitpunkt geschieht, wie finanzielle Defizite während der Laufzeit finanziert werden, wie liquide Mittel am Ende der einzelnen Nutzungsjahre angelegt werden können und wie das Unternehmen den Endwert der kürzer laufenden Investition während der Restlaufzeit der zweiten anlegt. Durch Antworten auf diese Fragen werden die Investitionsalternativen vergleichbar und die resultierenden Rentabilitäten aussagefähig.

Rentabilitätsmaße sind damit für die Frage, welche von zwei sich gegenseitig ausschließenden Investitionsprojekten die günstigere ist, im allgemeinen ungeeignet. Obgleich Rentabilitätskennziffern im Fall *vollständiger* Entscheidungsalternativen sinnvoll sind, erübrigt sich ihr Einsatz, weil in diesem Fall das Ergebnis der Rentabilitätsrechnung mit dem der Endwertmaximierung identisch ist. Rentabilitätsmaße bieten jedoch verdichtete Informationen, die nicht nur etwas über die Vorteilhaftigkeit von Investitionen aussagen, sondern zudem die Erfolgsgröße auf eine Kenngröße für den Ressourceneinsatz beziehen.

Sinnvoll sind rentabilitätsorientierte Analysen auch dann, wenn es um die Aufteilung eines bekannten oder noch zu bestimmenden knappen Kapitalbetrags auf Investitionsvorhaben geht (Investitionsbudgetentscheidungen). In diesem Fall übersteigt das Investitionsvolumen der angemeldeten Investitionen den verfügbaren Kapitalbetrag. Gesucht ist diejenige Budgetzusammensetzung, die bei gegebenem Kapital z.b. das Endvermögen maximiert. In dieser Entscheidungssituation müssen die Investitionen danach geordnet werden, welchen Vermögenszuwachs sie bei Einsatz einer knappen Kapitaleinheit versprechen. Das Objekt mit der höchsten Rentabilität wird als erstes in das Budget aufgenommen, und es wird soviel Kapital wie möglich in diese Verwendungsrichtung investiert. Es folgen weitere Investitionsobjekte in abnehmender Reihenfolge der Rentabilitäten, bis das Budget vollständig aufgeteilt ist.

Das Kriterium der Rentabilitäten ist jedoch nur für beliebig teilbare Investitionsvorhaben geeignet (Marginalanalyse). Bei nicht teilbaren Objekten entspricht die Aufteilung des Budgets nach der Rangfolge der Rentabilitäten nicht zwingend der günstigsten Lösung.

Rentabilitätsmodelle suchen generell einen kritischen Sollzinsfuß, den Investitionsobjekte bei einer reinen Kreditfinanzierung gerade tragen können, ohne die Vermögenssituation eines Unternehmens positiv oder negativ zu beeinflussen.[47] Gerade hierin liegt die Problematik bei der Anwendung derartiger Kennziffern für die Beurteilung einzelner Investitionen. Für jede Basisinvestition wird im Zweifel ein anderer kritischer Sollzinssatz ermittelt. Es macht jedoch keinen Sinn, Investitionsalternativen miteinander vergleichen zu wollen, für die jeweils eine andere Verzinsung der Kredite unterstellt wird. Trotz der nur bedingten Eignung von Rentabilitätskennziffern für Entscheidungszwecke erfreuen sich gerade diese Maße in der Praxis großer Beliebtheit.[48] Begründet wird dies häufig mit dem Hinweis, daß in der Praxis einfache Entscheidungskriterien mit geringem Informationsbedarf benötigt werden, die insbesondere dem Aspekt knappen Kapitals Rechnung tragen.

Für Rentabilitätskennziffern gibt es unterschiedliche Konstruktionsprinzipien. Beim internen Zinsfuß wird ein kritischer Zinssatz bestimmt, bei dem der Kapitalwert einer Basisinvestition gerade gleich null ist. In diesem Modell wird folglich nur mit einem noch zu bestimmenden Zinsfuß gearbeitet. Bei vermögensorientierten Zinsmaßen werden dagegen die laufenden

---

47 Vgl. Kruschwitz (1978), S. 95 und Kruschwitz (1976), S. 251.

48 Nach einer Untersuchung von Grabbe (1976), S. 51 wenden z.B. 42,9% der deutschen Unternehmen die interne Zinsfußmethode an.

Überschüsse und Defizite mit *vorgegebenen* Zinsfüßen zum Endvermögen aufgezinst. Sodann wird der kritische Zinsfuß gesucht, mit dem das eingesetzte Kapital verzinst werden müßte, um genau zum ermittelten Endvermögen zu gelangen. Wird ein Investitionsobjekt mit einem Kredit zu genau diesem kritischen Sollzinssatz finanziert, beläuft sich das Endvermögen gerade auf null.

3352 Der interne Zinsfuß

Der interne Zinsfuß einer Basisinvestition ist der Zinssatz, der auf die Zahlungsreihe angewendet werden muß, um zu einem Kapitalwert von null zu gelangen. Muß für den Kapitaleinsatz einer Investition dieser kritische Sollzins bezahlt werden, führt die Investition zu einem Endvermögen von null. Die Berechnung des internen Zinsfußes baut damit auf der Kapitalwertformel auf. In der bereits entwickelten Kapitalwertformel muß lediglich an die Stelle des vorgegebenen Kalkulationszinsfußes i der gesuchte Zinssatz r gesetzt werden. Es gilt dann:

$$C_0 = -a_0 + g_1(1+r)^{-1} + g_2(1+r)^{-2} + \ldots + g_T(1+r)^{-T} = 0.$$

Für den Fall konstanter jährlicher Überschüsse geht diese Formel in die Form

$$C_0 = -a_0 + g \frac{(1+r)^T - 1}{(1+r)^T \cdot r}$$

über. Für die beiden bekannten Investitionen A und B mit den Zahlungsreihen

Investition A: $BZ_t = (-15.000; 10.000; 7.000; 3.000)$ GE
Investition B: $BZ_t = (-12.000; 0; 2.000; 17.000)$ GE

gelten die internen Zinssätze r in Höhe von

$r_A = 19{,}6433\%$ und
$r_B = 17{,}2546\%$.

In der folgenden Abbildung stellt die gestrichelte (durchgezogene) Kurve die Kapitalwertfunktion der Investition A (B) dar.

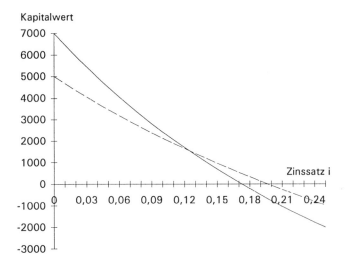

Wann eine einzelne Investition bei vollkommenem Kapitalmarkt vorteilhaft ist, kann nur beurteilt werden, wenn der Verlauf der Kapitalwertfunktion mit steigendem Kalkulationszinsfuß bekannt ist. Denkbar sind drei Formen:

- Ergibt sich mit steigendem Kalkulationszinsfuß eine fallende Funktion der Kapitalwerte (Normalform), ist die Investition nach dem Kriterium des internen Zinsfußes vorteilhaft, wenn der Marktzins kleiner ist als der interne Zins; denn nur dann wirft die Investition einen positiven Kapitalwert ab. Im obigen Beispiel sind beide Investitionen vorteilhaft, weil ihre internen Zinsfüße den Kalkulationszins von 10% übersteigen, mit dem bei vollkommenem Kapitalmarkt gerechnet wurde.

- Steigt die Kapitalwertfunktion mit zunehmendem Zinssatz (siehe folgende Abbildung), ist eine Investition nur vorteilhaft, wenn der Marktzins auf dem vollkommenen Kapitalmarkt über dem internen Zins liegt, da nur dann der Kapitalwert positiv ist. Ein derartiger Verlauf der Kapitalwertfunktion ergibt sich für folgende Zahlungsreihe: BZ_t = (1.000; -300; -300; -300; -300) GE.

- Ergibt sich eine Kapitalwertfunktion, die mit wachsendem Zins zunächst steigt und dann wieder fällt (siehe übernächste Abbildung), führt die Berechnung des internen Zinsfußes zu zwei Ergebnissen. Die Investition ist nur vorteilhaft, wenn der Zinssatz auf dem Kapitalmarkt zwischen den beiden internen Zinsfüßen liegt; denn der Kapitalwert ist nur positiv, wenn der Kalkulationszins i kleiner als der höhere, aber größer als der geringere Wert für r ist. Dieser Fall tritt bei einer Investition mit der folgenden Zahlungsreihe auf: BZ_t = (-2.100; 1.000; 1.000; 1.000; 5.000; -6.000) GE.

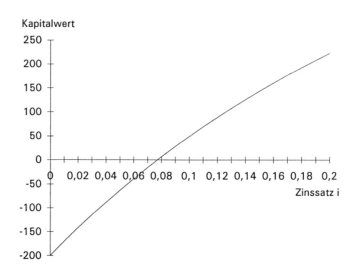

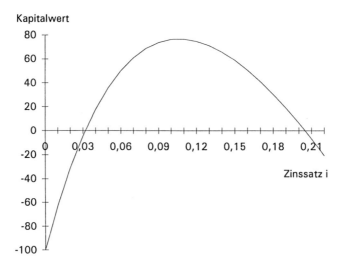

Wird die Frage gestellt, ob bei vollkommenem Kapitalmarkt eine Investition vorteilhaft ist, kommen alle Methoden der klassischen dynamischen Investitionsrechnung - Kapitalwert, Annuität und interner Zins - zum gleichen Ergebnis. Soll also nur die Frage beantwortet werden, ob eine Investition einer Finanzanlage vorzuziehen ist, kann die interne Zinsfußmethode eingesetzt werden, weil für diese Fragestellung zwei vollständig formulierte Entscheidungsalternativen vorliegen.

Allerdings bei der Frage, welche der beiden obigen Investitionen (A oder B) vorzuziehen ist, versagt die interne Zinsfußmethode, da mit den Objekten A und B keine vollständigen Vergleichsalternativen gegeben sind. Auf Basis der internen Verzinsung erscheint A als die bessere Alternative. Dieses Ergebnis ist jedoch unter den gegebenen Finanzierungs- und Anlagemöglichkeiten - Zinssatz 10% - nicht plausibel. Bei diesen Marktverhältnissen ist der Kapitalwert der Investition B höher als der der Investition A. Die interne Zinsfußmethode fällt daher ein Fehlurteil, wenn sie A präferiert. Die Kapitalwertfunktionen der beiden Investitionen schneiden sich bei 12,4394%. Für Kalkulationszinssätze unterhalb dieses kritischen Wertes führen die Kapitalwert- und die interne Zinsfußmethode zu unterschiedlichen Ergebnissen, weil sie hinsichtlich der beiden Basisinvestitionen von unterschiedlichen Wiederanlageprämissen ausgehen. Während die Kapitalwertmethode für alle Investitionen einen einheitlichen Kalkulationszinsfuß unterstellt, geht die interne Zinsfußmethode davon aus, daß sich Ergänzungsinvestitionen zum jeweiligen internen Zinssatz der entsprechenden Investitionsalternative verzinsen. Es wird somit mit unterschiedlichen Zinssätzen für die Investitionen gearbeitet. Damit aber sind die Investitionsalternativen nicht mehr miteinander vergleichbar. Hinter der internen Zinsfußmethode verbirgt sich folglich für jede Investition eine andere Wiederanlageprämisse. Das soll an zwei kleinen Beispielen mit folgenden Zahlungsreihen verdeutlicht werden:

Investition C: $BZ_t = (-100; 50; 84)$ GE,
Investition D: $BZ_t = (-200; 150; 143)$ GE.

Für die Investition C errechnet sich ein interner Zinsfuß bzw. kritischer Sollzinssatz von 20%. Wird mit diesem Zinssatz r ein Vofi für die Investition aufgestellt, ergibt sich folgendes Bild:

Zeitpunkt	0	1	2
Zahlungsreihe	-100	50	84
Rückzahlung		-100	-70
Zins		-20	-14
Kreditstand	100	70	0

Der Endwert und damit auch der Kapitalwert der Investition sind gleich null, wenn die Kredite zu einem Zinssatz von 20%, der dem internen Zins der Investition C entspricht, aufgenommen werden. Für Investition D gilt der folgende Vofi. Bei D muß mit Kreditzinsen von 30% gearbeitet werden, um auf den Endwert von null zu kommen, d.h., die Investition D hat eine interne Verzinsung von 30%.

Zeitpunkt	0	1	2
Zahlungsreihe	-200	150	143
Rückzahlung		-200	-110
Zins		-60	-33
Kreditstand	200	110	0

Bei unvergleichbaren Basisinvestitionen unterstellt die interne Zinsfußmethode also generell, daß Differenzbeträge zum jeweiligen internen Zinssatz der entsprechenden Basisinvestition verzinst werden. Ist Investition A mit einem Kapitaleinsatz von 1.000 GE und Investition B mit einem von 600 GE verbunden, wird in Hinblick auf den Differenzbetrag unterstellt, er verzinse sich zum internen Zinsfuß der Anlage B. Das gleiche gilt, wenn sich zwei Investitionen in der Laufzeit voneinander unterscheiden.

Die interne Zinsfußmethode wirft eine ganze Reihe von Problemen auf, die begründete Zweifel an der Eignung dieser Methode zur Beurteilung von Investitionen aufkommen lassen. Die Kritikpunkte sollen nochmals zusammengefaßt werden:

■ Der interne Zins läßt sich in der Regel nur mit mathematischen Suchverfahren bestimmen, da sich die auf null gesetzte Kapitalwertformel zumeist nicht nach dem Zinssatz r auflösen läßt.

■ Es gibt Zahlungsreihen, für die es mehr als einen internen Zinssatz gibt; das ist bei mehrfachem Vorzeichenwechsel innerhalb der Zahlungsreihe der Fall. Die interne Zinsfußmethode versagt dann bei der Frage, ob eine Investition vorteilhaft ist oder nicht. Bei Zahlungsreihen mit mehrfachem Vorzeichenwechsel kann auch der Fall eintreten, daß überhaupt kein interner Zinsfuß existiert, d.h., es gibt keinen Zinssatz, der es erlaubt, einen Kapitalwert von null zu berechnen, obwohl die Investition nach dem Kapitalwertkriterium vorteilhaft ist.

■ Die Methode unterstellt für jede Investition einen anderen kritischen Sollzinssatz, so daß Basisinvestitionen nicht vergleichbar sind. Infolgedessen wird für jede Investition mit einer anderen Wiederanlageprämisse gearbeitet, so daß die Methode im Wahlproblem zu nicht nachvollziehbaren Entscheidungen führen kann. Es wird folglich nicht die Entscheidung getroffen, die das Vermögen oder die Entnahmen maximiert.

■ Der interne Zins entspricht der Verzinsung des jeweils gebundenen Kapitals (vergleiche die obigen Vofis der Investitionen C und D). Das gebundene Kapital in den einzelnen Jahren hängt aber von dem zu berechnenden Zinssatz r ab und kann folglich nicht vorgegeben werden. Der Zinssatz r ist damit über die vom Zinssatz r abhängige Kapitalbasis von sich selbst abhängig.

■ Bei unvollkommenem Kapitalmarkt wirft die interne Zinsfußmethode ein weiteres Problem auf. Die Beurteilung bezieht sich in diesem Fall nur auf die Zahlungsreihe der Basisinvestition, d.h., die Interdependenzen zwischen Finanzierung und Investition werden in der internen Zinsfußmethode nicht abgebildet. Bei unvollkommenem Kapitalmarkt hängt die Vorteilhaftigkeit einer Investition jedoch auch von der Art der Finanzierung ab. Sinnvoll wäre dann eigentlich nur eine Rentabilitätskennziffer nach Abzug der effektiven Finanzierungsauszahlungen, - also eine Rentabilitätskennziffer, die zum Ausdruck bringt, um wieviel die Sachinvestition mehr erwirtschaftet als für die Finanzierung erforderlich ist. Dazu ist es jedoch notwendig, vermögensorientierte Verzinsungen zu betrachten.

3353 Vermögensrentabilitäten

33531 Realverzinsung

Die vermögensorientierten Rentabilitätskennziffern gehen im Gegensatz zur internen Zinsfußmethode von einer marktorientierten Wiederanlage der Überschüsse aus. Im Fall eines vollkommenen Kapitalmarktes wird unterstellt, daß Überschüsse zum Kalkulationszins i angelegt werden, während Defizite zu einem noch zu bestimmenden kritischen Sollzinssatz r_{krit} abzudecken sind. Es kann aber auch mit nach Soll und Haben differenzierten Zinssätzen für Geldanlage und Finanzierung gearbeitet werden (Vofi-Rentabilitäten). Vermögensorientierte Verzinsungskonzepte stellen dann die Frage, welcher kritische Sollzinssatz erforderlich ist, um einen Kapitalwert oder ein Endvermögen von null zu erzielen. Die verschiedenen Vermögensrentabilitäten[49] unterscheiden sich danach,

---

49   Vgl. beispielsweise Henke (1973) und Altrogge (1973).

■ welche Kapitalbasis der Berechnung zugrunde liegt und

■ ob in den einzelnen Teilperioden finanzielle Überschüsse aus dem Umsatzprozeß mit Defiziten aus der Finanzierung der Investition verrechnet werden dürfen, - ob also Finanzüberhänge mit -defiziten aufgerechnet werden können. Beim *Kontenausgleichsverbot* wird unterstellt, daß alle Einzahlungsüberschüsse aus dem Umsatzprozeß bis zum Ende der Nutzungsdauer zum vorgegebenen Habenzins i angelegt werden, während Auszahlungsüberschüsse bis zum Ende der Nutzungsdauer durch Kredite zu finanzieren sind. Beim *Kontenausgleichsgebot* werden hingegen Überschüsse aus dem Umsatzprozeß vorrangig dazu genutzt, Kredite zu tilgen oder Zinsen zu begleichen.

Ausgangspunkt für die Entwicklung der verschiedenen Vermögensrentabilitäten ist die reale Zinsfußmethode nach **Baldwin**[50]. Baldwin ersetzt die unrealistische Annahme, daß Wiederanlagen zum internen Zinsfuß erfolgen können, durch eine explizite Wiederanlageprämisse. Einzahlungsüberschüsse werden bis zum Ende der Nutzungsdauer zum Kalkulationszinsfuß i angelegt.[51] Es gilt Kontenausgleichsverbot. Die Einzahlungsüberschüsse aus dem Umsatzprozeß dürfen nicht mit Auszahlungen in den einzelnen Perioden verrechnet werden, die Teil des Kapitaleinsatzes sind. Das Problem dieses Verzinsungsmaßes liegt darin begründet, daß keine eindeutige Abgrenzung zwischen Auszahlungen möglich ist, die zum Kapitaleinsatz bzw. zum laufenden Umsatzprozeß zu rechnen sind. Zudem ist das Saldierungsverbot praxisfern.

Die reale Zinsfußmethode bestimmt den Endwert aller Einzahlungsüberschüsse des Umsatzprozesses mit dem vorgegebenen Zinssatz i und sucht denjenigen kritischen Zinssatz für die Verzinsung des Kapitaleinsatzes, der zum gleichen Endwert führt. Gibt es nur zum Kalkulationszeitpunkt kapitalbindende Auszahlungen (Anschaffungsbetrag der Investition), ergibt sich die folgende Ausgangsgleichung:

$$\underbrace{\sum_{t=1}^{T} g_t (1+i)^{T-t}}_{\substack{\text{Endwert der lau-}\\ \text{fenden Überschüsse}}} = \underbrace{a_0 (1 + r_{krit})^{T}}_{\substack{\text{Endwert der An-}\\ \text{schaffungsauszahlungen}}}$$

---

50 Vgl. Blohm, Lüder (1991), S. 114 ff., die zudem den Liquidationserlös explizit in ihre Betrachtung einschließen. Siehe auch Baldwin (1959).

51 Allerdings setzt Baldwin für den Kalkulationszins i nicht den Marktzins an, sondern geht von der durchschnittlichen Rentabilität des betrachteten Unternehmens aus ("value of money"). Vgl. Baldwin (1959), S. 100.

Fallen die Anschaffungsauszahlungen über mehrere Perioden verteilt an, ist in der Formel deren Barwert anzusetzen. Die nicht in t=0 anfallenden Auszahlungen sind ebenfalls mit dem Zinssatz i auf den Kalkulationszeitpunkt abzuzinsen. Hierin kommt das Kontenausgleichsverbot zum Ausdruck. Die Formel ist nach dem kritischen Sollzinssatz aufzulösen:

$$r_{krit} = \sqrt[T]{\frac{\sum\limits_{t=1}^{T} g_t (1+i)^{T-t}}{a_0}} - 1 = \sqrt[T]{\frac{(1+i)^T \sum\limits_{t=1}^{T} g_t (1+i)^{-t}}{a_0}} - 1$$

Der Ausdruck $(1+i)^T$ wird radiziert, und unter der Wurzel wird 1 addiert und gleichzeitig abgezogen. Die -1 wird anschließend durch den Ausdruck -a_0/a_0 ersetzt. Der Ausdruck für r_{krit} geht dann über in:

$$r_{krit} = (1+i) \sqrt[T]{\frac{\sum\limits_{t=1}^{T} g_t (1+i)^{-t}}{a_0} - \frac{a_0}{a_0} + 1} - 1$$

Die beiden Brüche unter der Wurzel können nunmehr zusammengezogen werden. Im Zähler steht dann der Kapitalwert, der durch den Ausdruck C_0 ersetzt wird. Folglich ergibt sich für den realen Zinsfuß der Ausdruck:

$$r_{krit} = (1+i) \sqrt[T]{\frac{C_0}{a_0} + 1} - 1$$

Aus diesem Kriterium wird folgendes deutlich: Hinter dem Konzept der Realverzinsung steckt wiederum das Kapitalwertkriterium. Die Baldwinverzinsung erreicht also ihren maximalen Wert dann, wenn auch der Kapitalwert maximal ist.

33532 Initialverzinsung

Bei der Initialverzinsung[52] wird die Verzinsung des am Anfang der ersten Periode eingesetzten Kapitals bestimmt. Dabei wird unterstellt, daß sich das nach der ersten Periode noch gebundene Kapital gerade zum Kalkulationszinsfuß i verzinst. Um dieses Verzinsungsmaß berechnen zu können, ist der Gewinn G_1 der ersten Periode zu bestimmen. Dieser Gewinn setzt sich aus

---

52   Vgl. Hax (1985), S. 24 ff.

dem Periodenüberschuß g_1 - a_0 der ersten Periode und den mit dem Kalkulationszinsfuß i auf das Ende der ersten Periode abgezinsten Überschüssen g_t von der zweiten bis zur letzten Periode der Nutzungsdauer zusammen:

$$G_1 = -a_0 + g_1 + \sum_{t=2}^{T} g_t (1+i)^{-(t-1)}.$$

Die Initialverzinsung r^{in} ist durch den Bruch

$$r^{in} = \frac{G_1}{a_0}$$

definiert. Für G_1 wird der vorherige Ausdruck eingesetzt, und der Term g_1 wird mit in die Summierung einbezogen. Außerdem werden alle Terme gleichnamig gemacht und a_0/a_0 gleich eins gesetzt. Damit ergibt sich:

$$r^{in} = \frac{\sum_{t=1}^{T} g_t (1+i)^{-(t-1)}}{a_0} - 1.$$

Nach einigen Umformungen, die ähnlich ablaufen wie bei der realen Zinsfußmethode, geht die Initialverzinsung in die folgende Schreibweise über:

$$r^{in} = (1+i) \left[\frac{C_0}{a_0} + 1 \right] - 1.$$

Diese Umformung des Kriteriums läßt deutlich werden, daß hinter der Initialverzinsung wiederum das Kapitalwertkriterium steht. Die Initialverzinsung ist dann maximal, wenn auch der Kapitalwert maximal ist.

33533 Vofi-Rentabilitäten

Vofi-Rentabilitäten bauen auf den Ergebnissen einer vollständigen Finanzplanung für einzelne Investitionen auf und beziehen den Vermögensendwert auf das eingesetzte Kapital. Mit der dynamischen Eigenkapitalrentabilität und dem dynamischen RoI lassen sich zwei einfache Formen von Rentabilitäten unterscheiden.[53] Die dynamische Eigenkapitalrentabilität bezieht das Endvermögen auf das Startkapital und fragt, welcher Zinssatz angewendet werden muß, um das Startkapital in T Jahren auf das Endkapital anwachsen zu lassen:

$$EK\left(1 + r_{Vofi}^{EK}\right)^T = EV_T \implies r_{Vofi}^{EK} = \sqrt[T]{\frac{EV_T}{EK}} - 1$$

Beim dynamischen RoI wird das Endvermögen auf den gesamten Kapitaleinsatz a_0 der Investition bezogen:

$$a_0\left(1 + r_{Vofi}^{RoI}\right)^T = EV_T \implies r_{Vofi}^{RoI} = \sqrt[T]{\frac{EV_T}{a_0}} - 1$$

Für das Investitionsobjekt A mit der Zahlungsreihe

$$BZ_t = (-15.000; 10.000; 7.000; 3.000)\ GE$$

ergibt sich für ein Startkapital von 10.000 GE, einem Habenzins von 10% und einem Sollzins von 15% ein Endwert von 15.842,50 GE. Damit errechnen sich die beiden folgenden dynamischen Rentabilitäten:

$$r_{Vofi}^{EK} = \sqrt[3]{\frac{15.842,50}{10.000}} - 1 = 0,1658,$$

$$r_{Vofi}^{RoI} = \sqrt[3]{\frac{15.842,50}{15.000}} - 1 = 0,0184.$$

Die dynamische Eigenkapitalrentabilität beläuft sich auf 16,58%, während eine dynamische RoI-Rentabilität von 1,84% realisiert wird.

Beide Kennziffern sind lediglich als Verdichtungen für das Berechnungsergebnis des Vofis zu interpretieren. Die Höhe der Zinssätze hängt neben dem Startkapital und den Anschaffungsauszahlungen insbesondere von den vorgegebenen Haben- und Sollzinsfüßen für die Wiederanlage bzw. die Kreditbeschaffung ab.

---

53 Außerdem gibt es noch eine etwas komplizierter zu berechnende Vofi-Gesamtkapitalrentabilität, die auch die Zinsausgaben in die Berechnung einbezieht. Vgl. Grob (1989), S. 80 ff.; Grob (1990a); Grob (1990b), S. 121 f.

34 Berücksichtigung von Steuern in der Investitionsrechnung

341 Struktur des Entscheidungsproblems

In einer Investitionswelt ohne Steuern sind je nach Kapitalmarktsituation bis zu fünf Typen von Zahlungen für die Beurteilung von Investitionen relevant:

- Die zur Finanzierung verfügbaren Eigenmittel.
- Die Basiszahlungsreihe der Investition.
- Zahlungsvorgänge aus ergänzenden Finanzanlagen.
- Zahlungsvorgänge aus Kreditaufnahme.
- Entnahmen.

In einer Welt mit Steuern tritt mit den Steuerzahlungen eine sechste Größe hinzu. Es kommt in der Investitionsrechnung darauf an, den Einfluß der Steuerzahlungen auf den Kapital- oder den Endvermögenswert bzw. die Entnahmen abzubilden, um deren Wirkung auf die Vorteilhaftigkeit einer Investition oder die Wahlentscheidung zwischen Investitionen transparent zu machen. Für die Investitionsrechnung können zwei Steuerarten relevant sein:

- Kostensteuern auf das betriebliche Vermögen (Vermögensteuer, Gewerbekapitalsteuer), die auch als Substanzsteuern bezeichnet werden.
- Ertragsteuern (Einkommen- oder Körperschaftsteuer, Gewerbeertragsteuer).

Investitionen haben sowohl Rückwirkungen auf die Vermögens- und Kapitalsituation eines Unternehmens als auch auf den erzielbaren Gewinn. Die auf diese Veränderungen zurückgehenden Steuerzahlungen sind aus folgenden Gründen in der Investitionsrechnung zu erfassen.

Kostensteuern stellen zusätzliche Auszahlungen dar, die den Periodenüberschuß g_t mindern. Sie können zur Folge haben, daß Investitionen, die ohne diese Steuern vorteilhaft sind, unvorteilhaft werden. Diese Situation tritt auf, wenn die Investitionsalternativen (Sach- und Finanzanlagen) mit unterschiedlichen Kostensteuerwirkungen verbunden sind. Kostensteuern sind daher grundsätzlich mit in die Berechnung einzubeziehen. In der Investitionsrechnung werden sie erfaßt, indem z.B. der Periodenüberschuß g_t um die jeweiligen Steuerzahlungen reduziert wird.

Von **Ertragsteuern** gehen grundsätzlich zwei Wirkungen auf die Vorteilhaftigkeit von Investitionen aus:

■ Fallen für die Finanzierung von Investitionen Sollzinsen an oder werfen Ergänzungsinvestitionen Habenzinsen ab, kürzen bzw. erhöhen diese Zinsen die Bemessungsbasis der Steuer. Für die Vorteilhaftigkeit von Investitionen ist nur derjenige Anteil der Zinserträge relevant, der nach Abzug der Steuern auf diese Erträge verbleibt. Da Zinsaufwendungen abzugsfähig sind, beeinflußt nur die um den Steuereffekt korrigierte Zinszahlung das Endvermögen.

■ Eine zweite Wirkung geht von den Abschreibungen aus. Durch die Verteilung der Anschaffungsauszahlungen einer Investition auf die Nutzungszeit ist der Gewinn einer Teilperiode entsprechend geringer als der Zahlungsüberschuß. Je nach Art der gewählten Abschreibungsmethode ergeben sich in den einzelnen Perioden unterschiedliche Abschreibungsbeträge. Durch die Abschreibungspolitik für ein Investitionsobjekt können so die anfallenden Gewinne und damit die Ertragsteuerzahlungen der einzelnen Periode beeinflußt werden. Steuerzahlungen können zwischen den Teilperioden hin und her geschoben werden. Zwar ändert sich durch diese Verschiebung bei konstantem Steuersatz im Zeitablauf die Gesamtsteuerzahlung nicht, aber die zeitliche Struktur der Steuerzahlung kann beeinflußt werden. Von dieser Verschiebung gehen Finanzierungseffekte aus. Wird der Schwerpunkt der Abschreibungsbeträge in die ersten Jahre verlagert, reduziert sich dort die Steuerzahlung und aus den betrieblichen Zahlungsüberschüssen sind mehr Finanzanlagen möglich bzw. sind niedrigere Kreditbeträge erforderlich.

Beide Wirkungen - die Veränderung der Steuerbemessungsgrundlage durch Zinsen und der Finanzierungseffekt durch die Verlagerung der Steuerzahlungen - sind für die Vorteilhaftigkeit einer Investition relevant. Im Gegensatz zu den Kostensteuern geht von den Ertragsteuern keine eindeutige Wirkung auf die Vorteilhaftigkeit einer Investition aus. Investitionen können durch die Steuereffekte vorteilhafter aber auch unvorteilhafter werden, der Kapitalwert der Investition sowie das Endvermögen können je nach Datensituation steigen oder sinken, und durch die Steuer kann sich die Rangfolge der Investitionen verändern. Z.B. kann eine ohne Steuern vorteilhafte Finanzanlage unvorteilhaft werden. Die Steuereffekte machen dann eine an sich vorteilhafte Sachanlage erst unvorteilhaft.

Ertragsteuern lassen sich grundsätzlich nicht so einfach in der Investitionsrechnung erfassen wie Kostensteuern, da diese Steuern von der Höhe der Gewinne vor Steuern abhängig sind. Der Zusammenhang zwischen Steuerzahlung und Gewinnhöhe muß in der Rechnung dargestellt werden.

Um Steuerzahlungen in einer Investitionsrechnung für einzelne Investitionen abbilden zu können, sind zwei Grundprobleme zu lösen:

■ Beide Steuerarten - Kosten- und Ertragsteuern - werden von gesamtbe-
trieblichen Bemessungsgrundlagen erhoben, d.h., der gesamte Gewinn
aus allen Unternehmensgeschäften bestimmt z.B. die Höhe der Ertragsteuern. Entsprechend hängen die Kostensteuern von der gesamten Ver-
mögens- oder Kapitalausstattung eines Unternehmens ab. Beide Steuereffekte können daher eigentlich nur in einem Gesamtunternehmensmodell
sinnvoll analysiert werden. Erfolgt eine Investitionsrechnung für einzelne
Investitionsobjekte, ist es erforderlich, die Vermögens- und Gewinnwir-
kung einer Einzelinvestition zu separieren (Zurechnungsproblem).

■ Die Investitionsrechnung wird auf der Basis von Zahlungsreihen durchgeführt. Bemessungsgrundlage der Ertragsteuern sind aber nicht die Zahlungsvorgänge; die Steuern knüpfen an die Ertragssituation an. Es ist daher in einer Nebenrechnung erforderlich, für die Einzelinvestitionen den
Zusammenhang zwischen den einer Investition zuzurechnenden Zahlungen und den dadurch bewirkten Gewinnen herzustellen.

Beide Problembereiche sollen näher beleuchtet werden. Zunächst wird das
Zurechnungsproblem für den Fall behandelt, daß eine Investitionsrechnung
für Einzelinvestitionen durchgeführt werden soll. Das Problem resultiert daraus, daß die Ertragsteuern keine lineare Funktion der den einzelnen Investitionen i zuzurechnenden Gewinnbeiträge G_i sind. Die Höhe der Steuerzahlung bestimmt sich aufgrund folgenden Zusammenhangs.

$$\text{Steuerzahlung} = s(G) \cdot (G_1 + G_2 + G_3 + \ldots + G_n + F - W)$$

Der zweite Klammerausdruck steht für den Gesamtgewinn G, der sich addi-
tiv aus den Gewinnbeiträgen G_i der einzelnen Sachinvestitionen i, dem Erfolgen F aus anderen Geschäften (z.B. Finanzanlagen, Kreditgeschäfte) und
einer Komponente W zusammensetzt. In der Komponente W wird der Einfluß aller steuerlichen Regelungen auf den Jahresgewinn zusammengefaßt,
die nicht an die Einzelinvestitionen gekoppelt sind, wie z.B. Wertberichtigungen auf Forderungen im Falle eines Vergleichs oder Wertberichtigungen
von Rohstoffen bei Preisverfall. Mit s(G) wird der Steuersatz s als Funktion
des Gesamtgewinnes G bezeichnet. Dieser Steuersatz ist z.B. in der Einkommensteuer durch die Steuerprogression von der Gesamtgewinnhöhe G
abhängig.

Bei einer Funktion der Steuerzahlung entsprechend obigem Zusammenhang
läßt sich die Steuerwirkung einer einzelnen Investition nur bestimmen, wenn
diese Investition einem bestehenden Betrieb hinzugefügt wird. D.h., eine
Änderung der Steuerzahlung kann nur als Folge des mit der Investition ver-

änderten Gesamtgewinns berechnet werden. Ist beispielsweise der Erfolg ohne die betrachtete Investition noch negativ (z.b. -1.000 GE) und mit der Investition positiv (z.b. 500 GE), fallen nur für die 500 GE und nicht für den Gewinnbeitrag der Investition von 1.500 GE Steuern an. Ist der Steuersatz s(G) zudem nicht konstant, hängt der Steuersatz und damit die Steuerzahlung davon ab, welcher Gesamtgewinn nach Hinzufügen der Investition erreicht wird.

Grundsätzlich ist damit die Zurechnung von Ertragsteuern auf einzelne Investitionen unlösbar. Für konstante Steuersätze s kann jedoch die Änderung der Steuerzahlung als Folge einer Investition als lineare Funktion des Gewinnbeitrages dieser Investition bestimmt werden, wenn der Gesamtgewinn des Unternehmens bereits ohne diese Investition positiv ist. Gilt z.B. unabhängig von der Gewinnhöhe des Unternehmens ein Steuersatz von 50%, und hat das Unternehmen ohne die Investition einen Gewinn von 2.000 GE, steigt die Steuerzahlung aufgrund der zusätzlichen Investition im obigen Beipiel um 750 GE. Von dieser Voraussetzung für die "Zurechnung" von Ertragsteuern auf Investitionsobjekte soll im folgenden grundsätzlich zur Vereinfachung des Problems ausgegangen werden. Es wird damit unterstellt:

■ Die betrachtete Investition wird in einen bereits ohne die Investition rentierlichen Betrieb integriert. Für einen nicht rentierlichen Betrieb, der erst durch eine Investition rentierlich wird, gelten die Analysen nicht.

■ Es werden konstante Steuersätze s unterstellt, ihre Höhe hängt nicht vom Gesamtgewinn des Unternehmens ab.

Zusätzlich zu diesen beiden zwingenden Voraussetzungen für den Fall einer Rechnung für Einzelinvestitionen wird mit zwei weiteren Vereinfachungen gearbeitet:

■ Treten in einer Periode bei einer Investition Verluste auf, wird von sofortigem Verlustausgleich ausgegangen. In Höhe des Verlustes, multipliziert mit dem Steuersatz s, erhält das Unternehmen Steuern vom Finanzamt zurück. In der Realität werden Verluste im allgemeinen vorgetragen, d.h. in späteren Perioden gegen anfallende Gewinne verrechnet. Es gibt keine Erstattung von Steuern im Jahr des Verlustes, sondern in künftigen Jahren werden die zu zahlenden Steuern entsprechend reduziert. Für die erste Voraussetzung, Investitionen werden in ein rentierliches Unternehmen integriert, ist die Annahme sofortigen Verlustausgleichs jedoch realistisch, da im selben Jahr ein Ausgleich gegen die Gewinne anderer Projekte vorgenommen werden kann. Es kommt dann in dem Jahr, in dem der Verlust entsteht, zu einer Verminderung der

Steuerzahlung. Steuererstattungen sind damit als Minderung der sonst erforderlichen Steuerzahlungen zu interpretieren.

■ Um die Steuerzahlungen berechnen zu können, muß neben der üblichen Finanzrechnung - z.B. Vofi - eine Erfolgsrechnung durchgeführt werden, in der der Zusammenhang zwischen Zahlungs- und Erfolgsgrößen eines Jahres dargestellt wird. Diese Nebenrechnung kann, wenn sie alle steuerlichen Detailvorschriften erfassen soll, sehr umfangreich sein. Aus Vereinfachungsgründen soll im folgenden mit einer pauschalen Vorgehensweise gearbeitet werden, bei der die wesentlichen steuerlichen Einflüsse in Form eines verdichteten Steuersatzes (Multifaktor) für alle Ertragsteuerarten erfaßt werden.[54]

Der generelle Zusammenhang zwischen den finanziellen Periodenüberschüssen g_t der Investition und der Bemessungsbasis der Ertragsteuern für eine Investition kann durch folgende Staffelrechnung veranschaulicht werden:

Finanzieller Periodenüberschuß (g_t)
+ Zinsertrag
− Zinsaufwand
− Abschreibungen

= Gewinn der Investition vor Steuerabzug (GK')
− Gewerbeertragsteuer (GES)
   (Hinzurechnungen und Kürzungen[55] zur Berechnung
   des Gewerbeertrages aus der Größe GK')

= Körperschaftsteuerpflichtiger Gewinn (GK)
− Körperschaftsteuer (K_{st})

= Gewinn nach Steuern

Aus der Staffel ist zu erkennen, daß Gewerbeertrag- und Körperschaftsteuer nicht die gleiche Bemessungsbasis haben. Die Gewerbeertragsteuer ist von

---

54 Vgl. Drees-Behrens (1990), S. 53 f.

55 Für die Praxis relevante Hinzurechnungen bei der Gewerbeertragsteuer sind die Dauerschuldzinsen. Die Hälfte der Zinsen auf Dauerschulden sind bei der Ermittlung des Gewerbeertrages wieder zuzurechnen, sofern sie bei der Ermittlung des Gewinns abgezogen wurden. Im weiteren wird vereinfachend unterstellt, daß sich die Hinzurechnungen und Kürzungen bei der Bemessung der Gewerbeertragsteuern ausgleichen.

der Bemessungsbasis der Körperschaftsteuer abzugsfähig. Außerdem ist zu beachten, daß die Gewerbeertragsteuer von ihrer eigenen Bemessungsgrundlage abzugsfähig ist. Eine Rechnung mit mehreren Bemessungsbasen der Einzelsteuern ist für die Investitionsrechnung aber unpraktisch. Deshalb sollen die Steuerbelastungen auf eine gemeinsame Basis umgerechnet werden.

Die Körperschaftsteuer K_{st} ist das Produkt aus dem Körperschaftsteuersatz s_K und der Bemessungsgrundlage GK.

$$K_{st} = s_K \cdot GK$$

Der körperschaftsteuerpflichtige Gewinn (GK) ergibt sich, wenn vom Gewinn vor Steuerabzug (GK') die Gewerbeertragsteuer (GES) abgesetzt wird.

$$GK = GK' - GES$$

Die Gewerbeertragsteuer (GES) ergibt sich aus dem Produkt der Gewerbeertragsteuer-Meßzahl m, dem Hebesatz h der jeweiligen Gemeinde und der Bemessungsgrundlage. Die Bemessungsgrundlage ist aufgrund der eigenen Abzugsfähigkeit der Gewerbeertragsteuer die Differenz zwischen dem Gewinn vor Steuerabzug (GK') und der Gewerbeertragsteuer (GES):[56]

$$GES = m \cdot h \cdot (GK' - GES)$$

Aufgelöst nach GES gilt:

$$GES = m \cdot h \cdot GK' - m \cdot h \cdot GES$$
$$= \frac{m \cdot h}{1 + m \cdot h} \cdot GK' = s_g \cdot GK'$$

Die Gewerbeertragsteuer ist das Produkt aus dem Gewerbeertragsteuersatz s_g und dem Gewinn vor Steuern.

Körperschaft- und Gewerbeertragsteuer werden anschließend zur ertragsteuerlichen Gesamtbelastung (ErtSt) zusammengefaßt. Werden die erforderlichen Ersetzungen durchgeführt, entsteht folgender Ausdruck:

---

56 Zur Herleitung von GES vgl. Haberstock (1989), S. 91 f.; Siegel (1988), S. 136; Rose (1991), S. 214 f.

$$\begin{aligned}
ErtSt &= K_{st} + GES = s_K \cdot GK + s_g \cdot GK' \\
&= s_K \cdot (GK' - GES) + s_g \cdot GK' \\
&= s_K \cdot \left(GK' - s_g \cdot GK'\right) + s_g \cdot GK' \\
&= \left[s_K \left(1 - s_g\right) + s_g \right] \cdot GK' \\
&= s \cdot GK'
\end{aligned}$$

Für den Klammerausdruck wird im weiteren die Kurzschreibweise s (Ertragsteuersatz, Multifaktor) benutzt.

Die Berechnung dieses Steuersatzes s ging bislang davon aus, daß es einen einheitlichen Körperschaftsteuersatz s_K gibt. Im deutschen Steuerrecht existiert jedoch kein einheitlicher Satz, sondern für ausgeschüttete und einbehaltene Gewinne werden zwei getrennte Steuersätze verwendet. Der Steuersatz s_a gilt für ausgeschüttete Gewinne und der Satz s_e für einbehaltene. Ausgeschüttete Gewinne werden im deutschen Steuerrecht steuerlich bevorzugt, deren Steuersatz ist geringer als der für einbehaltene Gewinne. Mit Hilfe dieser beiden Steuersätze ist für die konkrete Ausschüttungspolitik des Unternehmens ein einheitlicher Körperschaftsteuersatz s_K zu entwickeln. Dieser Satz darf allerdings für die Investitionsrechnung nur angewendet werden, wenn sich durch die betrachtete Investition die Ausschüttungspolitik, d.h. die Relation von einbehaltenen zu ausgeschütteten Gewinnen, nicht verändert.

Die Körperschaftsteuer K_{st} setzt sich demnach aus zwei Bestandteilen zusammen. Mit A wird in der folgenden Formel der Brutto-Ausschüttungsbetrag bezeichnet.

$$K_{st} = s_e \cdot (GK - A) + s_a \cdot A = s_e \cdot GK - \left(s_e - s_a\right) \cdot A$$

Der Brutto-Ausschüttungsbetrag A abzüglich der Steuerzahlung $s_a \cdot$ A entspricht der Nettoausschüttung. Diese Nettoausschüttung wird als Anteil a der Gewinne nach Steuern (GK - K_{st}) dargestellt:

$$A - A \cdot s_a = a \cdot \left(GK - K_{st}\right)$$

Aufgelöst nach A ergibt sich:

$$A = \frac{a \cdot \left(GK - K_{st}\right)}{1 - s_a}$$

Wird der Ausdruck für den Ausschüttungsbetrag A in die Berechnungsvorschrift für die Körperschaftsteuer eingesetzt, gilt:

$$K_{st} = s_e \cdot GK - \left(s_e - s_a\right) \frac{a \cdot \left(GK - K_{st}\right)}{1 - s_a}$$

Nach K_{st} aufgelöst, folgt daraus:

$$K_{st} = \frac{s_e - \left(s_e - s_a\right) \cdot \dfrac{a}{\left(1 - s_a\right)}}{1 - \left(s_e - s_a\right) \cdot \dfrac{a}{\left(1 - s_a\right)}} \cdot GK$$

In der letzten Formel gibt der Bruch den gesuchten einheitlichen Körperschaftsteuersatz s_K an. Dieser Satz ist in der Formel zur Berechnung des Steuersatzes s einzusetzen, um zu dem Multifaktor s für eine bestimmte Ausschüttungspolitik zu gelangen. Im weiteren wird die Investitionsrechnung grundsätzlich auf der Basis des Multifaktors s durchgeführt.

Kostensteuern werden in den folgenden Rechnungen nicht gesondert behandelt. Es wird davon ausgegangen, daß die dem Investitionsobjekt zurechenbaren Kostensteuern bereits vom Periodenüberschuß g_t abgesetzt wurden. Für die Zurechnung der Kostensteuern sind dabei ähnliche Überlegungen anzustellen wie bei der Zurechnung von Ertragsteuern.

342 Vofis als Planungsinstrument bei unvollkommenem Kapitalmarkt

Die ertragsteuerlichen Wirkungen einer Investition einschließlich der Wirkungen der Kreditfinanzierung und der ergänzenden Finanzanlagen lassen sich für den unvollkommenen Kapitalmarkt sehr gut mit Hilfe eines vollständigen Finanzplans (Vofi) darstellen.[57] Der Vorteil dieses Instrumentes liegt darin, daß alle Zahlungen - nicht nur die Zahlungsreihe der Basisinvestition - in die Analyse einbezogen werden und damit die steuerlichen Wirkungen leicht nachvollzogen werden können. Als Beispiel wird wiederum die Investition A herangezogen, die bereits im Kapitel 33 für beide Kapitalmarktsituationen benutzt wurde. Die Investition A hat folgende Zahlungsreihe (in GE):

---

57 Zu vollständigen Finanzplänen vgl. Grob (1989) und die dort angegebene Literatur.

$$BZ_t = (-15.000; 10.000; 7.000; 3.000)$$

Das Unternehmen verfügt über ein Startkapital von 10.000 GE. Der Sollzinssatz beträgt 15% und der Habenzinssatz 10%. Für den Multifaktor s hat sich ein Satz von 50% ergeben. Unterstellt wird eine lineare Abschreibung auf die dreijährige Nutzungsdauer. Ein Liquidationserlös existiert nicht. In dieser Entscheidungssituation errechnet sich für die Investition A ein Endvermögen nach Steuern von 12.642,81 GE.

Zeitpunkt (t)		0	1	2	3
Startkapital (EK)		10.000,00			
Entnahme (ENt)			0,00	0,00	0,00
Basiszahlungsreihe					
Investitionsauszahlung (BZ$_t$)		-15.000,00			
Jährlicher Überschuß (g$_t$)			10.000,00	7.000,00	3.000,00
Liquidationserlös (L)					
Steuerzahlung		0,00	-2.125,00	-1.106,25	588,44
Finanzanlage					
Anlage (FA$_t$)		0,00	-2.125,00	-8.231,25	-12.642,81
Rückzahlung			0,00	2.125,00	8.231,25
Habenzinsen	10%		0,00	212,50	823,13
Kreditaufnahme					
Kreditbetrag (FK$_t$)		5.000,00	0,00	0,00	0,00
Tilgung			-5.000,00	0,00	0,00
Sollzinsen	15%		-750,00	0,00	0,00
Endvermögen (EV$_t$)					
Anlage		0,00	2.125,00	8.231,25	12.642,81
Kreditbetrag		-5.000,00	0,00	0,00	0,00

Zeitpunkt		0	1	2	3
Jährliche Überschüsse		0,00	10.000,00	7.000,00	3.000,00
Habenzinsen		0,00	0,00	212,50	823,13
Sollzinsen		0,00	-750,00	0,00	0,00
Abschreibungen			5.000,00	5.000,00	5.000,00
Gewinn		0,00	4.250,00	2.212,50	-1.176,88
Steuerzahlung	50%	0,00	-2.125,00	-1.106,25	588,44

Ohne Ertragsteuern hatte die Investition A in der sonst gleichen Entscheidungssituation im Kapitel 3321 ein Endvermögen von 15.842,5 GE, während die Finanzanlage zu einem Endvermögen von nur 13.310 GE führte. Die Ertragsteuern führen dazu, daß das dem Unternehmen verbleibende Endvermögen der Sachanlage erheblich niedriger ausfällt.

Zu untersuchen ist nun noch, ob sich durch die Steuern an der Vorteilhaftigkeit der Investition etwas ändert. Dazu muß das versteuerte Endvermögen einer Finanzinvestition von 10.000 GE bei einem Habenzins von 10% und dem unterstellten Steuersatz von 50% berechnet werden. Hierzu ist kein Finanzplan erforderlich. Das Ergebnis ist mit der Berechnungsvorschrift $10.000 \cdot 1{,}05^3 = 11.576{,}25$ GE zu bestimmen. Ein Zinssatz von 5% wird in dieser Rechnung angesetzt, da von den 10% Marktzins die Hälfte an Steuern abzuführen ist, so daß bei der Finanzanlage nach Steuern nur noch 5% verbleiben. Die Finanzanlage führt zu einem geringeren Endvermögen als die Sachanlage, d.h., die Investition A ist nach wie vor vorteilhaft.

Abschließend zum unvollkommenen Kapitalmarkt soll auch noch untersucht werden, ob sich an der im Kapitel 33 durchgeführten Wahlentscheidung zwischen den Investitionen A und B etwas verändert. Die Investition B hat eine Zahlungsreihe von:

$$BZ_t = (-12.000; 0; 2.000; 17.000)$$

Aufgrund der völlig anderen Struktur der Zahlungsreihen der beiden Alternativen kann sich die Rangfolge der Entscheidungen durchaus verändern. Im Fall *ohne Steuern* hatte sich die Investition B mit einem Endvermögen von 16.258,25 GE als vorziehenswürdig erwiesen.[58] Die Investition B benötigt in den ersten Jahren im Vergleich zu A weniger Finanzierungsmittel. Durch die Abzugsfähigkeit der Schuldzinsen ergibt sich dadurch ein Vorteil für die Investition B. Gleichzeitig verringern sich jedoch die Habenzinsen. Wegen der höheren Sollzinssätze kann die positive Wirkung bei den Sollzinsen höher sein als die negative Wirkung bei den Habenzinsen. Die Entscheidung für die Alternative A oder B kann sich durch den Steuereffekt verändern. Ob die Entscheidung kippt, hängt von der Stärke der beiden Effekte ab.

Zunächst wird der vollständige Finanzplan für die Investition B aufgestellt. Unterstellt wird die gleiche Entscheidungssituation wie bei der Alternative A, d.h., das Startkapital beträgt 10.000 GE, der Sollzinssatz 15% und der Habenzinssatz 10%. Die Sachanlage wird linear auf die dreijährige Nutzungsdauer abgeschrieben, der Liquidationserlös beträgt null. Für die Investition B ergibt sich somit ein Endvermögen von 13.480,69 GE.

---

58 Vgl. S. 110-112.

Zeitpunkt (t)		0	1	2	3
Startkapital (EK)		10.000,00			
Entnahme (EN$_t$)			0,00	0,00	0,00
Basiszahlungsreihe					
Investitionsauszahlung (BZ$_t$)		-12.000,00			
Jährlicher Überschuß (g$_t$)			0,00	2.000,00	17.000,00
Liquidationserlös (L)					0,00
Steuerzahlung		0,00	2.150,00	1.011,25	-6.641,94
Finanzanlage					
Anlage (FA$_t$)		0,00	0,00	-2.838,75	-13.480,69
Rückzahlung		0,00	0,00	0,00	2.838,75
Habenzinsen	10%		0,00	0,00	283,88
Kreditaufnahme					
Kreditbetrag (FK$_t$)		2.000,00	150,00	0,00	0,00
Tilgung			-2.000,00	-150,00	0,00
Sollzinsen	15%		-300,00	-22,50	0,00
Endvermögen (EV$_t$)					
Anlage		0,00	0,00	2.838,75	13.480,69
Kreditbetrag		-2.000,00	-150,00	0,00	0,00

Zeitpunkt		0	1	2	3
Jährliche Überschüsse		0,00	0,00	2.000,00	17.000,00
Habenzinsen		0,00	0,00	0,00	283,88
Sollzinsen		0,00	-300,00	-22,50	0,00
Abschreibungen			4.000,00	4.000,00	4.000,00
Gewinn		0,00	-4.300,00	-2.022,50	13.283,88
Steuerzahlung	50%	0,00	2.150,00	1.011,25	-6.641,94

Werden die Steuern in die Rechnung einbezogen, ist die Investition B erneut vorzuziehen. Die beschriebenen gegenläufigen Zinseffekte reichen bei diesem Beispiel also nicht aus, um die Entscheidung im Vergleich zu der Situation "ohne Steuern" zu kippen.

343 Steuern bei vollkommenem Kapitalmarkt

3431 Überblick über die Vorgehensweisen zur Erfassung der Steuern

Für den Fall des vollkommenen Kapitalmarktes werden in der Literatur die Ertragsteuern in das Konzept der Endvermögens- und Kapitalwertmaximierung integriert. Im Fall ohne Steuern ist im Kapitel 3322 folgende Formel für das Endvermögen bzw. den Kapitalwert aufgestellt worden:

$$EV_T = \left[\sum_{t=0}^{T} BZ_t \cdot (1+i)^{-t} - \sum_{t=1}^{T} EN \cdot (1+i)^{-t} + EK \right] \cdot (1+i)^T$$

Das gesamte Endvermögen zum Zeitpunkt T (EV_T) besteht aus drei separaten Teilen:

- Den auf den Zeitpunkt T aufgezinsten Zahlungsüberschüssen (BZ_t) der Basisinvestition,
- dem Endvermögen der Entnahmen (EN) und
- dem Endvermögen des Startkapitals (EK).

Der erste Term in der eckigen Klammer ist der auf den Kalkulationszeitpunkt abgezinste Kapitalwert der Zahlungsreihe der Basisinvestition. Der zweite Term entspricht dem Kapitalwert der Entnahmen. Der zweite und dritte Term der eckigen Klammer sind für alle zur Wahl stehenden Investitionen identisch. Es handelt sich damit um fixe Terme, die für die Entscheidung irrelevant sind. Ausschlaggebend zur Beurteilung einer Investition im vollkommenen Kapitalmarkt ist damit allein der erste Term der Klammer, der Kapitalwert der Basisinvestition. Vorteilhaft ist eine Investition, wenn der Kapitalwert positiv ist.

In der folgenden Betrachtung werden die Entnahmen in der Formel für das Endvermögen gleich null gesetzt, da die in der Literatur für den vollkommenen Kapitalmarkt diskutierten Methoden zur Erfassung von Steuern keine Entnahmen vorsehen.[59] Das Startkapital EK bleibt hingegen in der Formel erhalten, da die Wirkungen der Finanzopportunität auf das Planungsergebnis mit untersucht werden. Die allgemeine Formel für das Endvermögen geht damit in die folgende, vereinfachte Variante über:

$$EV_T = \left[\sum_{t=0}^{T} BZ_t \cdot (1+i)^{-t} + EK \right] \cdot (1+i)^T$$

Aus dieser Formel wird noch einmal deutlich:

---

59   Vgl. Blohm, Lüder (1991), S. 119 ff.

■ Analysen, die sich nur auf den Kapitalwert beziehen, lassen im allgemeinen keine Aussagen über die Endvermögensmehrung zu. Bei Aussagen über das Endvermögen ist auch zu beachten, welche Endvermögenswirkung von einem gegebenen Startkapital ausgeht.

■ Existiert kein Startkapital, d.h., die Investition wird rein fremdfinanziert, ist der zweite Term der eckigen Klammer null und das Endvermögen ist dann identisch mit dem aufgezinsten Kapitalwert. Kapitalwertbetrachtungen sind in diesem Spezialfall für die Analyse des Endvermögens geeignet, da die Opportunität nur im Unterlassen der Realinvestition besteht.

■ Der Kapitalwert ist eine relative Größe, die nur die auf den Kalkulationszeitpunkt bezogene **Mehrung** des Endvermögens durch die Sachinvestition gegenüber der Finanzanlage anzeigt.

Die Rückbesinnung auf die bereits im Kapitel 33 gewonnenen Ergebnisse ist für die im folgenden behandelten Methoden wesentlich, da es sonst im Steuerfall leicht zu Fehlinterpretationen kommen kann.

Ertragsteuern werden in der Literatur in unterschiedlicher Art in die obige Grundformel einbezogen. Der Unterschied besteht darin, ob und wie die Zinswirkungen und der Abschreibungseffekt bei der Berechnung der Steuerzahlung erfaßt werden. Mit diesen beiden Differenzierungskriterien läßt sich die folgende Übersichtsmatrix konstruieren:

Abschreibungen Zinsen	nicht im Modell erfaßt	im Modell erfaßt
nicht berücksichtigt	Nicht-Steuerfall	Basismodell
indirekt erfaßt durch Zinskorrektur	Bruttomethode	**Standardmodell**
direkt erfaßt in der Zahlungsreihe	-	**Zinsmodell**

Die **Bruttomethode**[60] bleibt im weiteren unberücksichtigt, da sie die Steuerwirkungen nur pauschal durch Korrektur des Zinssatzes berücksichtigt. Die auf die Abschreibungen zurückgehende Wirkung erfaßt diese Methode

---

60   Zur Bruttomethode vgl. Schierenbeck (1993), S. 362 ff.

nicht. Sie läßt damit keine sinnvolle Beurteilung der steuerlichen Wirkungen zu.

Das **Basismodell**[61] bleibt ebenfalls unberücksichtigt. In diesem Modell wird zwar der Abschreibungs-, aber nicht der Zinseffekt erfaßt. Es wird eine versteuerte Sachanlage ohne Einbeziehung der Zinszahlungen mit einer nicht versteuerten Finanzanlage verglichen - ein klarer Verstoß gegen die Regeln der Vergleichbarkeit von Alternativen. Die Ergebnisse sind daher unbrauchbar.

Bei einer indirekten Berücksichtigung der Steuern auf Zinserträge und Zinsaufwendungen - **Standardmodell**[62] -, wird der Zinssatz um die Steuerwirkungen korrigiert. Bei einem Marktzins von 10% und einem Steuersatz von 50% wird dann z.B. ein steuerkorrigierter Zinssatz von 5% angesetzt. Hinter dieser Korrektur des Zinssatzes steht eine Umdefinition der Vergleichsalternative. Die versteuerte Sachinvestition wird mit einer versteuerten Finanzanlage verglichen.

Das **Zinsmodell**[63] verwendet nicht den steuerkorrigierten Zinssatz, sondern erfaßt den Zinseffekt bei der Berechnung der Steuerzahlungen direkt in der Zahlungsreihe, indem die zu zahlenden Zinsen neben den Abschreibungen von den Periodenüberschüssen g_t abgesetzt werden. Eigentlich wäre es angemessen, auch das Zinsmodell in diesem Buch nicht zu behandeln, da es sinnlos ist. Das Modell macht einen gravierenden Fehler. Eine versteuerte Sachanlage wird mit einer nicht versteuerten Finanzanlage verglichen: ein nicht sinnvolles Vorgehen. Als Folge wird aus der obigen Formel über den Zusammenhang von Endvermögen, Kapitalwert und Startkapital der Einfluß des Startkapitals auf die Entscheidung vergessen. Die Ergebnisse des Modells sind daher nicht direkt anwendbar, sondern müssen erst uminterpretiert werden. Das Zinsmodell wird in diesem Buch nur als "abschreckendes" Beispiel für eine Modellbildung behandelt.

Alle Modelle erfassen nicht die Zinszahlungen für Kredite und Finanzanlagen.[64] Das ist bei vollkommenem Kapitalmarkt nicht erforderlich, da der Kapitalwert der Finanzierung auch mit Steuern grundsätzlich gleich null ist,

---

61 Zum Basismodell vgl. Steiner (1980), S. 65 ff. und Schierenbeck (1993), S. 362 ff.

62 Zum Standardmodell vgl. Steiner (1980), S. 100 ff. und Schierenbeck (1993), S. 363 ff.

63 Zum Zinsmodell vgl. Steiner (1980), S. 153 ff. und Schierenbeck (1993), S. 363 ff.

64 Für die Berechnung der Steuerzahlungen wird zwar auf die Zinserträge und -aufwendungen zurückgegriffen. In den Modellen wird aber nur die Steuerzahlung erfaßt, nicht jedoch die Zahlungsreihe der Kreditgeschäfte und der Finanzanlagen.

wenn das Modell korrekt aufgestellt wird. Alle Zahlungen aus der Aufnahme von Krediten und der Finanzanlage können daher aus den Modellen in gewohnter Weise eliminiert werden. Für die mit den Modellen berechneten Beispiele werden aber im folgenden zusätzlich vollständige Finanzpläne aufgestellt. Da ein Vofi auch die mit der Kreditfinanzierung bzw. der Finanzanlage direkt verbundenen Zahlungen erfaßt, können mit diesem diesem Instrument die Zusammenhänge leichter verstanden werden. Im folgenden werden nur das **Standardmodell** und das **Zinsmodell** näher betrachtet.

3432 Standardmodell

34321 Kapitalwertfunktion im Standardmodell

Beim Standardmodell wird der Kapitalwert einer versteuerten Sachanlage mit einem steuerkorrigierten Zinssatz (i^{St}) berechnet. Diese Korrektur erfaßt für den vollkommenen Kapitalmarkt die Steuerwirkung der Zinsen, so daß bei der Berechnung der Steuerzahlung keine Zinsen mehr zu berücksichtigen sind.

Die Steuerzahlung eines Jahres entspricht der Differenz aus dem Periodenüberschuß (g_t) und den Abschreibungen (AfA), multipliziert mit dem Multifaktor (s).

$$\text{Steuerzahlung} = s \cdot \left(g_t - \text{AfA}\right)$$

Diese Berechnungsvorschrift für die Steuerzahlung gilt jedoch nur für die Perioden, in denen noch Abschreibungen anfallen. Ist die Nutzungsdauer einer Investition länger als die Abschreibungsdauer, gilt für die Perioden, die die Abschreibungsdauer überschreiten, eine Steuerzahlung von:

$$\text{Steuerzahlung} = s \cdot g_t$$

Die Steuerzahlungen der einzelnen Jahre werden von den Überschüssen g_t abgesetzt, um zum jeweiligen Nettoüberschuß nach Steuern zu gelangen, auf denen die Kapitalwertberechnung aufbaut.

Während der Abschreibungsdauer gelten folgende Nettoüberschüsse:

$$g_t - s \cdot \left(g_t - \text{AfA}\right) = g_t \cdot (1 - s) + s \cdot \text{AfA}$$

Für die Zeit nach der Abschreibung bis zum Ende der Nutzungsdauer T verkürzt sich die Schreibweise auf:

$$g_t - s \cdot g_t = g_t \cdot (1 - s)$$

Erzielt die Anlage am Ende der Nutzungsdauer einen Liquidationserlös, ist dieser zu versteuern. Dabei wird für die Steuerberechnung im weiteren unterstellt, daß die Anlage voll abgeschrieben ist, d.h., der Restbuchwert beträgt null. In diesem Fall ist der gesamte Liquidationserlös L zu versteuern. Ein etwaiger Restbuchwert am Ende der Nutzungsdauer wäre für die Berechnung der Steuerzahlung vom Liquidationserlös abzusetzen.

$$\text{Nettoliquidationserlös} = (1 - s) \cdot L$$

Die Berechnungsvorschrift für den Kapitalwert C_0^{St} des Standardmodells ergibt sich demnach wie folgt:

$$C_0^{St} = -a_0 + \sum_{t=1}^{T} g_t \cdot (1-s)\left(1+i^{St}\right)^{-t} + \sum_{t=1}^{t_{AFA}} s \cdot AFA_t \cdot \left(1+i^{St}\right)^{-t} + (1-s) \cdot L \cdot \left(1+i^{St}\right)^{-T}$$

Der zweite Summand gibt den Barwert der Nettoüberschüsse für die gesamte Nutzungsdauer T an. Der dritte Term entspricht dem Abschreibungseffekt während der Abschreibungsdauer. Der vierte Summand ist der Barwert des Liquidationserlöses. Für den Spezialfall jährlich gleichbleibender Periodenüberschüsse g nimmt die Formel die folgende Form an:

$$C_0^{St} = -a_0 + (1-s) \, g \cdot RBF_T^{i^{St}} + s \cdot AFA_t \cdot RBF_{t_{AFA}}^{i^{St}} + (1-s) \cdot L \cdot \left(1+i^{St}\right)^{-T}$$

34322 Berechnung des steuerkorrigierten Zinssatzes

Vor der Anwendung der Kapitalwertformel des Standardmodells muß noch erklärt werden, wie der steuerkorrigierte Zinssatz i^{St} zu bestimmen ist. Um diese Berechnungsvorschrift ableiten zu können, werden zwei Beispiele benutzt:

- Ein Unternehmen verfügt über 100 GE, die am Markt zu 16% angelegt werden können. Es möge ein Steuersatz von 25% gelten. Von dem Zinsertrag von 16 GE sind dann 4 GE Steuern zu zahlen. Es verbleibt ein Gewinn nach Steuern von 12 GE.

■ Ein Unternehmen muß zur Finanzierung einer Investition einen Kredit von 200 GE zu 16% aufnehmen. Wiederum gilt ein Steuersatz von 25%. Das Unternehmen muß 32 GE Zinsen zahlen und kann diese steuerlich geltend machen, d.h., der Staat beteiligt sich an der Zinszahlung über die 8 GE Steuerersparnis. Der Kredit kostet nach Steuern also nur 24 GE bzw. 12%.

In beiden Fällen kann der korrigierte Zins i^{st} nach Steuern aus dem Marktzinssatz i durch die folgende Berechnungsvorschrift bestimmt werden:

$$i^{St} = (1 - s)\, i$$

Eine Berechnung des steuerkorrigierten Zinssatzes nach obiger Berechnungsvorschrift ist bei mehrperiodigen Investitionsproblemen nur dann korrekt, wenn die Zinsen, die sich auf eine bestimmte Periode beziehen auch in derselben Periode versteuert werden. Die Wirkung dieser Prämisse faktischer Verfügbarkeit, die in der Kapitalwertformel des Standardmodells implizit unterstellt ist, wird an einem Beispiel untersucht. Zunächst wird auf den Fall fehlender Verfügbarkeit eingegangen.

Eine Kapitalanlage erzielt für einen Zins von 16% und einen Steuersatz von 50% eine Rendite von netto 8%. Im Fall der fehlenden Verfügbarkeit bzw. Endfälligkeit werden die Zinsen erst am Ende des zweiten Jahres versteuert. Die Kapitalanlage erreicht nach zwei Jahren einen Wert von $100{\cdot}1{,}16^2 =$ 134,56 GE. Auf den Zinsertrag ist eine Steuer von $0{,}5{\cdot}34{,}56 = 17{,}28$ GE zu zahlen, so daß sich die folgende Nettozahlungsreihe ergibt.

Zeitpunkt	0	1	2
Bruttozahlungsreihe	- 100		134,56
– Steuern			- 17,28
Nettozahlungsreihe	-100		117,28

Für diese Nettozahlungsreihe wird mit Hilfe der folgenden Formel der interne Zinsfuß (r) bestimmt:

$$-100 + 117{,}28{\cdot}(1 + r)^{-2} = 0$$

Er berechnet sich mit 8,3% und entspricht nicht dem erwarteten Ergebnis. Die Finanzanlage hat einen positiven Kapitalwert obwohl von den Bedingungen des vollkommenen Kapitalmarktes ausgegangen wird. Das Berechnungsergebnis entspricht dann den Erwartungen, wenn von faktischer Verfügbarkeit der Zinsen ausgegangen wird. Bei faktischer Verfügbarkeit werden die Zinsen den einzelnen Perioden zugeordenet und die jeweiligen Steuerzahlungen bestimmt. Es ergibt sich die folgende Nettozahlungsreihe:

Zeitpunkt	0	1	2
Zahlungsreihe	- 100		134,56
– Steuern		- 8	- 9,28
Nettozahlungsreihe	-100	- 8	125,28

In ersten Jahr werden auf die dieser Periode zuzurechnenden Zinsen von 16 GE 50%, also 8 GE Steuern gezahlt, obwohl keine Zinszahlung erfolgt. In der zweiten Periode ist dann das Kapital auf brutto 134,56 GE angewachsen. Von dem Gewinn von 34,56 GE sind aber in der ersten Periode bereits 16 GE versteuert worden. In der zweiten Periode sind daher nur noch 34,56 - 16 = 18,56 GE zu versteuern, also 9,28 GE an Steuern zu entrichten. Wird für diese Nettozahlungsreihe der interne Zins mit der Formel

$$-100 - 8 \cdot (1+r)^{-1} + 125,28 \cdot (1+r)^{-2} = 0$$

bestimmt, errechnet sich der erwartete interne Zins von 8%. Da dieser interne Zins gleich dem Kalkulationszins von 8% ist, hat die Finanzinvestition auch den erwarteten Kapitalwert von null. Von diesen Verhältnissen - faktische Verfügbarkeit der Zinsen - geht die Formel zur Berechnung des steuerkorrigierten Zinssatzes i^{St} aus.

34323 Beispiel zum Standardmodell

Das Standardmodell soll für ein Beispiel mit folgenden Daten angewendet werden:

Anschaffungsbetrag	a_0	1.500 GE
Periodenüberschuß	g	500 GE
Liquidationserlös	L	40 GE
Nutzungsdauer	T	4 Jahre
Abschreibungsdauer	t_{AFA}	4 Jahre
Abschreibungsdauer alternativ	t_{AfA}	2 Jahre
Multifaktor	s	50%
Marktzins	i	12%
Steuerkorrigierter Zins	i^{St}	6%
Rentenbarwertfaktor für 6% und 4 Jahre	RBF	3,4651
Rentenbarwertfaktor für 6% und 2 Jahre	RBF	1,8334
Abzinsungsfaktor für 6% und 4 Jahre	$(1+i^{St})^{-T}$	0,7921

Bei linearer Abschreibung über die festgelegte Dauer von vier Jahren (AFA = 375 GE) errechnet sich der Kapitalwert im Standardmodell wie folgt:

$$C_0^{St} = -a_0 + (1-s) \cdot g \cdot RBF_T^{i^{St}} + s \cdot AFA_t \cdot RBF_{t_{AFA}}^{i^{St}} + (1-s) \cdot L \cdot \left(1 + i^{St}\right)^{-T}$$
$$= -1.500 + (1-0,5) \cdot 500 \cdot 3,4651 + 0,5 \cdot 375 \cdot 3,4651 + 0,5 \cdot 40 \cdot (1+0,06)^{-4}$$
$$= 31,83$$

Wird die Abschreibung auf zwei Jahre verkürzt, d.h., in den ersten beiden Jahren werden je 750 GE und im dritten und vierten Jahr wird nichts mehr abgeschrieben, erhöht sich das Endvermögen auf 69,64 GE. In der Formel muß dann der Term 0,5·375·3,4651 durch den Ausdruck 0,5·750·1,8334 ersetzt werden. Dieser Effekt macht die Wirkung der Abschreibungspolitik deutlich. Je früher die Abschreibungen verrechnet werden, um so größer kann die Vorteilhaftigkeit einer Sachinvestition im Vergleich zur Finanzanlage sein.

Für das Investitionsobjekt mit einer Abschreibungsdauer von vier Jahren wird nun noch das Endvermögen mit Hilfe eines Vofis berechnet. Die Berechnung geht einmal davon aus, daß das Objekt voll fremdfinanziert ist - Startkapital 0 GE - während im zweiten Fall volle Eigenfinanzierung besteht - Startkapital 1.500 GE.

Zeitpunkt (t)		0	1	2	3	4
Startkapital (EK)		0,00				
Entnahme (EN$_t$)			0,00	0,00	0,00	0,00
Basiszahlungsreihe						
Investitionsauszahlung (BZ$_t$)		-1.500,00				
Jährlicher Überschuß (g$_t$)			500,00	500,00	500,00	500,00
Liquidationserlös (L)						40,00
Steuerzahlung		0,00	27,50	6,65	-15,45	-58,88
Finanzanlage						
Anlage (FA$_t$)		0,00	0,00	0,00	0,00	-40,18
Rückzahlung		0,00	0,00	0,00	0,00	0,00
Habenzinsen	12%	0,00	0,00	0,00	0,00	0,00
Kreditaufnahme						
Kreditbetrag (FK$_t$)		1.500,00	1.152,50	784,15	393,70	0,00
Tilgung			-1.500,00	-1.152,50	-784,15	-393,70
Sollzinsen	12%		-180,00	-138,30	-94,10	-47,24
Endvermögen (EV$_t$)						
Anlage		0,00	0,00	0,00	0,00	40,18
Kreditbetrag		-1.500,00	-1.152,50	-784,15	-393,70	0,00

Zeitpunkt		0	1	2	3	4
Jährliche Überschüsse		0,00	500,00	500,00	500,00	540,00
Habenzinsen		0,00	0,00	0,00	0,00	0,00
Sollzinsen		0,00	-180,00	-138,30	-94,10	-47,24
Abschreibungen			375,00	375,00	375,00	375,00
Gewinn		0,00	-55,00	-13,30	30,90	117,76
Steuerzahlung	50%	0,00	27,50	6,65	-15,45	-58,88

Zeitpunkt (t)		0	1	2	3	4
Startkapital (EK)		1.500,00				
Entnahme (EN$_t$)			0,00	0,00	0,00	0,00
Basiszahlungsreihe						
Investitionsauszahlung (BZ$_t$)		-1.500,00				
Jährlicher Überschuß (g$_t$)			500,00	500,00	500,00	500,00
Liquidationserlös (L)						40,00
Steuerzahlung		0,00	-62,50	-88,75	-116,58	-166,07
Finanzanlage						
Anlage (FA$_t$)		0,00	-437,50	-901,25	-1.392,83	-1.933,90
Rückzahlung			0,00	437,50	901,25	1.392,83
Habenzinsen	12%		0,00	52,50	108,15	167,14
Kreditaufnahme						
Kreditbetrag (FK$_t$)		0,00	0,00	0,00	0,00	0,00
Tilgung			0,00	0,00	0,00	0,00
Sollzinsen	12%		0,00	0,00	0,00	0,00
Endvermögen (EV$_t$)						
Anlage		0,00	437,50	901,25	1.392,83	1.933,90
Kreditbetrag		0,00	0,00	0,00	0,00	0,00

Zeitpunkt		0	1	2	3	4
Jährliche Überschüsse		0,00	500,00	500,00	500,00	540,00
Habenzinsen		0,00	0,00	52,50	108,15	167,14
Sollzinsen		0,00	0,00	0,00	0,00	0,00
Abschreibungen			375,00	375,00	375,00	375,00
Gewinn		0,00	125,00	177,50	233,15	332,14
Steuerzahlung	50%	0,00	-62,50	-88,75	-116,58	-166,07

■ Das Endvermögen des ersten Vofis von 40,18 GE ist der mit dem steuerkorrigierten Zinssatz $i^{St} = 1,06^4$ aufgezinste Kapitalwert von 31,83 GE: $31,83 \cdot 1,06^4 = 40,18$ GE.

■ Das Endvermögen des zweiten Vofis von 1.933,90 GE setzt sich entsprechend des am Anfang dieses Kapitels wiederholten Zusammenhangs aus zwei Bestandteilen zusammen:
- dem um den steuerkorrigierten Zins aufgezinsten Endvermögen des Startkapitals $1.500 \cdot 1,06^4 = 1.893,72$
- und dem ebenfalls aufgezinsten Kapitalwert von $31,83 \cdot 1,06^4 = 40,18$

34324 Das Steuerparadoxon

Der Kapitalwert einer Investition nach dem Standardmodell und das Endvermögen hängt neben dem Marktzinsfuß i auch vom Steuersatz s ab. Wird die Veränderung des Kapitalwertes C_0^{St} bei variierendem Steuersatz untersucht, kann sich ein Phänomen ergeben, daß in der Literatur als "Steuerpardoxon"[65] bezeichnet wird.

Veränderung des Steuersatzes haben im Standardmodell zwei gegenläufige Effekte:

- Steigt der Steuersatz s, wächst die Steuerzahlung und die Nettoüberschüsse [(1-s)g_t] sinken. Dieser Steuereffekt wirkt in Richtung auf einen sinkenden Kapitalwert.

- Steigt der Steuersatz, sinkt der im Standardmodell anzuwendende steuerkorrigierte Zins [i^{St} =(1-s)i]. Mit sinkenden Zinsen ist aber ein verbesserter Kapitalwert verbunden, weil die Opportunität als Vergleichsmaßstab der Sachanlage eine geringere Verzinsung erwirtschaftet.

Beide Effekte lösen damit eine gegensätzliche Wirkung auf den Kapitalwert C_0^{St} aus. Diese gegensätzliche Wirkung kann zu einer Entwicklung des Kapitalwertes in Abhängigkeit vom Steuersatz führen, wie sie in der folgenden Abbildung für das obige Zahlenbeispiel bei einem Marktzinsfuß von 14% und alternativen Abschreibungsdauern von 2 bzw. 4 Jahren zum Ausdruck kommt.

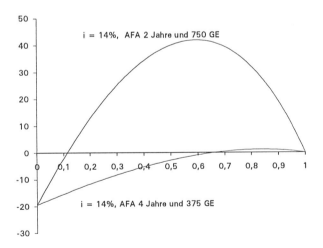

Kapitalwert der Sachanlage

---

65   Schneider (1992) S. 206 ff.

Der Kapitalwert der Investition steigt in diesem Falle zunächst mit wachsendem Steuersatz, weil der zweite Effekt den ersten mehr als kompensiert. Der Kapitalwert erreicht dann seinen maximalen Wert, um bei weiter steigenden Steuersätzen abzunehmen. Jenseits des Maximums überwiegt der erste Effekt. Für eine Abschreibungsdauer von zwei Jahren ist die Investition in diesem Fall nur für Steuersätze zwischen 11,33% und 100% vorteilhaft. Für eine Abschreibungsdauer von vier Jahren ist sie nur für Steuersätze zwischen 65,87% und 100% einer Finanzanlage vorziehen. Bei diesem Phänomen wird die Sachinvestition zunächst immer vorteilhafter je größer der Steuersatz wird.

Das Steuerparadoxon darf jedoch nicht falsch interpretiert werden. Was im Beispiel größer wird, ist nur die Barwertdifferenz zwischen Sachanlage und Finanzanlage. D.h., die **relative** Vorziehenswürdigkeit der Sachanlage verbessert sich zunächst mit steigenden Steuersätzen. Aus dieser relativen Aussage darf kein Schluß auf die Vermögenssituation des Unternehmens gezogen werden, denn für die Beurteilung der Endvermögenssituation ist gleichzeitig relevant, welche Wirkungen von der Steuerveränderung über den steuerkorrigierten Zinssatz auf das Endvermögen des Startkapitals ausgeht. Mit steigendem Steuersatz wird grundsätzlich der Nettozinssatz, der dem Unternehmen nach Steuern aus der Finanzanlage verbleibt immer kleiner, d.h., die Netto-Verzinsung des Kapitals wird immer geringer. Die Vermögenswirkung einer Steuersatzveränderung kann daher nur mit der folgenden Gleichung nachvollzogen werden:

$$EV_T = \left(C_0^{St} + EK\right) \cdot \left(1 + i^{St}\right)^T$$
$$= \left[\left(-a_0 + (1-s)\, g \cdot BWF_T^{i^{St}} + s \cdot AFA_t \cdot BWF_{t_{AFA}}^{i^{St}} + (1-s) \cdot L \cdot \left(1 + i^{St}\right)^{-T}\right) + EK\right]$$
$$\cdot \left(1 + i^{St}\right)^T$$

Werden die Zahlen des Beipiels für eine Abschreibungsdauer von zwei Jahren und einen Marktzins von 14% in diese Formel für steigende Steuersätze s eingesetzt, ergibt sich die folgende Entwicklung der Endvermögenswerte, wenn mit vollständiger Fremdfinanzierung - Startkapital null - gearbeitet wird.

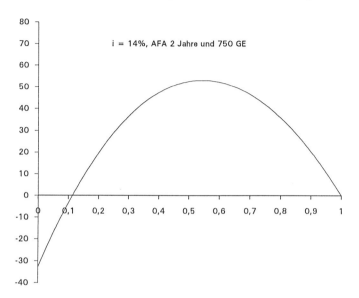

Bei reiner Fremdfinanzierung und einem Steuersatz von null beträgt der Kapitalwert -19,46 GE. Das Endvermögen berechnet sich zu $-19,46 \cdot 1,14^4 =$ -32,87 GE. Bei einem Steuersatz von 50% steigt der Kapitalwert auf 40,06 GE. Das zugehörige Endvermögen beläuft sich auf $40,06 \cdot 1,07^4 = 52,51$ GE. In diesem Fall steigen durch die Erhöhung des Steuersatzes der Kapitalwert **und** das Endvermögen. Der Grund dafür liegt in der Steuerrückvergütung der ersten beiden Jahre, durch die der Finanzierungsbedarf gegenüber einem Steuersatz von null sinkt. Der Staat beteiligt sich an der Investitionsfinanzierung, so daß die Zinszahlungen im Vergleich zu einem Steuersatz von null geringer ausfallen. Der positive Zinseffekt übersteigt den negativen Steuereffekt.

Wird hingegen die Investition voll eigenfinanziert - Startkapital 1.500 GE - gilt die Endvermögensentwicklung der folgenden Abbildung.

Endwert der Sachanlage bei reiner Eigenfinanzierung

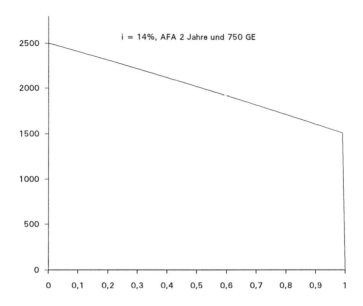

Die Erhöhung des Steuersatzes bewirkt in diesem Falle zwangsweise ein sinkendes Endvermögen des Startkapitals. Das auf die Sachanlage zurückgehende Endvermögen kann jedoch - wie im Falle der Fremdfinanzierung gezeigt - mit steigendem Steuersatz durchaus steigen. Welche Wirkung dann auf das Endvermögen zu verzeichnen ist, hängt von der Summe der beiden Effekte ab. Bei einem Steuersatz von null ergibt sich das Endvermögen mit:

$$\underbrace{-19,46\cdot1,14^4}_{-32,87}+\underbrace{1.500\cdot1,14^4}_{2.533,44}=2.500,57$$

Steigt der Steuersatz auf 50% gilt für das Endvermögen:

$$\underbrace{40,06\cdot1,07^4}_{52,51}+\underbrace{1.500\cdot1,07^4}_{1.966,19}=2.018,70$$

Trotz steigenden Kapitalwertes der Investition sinkt dann das Endvermögen, weil das Endvermögen des Startkapitals schneller abnimmt als der Kapitalwert anwächst. Ein fremdfinanziertes Unternehmen zieht damit aus steigenden Steuersätzen auch im Hinblick auf das Endvermögen Vorteile, während sich ein rein eigenfinanziertes Unternehmen trotz steigenden Kapitalwertes beim Endvermögen stark verschlechtert. Steigende Steuersätze benachteiligen also gesund finanzierte Unternehmen mit einem hohen Anteil an Eigenkapital.

Die Berechnungen zeigen, daß der vollständige Finanzplan und das Standardmodell zwei inhaltlich identische Rechenwege sind. Da sich die Ergebnisse auf Grund des vollkommenen Kapitalmarktes mit den Standardmodell einfacher bestimmen lassen, ist dieser Rechenweg in dieser Kapitalmarktsituation vorzuziehen.

3433 Zinsmodell (ein Kapitel, das man weder schreiben noch lesen sollte)

Das Zinsmodell bezieht bei der Berechnung der jährlichen Steuerzahlungen die effektiv in den einzelnen Perioden zu bezahlenden Sollzinsen oder die erwirtschafteten Habenzinsen zusätzlich in das Kalkül ein. Für Habenzinsen bzw. Sollzinsen wird die nicht vorzeichenbeschränkte Größe Z_t definiert. Im Fall von Sollzinsen ist Z_t negativ, bei Habenzinsen positiv. Die Steuerzahlungen eines Jahres ergeben sich in den Jahren mit Abschreibungen durch den folgenden Ausdruck. Für die Zeit nach Ende der Abschreibungen fällt der Term AfA wie beim Standardmodell aus der Formel heraus.

$$\text{Steuerzahlung} = s \cdot \left(g_t - \text{AfA} + Z_t\right)$$

Die Netto-Überschüsse eines Jahres entsprechen den Überschüssen g_t abzüglich der Steuerzahlung.

$$\text{Nettoüberschuß} = g_t - s \cdot \left(g_t - \text{AfA} + Z_t\right) = g_t \cdot (1-s) + s \cdot \text{AfA} - s \cdot Z_t$$

Die Kapitalwertformel C_0^Z für das Zinsmodell lautet dann:

$$C_0^Z = -a_0 + \sum_{t=1}^{T} g_t \, (1-s)(1+i)^{-t} + \sum_{t=1}^{t_{\text{AFA}}} s \cdot \text{AFA}_t \, (1+i)^{-t}$$

$$- \sum_{t=1}^{T} s \cdot Z_t \cdot (1+i)^{-t} + (1-s) \, L \, (1+i)^{-T}$$

Für den Sonderfall jährlich gleicher Überschüsse g_t kann diese Formel in die folgende Variante überführt werden:

$$C_0^Z = (1-s)\, g \cdot RBF_T^i + s \cdot AFA_t \cdot RBF_{t_{AFA}}^i - \sum_{t=1}^{T} s \cdot Z_t (1+i)^{-t} + (1-s)\, L\, (1-i)^{-T} - a_0$$

Der Zinsterm läßt sich allerdings nicht über den Rentenbarwertfaktor (RBF) ausdrücken, da die in den einzelnen Jahren anfallenden Soll- bzw. Habenzinsen generell von Jahr zu Jahr unterschiedlich hoch sind.

Im Gegensatz zum Standardmodell arbeitet das Zinsmodell nicht mit dem steuerkorrigierten Zinssatz i^{St}, sondern verwendet den Marktzinsfuß i. Es vergleicht damit eine versteuerte Sachinvestition mit einer nicht versteuerten Finanzinvestition. Dieser Verstoß gegen die Grundsätze der Logik bereitet dann auch bei der Interpretation der Ergebnisse des Zinsmodells Probleme, denn die Berechnungen führen zu einem Kapitalwert, der mit den Ergebnissen des Vofis bzw. des Standardmodells im allgemeinen nicht identisch ist.

Die Anwendung des Zinsmodells soll an dem gleichen Beispiel demonstriert werden, das bereits für das Standardmodell benutzt wurde. Die Zahlen dieses Beispiels werden nochmals wiederholt:

Anschaffungsbetrag	a_0	1.500 GE
Periodenüberschuß	g	500 GE
Liquidationserlös	L	40 GE
Nutzungsdauer	T	4 Jahre
Abschreibungsdauer	t_{AFA}	4 Jahre
Multifaktor	s	50%
Marktzins	i	12%
Steuerkorrigierter Zins	i^{St}	6%
Rentenbarwertfaktor für 6% und 4 Jahre	RBF	3,4651
Rentenbarwertfaktor für 12% und 4 Jahre	RBF	3,0373

Um den Kapitalwert des Zinsmodells berechnen zu können, wird außer den obigen Daten auch noch die Zahlungsreihe der Zinsen Z_t benötigt. Diese Zinszahlungen lassen sich nur mit einem Vofi bestimmen. Es erhebt sich dann aber die Frage, was das Zinsmodell eigentlich soll, wenn zu dessen Berechnung ein Vofi erforderlich ist, aus dem das Ergebnis des Entscheidungsproblems bereits entnommen werden kann. Es ist ziemlich unsinnig, die Zinsen aus einem Vofi in das Zinsmodell einzusetzen, um dann einen Kapitalwert zu erhalten, der wegen des oben zitierten logischen Fehlers erst uminterpretiert werden muß, um zu dem Ergebnis zu kommen, das bereits aus dem Vofi bekannt ist. Das Zinsmodell ist daher eine Vorgehensweise mit mehrfachen "Gehirnwindungen".

Die Zahlungsreihe der Zinsen Z_t ist von der Finanzierungssituation abhängig, d.h., bei reiner Eigenfinanzierung - Startkapital 1.500 GE - ergeben sich andere Zinswirkungen als bei reiner Fremdfinanzierung - Startkapital null. Als Folge dessen ist der Kapitalwert des Zinsmodells im Gegensatz zum Kapitalwert des Standardmodells finanzierungsabhängig.

Zunächst soll von reiner Fremdfinanzierung ausgegangen werden. Aus dem im vorigen Kapitel bereits aufgestellten Vofi sind für die Zinsszahlungen Z_t folgende Werte zu entnehmen.[66]

$$Z_t = (-180; -138,30; -94,10; -47,24)$$

Werden diese Zahlenwerte in die Kapitalwertformel des Zinsmodell eingesetzt, ergibt sich:

$$C_0^{Z;FK} = -1.500 + (1 - 0,5) \cdot 500 \cdot 3,0373 + 0,5 \cdot 375 \cdot 3,0373$$
$$-0,5 \cdot \left(-180 \cdot 1,12^{-1} - 138,3 \cdot 1,12^{-2} - 94,10 \cdot 1,12^{-3} - 47,20 \cdot 1,12^{-4} \right)$$
$$+0,5 \cdot 40 \cdot 1,12^{-4}$$
$$= 25,51$$

Der Zusatz FK im Symbol für den Kapitalwert des Zinsmodells soll andeuten, daß es sich um den Fall reiner Fremdfinanzierung handelt. Nach dem Standardmodell ergab sich ein Kapitalwert $C_0^{St} = 31,83$ GE bei einem Endvermögen von $31,83 \cdot 1,06^4 = 40,18$ GE. Aus dem Kapitalwert des Zinsmodell $C_0^{Z;FK} = 25,51$ GE kann über die Berechnungsvorschrift $25,51 \cdot 1,12^4 = 40,18$ GE auch auf das Endvermögen von 40,18 GE geschlossen werden. Damit gilt zwischen den beiden Kapitalwerten des Zins- und Standardmodells folgender Zusammenhang:

$$C_0^{Z;FK} \cdot (1 + i)^T = C_0^{St} \cdot \left(1 + i^{St} \right)^T$$

---

66 Vgl. den Vofi im Abschnitt zum Standardmodell, S. 163.

$$C_0^{Z;FK} = C_0^{St} \cdot \frac{\left(1 + i^{St}\right)^T}{(1+i)^T}$$

$$= 31,83 \cdot \frac{1,06^4}{1,12^4}$$

$$= 25,51$$

Durch diese Umrechnungsformel der Kapitalwerte wird der Fehler des Zinsmodells - Vergleich gegen eine nicht versteuerte Finanzanlage - wieder neutralisiert. Nach dieser Umrechnung erfolgt der Vergleich wieder gegen die versteuerte Finanzanlage.

Wird das Beispiel für den Fall reiner Eigenfinanzierung betrachtet, ergeben sich aus dem Vofi die folgenden Zinszahlungen Z_t.[67]

$$Z_t = (0; 52,50; 108,15; 167,14)$$

Werden diese Zinserträge in die Formel des Zinsmodells eingesetzt, errechnet sich folgender Kapitalwert:

$$C_0^{Z;EK} = -1.500 + (1 - 0,5) \cdot 500 \cdot 3,0373 + 0,5 \cdot 375 \cdot 3,0373$$

$$-0,5 \cdot \left(0 \cdot 1,12^{-1} + 52,5 \cdot 1,12^{-2} + 108,15 \cdot 1,12^{-3} + 167,14 \cdot 1,12^{-4}\right)$$

$$+0,5 \cdot 40 \cdot 1,12^{-4}$$

$$= -271$$

Dieser Kapitalwert scheint zu symbolisieren, daß die Investition nicht vorteilhaft ist, obwohl aus dem Vofi bereits bekannt ist, daß sich für die Investition ein Endvermögen von 1.933,90 GE errechnet und die versteuerte Finanzanlage nur ein Endvermögen von 1.893,72 GE erbringt; die Sachinvestition also vorteilhaft ist. Der Kapitalwert des Zinsmodells legt damit einen falschen Schluß nahe. Tatsächlich ist dieser Kapitalwert auch falsch, denn er erfaßt die zweite Komponente des Endvermögens einer Investition, das Endvermögen der Alternativanlage des Startkapitals nicht.

Werden die 1.500 GE Startkapital als Finanzanlage zu netto 6% angelegt, ergibt sich ein Endvermögen von 1.893,72 GE. Abgezinst mit dem Zinsfaktor von $1,12^4$ stellt sich für die Finanzanlage ein Kapitalwert im Zinsmodell von $-1.500 + 1.500 \cdot 1,06^4/1,12^4 = -296,51$ GE ein. Dieser mit den Bedingungen des Zinsmodells berechnete Kapitalwert der Finanzanlage ist damit

---

67   Vgl. den Vofi im Abschnitt zum Standardmodell, S. 164.

um 25,51 GE schlechter als der der Sachanlage. Sinnvoll interpretierbar ist nur diese Differenz der Kapitalwerte des Zinsmodells. Diese Differenz ist nichts anderes als der bekannte Kapitalwert des Zinsmodells für den Fall reiner Fremdfinanzierung. Durch die Differenzenbildung wird somit ein finanzierungsunabhängiger Kapitalwert des Zinsmodells bestimmt.

Wird der bekannte Zusammenhang gleichen Endvermögens zwischen Standard- und Zinsmodell ausgenutzt, kann das Ergebnis des Zinsmodells bei Eigenfinanzierung in das Ergebnis des Standardmodells transformiert und damit der Fehler des Zinsmodells neutralisiert werden.[68] Nach der beschriebenen Differenzenbildung besteht damit aufgrund der Beziehung des Endvermögens bei Eigenfinanzierung der folgende Zusammenhang zwischen dem Kapitalwert des Zins- und des Standardmodells:

---

68 In der Literatur gibt es einen Versuch, den Fehler des Zinsmodells durch Uminterpretation der im Modell zu verrechnenden Zinsen zu heilen. Vgl. Grob (1990b), S. 219 ff. Bei diesem Versuch werden folgende Berechnungsschritte durchlaufen:

(1) Der Kapitalwert des Standardmodells wird berechnet.

(2) Es wird ein Vofi aufgestellt, bei dem sich die Soll- und Habenzinsen bei Realisierung der Investition ergeben.

(3) Es wird für die Finanzanlage des Startkapitals ein Vofi aufgestellt, aus dem sich die Soll- und Habenzinsreihe der Opportunität ergeben.

(4) Im Zinsmodell wird dann für Z_t lediglich die Differenz der Zinsgrößen aus dem zweiten und dritten Berechnungsschritt angesetzt.

Diese Modifikation führt finanzierungsunabhängig zum Ergebnis des Standardmodells. Es stellt sich allerdings die Frage, was ein derartiger "Reparaturversuch" eines bereits im Ansatz falschen Modells soll. Nach der Uminterpretation der im Zinsmodell zu verwendenden Zinsen ergibt sich zwar das aus dem Standardmodell bekannte Ergebnis, aber der Berechnungsweg vermag keinen dem Rationalprinzip verpflichteten Kalkulator zu überzeugen. Nach diesem Berechnungsprinzip muß erst der richtige Kapitalwert bestimmt werden, dann müssen zwei Vofis aufgestellt werden, um die Zinsdifferenz ermitteln zu können, um letztlich mit der erneuten Berechnung des Kapitalwertes nach dem Zinsmodell zu einem Ergebnis zu kommen, das bereits aus dem ersten Berechnungsschritt ersichtlich ist.

$$C_0^{St} \cdot \left(1 + i^{St}\right)^T + EK \cdot \left(1 + i^{St}\right)^T = C_0^{Z;EK} \cdot (1+i)^T + EK \cdot (1+i)^T$$

$$C_0^{St} \cdot \left(1 + i^{St}\right)^T = C_0^{Z;EK} \cdot (1+i)^T + EK \cdot \left[(1+i)^T - \left(1 + i^{St}\right)^T\right]$$

$$C_0^{St} = \left[C_0^{Z;EK} + EK \frac{(1+i)^T - \left(1 + i^{St}\right)^T}{(1+i)^T}\right] \cdot \left[\frac{(1+i)^T}{\left(1 + i^{St}\right)^T}\right]$$

$$C_0^{St} = [-271 + 296{,}51] \cdot \frac{1{,}12^4}{1{,}06^4}$$

$$C_0^{St} = 25{,}51 \cdot \frac{1{,}12^4}{1{,}06^4}$$

$$C_0^{St} = C_0^{Z;FK} \cdot \frac{1{,}12^4}{1{,}06^4}$$

mit $i^{St} = i(1 - s)$

35 Inflationseffekte in der Investitionsrechnung

351 Ökonomische Wirkungen der Inflation

Inflation bedeutet, daß sich die Kaufkraft - der Nutzen des Geldes - im Zeitablauf vermindert. Eine Geldeinheit im Zeitpunkt t=0 besitzt dann eine höhere Kaufkraft als eine Geldeinheit zu einem späteren Zeitpunkt. Steigt der Preis für ein Gut inflationsbedingt in einem Jahr von 100 GE auf 104 GE, ist eine Geldeinheit nach einem Jahr nur noch 1/1,04 = 0,9615 wert. Strenggenommen besitzen Zahlungen, die zu unterschiedlichen Zeitpunkten anfallen, jeweils eine andere Dimension, da ihr ein anderer Kaufkraftindex zugrunde liegt. Der unterschiedliche Wert des Geldes, gemessen in Kaufkraft, hat nichts mit dem Zinseszinseffekt zu tun. Der Zinseffekt bringt bei Gleichheit der Kaufkraft des Geldes zum Ausdruck, um welchen Betrag das Geldvermögen steigt. Wirken beide Effekte - Zinseffekt und Geldwertverlust - zusammen, ergibt sich z.B. für einen nominellen Zinssatz von 10% und einen inflationsbedingten Kaufkraftverlust von 4% nur eine durch den Zinseffekt bedingte Erhöhung der Kaufkraft von 1,1/1,04 = 1,0577, d.h., die reale Verzinsung beläuft sich nur auf 5,77%. Für den realen Zinssatz gilt der Zusammenhang:

$$i^{real} = \frac{1+i}{1+inf} - 1$$

Ziel einer Berücksichtigung des Inflationseffektes in der Investitionsrechnung ist es, die Kaufkraftunterschiede des Geldes zu unterschiedlichen
Zeitpunkten in die Rechnung einzubeziehen. Es sollen mithin keine nominellen Vermögensmehrungen bestimmt werden, sondern es kommt darauf
an, zu ermitteln, ob eine Investition zu einer Erhöhung des Realvermögens
beiträgt bzw. ob sie inflationsbereinigt einen Vermögenszuwachs - Kauf-
kraftzuwachs - verspricht.

Inflation beeinflußt die für die Investitionsrechnung relevanten Daten in
mehrfacher Hinsicht:

■ Durch die Inflation verändern sich die Einstandspreise der einzusetzenden Produktionsfaktoren (Rohstoffe, Löhne, Mieten usw.). Gleichzeitig verändern sich auch die Verkaufspreise der erzeugten Produkte.
Diese Veränderungen schlagen sich in der Investitionsrechnung in den
jährlichen Überschüssen BZ_t nieder. Die Höhe dieser für die Investitionsrechnung relevanten Überschüsse hängt damit vom Ausmaß der Inflation ab. In der Regel verändern sich die einzelnen Faktorpreise und
die Verkaufspreise der erstellten Erzeugnisse nicht proportional zur Inflation als mittlerer Preisveränderung aller Produkte des Warenkorbes,
der zur Kaufkraftmessung herangezogen wird.

■ Als Folge der Inflation werden sich auch die Zinssätze für aufzunehmen-
des Kapital und die Habenzinsen für Finanzinvestitionen im Zeitablauf
verändern, wobei wiederum keine proportionale Entwicklung zwischen
Zinssätzen und der Inflationsrate bestehen muß. Verändern sich die
Zinssätze im Zeitablauf, kann in der Investitionsrechnung nicht mehr mit
der bislang praktizierten Vereinfachung einer im Zeitablauf gleichver-
zinslichen Finanzanlage als Opportunität gearbeitet werden. Das sich bei
unterschiedlichen Zinssätzen ergebende Endvermögen EV_T einer Sachanlage oder einer Finanzanlage muß dann durch die Kette der im Zeitablauf geltenden Zinsfaktoren q_t in einen nominellen Barwert umgerechnet
werden.

$$C_0 = EV_T \cdot q_1^{-1} \cdot q_2^{-1} \cdot q_3^{-1} \cdot \ldots \cdot q_T^{-1}$$

Aus diesen Einflüssen ergeben sich für die Investitionsrechnung folgende
Probleme:

- Wie sind die Kaufkraft- und die Zinssatzunterschiede in der Rechnung zu erfassen?
- Welches ist die für die Vorteilhaftigkeitsanalyse ausschlaggebende Opportunität? Kann weiterhin die Finanzinvestition als Vergleichsmaßstab der Rechnung dienen?

352 Erfassung des Inflationseffektes

Soll in einer Welt mit Inflation lediglich die bislang gestellte Frage analysiert werden, ob eine Sachinvestition oder eine Finanzanlage vorzuziehen ist, muß die bisherige Rechnung überhaupt nicht modifiziert werden. Die Investitionsrechnung basiert dann nach wie vor auf den nominellen Zahlungsvorgängen und den in den einzelnen Perioden geltenden nominellen Soll- und Habenzinssätzen. Die Inflation kommt indirekt in den gegenüber der Situation ohne Inflation veränderten Zahlungsüberschüssen BZ_t und den veränderten Zinssätzen zum Ausdruck. Es ist für die Rechnung nur nicht sinnvoll, von einer Berechnungsmethode auszugehen, die auf gleichbleibenden Zinssätzen beruht. Das Endvermögen der Investitionsalternativen ist dann z.B. mit einem Vofi zu bestimmen, der auch im Zeitablauf unterschiedliche Zinssätze erfassen kann. Ist aus dem Vofi das Endvermögen EV_T der Sachinvestition bekannt und ist auch das nominelle Endvermögen für eine Finanzanlage bestimmt worden, ist die günstigste Entscheidung durch einen Vergleich des nominellen Endvermögens zu bestimmen. Dieser Vergleich sagt aus, um welchen nominellen Vermögensbetrag eine Sachinvestition S am Ende des Planungszeitraums T besser oder schlechter ist als eine Finanzanlage. Für die Wahl zwischen diesen beiden Alternativen ist ausschließlich die nominelle Vermögensdifferenz der beiden Alternativen in T relevant.

Bei Inflation hat der Investor jedoch noch eine andere gedankliche Alternative im Hinterkopf, mit der er die Sachinvestition S vergleicht. Er fragt sich, ob die Sachinvestition zu einer realen Verbesserung seiner Vermögenslage beiträgt. Zu diesem Zweck muß er die rein inflationsbedingten Wirkungen aus dem nominellen Endvermögen herausrechnen. Diese Bereinigung kann durch das Konstrukt einer "Investition" W in den Warenkorb (Preisindex) erreicht werden. Der Investor könnte sein in t=0 verfügbares Startvermögen in den Warenkorb anlegen, der für die Messung der Kaufkraft benutzt wird und sich fragen, was er für die in t=0 beschafften Güter dann in T bezahlen müßte. Der Preis $EV_{T;W}$ für die "Investition" W entwickelt sich dann bis zum Zeitpunkt T entsprechend der kumulierten Inflationsrate:

$$EV_{T;W} = EK \cdot (1 + inf)^T$$

Am Ende der Nutzungsdauer der Investition S müßte der Investor daher den Betrag $EV_{T,W}$.aufwenden. Die Investition S leistet damit nur dann einen Beitrag zur Verbesserung der realen Vermögenssituation des Investors, wenn das nominelle Endvermögen der Investition S höher ist als der inflationierte Preis für die "Investition" W. In einer derartigen Investitionsrechnung übernimmt dann die "Investition" W die Funktion einer Opportunität bzw. eines zusätzlichen Vergleichsmaßstabes. Durch eine derartige Rechnung wird transparent, ob das nominelle Endvermögen der Investition S über dem reinen Inflationseffekt (Preisindex) liegt, ob mithin durch S eine Verbesserung der realen Vermögenssituation zu erreichen ist.

Die Rechnung soll für ein Beispiel einer Sachinvesition mit der folgenden Zahlungsreihe verdeutlicht werden.

$$BZ_t = (-100; 110; 121)$$

Es möge eine Inflationsrate von 10% und in beiden Jahren ein Zins von 20% gelten. Der Investor wird dann den Überschuß am Ende des ersten Jahres zu 20% in Finanzanlagen anlegen, so daß er aus der Sachanlage und der Finanzanlage am Ende des zweiten Jahres einen Betrag von 121 GE und 110 · 1,2 = 132 GE, zusammen also 253 GE erhält. Legt er das Startkapital von 100 GE gedanklich in den Warenkorb an, vermeidet er nach zwei Jahren eine Ausgabe von $100 \cdot (1+\text{inf})^2$. Bei inf = 0,1 entspricht das einem Betrag von 121 GE. Die Sachinvestition ist damit zu den Preisen des Zeitpunktes 2 um 253 - 121 = 132 GE besser als der reine Inflationseffekt. Diese 132 GE drücken den über dem reinen Inflationseffekt liegenden Teil des Endwertes der Investition S aus. Nur dieser Teil trägt zu einer realen Verbesserungen der Vermögenssituation des Investors bei.

Der Investor kann sich nun auch noch die Frage vorlegen, um welchen Betrag denn sein Realvermögen von 100 GE in t=0 im Zeitraum von zwei Jahren durch die Investition S anwächst. Der Betrag von 132 GE drückt die reale Mehrung des Vermögens noch in den Preisen des Zeitpunktes t=2 aus. Die 132 GE müssen daher in das Preissystem zum Zeitpunkt t=0 transformiert werden. Dazu ist der Betrag durch die kumulierte Inflationsrate $1{,}1^2$ zu dividieren. Die 132 entsprechen damit in Preisen des Zeitpunktes t=0 einer realen Vermögensmehrung von $132/1{,}1^2 = 109{,}09$.

Der beschriebene Berechnungsweg zur Erfassung der Inflation in der Investitionsrechnung ist nicht identisch mit dem in der Literatur üblicherweise beschrittenen Weg. Die übliche Vorgehenweise besteht darin, zunächst die Zahlungen BZ_t der Investition mit dem jeweiligen kumulierten Inflationsfaktor $(1+\text{inf})^{-t}$ zu deflationieren, um dann auf der Basis der in Preisen von t=0 ausgedrückten Überschüsse einen Kapitalwert zu bestimmen. Die nominelle Zahlungsreihe der Investition $BZ_t = (-100; 110; 121)$ wird dann durch die Berechnung $BZ_t \cdot (1+inf)^{-t}$ in Zahlungen des Preissystems in t=0 transformiert. Es ergibt sich die inflationierte, reale Zahlungsreihe (-100; 100; 100). Von dieser Zahlungsreihe wird dann der Kapitalwert berechnet.

Für die Abzinsung der desinflationierten Zahlungsreihe gibt es zwei Vorgehensweisen:

- Die reale Zahlungsreihe wird mit dem realen Zinsfuß abgezinst:

$$i^{real} = \frac{1+i}{1+inf} - 1$$

Bei $i = 0,2$ und $inf = 0,1$ errechnet sich der reale Zinsfuß mit 9,09%. Auf der Basis dieses Zinssatzes ergibt sich dann ein Kapitalwert von:

$$C_0 = -100 + 100 \cdot 1,0909^{-1} + 100 \cdot 1,0909^{-2} = 75,69$$

Dieser Kapitalwert ist identisch mit einer Abzinsung der nominellen Zahlungsreihe mit den Zinsfaktoren auf der Basis des Marktzinsfußes von 20%.

$$C_0 = -100 + 110 \cdot 1,2^{-1} + 121 \cdot 1,2^{-2} = 75,69$$

Eine Abzinsung der realen Zahlungsreihe mit dem realen Zinsfuß hebt damit letztlich die Inflationsbereinigung wieder auf, da auf und unter dem Bruchstrich eines jeden Elementes der Zahlungsreihe die gleiche sich aufhebende Rechenoperation durchgeführt wird. Dieser Weg ist damit einer Rechnung mit nominellen Größen äquivalent.

- Zur Abzinsung der realen Zahlungsreihe wird der Marktzinsfuß, im Beispiel 20% verwendet. Im Beispiel ergibt sich dann der folgende Kapitalwert:

$$C_0 = -100 + 100 \cdot 1,2^{-1} + 100 \cdot 1,2^{-2} = 52,78$$

Dieser Kapitalwert ist als Überschuß einer inflationierten Sachanlage im Vergleich zu einer nicht inflationierten Finanzanlage zu interpretieren und ist damit als Fehlinterpretation des Kapitalwertkriteriums zu bezeichen.[69] Der berechnete Kapitalwert ergibt keinen Sinn, weil gegen die Grundprinzipien der Vergleichbarkeit verstoßen wird.

Der Unterschied zwischen dieser zweiten Vorgehensweise zur Bestimmung eines Kapitalwertes und der obigen Deflationierung der nominellen Endvermögensdifferenz zur Sachinvestition mit den Faktor $(1+\text{inf})^{-T}$ liegt im Kern darin, daß sich bei der Inflationierung der Endvermögensdifferenz die Inflationsbereinigung auch auf die Rückflüsse aus der Investition bzw. den darauf aufbauenden Finanzanlagen bezieht. Bei der Inflationierung der Zahlungsreihe der Basisinvestition mit periodenspezifischen, kumulierten Inflationsfaktoren $(1+\text{inf})^{-t}$ werden die jeweiligen Überschüsse überhaupt nicht berücksichtigt, d.h., es erfolgt keine Wiederanlage der Rückflüsse in Finanzinvestitionen. Als Folge dieses unterschiedlichen Vorgehens wird bei der Inflationierung der Endvermögensdifferenz nur mit dem Inflationsfaktor $(1+\text{inf})^{-T}$ gearbeitet.

---

69 Bei dieser Berechnungsart wird im Grunde genau der gleiche Fehler gemacht wie beim Zinsmodell, bei dem eine versteuerte Sachanlage mit einer nicht versteuerten Finanzanlage verglichen wird.

4 Nutzungsdauer von Investitionen

41 Struktur des Entscheidungsproblems

Alle bisherigen Analysen zur Investitionsrechnung in diesem Buch gingen von einer gegebenen Nutzungsdauer der Investitionsobjekte aus. Das Problem der Investitionsrechnungen bestand allein darin, die Frage zu beantworten, ob eine Investition bei gegebener Lebensdauer im Vergleich zu einer Finanzinvestition oder einer anderen Sachinvestition vorzuziehen ist. In der Realität ist die ökonomisch sinnvolle Nutzungsdauer von Investitionen jedoch nicht vorgegeben, sondern selbst noch ein Problem der Investitionsrechnung. Es muß durchaus nicht sinnvoll sein, mit dem Ersatz einer Anlage zu warten, bis auch ihre technische Nutzungsdauer erreicht ist. Es kann ökonomisch vorteilhaft sein, den Ersatz zu einem früheren Zeitpunkt vorzunehmen. In diesem Falle ist abzuwägen, welche Wirkungen von einer Verlängerung der Nutzungsdauer auf das Ziel der Investitionsrechnung ausgeht. Es ist daher zu analysieren, ob durch eine Verlängerung der Nutzungsdauer der Kapitalwert oder das Endvermögen erhöht werden kann oder ob sich durch die Verlängerung der Nutzungsdauer eine Verbreiterung des Entnahmestromes erreichen läßt.

Im folgenden wird das Problem nur für das Ziel der Vermögensmaximierung untersucht. Für den vollkommenen Kapitalmarkt, der im folgenden unterstellt wird, ist es allerdings gleichgültig, ob vom Ziel der Kapitalwert-, Endwert- oder Entnahmemaximierung ausgegangen wird, da sich bei dieser Kapitalmarktsituation die genannten Ziele ineinander überführen lassen.

Für die Wahl der Nutzungsdauer einer Anlage können zwei Grundfragestellungen auftreten:

- Zum Investitionszeitpunkt soll auf der Basis der verfügbaren Informationen die Entscheidung über die wahrscheinlich sinnvolle Nutzungsdauer eines Investitionsobjektes gefällt werden. Die Nutzungsdauer wird in diesem Falle ex ante, bzw. gleichzeitig mit der Entscheidung für die Durchführung der Investition geplant (Frage nach der optimalen Nutzungsdauer).

- In der zweiten Situation ist eine Anlage in der Vergangenheit beschafft worden; der Betrieb arbeitet bereits mit dieser Maschine. Es stellt sich dann die Frage, ob es sinnvoll ist, diese Anlage gegen eine neue Anlage auszuwechseln (Frage nach dem optimalen Ersatzzeitpunkt).

Bei der neuen Anlage kann es sich um die gleiche Anlage wie bisher handeln - identischer Ersatz - oder es kann auch ein Ersatz durch eine technisch verbesserte Produktionsanlage - Rationalisierungsinvestition - vorgesehen werden. Ein identischer Ersatz ist grundsätzlich nur dann sinnvoll, wenn sich die Betriebsfähigkeit der alten Anlage im Laufe der Nutzungszeit verschlechtert, so daß höhere Ausgaben anfallen oder die Einnahmen bei technisch bedingt sinkenden Ausbringungsmengen abnehmen. Durch den Ersatz ist dann eine Verbesserung der jährlichen Überschüsse zu erreichen.

Das Ersatzproblem und die Ex-ante-Überlegungen zur Wahl der Nutzungsdauer sind grundsätzlich inhaltlich identische Probleme. Treten während der Nutzungsdauer eines Investitionsobjektes genau die Daten ein, die bei der Ex-ante-Betrachtung unterstellt wurden, führen beide Fragestellungen für den Nutzungszeitraum zu identischen Ergebnissen. In einer Welt mit sicheren Informationen erübrigt sich damit eine der beiden Fragestellungen. Hat der Investor vollkommene Voraussicht, läßt sich die Nutzungsdauer abschließend zum Investitionszeitpunkt beurteilen.

Die Voraussetzung sicherer Informationen ist in der Realität aber nicht gegeben. Der Investor muß die Ausgaben- und Einnahmenwirkungen einer Anlage schätzen. Für die Nutzungsdauerentscheidung müssen auch die Daten künftiger Investitionsalternativen bekannt sein. Will der Investor im Zeitpunkt t=0 die optimale Nutzungsdauer einer Investition A festlegen, wird für diese Entscheidung die Zahlungsreihe der Investition bei variabler Nutzungsdauer benötigt. Es muß aber auch bekannt sein, welche Daten bei einem zukünftigen Ersatz für die neue Anlage gelten. Wird ein identischer Ersatz durchgeführt, müßte z.B. mit Sicherheit die entsprechende Anschaffungsausgabe bekannt sein. Soll in der Zukunft eine technisch verbesserte Anlage beschafft werden, müßte bereits heute bekannt sein, zu welchen künftigen Entscheidungsalternativen der technische Fortschritt führt und mit welchen Zahlungswirkungen diese Alternative verbunden sind.

Grundsätzlich dürfte ein Investor damit im Zeitpunkt t=0 von der Datenseite her überfordert sein, die Nutzungsdauer einer Investition abschließend zu planen. Er wird für seine Investitionsüberlegungen von bestimmten Erwartungen ausgehen; und er wird seine Entscheidungen auf der Basis dieser Erwartungen fällen. Sein Entscheidungsfeld ist jedoch noch offen, d.h., er kennt die künftig sich bietenden Handlungsalternativen gar nicht oder nur unvollkommen.[1] Er kann also unmöglich alle künftigen Handlungsmöglichkeiten bereits heute in seine Entscheidungen einfließen lassen. Selbst wenn

---

1   Zum Begriff des offenen Entscheidungsfeldes vgl. Adam (1993a), S. 75.

er die zukünftigen Handlungsalternativen vollständig kennen würde, steht er immer noch vor dem Problem, die Frage zu beantworten, welche Ein- und Auszahlungswirkungen mit diesen Alternativen verbunden sind. Das Unsicherheitsproblem über die Daten und die Handlungsalternativen hat zur Folge, daß die einer Investitionsrechnung unterlegten Daten veralten. Es treten neue, in dieser Form nicht erwartete Daten auf, und diese veränderte Informationslage muß dazu führen, die bisherige Investitionsdauerentscheidung zu überprüfen und gegebenenfalls zu revidieren.

Das Informationsproblem bewirkt damit letztlich, daß Ex-ante- und Ex-post-Entscheidungen über die Nutzungsdauer einer Investition nicht gleich ausfallen müssen. Beide Problemstellungen sind insoweit inhaltlich unterschiedlich.

Bei jeder Nutzungsdauerentscheidung ist der Grenzbeitrag einer verlängerten Nutzungszeit einer Investition zur Zielsetzung (Endvermögen, Kapitalwert) zu bestimmen. Dabei treten unterschiedliche Einflußgrößen auf, die zu *einer* Kenngröße verdichtet werden müssen. Wird die Nutzungsdauer einer einzelnen Investition ohne Nachfolger z.B. von 4 auf 5 Jahre verlängert, erwirtschaftet das Investitionsobjekt den Zahlungsüberschuß g_5 des 5. Jahres zusätzlich. Diesem positiven Effekt steht eine negative Wirkung entgegen. Wenn das Investitionsobjekt im Zeitpunkt $t=4$ veräußert wird, erhält das Unternehmen einen bestimmten Liquidationserlös L. Wartet es mit dem Ausstieg aus dem Investitionsobjekt noch ein Jahr, wird sich der Liquidationserlös um ΔL reduzieren und das Unternehmen erleidet einen Zinsverlust, da es den sonst im Zeitpunkt $t=4$ zu erzielenden Liquidationserlös L nicht anlegen kann.

Hat die Investition einen Nachfolger, sind die Wirkungen auf die Grenzgröße des Erfolges komplizierter, da zusätzlich zu den Wirkungen bei der alten Anlage noch die Zahlungswirkungen für die neue Anlage um eine Periode später anfallen. Das Problem der Nutzungsdauerentscheidungen - gleichgültig, ob es sich um Ex-post- oder Ex-ante-Analysen handelt - besteht darin, Funktionen der Grenzzielbeiträge im Zeitablauf zu bestimmen. Gesucht ist der Zeitpunkt, bei dem der Grenzbeitrag gleich null ist, bei dem also eine weitere Verlängerung das Zielniveau nicht mehr erhöht.

Eine Entscheidung auf der Basis der zu ermittelnden Grenzfunktion des Zielbeitrages (z.B. Veränderung des Endvermögens oder des Kapitalwertes) ist jedoch in der beschriebenen Art nur möglich, wenn durch die Form der Grenzfunktion im Zeitablauf klar ist, daß es nur einen Zeitpunkt gibt, bei dem die Grenzgröße gleich null ist. Besitzt die Grenzfunktion mehrere Nullstellen, kann es sein, daß bei der ersten Nullstelle nur ein relatives Maximum der Zielfunktion vorliegt. Bei einer Ausdehnung der Nutzungsdauer sinkt in diesem Fall zunächst des Zielniveau, solange mit einer Verlängerung der Nutzungsdauer negative Grenzgrößen verbunden sind. Treten zu späteren Zeitpunkten wieder positive Grenzgrößen auf, kann es sein, daß der nach dem ersten relativen Maximum zunächst erlittene Zielnachteil wieder kompensiert werden kann. Die Analyse darf sich in einem solchen Fall nicht auf die erste Nullstelle der Grenzfunktion des Zielbeitrages beschränken.

In diesem Falle ergibt sich für die Rechnung ein zusätzliches Problem, da Vermögensänderungen, die sich auf unterschiedliche Zeitpunkte beziehen, nicht unmittelbar vergleichbar sind. Es muß dann durch Abzinsung die Wirkung der Endvermögensänderungen unterschiedlicher Zeitpunkte auf den Kapitalwert bestimmt werden. Damit gewinnt neben der Vermögensänderung zu bestimmten Zeitpunkten auch der Abzinsungsfaktor Einfluß auf die Entscheidung.

Nutzungsdauerentscheidungen können grundsätzlich auf zwei verschiedenen Modellkonzepten aufbauen. Beim ersten Modelltyp werden die Zahlungen einer Investition als kontinuierliche Funktionen der Zeit dargestellt. Auch die Grenzgröße des Erfolges ist dann eine derartige kontinuierliche Funktion der Zeit. Diese Modelle erfordern einen erheblichen mathematischen Aufwand. Die Verzinsung muß z.B. mit kontinuierlichen Zinszuschriften - Momentanverzinsung - dargestellt werden;[2] der gesamte Beitrag einer Investition zur Zielfunktion wird durch ein Integral abgebildet. Die Berechnung dieser Modelle ist entsprechend schwierig. Was aber viel wesentlicher ist: Es steht die mathematische Berechnungsmethode im Vordergrund und der Investor erkennt aus der Modellbildung nicht - oder nur bei guter mathematischer Schulung -, welche Determinanten letztlich für eine Entscheidung ausschlaggebend sind und wie sich der auf bestimmte Determinanten zurückgehende Einfluß auf die Entscheidung im Zeitablauf verändert.

Aus diesem Grund soll in diesem Buch eine andere Vorgehensweise gewählt werden. Es wird mit Modellen gearbeitet, die die Zeit diskretisieren. Es sind also keine kontinuierlichen Veränderungen der Nutzungsdauer möglich, sondern die Nutzungsdauer wird z.B. um ein Jahr verlängert oder verkürzt, und die auf diese diskontinuierliche Veränderung zurückgehenden Einflüsse auf die Zielfunktion werden analysiert. Bei dieser Vorgehensweise kann der Einfluß bestimmter Determinanten auf die Problemlösung leichter transparent gemacht werden und die Berechnungen vereinfachen sich, da in den Modellen nicht mit einer unendlich großen Menge von Entscheidungsalternativen wie bei kontinuierlichen Modellen gearbeitet wird. Diskontinuierliche, dynamische Modelle haben damit den Vorzug, daß die Menge der Ent-

---

2   Vgl. z.B. Kobelt, Schulte (1987), S. 63 ff.

scheidungsalternativen leichter überschaubar ist, der mathematische Modell-
aufwand bleibt gering und zudem sind die Anforderungen an die Quantifizierung der Daten geringer. Bei kontinuierlichen Modellen kann z.B. nicht mit
Jahresüberschüssen g_t gearbeitet werden, sondern es muß bestimmt werden,
an welchem Tag des Jahres t welche Zahlungswirkungen auftreten. Die
kontinuierlichen Modelle arbeiten in der Abbildung mit einer Genauigkeit,
die bei der Quantifizierung der Daten in realen Situationen nicht zu erreichen
ist.

Nach der Art des Entscheidungsfeldes können bei Ex-ante- und Ex-post-
Entscheidungen über die Nutzungsdauer mehrere Formen unterschieden
werden. Zu differenzieren ist zunächst danach, ob eine Einzelinvestition ohne Nachfolger betrachtet wird oder ob die zu analysierende Investition
Nachfolger hat. Von dieser Frage ist es abhängig, welche Determinanten für
die Lösung des Entscheidungsproblems relevant sind. Für Investitionen mit
Nachfolger kann mit unterschiedlichen Kettenkonstruktionen gearbeitet
werden. Es können identische, also technisch nicht verbesserte Anlagen folgen, oder die Nachfolgeanlage ist technisch verbessert - kein identischer
Nachfolger. Ein drittes Kriterium knüpft an die Länge der Ketten an. Es gibt
Entscheidungsfelder mit einer endlichen Anzahl von Kettengliedern, und eine spezielle Variante analysiert eine Investition unter der vereinfachenden
Annahme, daß ihr noch unendlich viele Kettenglieder folgen. Unendliche Investitionsketten werden in der Literatur besonders für den Fall identischer
Nachfolger untersucht. Das mit dieser Analyseart gewonnene Ergebnis ist in
der Praxis besonders beliebt, denn es entspricht der Anwendung der Annuitätenmethode auf Nutzungsdauerentscheidungen.

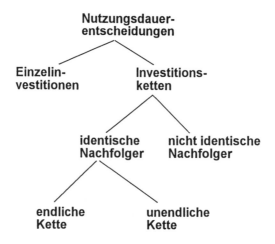

42 Optimale Nutzungsdauer

421 Nutzungsdauer einer Einzelanlage

Das einfachste Entscheidungsfeld für Nutzungsdauerentscheidungen liegt im Falle einer Investition vor, die keinen Nachfolger hat. Dieser Modelltyp geht davon aus, daß der Unternehmer sich nach Ende der Nutzungsdauer zur Ruhe setzt und das am Ende der Nutzungsdauer der Realinvestition verfügbare Endvermögen nur noch in Finanzanlagen anlegt. Wird daher bei diesem Entscheidungsfeld die Verlängerung der Nutzungsdauer einer Anlage um ein Jahr geplant, stehen zwei vollständige Entscheidungsalternativen zur Wahl:

- Bis zum Zeitpunkt n wird mit der Anlage gearbeitet und aus der Anlage fließt ein Zahlungsstrom. Nach der vorläufig festgelegten Nutzungsdauer n wird das Endvermögen der Sachanlage in Finanzanlagen plaziert.

- Das Unternehmen arbeitet bis zum Jahre n+1 mit der Anlage und legt erst dann das verfügbare Endvermögen in Finanzanlagen an.

Dieser Fall soll für den vollkommenen Kapitalmarkt untersucht werden. Unter dieser Annahme reicht für die Entscheidung über eine Verlängerung um ein Jahr ein Modell aus, das n+1 Teilperioden umfaßt. Der Zeitraum jenseits der Periode n+1 hat auf die Entscheidung bei gleichen Soll- und Habenzinsen keinen Einfluß, weil die Finanzanlage des Geldes in dieser Kapitalmarktkonstruktion einen Kapitalwert von null hat. Es wird für die Berechnung des Endwertes der Finanzanlagen jenseits von n+1 mit dem gleichen Zinssatz gearbeitet, der auch für die Berechnung der Kapitalwerte als Abzinsungsgröße benutzt wird. Bei einem unvollkommenen Kapitalmarkt muß eine Planungsperiode vorgegeben werden, die z.B. der technischen Nutzungsdauer des Aggregates - längster Zeitraum, um Einnahmen aus der Anlage zu ziehen - entspricht. Für unterschiedliche Liquidationszeitpunkte der Sachinvestition ist dann mit dem Instrument des Vofis die Strategie mit dem höchsten Endvermögen zum festgesetzten einheitlichen Planungshorizont zu bestimmen.

Für die Entscheidung zwischen der Nutzungsdauer n und n+1 sind generell die folgenden Determinanten relevant:

- Wird die Nutzungsdauer um das eine Jahr verlängert, erzielt das Unternehmen zusätzlich den Überschuß g_{n+1}

- Wird aber die Nutzungsdauer auf n+1 ausgedehnt, kann das Unternehmen am Ende von n den dann möglichen Liquidationserlös L_n nicht vereinnahmen. Dieser Betrag kann auch nicht in Finanzanlagen verzinslich angelegt werden.

■ Am Ende der Periode n+1 fällt ein um $L_n - L_{n+1} = \Delta L$ geringerer Liquidationserlös an.

Besonders einfach ist die Entscheidung, wenn für eine Anlage zu keinem Zeitpunkt Liquidationserlöse erzielt werden. Von den drei Determinanten kommt dann nur die erste zum Tragen, und es ergibt sich ein besonders einfaches Entscheidungskriterium: Die Nutzungsdauer ist solange auszudehnen, wie noch positive Zahlungsgrößen in der zusätzlichen Nutzungszeit anfallen. Die Abzinsung der Zahlungsgößen auf den Zeitpunkt t=0 spielt für die Lösung des Problems überhaupt keine Rolle, wenn nur ein Vorzeichenwechsel bei den Überschüssen g_t existiert. Jede positive Zahlung g_t führt bei einem positiven Abzinsungsfaktor q^{-t} immer auch zu einem positiven Beitrag zum Kapitalwert. Gilt für eine Investition z.B die folgende Zahlungsreihe:

t	0	1	2	3	4	5	6	7	8	9
BZ_t	-250	100	60	50	40	30	10	-15	-30	-40

ist die Nutzung der Anlage nach 6 Jahren zu beenden, da die -15 im siebten Jahr den Kapitalwert gegenüber der Situation am Ende des sechsten Jahres verschlechtern.

Für die folgende Zahlungsreihe darf die Investition jedoch nicht automatisch im sechsten Jahr abgebrochen werden.

t	0	1	2	3	4	5	6	7	8	9	10	11	12
BZ_t	-250	100	60	50	40	30	10	-15	-30	-40	60	30	-10

Es ist vielmehr zu analysieren, ob die negativen Werte im siebten bis neunten Jahr durch die nachfolgenden positiven Werte noch kompensiert werden können. Dazu ist es jedoch erforderlich, die Kapitalwerte der negativen und positiven Zahlungsgrößen zu bestimmen, da jede dieser Größen mit einem anderen Gewicht in den Kapitalwert eingehen. Es ist also zu fragen, ob der negative Kapitalwert für $-15 \cdot q^{-7}$, $-30 \cdot q^{-8}$ und $-40 \cdot q^{-9}$ durch die anschließenden positiven Werte neutralisiert werden kann.

Existieren Liquidationserlöse, ist das Entscheidungskriterium komplizierter, da nunmehr alle drei oben genannten Determinanten zu beachten sind. Das Entscheidungskriterium kann entwickelt werden, wenn für jede der beiden Alternativen - Ersatz in n oder n+1 - der Kapitalwert bestimmt wird.

- Für die Alternative, bis n mit der Anlage zu arbeiten, muß zunächst der Endwert der Überschüsse g_t bis t=n berechnet werden. Er entspricht dem Ausdruck $\sum g_t q^{n-t}$. Zusätzlich erzielt das Unternehmen in n den Liquidationserlös L_n. Die Summe aus diesen beiden Beträgen ist auf n+1, also um ein Jahr mit q aufzuzinsen, um den Endwert in n+1 zu erhalten, der mit dem Endwert der zweiten Alternative für den gleichen Zeitraum verglichen werden soll. Der Endwert am Ende von n+1 ist mit dem Faktor $q^{-(n+1)}$ abzuzinsen, und der Anschaffungsbetrag a_0 ist abzuziehen, um zum Kapitalwert der ersten Alternative zu kommen.

- In entsprechender Weise ist für den Kapitalwert der zweiten Alternative vorzugehen. Die Erträge aus der Investition laufen allerdings bis n+1. Die Erträge bis n sind mit q^{n+1-t} aufzuzinsen und der Überschuß g_{n+1} ist zu addieren. Zusätzlich fällt der Liquidationserlös $L_{n+1} = L_n - \Delta L$ an. Dieser Endwert in t=n+1 ist wiederum um n+1 Perioden abzuzinsen. Nach Abzug der Anschaffungsausgabe a_0 ergibt sich der Kapitalwert der zweiten Alternative.

Wird der Kapitalwert einer Nutzung bis n vom Kapitalwert einer Nutzung bis n+1 abgezogen, gibt dieser Ausdruck die Erhöhung des Kapitalwertes an, wenn die Nutzungsdauer von n auf n+1 ausgedehnt wird.

$$\Delta C_0 = -\underbrace{\left[\underbrace{\left(\sum_{t=1}^{n} g_t q^{n-t} + L_n\right) \cdot q^{-n}}_{\text{Endvermögen}} - a_0\right]}_{\text{Kapitalwert bei Liquidation in n}} + \underbrace{\left[\underbrace{\left(\sum_{t=1}^{n} g_t q^{n+1-t} + g_{n+1} + L_n - \Delta L\right) \cdot q^{-(n+1)}}_{\text{Endvermögen}} - a_0\right]}_{\text{Kapitalwert bei Liquidation in n+1}}$$

Diese Formel[3] kann vereinfacht werden, indem alle sich gegenseitig aufhebenden Terme gestrichen werden. Es entsteht der Ausdruck:

$$\Delta C_0 = \underbrace{\left(-L_n(q-1) + g_{n+1} - \Delta L\right)}_{\substack{\text{Endvermögensdifferenz} \\ \text{bei Ausdehnung der} \\ \text{Nutzungsdauer von n auf n+1}}} \cdot q^{-(n+1)}$$

Vorteilhaft ist die Ausdehnung der Nutzungsdauer dann, wenn die Differenz ΔC_0 positiv ist. Aus dem Ausdruck wird deutlich, daß die Entscheidung nur von der Höhe der entgangenen Zinsen auf den Liquidationserlös, der Differenz des Liquidationserlöses und dem Überschuß g_{n+1} abhängig ist. Die Anschaffungsausgabe und der Abzinsungsfaktor $q^{-(n+1)}$ tangieren als Kon-

---

3 Im Kapitalwert der Nutzungsdauer (bis n) wurde der Zinsfaktor $q \cdot q^{-(n+1)}$ gekürzt zu dem Term q^{-n}.

stante die Entscheidung nicht, ausschlaggebend ist allein die Endvermögensdifferenz in der Klammer der Formel.[4]

Das entwickelte Entscheidungskriterium soll auf ein Beispiel mit folgender Zahlungsreihe der Anschaffungsausgaben und der laufenden Zahlungsüberschüsse g_t angewendet werden. Wird die Anlage liquidiert, werden in den einzelnen Zeitpunkten die darunter stehenden Liquidationserlöse erzielt.

t	0	1	2	3	4	5	6
BZ_t	-15.000	10.000	7.000	1.000	400	150	50
L_t	-	1.000	700	500	400	350	325

Es gilt ein Zinssatz von 10%. Die für die Entscheidung relevanten Größen sind in die folgende Tabelle eingetragen. Die erste Spalte enthält die Zinseinbußen, die zweite die zusätzlichen Überschüsse und die dritte die Änderung des Liquidationserlöses, wenn die Nutzungsdauer um ein Jahr verlängert wird. In der vierten Spalte steht die Endvermögensänderung - Summe der drei vorhergehenden Spalten -, wenn die Nutzungsdauer um ein Jahr ausgedehnt wird. Bereits aus dieser Spalte ist zu erkennen, daß im Beispiel die optimale Nutzungsdauer bei 5 Jahren liegt, weil bis zum fünften Jahr das Endvermögen nicht abnimmt. Zusätzlich sind noch die Abzinsungsfaktoren $q^{-(n+1)}$ für die verschiedenen Laufzeiten der Endvermögensänderungen angegeben, die benötigt werden, um die jeweilige Endvermögensänderung in den Kapitalwert umzurechnen. Die Kapitalwertänderung als Produkt aus Endwertänderung und dem Abzinsungsfaktor steht dann in der letzten Spalte.

$n+1$	Zinseinbußen $-L_n(q-1)$	Überschüsse g_{n+1}	Differenz Liq.erlös $-\Delta L$	Endvermögenszuwachs	Zinsfaktor $q^{-(n+1)}$	Zuwachs Kapitalwert ΔC_0
2	-100	7.000	-300	6.600	0,8264	5.454,55
3	-70	1.000	-200	730	0,7513	548,46
4	-50	400	-100	250	0,6830	170,75
5	-40	150	-50	60	0,6209	37,26
6	-35	50	-25	-10	0,5645	-5,65

---

4   Diese Aussage gilt unter der Voraussetzung, daß einer negativen Endvermögensdifferenz später keine positive Differenz bei weiterer Ausdehnung der Nutzungsdauer folgt.

422 Endliche Investitionsketten aus identischen und nicht identischen Investitionen

Der bislang betrachtete Fall - nach Ablauf der Nutzungsdauer n der Investition werden nur noch Finanzinvestitionen getätigt - ist nicht besonders realistisch. Regelfall ist es sicherlich, das mit einer Investition zurückgewonnene Geld zumindest teilweise zu reinvestieren. Es entstehen Investitionsketten. Zunächst soll der Fall endlicher Ketten betrachtet werden. Bei Investitionsketten wird das Entscheidungsproblem komplizierter, weil nunmehr auch die Einflüsse der Nachfolgeranlage zusätzlich im Kalkül zu beachten sind. Zuerst wird der Fall identischer Wiederholung von Investitionen betrachtet. Von Ketten mit identischen Investitionen ist zu sprechen, wenn jedes Kettenglied bei gleicher Laufzeit der Investition bezogen auf den Startzeitpunkt dieser Investition den gleichen Kapitalwert hat. Im einfachsten Fall werden nach Ablauf einer bestimmten Zeit die gleichen Investitionsobjekte neu gestartet, so daß es z.B. über zwei Kettenglieder zu folgender Zahlungsreihe kommt.

Zeitpunkt	0	1	2	3	4	5	6
1. Glied	-170	90	70	50			
2. Glied				-170	90	70	50

Ketten mit nicht identischen Nachfolgern liegen dementsprechend vor, wenn sich die Kapitalwerte der Kettenglieder bei gleicher Nutzungsdauer n unterscheiden, wenn z.B. gilt:

Zeitpunkt	0	1	2	3	4	5	6
1. Glied	-170	90	70	50			
2. Glied				-200	110	90	70

Es soll zunächst nur der Fall einer Kette aus zwei identischen Kettengliedern untersucht werden. Abzuleiten ist der sogenannte "Ketteneffekt" oder das "general law of replacement". Nach diesem Gesetz ist in einer endlichen Kette von identischen Investitionen die optimale Nutzungsdauer n_{opt} eines Kettengliedes immer länger als die der Vorgängerinvestition.[5] Identischen Investitionsketten kommt zwar in der Praxis als Folge des technischen Fortschrittes keine Bedeutung zu, der Fall vermittelt aber wertvolle Einsichten in die Zusammenhänge der Investitionsrechnung für Ketten.

Bei Investitionsketten besteht das Planungsproblem darin, die optimale Länge T der gesamten Kette festzulegen und diese Gesamtdauer auf die

---

5   Vgl. Schneider (1992) S.106 ff.

Nutzungsdauern n_i der Kettenglieder i optimal aufzuteilen. Es sind also zwei ineinander geschachtelte Aufgaben zu lösen. Das zu lösende Gesamtproblem ist damit ein Problem mit einem offenen Planungszeitraum T. Für die Lösung dieser Aufgabe können zwei verschiedene Konzepte eingesetzt werden, die am Beispiel einer zweigliedrigen Kette erläutert werden:

- Es wird zunächst ein Planungszeitraum T willkürlich festgesetzt und nur das Problem einer optimalen Aufteilung von T in n_{1opt} und n_{2opt} für die beiden Kettenglieder gelöst. Die jeweiligen Nutzungsdauern n_{iopt} hängen dann allerdings von dem vorgegebenen T ab. Es ist in einer Sensitivitätsanalyse festzustellen, wie sich das Endvermögen der Gesamtkette bei variablem T verhält, d.h., es ist das Endvermögen für eine Gesamtdauer T von 1, 2, 3,.....T Jahren in alternativen Rechnungen zu bestimmen. Da jedoch Endvermögenswerte für unterschiedliche Planungszeiträume nicht vergleichbar sind, müssen sie erst durch eine Finanzanlage vergleichbar gemacht werden. Die jeweiligen Endvermögen für alternative T müssen daher auf einen gemeinsamen Bezugszeitpunkt aufgezinst werden, ehe die Frage zu beantworten ist, welches die optimale Länge der gesamten Kette und damit die richtige optimale Nutzungsdauer der einzelnen Kettenglieder ist.

  Dieser umständliche Weg eines Endvermögensvergleichs bei offenem Planungszeitraum kann umgangen werden, wenn nicht das Endvermögen, sondern der Kapitalwert betrachtet wird. Diesen Weg beschreitet das zweite Vorgehen.

- Es wird der Kapitalwert der Kette bei variabler Gesamtdauer T bestimmt und T entspricht der Summe der Nutzungsdauern n_i der Kettenglieder i. Bei dieser Vorgehensweise zeigt sich automatisch, ob der Kapitalwert der Kette bei Ausdehnung von T noch zunimmt.

Beim zweiten Weg wird der gesamte Kapitalwert der Kette durch die Kapitalwerte $C_0(n_i)$ der Kettenglieder dargestellt. Der Kapitalwert des ersten Kettengliedes bezieht sich jedoch auf den Planungszeitpunkt t=0, während der Kapitalwert des zweiten Kettengliedes für den Zeitpunkt nach dem Ende der Nutzungsdauer des ersten Kettengliedes gilt. Für die Berechnung des gesamten Kapitalwertes der Kette ist es daher erforderlich, den Kapitalwert C_{02} des zweiten Kettengliedes um n_1 Jahre abzuzinsen. Es gilt dann:

$$C_0^{Kette} = C_{01}(n_1) + C_{02}(n_2) \cdot q^{-n_1}$$

Der Kapitalwert der Kette hängt von zwei Variaben n_1 und n_2 ab. Die Kapitalwertformel besteht aus zwei Teilen. Der erste ist der von n_1 abhängige

Kapitalwert des ersten Kettengliedes und der zweite Term entspricht dem abgezinsten Kapitalwert des zweiten Kettengliedes. Die Nutzungsdauer des ersten Kettengliedes ist optimal, wenn die Veränderung des Kapitalwertes ΔC_0^{Kette} bei Veränderung von T gerade null ist. In diesem Fall muß die Summe aus dem Grenzkapitalwert des ersten Kettengliedes und der Zinsbelastung bei Aufschub der zweiten Investition gerade gleich null sein.

Die Gleichung für C_0^{Kette} kann nur rekursiv berechnet werden, indem zunächst die Nutzungsdauer des zweiten Kettengliedes bestimmt wird, um anschließend für die bekannte Nutzungsdauer n_2 die optimale Nutzungsdauer n_1 des ersten Gliedes zu optimieren. Bei einer Kette aus zwei Gliedern hat das zweite Kettenglied jedoch keinen Nachfolger mehr. n_2 ist damit die Nutzungsdauer einer Investition ohne Nachfolger, d.h., diese Nutzungsdauer ist mit Hilfe des Kriteriums festzulegen, das im Abschnitt 421 entwickelt wurde. Ist aber n_2 bekannt, hängen die Zinsen auf das zweite Kettenglied - zweiter Term der Gleichung für C_0^{Kette} - nur von der noch unbekannten Nutzungsdauer n_1 ab. Zu optimieren ist der Ausdruck

$$C_0^{Kette} = C_{01}(n_1) + C_{02} \cdot q^{-n_1}$$

mit C_{02} als Konstante. Für diese Optimierung läßt sich wiederum die Vorgehensweise anwenden, die im Abschnitt 421 für eine Investition ohne Nachfolger entwickelt wurde. Die Überlegungen sind lediglich um eine vierte Determinante zu ergänzen, und zwar sind die Zinsen auf den Kapitalwert des zweiten Kettengliedes zusätzlich zu erfassen. Die Höhe dieses Kapitalwertes C_{02} ist unabhängig davon, wann die zweite Investition realisiert wird. Bei einer um ein Jahr verlängerten Nutzungsdauer n_1 des ersten Kettengliedes hat das Unternehmen den Vorteil, für das Jahr n+1 den Überschuß g_{n+1} aus der ersten Investition zusätzlich zu erwirtschaften. Es verliert ΔL an Liquidationserlös bei der alten Anlage und es erleidet die Zinseinbuße auf den nicht realisierten Liquidationserlös L_{n1}. Zusätzlich verzichtet es aber auch auf die Zinsen auf den Kapitalwert des zweiten Kettengliedes, weil diese Investition erst ein Jahr später realisiert werden kann. Es ergibt sich für diese Strategie folgende Kapitalwertveränderung:

$$\Delta C_0 = \Big[\ \underbrace{-L_{n_1} \cdot i}_{\substack{\text{Zinsen auf} \\ \text{den nicht} \\ \text{realisierten} \\ \text{Liquidations} - \\ \text{erlös}}} + \underbrace{g_{n+1}}_{\substack{\text{zusätzlicher} \\ \text{Überschuß}}} - \underbrace{\Delta L}_{\substack{\text{Einbuße} \\ \text{an Liquida} - \\ \text{tionserlös}}} - \underbrace{C_{02} \cdot i}_{\substack{\text{Zins auf den} \\ \text{Kapitalwert} \\ \text{des 2.Ketten} - \\ \text{gliedes}}}\ \Big] \cdot q^{-(n_1+1)} > 0$$

Vorteilhaft ist die Verlängerung der Nutzungsdauer der ersten Investition, wenn die Endvermögensdifferenz - eckige Klammer der vorherigen Formel - positiv ist. Die Kapitalwertänderung bei verlängerter Nutzungsdauer ergibt sich, wenn die Endvermögensdifferenz durch den Zinsfaktor q^{n_1+1} dividiert wird. Die Entscheidung hängt wiederum nur von der Endvermögensdifferenz, nicht aber von der Abzinsung ab.

Das entwickelte Kriterium soll auf das auf fünf Jahre beschränkte Beispiel des Abschnitts 421 angewendet werden.

t	0	1	2	3	4	5
BZ_t	-15.000	10.000	7.000	1.000	400	150
L_t	-	1.000	700	500	400	350

Es wird angenommen, daß diese Investition nach n_1 Jahren identisch wiederholt wird. Aus dem Kapitel 421 ist die Nutzungsdauer n_2 bereits mit fünf Jahren bekannt. Für diese Nutzungsdauer ergibt sich bei einem Zinssatz i von 10 % ein Kapitalwert von 1.211 GE. Dies entspricht einem Zinsverlust von 121,10 GE, wenn die zweite Investition ein Jahr aufgeschoben wird. Um diesen Betrag wird die Endvermögensdifferenz dann kleiner als im Abschnitt 421. Die neue Endvermögensdifferenz ist der folgenden Tabelle zu entnehmen, die bis auf die Zusatzspalte für die Zinsbelastung durch das zweite Kettenglied mit der Tabelle im Abschnitt 421 identisch ist.

n+1	Zinsein-bußen $-L_n(q-1)$	Über-schüsse g_{n+1}	Differenz Liq.erlös $-\Delta L$	Endver-mögens-zuwachs	Zins-faktor $q^{-(n+1)}$	Zuwachs Kapital-wert ΔC_0	Zinsen auf C_{02} $C_{02} \cdot i$
2	-100	7.000	-300	6.600	0,8264	5.454,55	121,10
3	-70	1.000	-200	730	0,7513	548,46	121,10
4	-50	400	-100	250	0,6830	170,75	121,10
5	-40	150	-50	60	0,6209	37,26	121,10

Aus dieser Tabelle wird deutlich, daß die Nutzungsdauer des ersten Kettengliedes gegenüber dem zweiten Kettenglied kürzer wird, da die erste Investition nun auch noch die Zinsen auf den Kapitalwert der zweiten Investition tragen muß. Die Nutzungsdauer des ersten Kettengliedes verkürzt sich auf $n_{1opt}=4$ Jahre, denn im fünften Jahr übersteigen die Zinsen auf den Kapitalwert des zweiten Kettengliedes (121,10 GE) den Vermögenszuwachs (37,26 GE), der durch das erste Kettenglied zu erzielen ist. Im fünften Jahr ist damit die Endvermögensdifferenz der ganzen Kette negativ.

Das entwickelte Entscheidungskriterium für identische Investitionsketten läßt sich auch auf den Fall nicht identischer Ketten anwenden. Zu diesem Zweck ist lediglich der Zins auf das zweite Kettenglied anders zu interpretieren. Mit den Überlegungen des Abschnittes 421 ist zunächst die Nutzungsdauer der zweiten, nicht identischen Investition zu bestimmen, und bei der Berechnung der Nutzungsdauer des ersten Kettengliedes sind die Zinsen auf den Kapitalwert des nicht identischen Nachfolgers anzusetzen.

Das entwickelte Instrumentarium ist auch für den Fall von mehr als zwei Kettengliedern geeignet. Rekursiv muß z.B. die Nutzungsdauer des dritten Gliedes und der zugehörige Kapitalwert bestimmt werden, um die Zinsen berechnen zu können, auf die beim Aufschub des zweiten Kettengliedes verzichtet wird. Ist die Nutzungsdauer des zweiten Gliedes und damit der zugehörige Kapitalwert bestimmt, ist die Zinseinbuße für das erste Kettenglied bekannt. Bei dieser Berechnung zeigt sich, daß die Nutzungsdauer eines späteren Kettengliedes prinzipiell immer länger sein muß als die seines unmittelbaren Vorgängers, da die Zinsbelastung eines Nachfolgers immer kleiner ist als die des Vorgängers. Dieser Effekt wird in der Literatur als "general law of replacement" (Ketteneffekt) bezeichnet.

423 Unendliche Investitionskette

Die Berechnung der Nutzungsdauern für endliche Ketten ist durch das erforderliche rekursive Vorgehen sehr mühsam. Endliche Investitionsketten entsprechen zudem bei einem auf Dauer angelegten Unternehmen nicht dem tatsächlichen Investitionsverhalten. Für ein auf Dauer angelegtes Unternehmen ist es sinnvoll, von unendlichen Ketten auszugehen. Für den Fall nicht identischer Ketten läßt sich allerdings keine allgemeingültige Berechnungsvorschrift mehr angeben, während für die identische Wiederholung leicht ein Kriterium entwickelt werden kann. Bei unendlichen Ketten wird deshalb von identischen Kettengliedern ausgegangen, um die generelle Wirkung unendlicher im Vergleich zu endlichen Ketten erklären zu können.

Bei einer unendlichen Kette hat jedes Kettenglied grundsätzlich wieder unendlich viele Nachfolger. Existieren aber immer unendlich viele Nachfolger, ist der Kapitalwert aller Nachfolger immer gleich groß. Das wiederum heißt, für jedes Kettenglied ergibt sich der gleiche Zinsverzicht, wenn die Nutzungsdauer eines Kettengliedes ausgedehnt wird. Demzufolge müssen die Nutzungsdauern aller Kettenglieder gleich lang sein. Das "general law of replacement" gilt folglich nicht mehr. Um die einheitliche Nutzungsdauer bestimmen zu können, muß der Kapitalwert C_0 der unendlichen Kette bekannt sein. Dieser kann mit Hilfe folgender Überlegungen bestimmt werden.

Der Kapitalwert C_{0i} eines einzelnen Kettengliedes i entspricht dem Ausdruck:

$$C_{0i} = \sum_{t=1}^{n} g_t \cdot q^{-t} + L_n \cdot q^{-n} - a_0$$

Dieser Kapitalwert setzt sich aus den abgezinsten Überschüssen g_t, dem Anschaffungsbetrag und dem diskontierten Liquidationserlös am Ende der Nutzungsdauer n zusammen. Der Kapitalwert der gesamten Kette entspricht der Summe der jeweils abgezinsten Kapitalwerte der einzelnen Kettenglieder. Der Kapitalwert des zweiten Kettengliedes ist um n, der des dritten Gliedes um 2n usw. abzuzinsen, um alle Kapitalwerte auf den Zeitpunkt t=0 zu beziehen,

$$C_0^{Kette} = C_{01} + C_{02} \cdot q^{-n} + C_{03} \cdot q^{-2n} + C_{04} \cdot q^{-3n} + ...$$

Da grundsätzlich die Kapitalwerte aller Kettenglieder gleich groß sein müssen, kann diese Formel zu:

$$C_0^{Kette} = C_{0i} \underbrace{\left(1 + q^{-n} + q^{-2n} + q^{-3n} + ...\right)}_{geometrische Reihe}$$

umgeformt werden. Der Klammerausdruck ist eine geometrische Reihe mit der Summenformel:

$$\left(1 + q^{-n} + q^{-2n} + q^{-3n} + ...\right) = \frac{q^n}{q^n - 1} = \frac{WGF}{i}$$

Diese Summenformel entspricht dem Wiedergewinnungsfaktor WGF, dividiert durch den Zinssatz i. Der Wiedergewinnungsfaktor ist der Kehrwert des Rentenbarwertfaktors RBF, wobei:

$$RBF = \frac{q^n - 1}{q^n \cdot i}$$

Der Kapitalwert der unendlichen identischen Kette ist damit gleich:

$$C_0^{Kette} = \frac{C_{0i} \cdot WGF}{i}$$

Der Zähler des Bruches entspricht der Annuität eines einzelnen Kettengliedes. Der Kapitalwert C_0^{Kette} der unendlichen Kette ist die durch den Zinssatz i dividierte Annuität. Er ist folglich maximal, wenn die Annuität des einzelnen Kettengliedes zum Maximum wird. Mit dieser Formel läßt sich die optimale Nutzungsdauer eines Kettengliedes berechnen. Die Berechnung soll wiederum für das Beispiel mit der Zahlungsreihe:

t	0	1	2	3	4	5
BZ_t	-15.000	10.000	7.000	1.000	400	150
L_t	-	1.000	700	500	400	350

und einem Zinssatz von 10% durchgeführt werden.

In einem ersten Schritt müssen die Kapitalwerte für unterschiedliche Nutzungsdauern bestimmt werden. Mit Hilfe des für jede Laufzeit anderen Wiedergewinnungsfakors ist dann die Annuität für eine bestimmte Laufzeit zu berechnen. Die Annuität ist maximal, wenn die Nutzungsdauer drei Jahre beträgt.

Nutzungsdauer	Kapitalwert eines Kettengliedes	WGF	Annuität
1	-5.000,00	1,10000	-5.500,00
2	454,55	0,57619	261,90
3	1.003,01	0,40211	403,32
4	1.173,76	0,31547	370,29
5	1.211,01	0,26380	319,47

Soll auch der zu dieser Annuität gehörende Kapitalwert der Kette bestimmt werden, ist die Annuität durch den Zinssatz von 10% zu teilen. Es ergibt sich bei optimaler Nutzungsdauer ein Kapitalwert der ganzen Kette von 4.033,18 GE.

43 Ersatzproblem

431 Einzelersatz einer Anlage

Beim Ersatzproblem arbeitet das Unternehmen bereits mit einer Anlage und denkt darüber nach, ob diese Anlage gegen eine neue Anlage ausgewechselt werden soll. Hinter dieser Frage verbergen sich zwei Teilprobleme. Einerseits ist zu klären, ob ein Ersatz überhaupt vorteilhaft ist. Andererseits ist der günstigste Ersatzzeitpunkt zu bestimmen. Das Unternehmen arbeitet für eine bestimmte Restnutzungszeit mit der alten Anlage, um dann auf die neue

Anlage überzuwechseln. Optimal ist der Ersatzzeitpunkt, wenn der Kapitalwert der Kette, bestehend aus dem Kapitalwert der alten und der neuen Anlage, maximal ist.

Es soll zunächst der Fall betrachtet werden, daß nur einmal ersetzt wird, d.h., die Ersatzanlage selbst hat keinen Nachfolger. In diesem Fall muß die Summe der Kapitalwerte beider Kettenglieder maximiert werden. Da der Kapitalwert der neuen Anlage nun aber von der optimalen Nutzungsdauer dieser Anlage abhängig ist, kann der optimale Ersatzzeitpunkt erst bestimmt werden, wenn die optimale Nutzungsdauer des Nachfolgers festgelegt wurde. Das Ersatzproblem besteht darin, den Zeitpunkt zu bestimmen, bei dem die Summe des von der Restlaufzeit der alten Anlage abhängigen Kapitalwertes und dem auf den Kalkulationszeitpunkt bezogenen Kapitalwert des Nachfolgers bei optimaler Nutzungsdauer des Nachfolgers zum Maximum wird.

$$C_0^{\text{Kette}} = C_{0\,\text{alt}}(n_1) + C_{0\,\text{neu}} \cdot q^{-n_1}$$

Diese Fragestellung ist inhaltlich vollkommen identisch mit der bereits im Abschnitt 422 behandelten Frage der Wahl der optimalen Nutzungsdauer des ersten Kettengliedes. Zur Wahl des Ersatzzeitpunktes kann daher auch das gleiche Kriterium wie oben eingesetzt werden, d.h., die Wirkung der vier Einflußgrößen

- zusätzlicher Überschuß g_t der alten Anlage bei Ausdehnung der Nutzungsdauer,
- Zins auf den nicht realisierten Liquidationserlös L_n,
- Einbuße an Liquidationserlös ΔL und
- Zins auf den Kapitalwert der neuen Anlage bei optimaler Nutzungsdauer

determinieren die Entscheidung. Die Entscheidung wird mit dem gleichen Kriterium getroffen, wie es bereits oben für die optimale Nutzungsdauer entwickelt wurde.

$$\Delta C_0 = [\; \underbrace{g_{n_1+1\text{alt}}}_{\substack{\text{zusätzlicher} \\ \text{Überschuß}}} - \underbrace{L_{n\text{alt}} \cdot i}_{\substack{\text{Zinsen auf} \\ \text{den nicht} \\ \text{realisierten} \\ \text{Liquidations-} \\ \text{erlös}}} - \underbrace{\Delta L_{\text{alt}}}_{\substack{\text{Verlust an} \\ \text{Liquida-} \\ \text{tionserlös}}} - \underbrace{C_{0\text{neu}} \cdot i}_{\substack{\text{Zinsen auf} \\ \text{den Kapital-} \\ \text{wert der} \\ \text{Neuanlage}}} \;] \cdot q^{(-n_1+1)} > 0$$

Zu ersetzen ist die alte Anlage nicht, wenn die Vermögensänderung der alten Anlage - erste drei Terme in der Formel - positiv und größer ist als der Zins auf den Kapitalwert der neuen Anlage. Der optimale Ersatzzeitpunkt ist erreicht, wenn die Differenz zwischen der Vermögensänderung der alten Anlage gerade der Zinsbelastung für die neue Anlage entspricht. Wiederum ist die Abzinsung der Vermögensdifferenzen für die Entscheidung irrelvant.

Der Unterschied beider Fragestellungen - Ersatzproblem und optimale Nutzungsdauer - besteht allein darin, daß in das Kriterium nunmehr neue Erkenntnisse über die Datenlage eingearbeitet werden können. Ein anderer Zeitpunkt für den Ersatz als der im Kapitel 422 ex ante als Nutzungsdauer festgelegte kann sich also nur ergeben, wenn es in der Zwischenzeit zu Datenänderungen gekommen ist, wenn z.b. bessere Erkenntnisse über einen möglichen Nachfolger - technischer Fortschritt - für eine Maschine bestehen.

Das entwickelte Instrumentarium ist auch für spezielle Varianten der Ersatzanalysen geeignet. Zwei derartige Probleme sollen angesprochen werden.

■ Ganz einfach läßt sich eine im Zeitablauf veränderliche Beschäftigungslage eines Unternehmens oder der Fall mit der Nutzungsdauer einer Anlage steigender Ausgaben für Wartung und Reparatur erfassen. Beide Effekte führen dazu, daß im Zeitablauf keine gleichbleibenden Überschüsse g_t existieren. In den Berechnungen zur Beantwortung der Frage, ob eine weitere Verlängerung der Nutzungsdauer um ein Jahr sinnvoll ist, werden dann jeweils die für das betrachtete Jahr geltenden individuellen Überschüsse g_t angesetzt.[6] Es ist jedoch für einen derartigen Fall zu berücksichtigen, daß mehrere lokale Optima existieren können. Es kann also wie oben beschrieben vorkommen, daß eine Verlängerung der Nutzungsdauer das Endvermögen und damit den Kapitalwert sinken läßt, daß aber spätere Überschüsse existieren, die die Kapitalwertverschlechterung wieder kompensieren. In einer derartigen Situation sind auch die Abzinsungsfaktoren in der obigen Formel für die Entscheidung und nicht nur die jährlichen Endvermögensdifferenzen relevant. Da die Vermögensdifferenzen in unterschiedlichen Zeitpunkten anfallen, tragen sie auch mit einem unterschiedlichen Gewicht zum Kapitalwert bei. Erneute, spätere Überschüsse haben ein geringeres Gewicht als negative Vermögensdifferenzen zu früheren Zeitpunkten.

■ Eine spezielle Variante des Ersatzproblems besteht darin, eine neue Anlage in einen bestehenden Betriebsmittelbestand einzufügen. Die Einnahmenüberschüsse g_t der neuen Anlage hängen dann von der Betriebsmittelsituation ab, in die die Anlage eingefügt wird - horizontale

---

6 Die im Kapitel 32 bei den statischen Verfahren der Investitionsrechnung besprochenen Methoden gehen im Kern auf das entwickelte Kriterium der Endvermögensmehrung bei variierender Nutzungsdauer zurück. Dort wird jedoch mit gleichbleibenden Überschüssen g_t gearbeitet.

Interdependenzen. Es ist z.B. nicht sinnvoll anzunehmen, daß die neue Anlage exakt die gleiche Produktionsaufgabe der Maschine übernimmt, die sie ersetzen soll. Dazu ein Beispiel:

Ein Betriebsmittelbestand besteht aus drei funktionsgleichen Anlagen. Diese zu unterschiedlichen Zeitpunkten beschafften Maschinen verursachen je produzierter Mengeneinheit unterschiedlich hohe variable Ausgaben. Jede Anlage hat eine Kapazität von 1.000 ZE. In allen künftigen Periode sind auf dem Markt 4.500 ME abzusetzen. Es gelten die folgenden Daten:

Maschine	Ausgaben je ME	Ausbringung je ZE	optimale Produktions- menge	Gesamt- ausgaben
1	4	2	2.000	8.000
2	5	2	2.000	10.000
3	7	2	500	3.500

Auf dem Markt gibt es eine neue Anlage, die bei einer Nutzungsdauer von 10 Jahren einen Anschaffungspreis von 3.000 GE hat, aber pro Mengeneinheit nur 3 GE Ausgaben je produzierter Mengeneinheit verursacht. Liquidationserlöse mögen nicht auftreten, so daß die optimale Nutzungsdauer im Beispiel mit der technischen Nutzungsdauer identisch sein muß. Die Erzeugnisse mögen zu einem Preis von 25 GE zu verkaufen sein, und es wird mit einem Zins von 10% gerechnet.

Für die Frage des Ersatzproblems ist es nicht sinnvoll, davon auszugehen, daß die neue Anlage die Produktionsaufgabe der dritten Anlage übernimmt und zu einer Ausgabenersparnis von 500·(7-3)=2.000 GE führt. Es ist für die Planung nicht richtig, diese Ausgabenersparnis als jährlichen Überschuß für die Berechnung des Kapitalwertes der neuen Maschine anzusetzen. Wird die neue Maschine beschafft, wird bei Rationalverhalten die Produktionsaufteilung der 4.500 ME verändert.

Maschine	Ausgaben je ME	Ausbringung je ZE	optimale Produktions- menge	Gesamt- ausgaben
1	4	2	2.000	8.000
2	5	2	500	2.500
4	3	2	2.000	6.000

Es ist günstiger, mit der neuen Maschine 2.000 ME zu produzieren und auf der nunmehr teuersten Maschine 3 nur noch 500 ME. Die Maschine 4 führt damit für weitere 1.500 ME zu einer zusätzlichen Ersparnis von 1.500·(5-3)=3.000 GE, erzielt also insgesamt einen Überschußt g_t von 5.000 GE. Der Kapitalwert der neuen Anlage ist also auf der Basis der Ersparnis von 5.000 GE zu berechnen.[7] Es ergibt sich ein Wert von 27.722,84 GE. Damit ist der Kapitalwert der neuen Anlage höher als bei einer Ersparnis von nur 2.000 GE. Bei g_t=2.000 ist der Kapitalwert der neuen Anlage mit 9.289,14 GE deutlich niedriger. Die alte Anlage muß nur wenig Zinsen auf den Kapitalwert verdienen. Bei 5.000 GE Ersparnis ergibt sich ein höherer Kapitalwert, und die alte Anlage muß erheblich mehr an Zinsen erwirtschaften. Die alte Anlage wird folglich bei richtiger Berechnung der Überschüsse g_t der neuen Anlage erheblich früher ersetzt werden.

In der Praxis stellen sich Ersatzprobleme häufig in einer etwas modifizierten Form. Z.B. wird für die Rechnung ein Planungszeitraum T vorgegeben, und es werden alle möglichen Ersatzstrategien enumeriert. Für einen Planungszeitraum von drei Jahren und einen einmaligen Ersatz gibt es z.B. vier Strategien, wenn über den Ersatz einer alten Anlage A durch eine neue Anlage B nachgedacht wird:

- Sofortiger Ersatz,
- Ersatz nach einem Jahr,
- Ersatz nach zwei Jahren oder
- Verzicht auf Ersatz innerhalb des Planungshorizonts.

Für jede der vier Strategien kann das Endvermögen mit Hilfe eines vollständigen Finanzplans (Vofi) bestimmt werden. Die vier Endvermögen sind miteinander zu vergleichen, um die beste Strategie zu identifizieren. Für die Aufstellung dieser Vofis ergibt sich allerdings ein Problem. Hat die neue Anlage z.B. eine Nutzungsdauer von drei Jahren, wird sie bei der Strategie 1 innerhalb des Planungszeitraums voll genutzt. Bei der zweiten Strategie fallen aber nur 2 von 3 Nutzungsjahren in den Planungszeitraum und bei der dritten Strategie ragen sogar zwei Nutzungsjahre der neuen Anlage über den Planungszeitraum hinaus. Es ist nun wenig sinnvoll, Vofis aufzustellen, die

---

7 Es ist allerdings fraglich, ob es richtig ist, für alle 10 Jahre diesen Überschuß anzusetzen, denn dieser Überschuß fällt nur an, solange sich an der Betriebsmittelausstattung nichts weiter verändert. Treten neue Maschinen hinzu, weil andere ersetzt werden, bestehen zwischen dem heutigen und den künftigen Ersatzproblemen zeitlich vertikale Interdependenzen. Wird der Kapitalwert daher für 10 Jahre mit den 2.000 GE Ausgabenersparnis berechnet, kann das nur als Vereinfachung angesehen werden.

das Sachvermögen am Planungshorizont nicht mit in die Rechnung einbeziehen. Für die Vofis ist das Sachvermögen am Planungshorizont T zu bewerten und als Quasi-Einnahme in der Rechnung zu berücksichtigen.

Für die Bewertung kann mit verschiedenen Hypothesen gearbeitet werden.[8] Z.B. kann der Kapitalwert für die restliche Nutzungsdauer jenseits des Planungshorizontes angesetzt werden, oder es wird mit dem fortgeführten Anschaffungswert bewertet. Theoretisch richtig wäre es, den Restkapitalwert anzusetzen. Häufig überschreitet es jedoch die Möglichkeiten des Investors, diesen Kapitalwert sinnvoll abzuschätzen, so daß ersatzweise z.B. der Restbuchwert benutzt wird.

Eine derartige, insbesondere für Praktiker leichter zu durchschauende Ersatzzeitpunktrechnung soll an einem Beispiel mit folgenden Daten demonstriert werden.

	alte Anlage	neue Anlage
Ausgaben je Erzeugnis	10	4,75
Verkaufspreis	20	20
Produktionsmenge	5.600	5.600
Erlöse	112.000	112.000
Restnutzungsdauer	6	10
Anschaffungsausgabe	-	200.000
Buchwert in t=0	90.000	-
Abschreibungen	15.000	20.000
Liquidationserlös t=0	20.000	
Liquidationserlös t=1	15.000	
Liquidationserlös t=2	8.000	
Liquidationserlös t≥3	0	

Das Unternehmen rechnet in allen Perioden mit einem Habenzins von 10 % und einem Sollzins von 12 %. In die Rechnung sollen die Ertragsteuern mit einem Multifaktor von 60% einbezogen werden. Die Rechnung wird für einen Planungszeitraum von 6 Jahren durchgeführt, der der Restnutzungsdauer der alten Anlage entspricht. Am Planungshorizont soll die zu beschaffende neue Anlage mit den fortgeführten Anschaffungsausgaben bewertet werden. Zu analysieren sind insgesamt sieben Investitionsstrategien (Ersatz in t=0, t=1, t=2,..., t=5, t=6). Einer der sieben aufzustellenden Vofis - Ersatz im Zeitpunkt t=2 - wird im folgenden dargestellt.

---

8   Vgl. Adam (1968).

Zeitpunkt (t)		0	1	2	3	4	5	6
Basiszahlungsreihe								
Investitionsausgabe (ZB)		0	0	-200.000	0	0	0	0
Jährlicher Überschuß (g)		0	56.000	56.000	85.400	85.400	85.400	85.400
Liquidiationserlös (L)		0		8.000				120.000
Steuerzahlung		0	-24.600	4.716	-32.274	-35.264	-38.396	-41.273
Finanzanlage								
Anlage (FA)		0	-31.400	0	0	0	-33.879	-201.394
Rückzahlung			0	31.400	0	0	0	33.879
Habenzinsen	10%		0	3.140	0	0	0	3.388
Kreditaufnahme								
Kreditbetrag (FK)		0	0	96.744	55.228	11.719	0	0
Tilgung			0	0	-96.744	-55.228	-11.719	0
Sollzinsen	12%		0	0	-11.609	-6.627	-1.406	0
Endvermögen (EV)								
Anlage		0	31.400	0	0	0	33.879	201.394
Kreditbetrag		0	0	-96.744	-55.228	-11.719	0	0

Finanzplan für den Ersatz in t=2

Zeitpunkt		0	1	2	3	4	5	6
Jährliche Überschüsse		0	56.000	56.000	85.400	85.400	85.400	85.400
Habenzinsen		0	0	3.140	0	0	0	3.388
Sollzinsen		0	0	0	-11.609	-6.627	-1.406	0
Abschreibungen		0	15.000	15.000	20.000	20.000	20.000	20.000
a.o. Aufwand		0	0	52.000	0	0	0	0
Gewinn		0	41.000	-7.860	53.791	58.773	63.994	68.788
Steuerzahlung	60%	0	-24.600	4.716	-32.274	-35.264	-38.396	-41.273

Gewinn-Nebenrechnung

Erläuterungen: Wenn die Anlage in t=2 ersetzt werden soll, wird in den Jahren 1 und 2 noch mit der alten Anlage gearbeitet, und es fallen jährliche Einnahmeüberschüsse in Höhe von 5.600·(20-10)=56.000 GE an. Die neue Anlage erzielt Überschüsse von 5.600·(20-4,75)=85.400 GE. Der Überschuß in t=0 wird hier vernachlässigt, weil er bei allen Alternativen anfällt. Beim Ersatz in t=2 fallen die Anschaffungsausgabe in Höhe von 200.000 GE und der Liquidationserlös von 8.000 GE an.

Für die Steuerberechnung ergeben sich zwei Auswirkungen durch die neue Anlage. Einerseits erhöhen sich die jährlichen Abschreibungen von 15.000 auf 20.000 GE. Die Steuerwirkung der Abschreibung in t=0 braucht genau wie der Jahresüberschuß nicht betrachtet zu werden, da sie nicht entscheidungsrelevant sind. Andererseits fällt im Jahr der Anschaffung ein außerordentlicher Aufwand oder ggf. ein außerordentlicher Ertrag an. Beim Ersatz in t=2 beträgt der Restbuchwert der alten Anlage 60.000 GE. Wird dieser vermindert um den Liquidationserlös von 8.000 GE, ergibt sich ein steuerrelevanter außerordentlicher Aufwand von 52.000 GE. Abschließend ist noch zu beachten, daß sich in t=2 aufgrund des außerordentlichen Aufwands ein Verlust vor Steuern ergibt. Wenn vorausgesetzt wird, daß der Vofi nur einen Ausschnitt der finanziellen Situation der Unternehmung wiedergibt und die Unternehmung insgesamt einen Gewinn vor Steuern erzielt, kann mit der Prämisse sofortiger Verlustausgleich gearbeitet werden.

Die Endvermögen in t=6 aller sieben Vofis sind in der folgenden Tabelle zusammengefaßt. Zugleich enthält diese Tabelle eine Aufspaltung des Endvermögens in das bewertete Sachvermögen und den in liquider Form vorliegenden Teil.

Ersatz in t=	Endvermögen	Sachvermögen	Barvermögen
0	195.223	80.000	115.223
1	204.845	100.000	104.845
2	201.394	120.000	81.394
3	198.830	140.000	58.830
4	199.773	160.000	39.773
5	204.228	180.000	24.228
6	208.275	200.000	8.275

Ergebnisübersicht der Vofis mit Steuern

Im Beispiel ist es sinnvoll, den Ersatz im Zeitpunkt t=6 durchzuführen. Der Investor kann bei seinen Überlegungen über den Ersatzzeitpunkt neben dem Endvermögen auch die Struktur des Endvermögens mit in die Analyse einbeziehen. Z.B. ist bei der Strategie 7 ein hoher Anteil des Endvermögens als Sachvermögen verhanden, während bei der ersten Strategie das Sachvermögen nur einen geringen Anteil ausmacht. Die Höhe dieses Sachvermögens hängt aber von der zugrundegelegten Bewertungshypothese ab. Es kann analysiert werden, ob die Entscheidung von dieser Bewertungshypothese abhängig ist. Z.B. kann leicht untersucht werden, wie sich das Endvermögen verändert, wenn eine Bewertungshypothese gegen eine andere ausgewechselt wird.

Für das Beipiel läßt sich mit dem Instrumetarium des Vofis auch zeigen, ob die Berücksichtigung von Steuern einen Einfluß auf die Ersatzentscheidung hat. Dazu sind die sieben Vofis noch einmal ohne Steuern berechnet worden. Die Endvermögen der sieben Strategien sind der folgenden Tabelle zu entnehmen.

Ersatz in t=	Endvermögen	Sachvermögen	Barvermögen
0	409.641	80.000	320.641
1	408.270	100.000	308.270
2	405.432	120.000	285.432
3	406.899	140.000	266.899
4	411.814	160.000	251.814
5	421.474	180.000	240.474
6	432.074	200.000	232.074

Ergebnisübersicht der Vofis ohne Steuern

Im vorliegenden Beispiel hat die Berücksichtigung von Ertragsteuern keinen Einfluß auf die Wahl des Ersatzzeitpunktes. Das kann sich jedoch ändern, wenn in der Rechnung von anderen Soll- und Habenzinssätzen ausgegangen wird.

432 Ersatzprobleme bei unendlichen Investitionsketten

Um die optimale Ersatzentscheidung bei unendlichen Ketten fällen zu können, muß wiederum der gesamte Kapitalwert der Kette, bestehend aus dem Kapitalwert der alten Anlage und dem Kapitalwert der nachfolgenden unendlichen Ersatzkette, für unterschiedliche Ersatzzeitpunkte bestimmt werden. Der Kapitalwert der unendlichen Ersatzkette mit einer optimalen Nutzungsdauer der einzelnen Anlagen von n_{opt} ist bereits im Kapitel 423 mit dem Ausdruck

$$C_0^{Kette} = \frac{C_{0i} \cdot WGF}{i} = \frac{\text{Annuität der Kettenglieder}}{i}$$

ermittelt worden. Dieser Kapitalwert ist unabhängig vom Ersatzzeitpunkt. Für den Kapitalwert der alten Anlage sind nur noch die jährlichen Überschüsse g_t und der Liquidationserlös L_n am Ende der Nutzungsdauer relevant. Es ergibt sich jedoch für jede Restnutzungsdauer ein anderer Kapitalwert der Altanlage. Für jede Nutzungsdauer ist damit der Kapitalwert nach der Berechnungsvorschrift:

$$C_{01} = \sum_{t=0}^{n} g_t \cdot q^{-t} + L_n \cdot q^{-n}$$

zu ermitteln. Der gesamte Kapitalwert der alten Anlage und aller Nachfolger entspricht der Summe der beiden Kapitalwerte:

$$C_0^{Kette} = \sum_{t=0}^{n} g_t \cdot q^{-t} + L_n \cdot q^{-n} + \frac{WGF \cdot C_{0i}}{i}$$

Mit dieser Gleichung kann der optimale Ersatzzeitpunkt bestimmt werden, d.h., der Ausdruck ist für alternative n zu berechnen, und es ist die Nutzungsdauer auszuwählen, bei der der Kapitalwert C_0 maximal ist. Die Berechnung des Ersatzzeitpunktes mit obiger Formel ist jedoch insofern nicht besonders geeignet, als sie die Wirkungen der vier Determinanten (Überschüsse, Zins auf den nicht realisierten Liquidationserlös, Einbuße an Liquidationserlös und Zins auf den Kapitalwert der Nachfolger) nicht transparent macht. Diese Einflüsse werden nur implizit durch den Rechengang erfaßt, ohne daß ihre Wirkung im einzelnen deutlich wird. Die Wirkungen können offengelegt werden, wenn wieder auf das Instrument der Differenzenbildung von Kapitalwerten zurückgegriffen wird, das bereits im Abschnitt 422 entwickelt wurde.

Die Differenz des Kapitalwertes bei Verlängerung der Nutzungsdauer um ein Jahr entspricht dem folgenden Ausdruck:

$$\Delta C_0 = [\underbrace{g_{n+1alt} - L_{nalt} \cdot i - \Delta L_{alt}}_{\substack{\text{Zeitlicher Grenzgewinn} \\ \text{der alten Anlage}}} - \underbrace{C_{0neu}^{Kette} \cdot i}_{\substack{\text{Zeitlicher Durch-} \\ \text{schnittsgewinn der} \\ \text{neuen Anlage} \\ \text{(Annuität)}}}] \cdot q^{-(n+1)}$$

Der einzige Unterschied zur Formel im Abschnitt 422 besteht darin, daß für die Zinsen auf den Kapitaldienst nunmehr nicht der Kapitalwert nur eines Kettengliedes angesetzt werden darf, sondern es ist der Kapitalwert der ganzen Kette zu verwenden. Die alte Anlage ist solange nicht zu ersetzen, wie deren zeitlicher Grenzgewinn noch größer ist als die Annuität auf den Kapitalwert der nachfolgenden Anlagen. Die Annuität entspricht dem durchschnittlichen Gewinn aller Nachfolger.

Bei der Anwendung dieser Formel muß allerdings auf den Verlauf der Grenzgewinnfunktion der alten Anlage geachtet werden. Die Grenzgewinnfunktion muß die Durchschnittsfunktion so schneiden, daß es sich um ein Maximum handelt, d.h., die Grenzgewinnfunktion muß mit wachsender Nutzungsdauer fallen.

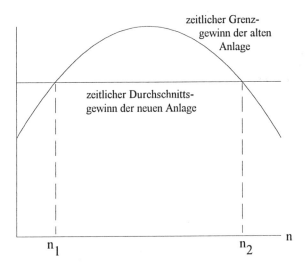

In der Abbildung gibt es zwei Zeitpunkte mit Kapitalwertdifferenzen von null. n_1 ist ein Kapitalwertminimum, während n_2 ein Kapitalwertmaximum anzeigt.

Das obige Kriterium existiert auch für die Variante konstanter jährlicher Einnahmen im Zeitablauf. Die Einnahmen sind in diesem Fall für die Lösung des Problems irrelevant, da sie durch den Ersatz der Anlage nicht beeinflußt werden. In die Grenzgrößen der alten Anlage gehen nur die laufenden Ausgaben und die Zinsen auf den Liquidationserlös sowie der Verlust an Liquidationserlös ein. Bei der Annuität der neuen Anlage handelt es sich nur um eine Annuität der Ausgaben aller Nachfolger bei optimaler Nutzungsdauer. Das obige Kriterium geht dann in die spezielle Variante über:

$$\Delta C_0 = \Big[\underbrace{K_{n+1alt} + L_{nalt} \cdot i + \Delta L_{alt}}_{\substack{\text{Zeitliche Grenzausgaben} \\ \text{der alten Anlage}}} - \underbrace{C_{0neu}^{Kette} \cdot i}_{\substack{\text{Zeitliche Durch-} \\ \text{schnittsausgaben} \\ \text{der neuen Anlage}}} \Big] \cdot q^{-(n+1)}$$

Das Kriterium der ausgabenorientierten Bestimmung der optimalen Nutzungsdauer führt nur dann zu einem Ausgabenminimum, wenn die Grenzausgabenkurve der alten Anlage die Kurve der durchschnittlichen Ausgaben der neuen Anlage von unten kommend schneidet. Es muß also wiederum auf den Verlauf der Grenzausgabenfunktion im Zeitablauf geachtet werden. Fallen die Grenzausgaben im Zeitablauf, was bei sinkendem ΔL und einer sinkenden Zinsbelastung auf den nicht realisierten Liquidationserlös und gleichbleibenden Grenzausgaben K_{talt} der Fall ist, führt das Kriterium nicht zur günstigsten sondern zur schlechtesten Nutzungsdauer. Die Anwendung des Kriteriums auf den Fall konstanter Grenzausgaben im Zeitablauf ist generell unsinnig. Das Optimum liegt in diesem Falle auf einem Rand, d.h., die Anlage ist entweder sofort zu ersetzen oder erst, wenn ihre technische Nutzungsdauer erreicht ist. Für diese beiden Strategien ist die Höhe der Kapitalwerte zu bestimmen und miteinander zu vergleichen.

5 Planung von Investitionsbudgets

51 Struktur des Budgetierungsproblems

511 Basisfragestellungen

Bislang wurden nur Investitionsprobleme untersucht, bei denen es um die Frage ging:

- ob eine Investition im Vergleich zu einer Finanzanlage des Geldes vorteilhaft ist und bei welcher Nutzungsdauer der Vorteil am größten ist.

- welches von zwei sich aus technischen Gründen ausschließenden vorteilhaften Investitionsobjekten das günstigste ist (echtes Wahlproblem).

Diese Analysen waren dadurch gekennzeichnet, daß es zwischen den Investitionsobjekten keinerlei Interdependenzen gab. Die Investitionsrechnung konnte deshalb grundsätzlich für jedes Objekt isoliert durchgeführt werden. Ein wesentliches Merkmal dieser Analysen bestand darin, daß Kapital nie knapp war. Der Kern des Budgetierungsproblems ist Kapitalknappheit. Als Folge dieser Knappheit bestehen zwischen den Investitionsobjekten Interdependenzen. Für das knappe Kapital existiert dann ein Aufteilungsproblem, d.h., es sind mehr Investitionsobjekte vorhanden, als finanziert werden können. Die Investitionsobjekte konkurrieren somit um das knappe Kapital. Das Planungproblem besteht darin, das Kapital so auf die Investitionsobjekte aufzuteilen, daß das verfolgte Ziel - Vermögensmaximierung oder Entnahmemaximierung - erreicht wird.

Bei der Budgetierung ist zwischen zwei Formen der Knappheit von Kapital zu unterscheiden:

- Absolute Knappheit liegt vor, wenn ein bestimmter Kapitalbetrag - Budget - fest vorgegeben ist. Das Budgetierungsproblem besteht dann lediglich darin, das knappe Kapital zielsetzungsgerecht auf die Investitionsprojekte aufzuteilen.

- Relative Knappheit ist gegeben, wenn das Unternehmen am Markt zwar genügend Kapital bekommen könnte, einzelne Kredite mit bestimmten Zinskonditionen aber nach oben limitiert sind. Will das Unternehmen in dieser Situation zusätzliches Kapital aufnehmen, wird ihm das nur zu steigenden Zinssätzen möglich sein. Für die Budgetierung stellt sich dann zusätzlich die Frage nach dem optimalen Umfang des Budgets, das es auf die Investitionsobjekte zielsetzungsgerecht aufzuteilen gilt. Bei der Planung des Budgetumfangs ist stets abzuwägen, ob es noch Investitionsobjekte gibt, die auch zu steigenden Finanzierungskosten noch vorteilhaft sind. Das Planungsproblem ist dann umfassender als im Fall der absoluten Knappheit von Kapital, da in der Budgetierung zwei ineinander geschachtelte Teilfragen zu beantworten sind.

In diesem Fall bestehen über das Aufteilungsproblem des Budgets auf die Investitionsobjekte nicht nur zwischen den Investitionsobjekten Interdependenzen, vielmehr sind auch die Investitions- und Finanzierungsentscheidungen interdependent. Die Frage, ob eine Ausdehnung des Budgets zielsetzungsgerecht ist, kann immer nur beantwortet werden, wenn die Finanzierungskosten und die Rentabilitäten der Investitionsobjekte miteinander verglichen werden.

Zur Lösung der skizzierten Basisprobleme gibt es grundsätzlich zwei modelltheoretische Vorgehensweisen:

- Es wird das bislang entwickelte Instrumentarium zur Beurteilung einzelner Investitionen eingesetzt. Das ist nur dann möglich, wenn das Budgetierungsproblem in ein echtes Wahlproblem umgewandelt wird und nicht Einzelinvestitionen, sondern jeweils komplette Sätze von Investitionen gemeinsam beurteilt werden. Konkurrieren z.B. fünf sich nicht ausschließende Investitionsobjekte mit einem Kapitalbedarf von je 1.000 GE um einen knappen Kapitalbetrag von 3.000 GE, könnten für die Investitionsrechnung alle Kombinationen von jeweils drei Investitionen aus den fünf Investitionsvorschlägen enumeriert werden, die das verfügbare Kapital voll ausschöpfen. Ein möglicher Investitionssatz besteht dann z.B. aus den Investitionen A, B und C. Ein zweiter Satz setzt sich aus den Investitionen A, B und D zusammen usf. Jeder Satz ist als eine Investitionsalternative mit einem zugehörigen Zahlungsstrom aufzufassen, und die Sätze schließen sich gegenseitig aus, da das Kapital nur einmal zur Verfügung steht. Es kann also nur A, B und C oder A, B und D realisiert werden. Die Sätze sind dabei so zu konstruieren, daß es sich jeweils um vollständige und damit vergleichbare Investitionsalternativen handelt. Das Prinzip der Planung besteht also darin, alle Strategien zu generieren, um dann die ökonomischen Konsequenzen für jeden einzelnen Satz zu bestimmen - Planung mit explizit formulierten Strategien.[1]

Auf die so konstruierten Investitionssätze kann das für das Wahlproblem entwickelte Instrumentarium angewendet werden. Für jeden Satz ist dann z.B. ein Vofi zur Berechnung des Endvermögens aufzustellen. Von

---

1   Vgl. Adam (1993a), S. 68 ff.

allen sich ausschließenden Sätzen ist jener mit dem höchsten Endvermögen zu wählen. Diese Alternativplanung ist allerdings nur dann praktikabel, wenn die Menge der zu bildenden Investitionssätze überschaubar bleibt. Leider steigt die Zahl möglicher Kombinationen von Investitionsobjekten zu sich ausschließenden Investitionssätzen mit der Zahl der angemeldeten Investitionsobjekte außerordentlich schnell an. Die Alternativplanung ist dann kein beherrschbares Planungsinstrument mehr. Das Instrument der Alternativplanung ufert von der Zahl der Strategien insbesondere dann sehr schnell aus, wenn auch noch alternative Budgethöhen ausgetestet werden sollen.

■ Für die Planung wird auf Methoden der mathematischen Programmierung zurückgegriffen. Diese Methoden bilden den Zielbeitrag der einzelnen Investitionen in einer Zielfunktion ab, und sie beschreiben die Menge aller möglichen Handlungsalternativen durch einen Satz von Restriktionen. Variable des Problems sind die einzelnen Investitionsobjekte, die entweder in die Lösung des Problems aufgenommen oder verworfen werden, wenn ihr Zielbeitrag unter den formulierten Restriktionen gut oder unzureichend ist. In diesem Fall wird mit implizit formulierten Strategien gearbeitet; ein mathematischer Algorithmus ermittelt aus der implizit abgebildeten Menge aller Möglichkeiten die günstigste Alternative.

Die mathematischen Ansätze sind als erweiterte Vofis zu interpretieren, da sie nach dem gleichen Grundprinzip aufgebaut sind. In jeder Periode ist das finanzielle Gleichgewicht zu garantieren. Es ist jedoch nicht mehr erforderlich, das finanzielle Gleichgewicht für jedes Investitionsobjekt isoliert zu wahren. Die mathematischen Ansätze bilden finanzielle Ausgleichswirkungen zwischen den Investitionsobjekten ab, d.h., Überschüsse eines Objektes können zur Abdeckung von Defiziten anderer Projekte dienen. Im Gegensatz zum Vofi werden damit durch Einzeldefizite oder Überschüsse noch keine Kredite oder Finanzanlagen erforderlich.

Diese Ansätze der Simultanplanung sind zwar im Vergleich zur Alternativplanung eleganter, sie erfordern jedoch einen höheren methodischen Aufwand. Ihr Vorteil besteht darin, daß über die gleichzeitig mit der Lösung des Investitionsproblems anfallenden Lenkzinssätze (endogene Grenzzinsfüße) das Zustandekommen der Lösung erkärt werden kann. Die Alternativplanung erlaubt derartige Einsichten nicht.

Grundsätzlich kann mit beiden Lösungswegen die optimale Strategie, d.h. die optimale Höhe des Budgets, die optimale Zusammensetzung des Budgets aus Finanzierungsquellen sowie die optimale Aufteilung des Budgets auf die

Investitionsobjekte bestimmt werden. Der zweite Weg führt immer zur optimalen Lösung. Der erste Weg nur dann, wenn wirklich alle sich ausschließenden Investitionssätze generiert und bewertet wurden. Fehlen mögliche Investitionssätze, kann die optimale Lösung ausgerechnet in der Menge der nicht generierten Strategien liegen. Es kann mit der Alternativplanung nur die beste der generierten Strategien identifiziert werden.

512 Spezielle Strukturmerkmale

Das Basisproblem der Budgetierung kann je nach Prämissenkonstellation in einer Vielzahl von Varianten auftreten. Eine Differenzierung der Problemsituationen ist anhand folgender Kriterien möglich:

- Investitionsobjekte mit zurechenbaren Zahlungsreihen (ja/nein).
- Dauer des Planungszeitraums (einjährig, mehrjährig).
- Entscheidungen nur für den Kalkulationszeitpunkt oder auch für spätere Perioden.
- Kapitalmarktverhältnisse (Budget bekannt, relative Knappheit, gleichbleibende Zinsen im Zeitablauf, nicht flache Zinsstrukturen).
- Investitions- und Finanzierungsobjekte sind beliebig teilbar (ja/nein).
- Das Budgetierungsproblem schließt echte Wahlprobleme ein (ja/nein).
- Die Nutzungsdauer der Investitionsobjekte ist festgelegt oder durch den Ansatz selbst noch zu bestimmen.
- Es wird von Vermögensmaximierung oder von Entnahmemaximierung ausgegangen.

Die spezifischen Probleme, die mit diesen Kriterienausprägungen verbunden sind, sollen zunächst beschrieben werden, bevor auf Planungsansätze zur Budgetierung eingegangen wird.

Vergleichsweise einfach ist das Budgetierungsproblem, wenn sich den Investitionsobjekten nach wie vor **Zahlungsströme zurechnen** lassen. In diesem Fall existieren nur die im vorigen Kapitel beschriebenen Interdependenzen zwischen den Investitionsobjekten (Aufteilung des Budgets) und zwischen Finanzierung und Investition (Budgetumfang). Lassen sich den Investitionsobjekten keine Zahlungsströme zurechnen, treten noch zusätzlich im Modell abzubilden Interdependenzen auf. Nicht zurechenbare Zahlungen existieren z.B., wenn die Kapazität eines mehrstufigen Produktionsbetriebes gleichzeitig in mehreren Produktionsstufen erweitert werden soll.

Ein Einproduktunternehmen verfügt in den drei nacheinander zu durchlaufenden Produktionsabteilungen über die Kapazitäten KA, KB bzw. KC in folgender Abbildung.

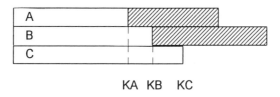

Es wird erwogen, die Abteilungen A und B auszubauen (schraffierte Flächen). Nach einer Erweiterung ist nicht mehr die Abteilung A der Engpaß; der wird nunmehr durch die Kapazität der Abteilung C definiert. In dieser Situation läßt sich keiner der beiden Erweiterungen einzeln eine Zahlungsreihe zuordnen. Zwar ist für jedes Objekt eine Anschaffungsausgabe bekannt; die jährlichen Überschüsse lassen sich jedoch nur für beide gemeinsam erfassen. Diese Überschüsse ergeben sich, wenn das zusätzlich mögliche Produktionsvolumen (KC-KA) am Markt abgesetzt werden kann, aus den Deckungsbeiträgen des Produktes. Wird z.b. nur Abteilung B erweitert, treten überhaupt keine Einnahmewirkungen auf. Bei einer Erweiterung nur der Abteilung A steigt der mögliche Produktionsumfang um (KB-KA), und auch nur für dieses Zusatzvolumen entstehen Einnahmeüberschüsse. Wird erst A und dann B erweitert, gehen auf B Einnahmewirkungen für die Zusatzmenge (KC-KB) zurück. Diese Zussatzeinnahmen sind jedoch eine Folge der Erweiterung auch von A und können daher nicht B allein zugeordnet werden. In der beschriebenen Situation existiert zwischen Investitionsplanung und der Programmplanung (Produktionsmenge) ein zusätzliches Interdependenzproblem. Um dieses Problem im Planungsansatz erfassen zu können, ist es erforderlich, die Einnahmewirkung durch die Volumenerweiterung (Programmwirkung) einzubeziehen. In einem System von Kapazitätsrestriktionen ist darzustellen, wie die Kapazitäten der einzelnen Abteilungen durch Investitionsobjekte erweitert werden können. Die Anschaffungsausgaben der Investitionsobjekte sind den Einzelobjekten direkt zuzuordnen.

Eine zweite Differenzierung der Entscheidungssituation kann nach der **Länge der Planungsperiode** vorgenommen werden. Besonders einfach ist das Budgetierungsproblem für den Fall einer einperiodigen Nutzungsdauer[2]. In diesem Fall braucht nicht zwischen den Zielen Endwertmaximierung und Entnahmemaximierung unterschieden zu werden. Der Gewinn der einen

---

2 Vgl. Hax (1985), S. 62 ff.

Periode des Kalkulationszeitraums stellt gleichzeitig die Endvermögensmehrung und die möglich Entnahme dar. Bei einperiodigen Problemen
existieren nur horizontale, nicht aber auch zeitübergreifende, vertikale Interdependenzen. Damit entfällt das Problem einer Wiederanlage von Geld bzw.
einer Nachfinanzierung. Das Planungsproblem wird durch diese Prämisse
wesentlich vereinfacht; allerdings ist diese Problemstellung auch extrem
praxisfremd. Gerade durch die Einfachheit der Situation erlaubt dieses Planungsproblem jedoch wesentliche Einsichten in die Steuerungszusammenhänge (Lenkpreistheorie). Das Mehrperiodenproblem ist erheblich komplizierter, da nunmehr auch der Zusammenhang der Entscheidungen im Zeitablauf erfaßt werden muß. Es gibt dann nicht nur Lenkpreise für eine Periode,
sondern einen Vektor von Lenkpreisen im Zeitablauf, wobei der Lenkpreis
einer Teilperiode von Entscheidungen in anderen Perioden abhängig sein
kann.

Bei den Mehrperiodenproblemen kann danach differenziert werden, ob im
Entscheidungsfeld nur Investitions- und Finanzierungsobjekte im Planungszeitpunkt erfaßt werden[3] oder ob **zeitliche Abfolgen von Investitions- und
Finanzierungsentscheidungen** zu planen sind. Im ersten Fall liegt ein geschlossenes Entscheidungsfeld aller für den Zeitpunkt t=0 bekannten Inve-
stitions- und Finanzierungsobjekte vor; im zweiten Fall existieren auch noch
nach t=0 Investitionsalternativen, und das Entscheidungsfeld ist zeitlich
grundsätzlich offen und muß erst künstlich durch Einführung eines Planungshorizontes abgeschlossen werden. Modelle mit Abfolgen von Entscheidungen haben den Vorteil, die Interdependenzen zwischen Investition
und Finanzierung im Zeitablauf sehr gut abbilden zu können. Diese Modelle
gehen jedoch für die künftigen Entscheidungszeitpunkte von einer im voraus
definierten Menge von Entscheidungsalternativen aus - mengenmäßig geschlossenes Entscheidungsfeld. Diese Voraussetzung ist insofern
unrealistisch, als der Entscheidungsträger im Kalkulationszeitpunkt nur über
unvollständige Informationen über die sich künftig bietenden Handlungsalternativen verfügt. Treten später in t = 0 nicht erwartete Investitions- oder
Finanzierungsobjekte hinzu, bildet das ursprünglich im Zeitpunkt t = 0 entwickelte Modell die tatsächlichen Zusammenhänge zwischen den Entscheidungen aufeinanderfolgender Zeitpunkte auch nur unvollkommen ab. Daraus
resultiert für mehrperiodige Modelle mit Entscheidungsketten ein Dilemma:
Um die zeitübergreifenden Interdependenzen gut abbilden zu können, ist eine lange Planungsperiode erforderlich. Mit zunehmender Länge der Planungsperiode werden jedoch die Informationen über die Handlungsalternativen und die ökonomischen Handlungsfolgen der bekannten Alternativen
immer spärlicher. Mehrperiodenmodelle mit zu optimierenden Entschei-

---

3   Vgl. Albach (1962).

dungsketten garantieren dann auch nicht die im nachhinein optimale Abfolge der Entscheidungen.

Hinsichtlich der der Entscheidungssituation zugrunde gelegten **Kapitalmarktsituation** ist zwischen drei Fällen zu unterscheiden. Im einfachsten Fall wird im Prinzip am Konstrukt des vollkommenen Kapitalmarktes festgehalten (Soll- gleich Habenzinssatz). Es werden nur Mengenbeschränkungen eingeführt. Der Investor kann damit für Investitionszwecke nur über eine bestimmte, im voraus bekannte Menge an Kapital verfügen und muß dieses Kapital zielsetzungsgerecht einsetzen. Gelingt es ihm, in einem mehrperiodigen Ansatz in den ersten Jahren finanzielle Überschüsse zu realisieren, die nicht entnommen werden, kann er seine Kapitalbasis erweitern[4] und damit die Voraussetzungen für einen steigenden Endwert noch verbessern.

In der zweiten Situation werden unterschiedliche Soll- und Habenzinsen unterstellt; es wird jedoch angenommen, daß in jeder Periode nur ein Soll- und ein Habenzinssatz existiert, zu dem beschränkte oder auch unbeschränkte Geldmengen aufgenommen oder angelegt werden können. Laufzeitunterschiede bestehen weder bei Krediten noch bei Finanzanlagen, so daß von einjährigen Krediten bzw. Finanzanlagen ausgegangen werden kann. Kapital ist damit weiterhin ein homogenes, aber relativ knappes Gut. Zusätzlich zum Aufteilungsproblem von Kapital ergibt sich dann die Aufgabe, das optimale Budget zu bestimmen. Es stellt sich jedoch in diesem Fall nicht die Frage, mit Krediten welcher Laufzeit das finanzwirtschaftliche Gleichgewicht garantiert werden soll. Die Zinssätze müssen im Zeitablauf nicht einheitlich sein. Dem Modell können je nach Zinsprognose steigende oder fallende Zinsentwicklungen zugrunde gelegt werden.

In der dritten Situation wird unterstellt, es gäbe in jeder Teilperiode unterschiedliche Formen der Finanzanlage und der Kreditbeschaffung. Diese Formen unterscheiden sich nach der Fristigkeit, und von den Fristigkeiten hängen die Soll- bzw. Habenzinsen ab. Zudem sind die Volumen der einzelnen Kreditformen oder auch Anlagemöglichkeiten beschränkt. In diesem Fall muß der Investor gleichzeitig mit der Budgetplanung die Fristigkeiten für Kredite und Finanzanlagen festlegen. Dieses Problem existiert bei nur *einem* im Zeitablauf gleichbleibenden Soll- und Habenzins nicht. In der zweiten Kapitalmarktsituation kommen nur einjährige Anlage- und Kreditmöglichkeiten vor. Gegebenenfalls erfolgt dann bei längerem Kapitalbedarf eine revolvierende Finanzierung mit Einjahreskrediten.

---

4   Vgl. Jacob (1962), S. 652 ff.

Die Entscheidungssituation der Budgetierung läßt sich schließlich danach differenzieren, ob alle Objekte (Finanzierung und Investition) **beliebig teilbar** sind oder ob eine Investition oder auch Finanzierung nur ganz oder gar nicht realisiert werden kann. Diese Unterscheidung ist für die Lösungsmethode des Budgetierungsproblems von Bedeutung. Bei beliebiger Teilbarkeit kann die Lösungsmethode auf dem Marginalprinzip aufbauen. Der Grenzbeitrag eines Objektes, die Veränderung des Zielbetrages für eine zusätzlich eingesetzte Geldeinheit, ist dann allein ausschlaggebend dafür, ob ein Investitions- oder Finanzierungsobjekt in das Budget aufgenommen wird. In diesem Fall lassen sich für die Steuerung des Problems Lenkzinssätze entwickeln, und für jedes Investitionsobjekt kann überprüft werden, ob die Verzinsung des Projektes über dem Lenkzinssatz als Mindestzinssatz liegt. Eine Investition oder eine Finanzierungsquelle ist dann vorteilhaft, wenn ihr Kapitalwert auf der Basis des Lenkzinssatzes positiv ist, wenn sie also mehr erwirtschaftet als die Grenzverwendung (Opportunität) von Geld. Diese vereinfachenden Überlegungen sind bei ganzzahligen Entscheidungen im allgemeinen nicht mehr möglich. Das Entscheidungsproblem gehört dann der Klasse kombinatorischer Problemstellungen an und kann dem Prinzip nach nur durch Instrumente der Alternativplanung - z.B. Branch and Bound[5] - bewältigt werden.

Besonders schwierig ist das Problem der Budgetierung, wenn in dieses Problem auch noch **echte Wahlentscheidungen** eingeschlossen sind. Eine derartige Situation liegt vor, wenn ein Unternehmen für die Budgetplanung zwischen den Investitionen A, B, C und D wählen kann, aber A und B sich technisch gegenseitig ausschließen, da es sich um funktionsgleiche Alternativen für die gleiche Aufgabe im Betrieb handelt - z.B. zwei Drehbänke, von denen nur eine eingesetzt werden soll. Aus der Sicht der Alternativplanung wird das Entscheidungsproblem dann vereinfacht, da die Menge der zulässigen Kombinationen von Investitionsobjekten zu Sätzen sich vollständig ausschließender Investitionsstrategien reduziert wird. Die Strategien können dann grundsätzlich maximal drei Investitionsobjekte umfassen, da A und B nie gleichzeitig in einem Satz auftreten dürfen. Für die Ansätze der mathematischen Programmierung resultiert aus echten Wahlentscheidungen jedoch eine wesentliche Erschwernis. Die Wahlentscheidung läßt sich in den Ansätzen nur durch "Entweder/Oder-Entscheidungen" abbilden. Dazu sind wie im Fall nicht beliebig teilbarer Investitionsobjekte ganzzahlige Variable zu definieren, und durch eine spezielle Nebenbedingung ist zu erzwingen, daß nur eines der sich ausschließenden Investitionsobjekte zum Zuge kommt. Damit versagen aber rein am Marginalprinzip orientierte Lösungstechniken wie et-

---

5   Vgl. z.B. Müller-Merbach (1973), S. 325 ff., 378 ff.

wa die Lineare Optimierung, und es muß z.b. auf die Branch-and-Bound-Technik zurückgegriffen werden.[6]

Echte Wahlprobleme lassen sich rein marginalanalytisch bewältigen, wenn eine Kombination von Alternativplanung und Linearer Optimierung angewendet wird. Schließen sich die Investitionen A und B gegenseitig aus, könnte im obigen Beispiel der vier Investitionen ein LP-Ansatz für die Projekte A, C und D und ein zweiter für die Projekte B, C und D berechnet werden. Das Wahlproblem ist dann entschieden, wenn sich der Investor für den Ansatz mit dem höheren Zielbeitrag ausspricht. Dieser Weg ist allerdings auch wiederum nur gangbar, wenn die Zahl sich gegenseitig ausschließender Investitionsobjekte gering ist.

In der Literatur[7] wird für das Wahlproblem innerhalb der Budgetierung noch ein anderer Weg vorgeschlagen. Die sich ausschließenden Projekte werden in sich ergänzende Projekte umdefiniert. Benötigt das Objekt A z.b. einen Kapitaleinsatz von 1.000 GE und erbringt einen Gewinn von 100 GE, während für das Objekt B mit einem Gewinn von 130 GE aber 1.500 GE Kapital erforderlich sind, wird zu A eine Differenzinvestition B-A definiert, die 500 GE Kapitaleinsatz erfordert und 30 GE Gewinn erbringt. Der Planungsansatz enthält somit nur noch die sich nicht ausschließenden Objekte A und B-A. Dieses Vorgehen erlaubt es zwar, von ganzzahligen Variablen abzusehen; die Schwierigkeit dieses Vorgehens liegt jedoch darin, daß nur dann optimale Lösungen erzielt werden, wenn eine Differenzinvestition in der "optimalen Lösung" ganz oder gar nicht, nicht aber nur teilweise enthalten ist. Die Differenzinvestitionen werden in diesen Ansätzen unter der Voraussetzung bewertet, daß sie - wenn überhaupt - voll durchgeführt werden: Mit einem Kapitaleinsatz von 500 GE wird ein zusätzlicher Gewinn von 30 GE erzielt. Bei dem relativen Gewin von 30/500 = 0,06, der für die Bewertung der Differenzinvestition unterstellt wird, handelt es sich jedoch um eine Durchschnittsgröße. Bei nur teilweiser Realisierung der Differenzinvestition entwickelt sich die Rentabilität des zusätzlichen Kapitaleinsatzes nicht entsprechend dieser Durchschnittsgröße. Die Grenzrentabilität wird vielmehr durch das Verhältnis von Gewinn und Kapitaleinsatz der Investition B - 130/1500 = 0,087 - definiert. Für nur teilweise durchgeführte Differenzinvestitionen ist dann die Bewertungsgrundlage in den Planungsansätzen falsch, was Planungsfehler zur Folge haben kann.[8]

---

6 Teilaspekte des Branch- and Boundproblems können aber grundsätzlich mit Ansätzen der Linearen Optimierung bewältigt werden.

7 Vgl. Hax (1985), S. 64 ff.

8 Vgl. Adam, Brauckschulze (1984).

Das Entscheidungsfeld für die Budgetierung kann schließlich noch danach differenziert werden, ob für die Investitionsobjekte eine **Nutzungsdauer** fest vorgeben ist oder ob in den Ansatz das Problem der optimalen Nutzungsdauer integriert wird.[9] Im ersten Fall wird festgesetzt, nach wievielen Perioden ein Objekt aus dem Betriebsmittelbestand ausscheidet. Im zweiten Fall ist mit alternativen Nutzungsdauern zu operieren. Der Umfang des Planungsproblems wird im zweiten Fall erheblich größer, da wegen der unbekannten Nutzungsdauer zusätzliche Variable in den Ansatz aufzunehmen sind.

Die unterschiedlichen Entscheidungsfelder des Budgetierungsproblems können im Hinblick auf zwei verschiedene Zielsetzungen - **Vermögensmaximierung, Entnahmemaximierung** - ausgewertet werden. Beide Zielsetzungen führen im allgemeinen nicht zu identischen Entscheidungen.[10] Nur in den Spezialfällen eines vollkommenen Kapitalmarktes oder eines einperiodigen Planungshorizonts sind beide Ziele ineinander überführbar. Der Planungsansatz zur Budgetierung kann auch eine Art Kombination der beiden Ziele vorsehen. Z.B. kann für den Fall der Endwertmaximierung eine bestimmte Entnahmegröße für die einzelnen Teilperioden vorgegeben werden. Möglich ist es auch, die Entnahmen bei gegebener zeitlicher Struktur unter der Bedingung eines bestimmten Endwertes zu maximieren.

Es soll im folgenden darauf verzichtet werden, alle Kombinationen unterschiedlicher Entscheidungsfelder und Ziele der Budgetierung zu analysieren. Es werden nur einige interessante Entscheidungssituationen näher beleuchtet.

52 Budgetierungsmodelle auf der Basis der klassischen Investitionsrechnung

521 Einperiodenfall

Der unrealistische Einperiodenfall wird nur dargestellt, weil er für die später zu behandelnde Lenkpreistheorie wesentliche Einsichten erlaubt. Betrachtet wird die Situation mit einem fest vorgegebenen, auf die Investitionsobjekte aufzuteilenden Kapitalbetrag sowie der Fall eines noch zu planenden Budgetumfangs.

---

9   Vgl. Jacob (1962).

10   Vgl. Abschnitt 531.

Bei einem vorgegebenen Budget ist das Entscheidungsproblem durch folgende Struktur gekennzeichnet: Das Unternehmen verfügt über das Budget B, das auf die Investitionsobjekte i aufgeteilt werden soll. Die Summe der Anschaffungsausgaben a_{0i} aller zu realisierenden Investitionen darf das Budget nicht überschreiten. Mit EV_i wird die Einnahme bezeichnet, die das Unternehmen mit einem Investitionsobjekt i am Ende des Jahres realisiert. v_i sind die Variablen des Problems; wird eine Investition durchgeführt, ist v_i positiv. Für die Variablen existieren Obergrenzen. Kann eine Investition nur einmal durchgeführt werden, muß v_i kleiner oder gleich 1 sein. Ziel des Unternehmens ist es, mit dem Budget B den Gewinn G zu maximieren, was in diesem Fall das gleiche ist wie die Maximierung des Endvermögens oder der Entnahmen. Das Planungsproblem kann dann durch folgendes formale System abgebildet werden:

$$G = \sum_i (EV_i - a_{0i}) \cdot v_i \to \max$$

$$\sum_i a_{0i} \cdot v_i \leq B$$

$$v_i \leq 1 \quad \text{für alle } i$$

Für beliebig teilbare Investitionen ist zur Lösung dieses Problems der relative Zielbeitrag der Investitionen ausschlaggebend. Der relative Zielbeitrag gibt an, welcher Gewinn mit einer GE Kapitaleinsatz bei einer Investition zu realisieren ist. Der relative Gewinn $(EV_i - a_{0i})/a_{0i}$ ist aber nichts anderes als der interne Zinsfuß r_i einer einjährigen Investition.

$$r_i = \frac{EV_i - a_{0i}}{a_{0i}} = \frac{EV_i}{a_{0i}} - 1$$

Damit ergibt sich das zunächst überraschende Ergebnis, daß der interne Zins, der im Kapitel 3352 als völlig ungeeignet für das Wahlproblem bezeichnet wurde, für das Spezialproblem der Budgetierung im Einjahresfall ein sinnvolles Entscheidungskriterium ist. Das relative Ziel - Rentabilitätsmaximierung - wird in diesem Fall erreicht, wenn auch das absolute Ziel - Endvermögensmaximierung - erreicht ist. Auf den zweiten Blick ist dieses Ergebnis aber überhaupt nicht überraschend, denn relative Ziele sind zur Steuerung von Investitionen grundsätzlich dann geeignet, wenn der Nenner der Rentabilitätsfunktion eine Konstante ist. Genau dieser Fall liegt aber im Budgetierungsproblem vor, da der gesamte Kapitaleinsatz B eine vorgegebene, konstante Größe ist.

Im übrigen ist es auch gleichgültig, ob das Unternehmen in diesem Fall den Gewinn, die Rentabilität oder den Kapitalwert bei gegebenem Kalkulationszinssatz i maximiert. Bei einer Maximierung des Kapitalwertes für ein gegebenes Budget muß der relative Kapitalwert einer Investition bestimmt werden. Der Kapitalwert entspricht dem Barwert der Einnahmen EV_i abzüglich den Anschaffungsausgaben a_{0i}. Dieser Betrag ist dann durch die Anschaffungsausgaben zu teilen. Für den relativen Kapitalwert (**Kapitalwertrate**) ergibt sich damit:[11]

$$\frac{C_{0i}}{a_{0i}} = \frac{\dfrac{EV_i}{1+i} - a_{0i}}{a_{0i}} = \frac{EV_i}{a_{0i}(1+i)} - 1$$

Dieses Kriterium muß aber immer zur gleichen Rangfolge der Investitionsobjekte führen wie das Kriterium des internen Zinsfußes, da der konstante, positive Zinsfaktor - $1/(1+i)$ - die Rangfolge der Investitionsobjekte nicht verändern kann.

Die Lösung des Problems soll für ein Beispiel mit zehn Investitionsobjekten vorgeführt werden:

Investitions- objekt	Einnahme EV	Ausgabe a_0	r_i %	kumulierter Kapital- bedarf
A	28	20	40	20
B	25	20	25	40
C	12	10	20	50
D	118	100	18	150
E	92	80	15	230
F	44	40	10	270
G	54	50	8	320
H	53	50	6	370
I	63	60	5	430
J	156	150	4	580

Die Investitionen sind in der Tabelle nach ihren Rentabilitäten geordnet. Das Unternehmen wird daher zunächst in das Objekt A mit 40% Rentabilität investieren und erst danach auch Geld für das Objekt B bereitstellen. Die

---

[11] In dieser Formel bezeichnet i als Index für EV und a_0 das Investitionsobjekt, während 1 + i der vorgegebene Zinsfaktor ist.

letzte Spalte gibt den Kapitalbedarf an, wenn das Unternehmen die Objekte in der Reihenfolge der Rentabilitäten realisiert. Der maximale Kapitalbedarf stellt sich auf 580 GE. Das Unternehmen möge jedoch nur einen Betrag von 260 GE zur Verfügung haben. Es kann also nur die Objekte A bis F verwirklichen. F mit einer Rentabilität von 10% ist das Grenzobjekt. Es kann nur teilweise mit dem verfügbaren Betrag realisiert werden. Die 10% des Grenzprojektes F sind in diesem Fall der Lenkzins.[12]

Werden die Projekte mit diesem Zinssatz kalkuliert, d.h., werden den Investitionsobjekten Zinsen in Höhe von 10% auf den Anschaffungsbetrag angerechnet, haben alle Investitionen von A bis E einen positiven Kapitalwert, und das Grenzobjekt F hat einen Kapitalwert von genau null. Auch die Rentabilitäten der Projekte A bis E sind positiv. Für die Investition A sind dann von den 28 GE Einnahmen 2 GE Zinsen und die Ausgaben von 20 GE abzusetzen. Es verbleibt also ein Gewinn von 6 GE über die verrechnete Zinsbelastung von 10% hinaus. Bezogen auf den Kapitaleinsatz ergibt sich damit eine neue Rentabilität der Investition A auf Basis der wertmäßigen Kosten von 30%. Für die Investition B führt die gleiche Rechnung zu 15%, und für das Grenzprojekt F stellt sich eine Verzinsung von null über die Opportunität hinaus ein.

Diese Rechnung bedeutet: Alle ursprünglichen Verzinsungsgrößen reduzieren sich genau um die Verzinsung des Grenzprojektes. Dann haben auf der Basis der Grenzverzinsung alle nicht zu realisierenden Investitionen einen negativen Zins; sie vermögen die für das knappe Kapital geltende Grenzverzinsung von 10% nicht zu erwirtschaften. Alle durchzuführenden Investitionsprojekte bis auf das Grenzprojekt haben einen positiven Zinssatz, sie erwirtschaften mehr als das Grenzprojekt. Wäre der Lenkzins von vornherein bekannt, könnte er als Kalkulationszinsfuß in der Kapitalwertmethode benutzt werden, und das Ergebnis der Kapitalwertmethode ließe erkennen, welche Investitionen in einer bestimmten Knappheitssituation des Geldes zu realisieren sind. Es könnte dann also isoliert über die Vorteilhaftigkeit der Investitionen im Vergleich zur Opportunität - der Grenzverzinsung - geurteilt werden. Statt des Simultanmodells der Budgetierung könnten dann auch die bislang angewendeten Partialmodelle eingesetzt werden.

Dieser Lenkzins hängt allerdings von der Höhe des verfügbaren Kapitalbetrages ab. Stehen z.B. nur 230 GE Kapital zur Verfügung, ist es nicht sinnvoll, das Objekt F zu realisieren. E wird dann zum Grenzprojekt, und der Lenkzins wird durch E mit 15% definiert. Verfügt das Unternehmen über mehr als 580 GE Kapital, d.h., ist das Kapital nicht knapp, beträgt der

---

12 Der Lenkzins entspricht dem Konzept der wertmäßigen Kosten. Vgl. Adam (1993b), S. 120 ff.

Lenkzins im Beispiel null. Wird aber im Beispiel auch eine Finanzanlage - z.B. Sparbuch - erfaßt, sinkt der Lenkzins äußersten Falls auf diesen externen Zinssatz ab, da die Spareinlage dann zur Grenzverwendung von Geld wird.

Die bisherige Analyse weist noch eine Schwäche auf. Es wurde unterstellt, der zu verteilende Budgetbetrag ist bekannt - z.B. gegebene eigene Mittel. Soweit es sich um Kredite handelt, gehen die Kosten für die Finanzierung dieses Betrages nicht in die Rechnung ein. Dieses Vorgehen ist nur für einen autonom festgesetzten Kapitalbetrag richtig, denn die Finanzierungskosten für diesen Betrag sind fix und durch die Aufteilung des Kapitals auf die Investitionen nicht mehr zu beeinflussen. Die nicht berücksichtigten Finanzierungskosten führen jedoch zu Fehlern, wenn die Höhe des Budgets variabel ist. Bei variablem Budget sind auch die Kosten der Finanzierung für die Investitionspolitik relevant, da sie sich mit der Höhe des Budget verändern. Es handelt sich dann nicht mehr um fixe, sondern um variable Ausgaben.

Die generelle Wirkungsweise eines variablen Budgets soll wiederum an obigem Beispiel demonstriert werden. Angenommen, das Unternehmen verfügt über ein Startkapital von 230 GE und überlegt, ob es sinnvoll ist, zu einem Zinssatz von 12% weiteres Kapital am Markte aufzunehmen. Mit dem bislang verfügbaren Kapital könnte die Wunschliste der angemeldeten Investitionen bis einschließlich Objekt E realisiert werden. Das dann folgende Investitionsobjekt F erwirtschaftet jedoch nur einen internen Zins von 10%. Dieses Objekt ist damit bei Finanzierungskosten von 12% nicht mehr vorteilhaft. Für die Frage, ob eine Ausdehnung des Budgets sinnvoll ist, muß dann jeweils der interne Zins des in der Wunschliste folgenden Investitionsobjektes mit den Kosten für die zusätzliche Beschaffung von Geld verglichen werden. Vorteilhaft wäre das Investitionsobjekt F folglich nur, wenn die Zusatzfinanzierung weniger als 10% kostet. Kostet der Kredit z.B. 9%, wird das Budget auf 270 GE ausgedehnt. Für die Frage allerdings, wie dieses Budget auf die Investitionsobjekte aufzuteilen ist, ändert sich an dem beschriebenen Vorgehen zur Aufteilung eines festen Budgets überhaupt nichts. Die Investitionsobjekte werden in der Rangfolge ihrer internen Verzinsungen realisiert, d.h., für die Aufteilungsfrage des Budgets ist die Höhe der Finanzierungskosten irrelevant.

Dieses am Beispiel eines aufzunehmenden Kredits erläuterte Grundprinzip soll im folgenden auf den Fall verschiedener Kreditformen erweitert werden.[13] Es wird angenommen, das Unternehmen kann drei Kredite bekommen.

---

13   Vgl. Dean (1969).

Kredit 1: 120 GE zu 8%
Kredit 2: 140 GE zu 9%
Kredit 3: 350 GE zu 11%

Geld ist damit insgesamt für das Unternehmen nicht knapp, denn einem Kapitalbedarf für die 10 Projekte von 580 GE steht ein mögliches Kreditvolumen von 610 GE gegenüber. Aber es ist bei den gegebenen Finanzierungskonditionen nicht sinnvoll, mehr als 260 GE an Krediten aufzunehmen. Die letzte aufgenommene Geldeinheit kostet dann 9 %; sie dient zum Ausbau der Investitionsalternative F (Kapitalbedarf kumuliert 230 bis 270), bringt also 10%. F wird nur zu 75% realisiert, da weiteres Kapital 11% kostet, aber nur 10% einbringt. Der Gesamtgewinn des Unternehmens würde folglich um 10·0,01 GE sinken, wenn das Budget von 260 GE auf 270 GE stiege. Der Lenkzins für die Aufteilung des Budgets von 260 GE auf die Investitionsobjekte entspricht wiederum dem internen Zinssatz der Investition F. Werden mit diesem Lenksatz alle Finanzierungsmöglichkeiten und Investitionsobjekte kalkuliert, haben alle vorteilhaften Investitionen bzw. Finanzierungsquellen einen positiven Kapitalwert. Für die Investition A ergibt sich bei einem Zinssatz von 10% z.B. ein Kapitalwert von $5,\overline{45}$ GE. Für den ersten Kredit K_1 errechnet sich ein positiver Kapitalwert von 2,18.

$$C_{0i} = \frac{EV_i}{1+i} - a_0$$

$$C_{0A} = \frac{28}{1,1} - 20 = 5,\overline{45}$$

$$C_{0K_1} = \frac{-120 \cdot 1,08}{1,1} + 120 = 2,18$$

Das Ergebnis der Planung für mehrere zur Wahl stehende Investitionen und mehrere Kredite zu unterschiedlichen Konditionen läßt sich am einfachsten mit einer Graphik erzeugen. Für diese Graphik sind die Kapitalnachfrage- und die Kapitalangebotsfunktion erforderlich. Die Kapitalnachfragefunktion entspricht der graphischen Umsetzung des kumulierten Kapitalbedarfs und der zu diesem Kapitalbedarf jeweils gehörenden Grenzrenditen. Diese Kurve verläuft in der Graphik von links oben nach rechts unten. Bei vernünftigem Finanzierungsverhalten wird das Unternehmen erst den Kredit K_1 zu 8% bis zu einem Betrag von 120 GE beanspruchen. Dann wird die Kreditart 2 mit 9% bis zu einem kumulierten Kreditangebot von 260 GE eingesetzt. Schließlich folgt Kredit 3 zu 11% bis zum Betrag von 610 GE. Die Kapitalangebotsfunktion verläuft in der Graphik von links unten nach rechts oben. Durch den Schnittpunkt beider Kurven wird das optimale Budget mit 260 GE bei einem Grenzzins von 10% festgelegt, der durch die Grenzverwendung - Objekt F - definiert ist. Die Fläche links vom Schnittpunkt zwischen Kapitalnachfrage- und Kapitalangebotsfunktion entspricht der Höhe des Gewinns, der mit dem Budget von 260 GE realisiert werden kann.

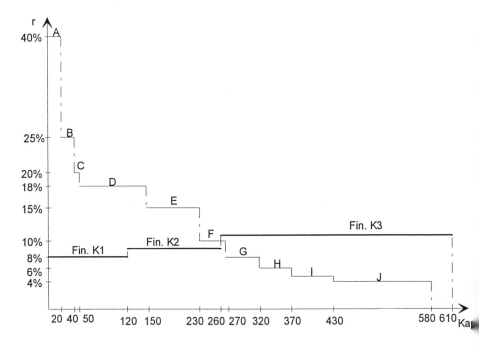

Der beschriebene Lösungsweg nach Dean ist nur einsetzbar, wenn folgende Prämissen gelten:

- Die Investitionsobjekte müssen unabhängig voneinander sein. Es darf kein echtes Wahlproblem in das Budgetierungsproblem integriert sein.
- Die Finanzierungsobjekte müssen unabhängig sein, d.h., die Konditionen eines Kredites - Menge, Zins - müssen unabhängig davon sein, ob noch andere Kredite beansprucht werden.
- Alle Investitions- und Finanzierungsobjekte dürfen nur eine einperiodige Laufzeit aufweisen.
- Die Investitions- und Finanzierungsobjekte müssen beliebig teilbar sein.
- Es dürfen keine Eigenmittel zur Finanzierung eingesetzt werden.

Im folgenden soll versucht werden, einige dieser Prämissen aufzuheben. Am leichtesten ist der Fall von Eigenmitteln in die Analyse einzubeziehen. Stehen einem Unternehmen zur Finanzierung seiner Investitionsobjekte neben diversen Kreditlinien auch eigene Mittel zur Verfügung, muß dieser Tatbestand in geeigneter Weise in der Modellbildung berücksichtigt werden. Hierfür stehen zwei Wege zur Verfügung:

■ Eigene Mittel werden sowohl in der Kapitalnachfrage- als auch der Kapitalangebotsfunktion berücksichtigt. In die Kapitalnachfragefunktion gehen sie als mögliche Finanzanlage mit dem für diese Anlage geltenden Habenzins ein. Die Kapitalangebotsfunktion fängt mit den Eigenmitteln bei einem Zins von null an, und es schließt sich dann erst die billigste Kreditart an. Dieses Vorgehen unterstellt, daß die Eigenmittel noch in bar zur Verfügung stehen.

■ Die zweite Art[14] geht davon aus, daß die Eigenmittel bereits in Finanzanlagen investiert wurden. Es stellt sich dann die Frage, ob es sinnvoll ist, diese Mittel umzuwidmen und für Sachinvestitionen zur Verfügung zu stellen. Bei dieser Interpretation gehen die Eigenmittel nur in die Kapitalangebotsfunktion mit dem Zinssatz ein, auf den das Unternehmen bei Freisetzung der Mittel verzichten müßte. Dieses Vorgehen ist grundsätzlich richtig und besonders dann unschädlich, wenn der Habenzins kleiner ist als der kleinste Sollzins, was normalerweise zutrifft. Es führt lediglich dazu, daß die Fläche zwischen Kapitalnachfrage- und Kapitalangebotskurve nicht mehr als "Gewinn" aus dem Investitionsprogramm interpretiert werden kann.

Um bar verfügbares Eigenkapital interpretationsgerecht zu erfassen, sollte der erste Weg gewählt werden. Das folgende Zahlenbeispiel zeigt, wie das Eigenkapital zu behandeln ist: Es mögen zwei Investitionsobjekte A und B mit Renditen von 9% und 6% und einem Kapitalbedarf von jeweils 500 GE zur Realisierung anstehen. Als Kredit sind 500 GE zu 5% verfügbar; außerdem sind eigene Mittel in Höhe von 1.000 GE vorhanden. Der Habenzins beträgt 7%.

Laut zweitem Vorschlag ergibt sich die Schnittpunktlösung der folgenden Abbildung.

---

14   Vgl. Hax (1985), S. 67 ff.

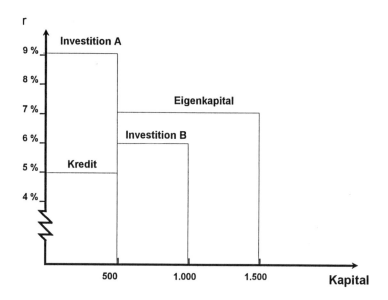

Im optimalen Programm ist nur die fremdfinanzierte Investition A enthalten; das Eigenkapital wird nicht eingesetzt. Der zugehörige Einzahlungsüberschuß beträgt 20 GE. Dies ist ein schlechteres Ergebnis als bei der Lösung, die sich laut erstem Vorschlag entsprechend der nächsten Abbildung einstellt.

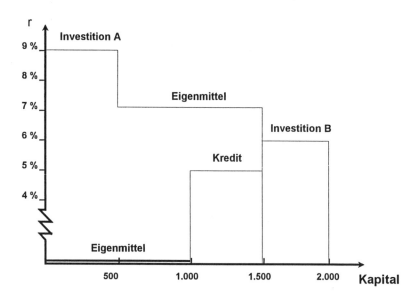

Werden sowohl der Kredit als auch das Eigenkapital eingesetzt, um zum einen die Investition A zu finanzieren und zum anderen 1.000 GE zum Habenzins anzulegen, läßt sich ein Einzahlungsüberschuß von 90 GE erzielen.

Dieser "Fehler" tritt allerdings nicht auf, wenn das Entscheidungsfeld beim zweiten Vorschlag anders interpretiert wird. Wird das Eigenkapital zum Habenzins in die Finanzierungsquellen eingeordnet, ist davon auszugehen, daß diese Mittel in Finanzanlagen investiert sind und gegebenenfalls mit Opportunitätskosten in Höhe des Habenzinses freigesetzt werden können. Wird das Eigenkapital in der Schnittpunktlösung dann nicht zur Finanzierung von Sachinvestitionen eingesetzt, ist das so zu interpretieren, daß es nicht vorteilhaft ist, es seiner bisherigen Verwendung zu entziehen.

Das Lösungsmodell nach Dean ist zwingend an die Voraussetzung beliebig teilbarer Investitionsobjekte gebunden, da dieses Verfahren auf marginalanalytischen Überlegungen - wie ändert sich der Gewinn, wenn ein weiteres Investitionsobjekt realisiert wird bzw. wenn weitere Finanzierungsmittel aufgenommen werden? - aufbaut. Sind die betrachteten Projekte nicht beliebig teilbar und weist die Schnittpunktlösung eine nicht ganzzahlige Lösung aus, genügt es in den meisten Fällen nicht, eine gesonderte Vorteilhaftigkeitsanalyse darüber anzustellen, ob das Grenzprojekt ganz anzunehmen oder abzulehnen ist, um mit Sicherheit die optimale Lösung zu finden. Vielmehr tritt dann ein kombinatorisches Problem auf.

Bitz[15] zeigt die Problematik sehr schön an einem kleinen Beispiel mit unteilbaren Investitionsobjekten und beliebig teilbaren Finanzierungsobjekten. Für das Beispiel gelten folgende Daten.

Investition		
Objekt	Kapital	interner Zins
A	300	9%
B	700	8%
C	250	6%
Finanzierung		
Kredit	Volumen	Zins
K1	500	4%
K2	1000	10%

---

15 Vgl. Bitz (1980), S. 39 ff.

Die folgende Abbildung zeigt die zugehörige Schnittpunktlösung, die eine anteilige Realisierung von Objekt B vorsieht.

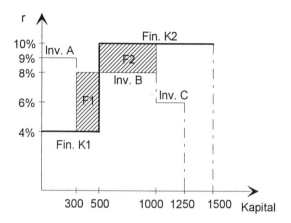

Da Investition B unteilbar ist, kann sie entweder nur ganz oder gar nicht durchgeführt werden. Der Weg, das Budget auf ein Volumen von entweder 1.000 GE (Investitionen A und B) auszudehnen oder auf 300 GE (Investition A) zu beschränken, also zu testen, ob das Grenzobjekt vorteilhaft ist oder nicht, führt im allgemeinen nicht zur optimalen Lösung. Ein Budget von 300 GE ergibt nach einem Jahr einem Endvermögen von 15 GE. Dieses sinkt auf 13 GE, wenn die Investitionen A und B voll realisiert werden. Wird hingegen nur B durchgeführt, ergibt sich ein Endvermögen von 16 GE. Entscheidet sich das Unternehmen für ein Programm aus A und C, erzielt es ein Endvermögen von 17 GE.

Programm:	Inv. A mit 300 GE;	finanziert mit K1
Zeitpunkt	t_0	t_1
Einzahlung	300 GE (aus K1)	327 GE (aus A)
Auszahlung	300 GE (für A)	312 GE (für K1)
Überschuß	0 GE	15 GE

Programm:	Inv. A und B; finanziert mit K1 = 500 GE und K2 = 500 GE	
Zeitpunkt	t_0	t_1
Einzahlung	1000 GE (aus K1,K2)	327 GE (aus A)
		756 GE (aus B)
Auszahlung	300 GE (für A)	520 GE (für K1)
	700 GE (für B)	550 GE (für K2)
Überschuß	0 GE	13 GE

Programm:	Inv. B mit 700 GE; finanziert mit K1 und K2	
Zeitpunkt	t_0	t_1
Einzahlung	500 GE (aus K1)	756 GE (aus B)
	200 GE (aus K2)	
Auszahlung	700 GE (für B)	520 GE (für K1)
		220 GE (für K2)
Überschuß	0 GE	16 GE

Programm:	Inv. A und C; finanziert mit K1 = 500 GE und K2 = 50 GE	
Zeitpunkt	t_0	t_1
Einzahlung	500 GE (aus K1)	327 GE (aus A)
	50 GE (aus K2)	265 GE (aus C)
Auszahlung	550 GE (für A,C)	520 GE (für K1)
		55 GE (für K2)
Überschuß	0 GE	17 GE

Im Fall unteilbarer Projekte versagt das einfache Dean-Modell also immer dann weitgehend, wenn es zu nichtganzzahligen Schnittpunktlösungen kommt. Allgemein erlaubt die Schnittpunktlösung dann keine Aussage darüber, welche Projekte dem optimalen Programm auf jeden Fall bzw. auf gar keinen Fall angehören. I.d.R. wird es erforderlich sein, die Endvermögen für alle Kombinationen der Investitionsobjekte durchzurechnen, um die günstigste Kombination herausfinden zu können. Je nach Aussehen der Kapitalnachfrage- und -angebotskurve ist es allerdings möglich, durch einfache Vorüberlegungen unsinnige, d.h. dominierte Kombinationen von vornherein auszuscheiden, so daß sich der Planungsaufwand wieder etwas reduziert.

522 Mehrperiodenfall

Dean selbst hat vorgeschlagen, bei mehrperiodigen Investitionen in gleicher Weise wie im Einperiodenfall vorzugehen.[16] Umfaßt der Planungszeitraum also mehr als zwei Zeitpunkte, sollen die Investitionsobjekte wiederum nach ihren internen Zinsfüßen in fallender Reihenfolge und die Finanzobjekte entsprechend ihren Sollzinssätzen in steigender Folge geordnet werden. Der Schnittpunkt der sich ergebenden Kapitalangebots- und -nachfragefunktionen führt angeblich zum optimalen Investitions- und Finanzierungsprogramm. Gegen das skizzierte Vorgehen sprechen allerdings schwerwiegende Nachteile:[17]

■ Soll der interne Zinsfuß für Projekte berechnet werden, deren Nutzungsdauern länger als eine Periode sind, können Schwierigkeiten auftreten, da u.U. gar kein interner Zinsfuß oder sogar mehrere existieren. Für solche Projekte bleibt ungeklärt, welchen Platz sie in der Rangordnung einnehmen sollen.

■ Bezüglich der Liquidität wird lediglich die Zahlungsfähigkeit im Investitionszeitpunkt sichergestellt. Liquiditätsaspekte für spätere Zeitpunkte bleiben unberücksichtigt.

■ Das von Dean empfohlene Vorgehen führt nur zufällig zur optimalen Entscheidung, selbst wenn nur Projekte mit eindeutigem internen Zins und Programme mit auch künftig gesicherter Liquidität betrachtet werden.

Diese Erkenntnis ist nicht neu. So hat z.B. neben Kruschwitz und Bitz[18] auch schon Hax[19] anhand eines Beispiels dieses Phänomen aufgezeigt. Anhand des bei Hax zu findenden Falls soll im folgenden kurz die Unzulänglichkeit der Schnittpunktlösung gezeigt werden.

Im Beispiel von Hax existieren zwei Investitionsprojekte A und B mit folgenden Zahlungsreihen:

---

16   Vgl. Dean (1969), S. 25 f.

17   Vgl. Kruschwitz (1993), S. 187 ff.

18   Vgl. Bitz (1980), S. 51 ff.

19   Vgl. Hax (1985), S.79 ff.

Zeitpunkt	Inv. A	Inv. B
0	-120	-100
1	110	10
2	50	110
interner Zins	25%	10%

Für die Projekte bestehen zwei Finanzierungsmöglichkeiten. Durch das Finanzierungsobjekt 1 kann maximal der Betrag 120 GE aufgebracht werden; die Kapitalkosten liegen bei 5%. Darüber hinausgehender Kapitalbedarf ist aus Finanzierungsquelle 2 zu decken, bei der die Finanzierungskosten 12% betragen. In der nachstehenden Abbildung ist die Schnittpunktlösung angegeben. Realisiert werden soll nur die Investition A mit dem ersten Kredit.

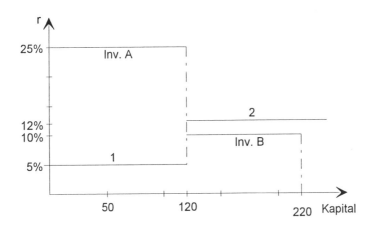

Um diese Lösung auf ihre Qualität hin beurteilen zu können, sollen für zwei Investitionsprogramme die zugehörigen Endvermögen berechnet werden. Dazu wird für das Programm 1 ("realisiere nur A") und Programm 2 ("realisiere A und B") jeweils ein Vofi aufgestellt.

Finanzplan für Investition A:

Zeitpunkt	Zahlung für A	Kredit bzw. Tilgung	Zinsen	Endwert
0	-120	120		
1	110	-104	-6	
2	50	-16	-0,8	33,2

Das Unternehmen muß einen Kredit zu 120 GE aufnehmen und dafür am
Ende der ersten Periode 6 GE Zinsen zahlen, so daß aus den Einnahmen von
110 GE noch 104 GE zur Tilgung des Kredites verbleiben. Für den Restkredit sind im nächsten Jahr noch 0,8 GE an Zinsen fällig. Aus dem Überschuß von 50 GE verbleibt dann nach Abzug von Tilgung und Zins ein Endvermögen von 33,2 GE.

Finanzplan für A und B:

Zeit-punkt	Zahlung A	B	Kredit 5% Kapital-tilgung	Zins	Kredit 12% Kapital-tilgung	Zins	Endver-mögen
0	-120	-100		120		100	
1	110	10	-2	-6	-100	-12	
2	50	110	-118	-5,9			36,1

Für das Programm aus Objekt A und B werden beide Kredite aufgenommen.
Nach einem Jahr sind zusammen 18 GE Zinsen zu zahlen. Aus den Überschüssen von 120 GE wird der teurere Kredit ganz getilgt, und zur Tilgung
des 5%igen Kredites verbleiben noch 2 GE. Im zweiten Jahr sind für den
Restkredit von 118 GE Zinsen in Höhe von 5,9 GE zu zahlen, so daß nach
Abzug der Zinsen und der Tilung noch ein Endvermögen aus den Überschüssen von 160 GE in Höhe von 36,1 GE verbleibt. Den Finanzplänen ist
zu entnehmen, daß es optimal ist, beide Projekte durchzuführen. Laut
Schnittpunktlösung sollte Investition B aber nicht realisiert werden, da zu
ihrer Finanzierung nur noch Kapital zu 12% eingesetzt werden kann.

Die Finanzierungskosten von 12% gelten zwar für das erste, nicht mehr aber
für das zweite Jahr, da das teure Kapital aus Finanzobjekt 2 bereits nach
einer Periode vollständig getilgt werden kann. In der zweiten Periode sinken
die Kapitalkosten damit auf 5%. Bei der Schnittpunktlösung bleibt unbeach-
tet, daß sich die marginalen Kapitalkosten von Periode zu Periode ändern.
Die interne Zinsfußmethode ist zudem, wie bereits gezeigt, im Mehrperiodenfall ungeeignet zur Lösung des Wahlproblems. Die modellimmanente
Annahme, die von einer Finanzierung zwischenzeitlicher Geldanlagen und -
aufnahmen zum internen Zinsfuß des betrachteten Objektes ausgeht, stimmt
damit nicht mit den explizit im Modell berücksichtigten Finanzierungssätzen
überein, so daß es auch nicht verwundern kann, wenn das Modellkonzept im
Mehrperiodenfall das Optimum verfehlt.

523 Echte Wahlprobleme

Bislang wurde das Budgetierungsproblem für den Fall isolierter Zahlungsreihen der Investitionsobjekte behandelt. Es soll nunmehr ein echtes Wahlproblem mit in die Betrachtung einbezogen werden. Denkbar sind zwei Formen von Abhängigkeiten zwischen Objekten:

- Die Projekte schließen sich gegenseitig aus, sind also nur alternativ zu realisieren.

- Die Projekte sind komplementär. Durch eine gemeinsame Durchführung von Projekten verändern sich die finanziellen Konsequenzen, d.h., die finanziellen Konsequenzen beider Objekte entsprechen nicht der Summe der Einzelwirkungen (Synergien).

Um Interdependenzen dieser Art erfassen zu können, wird vorgeschlagen, Differenzstrategien zu bilden.[20] Schließen sich z.B. zwei Investitionen gegenseitig aus, dürfen nicht beide Projekte gleichzeitig in die Schnittpunktlösung aufgenommen werden. Damit das vorgestellte Instrumentarium zur Bildung von Kapitalangebots- und Kapitalnachfragefunktion dennoch angewendet werden kann, werden die alternativen Investitionen mit Hilfe von Differenzstrategien in sich ergänzende Objekte transformiert. Die Verzinsung der Differenzstrategie gibt dann die Vor- oder Nachteile an, die mit dem Wechsel der Projekte verbunden sind.

Differenzstrategien lassen sich auch für komplementäre Objekte bilden. Verändern sich z.B. die Konditionen der Projekte, wenn zwei Objekte A und B gemeinsam realisiert werden, lassen sich die Objekte A und B zu einem gemeinsamen Objekt C zusammenfassen. Für den Übergang auf dieses Projekt C ist wiederum eine Differenzstrategie zu formulieren. Beispielhaft soll im folgenden nur der Fall sich ausschließender Objekte behandelt werden, da dieses Vorgehen auf den Fall komplementärer Objekte übertragbar ist.

Die relevanten Daten für ein Budgetierungsbeispiel mit vier Investitionen und zwei Kreditarten sind folgender Tabelle zu entnehmen:

---

20 Vgl. etwa Hax (1985), S. 66; Bitz (1980), S. 47; Gans, Looss, Zickler (1977), S. 110.

Investition	Kapitaleinsatz	interne Verzinsung r
A	5.000 GE	13%
B	10.000 GE	12%
C	2.000 GE	11,5%
D	2.000 GE	10%
Finanzierung	Kapitalaufnahme	Sollzins
K1	8.000 GE	9%
K2	6.000 GE	12,5%

Im Budget darf nur die Investition A oder B enthalten sein. Es ist deshalb nicht möglich, eine Kapitalnachfragefunktion aufzustellen, in der beide Investitionen direkt enthalten sind. Vielmehr ist es erforderlich, aus den konkurrierenden Investitionen zwei sich ergänzende Objekte zu bilden, die beide in einer Kapitalnachfragefunktion berücksichtigt werden. Die Differenzinvestition (B - A) ersetzt dann die Investition B. Für die Differenzstrategie sind folgende Daten relevant:

Investition	Kapitaleinsatz	Kapital nach einer Periode	interne Verzinsung
(B-A)	5.000 GE	5.550 GE	11%
Erklärung	= 10.000 GE -5.000 GE	= 11.200 GE -5.650 GE	$\dfrac{5.550 - 5.000}{5.000} = 0,11$

Die ermittelte Verzinsung von 11% für die Differenzinvestition ist folgendermaßen zu interpretieren: Wird statt A die Strategie B realisiert, müssen 5.000 GE mehr an Kapital eingesetzt werden; das Kapital ist nach einem Jahr auf 5.550 GE angewachsen; der "Mehrgewinn" beträgt 550 GE. Damit entspricht die Summe aus diesem "Mehrgewinn" und dem "Gewinn" aus A genau dem "Gewinn" aus B. Der interne Zins der Differenzinvestition von 11% gibt die durchschnittliche Verzinsung an, wenn die Differenzinvestition vollständig durchgeführt wird. Dieses Verzinsungsmaß unterstellt, wie aus folgender Abbildung zu erkennen ist, daß der "Gewinn" der Differenzinvestition kontinuierlich von 650 GE auf 1.200 GE steigt.

Zahlungen

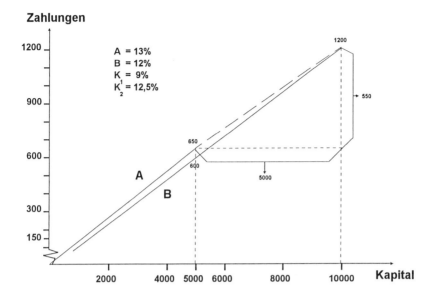

Tatsächlich gilt jedoch beim Übergang auf die Investition B ein anderer Gewinnverlauf. Bei einem Kapitaleinsatz von 5.000 GE erreicht die Investition B lediglich einen Gewinn von 600 GE, und der Gewinn steigt mit wachsendem Kapitaleinsatz bei 12% Verzinsung auf 1.200 GE an. Bei einem Kapitaleinsatz von 5.000 GE entsteht damit durch den Wechsel von A auf B zunächst eine sprunghafte Gewinneinbuße von 50 GE. Bei der Berechnung der Verzinsung der Differenzinvestition wird dieser Gewinnsprung nivelliert, d.h., er wird auf den gesamten zusätzlichen Kapitaleinsatz von 5.000 GE verteilt. Das Verzinsungsmaß für die Differenzinvestition entspricht damit nicht der Grenzverzinsung für den zusätzlichen Kapitaleinsatz. Aus diesem Umstand ergeben sich Probleme, da die in der Schnittpunktlösung verwendeten einperiodigen internen Zinsfüße Grenzverzinsungen darstellen. Als Folge des Gewinnsprungs von 50 GE bei einem Kapitaleinsatz von 5.000 GE ist dann ein Mindestkapitaleinsatz für B in Höhe von x = 416,67 GE (aus: 50 = 0,12x) erforderlich, um wieder auf die bereits vorher erreichte Gewinnhöhe von 650 GE zu kommen.

Die Bildung einer Differenzinvestition (B - A) ist grundsätzlich nur unter drei Bedingungen sinnvoll:

- ■ Der Kapitaleinsatz von A ist kleiner als der von B.
- ■ Die Investition A mit dem geringeren Kapitaleinsatz hat die höhere Verzinsung.[21]

---

21 Vgl. Bitz (1980), S. 47.

- Der Endwert der Investition B mit dem höheren Kapitaleinsatz ist größer als der der Investition A mit dem kleineren Kapitaleinsatz.

Gelten diese Bedingungen nicht, dominiert das Objekt B die Investition A oder umgekehrt, so daß sich das Wahlproblem erübrigt.

Nachdem für die beiden sich ausschließenden Investitionen A und B eine Differenzinvestition mit 5.000 GE Kapitaleinsatz und einer internen Verzinsung von 11% gebildet wurde, wird wie üblich eine Kapitalangebots- bzw. Kapitalnachfragefunktion ermittelt. Aus der Abbildung ergibt sich dann die folgende Handlungsempfehlung: Die Investitionen A und C sind vollständig zu realisieren, und die Differenzinvestition wird nur teilweise durchgeführt.

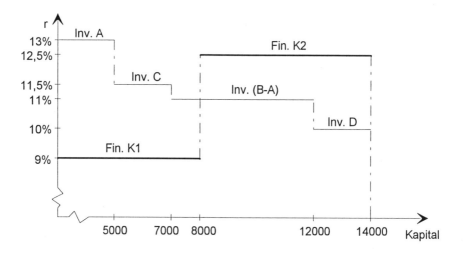

Richtig interpretiert besagt diese Lösung: Neben der Investition C soll nicht A, sondern die Investition B mit einem Kapitaleinsatz von 6.000 GE teilweise realisiert werden. Die nur anteilige Realisierung der Differenzstrategie in der nach der Schnittpunktlösung optimalen Handlungsempfehlung bereitet nun aber Probleme, weil bei einem zusätzlichen Kapitaleinsatz von 1.000 GE für die Differenzstrategie keine interne Verzinsung von 11% gilt, von der aber die Schnittpunktlösung ausgegangen ist. Bei einem Kapitaleinsatz von 6.000 GE für B wird lediglich ein "Gewinn" von $0,12 \cdot 6000$ GE = 720 GE erzielt, während es für die Investition A 650 GE bei einem Kapitaleinsatz von 5.000 GE sind. Der Zusatzgewinn für 1.000 GE Kapital in der Verwendung "Differenzinvestition" stellt sich also nur auf 70 GE, was einer internen Verzinsung von nur 7% entspricht. Bei 7% wäre aber die Investition D mit 10% Verzinsung günstiger.

Ein vollständiger Finanzplan (Vofi) für die Strategie der Schnittpunktlösung (6.000 GE für B und 2.000 GE für C) zeigt dann auch im Vergleich zu einer willkürlich gewählten anderen Strategie (z.b. 5.000 GE für A und 2.000 GE für C), daß die Schnittpunktlösung mit dem Konstrukt der Differenzinvestition die optimale Lösung verfehlt:

Programm:
C = 2.000
B = 6.000

Zeitpunkt	0	1
Einzahlung	8.000 (K1)	$2.230 = 2.000 \cdot 1{,}115$ aus C $6.720 = 6.000 \cdot 1{,}12$ aus B
Auszahlung	2.000 (C) 6.000 (B)	$8.720 = 8.000 \cdot 1{,}09$ für K1
Überschuß	0	230

Programm:
C = 2.000
A = 5.000

Zeitpunkt	0	1
Einzahlung	7.000 (K1)	$5.650 = 5.000 \cdot 1{,}13$ aus A $2.230 = 2.000 \cdot 1{,}115$ aus C
Auszahlung	5.000 (A) 2.000 (C)	$7.630 = 7.000 \cdot 1{,}09$ für K1
Überschuß	0	250

Für ein Programm, das mit Hilfe durchschnittlicher Verzinsungen von Differenzstrategien geplant wird, können bei der Schnittpunktlösung zwei Situationen unterschieden werden:

■   Die Lösung nach Dean hat keine Differenzstrategie als Grenzstrategie. In diesem Fall ist die Schnittpunktlösung optimal.

■   Eine Differenzstrategie ist die Grenzstrategie; in diesem Fall muß die Lösung nicht optimal sein. Es sind Zusatzüberlegungen erforderlich.

Um das tatsächlich optimale Budget bei Existenz eines echten Wahlproblems zu lösen, können zwei Wege eingeschlagen werden:

■ Es werden zwei Schnittpunktlösungen bestimmt. Bei einer Lösung werden die Objekte A, C und D berücksichtigt und bei der zweiten die Objekte B, C und D. Diejenige Lösung, die das höhere Endvermögen zeitigt, ist optimal.

■ Es wird mit einer Schnittpunktlösung gearbeitet und nachträglich versucht, den Fehler der Differenzinvestition auszumerzen. Dieser zweite Weg erfordert z.T. komplizierte Überlegungen, die nur für den einfachsten Fall angedeutet werden sollen.

Probleme mit der Schnittpunktlösung treten nur auf, wenn eine Differenzstrategie Grenzobjekt ist. Dann stimmt die effektive Rentabilität der Differenzinvestition in der Schnittpunktlösung nicht mit den Daten überein, für die die Lösung ermittelt wurde. Relativ einfach ist dieser Fehler zu beseitigen, wenn alle Investitionsobjekte des Rahmenprogramms in die Schnittpunktlösung eingehen. Das wäre im Beispiel der Fall, wenn die Investition D nicht vorhanden wäre. Die Schnittpunktlösung muß dann auf zwei Merkmale hin untersucht werden.

■ **1. Merkmal**
Gibt es in der Schnittpunktlösung Investitionen, bei denen die Grenzrendite geringer ist als der Grenzzins der Differenzinvestition? Im Beispiel ist das der Fall, denn die Investition B als Grenzobjekt verzinst sich zu 12%, während die vollständig im Programm enthaltene Strategie C nur 11,5% erwirtschaftet. In diesem Fall kann der Zielbeitrag durch eine Substitution der Kapitalverwendung verbessert werden. Verzichtet der Investor auf C und verwendet den gesamten Kapitaleinsatz von 2.000 GE, um die Investitionssumme für B auf 8.000 GE aufzustocken, verbessert sich sein Gewinn um 2.000 GE · 0,005 = 10 GE. Zu fragen ist deshalb, ob es innerhalb des Programms der Schnittpunktlösung sinnvolle Substitutionsalternativen für den Kapitaleinsatz gibt.

■ **2. Merkmal**
In der Schnittpunktlösung kann der Kapitaleinsatz für die Differenzstrategie kleiner als der "kritische" Kapitaleinsatz sein, der den Gewinnsprung wieder ausgleicht. Dieser kritische Kapitaleinsatz der Differenzstrategie ist so zu berechnen, daß der Gewinnsprung von 50 GE durch die Differenz aus der Grenzrendite (12%) und den Zusatzkosten der Finanzierung von 9% für K1 gerade ausgeglichen wird. Im Beispiel ergibt sich ein kritischer Kapitaleinsatz der Differenzstrategie von 50/(12% - 9%) = 1666,67 GE. Existieren im Programm nach dem Kriterium 1 keine sinnvollen Substitutionsmöglichkeiten, ist es günstiger, die Differenzinvestition zu streichen, da der Kapitaleinsatz in der Schnittpunktlösung den Gewinnsprung nicht auszugleichen vermag. Liegt das Investiti-

onsvolumen der Differenzinvestition in der Schnittpunktlösung unter dem kritischen Niveau und existieren sinnvolle Substitutionsalternativen, ist zu prüfen, ob es nach Ausschöpfung dieser Möglichkeiten gelingt, den anfänglichen Gewinnsprung auszugleichen. Wird aber trotz der Substitution der Gewinnsprung nicht kompensiert, ist die Differenzstrategie zu streichen.

Die "Reparatur" der nicht optimalen Schnittpunktlösung muß noch auf zwei weitere Überlegungen ausgedehnt werden:

■ Wenn wie im Beispiel nicht alle Investitionsobjekte in der Schnittpunkt-lösung enthalten sind, muß überprüft werden, ob die Differenzstrategie aus dem Programm genommen und statt dessen das Geld in die Investition D umgeleitet wird. Mit D wird nach Abzug der Finanzierungskosten - 9% - eine Nettorendite von 1% erzielt. Das Kapital von 1.000 GE der Differenzstrategie erwirtschaftet damit, investiert in D, einen Gewinn von 10 GE. Bei einem Kapitaleinsatz von 1.000 GE in die Differenzin-vestition wird jedoch nicht einmal der negative Gewinnsprung ausgegli-chen. Existieren keine sinnvollen Substitutionsalternativen gegen in der Schnittpunktlösung enthaltene Investitionsobjekte - siehe oben -, ist es sinnvoll, die Differenzinvestition zu streichen und das Geld in D anzule-gen.

■ Es ist zu prüfen, ob die Schnittpunktlösung zu einer falschen Budget-summe kommt. Unter einer bestimmten Bedingung kann es vorteilhaft sein, den Kapitaleinsatz auf mehr als 8.000 GE zu erhöhen. Ausschlag-gebend dafür ist die Frage, wie sich bei einer Ausdehnung des Budgets die Finanzierungskosten verändern und welche Veränderung des Grenz-zinssatzes bei den Investitionen eintritt. Im Beispiel müssen bei einer Ausdehnung des Budgets 12,5% Zinsen bezahlt werden. Wird das Vo-lumen der Investition B vergrößert, gilt eine Grenzrendite von 12%. Die Grenzverzinsung entspricht also nicht der Rendite von 11%, mit der die Differenzinvestition in die Kapitalnachfragefunktion eingeordnet wurde. Sie wird vielmehr allein durch das Investitionsobjekt B definiert. Im Bei-spiel lohnt sich die Budgetausdehnung nicht, da bei einer Ausdehnung 12,5% zu zahlen sind, die Investition aber nur 12% erwirtschaftet. Sind jedoch Kredite z.B. zu 11,5% zu bekommen, ist die Ausdehnung des Budgets bis zur völligen Realisierung von B in Erwägung zu ziehen. Es ist dann u.U. sinnvoll, weitere 4.000 GE Kapital aufzunehmen, wenn nicht andere sinnvolle Substitutionsmöglichkeiten (z.B. Streichen von B zugunsten von D) vorteilhafter sind.

Im allgemeinen stehen dem Investor damit drei Typen von Basisrepara-turstrategien offen:

■ Es wird eine Substitution des Kapitaleinsatzes gegen Investitionsobjekte geprüft, die nach der Schnittpunktlösung vollständig realisiert werden sollen.

■ Es ist zu prüfen, ob es zweckmäßig ist, die Differenzstrategie völlig zu streichen, um den negativen Gewinnsprung zu vermeiden. U.U. ist es vorteilhaft, das Kapital der Differenzinvestition in eine nicht in der Schnittpunktlösung vorgesehene Investition umzulenken.

■ Es kann zweckmäßig sein, das Budget weiter auszudehnen. Ob diese Strategie erfolgreich ist, hängt von den Grenzkosten der Finanzierung und der Grenzrentabilität der Differenzstrategie ab.

Diese drei Möglichkeiten können auch kombiniert werden. Z.B. kann eine Substitution einschließlich einer Budgetausdehnung sinnvoll sein. Es geht dann bei den Reparaturüberlegungen um die günstigste Kombination der drei Basisstrategien.

Solange im Rahmenprogrammvorschlag für die Ableitung der Schnittpunkt-lösung nur eine Differenzstrategie auftritt, lassen sich die erforderlichen nachträglichen Reparaturen der Schnittpunktlösung noch überblicken. Der Weg einer nachträglichen Reparatur der Lösung wird bei mehreren Diffe-renzinvestitionen jedoch sehr schnell unüberschaubar.

53 Ansätze der mathematischen Programmierung

531 Simultane Investitions- und Finanzplanung

Die bislang diskutierten Modellentwürfe erlauben es nur, für den unrealisti-schen Einperiodenfall optimale Lösungen zu entwickeln. Für realistischere Fälle mit einer Laufzeit der Investitionen von mehreren Jahren und Investiti-ons- und Finanzierungsentscheidungen in aufeinanderfolgenden Perioden sind die Modellkonzepte auf der Basis der Schnittpunktlösung grundsätzlich ungeeignet. Insbesondere in den 50er und 60er Jahren ist intensiv nach alter-nativen Modellen gesucht worden, die die praktische Entscheidungssituation besser abbilden und die Generierung optimaler Lösungen erlauben. Erste Modelle auf der Basis der Linearen Optimierung reichen in die späten 50er und frühen 60er Jahre zurück.[22] Diese Modelle erlauben es zwar, die Problemsituation sinnvoller abzubilden. Der methodische Aufwand ist jedoch so groß, daß sich die Modelle bislang in der Praxis nicht durchsetzen konnten. Sie erlauben jedoch sehr gute Einsichten in die Steuerungszusammenhänge (Lenkpreistheorie) und sind daher aus theoretischer Sicht sehr interessant. Insbesondere können derartige Modelle bzw. die Ergebnisse derartiger Modelle als Meßlatte für die Entwicklung von Partialmodellen zur Budgetierung dienen. Sie erlauben Aussagen über die Qualität von Lösungen, die mit einfacheren, heuristischen Partialmodellen bei relativer oder absoluter Kapitalknappheit erreicht werden. Mit ihrer Hilfe läßt sich z.b. nachprüfen, ob das Konstruktionsprinzip von heuristischen Verfahren zur Budgetierung gegen elementare Grunderkenntnisse der Lenkpreistheorie verstößt.[23]

In diesem Sinne sollen die Grundlagen der mathematischen Modelle auch in diesem Buche behandelt werden. Es genügt zu diesem Zwecke, auf die Grundkonstruktionsprinzipien einzugehen, um dann an Beispielen die Lenkpreistheorie für ein dynamisches Problem der Investitionsrechnung behandeln zu können. Zunächst muß dazu die Idee der Linearen Optimierung skizziert werden.[24] Ein LP-Problem besteht generell aus drei Elementen:

- einem Satz von Bedingungen, die das Niveau der Variablen des Problems auf ökonomisch zulässige Werte - positive Werte - beschränken (Nicht-Negativitäts-Bedingungen);

- einem Satz von Gleichungen (Restriktionen), die das Niveau der Variablen nach oben begrenzen. Das Restriktionensystem beschreibt die Menge aller zulässigen Lösungen. Eigenschaft dieses Restriktionensystems ist es, daß mehr Variable als Gleichungen existieren. Das Gleichungssystem ist daher unterbestimmt. Besteht das Gleichungssystem z.B. aus drei Gleichungen mit fünf Variablen, kann das Niveau von zwei Variablen z.B. auf null gesetzt werden. Die übrigen Variablen sind dann eindeutig bestimmt. Die Variablen, die null gesetzt werden, heißen Nichtbasisvariable. Die dann eindeutig bestimmten Variablen werden als Basisvariable bezeichnet. Eine bestimmte Lösung des Gleichungssystems hat genau so viele Basisvariable wie Gleichungen;

- einer Zielfunktion, die den Beitrag der einzelnen Variablen zur Zielsetzung angibt. Mit Hilfe dieser Zielsetzung wird aus der Menge der zuläs-

---

22 Vgl. Massé, Gibrat (1957); Albach (1962); Weingartner (1963); Jacob (1964); Hax (1964).

23 Vgl. z.B. Adam, Schlüchtermann, Utzel (1993).

24 Vgl. z.B. Witte, Deppe, Born (1975).

sigen Lösungen die beste herausgesucht. Die Idee dieses Suchprozesses beruht auf einer Variablensubstitution. Werden in dem Restriktionensystem mit fünf Variablen und drei Gleichungen zwei beliebige Variable gleich null gesetzt, ist zu überprüfen, um welchen Betrag das Ziel verbessert wird, wenn eine der gleich null gesetzten Variablen zur Basisvariablen erklärt wird und eine der bisherigen Basisvariablen dafür das Niveau null zugeordnet erhält. Zu diesem Zweck werden die Grenzzielbeiträge einer Nichtbasisvariablen für den Tausch gegen eine Basisvariable berechnet. Durchgeführt wird diejenige Variablensubstitution, welche die höchste Verbesserung des Zielwertes verspricht. Für die nach diesem Rechenschritt (Iteration) erzielte neue Basislösung wird dann in gleicher Weise verfahren. Von Iteration zu Iteration verbessert sich die Qualität der Lösung, bis eine Situation erreicht ist, bei der weitere Substitutionen der Variablen zu keiner Zielverbesserung mehr führen (optimale Lösung). Aus den möglichen negativen Substitutionsgewinnen, die bei einem weiteren Variablenaustausch auftreten würden, können die Lenkpreise für die knappen Ressourcen (Lenkzinssätze) abgeleitet werden.

Die Vorgehensweise soll an einem kleinen Beispiel zur Produktionsprogrammplanung erläutert werden.[25] Ein Unternehmen kann zwei Erzeugnisse A und B produzieren, die einen Deckungsbeitrag von 10 GE/ME bzw. 15 GE/ME abwerfen. Die Produkte müssen nacheinander die Produktionsabteilungen 1 und 2 durchlaufen. Für eine Mengeneinheit (ME) der Erzeugnisse werden in den Abteilungen die folgenden Fertigungszeiten benötigt:

Abteilung	Erzeugnisse		Kapazität
	A	B	
1	5	3	50
2	3	6	72

Die Kapazitäten der Abteilungen sind auf einem Niveau beschränkt, das es nicht erlaubt, die am Markte absetzbaren Mengen der Erzeugnisse zu fertigen. Das Unternehmen möchte nun wissen, welche Mengen M der beiden Erzeugnisse herzustellen sind, wenn die Summe der Deckungsbeiträge maximiert werden soll. Dieses Problem läßt sich in folgende Struktur bringen:

Zielfunktion:

$$DB = 10 \cdot M_A + 15 \cdot M_B \quad \rightarrow \quad max$$

---

25 Vgl. auch Adam (1993a), S. 380 ff.

Restriktionen:

Abteilung 1: $5 \cdot M_A + 3 \cdot M_B \leq 50$
Abteilung 2: $3 \cdot M_A + 6 \cdot M_B \leq 72$

Nicht – Negativitätsbedingungen:

$M_A \geq 0$ $M_B \geq 0$

Die Restriktionen erfassen auf der linken Seite die Beschäftigungszeit der Abteilung für die noch unbekannten Produktionsmengen, und auf der rechten Seite stehen die verfügbaren Kapazitäten. Die Beschäftigungszeit darf nur Werte annehmen, die von der Kapazität her zulässig sind. Die Restriktionen können in Gleichungen ungewandelt werden. Dazu wird auf der linken Seite der Restriktionen für jede Abteilung eine weitere Variable eingeführt, die die Leerzeiten L der Abteilung abbilden. Die Restriktionen gehen dann in die folgende Schreibweise über:

Abteilung 1: $5 \cdot M_A + 3 \cdot M_B + L_1 = 50$
Abteilung 2: $3 \cdot M_A + 6 \cdot M_B + L_2 = 72$

Es existiert damit ein System aus zwei Gleichungen mit vier Variablen. Für die erste Basislösung werden die Variablen M_A und M_B gleich null gesetzt. Da dann nichts produziert wird, ergibt sich ein Zielwert dieser Lösung von null. Wird die Variable M_A in die Lösung aufgenommen und dafür L_1 eliminiert, steigt der Deckungsbeitrag je ME um 10 GE an. Bei einer Substitution von M_B gegen L_2 nimmt der Deckungsbeitrag um 15 GE je ME zu. Von den beiden Substitutionsmöglichkeiten verspricht die zweite ein schnelleres Wachstum des Zielwerts, d.h., L_2 wird aus der Basis eliminiert und dafür M_B aufgenommen. Es muß dann bestimmt werden, welche Mengen von B aus der Sicht der beiden Abteilungen maximal zu fertigen sind. Die Abteilung 1 könnte 50/3 = 16,67 ME und die Abteilung 2 72/6 = 12 ME fertigen. Möglich sind damit aus der Sicht beider Abteilungen maximal 12 ME. Bei diesem Programm wird die Abteilung 2 zum Engpaß - L_2 gleich null. Nach der ersten Iteration erreicht das Unternehmen einen Deckungsbeitrag von 15·12 = 180 GE. In der Abteilung 1 verbleibt eine nicht genutzte Restkapazität $L_1 = 50 - 12 \cdot 3 = 14$ ZE.

In einem zweiten Rechenschritt ist zu prüfen, ob es sinnvoll ist, die 14 ZE Restkapazität der Abteilung 1 auch noch zu nutzen. Dazu muß dann L_1 aus der Lösung gegen M_A ausgetauscht werden, und es ist erforderlich, die Produktionsmenge von M_B so zurückzufahren, daß beide Abteilungen vollbeschäftigt sind. Wird die Produktionsmenge M_B um eine ME reduziert, werden in der zweiten Abteilung 6 Zeiteinheiten (ZE) freigesetzt. In dieser Zeit können $6/3 = 2$ ME von A gefertigt werden. Der Austausch von 1 ME B gegen 2 ME A verändert den Deckungsbeitrag. Der Deckungsbeitrag sinkt um 15 GE für die weniger produzierte ME von B, und er steigt um $2 \cdot 10$ für die mögliche Produktionsmenge von A; insgesamt ist die Substitution der Variablen L_1 gegen die Variable M_A vorteilhaft, da mit jeder weniger produzierten Mengeneinheit von B der Deckungsbeitrag um $20 - 15 = 5$ GE zunimmt. Bezogen auf die bisherige Engpaßabteilung bringt die Substitution von B gegen A also eine Verbesserung des Deckungsbeitrages von 5 GE für 6 freigesetzte ZE. Jede ZE der Abteilung B trägt damit mit 5/6 GE zur Verbesserung des Zielwertes bei. Diese Substitution von B gegen A kann so lange betrieben werden, bis die 14 ZE Leerkapazität der Abteilung 1 verbraucht sind. Um die Austauschmengen zwischen B und A berechnen zu können, muß berücksichtigt werden, daß der Kapazitätsbedarf der Abteilung 1 für jede ME von B um 3 ZE sinkt und für jede ME von A um 5 ZE steigt. Die Substitution der beiden Erzeugnisse erfolgt im Verhältnis 2:1; wird also 1 ME von B weniger produziert, sinkt der Kapazitätsbedarf der Abteilung 1 um 3 ZE; da aber zum Ausgleich 2 ME von A zusätzlich produziert werden, steigt der Kapazitätsbedarf um $5 \cdot 2 = 10$ ZE. Wird also 1 ME von B weniger hergestellt, nimmt der Kapazitätsbedarf der Abteilung 1 um $10 - 3 = 7$ ZE zu. Die freie Kapazität der Abteilung 1 von 14 ZE reicht dann aus, um 2 ME von B gegen 4 ME von A auszutauschen. Nach der zweiten Iteration erreicht der Betrieb demnach eine Lösung mit $M_B = 10$ und $M_A = 4$. Mit dieser Lösung wird ein Deckungsbeitrag von insgesamt 190 GE erzielt.

Ein weiterer Basisaustausch bringt keine Verbesserungen des Deckungsbeitrages mehr. Die zweite Iteration hat damit zur optimalen Lösung geführt.

In der optimalen Lösung trägt eine Einheit der Kapazität der ersten Abteilung 5/7 GE zum Deckungsbeitrag bei, und eine ZE der Kapazität der zweiten Abteilung ist 2 1/7 GE wert. Diese Werte kommen folgendermaßen zustande:

Eine zusätzliche ZE der Abteilung 1 könnte dazu genutzt werden, 2/7 ME von A mehr zu produzieren, wobei wegen Abteilung 2 auf 1/7 ME B verzichtet werden müßte. Die Änderung des Deckungsbeitrags beträgt $2/7 \cdot 10 - 1/7 \cdot 15 = 5/7$. Analog gilt: Könnte Abteilung 2 eine weitere Kapazitätseinheit über die 72 ZE hinaus einsetzen, würde die Produktionsmenge B um 5/21

ME steigen - auf Kosten einer Verringerung um 1/7 ME bei A. Der Deckungsbeitrag stiege um - $1/7 \cdot 10 + 5/21 \cdot 15 = 2\ 1/7$. Die Bewertung der Kapazitäten zu Grenzgewinnen ergibt wieder den gesamten Deckungsbeitrag: $5/7 \cdot 50 + 2\ 1/7 \cdot 72 = 190$ GE.

Die Deckungsbeiträge je ZE der Abteilungen sind die Knappheitspreise (Lenkpreise) der Kapazitäten. Ist in einem LP-Problem das Kapital die knappe Ressource, heißen die Lenkpreise "endogene Grenzzinsfüße".

Entscheidungsprobleme der Budgetierung lassen sich in die gleiche Struktur bringen wie das skizzierte LP-Problem für die Programmplanung. Diese Struktur soll im folgenden entwickelt werden. Für das Modell gelten als Symbole:

t = Laufindex der Teilperioden
T = Länge des Planungszeitraums
i = Laufindex für die Investitionsalternativen
BZ_{it} = Zahlungsreihe der Investitionsobjekte i
    (sie umfaßt die Anschaffungsausgabe, die laufenden jährlichen Überschüsse und den Liquidationserlös am Ende der Nutzungsdauer)
FK_t = Kreditbetrag, der in t aufgenommen wird
EK = Startkapital im Zeitpunkt $t = 0$
FA_t = Finanzanlage von Überschüssen in der Periode t
EN_t = Entnahmen in der Periode t
EV_T = Endvermögen im Zeitpunkt T
v_i = Variable für die Anzahl der
    zu beschaffenden Investitionsobjekte der Art i
i_{Ht} = Habenzinssatz in der Periode t
i_{St} = Sollzinssatz in der Periode t

Für den Fall *nur einjähriger* Kredite und Finanzanlagen mit Investitions- und Finanzentscheidungen in jeder Periode ergibt sich folgender LP-Ansatz, wenn von der Endvermögensmaximierung ausgegangen wird. Vereinfachend wird dabei unterstellt, daß in t=0 keine Anlagen vorhanden sind. Am Ende der Planungsperiode möge auch kein Sachvermögen mehr existieren, d.h., die Nutzungsdauer aller Investitionen liegt innerhalb des Planungshorizontes. In diesem Fall kann das Endvermögen allein über die am Ende der Periode T verfügbaren Geldbestände dargestellt werden. Realistischer ist es allerdings, davon auszugehen, daß im Zeitpunkt T nicht alle Anlagen voll genutzt sind. Es ist dann zusätzlich eine Bewertung des Sachvermögens in den Ansatz zu integrieren. Für diese Bewertung könnte z.B. der Buchwert der Anlagen in T bei linearer Abschreibung benutzt werden. Die Lösung des LP-Problems hängt dann allerdings, wie früher bereits diskutiert, von der Art der Bewertung am Planungshorizont mit ab. Für die jährlichen Entnahmen wird ein bestimmter Betrag autonom vorgegeben. Der LP-Ansatz hat folgendes Aussehen.

Zielfunktion:

$$EV_T = \underbrace{\sum_i BZ_{iT} \cdot v_i}_{\substack{\text{Zahlungs-} \\ \text{überschüsse aller} \\ \text{Investitionen in} \\ \text{der letzten Periode}}} \underbrace{-FK_{T-1} \cdot (1 + i_{ST-1})}_{\substack{\text{Zins und Tilgung für} \\ \text{Kredit aus T-1}}} \underbrace{-EN_T}_{\substack{\text{vorgegebene} \\ \text{Entnahme}}} \underbrace{+FA_{T-1} \cdot (1 + i_{HT-1})}_{\substack{\text{Zins und Tilgung für} \\ \text{Finanzanlage aus T-1}}} \rightarrow \max!$$

Das Endvermögen EV_T am Ende des Planungszeitraums setzt sich aus den Zahlungsüberschüssen der letzten Periode für alle im Planungszeitraum durchgeführten Investition, den Rückflüssen aus der einjährigen Finanzanlage der vorletzten Periode, der Kreditrückzahlung einschließlich Zinsen für den in der vorletzten Periode aufgenommenen Einjahreskredit und der autonom vorgegebenen Entnahme zusammen.

Diese Zielfunktion ist unter einem Satz von Finanzrestriktionen zu maximieren. Für jeden Zeitpunkt von $t = 0$ bis $T-1$ ist eine Restriktion zu formulieren, die das finanzwirtschaftliche Gleichgewicht garantiert. Im Investitionszeitpunkt müssen die Ausgaben für die Beschaffung von Anlagen der Summe aus dem Startkapital und der Kreditaufnahme entsprechen. BZ_{i0} sind die Anschaffungsausgaben der Objekte i.

$$EK + \underbrace{\sum_i BZ_{i0} \cdot v_i}_{\substack{\text{Anschaffungs-} \\ \text{auszahlungen}}} \underbrace{+ FK_0}_{\substack{\text{Kreditauf-} \\ \text{nahme in} \\ t = 0}} \underbrace{- FA_0}_{\substack{\text{Finanz-} \\ \text{anlage in} \\ t = 0}} = 0$$

Für die Finanzrestriktionen der Zeitpunkte $t = 1$ bis $T-1$ gilt folgende Grundstruktur:

$$\underbrace{\sum_i BZ_{it} \cdot v_i}_{\substack{\text{Investitions-} \\ \text{zahlungen}}} \underbrace{+ FK_t}_{\substack{\text{Kreditauf-} \\ \text{nahme in t}}} \underbrace{- FK_{t-1} \cdot (1 + i_{St-1})}_{\substack{\text{Zins und Tilgung} \\ \text{für Kredit aus t-1}}} \underbrace{- FA_t}_{\substack{\text{Finanz-} \\ \text{anlage in t}}} \underbrace{+ FA_{t-1} \cdot (1 + i_{Ht-1})}_{\substack{\text{Zins und Tilgung der} \\ \text{Finanzanlage aus t-1}}} \underbrace{- EN_t}_{\substack{\text{Entnahme} \\ \text{in t}}} = 0$$

Die Überschüsse aller Investitionen, die bis zum Zeitpunkt t getätigt werden, sind um den Kreditbetrag in t und die Rückflüsse (Rückzahlung einschließlich Zinsen) aus den Finanzanlagen der Vorperiode t-1 zu erhöhen. Davon sind dann die Ausgaben für die Tilgung und die Zinsen für Kredite der Vorperiode, die Ausgaben für die Finanzanlage in t und die Entnahmen in t abzusetzen. Das Gleichgewicht ist in t gewahrt, wenn die Summe der Einnahmen genau der Summe der Ausgaben entspricht. Die Formulierung der Finanzrestriktion geht davon aus, daß in keiner Periode Kassenbestände gehalten werden. Unter der Voraussetzung sicherer Daten ist Kassenhaltung auch nicht sinnvoll, da eine Anlage des Geldes in einjährige Finanzanlagen Zinsen erwirtschaftet, auf die bei Kassenhaltung verzichtet würde. Die Restriktionen lassen sich jedoch um einen Mindestkassenbestand erweitern.

Außer den Finanzierungsbedingungen können noch Grenzen für die Anzahl der maximal zu beschaffenden Investitionsobjekte der Art i existieren. Auch können Grenzen für die verschiedenen Finanzierungsquellen einzuhalten sein.

$$v_i \leq v_{i\,max}$$

$$FK_t \leq FK_{t\,max}$$

Schließlich gelten noch für die drei Typen von Variablen dieses Ansatzes (Anzahl von Investitionsobjekten, Kreditaufnahmen und Finanzanlagen) untere Grenzen (Nicht-Negativitätsbedingungen).

$$v_i \geq 0$$

$$FA_t \geq 0$$

$$FK_t \geq 0$$

Der formulierte Ansatz hat einen Nachteil. Er eignet sich nur dann, wenn die Zahlungsreihen der Investitionsobjekte unabhängig voneinander sind, d.h., bei einer Investition existiert die Zahlungsreihe unabhängig davon, ob gleichzeitig andere Investitionen durchgeführt werden. Das soll am Fall eines Einproduktunternehmens näher erklärt werden. Ob mit einer Investition überhaupt Zahlungsüberschüsse in einer Periode erzielt werden können, hängt davon ab, wie groß die Kapazitäten des Unternehmens im Vergleich zur absetzbaren Menge des zu produzierenden Artikels sind. Sind als Folge der Investitionspolitik in einer Periode z.B. fünf Maschinen mit einer Fertigungskapazität von je 100 ME vorhanden und wird im Ansatz die Beschaffung einer sechsten Anlage erwogen, ist dieser Anlage in dieser Periode überhaupt kein Zahlungsüberschuß zuzurechnen, wenn nur 500 ME des Erzeugnisses abgesetzt werden können. Wird nicht in irgendeiner Weise die Kapazität mit den Absatzmöglichkeiten in Einklang gebracht, verfehlt der Ansatz die optimale Lösung, da er den Investitionen auch dann Einzahlungen zuordnet, wenn die geschaffenen Kapazitäten gar nicht genutzt werden können. Der Ansatz ist daher nur dann sinnvoll, wenn die Obergrenze der in einer Periode zu beschaffenden Anlagen im Hinblick auf die Absatzsituation beschränkt wird. Diese Beschränkung ist nicht durch die bereits formulierte Restriktion der Art

$$v_i \leq v_{i\ max}$$

zu erreichen, weil in diesem Fall nur die Zahl der in einer Periode zu beschaffenden Anlagen eines Typs begrenzt wird. Durch diese Bedingung wird daher der Kapazitätsbestand aufgrund von Investitionen der Vorperioden nicht abgebildet. Außerdem kann es sein, daß das Budgetierungsproblem echte Wahlprobleme umschließt. Zwei Investitionstypen i können dann funktionsgleich sein. Die zu formulierende neue Restriktion darf sich daher nicht auf die Bestände einer Investitionsart beziehen, vielmehr müssen die am Anfang einer Periode bestehenden Kapazitäten aller funktionsgleichen Anlagenarten abgebildet werden. Benötigt wird daher eine Restriktion mit folgender Grundstruktur:

Kapazität am Anfang der Periode t
+ Kapazitätserweiterungen in der Periode t
≤ Absatzmöglichkeiten in der Periode t

Schwierigkeiten bereitet es, die Kapazitätsbestände am Anfang einer Periode t als Folge der Investitionspolitik der vor t liegenden Zeit abzubilden. Um diese Bestände für eine Anlagenart i zu bestimmen, muß von der Nutzungsdauer der Anlagen ausgegangen werden. Bei einer Nutzungsdauer eines Anlagentyps i von z.B. fünf Jahren sind am Anfang einer bestimmten Periode t nur noch Anlagen vorhanden, die aus den Beschaffungsvorgängen der letzten vier Jahre stammen können. Gibt es keine funktionsgleichen, sich ausschließenden Investitionen, hat die gesuchte Restriktion die folgende Struktur (I_t sei die Indexmenge derjenigen Objekte i, die bis einschließlich t beschafft werden können und im Zeitpunkt t noch wenigstens eine Periode lang nutzbar sind):

$$\sum_{i \in I_t} KAP_i \cdot v_i \leq A_{max\ t+1}$$

Mit KAP_i wird die Kapazität einer Maschine des Typs i bezeichnet. $A_{max\ t+1}$ steht für die maximale Absatzmenge der Periode t+1. Diese Bedingung beschränkt die Kapazitäten auf die Absatzmöglichkeiten. Wird z.B. bei einer Absatzgrenze von 550 ME und einem Bestand von fünf Maschinen mit einer Kapazität von je 100 ME eine sechste Maschine beschafft, rechnet der Ansatz für die Kapazitätserweiterung nur noch mit einer halben Maschine. Im Ansatz werden dann die Anschaffungsauszahlungen, aber auch die Überschüsse im Jahr der Anschaffung dieser Maschine auf 50% der in der

Zahlungsreihe für diese Investition vorgegebenen Werte reduziert. Eine siebte Anlage wird durch die Restriktion ausgeschlossen.

Die formulierte Bedingung ist für die Periode t+1 ausreichend, das skizzierte Problem zu lösen; aber es kann in weiteren Perioden ein nächstes Problem auftauchen. Im Zeitpunkt t möge das Unternehmen die sechste Maschine zur Hälfte beschafft haben. Es verfügt dann am Anfang der Periode t+1 über eine Kapazität von 550 ME. Weil vor vier Jahren keine Anlagen beschafft wurden, gibt es im Zeitpunkt t+1 auch keinen Abgang von Anlagen. Die Absatzmöglichkeiten mögen sich aber auf 350 ME in dem auf t+1 folgenden Jahr verschlechtert haben. In diesem Fall dürfen im Ansatz nicht für 5,5 Anlagen Einnahmeüberschüsse verrechnet werden, da zwei Anlagen unbeschäftigt sind. Werden daher in den letzten Jahren tatsächlich Anlagen mit einer Kapazität von 550 ME angeschafft, verrechnet der Ansatz zu hohe Einnahmeüberschüsse. Diese zu hohen Verrechnungen werden nur dann unterdrückt, wenn der Kapazitätsaufbau bis Periode t+1 nicht nur die Absatzmöglichkeiten in Peride t+1 berücksichtigt, sondern wenn auch die nachfolgenden Perioden bedacht werden. Sinken die Absatzmöglichkeiten in Periode t+2 auf 350 ME ab, darf in den Vorperioden keine Investitionspolitik betrieben werden, die zu Kapazitätsüberhängen in einer der Nutzungsperioden der Investitionsobjekte führt. Wird für jede Periode eine Bedingung der obigen Art formuliert, wird dieses Ziel automatisch erreicht. Die Kapazitäten richten sich dann am kleinsten Absatzvolumen während der Nutzungsdauer der Investitionsobjekte aus.

Mit dem beschriebenen Ansatz ist es damit unmöglich, Investitionspolitiken zu betreiben, die nur kurzfristige Absatzspitzen abdecken. Der Grund für die beschriebenen Probleme liegt letztlich darin, daß über die Beschränkungen in der Absatzsituation keine Unabhängigkeit der Zahlungsreihen der Investitionsobjekte mehr existiert. Einnahmeüberschüsse treten für ein Investitionsobjekt nur auf, wenn die Auslastung der Anlagen garantiert ist. Die Auslastung hängt aber vom Verhältnis der Gesamtkapazität aller funktionsgleichen Anlagen zu den Absatzmöglichkeiten der einzelnen Perioden ab. Ohne die Kapazitätssituation im Modell abzubilden, kann daher die Frage nicht beantwortet werden, ob einzelne Terme der einer Investition zugeordneten Zahlungsreihe eintreten oder nicht. Diese Zahlungen treten ein, wenn Beschäftigung vorhanden ist, und sie entfallen, wenn ein Kapazitätsüberhang existiert. Modelle der beschriebenen Art erfassen daher das reale Problem nur unzureichend. Sie bilden zwar die Interdependenzen zwischen Finanzierung und Investition gut ab, treffen aber auf eine Grenze, da sie die Produktionssituation nur eingeschränkt erfassen.

Das beschriebene Problem läßt sich nur vermeiden, wenn die Ansätze um die Interdependenzen zur Produktions- und Absatzseite hin erweitert werden. In derartigen Ansätzen ist es dann nicht mehr erforderlich, die Zahlungsreihen den Investitionen zuzurechnen. Damit wird das aus dieser Zurechnung resultierende Abstimmungsproblem von Kapazität und Absatz vermieden.

Bevor auf Ansätze dieser Art eingegangen wird, soll noch der Ansatz für ein Problem der simultanen Finanz- und Investitionsplanung beschrieben werden, wenn das Ziel der Entnahmemaximierung bei einem gegebenen Endvermögen zugrunde liegt. Die vorzunehmenden Veränderungen des Modells sind gering. Wird die Breite des Entnahmestroms (EN) maximiert, ergibt sich eine sehr einfache Zielfunktion. Zu fordern ist dann nur:

$$EN \rightarrow max!$$

Die Finanzrestriktionen bleiben in der beschriebenen Struktur erhalten. In jeder Restriktion ist jedoch die Konstante EN_t durch die Variable EN zu ersetzen. Es tritt außerdem eine weitere Finanzrestriktion für die letzte Teilperiode hinzu. Mit dieser zusätzlichen Restriktion ist zu garantieren, daß am Ende des Planungszeitraums das vorgegebene Endvermögen EV_T auch erreicht wird. Diese neue Restriktion hat dann die Form:

$$\underbrace{\sum_i BZ_{iT} \cdot v_i}_{\substack{\text{Investitions}- \\ \text{zahlungen}}} \underbrace{-FK_{T-1} \cdot (1 + i_{ST-1})}_{\substack{\text{Zins und Tilgung} \\ \text{für Kredit aus T--1}}} \underbrace{+FA_{T-1} \cdot (1 + i_{HT-1})}_{\substack{\text{Zins und Tilgung der} \\ \text{Finanzanlage aus T--1}}} \underbrace{-EN}_{\substack{\text{Entnahme--} \\ \text{strom}}} \underbrace{-EV_T}_{\substack{\text{vorgegebenes} \\ \text{Endvermögen}}} = 0$$

Alle übrigen bereits beschriebenen Restriktionen bleiben erhalten. Das Modell der Entnahmemaximierung und das der Vermögensmaximierung führen im allgemeinen für eine bestimmte Datensituation nicht zum gleichen Investitions- und Finanzplan.

532 Simultane Investitions-, Finanz- und Programmplanung

Modelle dieser Art arbeiten nicht mehr mit Zahlungsreihen für Investitionen. Nur noch die Anschaffungsauszahlungen a_0 werden den Investitionsobjekten zugeordnet. Die jährlichen Überschüsse sind über die zu erzeugenden Produktions- und Absatzmengen zu verrechnen. Der Ansatz soll sofort für einen mehrstufigen Produktionsbetrieb formuliert werden. Es werden einige neue Symbole benötigt:

a_{0i} = Anschaffungsausgabe der Investition i

M_{zist} = Produktionsmenge des Erzeugnisses z, die in der Produktionsstufe s auf der Maschine i in der Teilperiode t hergestellt wird (die letzte Stufe hat die Nummer s_n)

p_{zt} = Preis pro ME des Erzeugnisses z in der Teilperiode t

k_{zis} = Ausgaben für eine Mengeneinheit des Erzeugnisses z, das in der Produktionsstufe s auf der Maschine i hergestellt wird

A_{ztmax} = Maximale Absatzmenge des Erzeugnisses z in der Teilperiode t

PK_{zis} = Produktionszeitbedarf eines Produktes z auf der Maschine i in der Stufe s

Kap_{it} = Kapazität der Maschine i in der Teilperiode t (ZE)

A_{0t} = Indexmenge der Maschinen i, die am Ende der Teilperiode t angeschafft werden

Zielfunktion:

$$EV_T = \underbrace{\sum_{zi} p_{zT} \cdot M_{zis_n T}}_{\text{Umsatz in T}} - \underbrace{\sum_{zis} k_{zis} \cdot M_{zisT}}_{\substack{\text{Produktionsaus-}\\\text{gaben in T}}} \underbrace{-FK_{T-1} \cdot (1 + i_{ST-1})}_{\substack{\text{Zins und Tilgung für}\\\text{Kredit aus T-1}}} \underbrace{-EN_T}_{\substack{\text{vorgegebene}\\\text{Entnahme}}} \underbrace{+FA_{T-1} \cdot (1 + i_{HT-1})}_{\substack{\text{Zins und Tilgung für}\\\text{Finanzanlage aus T-1}}}$$

$\rightarrow$ max!

Bei Endvermögensmaximierung sind in der Zielfunktion wiederum nur die Zahlungen der letzten Periode T zu erfassen. Die Terme für die Rückflüsse aus den Finanzanlagen, die Rückzahlungen für die in T-1 aufgenommenen Kredite und die Entnahmen verändern sich gegenüber dem im letzten Kapitel formulierten Ansatz nicht. Die Einnahmen ergeben sich, wenn die Produktionsmengen der letzten Produktionsstufe s_n mit den Preisen multipliziert werden. Die mengenabhängigen Ausgaben in den einzelnen Produktionsstufen s sind das Produkt aus stückbezogenen Ausgaben und der Produktionsmenge einer Fertigungsstufe. Diese Formulierung geht davon aus, daß in den einzelnen Perioden außer den Anschaffungsausgaben nur mengenabhängige Ausgaben anfallen.

Diese Zielfunktion ist unter einem Satz von Restriktionen zu maximieren. Eine Klasse von Restriktionen bezieht sich auf die Kapazitäten. Eine derartige Bedingung ist für alle Maschinentypen i und jede Periode t erforderlich.

$$\underbrace{\sum_{zs} PK_{zis} \cdot M_{zist}}_{\substack{\text{Kapazitätsbedarf}\\\text{auf Maschine i}\\\text{in der Periode t}}} \leq Kap_{it} \cdot v_i \qquad \text{für alle i und t}$$

Auf der linken Seite dieser Restriktion steht der für die Produktionsmengen der Erzeugnisse z erforderliche Zeitbedarf. Handelt es sich um Universalmaschinen, die in mehreren Stufen eingesetzt werden können, sind die Beschäftigungszeiten einer Maschine über alle Produktionsstufen und alle Produkte zu summieren. Auf der rechten Seite stehen die Kapazitäten einer Maschinenart i in einer Periode t, die als Folge der Investitionspolitik für diese Maschinenart aufgebaut wurden.

In der letzten Produktionsstufe s_n sind nur Produktionsmengen einer Produktart zulässig, die kleiner oder gleich der maximalen Absatzmenge einer Produktart in der Periode t sind.

$$\underbrace{\sum_i M_{zis_n t}}_{\substack{\text{Anzahl Fertig-}\\ \text{produkte der Art} \\ \text{z in Periode t}}} \le A_{zt\,max} \qquad \text{für alle z und t}$$

,

Durch ein System von Mengenkontinuitätsbedingungen muß außerdem für jede Produktart sichergestellt werden, daß eine Produktionsstufe s soviel produziert, wie die nachfolgende Stufe benötigt.

$$\underbrace{\sum_i M_{zist}}_{\substack{\text{Ausbringung}\\ \text{der Stufe s des} \\ \text{Produkts z in t}}} = \underbrace{\sum_i M_{zis+1t}}_{\substack{\text{Ausbringung}\\ \text{der Stufe s+1 des} \\ \text{Produkts z in t}}} \qquad \text{für alle s außer } s_n, \text{ z und t}$$

Diese Mengenkontinuität geht von einem linearen Fertigungsprozeß aus, und es wird unterstellt, daß keinerlei Ausschuß entsteht. Die Summierung der Mengen über alle i erfaßt, daß in einer Produktionsstufe auch mehrere funktionsgleiche, aber in bezug auf die Ausgaben unterschiedliche Aggregate eingesetzt werden können.

Für jeden Zeitpunkt außer dem ersten und letzten ist zusätzlich wiederum eine Finanzrestriktion zu formulieren. Diese Restriktion hat die gleiche Struktur wie im vorigen Kapitel, wobei aber wie in der Zielfunktion nicht mehr von objektbezogenen Zahlungsreihen ausgegangen werden kann.

$$\underbrace{\sum_{zi} p_{zt} \cdot M_{zis_n t}}_{\text{Umsatz in t}} - \underbrace{\sum_{zis} k_{zis} \cdot M_{zist}}_{\substack{\text{Produktionsaus-}\\ \text{gaben in t}}} - \underbrace{\sum_{i \in A_{0t}} a_{0i} \cdot v_i}_{\substack{\text{Investitions-}\\ \text{ausgaben in t}}}$$

$$\underbrace{+FK_t}_{\substack{\text{Kredit}\\ \text{in t}}} \underbrace{-FK_{t-1} \cdot (1+i_{St-1})}_{\substack{\text{Zins und Tilgung für}\\ \text{Kredit aus t-1}}} \underbrace{-EN_t}_{\substack{\text{vorgegebene}\\ \text{Entnahme}}} \underbrace{-FA_t}_{\substack{\text{Finanzan-}\\ \text{lage in t}}} \underbrace{+FA_{t-1} \cdot (1+i_{Ht-1})}_{\substack{\text{Zins und Tilgung für}\\ \text{Finanzanlage aus t-1}}} = 0$$

Für den Anfangszeitpunkt t = 0 gilt die vereinfachte Bedingung:

$$EK - \underbrace{\sum_{i \in A_{00}} a_{0i} \cdot v_i}_{\substack{\text{Investitions-} \\ \text{ausgaben in t=0}}} + \underbrace{FK_0}_{\substack{\text{Kredit} \\ \text{in t=0}}} - \underbrace{FA_0}_{\substack{\text{Finanzan-} \\ \text{lage in t=0}}} = 0$$

Außerdem ist für alle Variablen wieder der Satz der Obergrenzen- sowie der Nicht-Negativitätsbedingungen einzuhalten.

$$v_i \leq v_{i\,max}$$

$$FK_t \leq FK_{t\,max}$$

$$v_i \geq 0$$

$$FA_t \geq 0$$

$$FK_t \geq 0$$

$$M_{zist} \geq 0$$

In diesem Ansatz ist bislang nur der Fall einjähriger Kredite und einjähriger Finanzanlagen integriert. Es gibt also nur eine Kreditart und nur eine Finanzanlageart. Kann nach Fristigkeit und Zinskonditionen zwischen mehreren Kreditarten oder Finanzanlageformen gewählt werden, ist der Ansatz entsprechend auszubauen.

Ein Vergleich zwischen dem Modell in Abschnitt 531 und dem um die Interdependenzen zum Produktionsbereich erweiterten Ansatz zeigt, daß der Komplexitätsgrad der Modellformulierung erheblich zunimmt, wenn nicht mehr von zurechenbaren Zahlungsströmen ausgegangen werden kann. Im folgenden soll für die Entwicklung der Lenkpreistheorie nur mit dem Modelltyp aus dem Abschnitt 531 gearbeitet werden. Zudem wird vereinfachend der Bedingungssatz weggelassen, der den Zusammenhang zwischen Kapazitäten und Absatzmengen sicherstellt. Es wird unterstellt, daß nur periodenspezifische Grenzen für die Variablen einzuhalten sind. Auch mit diesen Vereinfachungen können die wesentlichen Erkenntnisse der Lenkpreistheorie herausgearbeitet werden.

54   Theorie endogener Grenzzinsfüße (Lenkpreise)[26]

541   Problemstruktur

Simultanmodelle der Investitions- und Finanzierungsplanung ermöglichen die Lösung des Budgetierungsproblems auf einem unvollkommenen Kapitalmarkt unter Sicherheit. Die durch Konditionenvielfalt und Kapitalknappheit hervorgerufenen Interdependenzen zwischen Investition und Finanzierung werden bei der Lösung des aufzustellenden linearen Optimierungsansatzes durch den Simplex-Algorithmus automatisch berücksichtigt. Zur Modellformulierung ist nur die Kenntnis der den einzelnen Projekten zurechenbaren Zahlungsströme erforderlich.

Eine optimale Kapitalbudgetierung durch ein *Partial*modell ist hingegen nur möglich, wenn die periodenspezifischen Lenkpreise des knappen Faktors Kapital bekannt sind. Soll die Vorteilhaftigkeit eines jeden Projektes isoliert, d.h. durch Berechnung des Kapitalwertes, beurteilt werden, müssen die Interdependenzen zwischen Investition und Finanzierung durch eine geeignete Wahl des Kalkulationszinsfußes Berücksichtigung finden. Im Partialmodell kommt dem Zinssatz eine über die rein pagatorische Endwertberechnung hinausgehende *Lenkungsfunktion* zu. Die theoretisch richtigen Lenkpreise bzw. Kalkulationszinsfüße lassen sich als endogene Größen aus der optimalen Lösung des Simultanmodells gewinnen.[27]

In der Literatur wurde nachgewiesen, daß für die Zielsetzungen "Maximierung des Endvermögens" (*Endwertmaximierung*) und "Maximierung der Breite des Entnahmestroms" (*Entnahmemaximierung*) endogene Grenzzinsfüße existieren, welche die Ermittlung des optimalen Investitions- und Finanzierungsprogramms mit Hilfe der Kapitalwertmethode erlauben.[28] Es soll gezeigt werden, daß sich sowohl die Berechnungsweise als auch die Interpretation der endogenen Grenzzinsfüße bei Endwertmaximierung auf den Fall der Zielsetzung Entnahmemaximierung übertragen lassen.

Es wird eine allgemeingültige Berechnungsformel dargestellt werden, die keinen einschränkenden Prämissen hinsichtlich der Art der Finanzierung

---

26   Vgl. Hering (1992), S. 1 ff. Die Lenkungseigenschaft endogener Zinssätze wurde zuerst von Weingartner (1963) und Hax (1964) untersucht.

27   Sie stellen ein "Kuppelprodukt" der (primalen) Optimallösung dar und liegen also erst dann vor, wenn sie nicht mehr benötigt werden, denn durch das Simultanmodell ist das Problem bereits gelöst (Dilemma des Lenkpreises). Vgl. Hax (1964), S. 441.

28   Vgl. Hax (1985), S. 97-101; Hax (1964), S. 439-441.

oder der Form der Zinsstrukturkurve unterliegt.[29] Die endogenen Grenzzinsfüße lassen sich stets auf Zahlungsströme der im Optimum realisierten Projekte zurückführen. Steuerungsrelevant sind, wie sich zeigen wird, nur die
aus den Zahlungsreihen der gerade noch verwirklichten *Grenz*projekte ab-
leitbaren Zinssätze. Diese grundsätzliche Erkenntnis ist bereits für den Einperiodenfall am Beispiel des Dean-Modells abgeleitet worden. In diesem
Abschnitt geht es um eine Verallgemeinerung der Erkenntnis auf den Mehrperiodenfall.

Es werden nur Probleme behandelt, bei denen alle Projekte beliebig teilbar
sind. Sobald Ganzzahligkeitsforderungen hinzutreten *und* diese von der Optimallösung nicht automatisch erfüllt werden, existieren im allgemeinen
keine endogenen Grenzzinsfüße mehr.[30]

542 Endogene Grenzzinssätze im Standardfall

Als Standardfall soll eine Situation bezeichnet werden, in der folgende Bedingungen erfüllt sind:

■ Es gibt nur einperiodige Finanzanlagen.

■ Wenn mehrperiodige Kreditformen existieren, muß sichergestellt sein,
daß trotzdem nur einperiodige Objekte zu Grenzobjekten werden.

■ Sachinvestitionen werden entweder gar nicht oder vollständig in das
Programm aufgenommen, sie sind damit niemals Grenzobjekte.

Die steuerungsrelevanten Lenkzinssätze leiten sich in diesem Fall allein aus
der Finanzanlage oder den Krediten ab. Die Analyse geht zunächst vom Ziel
der Endvermögensmaximierung aus. Es wird ein Beispiel betrachtet, bei dem
sich einem Unternehmen drei Investitionsmöglichkeiten mit folgenden Zahlungsströmen bieten. Die Investitionsobjekte I und II können je einmal
(Variable v1 und v2) durchgeführt werden, während Objekt III (Variable v3)
zu Beginn der zweiten Periode - dann aber zweimal - vorgenommen werden
kann.

---

29 In der Literatur wird bisweilen behauptet, daß derartige Prämissen notwendig seien;
vgl. z.B. Grob (1982), S. 149 f.

30 Vgl. Hax (1964), S. 443; Hax (1985), S. 97 f., 100.

Zeitpunkt	Zahlungsreihen der Investitionen I, II und III			Zahlungs-reihe des Darlehens
	v1	v2	v3	FKD
0	-90	-80		60
1	80	40	-40	-4
2	40	41	40	-34
3	22		10	-32

(Angaben in Tausend GE)

Dem Unternehmen stehen drei Finanzierungsquellen offen:

- Es kann bis zum Betrag von 75.000 GE Kontokorrentkredit (Zins: 10%) in jeder Periode aufnehmen (Variable FK0, FK1 und FK2).
- Im Zeitpunkt 0 kann ein Darlehen in einer Höhe bis zu 60.000 GE zu einem Zins von 6 2/3% aufgenommen werden. Dieser Kredit ist am Ende der zweiten und dritten Periode in gleichen Raten zu tilgen (Variable FKD).
- Das Unternehmen verfügt in t=0 über eigene Mittel in Höhe von 20.000 GE.

Überschießende Beträge können am Ende einer Periode jeweils zu einem Habenzins von 6% angelegt werden (Variable FA0, FA1, FA2). Alle Geldangaben erfolgen jeweils in Einheiten von 1.000.

Für dieses Problem ergibt sich das folgende Ausgangstableau:

	v1	v2	v3	FKD	FK0	FK1	FK2	FA0	FA1	FA2	RS
EV_T	-22		-10	32		1,1				-1,06	
y1	1										1
y2		1									1
y3			1								2
y4					1						75
y5						1					75
y6							1				75
y7	90	80		-60	-1			1			20
y8	-80	-40	40	4	1,1	-1		-1,06	1		0
y9	-40	-41	-40	34		1,1	-1		-1,06	1	0
y10				1							1

Die mit y1, y2 und y3 bezeichneten Zeilen beschränken das Niveau der Investitionsvariablen. y10 limitiert das Darlehen auf maximal 100% (also 60.000 GE). Die Zeilen mit y4, y5 und y6 begrenzen den jährlichen Kontokorrentkredit auf 75. Mit y7, y8 bzw. y9 werden die Finanzrestriktionen der Zeitpunkte t=0, t=1 und t=2 bezeichnet. y1 bis y10 sind zusätzliche Variable, um die Restriktionen in Gleichungen umzuformen. Sie sind also die "Schlupfgrößen". In der ersten, mit EV_T bezeichneten Zeile steht die Zielfunktion.

Dieses Ausgangstableau geht nach einigen Iterationen in das folgende Optimaltableau über:

	v2	FK2	FA0	FA1	y1	y3	y7	y8	y9	y10	RS
EV_T	12,508	0,04	0,04664	0,0424	42,246	5,76	1,2826	1,166	1,06	4,252	83,67
v1					1						1
v3						1					2
FKD										1	1
FA2	11,8	-1	0,044	0,04	19,1	-4	1,21	1,1	1	34,2	69,5
FK0	-80		-1		90		-1			-60	10
FK1	-48		-0,04	-1	19	40	-1,1	-1		-62	15
y2	1										1
y4	80		1		-90		1			60	65
y5	48		0,04	1	-19	-40	1,1	-1		62	60
y6		1									75

Basisvariable sind in dieser Lösung alle Variablen in der ersten Spalte. Dem Tableau kann folgende Lösung entnommen werden. Realisiert werden:

Investition: v1 = 1   (einmal Inv. 1)
                v3 = 2   (zweimal Inv. 3)
                FA2 = 69,5 (Finanzanlage in t=2)

Finanzierung FKD = 1   (Darlehen)
              FK0 = 10   (Kontokorrent in t=0)
              FK1 = 15   (Kontokorrent in t=1)

Mit dieser Lösung wird ein Endvermögen in Höhe von 83,67 erzielt. Für die Lenkpreistheorie sind insbesondere die Werte in der Zielfunktionszeile von Bedeutung. Sie sollen daher interpretiert werden.

Der Wert von 12,508 unter der Variablen v2, die nicht in der optimalen Lösung enthalten ist, besagt, daß der Zielfunktionswert um genau diesen Betrag sinken würde, wenn v2 entgegen der Empfehlung des Optimaltableaus doch realisiert wird. Aus der Finanzrestriktion des Zeitpunktes t=0 ist allerdings zu erkennen, daß das Geld für eine vollständige Durchführung der Investition ohnehin nicht ausreichen würde, da nur noch ein weiterer Kredit von 65 aufgenommen werden kann, aber für Investition 2 Anschaffungsausgaben in

Höhe von 80 entstünden. v2 könnte also nur zu Teilen realisiert werden, wenn der Kapitaleinsatz in v1 nicht reduziert wird. Der Dualwert der Zielfunktion ist daher nicht als Veränderung der Zielfunktion für ein Variablenniveau $v2 = 1$ zu interpretieren; vielmehr gilt er für marginale Veränderungen der Variablen.

Der Wert von 12,508 ist durch folgende Wirkungskette zu erklären. Diese Wirkungskette ist dem Spaltenvektor unter der Variablen v2 zu entnehmen.

	Variable	
1. Schritt:	FK0	In t=0 müßte ein zusätzlicher Kredit von 80 aufgenommen werden.
2. Schritt:	FK1	In t=1 erhöht sich der erforderliche Kredit um 48. Dieser Betrag ist die Differenz aus der Rückzahlung der 80 einschließlich der Zinsen von 8 und des Investitionsüberschusses in Höhe von 40.
3. Schritt:	FA2	In t=2 muß die Finanzanlage um 11,8 reduziert werden. Dieser Betrag ergibt sich, wenn vom Investitionsüberschuß von 41 in t=2 der Zusatzkredit aus Schritt 2 einschließlich Zinsen (48·1,1 = 52,8) abgezogen wird.
4. Schritt:	EV_T	Wird die Finanzanlage FA2 um 11,8 verringert, vermindert sich in der letzten Periode die Rückzahlung aus den Finanzanlagen um 11,8· 1,06=12,508.

Die weiteren Werte im Spaltenvektor des Optimaltableaus unter der Variablen v2 geben an, welche Beträge von den Kreditlinien der Kontokorrentkredite in den einzelnen Jahren zusätzlich benötigt werden. Für die Lenkpreisanalyse sind diese Angaben irrelevant.

Zur Ableitung der Lenkpreise sind die Dualwerte $d_0 = 1{,}2826$, $d_1 = 1{,}166$ und $d_2 = 1{,}06$ der zu den Finanzrestriktionen für die Zeitpunkte t=0, t=1 und t=2 gehörenden Schlupfvariablen y7, y8 und y9 ausschlaggebend. Diese Dualwerte geben an, welchen Beitrag eine zusätzliche Geldeinheit in den einzelnen Zeitpunkten zum Endwert leistet. Diese Dualwerte sind kumulierte Aufzinsungsfaktoren vom Zeitpunkt t bis zum Planungshorizont T=3. Sie sind das Resultat der noch gesuchten periodenspezifischen Aufzinsungsfaktoren bzw. der periodenspezifischen Lenkzinssätze i.

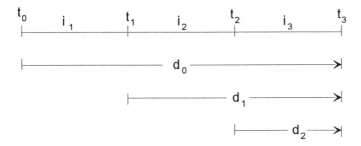

Die drei Dualwerte der Finanzrestriktionen lassen sich inhaltlich wiederum durch eine Wirkungskette von Maßnahmen in den einzelnen Perioden erklären. Die Dualvariable $d_2=1,06$ ist besonders leicht zu deuten. Steht im Zeitpunkt t=2 eine zusätzliche Geldeinheit zur Verfügung, wird sie in Finanzanlagen zu 6% geleitet. Der Endwert verbessert sich dann um die Rückflüsse aus dieser Anlage einschließlich der 6% Zinsen. Hinter dem Wert der Dualvariablen $d_0 = 1,2826$ steht folgender Wirkungszusammenhang:

	Variable	
1. Schritt:	FK0	In t=0 wird ein zusätzlicher Kredit in Höhe von 1 GE aufgenommen.
2. Schritt:	FK1	In t=1 ist zur Rückzahlung (einschließlich 10% Zins) des aus t=0 stammenden Kredites ein neuer Kredit von 1,1 erforderlich.
3. Schritt:	FA2	Der Kredit aus t=1 ist einschließlich Zinsen mit 1,21 zu tilgen; um diesen Betrag muß dann die Finanzanlage in t=2 reduziert werden.
4. Schritt:	EV_T	Wird die Finanzanlage in t=2 um den Betrag von 1,21 gekürzt, muß das Unternehmen in t=3 auf die Rückflüsse in Höhe von 1,21·1,06 =1,2826 verzichten.

Aus den drei Dualwerten der Finanzrestriktionen lassen sich die periodenspezifischen Aufzinsungsfaktoren bestimmen. Um den Aufzinsungsfaktor der ersten Periode abzuleiten, ist der Dualwert d_0 durch den Dualwert d_1 zu teilen. Es ergibt sich ein Zinsfaktor von 1,1, d.h., in der ersten Periode gilt ein Lenkzins von 10%. Für die drei Perioden ergeben sich folgende Zinsfaktoren:

1. Periode: 1,2826/1,166= 1,10 Lenkzins 10%
2. Periode: 1,166/1,06   = 1,10 Lenkzins 10%
3. Periode: 1,06/1   = 1,06 Lenkzins 6%

Allgemein errechnet sich der Zinsfaktor der Periode zwischen den Zeitpunkten t und t+1 durch den Ausdruck d_t/d_{t+1}. Der Lenkzins i ergibt sich, wenn vom Zinsfaktor 1 abgezogen wird. Werden die periodenspezifischen Zinsfaktoren miteinander multipliziert, entstehen wieder die kumulierten Aufzinsungsfaktoren:

$$d_0 = 1,1 \cdot 1,1 \cdot 1,06 \quad = 1,2826$$
$$d_1 = 1,1 \cdot 1,06 \quad\quad = 1,166$$
$$d_2 = 1,06 \cdot 1 \quad\quad = 1,06$$

Die Lenkpreise lassen sich auch in einer anderen Form durch ein Gleichungssystem bestimmen. Dazu wird auf den obigen Zusammenhang zwischen den Dualwerten der Finanzrestriktionen und den periodenspezifischen Aufzinsungsfaktoren zurückgegriffen. Das obige Gleichungssystem kann allgemein folgendermaßen formuliert werden:

$$d_0 = (1+i_1) \cdot (1+i_2) \cdot (1+i_3) = 1,2826$$
$$d_1 = \quad\quad\quad (1+i_2) \cdot (1+i_3) = 1,166$$
$$d_2 = \quad\quad\quad\quad\quad\quad (1+i_3) = 1,06$$

Aus diesem System ergeben sich wiederum die obigen Lenkzinssätze.

Die Lenkzinssätze können als periodenspezifische Kalkulationszinsfüße innerhalb der Kapitalwertmethode benutzt werden. Werden die Kapitalwerte der Investitions- und Finanzierungsobjekte des Beispiels mit den Lenkzinssätzen berechnet, ergeben sich folgende Resultate:

$$C_{0\,v1} = -90 + 80/1,1 + 40/(1,1 \cdot 1,1) + 22/(1,1^2 \cdot 1,06) = 32,93778$$

Analog errechnet sich:

$$
\begin{aligned}
C_{0\,v2} &= -9,75207 \\
C_{0\,v3} &= 4,49088 \\
C_{0\,FKD} &= 3,31514 \\
C_{0\,FK0} &= 0 \\
C_{0\,FK1} &= 0 \\
C_{0\,FK2} &= -0,03119 \\
C_{0\,FA0} &= -0,03636 \\
C_{0\,FA1} &= -0,03306 \\
C_{0\,FA2} &= 0
\end{aligned}
$$

Diese Ergebnisse des Beispiels lassen sich folgendermaßen zusammenfassen: Grenzobjekte sind die Kredite FK0, FK1 und die Finanzanlage FA2.

Diese Objekte haben auf der Basis der periodenspezifischen Lenksatzkalkulation einen Kapitalwert von null. Diese Objekte - und nur diese - definieren die Lenkzinssätze. Alle unvorteilhaften Objekte - sie können die Lenkzinsen nicht verdienen - haben dementsprechend einen negativen Kapitalwert. Alle Investitions- und Finanzierungsobjekte, die im optimalen Programm vollständig realisiert werden (v1, v3 und FKD) zeichnen sich durch einen positiven Kapitalwert aus; mit ihnen ist mehr als der Lenkzins zu verdienen.

Wären die Lenkzinssätze bereits bekannt, ohne den LP-Ansatz aufstellen zu müssen, könnte das Budgetierungsproblem allein mit Hilfe der Kapitalwertmethode gelöst werden. Das Dilemma der Lenkzinssätze besteht jedoch darin, daß sie erst gleichzeitig mit der Lösung des LP-Problems bekannt werden. Dann werden sie aber für eine isolierte Beurteilung der einzelnen Objekte nicht mehr benötigt, da das Resultat dieser Kalkulation bereits aus dem LP-Ansatz bekannt ist. Dennoch sind die Erkenntnisse der Lenkpreistheorie nicht nutzlos. Es lassen sich nämlich u.U. im voraus obere und untere Grenzen für die Lenkpreise angeben. Im einfachsten Fall muß der Lenkpreis immer zwischen dem Habenzins der einzelnen Perioden und dem Sollzins liegen. Relevant ist daher in den einzelnen Perioden nur die Zinsspanne von 6% bis 10%, sofern erkennbar ist, daß die Kreditobergrenze nicht erreicht wird und damit keine Investitionsobjekte zum Grenzobjekt werden. Das simultane Budgetierungsproblem läßt sich dann durch eine Kalkulation mit der Zinsspanne verkleinern.[31] Diese Überlegungen basieren auf Zahlungsreihen von Investitionsobjekten mit maximal einem Vorzeichenwechsel. In diesem Fall steigt oder sinkt der Kapitalwert einer Investition stetig mit Zinsveränderungen.[32]

Wird für die Berechnung des Kapitalwertes in den einzelnen Perioden einmal immer der untere Wert von 6% und in einer zweiten Rechnung immer der obere Wert von 10% eingesetzt, lassen sich die Investitions- und Finanzierungsobjekte in drei Klassen einteilen.

Klasse 1:   Der Kapitalwert der Objekte ist in beiden Rechnungen positiv. Diese Objekte werden auf jeden Fall durchgeführt.

Klasse 2:   Der Kapitalwert der Objekte ist in beiden Rechnungen negativ. Diese Objekte können ausgeschieden werden, da sie immer unvorteilhaft sind.

---

31   Vgl. Kruschwitz (1993), S. 210 ff.

32   Das Maximum des Kapitalwertes liegt dann immer auf dem Rand des Zinsintervalls und nicht innerhalb des Intervalls.

Klasse 3:   Beim niedrigeren Zins sind die Objekte vorteilhaft, können
aber den höheren Zins nicht tragen. Nur diese Objekte sind
dann zinsabhängig.

Durch die Klassenbildung können die weiteren Überlegungen zur Investitionsplanung auf die Objekte der dritten Klasse beschränkt werden. Die Objekte der ersten Klasse werden voll und die der zweiten Klasse überhaupt
nicht realisiert. Nur aus der dritten Klasse können damit die Grenzobjekte
stammen, die die Lenkzinssätze bestimmen. Nur für dieses reduzierte Problem ist eigentlich eine Simultanplanung erforderlich. Zu beachten ist dabei
allerdings, daß keine atypischen Zahlungsreihen vorliegen und Investitionsobjekte nie Grenzprojekte sein dürfen.

Für die Lenkpreistheorie lassen sich aus dem behandelten Beispiel folgende
allgemeine Erkenntnisse ziehen:

■ Lenkpreise leiten sich im Standardfall immer aus den Marktzinssätzen
für Kredite oder Finanzanlagen ab.

■ In jeder Periode gibt es genau einen Lenkzins, und dieser Lenkzins wird
durch die Grenzfinanzierung oder die Grenzfinanzanlage der Periode
definiert.

■ Die Zinssätze aller Finanzanlagen oder Kredite, die nicht Grenzobjekte
sind, haben für die Steuerung des optimalen Programms keinerlei Bedeutung. Irrelevant für die Steuerung sind im Beispiel der Zinssatz für das
Darlehen, die Zinssätze für die Finanzanlage in $t=0$ und $t=1$ sowie der
Zinssatz für den Kontokorrentkredit in $t=2$. Bedeutungslos sind auch die
internen Zinssätze der Investitionsobjekte.

Das Beispiel des Standardfalls soll auch noch für das Ziel der Maximierung
der Breite des Entnahmestroms analysiert werden. In diesem Fall wird unterstellt, daß am Ende des Planungszeitraums ein Endvermögen von null
vorhanden sein soll. Bei dieser Entnahmepolitik entzieht sich das Unternehmen in den drei Jahren des Kalkulationszeitraums die Kapitalbasis für ein
weiteres Bestehen.

Das Ausgangstableau für die Entnahmemaximierung muß gegenüber dem
Tableau bei Vermögensmaximierung leicht verändert werden. Für den Zeitpunkt $t=3$ ist eine zusätzliche Finanzierungsrestriktion (Schlupfvariable y11)
erforderlich, und für die Entnahme ist eine neue Variable EN einzufügen, die
in die Finanzrestriktionen aufzunehmen ist. Die Zielsetzung besteht dann

allein aus der Maximierung der Variablen EN. Es ergibt sich folgendes Ausgangstableau:

	v1	v2	v3	FKD	FK0	FK1	FK2	FA0	FA1	FA2	EN	RS
Ziel											-1	
y1	1											1
y2		1										1
y3			1									2
y4					1							75
y5						1						75
y6							1					75
y7	90	80		-60	-1			1				20
y8	-80	-40	40	4	1,1	-1		-1,06	1		1	0
y9	-40	-41	-40	34		1,1	-1		-1,06	1	1	0
y10				1								1
y11	-22		-10	32			1,1			-1,06	1	0

Nach sieben Iterationen resultiert das Optimaltableau:

	v2	FK2	FA0	FA1	y1	y3	y7	y8	y9	y10	y11	RS
Ziel	3,8773	0,0124	0,0145	0,0131	13,095	1,7855	0,3976	0,3614	0,3286	1,3180	0,3100	25,936
v1					1							1
v3						1						2
FKD										1		1
FA2	3,6578	-1,062	0,0136	0,0124	-8,401	-7,750	0,3751	0,3410	0,3100	31,432	-0,651	15,034
FK0	-80		-1		90		-1			-60		10
FK1	-44,12	0,0124	-0,026	-0,987	32,095	41,786	-0,702	-0,639	0,3286	-60,68	0,3100	40,936
y2	1											1
y4	80		1		-90		1			60		65
y5	44,123	-0,012	0,0255	0,9869	-32,10	-41,79	0,7024	0,6386	-0,329	60,682	-0,310	34,063
y6	1											75
EN	3,8773	0,0124	0,0145	0,0131	13,095	1,7855	0,3976	0,3614	0,3286	1,3180	0,3100	25,936

Die maximale Breite des Entnahmestroms beträgt 25,936 GE. Die optimale Lösung ändert sich in diesem Zahlenbeispiel gegenüber der Endvermögensmaximierung nicht. Es werden also wiederum die Investitionen 1 und 3 durchgeführt und das Darlehen aufgenommen. Grenzobjekte sind die Kontokorrentkredite der ersten und zweiten Periode und die Finanzanlage der dritten Periode. Damit gelten für die Entnahmemaximierung auch die gleichen Lenkzinssätze wie bisher. Es verändert sich nur die Interpretation der Dualwerte der nunmehr vier Finanzrestriktionen. Da sich das Ziel der Optimierung geändert hat, ist auch die Interpretation entsprechend anzupassen. Die vier Dualwerte der Finanzrestriktionen geben an, welchen Beitrag eine Veränderung der Finanzierungsmittel in den einzelnen Zeitpunkten für die

Breite des Entnahmestroms leistet. Die Art dieser Interpretation soll für die Finanzrestriktion des Zeitpunktes t=3 - Schlupfvariable y11 - entwickelt werden. Für den Dualwert d_4 ist aus dem Tableau ein Wert von 0,31 zu entnehmen. Würde das Unternehmen in der 3. Periode über eine zusätzliche Geldeinheit verfügen, stiege als Folge dessen die Entnahme in jeder der drei Teilperioden um 0,31. Diese zusätzliche Entnahme ist wiederum durch die erforderlichen Änderungen des Verhaltens in den drei Perioden zu erklären.

	Variable	
1. Schritt:	FK1	In t=1 kann die zusätzliche Entnahme nur finanziert werden, wenn der Kontokorrentkredit um 0,31 aufgestockt wird.
2. Schritt:	FA2	Der in t=1 aufgenommene Kredit ist einschließlich Zinsen zurückzuzahlen: 0,31·1,1 = 0,341. Zusätzlich ist noch die Zusatzentnahme der zweiten Periode zu finanzieren, so daß der Finanzinvestition in t=2 insgemt 0,31 + 0,341 = 0,651 entzogen werden.
3. Schritt:	EN	Die Verminderung der Finanzanlage FA2 führt zu Einnahmeausfällen in der dritten Periode in Höhe von 0,651·1,06 = 0,69. Von der in t=3 zugeführten Geldeinheit verbleiben damit genau 1-0,69 = 0,31, um auch in der dritten Periode die erhöhte Entnahme finanzieren zu können.

Der Dualwert d_0 = 0,3976 für den Zeitpunkt t=0 läßt sich in analoger Weise interpretieren. Dieser Dualwert entspricht einem Annuitätenfaktor, der eine in t=0 zugeführte Geldeinheit gleichmäßig auf die Zeitpunkte t=1, t=2 und t=3 verteilt. Mit Hilfe dieses Faktors läßt sich der gesamte auf der Basis der Lenkzinssätze ermittelte Kapitalwert des optimalen Investitionsprogramms einschließlich des Startkapitals von 20.000 GE in den Zielfunktionswert der Entnahmemaximierung umrechnen (Angabe in Tausend GE).[33]

$$EN = (\underbrace{20}_{EK} + \underbrace{32{,}93778 + 2 \cdot 4{,}49088 + 3{,}31514}_{\substack{\text{Kapitalwerte der Investitionen} \\ \text{und des Darlehens}}}) \cdot 0{,}3976 = 25{,}94$$

---

33   Zum Beweis vgl. Hering (1992), S. 34.

543 Sonderfälle der Lenkpreistheorie

5431 Überblick

Im Standardfall gab es außer dem Darlehen nur die Möglichkeit, einen einperiodigen Kontokorrentkredit aufzunehmen. Es soll nunmehr auch zugelassen werden, daß mehrperiodige Kreditformen mit unterschiedlichen Zinskonditionen vorkommen. Untersucht werden vier Entscheidungssituationen:

- Es stehen mehrere Kreditmöglichkeiten in den einzelnen Perioden zur
  Verfügung, und die Zinssätze der Kredite gleicher Laufzeit reduzieren
  sich im Zeitablauf. Die Kredite werden am Ende ihrer Laufzeit einschließlich Zinsen zurückgezahlt.

- Das Unternehmen muß bei seinen Finanzierungsmaßnahmen zusätzlich
  zum bisherigen Modell Bilanzstrukturregeln beachten.

- Die Zinssätze von Krediten gleicher Laufzeit steigen im Zeitablauf. Es
  kann dann zweckmäßig sein, in einer Periode Kredite aufzunehmen, die
  erst in einer späteren Periode für die Investitionsfinanzierung erforderlich sind.[34]

- Grenzprojekte können nicht nur - wie bislang - Finanzanlagen oder Finanzierungsquellen sein. Bestimmte Investitionen werden u.U. nur teilweise durchgeführt. In diesem Fall ergeben sich die Lenkzinssätze nicht
  aus den Kapitalmarktzinssätzen, sondern aus der Zahlungsreihe der
  Grenzinvestition.

In diesen Fällen treten zusätzliche Probleme für die Ableitung der Lenkpreise auf:

- Z.B. kann der Kapitalbedarf vorfinanziert werden, und die Kredite werden zwischenzeitlich in Finanzanlagen angelegt.

- Es können in einzelnen Perioden mehrere Grenzprojekte existieren.

- U.U. ist keiner der Marktzinssätze einer Periode für die Steuerung relevant, wenn es mehrjährige, endfällige Kredite gibt.

---

34 Eine Vorfinanzierung kann auch bei fallenden Zinsen erforderlich werden, wenn für
   die Kredite Mengenbeschränkungen existieren.

■ Für die Lenkzinssätze ist nicht mehr allein die Finanzierungsseite von Bedeutung.

5432 Endfällige Kredite

Es wird wieder vom Ziel der Endvermögensmaximierung ausgegangen. Das Ausgangsbeispiel des Standardfalls wird um drei endfällige, mengenmäßig nicht beschränkte mehrjährige Kredite erweitert. Die übrigen Daten bleiben unverändert. Für die zusätzlichen Kredite gelten folgende Konditionen:

Zeitpunkt	Kreditkonditionen
t=0	Zweijahreskredit zu 8% (Variable FK02)
t=0	Dreijahreskredit zu 9% (Variable FK03)
t=1	Zweijahreskredit zu 7,5% (Variable FK12)

Für diese endfälligen Kredite ergeben sich folgende Zahlungsreihen, wenn 1 GE des Kredites aufgenommen wird.

Kredit	t=0	t=1	t=2	t=3
FK02	1		$-1,08^2$	
FK03	1			$-1,09^3$
FK12		1		$-1,075^2$

Diese drei neuen Variablen sind in die Zielfunktion und die drei Finanzrestriktionen zu integrieren. Auf die Wiedergabe des Ausgangstableaus soll jedoch verzichtet werden. Es ergibt sich für das erweiterte Problem das folgende Endtableau:

	v2	FK0	FK1	FK2	FK03	FA0	FA1	y1	y3	y7	y8	y9	y10	RS
EV_T	9,22572	0,0348	0,0104	0,04	0,0586	0,0114	0,032	45,5754	6,175	1,2364	1,1556	1,06	1,52054	84,1737
FK02	-80	1		1	-1		90		-1				-60	10
y2	1													1
FK12	40	-1,1	1			1,06	-1	-80	40		-1		4	4
y4	80					1		-90		1			60	65
y5	-40	1,1				-1,06	1	80	-40		1		-4	71
y6				1										75
v1								1						1
v3									1					2
FA2	52,312	-1,1664	1,1	-1	-1,1664	1,1664	-1,06	-64,976	40	1,1664		1	35,984	74,336
FKD												1		1

Dem Tableau ist folgende optimale Lösung zu entnehmen (Geldbeträge in 1.000 GE):

Investition:　v1　= 1
　　　　　　　v3　= 2
　　　　　　　FA2　= 74,336 (Finanzanlage in t=2)

Finanzierung:　FKD　= 1　(Darlehen)
　　　　　　　FK02　= 10　(Kredit in t=0 zu 8%)
　　　　　　　FK12　= 4　(Kredit in t=1 zu 7,5%)

Durch die veränderte Finanzierungssituation ändert sich im Beispiel nichts an den durchzuführenden Sachinvestitionen. Die Investitionen werden jedoch anders finanziert. Die kurzfristigen Kontokorrentkredite der ersten beiden Perioden werden durch die Kredite FK02 und FK12 ersetzt. Diese beiden Kredite sind damit die neuen Grenzobjekte für die ersten beiden Perioden, und das hat Rückwirkungen auf die Lenkzinssätze. Als Folge der veränderten Finanzierungssituation gelten andere Dualwerte für die Finanzierungsbedingungen. Die neuen Dualwerte - welche sich auch wiederum durch eine wie beim Standardfall beschriebene Wirkungskette erklären lassen - ergeben sich als:

$t=0 \rightarrow d_0 = 1,236384$
$t=1 \rightarrow d_1 = 1,155625$
$t=2 \rightarrow d_2 = 1,06$

Aus diesen Dualwerten errechnen sich die drei periodenspezifischen Aufzinsungsfaktoren mit:

Zinsfaktor Periode 1: d_0/d_1 = 1,236384/1,155625 = 1,069883396
Zinsfaktor Periode 2: d_1/d_2 = 1,155625/1,06　　 = 1,09021
Zinsfaktor Periode 3: $d_2/1$　 = 1,06/1　　　　　 = 1,06

Für die erste und zweite Periode ergeben sich damit periodenspezifische Zinssätze i von 6,9883396% bzw. 9,021%, die sich auf den ersten Blick nicht ohne weiteres auf die geltenden Marktzinsfüße für die beiden Grenzfinanzierungsobjekte von 8% bzw. 7,5% zurückführen lassen. Nur in der dritten Periode entspricht der periodenspezifische Zins i dem Marktzins der Finanzanlage von 6%.

Die gebrochenen Zinswerte für die ersten beiden Perioden entstehen durch die endfälligen Kredite. Als Folge dieser Endfälligkeit sind die Lenkzinssätze von 8% bzw. 7,5% nicht mehr identisch mit den periodenspezifischen Aufzinsungsfaktoren. Der Zins von 8% für den Kredit FK02 ist nicht mehr der Zinssatz der ersten Periode, sondern der Satz, der in t=2 für den Kredit aus t=0 gezahlt wird.

Sollen die Lenkzinsfüße L aus den Dualwerten der Finanzierungsrestriktionen bestimmt werden, ist für das Beispiel folgendes Gleichungssystem zu lösen:

$$d_0 = (1+L_1)\,(1+L_1)\,(1+L_3) = 1,236384$$
$$d_1 = \qquad (1+L_2)\,(1+L_2) = 1,155625$$
$$d_2 = \qquad\qquad (1+L_3) = 1,06$$

Diese Gleichungen führen zum Ergebnis:

$$L_1 = 0,08 \quad L_2 = 0,075 \quad L_3 = 0,06$$

L_1 ist nicht der Zins der ersten Periode, sondern der Zins des Grenzobjekts FK02.

Zwischen den periodenspezifischen Zinsfüßen i, die im Partialmodell für die Berechnung der Kapitalwerte heranzuziehen sind, und den Lenkzinsfüßen L besteht folgender Zusammenhang:[35]

$$i_1 = 1,06 \cdot 1,08^2/1,075^2 - 1 \quad = 6,988\%$$
$$i_2 = 1,075^2/1,06 - 1 \qquad\quad = 9,021\%$$

Aus diesem Zusammenhang wird ersichtlich, daß sich die periodenspezifischen Lenkzinssätze i durch die Zinssätze L bzw. die Zahlungsreihen der Grenzprojekte erklären lassen.

Das Beispiel endfälliger Kredite zeigt, daß es für eine richtige Steuerung der Investitionsvorhaben und Kredite erforderlich ist, die Zinssätze bzw. die Zahlungsreihen der Grenzprojekte erst in spezielle periodenspezifische Zinsfaktoren umzurechnen. Erst diese periodenspezifischen Zinsfaktoren erlauben eine korrekte Beurteilung der Investitions- und Finanzobjekte; auf sie geht die Steuerungswirkung zurück.

---

35 Vgl. Hering (1992), S. 16 f.

5433 Bilanzstrukturregeln

Es wird für diesen Fall wiederum an das bisherige Beispiel angeknüpft. Der Kredit FK12, der im Zeitpunkt t=1 zu 7,5% zur Verfügung stand, sei jedoch nicht mehr verfügbar. Es gibt dann nur in t=0 ein- und mehrjährige Kreditformen. Zusätzlich zu den bisherigen Überlegungen möchte der Investor für die Finanzierung in der ersten Periode eine Bilanzstrukturregel einhalten. In der Praxis existieren derartige Regeln in allen Perioden; um jedoch die generelle Wirkung derartiger Regeln auf die Lenkpreise aufzeigen zu können, genügt es, nur eine Strukturregel für einen Zeitpunkt einzuführen. Die Strukturregel verlangt z.B., daß die Kredite in t=0 zu mindestens 60% eine Laufzeit von nicht weniger als drei Jahren haben müssen. Das Darlehen wird in die Strukturregel nicht einbezogen. Für das LP-Modell existiert dann die zusätzliche Restriktion:

$$(FK0 + FK02 + FK03) \cdot 0,6 \leq FK03$$

oder

$$0,6 \; FK0 + 0,6 \; FK02 - 0,4 \; FK03 \leq 0$$

Diese Bedingung ist als weitere Restriktion in die Ausgangslösung einzuführen und die Variable für den gestrichenen Kredit daraus zu entfernen. Es ergibt sich mit dieser Strukturregel das neue optimale Programm:[36]

	v2	FK0	FK2	FA0	FA1	y1	y3	y7	y8	y9	y10	y11	RS
EV$_T$	11,6256	0,0462	0,04	0,0356	0,0424	43,2386	5,760	1,27157	1,166	1,06	3,59026	0,0586	83,7803
FK02	-32	1		-0,4		36		-0,4			-24	1	4
y2	1												1
FK1	40	-1,1		1,06	-1	-80	40		-1		4		4
y4	80			1		-90	1				60		65
y5	-40	1,1		-1,06	1	80	-40		1		-4		71
y6			1										75
v1				1									1
v3					1								2
FA2	-47,675	0,0436	-1	-0,6994	0,04	86,0096	-4	0,4666	1,1	1	-10,406	-1,1664	76,9344
FKD											1		1
FK03	-48			-0,6		54		-0,6			-36	-1	6

---

36 Die Kreditbegrenzung von 75.000 gilt in t=0 für die Summe FK0 + FK02 + FK03.

Investition: v1   = 1
                v3   = 2
                FA2 = 76,9344

Finanzierung: FKD = 60 (Darlehen)
                FK1 = 4 (Kontokorrent in t=1)
                FK02 = 4 (Kredit zu 8% in t=0)
                FK03 = 6 (Kredit zu 9% in t=0)

Wiederum ändert sich durch die neue Finanzierungssituation nichts an den vorteilhaften Sachinvestitionen, aber deren Finanzierung wird erneut modifiziert. Die Bilanzstrukturregel zwingt das Unternehmen in diesem Fall, den teuren Kredit zu 9% aufzunehmen, der ohne diese Regel nicht in Anspruch genommen wird. Diese durch die Bilanzrestriktion erzwungene Änderung der Finanzierung hat wiederum Rückwirkungen auf die Lenkpreise. In der ersten Periode gibt es zwei Grenzprojekte: FK02 und FK03. Wird eine GE zusätzlicher Kredit in t=0 benötigt, zwingt die Strukturregel dazu, 60% vom 9%-Kredit aufzunehmen, und nur der Rest darf in der günstigeren Kreditart finanziert werden. In der zweiten Periode ist der Kontokorrentkredit und in der dritten Periode wiederum die Finanzanlage Grenzprojekt. Diese nunmehr vier Grenzprojekte definieren die Lenkzinssätze. Zusätzlich ist für die Investitionssteuerung aber auch noch der neue Dualwert d_4 der Bilanzstrukturregel relevant. Die Finanzierungsbedingungen haben daher im optimalen Tableau auch wieder andere Dualwerte. Es gilt:

t=0 $d_0 = 1{,}27157$
t=1 $d_1 = 1{,}166$
t=2 $d_2 = 1{,}06$

Der Wert d_0 erklärt sich wie folgt:

	Variable	
1. Schritt:	FK02, FK03	In t=0 wird ein zusätzlicher Kredit in Höhe von 1 GE aufgenommen, der sich aufgrund der Strukturrestriktion im Verhältnis 4:6 auf die beiden Grenzobjekte verteilt.
2. Schritt:	FA2	In t=2 ist zur Rückzahlung (einschließlich Zins) des Kredites FK02 eine Verringerung der Geldanlage in Höhe von $0{,}4 \cdot 1{,}08^2 = 0{,}46656$ nötig.

3. Schritt:	EV_T	In t=3 wird der Kredit FK03 fällig, und zusätzlich tritt eine Verminderung des Endvermögens durch die erfolgte Kürzung der Geldanlage FA2 ein. Beide Effekte summieren sich zu $0{,}6 \cdot 1{,}09^3 + 1{,}06 \cdot 0{,}46656 = 1{,}27157$.

Der neue Dualwert $d_4 = 0{,}0586$ erfaßt den Einfluß der Bilanzstrukturregel auf das Endvermögen. Das Endvermögen steigt um 0,0586 GE, wenn die letzte GE von den Auflagen der Bilanzstrukturregel befreit wird.

Die periodenspezifischen Aufzinsungsfaktoren werden wiederum mit der Vorschrift d_t/d_{t+1} berechnet; es ergibt sich:

Aufzinsungsfaktor Periode 1 d_0/d_1 = 1,09054
Aufzinsungsfaktor Periode 2 d_1/d_2 = 1,1
Aufzinsungsfaktor Periode 3 $d_2/1$ = 1,06

Es gelten damit periodenspezifische Zinssätze von 9,054% in Periode 1, 10% in Periode 2 und 6% in der dritten Periode. Der Zinssatz der ersten Periode entspricht wieder auf den ersten Blick nicht den Zinssätzen der beiden Grenzfinanzierungen zu 8% und 9%. Es handelt sich um einen Mischzinsfuß, der aus den Zahlungsreihen der Grenzobjekte zusammengesetzt ist. Es ist daher eine Berechnung durchzuführen, wie sie oben für die Erklärung der Dualwerte angegeben wurde.

Werden die Zahlungsreihen der Investitions- und Finanzierungsprojekte mit den periodenspezifischen Zinssätzen abgezinst, stellt sich für die Kapitalwerte der Finanzierungsquellen, die durch die Bilanzstrukturregel betroffen sind, ein zunächst unerwartetes Ergebnis ein. Für die beiden Grenzprojekte FK02 und FK03 ergeben sich keine Kapitalwerte von null.[37]

C_{0FK0} = 1 - 1,1/1,09054   = -0,0087
C_{0FK02} = 1 - 1,1664/(1,09054 \cdot 1,1)   = 0,0277
C_{0FK03} = 1 - 1,295029/(1,09054 \cdot 1,1 \cdot 1,06) = -0,0184

Diese Kapitalwertberechnung auf Basis nur der periodenspezifischen Zinssätze ist jedoch wegen der Bilanzrestriktion unzureichend; sie erfaßt die Wirkung der auf die Bilanzstrukturregel zurückgehenden zusätzlichen Dualvariablen $d_4 = 0{,}0586$ nicht. Dieser zusätzliche Dualwert muß bei den Kapi-

---

37 Der Betrag von 1,1664 beim Kredit FK02 entspricht der Zahlung nach zwei Jahren $(1{,}08 \cdot 1{,}08)$. Der Betrag von 1,295029 entspricht $1{,}09^3$.

talwertberechnungen der von der Bilanzstrukturregel betroffenen Variablen mit berücksichtigt werden, d.h., die zuvor berechneten Kapitalwerte sind noch um den Barwert des auf die Bilanzregel zurückgehenden Einflusses zu korrigieren. Die korrekte Rechnung führt dann für die beiden Grenzprojekte der ersten Periode auch zum erwarteten Ergebnis eines Kapitalwertes von null.

$$C_{0FK0} \quad = -0{,}0087 - 0{,}6 \cdot 0{,}0586/d_0 \quad = -0{,}03635$$
$$C_{0FK02} = 0{,}0277 - 0{,}6 \cdot 0{,}0586/d_0 \quad = 0$$
$$C_{0FK03} = -0{,}0184 + 0{,}4 \cdot 0{,}0586/d_0 = 0$$

In der Kapitalwertberechnung muß der letzte Term jeweils durch den Dualwert d_0 dividiert werden, weil die Dualvariable d_4 den Einfluß der Bilanzrestriktion auf den Endwert widerspiegelt. Es wird aber in der Formel der Kapitalwert berechnet, so daß der Endwerteinfluß mit d_0 auf t=0 abgezinst werden muß.

Aus dem Beispiel ist die Erkenntnis zu ziehen, daß nicht nur die Zinssätze der Grenzprojekte für die Steuerung bedeutsam sind. Zusätzliche Restriktionen wie etwa die eingeführte Bilanzstrukturregel für die Finanzierungsquellen beeinflussen das Steuerungsergebnis ebenfalls. Derartige Restriktionen können dazu führen, daß mehr Grenzobjekte als Perioden existieren. Der periodenspezifische Zinssatz ist dann ein Mischzinssatz der Grenzprojekte. Der Mischzinssatz einer Periode kann durch Zahlungen von Grenzobjekten verschiedener Perioden beeinflußt werden.

5434 Im Zeitablauf steigende Zinserwartungen

In der nächsten Entscheidungssituation wird von einer normalen Zinsstruktur ausgegangen, die sich im Zeitablauf nach oben verschiebt; z.B. steigt der Zinssatz des Kontokorrentkredits im Zeitablauf. In dieser Situation kann der Fall auftreten, daß die Finanzierung einer Investition nicht zum Investitionszeitpunkt sichergestellt wird. Je nach der heutigen und der künftig erwarteten Zinskonstellation kann sich ein Unternehmen zur Vorfinanzierung des Kapitalbedarfs entscheiden, um sich auf diese Weise Finanzierungsmittel mit einem günstigeren Zinssatz zu sichern, als das in der Zukunft möglich wäre. Da diese Mittel zum Zeitpunkt der vorgezogenen Kreditbeschaffung für die Sachinvestitionen noch nicht erforderlich sind, werden sie zwischenzeitlich in Finanzinvestitionen angelegt. Das Unternehmen verliert dann zwar im Jahr der Kreditaufnahme an diesem Geschäft, da der Sollzins den Habenzins übersteigt. Diese negative Wirkung kann aber durch künftige Zinseinsparungen ausgeglichen werden, so daß sich die Vorfinanzierung des Kapitalbedarfs rechnet.

Diese Entscheidungssituation soll wiederum auf der Basis des bisherigen Beispiels erörtert werden. Die vorher diskutierte Bilanzstrukturbedingung entfällt. Für die beiden in t=0 möglichen Zwei- bzw. Dreijahreskredite gelten die gleichen Konditionen wie bislang (8% bzw. 9%). Es wird nur eine geringfügige Veränderung vorgenommen: Der Zins des Kontokorrentkredits der zweiten und dritten Periode wird von 10% auf 11,5% erhöht. Finanzanlagen erbringen in allen Perioden 6%, und der kurzfristige Kredit in t=0 kostet nach wie vor 10%. In dieser Situation ist es vorteilhaft, den Finanzbedarf in t=1 zur Beschaffung der zwei Investitionsobjekte v3 bereits in t=0 vorzufinanzieren. Der zu 8% über zwei Jahre laufende Kredit kostet unter Berücksichtigung der Finanzanlage des Geldes in der ersten Periode weniger als die Finanzierung des Kapitalbedarfs in der zweiten Periode zum Zins von 11,5%.

Für die beschriebene Ausgangssituation gilt folgendes Optimaltableau:

	v2	FK0	FK1	FK2	FK03	FA1	y1	y3	y7	y8	y9	y10	RS
EV_T	8,7947	0,0467	0,0155	0,055	0,0586	0,0428	46,4374	5,744	1,2364	1,1664	1,06	1,4774	84,1306
FK02	-42,264	-0,0377	0,9434		1	-0,9434	14,5283	37,7358	-1	-0,9434		-56,226	13,7736
y2	1												1
FA0	37,7358	-1,0377	0,9434			-0,9434	-75,472	37,7358		-0,9434		3,7736	3,7736
y4	42,2642	1,0377	-0,9434			0,9434	-14,528	-37,736	1	0,9434		56,2264	61,2264
y5		1											75
y6			1										75
v1						1							1
v3							1						2
FA2	8,2969	0,044	0,0146	-1		-1,1664	0,0404	23,0542	-4,0151	1,1664	1,1004	1	31,5825	69,9345
FKD												1	1

Dem Tableau ist folgende Lösung zu entnehmen:

Investition: v1   = 1
              v3   = 2
              FA0 = 3,7736   (Finanzanlage in t=0)
              FA2 = 69,9345 (Finanzanlage in t=2)

Finanzierung: FKD = 1   (Darlehen in t=0)
              FK02 = 13,7736 (zweijähriger Kredit in t=0)

Wiederum ändert sich an der Entscheidung über die Sachanlage nichts; nur die Finanzierung wird erneut modifiziert.

Grenzobjekte sind die Finanzanlagen in der ersten und der dritten Periode sowie der Kredit zu 8% aus der ersten Periode. Aus der zweiten Periode gibt es keine Grenzgeschäfte. Die Zinssätze dieser Periode haben damit überhaupt keine Lenkungseigenschaft. Die Lenkzinssätze stammen aus der ersten und der dritten Periode, wobei es aus der ersten gleich zwei Lenkzinssätze gibt: 6% für die Finanzanlage und 8% für den Kredit. Obwohl die zweite Periode keine Grenzobjekte liefert, gibt es dennoch einen periodenspezifischen endogenen Grenzzins (Kalkulationszins von t=1 auf t=2); nur erklärt sich dieser nicht aus den Zinssätzen der zweiten Periode.

Die periodenspezifischen Aufzinsungsfaktoren werden wieder mit Hilfe der Dualwerte der drei Finanzierungsrestriktionen ermittelt. Diese Dualwerte belaufen sich auf:

$$t=0 \quad d_0 = 1{,}236384 \quad = 1{,}08{\cdot}1{,}08{\cdot}1{,}06$$
$$t=1 \quad d_1 = 1{,}1664 \quad = (1/1{,}06){\cdot}1{,}08{\cdot}1{,}08{\cdot}1{,}06$$
$$t=2 \quad d_2 = 1{,}06$$

Für die periodenspezifischen Aufzinsungsfaktoren errechnen sich dann Werte von:

Aufzinsungsfaktor Periode 1: d_0/d_1 = 1,236384/1,1664 = 1,06
Aufzinsungsfaktor Periode 2: d_1/d_2 = 1,1664/1,06   = 1,10038
Aufzinsungsfaktor Periode 3: $d_2/1$ = 1,06/1   = 1,06

Der erste und der dritte Aufzinsungsfaktor stammen aus der jeweiligen Finanzanlage. Der Aufzinsungsfaktor der zweiten Periode ist aus den beiden Grenzgeschäften der ersten Periode zu erklären, denn aus diesen Geschäften resultieren in der zweiten Periode Zahlungswirkungen, auf die der Zins von 10,038% zurückgeht. Benötigt das Unternehmen in t=1 eine GE für die Investitionsfinanzierung, muß es eine Periode zuvor die Finanzanlage um den Betrag 1/1,06 erhöhen. Aus der Rückzahlung einschließlich der Zinsen ist dann der Kapitalbedarf in t=1 zu decken. Die Geldanlage muß in t=0 durch einen zweijährigen Kredit in Höhe von 1/1,06 finanziert werden. Endfällig ist dann dafür in t=2 eine Rückzahlung von $(1/1{,}06){\cdot}1{,}08^2 = 1{,}10038$ zu leisten. Eine in t=1 für die Dauer einer Periode aufgenommene GE kostet damit 10,038% und ist also günstiger als der Kontokorrentkredit der zweiten Periode zu 11,5%.

5435 Investitionen als Grenzprojekte

In allen bislang behandelten Fällen ergaben sich die Lenkzinssätze und die periodenspezifischen Aufzinsungsfaktoren immer aus den Zinssätzen des Kapitalmarkts. Es handelte sich um die Soll- oder die Habenzinssätze der Grenzprojekte. Die Beispiele waren von der Finanzierungssituation her stets so konstruiert, daß die veränderten Finanzierungskonditionen nur für die Frage relevant waren, wie ein unveränderter Kapitalbedarf für die Sachinvestitionen beschafft werden soll. Es änderte sich in den Beispielen also stets nur die optimale Finanzierung, nicht aber das *Sach*investitionsprogramm. Immer wurde in t=0 eine Anlage des Typs 1 - Variable v1 - beschafft, und in der zweiten Periode war es immer sinnvoll, zweimal die Anlage vom Typ 3 - Variable v3 - anzuschaffen. Als Folge dieses konstanten Investitionsprogramms war der Kapitalbedarf der Perioden ohne die Zinsen in allen Fällen gleich hoch.

Aus dem Investitionsprogramm ergibt sich nach Abzug des Startkapitals und der Zahlungsreihe für das Darlehen in den ersten beiden Jahren ein Mindestkapitalbedarf von 10.000 GE bzw. 4.000 GE.

	t=0	t=1	t=2	t=3
Investition 1	-90.000	80.000	40.000	22.000
Investition 3		-80.000	80.000	20.000
Startkapital	20.000			
Darlehen	60.000	-4.000	-34.000	-32.000
Defizit	10.000	4.000		
Überschüsse			86.000	10.000

Zu diesem Kapitalbedarf ist je nach Finanzierungsart und Zinskonditionen noch der Finanzbedarf für die Zinsen zu addieren.

Von der Finanzierungsseite können nun zwei Einflüsse auf die Höhe des errechneten Mindestkapitalbedarfs ausgehen:

- Die Kreditlinie der einzelnen Jahre reicht nicht aus, den Kapitalbedarf zu befriedigen. In diesem Fall ist Kapital absolut knapp, und es kommt zwangsweise zu einer Beschränkung des Sachinvestitionsprogramms. Im Fall einer derartigen Beschränkung wird die Investition zum Grenzobjekt, und die Zahlungsreihe der Investition definiert den Steuerungszinssatz der Periode, in der das Kapital knapp ist. Dieser Fall tritt im Beispiel ein, wenn in den einzelnen Perioden die Kreditlinie für den Kontokorrentkredit auf z.B. 12.000 GE reduziert wird.

■ Das erforderliche Kapital zur Finanzierung des Kapitalbedarfs ist zwar zu beschaffen; es ist jedoch so teuer, daß sich bestimmte Investitionen nicht mehr lohnen. Muß das Unternehmen z.B. in der zweiten Periode für den Kapitalbedarf von 4.000 GE zur vollständigen Finanzierung der zweiten Investition des Typs 3 einen extrem hohen Zinssatz zahlen, kann es sein, daß die zweite Maschine des Typs 3 diesen Zins nicht mehr tragen kann und unvorteilhaft wird. Es wird dann nur eine Maschine ganz gekauft, und von der zweiten Maschine wird nur so viel realisiert, wie es ohne den sehr teuren Kredit möglich ist. In diesem Fall wird die Maschine des Typs 3 in der zweiten Periode zum Grenzobjekt, und die Zahlungsreihe dieser teilweise realisierten Investition determiniert den Lenkzins der zweiten Periode. Im Beispiel ist dieser Fall allerdings unwahrscheinlich, da von den 40.000 GE zur Beschaffung der zweiten Maschine nur ein kleiner Teil fehlt. Diese Maschine kann weitestgehend aus dem Umsatzprozeß finanziert werden.

Für die erste Situation soll der Einfluß knappen Kapitals auf die Lenkpreise gezeigt werden. Es wird auf das Beispiel im Standardfall zurückgegriffen, und für alle Perioden wird die Kreditlinie des Kontokorrentkredits auf 12.000 GE reduziert. Es gilt dann das folgende Ausgangstableau:

	v1	v2	v3	FKD	FK0	FK1	FK2	FA0	FA1	FA2	RS
EV_T	-22		-10	32			1,1			-1,06	
y1	1										1
y2		1									1
y3			1								2
y4						1					12
y5							1				12
y6								1			12
y7	90	80		-60	-1			1			20
y8	-80	-40	40	4	1,1	-1		-1,06	1		0
y9	-40	-41	-40	34		1,1	-1		-1,06	1	0
y10			1								1

Der Simplex-Algorithmus liefert nach sechs Iterationen das Optimaltableau.

	v2	FK2	FA0	FA1	y1	y5	y7	y8	y9	y10	RS
EV$_T$	19,42	0,04	0,0524	0,1864	39,51	0,144	1,441	1,31	1,06	13,18	83,238
FK0	-80		-1		90		-1			-60	10
y2	1										1
y3	-1,2		-0,001	-0,025	0,475	-0,025	-0,028	-0,025		-1,55	0,075
y4	80		1		-90		1			60	2
FK1					1						12
y6		1									12
v1				1							1
v3	1,2		0,001	0,025	-0,475	0,025	0,0275	0,025		1,55	1,925
FA2	7	-1	0,04	-0,06	21	-0,1	1,1	1	1	28	69,8
FKD										1	1

Aus dem Tableau ist ersichtlich, daß die Variable v3 nur noch mit dem Niveau 1,925 realisiert wird. Grenzobjekte sind in der ersten Periode der Kontokorrentkredit und in der zweiten Periode das Investitionsobjekt 3. Für die dritte Periode ist die Finanzanlage das Grenzprojekt. Die Dualwerte der drei Finanzierungsrestriktionen lauten:

$d_0 = 1,441$
$d_1 = 1,31$
$d_2 = 1,06$

Die periodenspezifischen Aufzinsungsfaktoren haben die Höhe:

Periode 1: d_0/d_1 $= 1,1$
Periode 2: d_1/d_2 $= 1,23585$
Periode 3: $d_2/1$ $= 1,06$

In der zweiten Periode gilt damit ein endogener Grenzzinssatz in Höhe von 23,585%. Dieser Lenkzins erklärt sich aus der Zahlungsreihe der Investition 3: Er entspricht ihrer Initialverzinsung.[38]

$$r^{in} = \frac{40 + \dfrac{10}{1,06}}{40} - 1 = 23,585\%$$

---

38 Vgl. Adam, Hering, Schlüchtermann (1994), Abschnitt 3.

5436 Zusammenfassung der Ergebnisse der Lenkpreistheorie

Die Erkenntnisse aus den Beispielen zur Lenkpreistheorie sollen noch einmal zusammengestellt werden:

- Nur die Zahlungsreihen von Grenzprojekten definieren die Lenkzinssätze bzw. die periodenspezifischen Zinsfaktoren.

- Grenzprojekte können Investitionsobjekte, Finanzanlagen oder Finanzierungsquellen sein. Sofern die Lenkzinssätze auf die Finanzierung zurückzuführen sind, steuern im allgemeinen nicht alle Marktzinssätze, sondern nur die Zinssätze der zuletzt benutzten, teuersten Finanzierungsquelle.

- Im Standardfall - nur die Finanzierung und die Finanzanlage sind für die Lenkzinssätze relevant - sind bei einperiodiger Finanzanlage und einperiodigen Krediten die Lenkzinssätze mit den periodenspezifischen Zinssätzen identisch.

- Gibt es endfällige Kredite, bei denen auch die Zinsen endfällig gezahlt werden, brauchen die Lenkzinssätze der Finanzierungsquellen nicht mit den periodenspezifischen Zinsfaktoren übereinzustimmen. Die periodenspezifischen endogenen Grenzzinssätze ergeben sich dann aus den mehrperiodigen Zahlungswirkungen der Lenkzinssätze bei Fälligkeit der Kredite. Die ursprünglichen Lenkzinssätze müssen dann erst in die periodenspezifischen Wirkungen umgerechnet werden.

- Erweist sich auf Grund der heutigen und künftigen Finanzierungskonditionen eine Vorfinanzierung des Kapitalbedarfs von Investitionen als vorteilhaft, gibt es in einzelnen Perioden keine Grenzprojekte; dennoch existieren periodenspezifische endogene Zinsfaktoren. Diese erklären sich aus den Zahlungswirkungen der Kredite und Finanzanlagen.

- Nicht nur Marktzinssätze oder die auf die Investitionen zurückgehenden Zahlungsreihen von Grenzprojekten sind für die Steuerung von Bedeutung. Es können weitere Restriktionen für das Budgetierungsproblem wirksam sein - z.B. einzuhaltende Bilanzstrukturregeln. Von diesen Regeln gehen bestimmte für die Steuerung zu beachtende Finanzierungswirkungen aus. Für die Steuerung sind dann nicht nur die Dualwerte der Finanzierungsbedingungen ausschlaggebend; zusätzlich sind in den Überlegungen auch die Dualwerte der übrigen Beschränkungen zu erfassen, d.h., in die Berechnung der Kapitalwerte der Investitions- und Finanzierungsobjekte sind auch die "Lenkpreise" der zusätzlichen Restriktionen einzubeziehen.

55 Investitionsrechnung bei nicht-flachen Zinsstrukturkurven

551 Prämissen der Marktzinsmethode

In der klassischen Investitionsrechnung wird von einer "flachen" Zinsstrukturkurve ausgegangen, d.h., es gilt ein laufzeitunabhängiger Kalkulationszinsfuß. Auf den realen Geld- und Kapitalmärkten dagegen variiert der Zinssatz in Abhängigkeit von der Laufzeit einer Geldanlage oder eines Kredits.

Es kann zwischen einer "normalen" und einer "inversen" Zinsstruktur unterschieden werden:

Geldanlage oder Kreditaufnahme für	flache	normale	inverse
		Zinstruktur	
1 Jahr	5%	4%	6%
2 Jahre	5%	6%	5%
3 Jahre	5%	7%	4%

Bei flacher Zinsstruktur ist der Kalkulationszinsfuß unabhängig von der Laufzeit einer Kapitalanlage oder eines Kredits. Wenn eine "normale" Zinsstrukturkurve vorliegt, erbringen längere Laufzeiten eine höhere Rendite als kürzere. Im Fall starker Zinssenkungen können die Zinssätze für kurzfristige Anlagen und Kredite aber auch höher liegen als für langfristige. Eine solche Zinsstruktur wird "invers" genannt.

In der Situation nicht-flacher Zinsstrukturen gibt es zwei Möglichkeiten für die Wirtschaftlichkeitsrechnung:

- Die im Kapitel 53 über die Budgetierung entwickelten simultanen Modelle werden zur Beurteilung von Investitionen eingesetzt.

- Die für das operative Bank-Controlling entwickelte Marktzinsmethode wird auf das Investitionsproblem übertragen.[39] Dieses Partialmodell ist ein Sonderfall einer arbitragefreien Bewertung von Investitionen.[40] Die

---

39 Vgl. Rolfes (1992), S. 121 und Marusev, Schierenbeck (1990). Zur Diskussion um die Marktzinsmethode vgl. Adam, Schlüchtermann, Utzel (1993); Rolfes (1993); Wimmer (1993); Adam, Hering, Schlüchtermann (1993); Adam, Schlüchtermann, Hering (1994); Kruschwitz, Röhrs (1994); Adam, Hering, Schlüchtermann (1994).

40 Vgl. Kruschwitz, Röhrs (1994).

Marktzinsmethode basiert - ebenso wie die endogenen Grenzzinsfüße -
auf dem Grundgedanken der pretialen Lenkung Schmalenbachs.[41]

Die Marktzinsmethode geht von einem Satz von Prämissen aus, der sich
weitestgehend an den Vorstellungen des vollkommenen Kapitalmarktes orientiert und damit von der realen Finanzierungssituation eines Unternehmens
stark abstrahiert.

- Kapital darf für den Investor nicht knapp sein. Er bekommt vom Markte
  jeden beliebigen Kapitalbetrag zu jeder gewünschten Fristigkeit.

- Zwischen Soll- und Habenzinsen bestimmter Laufzeit darf es keinen
  Unterschied geben. Z.B. unterscheiden sich Soll- und Habenzins für einen dreijährigen Kredit und eine dreijährige Finanzanlage nicht voneinander.[42]

- Der Investor muß Zutritt zum Kapitalmarkt haben. Er muß sich zu den
  Konditionen des Kapitalmarktes in beliebiger Höhe verschulden oder
  Geld anlegen können.

- Der Investor stellt die Finanzierung einer Investition vollständig zu den
  heutigen Konditionen durch eine fristenkongruente Finanzierung am
  Kapitalmarkt sicher. Fristenkongruenz bedeutet, daß für jedes Element
  der Zahlungsreihe einer Investition eine Finanzierung (Kredit oder
  Geldanlage) mit entsprechender Laufzeit abgeschlossen wird.

Der Prämissensatz ist für die Wertung der Qualität der Marktzinsmethode
ausschlaggebend. Die Folge dieses Prämissensatzes ist:

- Da die Finanzierung einer Investition immer schon vollständig im Kalkulationszeitpunkt gesichert wird, gibt es in der Welt der Marktzinsmethode keine zeitlich vertikalen Interdependenzen. Steuernde Wirkung haben
  dann nur die heute am Kapitalmarkt geltenden Zinssätze. Künftige Zinserwartungen werden in der Methode nicht erfaßt. Der Investor macht
  daher keine Prognosen über die Zinsentwicklung. Selbst wenn er indivi-

---

41 Vgl. Schmalenbach (1947).

42 Für Banken impliziert diese Prämisse nicht nur Gleichheit der Zinssätze für Kredite
    und Einlagen. Die Bank darf dann auch keine Verpflichtung haben, bei der Bundes-
    bank für Einlagen zinslose Mindestreserven zu hinterlegen. Gilt z.B. ein einheitlicher
    Soll- und Habenzins von 6% und ist die Bank verpflichtet, von den Einlagen 10%
    Mindestreserven zu halten, kann sie nur 90% der Einlagen zu 6% ausleihen und
    erzielt nur Zinseinkünfte, die - auf die Einlage bezogen - 5,4% erwirtschaften. Soll-
    und Habenzins sind dann nicht mehr gleich.

duelle Zinserwartungen hat, gehen sie nicht in die Rechnung ein. Dieses Vorgehen ist für die Investitionsrechnung zumindest merkwürdig, denn die Zahlungsreihen der Investitionen basieren auf Erwartungen. Es ist daher nicht einzusehen, warum ausgerechnet Erwartungen über die Entwicklung des Kapitalmarktes aus dem Kalkül herausgehalten werden sollen.

- Es gibt auch keine horizontalen Interdependenzen zwischen den Investitionsobjekten, da immer ausreichend Kapital vorhanden ist. Letztlich existiert damit in der Marktzinsmethode gar kein Budgetierungsproblem im Sinne einer Aufteilung knappen Kapitals auf konkurrierende Investitionsvorhaben. Die Lenkpreise der Marktzinsmethode erfassen daher auch keine Knappheitssituationen.

- Weil durch das Konstruktionsprinzip der Marktzinsmethode alle Interdependenzen künstlich beseitigt werden, können Investitionsobjekte isoliert auf ihre Vorteilhaftigkeit hin beurteilt werden. Vorteilhaft ist eine Investition in der Sichtweise der Marktzinsmethode dann, wenn sie einen Überschuß gegenüber ihrer fristenkongruenten Finanzierung erwirtschaftet. Die fristenkongruente Anlage des Kapitalbedarfs der Investition ist damit die Opportunität, mit der die Investition durch die Marktzinsmethode verglichen wird. Die Marktzinsmethode schließt andere in der Realität möglich Finanzierungsformen - z.B. eine revolvierende Kreditfinanzierung - aus und nimmt damit eine künstliche Beschränkung des Entscheidungsfeldes auf Fristenkongruenz vor. Diese Beschränkung kann suboptimale Entscheidungen zur Folge haben.

Der Unterschied des Marktzinsmodells gegenüber der klassischen Investitionsrechnung besteht im wesentlichen darin, dem Kalkül anstelle eines einheitlichen Kalkulationszinsfußes für alle Komponenten der Zahlungsreihe die laufzeitabhängigen Zinsfüße der Zinsstruktur des Kapitalmarkts zugrunde zu legen.[43] Ansonsten bleiben die Prämissen des vollkommenen Kapitalmarktes erhalten. Eine Investition ist nach dieser Methode dann vorteilhaft, wenn ihr Kapitalwert höher ist als der einer fristenkongruenten Anlage des Geldes in Finanzinvestitionen. Für jede Sachinvestition existiert dabei eine spezielle fristenkongruente Finanzanlage als Opportunität, d.h., von Investition zu Investition wird der Vergleichsmaßstab gewechselt. Es erhebt sich dann die Frage, ob die Kapitalwerte der Martkzinsmethode für unterschiedliche Investitionen überhaupt vergleichbar sind.

---

43 Zur empirischen Bestimmung von Zinsstrukturkurven vgl. Röhrs (1991).

Durch das Konstrukt einer fristenkongruenten Finanzierung wird der Gesamterfolg einer Investition in zwei Komponenten aufgespalten: in den eigentlichen Investitionserfolg, der das "Mehr" einer Sachinvestition gegenüber einer fristenkongruenten Finanzanlage angibt und in den Transformationserfolg, der dann entsteht, wenn ein Unternehmen bewußt von der fristenkongruenten Finanzierung abweicht. Nur die erste Erfolgskomponente - der "Investitionserfolg" - wird im Marktzinsmodell zur Vorteilhaftigkeitsanalyse von Investitionen herangezogen. Hinter diesem Beurteilungskriterium steht die Vorstellung, daß der Investor den Fristentransformationserfolg auch ohne die Investition erwirtschaften kann.

Der Entwicklung leistungsfähiger Partialmodelle kommt für die Investitionstheorie hohe Bedeutung zu, insbesondere weil Simultananalysen in der Praxis häufig als zu komplex abgelehnt werden. Es ist aber kritisch zu hinterfragen, welchen Beitrag die speziellen Steuerungshypothesen eines Partialmodells für die optimale Steuerung des eigentlichen Problems leisten. Im folgenden gilt es daher zu analysieren, wie gut die Ergebnisse des Partialmodells im Vergleich zur theoretisch richtigen simultanen Analyse sind. Dazu ist herauszuarbeiten, mit welchen Annahmen die Marktzinsmethode hinsichtlich der periodenspezifischen Grenzzinsfüße arbeitet und in welchen Fällen diese von den optimalen "Lenkzinssätzen" der allgemeinen Lenkpreistheorie abweichen.

552 Arbeitsweise der Marktzinsmethode

Jede Form von Investitionskalkülen auf Basis von Kapitalwerten setzt einen Kalkulationszinsfuß als Opportunität voraus. Die für die Marktzinsmethode relevanten Zinsfüße sollen an Hand eines Beispiels entwickelt werden. Im Gegensatz zur klassischen Investitionsrechnung mit Kapitalwerten arbeitet das Marktzinsmodell mit periodenspezifischen kumulierten Zinsfaktoren zur Abzinsung der Zahlungsreihe einer Investition. Diese Zinsfakoren sollen für eine Investition A mit der Zahlungsreihe (-1000, 100, 100, 100, 1100) für folgende Zinsstrukturkurve entwickelt werden:

1-Jahreszins: 2,5%
2-Jahreszins: 4%
3-Jahreszins: 5,5%
4-Jahreszins: 6,5%

Zunächst müssen die Zinsfaktoren ermittelt werden, mit denen die einzelnen Terme der Zahlungsreihe auf den Kalkulationszeitpunkt zu beziehen sind.

Diese werden als Zerobondabzinsungsfaktoren (ZBAF) bezeichnet. Ein Zerobond ist eine synthetische Zahlungsreihe, die nur aus zwei Zahlungen besteht: einer Zahlung im Kalkulationszeitpunkt und einer zweiten Zahlung am Ende der Laufzeit. Der Zerobondabzinsungsfaktor gibt an, welcher Zinszusammenhang zwischen den beiden Zahlungen besteht, wie also die Endzahlung abzuzinsen ist, um auf die Zahlung am Anfang zu kommen.

Das Konstruktionsprinzip des Zerobondabzinsungsfaktors wird mit Hilfe der folgenden Tabelle erklärt. Die Frage lautet, was eine Zahlung von 1 GE in t=3 heute wert ist, wenn alle Zahlungen zu ihren laufzeitspezifischen Zinssätzen finanziert werden.

Marktzins- sätze	Zeitpunkt	0	1	2	3
5,5%	3	+0,947867	-0,052133	-0,052133	-1
4%	2	-0,050128	+0,002005	+0,052133	
2,5%	1	-0,048905	+0,050128		
		+0,848834	0	0	-1

Soll im Zeitpunkt t=3 (Ende des dritten Jahres) eine Auszahlung von -1 erfolgen, ist in t=0 ein Dreijahreskredit zu einem Zinssatz von 5,5% aufzunehmen. Am Ende des dritten Jahres muß dieser Kredit einschließlich der Zinsen zurückgezahlt werden. Es ist dann in t=0 ein Betrag x aufzunehmen, der nach drei Jahren einschließlich der Zinsen zu einer Zahlung von -1 führt. Es gilt x =1/1,055 = 0,947867. Dieser Betrag erfordert in t=3 einen Kapitaldienst von -1,055x = -1. Das "Basisgeschäft" produziert aber auch in t=1 und t=2 Zinszahlungen in Höhe von -0,947867·0,055 = -0,052133. Diese Zinszahlungen müssen für die Konstruktion eines Zerobonds kompensiert werden. Es ist daher ein weiteres, diesmal zweijähriges Geschäft in t=0 zu 4% abzuschließen, das die Zinszahlung in t=2 ausgleicht. Durchzuführen ist dann eine zweijährige Geldanlage im Umfang von 0,052133/1,04 = 0,050128. Entsprechend wird für den Zahlungsüberschuß in t=1 verfahren. In t=1 ist die Summe der Zinsen aus dem Basisgeschäft und der Zinszahlung für die zweijährige Geldanlage - zusammen -0,050128 - durch ein einjähriges Geschäft zu 2,5% zu kompensieren. Anzulegen ist dafür ein Betrag von 0,048905, der einschließlich Zinsen von 2,5% zur Einzahlung von 0,050128 nach einem Jahr führt.

Durch die Konstruktion der drei Geschäfte sind die Zahlungssalden der Zeitpunkte t=1 und t=2 auf null gestellt. Werden die drei Beträge in t=0 addiert, ergibt sich ein Wert von 0,848834. Eine Zahlung in t=3 von 1 entspricht dann einer Zahlung von 0,848834 in t=0, d.h., die Zahlung von 1 GE am Ende des dritten Jahres ist mit dem Zerobondabzinsungsfaktor (ZBAF) von 0,848834 zu multiplizieren, um den Barwert der Zahlung in t=0 zu erhalten (bei fristenkongruentem Finanzverhalten). Dem ZBAF für drei Jahre entspricht eine Zerobond-Verzinsung (ZBV) von 5,6150% (0,848834· $(1+ZBV)^3 = 1$). Die ZBV ist also der mittlere Zinssatz, mit dem der Barwert der Zahlung für drei Jahre aufgezinst werden muß, um zur Zahlung nach drei Jahren zu kommen.

Auf analoge Weise können die $ZBAF_t$ und die Zerobond-Zinssätze ZBV_t für alle Laufzeiten berechnet werden. Für die angegebene Zinsstruktur ergeben sich folgende Werte:

t	1	2	3	4
$ZBAF_t$	0,975610	0,924015	0,848834	0,771221
ZBV_t	2,5000%	4,0305%	5,6150%	6,7100%

Ein Vergleich der Zerobondverzinsungen mit den laufzeitspezifischen Zinssätzen der Zinsstrukturkurve zeigt, daß die Zerobondverzinsungen bei normaler Zinsstruktur immer über den Zinssätzen der Zinsstrukturkurve liegen. Z.B. beträgt der Zinssatz für 4-Jahreskredite 6,5%, während ein Zerobond von 4-jähriger Laufzeit 6,71% kostet.

Der Kapitalwert einer Investition nach der Marktzinsmethode ist die Summe der mit den jeweiligen $ZBAF_t$ abgezinsten Terme der Zahlungsreihe, d.h., die Investition wird als Summe aus Zerobonds unterschiedlicher Laufzeit interpretiert. Für die Investition A mit der Zahlungsreihe

t	0	1	2	3	4
BZ_t^A	-1.000	100	100	100	1.100

ergibt sich ein Kapitalwert von:

$$C_0^M(A) = \sum_t BZ_t^A \cdot ZBAF_t$$

oder mit den Zahlen des Beispiels:

$$C_0 = -1.000 + 100\cdot0,97561 + 100\cdot0,92402 + 100\cdot0,84883$$
$$+ 1.100\cdot0,77122 = 123,19$$

Aus der Zahlungsreihe der Investition ergibt sich ein Kapitalwert von 123,19 auch dann, wenn in der klassischen Interpretation der Kapitalwertmethode mit einem einheitlichen Zinssatz von 6,41129% abgezinst wird, d.h., der einheitliche, mittlere Zinssatz von 6,41129% ist für die gegebene Zahlungsreihe dem Arbeiten mit Zerobondabzinsungsfaktoren äquivalent.

Die fristenkongruente Finanzierung des Investitionsobjektes A ist nun aus einem Gleichungssystem abzuleiten. Mit FK_i wird der Umfang der einzelnen Geschäfte (Tranchen) in t=0 mit unterschiedlicher Fristigkeit bezeichnet. Diese Tranchen müssen die Zahlungen der Investition in den einzelnen Zeitpunkten auf null stellen. Für die Investition A mit einer Laufzeit von vier Jahren sind dazu vier Tranchen FK_i der Fristigkeit i = 1, 2, 3, 4 zu bestimmen:

Zeitpunkt	Kompensationszahlungen	Zahlungsreihe
0	$-FK_1 - FK_2 - FK_3 - FK_4$	= -1000
1	$1,025FK_1 + 0,04FK_2 + 0,055FK_3 + 0,065FK_4$	= +100
2	$1,04FK_2 + 0,055FK_3 + 0,065FK_4$	= +100
3	$1,055FK_3 + 0,065FK_4$	= +100

Aufgelöst führt dieses Gleichungssystem zu folgender Lösung: In t=0 wird eine einjährige Tranche mit einem Umfang von FK_1 = 37,89 GE erforderlich. Zusätzlich ist ein zweites Geschäft mit zweijähriger Laufzeit und einem Umfang von FK_2 = 38,84 GE abzuschließen, usf.

$FK_1 = 37,89$ $FK_3 =$ 40,39
$FK_2 = 38,84$ $FK_4 =$ 882,88

Das Gleichungssystem sorgt dafür, daß die Zahlungsreihe der Investition A in den Zeitpunkten t=0 bis t=3 durch Zinsen und Tilgung von vier Krediten kompensiert wird. Zum Zeitpunkt t=4 verbleibt ein Endwert von 1.100-$1,065FK_4$ = 159,733, der, mit dem $ZBAF_4$ = 0,771221 abgezinst, wieder den Kapitalwert von 123,19 ergibt.

Die Zerobondabzinsungsfaktoren sind kumulierte Faktoren, die die Wirkung der periodenspezifischen Zinsfaktoren zusammenfassen. Zerobondabzinsungsfaktoren stellen also die Verbindung einer Zahlung in t und dem Barwert dieser Zahlung in t=0 her. Für die weitere Untersuchung werden aber die periodenspezifischen Zinssätze benötigt. Diese werden in der Marktzinsmethode als Forward-Rates bezeichnet. Forward-Rates entsprechen der Verzinsung von in der Zukunft beginnenden Finanzgeschäften (Forward-Geschäften) auf der Basis der im Betrachtungszeitpunkt t=0 gültigen

Marktzinsstruktur. Forward-Rates sind analog zu den Zerobondabzinsungsfaktoren Zinsgrößen von synthetisch für die Zukunft konstruierten Finanzgeschäften.

Genau wie bei der Konstruktion von Zerobond-Zahlungsreihen zwischen-
zeitliche Zinszahlungen von Basisgeschäften durch entsprechende Gegengeschäfte kompensiert werden, lassen sich durch Kombinationen von Finanzgeschäften unterschiedlicher Laufzeit, die in t=0 abgeschlossen werden,
beliebige zukünftige Zahlungssalden und damit sogenannte Forward-Geschäfte konstruieren. Dazu ein Beispiel:

Ein Unternehmen steht vor dem Problem einer in t=3 auftretenden Finanzierungslücke in Höhe von 100 GE. Aufgrund ungewisser Zinsentwicklung
möchte das Unternehmen diese Liquiditätslücke schon in t=0 auf der Basis
der aktuellen Zinsstruktur schließen, indem ein Forward-Geschäft mit einer
Einzahlung von 100 GE in t=3 konstruiert wird. Allerdings stehen bei diesem Geschäft die liquiden Mittel nicht sofort, sondern erst in t=2 zur Verfügung. Es stellt sich somit die Frage, wie ein solches Geschäft mit einer Auszahlung in t=2 und einer Einzahlung in t=3 gestaltet werden kann. Zu beachten ist, daß das Forward-Geschäft in t=0 real getätigt wird:

Zins	t	0	1	2	3
5,5%	3	-94,79	5,21	5,21	100
4%	2	93,34	-3,73	-97,07	
2,5%	1	1,45	-1,48		
		0	0	-91,86	100

Gesucht ist ein Forward-Geschäft mit einer Auszahlung in t=2 und einer
Einzahlung in t=3. Da in t=3 zur Deckung der Finanzierungslücke eine Einzahlung von 100 GE gewünscht wird, ist als Basis-Finanzierungsgeschäft in
t=0 ein Betrag von 94,79 GE (= 100/1,055) zu 5,5% anzulegen. In t=1, t=2
und t=3 ergeben sich aus dem Basisgeschäft Zinszahlungen in Höhe von
5,21 GE. Um die Geldaufnahme in t=0 und die Zinszahlung in t=1 zu kompensieren, werden zwei Kredite als Gegengeschäfte mit ein- bzw. zweijähriger Laufzeit abgeschlossen. Hierzu sind folgende Gleichungen zu lösen: Mit
x_2 wird das Geschäft mit zweijähriger Laufzeit und mit x_1 das Geschäft mit
einjähriger Laufzeit bezeichnet. Diese beiden Geschäfte müssen in t=0 94,79
GE und in t=1 5,21 GE kompensieren. Es gilt dann das Gleichungssystem:

(1) $x_1 + x_2 = 94,79$ (Zahlungssaldo in t=0)
(2) $1,025x_1 + 0,04\,x_2 = 5,21$ (Zahlungssaldo in t=1)

In t=1 müssen die Zinsen aus dem zweijährigen Kredit und die Rückzahlung incl. Zinsen des einjährigen Kredits genau den Zinsen der Basisanlage in Höhe von 5,21 = 94,79·0,055 entsprechen. Um die Zahlungen zu kompensieren, sind dann Geschäfte im Umfang x_1 = 1,45 und x_2 = 93,34 abzuschließen. Per Saldo ist über die Kombination von drei Ursprungsgeschäften damit ein Forward-Geschäft mit einer Auszahlung in Höhe von 91,86 GE in t=2 und einer Einzahlung in t=3 in Höhe von 100 GE entstanden. Das Unternehmen kann auf diese Weise die prognostizierte Liquiditätslücke in t=3 schließen.

Für diesen in der Zukunft liegenden, einjährigen Zahlungsstrom ermittelt sich eine Verzinsung von (100/91,86 -1 =) 8,86%. Dies ist auf der Basis der zugrunde gelegten Zinsstruktur die einjährige Forward-Rate vom Zeitpunkt 2 auf den Zeitpunkt 3. Sie ist wie folgt zu interpretieren: Eine einjährige Finanzierung (oder Geldanlage), beginnend in t=2, kostet 8,86%, wenn sie in t=0 abgeschlossen wird. Sie ist damit erheblich teurer als eine einjährige Finanzierung in t=0, für die ein Marktzins von 2,5% zu zahlen ist. Eine Forward-Finanzierung lohnt sich bei niedrigem Zinsniveau und normaler Zinsstrukturkurve daher nur, wenn erhebliche Zinsniveauerhöhungen erwartet werden. Von der Marktzinsmethode wird der Investor als Folge der verlangten fristenkongruenten Finanzierung jedoch gezwungen, seinem Kalkül die teure Finanzierung zu Forward-Rates zugrunde zu legen.

In gleicher Weise lassen sich zu der Zinsstruktur in t=0 für alle anderen Perioden einjährige Forward-Rates $FR_{t-1,t}$ ermitteln.

t	Zins	Forward-Rate
1	2,5%	2,5%
2	4%	5,5838%
3	5,5%	8,8569%
4	6,5%	10,0638%

Bei den Forward-Rates handelt es sich um arbitragefreie Zinssätze mit jeweils fristenkongruenter Finanzierung. Sie geben an, wie eine Zahlung für eine Periode aufgezinst werden muß, um damit auf den äquivalenten Wert eine Periode später zu kommen. Mit den Forward-Rates-Zinsfaktoren $(1 + FR_{t-1,t})$ lassen sich daher Zahlungen auf der Zeitachse "hin- und herschieben", ohne daß dadurch der Kapitalwert der Marktzinsmethode verändert wird. Eine Zahlung von 100 im Zeitpunkt t=2 ist dann einer Zahlung von 100 $(1 + FR_{2,3})$ = 100 $(1 + 0,0886)$ = 108,86 zu t=3 gleichwertig. Die Forward-Rates sind damit die periodenspezifischen Lenkzinssätze, mit denen im Marktzinsmodell gearbeitet wird. Sie treten in dieser Methode an die Stelle der im Kapitel 54 über die Lenkpreistheorie entwickelten Zinsfaktoren. Es ist daher der Frage nachzugehen, ob die Forward-Rates die Aufgabe der Lenkzinssätze in ausreichender Weise erfüllen können oder ob sie das Entscheidungsproblem wegen falscher Annahmen über die relevanten Steuerungsgrößen fehlerhaft lösen.

Die Verschiebung von Zahlungen kann auch bei der Investition A mit einzelnen Elementen der Zahlungsreihe durchgeführt werden. Z.B. lassen sich von den Zahlungen in Höhe von 1.100 GE in der vierten Periode 1.000 GE mit Hilfe der FRZ in die erste Periode verschieben. Dazu ist folgende Berechnung erforderlich:[44]

$$1.000(FRZ_{3,4} \cdot FRZ_{2,3} \cdot FRZ_{1,2})^{-1}$$

oder mit Zahlen:

$$1000/(1,100638 \cdot 1,088569 \cdot 1,055838) = 790,50$$

1.000 GE im Zeitpunkt t=4 sind damit 790,50 GE im Zeitpunkt t=1 äquivalent. Zur ursprünglichen Zahlungsreihe der Investition A kann dann eine nach dem Marktzinsmodell äquivalente Zahlungsreihe B konstruiert werden, die abgezinst auch wiederum den Kapitalwert von 123,19 GE ergibt.

Zeitpunkt	t=0	t=1	t=2	t=3	t=4
Invest. A	-1000	100	100	100	1100
Invest. B	-1000	890,5	100	100	100

Wird auf die Zahlungsreihe B das übliche Kapitalwertkriterium der klassischen Investitionsrechnung angewendet, entspricht die Vorgehensweise der Marktzinsmethode der Anwendung eines einheitlichen, mittleren Zinssatzes von 4% in der klassischen Betrachtungsweise. Für die Zahlungsreihe A ergibt sich der Kapitalwert von 123,19 jedoch nur, wenn ein einheitlicher Zinssatz von 6,41229% angesetzt wird. Es stellt sich dann die Frage, ob ein Kapitalwert einer im Mittel mit 4% abgezinsten Zahlungsreihe mit einem Kapitalwert einer mit 6,41229% abgezinsten Reihe überhaupt sinnvoll verglichen werden kann. Hierin zeigt sich ein grundsätzliches Problem der

---

44   Vgl. Adam, Schlüchtermann, Utzel (1993), S. 16.

Marktzinsmethode. Als Folge der Forderung nach Fristenkongruenz werden die beiden Kapitalwerte als vergleichbar angesehen.

Die unterschiedlich hohen mittleren Zinssätze der beiden Investitionen sind die Folge einer unterschiedlichen Zusammensetzung der Tranchen für eine fristenkongruente Finanzierung. Die folgende Tabelle enthält die beiden fristenkongruenten Finanzierungen für A und B.

	Tranche			
	1-jährig	2-jährig	3-jährig	4-jährig
Invest. A	37,89	38,84	40,39	882,88
Invest. B	863,38	94,46	98,28	-56,08

Mit der Verschiebung des Äquivalents der 1.000 GE aus der vierten in die erste Periode wachsen die kurzfristig zu finanzierenden Tranchen, während die langfristigen, teuren Tranchen abgebaut werden. Das kommt dann in der Reduzierung des einheitlichen Zinssatzes von 6,41229% auf 4% zum Ausdruck. Wenn aber für einzelne Investitionen immer andere Opportunitäten benutzt werden, mit denen verglichen wird, verstößt ein derartiger Vergleich gegen die Grundprinzipien der Logik von Vergleichen.

Zwischen den Zerobondabzinsungsfaktoren ZBAF und den Forward-Rates-Zinsfaktoren FRZ = (1 + FR) besteht ein direkter Zusammenhang. Es gilt:

$$ZBAF_t = \frac{1}{\prod_i FRZ_{i-1,i}}$$

Der Zerobondabzinsungsfaktor $ZBAF_t$ der Periode t entspricht dem Kehrwert des Produkts der einzelnen Forward-Rate-Zinsfaktoren FRZ bis zum Zeitpunkt t.

Mit den gegebenen Zahlen gilt z.B.:

$$ZBAF_2 = \frac{1}{1,025 \cdot 1,055838} = 0,924015$$

Die Forward-Rates sind im allgemeinen Resultat von linearen Gleichungssystemen und daher für weit in der Zukunft liegende Perioden nur recht mühsam zu berechnen. Unter Ausnutzung der Theorie endogener Grenzzinsfüße läßt sich aber die folgende Rekursionsformel herleiten:[45]

$$FR_{t-1,t} = \frac{1 + i_t}{\prod_{j=1}^{t-1}(1 + FR_{j-1,j}) - i_t \cdot \sum_{j=1}^{t-1} \prod_{k=j+1}^{t-1}(1 + FR_{k-1,k})} - 1$$

In der Formel wird mit i_t der Zinssatz für einen Kredit mit der Laufzeit t auf Basis der Zinsstruktur im Zeitpunkt t=0 bezeichnet. $FR_{t-1,t}$ ist die Forward-Rate zwischen den Zeitpunkten t-1 und t.

Beispiele:

$$FR_{0,1} = \frac{1 + 0,025}{1 - 0,025 \cdot 0} - 1 = 2,5\%$$

$$FR_{1,2} = \frac{1 + 0,04}{1,025 - 0,04 \cdot 1} - 1 = 5,5838\%$$

$$FR_{2,3} = \frac{1 + 0,055}{1,025 \cdot 1,055838 - 0,055 \cdot (1,055838 + 1)} - 1 = 8,8569\%$$

Die Rekursionsformel erlaubt eine sehr schnelle und genaue Ermittlung der Forward-Rates. Das Rekursionsschema zeigt zudem sehr deutlich den deterministischen Zusammenhang zwischen den $FR_{t-1,t}$ und den Zinssätzen i_t der Zinsstrukturkurve im Planungszeitpunkt. Die Forward-Rates bzw. die periodenspezifischen Zinsfaktoren der Marktzinsmethode hängen damit im Gegensatz zur allgemeinen Lenkpreistheorie ausschließlich von den Zinssätzen der Zinsstrukturkurve im Zeitpunkt t=0 ab. Die Lenkungseigenschaft dieser Zinsfaktoren ist daher grundsätzlich zu bezweifeln, da die FR im allgemeinen den Erkenntnissen der Lenkpreistheorie zuwiderlaufen.

---

45 Vgl. Adam, Hering, Schlüchtermann (1994), Abschnitt 4.

553 Unzulänglichkeiten der Marktzinsmethode für Investitionsentscheidungen

5531 Unbeschränktes Entscheidungsfeld

Eine wesentliche Eigenschaft der Investitionsrechnung auf der Basis der Marktzinsmethode besteht darin, daß Kreditaufnahme- und Geldanlagemöglichkeiten nur zum Investitionszeitpunkt t=0 bestehen. Finanztransaktionen zu späteren Zeitpunkten werden nicht berücksichtigt, d.h., die zeitlich vertikalen Interdependenzen werden abgeschnitten, da keine revolvierenden Finanzierungsformen zugelassen sind. Für die Beurteilung der Investition ist es z.b. nicht möglich, anstelle eines vierjährigen Kredits zwei zweijährige Kredite hintereinander aufzunehmen. Die gesamte Finanzierung wird vielmehr zum Zeitpunkt t=0 fristenkongruent abgeschlossen. Gibt es keine Mengenbeschränkungen für die Kreditaufnahme, läßt sich immer eine zulässige Lösung finden, die die Finanzierungstranchen unterschiedlicher Fristigkeit so kombiniert, daß die Zahlungssalden in allen Zahlungszeitpunkten mit Ausnahme des letzten (oder des ersten, wenn eine sofortige Entnahme des Kapitalwerts erfolgen soll) zu null werden.

Die Problematik dieser Finanzierungprämisse liegt darin, daß sie vollkommen risikoavers ist. Zukünftige Finanztransaktionen werden nur als Forward-Geschäfte zugelassen, d.h., es wird Sicherheit erkauft. Ein derartiges, risikoaverses Verhalten kann jedoch sehr teuer sein und zu negativen Kapitalwerten der Investitionsobjekte führen. Objekte erscheinen dann u.U. nur deshalb als unvorteilhaft, weil bei ihrer Beurteilung von einer nicht sinnvollen Finanzierungshypothese ausgegangen wird. Dieser Zusammenhang soll anhand eines Beispiels mit zwei Investitionen verdeutlicht werden. Für die Investitionen gelten die folgenden Zahlungsreihen:

Zeitpunkt	t=0	t=1	t=2	t=3	t=4
Invest. A	-1.000	100	100	100	1.100
Invest. B	-560	200	200	200	

Im Kalkulationszeitpunkt t=0 gilt eine normale Zinsstruktur mit (2,5%; 4%; 5,5% und 6,5%) für ein- bis vierjährige Kredite. Werden die Zahlungsreihen der Investitionen A und B mit den Zerobondabzinsungsfaktoren für die in t=0 geltende Zinsstruktur abgezinst, ergibt sich für die Investition A ein Kapitalwert von 123,19, während sich für B ein negativer Kapitalwert von -10,31 errechnet. Die Marktzinsmethode würde sich also dafür aussprechen, die Investition B nicht durchzuführen, weil sie schlechter ist als die Anlage der Finanzierungstranchen dieser Investition am Kapitalmarkt. Die Investition verdient also weniger als eine entsprechende Finanzanlage.

Es stellt sich nun die Frage, ob in der Realität für die Beurteilung von Investitionen die Forderung nach einer fristenkongruenten Finanzierung sinnvollerweise überhaupt erhoben werden darf, wenn es darum geht, zielsetzungsgerechte Investitionsentscheidungen abzuleiten. Die Marktzinsmethode hat auf der Finanzierungsseite eine nicht problemgerechte Einengung des Entscheidungsfeldes zur Folge. Sie kommt deshalb im allgemeinen zu Fehlurteilen über die Qualität von Investitionen, weil sie real mögliche Finanzierungsalternativen aus der Betrachtung ausschließt. Eine Methode kann jedoch nur dann als leistungsfähig bezeichnet werden, wenn sie das reale Problem sinnvoll löst und nicht von den sich in der Realität stellenden Problemen kraft Prämisse abstrahiert und damit ein Problem löst, das sich so real gar nicht stellt. Bei einer Anpassung des Entscheidungsfeldes an die Realität sind grundsätzlich zwei Problemkreise zu beachten:

■ In der Realität ist Kapital immer knapp, und für die Geldanlage können Grenzen bestehen. Aufgrund der Knappheiten stimmen die Lenkpreise im allgemeinen nicht mehr mit den Forward-Rates überein. Die Forward-Rates haben dann eine Fehlsteuerung der Investitionen zur Folge. Zudem kann Knappheit des Kapitals dazu führen, daß eine fristenkongruente Finanzierung unmöglich wird. Dennoch können nicht fristenkongruent finanzierte Investitionen vorteilhaft sein, was die Marktzinsmethode aber nicht erkennt.

■ Die Marktzinsmethode verarbeitet nur Informationen über die Zinsstruktur im Kalkulationszeitpunkt und macht keine Prognosen über die Zinsentwicklung: Die künftigen Finanzrestriktionen werden grundsätzlich über die künftigen Zahlungswirkungen der in t=0 abzuschließenden Forward-Geschäfte eingehalten. Damit aber schränkt die Marktzinsmethode den existierenden Finanzierungsrahmen ein; sie schließt für die Beurteilung der Investitionen revolvierende Finanzierungen aus. Für die Investitionsbeurteilung werden die bei normaler Zinsstruktur teuren Forward-Rates und nicht z.B. die günstigeren, revolvierenden Einjahreskredite verwendet. Soll im Entscheidungsfeld auch die revolvierende Finanzierung erfaßt werden, ist das nur möglich, wenn im Modell Erwartungen über künftige Zinsentwicklungen einbezogen sind. Der Modellansatz muß dann zwischen den Forward-Geschäften und der revolvierenden Anschlußfinanzierung abwägen, um sich für die günstigste Finanzierungsalternative zu entscheiden. Werden aber die künftigen Zinserwartungen in die Modellformulierung mit einbezogen, hängen sowohl die Investitions- als auch die Finanzierungsentscheidungen von der unterstellten Zinsentwicklung ab.

Zunächst soll der Fall eines Entscheidungsfeldes betrachtet werden, bei dem Kapital nicht knapp ist. Der Investor erhält mithin Kredite bestimmter Laufzeit in unbeschränkter Höhe. Werden nun unbeschränkte Kredite *und* unbeschränkte Finanzanlagen im Entscheidungsmodell zugelassen, kann der Investor durch Fristentransformation Geld in unbeschränkter Höhe verdienen. Kostet Einjahresgeld z.b. in allen Perioden 2,5% und erhält der Investor für 2-jährige Finanzanlagen in jeder Periode 3%, wird er die Finanzanlagen revolvierend mit Einjahreskrediten finanzieren, und der Gewinn strebt gegen unendlich, wenn Kreditaufnahmen oder Finanzanlagen in unbeschränkter Höhe möglich sind. Ein derartiges Entscheidungsfeld ist daher unsinnig.[46] Real werden die Arbitragemöglichkeiten immer begrenzt sein. Für die Analyse wird zunächst von unbeschränkten Krediten ausgegangen, Finanzanlagen werden aber nicht zugelassen. Die Variablen für die Finanzanlage können dann aus der Modellformulierung eliminiert werden. Für die Zinsentwicklung sei angenommen, daß in allen Perioden die gleiche Zinsstruktur besteht. In diesem Fall existieren zwischen den Investitionen A und B keine Interdependenzen, weil kein knappes Kapital zwischen beiden Alternativen aufzuteilen ist. Die Investitionen können daher in zwei völlig getrennten LP-Ansätzen beurteilt werden. Im LP-Ansatz wird mit A die Variable für die Investition bezeichnet, die Kredite werden mit FK_{tl} abgekürzt. t steht für den Zeitpunkt, in dem die Kredite aufgenommen werden, und l bezeichnet die Laufzeit. Der Ansatz soll das Niveau von A bestimmen, das zum maximalen Endvermögen nach vier Jahren führt. In der Zielfunktion sind daher nur die Zahlungswirkungen der letzten Periode erfaßt. Für die Finanzrestriktionen der Zeitpunkte t=0 bis t=4 ist dann entsprechend der Marktzinsmethode zu fordern, daß die Zahlungsreihe der Investition kompensiert wird. Der LP-Ansatz hat die Freiheit, sich für eine fristenkongruente oder eine revolvierende Finanzierung zu entscheiden. Er wird dann die ökonomisch günstigere Finanzierungsvariante wählen. Der entsprechende LP-Ansatz für Investition A hat das folgende Ausgangtableau:[47]

	A	FK01	FK11	FK21	FK31	FK02	FK12	FK22	FK03	FK13	FK04
EV_T	-1100	0	0	0	1,025	0	0	1,04	0	1,055	1,065
y0	-1000	1	0	0	0	1	0	0	1	0	1
y1	100	-1,025	1	0	0	-0,04	1	0	-0,055	1	-0,065
y2	100	0	-1,025	1	0	-1,04	-0,04	1	-0,055	-0,055	-0,065
y3	100	0	0	-1,025	1	0	-1,04	-0,04	-1,055	-0,055	-0,065

---

46 Vgl. Adam, Hering, Schlüchtermann (1993), S. 786.

47 Vgl. Adam, Schlüchtermann, Utzel (1993), S. 10 ff.

Der Ansatz führt zu der Optimallösung

Var.	A	FK01	FK11	FK21	FK31	FK02	FK12	FK22	FK03	FK13	FK04	EV
Lsg.	1	1000	925	848,13	769,33	0	0	0	0	0	0	311,44

mit den Dualwerten der Finanzrestriktionen von

Dualvariable	$y0$	$y1$	$y2$	$y3$
Dualwert	1,103813	1,076891	1,050625	1,025

Aus der optimalen Lösung wird deutlich, daß sich die Finanzierung des Investitionsobjekts gegenüber der Fristenkongruenz grundlegend verändert. Von den unterschiedlichen Fristigkeiten der Zinsstruktur kommen nur noch einjährige Kredite zum Zuge. Das Unternehmen verschuldet sich in jedem Jahr neu zu 2,5%, da Einjahreskredite die günstigste Finanzierungsart sind. Der Grenzzinsfuß ist in jeder Periode 2,5%, und die Dualwerte der Liquiditätsrestriktionen entsprechen den Grenzzinsfaktoren in der entsprechenden Potenz:

$$d_3 = 1,025^1 = 1,025000$$
$$d_2 = 1,025^2 = 1,050625$$
$$d_1 = 1,025^3 = 1,076891$$
$$d_0 = 1,025^4 = 1,103813$$

Das Endvermögen von 311,44 GE für die Investition A umfaßt den "Investitionerfolg" nach der Marktzinsmethode und den Fristentransformationserfolg. Der Kapitalwert der Investition beläuft sich dann auf C_{0A} = 311,44/1,025^4 = 282,15 GE. Die Investition ist damit vorteilhaft. Neben einem Kapitalwert von 123,19 GE des Marktzinsmodells erwirtschaftet die Investition durch die Fristentransformation einen Zusatzerfolg von 282,15 - 123,19 = 158,96 GE.

Wird die Investition B auf die gleiche Weise beurteilt, ergeben sich wiederum periodenspezifische Zinsfaktoren von 1,025, d.h., der Lenkzins beträgt in jeder Periode 2,5%. Wird die Zahlungsreihe der Investition B mit den kumulierten Zinsfaktoren 1,025^t abgezinst, ergibt sich für B ein Kapitalwert von C_{0B} = 11,20 GE. Die Investition B ist also im Gegensatz zum Urteil der Marktzinsmethode vorteilhaft, weil sie mehr erwirtschaftet, als die tatsächliche Finanzierung der Investition mit Krediten zu 2,5% kostet.

Das Ergebnis der Marktzinsmethode, auf die Investition B verzichten zu wollen, geht von der fehlerhaften Annahme aus, Kapital sei knapp. Eine langfristige fristenkongruente Finanzanlage ist zwar vorteilhafter als Objekt B. Prämisse der Marktzinsmethode ist jedoch, daß Geld in unbeschränktem Umfang verfügbar ist. Damit aber stellt sich gar kein *Wahl*problem zwischen der Investition B und der Finanzanlage. Beide Formen der Investition können gleichzeitig realisiert werden. D.h., neben dem Erfolg der Finanzanlage kann zusätzlich der Erfolg der Sachinvestition realisiert werden.

In der Realität wird eine Situation mit konstanter Zinsstrukturkurve im Zeitablauf kaum anzutreffen sein. Welche Form der Finanzierung jedoch vorteilhaft ist, hängt von den Zinserwartungen ab. Es wird daher im folgenden von steigenden Zinsen im Zeitablauf ausgegangen. Der Investor vermutet, daß zum Zeitpunkt t=1 eine Zinsstruktur gilt, bei der die Zinssätze bei allen Laufzeiten gegenüber t=0 um einen Prozentpunkt nach oben verschoben sind.[48] Um das Beispiel überschaubar zu halten, mögen nur in t=0 und t=1 Finanztransaktionen möglich sein. Für Investition A gilt dann das folgende Ausgangstableau:

	A	FK01	FK02	FK03	FK04	FK11	FK12	FK13
EV_T	-1100	0	0	0	1,065	0	0	1,065
y0	-1000	1	1	1	1	0	0	0
y1	100	-1,025	-0,04	-0,055	-0,065	1	1	1
y2	100	0	-1,04	-0,055	-0,065	-1,035	-0,05	-0,065
y3	100	0	0	-1,055	-0,065	0	-1,05	-0,065

Es stellt sich dann die folgende optimale Lösung ein:

Var.	A	FK01	FK02	FK03	FK04	FK11	FK12	FK13	EV_T
Lsg.	1	1000	0	0	0	41,78	43,24	839,98	205,42

---

48 Für diese neue Zinsstrukturkurve ab dem Zeitpunkt t=1 gelten folgende Werte:

Jahr	Zins	ZBAF	ZBV	i	i+1	$FR_{i,i+1}$
1	3,5%	0,966184	3,5000%	1	2	3,5000%
2	5,0%	0,906372	5,0381%	2	3	6,5990%
3	6,5%	0,824680	6,6363%	3	4	9,9060%

Für die Finanzrestriktionen gelten Dualwerte von:

Dualvariable	y0	y1	y2	y3
Dualwert	1,242907	1,212592	1,171586	1,099060

In dieser Situation wird im Optimum in $t=0$ nur der einjährige Kredit realisiert; in $t=1$ dagegen wird einjähriges, zweijähriges und dreijähriges Geld aufgenommen.

Allgemein gilt, daß der LP-Ansatz immer dann von der Lösung der Marktzinsmethode abweicht, wenn zu späteren Zeitpunkten (hier $t=1$) Finanzierungsalternativen zur Verfügung stehen, die günstiger sind als die entsprechenden Forward-Rates, berechnet aus der Zinsstruktur des Zeitpunktes $t=0$. Der einjährige Kredit zu 3,5% in $t=1$ ist z.B. günstiger als die FR_{12} mit 5,58%. Da in $t=2$ und $t=3$ im Beispiel keine weiteren Finanzierungsmöglichkeiten bestehen, wird die ganze Restfinanzierung erst in $t=1$ zu den Sätzen der neuen Zinsstruktur abgewickelt, d.h., für die Investitionssteuerung sind die Zinssätze in $t=0$ für längerfristiges Geld irrelevant. Die Dualwerte des modifizierten Problems ergeben sich dann wie folgt.[49]

$$d_3 = FRZ_{neu3,4} \hspace{3cm} = 1,099060$$
$$d_2 = FRZ_{neu2,3} \cdot FRZ_{neu3,4} \hspace{1.8cm} = 1,171586$$
$$d_1 = FRZ_{neu1,2} \cdot FRZ_{neu2,3} \cdot FRZ_{neu3,4} \hspace{0.6cm} = 1,212592$$
$$d_0 = 1,025 \cdot FRZ_{neu1,2} \cdot FRZ_{neu2,3} \cdot FRZ_{neu3,4} = 1,242907$$

Die Marktzinsmethode beachtet derartiges, in der Praxis anzutreffendes Finanzgebaren nicht und kann deshalb zu einer fehlerhaften Beurteilung der Investitionsobjekte führen, da ein im Hinblick auf die verfolgte Zielsetzung unzweckmäßiger Beurteilungsmaßstab für die Investitionen benutzt wird. Die Marktzinsmethode unterdrückt die Erkenntnis, daß die Vorteilhaftigkeit einer Investition gerade vom gewählten Maßstab bzw. der optimalen Finanzierung abhängig ist, zwischen Finanzierung und Investition also Interdependenzen existieren, und sie kommt deshalb auch zu Fehlurteilen.

Auf dem beschriebenen Weg kann nun auch gezeigt werden, daß die Marktzinsmethode zwar keine expliziten Erwartungen über die Zinsentwicklung in die Rechnung einbezieht, daß ihr aber implizit ganz bestimmte Annahmen über die Entwicklung der Zinssätze zugrunde liegen.[50]

---

49 Beim Übergang auf eine neue Zinsstrukturkurve ist die Interpretation der Dualwerte nicht in allen Fällen auf diese einfache Art möglich.

50 Vgl. Adam, Hering, Schlüchtermann (1994), Abschnitt 4.

Marktzinsmethode und Simultanmodell führen zu den gleichen Ergebnissen, wenn dem Simultanmodell nur einjährige Kredite und einjährige Finanzanlagen zugrunde gelegt werden, für die genau die Forward-Rates - berechnet aus der Zinsstruktur des Zeitpunktes t=0 - als Zinssätze angesetzt werden.[51] Nur in dieser Situation ist eine fristenkongruente Finanzierung zielsetzungsgerecht. Die künftigen Zinssätze sind dann über den zwischen den Zinssätzen in t=0 und den Forward-Rates bestehenden Zusammenhang deterministisch aus den gegenwärtigen Zinssätzen abzuleiten. In diesem Fall gibt es allerdings keine Fristentransformation und keinen darauf zurückgehenden Erfolgsteil mehr, da der Sollzins der Einjahreskredite dem Habenzins der Einjahresanlage entspricht. Die Marktzinsmethode ist somit dann richtig, wenn der Investor für die Zukunft damit rechnet, daß die Forward-Rates und die Einjahreszinssätze identisch sind. Das aber setzt letztlich voraus, daß die künftige Zinsentwicklung vollständig in der heutigen Zinsstruktur widergespiegelt wird.

Ist nun die von der Marktzinsmethode implizit gesetzte Annahme über die künftige Zinsentwicklung wenigstens plausibel, d.h., ist sie für ein Kalkül nach heuristischen Prinzipien akzeptabel? Die Frage ist im allgemeinen zu verneinen, weil bei einer normalen Zinsstruktur mit steigenden Zinsen für steigende Laufzeiten meistens auch die Forward-Rates und damit die unterstellten Einjahreszinssätze im Zeitablauf zunehmen.[52] Die folgende Abbildung zeigt z.B. die Forward-Rates (obere Kurve) auf Grundlage der Zinsstruktur (untere Kurve) vom Januar 1988 mit i = (3,29%, 4,29%, 4,87%, 5,28%, 5,59%, 5,84%, 6,05%, 6,23%, 6,39%, 6,53%).[53]

Eine Investitionsrechnung mit einer derartigen deterministischen Koppelung der künftigen Zinsentwicklung an die heutigen Forward-Rates kann nicht einleuchten; eine Entwicklung der Zinsen entsprechend den derzeitigen Forward-Rates widerspricht allen Erfahrungen. Die Praxis zeigt durch das fast tägliche Auf und Ab der Zinssätze, daß es arbitragefreie Zinssätze im Zeitablauf generell nicht gibt.[54]

---

51 Die Zinssätze für mehrjährige Geschäfte ergeben sich dann aus dem Produkt der Forward-Rate-Zinsfaktoren.

52 Zum folgenden vgl. Adam, Hering, Schlüchtermann (1994), Abschnitt 4.

53 Die Zahlen sind entnommen aus Rolfes (1992), S. 176.

54 Wären die Zinssätze in der Praxis arbitragefrei, so ließe sich z.B. der Übergang von der normalen zu einer inversen Zinsstruktur nicht erklären. Die empirischen Zinsstrukturkurven zeigen auch, daß Arbitrage tatsächlich möglich ist.

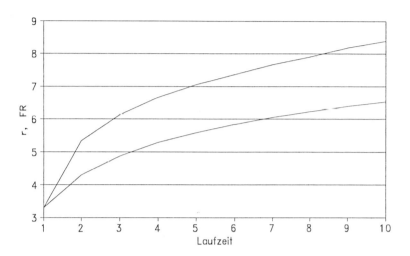

Selbstverständlich ist die Zinsentwicklung, die einer derartigen Rechnung unterlegt wird, unsicher. Gleiches gilt im übrigen auch für die Zahlungsreihen der Investitionen. Um dem Einfluß der Unsicherheit sinnvoll Rechnung zu tragen, sollten deshalb Sensitivitätsüberlegungen durchgeführt werden. Z.B. ist zu prüfen, gegenüber welchen Veränderungen der Zinsen eine bestimmte Entscheidung stabil bleibt, d.h.: Innerhalb welcher Grenzen können sich die Zinssätze verändern, ohne zu einem veränderten Investitionsprogramm zu gelangen? Rechnungen auf der Basis einer willkürlichen, deterministischen Zinsentwicklung wie bei der Marktzinsmethode sind für Investitionsrechnungen ungeeignet, da dieses Vorgehen das real existierende Interdependenzproblem einfach dadurch "wegzaubert", daß lediglich teure Forward-Geschäfte zugelassen werden.

Die Marktzinsmethode abstrahiert davon, daß Wirtschaftssubjekte Zinserwartungen haben können, die von den derzeitigen Forward-Rates abweichen. Sie rechnet dann u.U. Investitionsobjekte durch die willkürlich gesetzte Opportunität tot, die unter den Zinserwartungen bei zielsetzungsgerechter Finanzierung durchaus vorteilhaft sind. Die Marktzinsmethode glaubt an eine deterministische Zinsautomatik, die jeder praktischen Erfahrung zuwiderläuft. Eine Investitionsrechnung, die meint, das Problem der Erwartungen bei den Zinsen ausklammern zu können, wird den realen Problemen nicht gerecht. Der Unterschied zwischen der Marktzinsmethode und dem LP-Ansatz liegt damit im Kern in der Behandlung der unsicheren Zinsentwicklung. In der Marktzinsmethode werden zukünftige Finanztransaktionen nur als Forward-Geschäfte zugelassen, d.h., es herrscht auf der Finanzierungsseite Sicherheit, die aber teuer erkauft wird. Der LP-Ansatz ist ebenfalls ein deterministisches Modell, bei dem jedoch auch zu späteren Zeitpunkten Finanzierungsmaßnahmen möglich sind, deren Konditionen als prognostizierbar angesehen werden.

In den bisherigen Überlegungen wurden lediglich die künftigen Zinssätze variiert und die Finanzanlagen ausgeklammert. Eine Anpassung des Entscheidungsfeldes an die Realität kann nun auch in der Art erfolgen, daß bei einer bestimmten erwarteten Zinsentwicklung die Finanzanlagen und die Kreditvolumen beschränkt werden.[55]

5532 Begrenzungen des Entscheidungsfeldes[56]

Bei Existenz von Finanzierungsgrenzen ist es im allgemeinen nicht möglich, für alle Investitionen eine fristenkongruente Finanzierung zu garantieren, wenn die entsprechenden Tranchen die Restriktionen verletzen. Die Rechnung auf der Basis des künstlich abgespaltenen Investitionserfolges der Marktzinsmethode führt in dieser Situation generell zu falschen, nicht zielsetzungsgerechten Entscheidungen, weil der Kalkulation nicht die richtigen Lenkzinssätze zugrunde gelegt werden, die sich aus den bei Knappheit existierenden Interdependenzen zwischen Investition und Finanzierung ableiten. Für die richtigen Zinssätze nach der Schmalenbachschen Lenkpreistheorie gelten bei Knappheit des Kapitals generell folgende Aussagen:

- Steuerungsfunktion haben nur die Zinssätze von Grenzprojekten und nicht alle Zinssätze der Zinsstruktur, wie bei der Marktzinsmethode unterstellt.

---

55 Knappheitssituationen für Kapital bestehen selbst für Banken. Nach den Regeln des Kreditwesengesetzes (KWG) ist z.B. das Volumen der Kredite durch das verfügbare Eigenkapital begrenzt. Zudem kann das strategische Risikomanagement bestimmte einzuhaltende horizontale und vertikale Bilanzrelationen vorgeben und damit das Ausmaß der Fristentransformation bzw. erlaubter Fristeninkongruenzen von Passiv- und Aktivgeschäft begrenzen. Damit werden Finanzierungsgrenzen für das operative Kreditgeschäft der Bank geschaffen. Die Beurteilung der Anlagemöglichkeiten von Kapital (Investitionen) muß die Wirkungen dieser Restriktionen einbeziehen. Die Marktzinsmethode sieht davon jedoch ab; sie garantiert durch die Kalkulation mit Forward-Geschäften nicht, daß die Kreditvolumina im operativen Geschäft mit den strategischen Vorgaben in Einklang stehen, weil bei knappen Ressourcen die Forward-Rates nicht den tatsächlichen Knappheitspreisen entsprechen. Die Marktzinsmethode behauptet zwar, aus der Lenkpreistheorie Schmalenbachs abzustammen; übersehen wird jedoch, daß in Knappheitsfällen andere Lenkzinssätze gelten als die Forward-Rates und daß auch Differenzen zwischen Soll- und Habenzinsen zu anderen Lenkpreisen führen.

56 Vgl. Adam, Hering, Schlüchtermann (1994), Abschnitt 3.

■ Zudem steuern nicht nur die heutigen Zinssätze. Im Gegensatz zur Annahme der Marktzinsmethode sind auch künftige Zinssätze bzw. Zinserwartungen für die Entscheidung relevant. Mit anderen Worten: Es bestehen zwischen den Entscheidungen aufeinanderfolgender Perioden zeitlich vertikale Interdependenzen, von denen die Marktzinsmethode durch ihre Beschränkung auf Forward-Geschäfte abstrahiert.

■ Generell ist es bei unvollkommenem Kapitalmarkt auch denkbar, daß die Lenkzinssätze sich überhaupt nicht aus der Finanzierungsseite bzw. den Finanzanlagemöglichkeiten ableiten, sondern auf die Zahlungsreihen von Sachanlagen zurückgehen, die Grenzprojekte sind.

Diesen drei Aspekten trägt die Marktzinsmethode nicht Rechnung, wie das nachfolgende Zahlenbeispiel[57] zeigt, und riskiert damit im realen Entscheidungsfeld Fehlentscheidungen.

Gegeben sei die Zinsstruktur $i = (5\%, 6\%)$. Die Forward-Rates betragen dann $FR_{0,1} = 5\%$ und $FR_{1,2} = 7{,}07071\%$.

Zu beurteilen sei eine Investition mit der Zahlungsreihe (-50; 40; 35). Sie kann maximal zweimal in $t = 0$ durchgeführt werden.

Fall I: Die Marktzinsmethode liefert den Kapitalwert $C_M = 2 \cdot [-50 + 40:1{,}05 + 35:(1{,}05 \cdot 1{,}07071)] = 38{,}45 > 0$. Die Investition ist vorteilhaft im Vergleich zu einer fristenkongruenten Finanzierung mit der Einjahrestranche $FK_1 = 74{,}7475$ (5%-Kredit) und der Zweijahrestranche $FK_2 = 25{,}2525$ (6%-Kredit). Der Endwert beträgt $C_M \cdot (1 + FR_{0,1}) \cdot (1 + FR_{1,2}) = 43{,}23$ und läßt sich durch direkte Berechnung des Zahlungssaldos in $t = 2$ leicht überprüfen: $2 \cdot 35 - 1{,}06 \cdot FK_2 = 43{,}23$.

Fall II: Nunmehr soll der Einfluß von Kreditrestriktionen betrachtet werden. Der Einjahreskredit möge höchstens im Umfang von 20 und der 6%-Kredit höchstens im Umfang von 30 zur Verfügung stehen. Für die folgenden Berechnungen sei angenommen, daß im zweiten Jahr eine Geldanlage zum Zinssatz von 5% möglich ist. Vertreter der Marktzinsmethode könnten an dieser Prämisse Anstoß nehmen, weil sie eine von der $FR_{1,2}$ abweichende Prognose des künftigen Einjahreszinses beinhaltet. Daher ist mit Nachdruck zu betonen, daß die Zinsprognose von 5% eine *unwesentliche* Prämisse darstellt, die nur im Hinblick auf "realistischere" Modelldaten gewählt wurde. Der Leser kann sich selbst davon überzeu-

---

57   Adam, Hering, Schlüchtermann (1994), Abschnitt 3.

gen, daß die nachfolgende Argumentation gültig bleibt, wenn lediglich die immer bestehende Möglichkeit der Kassenhaltung (also ein künftiger Einjahres-Habenzins von 0%) gefordert wird (nur die Endwerte sind dann geringfügig niedriger, weil sich die Kasse in t = 1 nicht verzinst).

Für das skizzierte Zahlenbeispiel knapper Finanzierungsmöglichkeiten liefert ein linearer Endwertmaximierungsansatz folgende optimale Lösung: Beide Kredite sind im höchstmöglichen Umfang aufzunehmen, so daß die Investition einmal durchgeführt werden kann. Durch die nunmehr nicht fristenkongruente Finanzierung entsteht in t = 1 ein Liquiditätsüberschuß von 17,2, der annahmegemäß für ein Jahr zu 5% angelegt werden kann. Der maximale Endwert ergibt sich als: 35 + 17,2·1,05 - 30·1,06 = 21,26. Die optimale Lösung wird in diesem Fall von der Marktzinsmethode verfehlt: Der positive Kapitalwert des Marktzinsmodells würde zu der Entscheidung führen, die Investition zweimal durchzuführen, was aber nicht finanzierbar ist. Die Forward-Rates sind nicht mehr steuerungsrelevant, weil die beiden Kredite nicht länger Grenzprojekte sind, sondern voll ausgeschöpft werden.[58] Als *optimal* erweist sich eine *nicht fristenkongruente* Finanzierung! *Grenzprojekte* sind nun die nur teilweise durchgeführte Investition und die 5%-Geldanlage in t=1. Die aus dem optimalen Simplextableau für die Finanzrestriktionen zu entnehmenden Dualwerte liefern als richtige Steuerungszinsfüße (*endogene Grenzzinsfüße*) die Werte i_1 = 46 2/3 % für das erste und i_2 = 5% für das zweite Jahr. Bei Verwendung dieser Kalkulationszinssätze haben die Investition und die Geldanlage einen Kapitalwert von null, während die Kapitalwerte der Kredite positiv sind. Letztere sind daher voll, erstere Projekte teilweise durchzuführen.[59] Die Grenzzinsfüße spiegeln die Zahlungsströme der Grenzprojekte wider. Im vorliegenden Fall wird der Grenzzins des ersten Jahres durch die Investitionszahlungsreihe und den Grenzzins des zweiten Jahres (i_2 = 5%) determiniert und läßt sich sehr anschaulich interpretieren:

$$i_1 = \frac{40 + 35 \cdot (1 + i_2) - 50}{50} = 46\frac{2}{3}\%$$

Der endogene Grenzzins des ersten Jahres ist gleich der *Initialverzinsung* der Investition!

---

58 Zur Steuerungseigenschaft der Grenzprojekte vgl. Franke, Laux (1968), S. 748.

59 Zur Steuerungseigenschaft der endogenen Grenzzinsfüße und zu ihrer Interpretation vgl. z.B. Hering (1992).

<u>Fall III</u>: Es gelte die Situation von Fall II. Dem Unternehmen wird aber von einer Bank ein einjähriges Darlehen im Umfang von bis zu 65 mit dem vergleichsweise hohen Zinssatz von 10% angeboten. Die Bank will für das Geld also weit mehr als die 5% nach der Zinsstrukturkurve haben. Wird dieses "Einzelgeschäft" nach der Marktzinsmethode kalkuliert, ergibt sich ein negativer Kapitalwert von 1 - 1,1/1,05 (die Forward-Rate des ersten Jahres beträgt 5%). Eine Partialbetrachtung auf der Basis der Forward-Rates führt somit zur Ablehnung des Kreditangebots. Die Marktzinsmethode hat damit aber eine *krasse Fehlentscheidung* getroffen: Der hohe endogene Grenzzinsfuß (46,67%) des ersten Jahres signalisiert, daß zusätzliche einjährige Mittel eine den Zins von 10% weit übersteigende Verzinsung erbringen würden. Der richtige Kapitalwert von 1 - 1,1/1,4667 ist positiv! Ein linearer Optimierungsansatz bestätigt die Vorteilhaftigkeit des Darlehens: Es wird im Umfang von 50 aufgenommen, so daß nunmehr die Investition zweimal durchgeführt werden kann. In t=1 entsteht ein Liquiditätsüberschuß von 2,2, der zu 5% angelegt wird. Der maximale Endwert beträgt $2 \cdot 35 + 2,2 \cdot 1,05 - 1,06 \cdot 30 = 40,51$. Wer im Fall III der Marktzinsmethode traut, verschenkt die Möglichkeit einer annähernden Verdoppelung des Endwerts!

5533 Absonderlichkeiten der Marktzinsmethode[60]

Die von der Marktzinsmethode propagierten Forward-Rates werfen noch weitere Probleme auf, die ihre Eignung als Kalkulationszinsfüße zur pretialen Lenkung in Frage stellen. Bei den Forward-Rates können merkwürdige Entwicklungen auftreten.

Betrachtet wird eine Zinsstruktur, bei der die Zinssätze, beginnend mit einem Einjahreszins von 3%, für jedes weitere Jahr um 0,25 Prozentpunkte steigen. Der Dreijahreszins beträgt also 3,5% usw. Die resultierenden $FR_{t-1,t}$ steigen, ebenfalls bei 3% beginnend, mit der Zeit schneller und schneller an. Während für das 23. Jahr nach der Forward-Rate-Rekursionsformel noch $FR_{22,23} = 92,15\%$ gilt, errechnet sich für das folgende Jahr bereits $FR_{23,24} = 575,49\%$, und das bei einem zugehörigen Satz der Zinsstrukturkurve von nur 8,75%. Ein Investor, der 24-jährige Geldanlagen nur zu 8,75% tätigen kann, fragt sich mit Recht, warum er zur Beurteilung von Investitionen Zahlungen im 24. Jahr mit einem Kalkulationszins von weit über 100% auf den Zeitpunkt $t = 23$ abzinsen soll.

60   Adam, Hering, Schlüchtermann (1994), Abschnitt 5.

Absurd werden die Verhältnisse aber im 25. Jahr, denn die Entwicklung der $FR_{t-1,t}$ nimmt chaotische Züge an:[61] Die Marktzinsmethode führt nun den *negativen Kalkulationszinsfuß* in die Investitionstheorie ein! Es ergibt sich $FR_{24,25}$ = -123,34%; d.h., am Anfang des 25. Jahres kann ein Kreditnehmer auf der Basis von Forwardgeschäften (bzw. synthetischen Zerobonds) einen Kredit von z.B. 1.000 GE erhalten, den er nach einem Jahr tilgt und für den er 123,34 % negative Zinsen zahlt! Anders gesagt: Die Bank schenkt dem Kreditnehmer damit die 1.000 GE und zahlt ihm obendrein noch 23,34% Habenzinsen. Kein rational handelnder Kreditgeber wird sich auf ein derartiges Geschäft einlassen; lieber hält er das Geld zu 0% Zins in der Kasse, da er es dann vermeiden kann, 1.000 GE Vermögen über Forward-Geschäfte binnen Jahresfrist in eine Schuld von 233,40 GE zu verwandeln. Kassenhaltung läßt die Marktzinsmethode jedoch nicht zu, weil sie gegen das Postulat der Fristenkongruenz verstößt. Die Marktzinsmethode impliziert mithin bei negativen $FR_{t-1,t}$ unendliche Arbitragemöglichkeiten für den Kreditnehmer zum Schaden des Kreditgebers.

Die folgende Abbildung demonstriert die chaotische Entwicklung der $FR_{t-1,t}$ für die Zinsstruktur des obigen Beispiels.

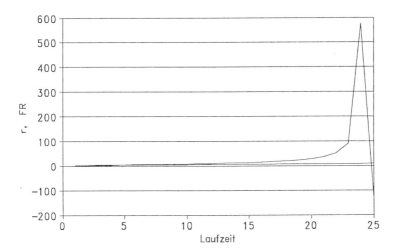

Wenn Banken tatsächlich nach der Marktzinsmethode kalkulieren, ist folgendes Geschäft denkbar: Eine an die Marktzinsmethode glaubende Bank gewährt bei obiger Zinsstruktur zum Zeitpunkt 24 einen Kredit x in Milliardenhöhe. Dieses Geld wird bei einer anderen Bank für ein Jahr zu einem

---

61   Zur Chaostheorie vgl. z.B. Mandelbrot (1987), Adam (1993a), S. 159 ff.

bescheidenen Zinssatz von z.B. 2% angelegt. Nach einem Jahr kann der Kredit dann aus den 123,34% Zinsen getilgt werden. Einschließlich der Rückflüsse aus der einjährigen Geldanlage hätte sich der Kreditnehmer damit am Ende des 25. Jahres aus dem Nichts eine sichere Einzahlung von 1,2534·x verschafft. Dieser durch Forward-Geschäfte bereits in t = 0 sichergestellte Betrag wird sogleich bei einer anderen, noch nicht von der Marktzinsmethode "angekränkelten" Bank kapitalisiert, wobei dieser Bank bei einem eigenen Refinanzierungssatz von 9% für 25-Jahresgeld sogar freiwillig eine fürstliche "Marge" von 6% gewährt werden möge. Mit dem kapitalisierten Betrag von 1,2534·1,15⁻²⁵·x = 0,038 x werden anschließend alle Aktien der Bank erworben, die den Kredit mit Forward-Geschäften ermöglicht hat. Das Management der Bank wird mit einer königlichen Abfindung entlassen, denn schließlich ist der Reichtum des Kreditnehmers auf dessen "Glanzleistung" zurückzuführen. Die Tage der Marktzinsmethode im Controlling dieser Bank sind dann allerdings gezählt - damit nicht ein anderer mit dem gleichen Trick die Bank übernimmt.

Spätestens nach diesem Beispiel sollte es einleuchten, daß die Marktzinsmethode einen logischen Fehler hat. Bei unterstellter unbegrenzter Kreditverfügbarkeit ermöglichen negative Forward-Rates sichere Arbitrage in unendlicher Höhe - das Perpetuum mobile für den Kreditnehmer.

Aus der Rekursionsformel für die Forward-Rates folgt: Merkwürdige oder sogar chaotische Entwicklungen der Forward-Rates ergeben sich für alle Zinsstrukturen mit nicht konstanten Zinssätzen für lange Laufzeiten. Um die Einflußgrößen auf die Entwicklung der Forward-Rates transparent zu machen, soll anhand der Formel zur Berechnung der Forward-Rates argumentiert werden. Es gilt:[62]

$$FR_{t-1,t} = \frac{1+i_t}{1+i_{t-1}} \cdot \frac{1-i_{t-1} \cdot \sum\limits_{k=1}^{t-2}\prod\limits_{j=k}^{t-2}\frac{1}{1+i_j}}{1-i_t \cdot \sum\limits_{k=1}^{t-1}\prod\limits_{j=k}^{t-1}\frac{1}{1+i_j}} - 1$$

Für t > 2 geht diese Formel durch einige Umformungen über in:

$$FR_{t-1,t} = (1+i_t) \cdot \frac{1-i_{t-1} \cdot \sum\limits_{k=1}^{t-2}\prod\limits_{j=k}^{t-2}\frac{1}{1+i_j}}{1+i_{t-1} - i_t - i_t \cdot \sum\limits_{k=1}^{t-2}\prod\limits_{j=k}^{t-2}\frac{1}{1+i_j}} - 1$$

---

62   Zum Beweis der Formel vgl. Hering (1995), S. 36 f., S. 243 ff.

Aus dieser Formel wird deutlich: Die Höhe der Forward-Rates wird nicht allein durch die Höhe der Zinssätze i_t, sondern auch maßgeblich durch die Differenz ($i_t - i_{t-1}$) beeinflußt. Je größer der Absolutbetrag dieser Differenz ist, um so größer ist der Unterschied zwischen Zähler und Nenner, um so höher[63] ist bei normaler Zinsstruktur die entsprechende Forward-Rate. Ist i_t = i_{t-1}, ergibt sich aus der 2. Formel: $FR_{t-1,t} = i_t$. Aus diesem Ergebnis kann der Schluß gezogen werden, daß die Forward-Rates sich tendenziell dem Zinssatz i_t annähern, wenn die Zinsstrukturkurve degressiv verläuft.

Neben der Differenz $i_t - i_{t-1}$ beeinflußt auch die Restlaufzeit t die Höhe der Forward-Rates: Der im Zähler und Nenner der 2. Formel enthaltene Summenterm steigt mit wachsendem t streng monoton an. Mit ihm wird der Zinsunterschied der Perioden t-1 und t faktisch „gewichtet". Dadurch beeinflußt ein Zinsanstieg von 6% auf 7% in t = 15 die Höhe der entsprechenden Forward-Rate viel stärker als beispielsweise in t = 5, da mit zunehmender Restlaufzeit ein immer stärkerer „Hebeleffekt" durch die unterschiedlichen Kreditaufnahme- und Geldanlagekonditionen eintritt. Zudem kann der Formel entnommen werden: Der Einfluß der ersten Zinssätze der Zinsstruktur auf die Höhe der Forward-Rates geht mit steigendem t immer weiter zurück, da z.B. i_1 nur noch in einem einzigen, mit steigendem t gegen null strebenden Term enthalten ist.

Aus der Formel wird somit deutlich, daß Höhe und Struktur der Forward-Rates durch folgende drei Determinanten bestimmt werden:

- Die Höhe der Zinssätze i_t der Zinsstrukturkurve,
- Die Differenz aufeinanderfolgender Zinssätze ($i_t - i_{t-1}$),
- Die Restlaufzeit t der zugrundeliegenden Kapitalmarktpapiere.

Aus den Analysen der obigen Formel können Aussagen darüber gewonnen werden, ob und unter welchen Umständen es zu chaotischen Entwicklungen der Forward-Rates kommen kann. Dazu soll beispielhaft die Zinsstrukturkurve vom August 1977 über t = 10 hinaus bis t = 50 fortgesetzt werden, wobei ein realitätsnaher degressiver Verlauf der Zinsstrukturkurve unterstellt wird. Daraus ergibt sich die folgende Entwicklung der Forward-Rates:[64]

---

63 Diese Aussage gilt nur, solange der Nenner nicht negativ wird.

64 Die Zinssätze der Zinsstrukturkurve lauten: 4,52%, 4,88%, 5,14%, 5,36%, 5,55%, 5,73%, 5,90%, 6,06%, 6,22%, 6,38%, 6,52%, 6,65%, 6,77%, 6,88%, 6,98%, 7,07%, 7,15%, 7,22%, 7,28%, 7,33%, 7,37%, 7,40%, 7,42%, 7,43%, 7,43%, 7,43%, 7,43%, 7,43%, 7,44%, 7,44%, 7,44%, 7,44%, 7,44%, 7,45%, 7,45%, 7,45%, 7,45%, 7,45%, 7,46%, 7,46%, 7,46%, 7,46%, 7,46%, 7,47%, 7,47%,

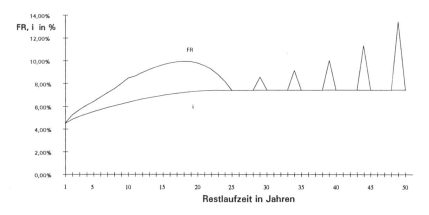

Entscheidend für diesen Verlauf der Forward-Rates, ist nicht die Art, wie die Zinsstrukturkurve fortgesetzt wurde, sondern allein die Tatsache, daß sie nicht mit konstanten, laufzeitunabhängigen Zinssätzen fortgesetzt wurde. Die gewählte Fortsetzung geht für die Restlaufzeiten zwischen 25 und 50 Jahren von nahezu identischen Zinssätzen (7,43% bis 7,48%) aus und erscheint durchaus plausibel. Die zu beobachtenden chaotischen Entwicklungen sind jeweils Folge einer als marginal zu bezeichnenden Zinssteigerung von 0,01 Prozentpunkten. Diese wirkt sich jedoch immer extremer auf die Höhe der Forward-Rates aus, je länger die Restlaufzeit t ist. Die Begründung hierfür liefert wiederum die obige Formel: Der Wert des Terms

$$\sum_{k=1}^{t-2}\prod_{j=k}^{t-2}\frac{1}{1+i_j}$$

steigt mit zunehmender Restlaufzeit immer weiter an. Da er im Zähler des Bruches mit i_{t-1} und im Nenner mit i_t multipliziert wird, entsteht so selbst bei marginalen Zinsänderungen mit zunehmender Restlaufzeit t eine immer größer werdende Differenz zwischen Zähler und Nenner. Somit *muß* es bei *allen* Zinsstrukturkurven, bei denen nicht ab einer gewissen Restlaufzeit alle Renditen i_t identisch sind, zwangsläufig früher oder später zu chaotischen Entwicklungen und damit u.U. auch zu negativen Forward-Rates kommen. Um solche extremen Verläufe zu vermeiden, ist es auch im Marktzinsmodell wie in der klassischen Investitionsrechnung erforderlich, für die weitere Zukunft mit einem konstanten Kalkulationszinsfuß zu rechnen, obwohl bekannt ist, daß es in der Zukunft keinen über mehrere Jahre identischen Zinssatz geben wird.

7,47%, 7,47%, 7,47%, 7,48%, 7,48%. (Die ersten zehn Werte sind reale Werte, die übrigen entsprechen der Fortsetzung.)

Während solche extremen Entwicklungen empirisch aufgrund der zu kurzen Restlaufzeiten deutscher Anleihen nicht beobachtet werden konnten[65], zeigten sich bei den analysierten Zinsstrukturkurven doch einige Besonderheiten, die weitere Zweifel an einer fundierten Prognose durch Forward-Rates wecken. Am 4. März 1994 galt folgender Verlauf von Zinsstruktur und Forward-Rates:

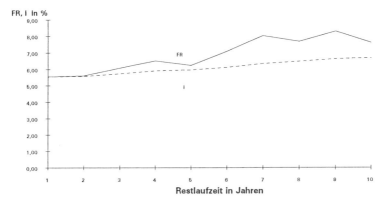

Eine solche Forward-Rates-Struktur[66] impliziert folgende Zinserwartung des Marktes: Zunächst wird ein Anstieg der Zinsen bis auf 6,52% in t = 4 prognostiziert, bevor sie in t = 5 auf 6,25% zurückgehen werden. In t = 6 und t = 7 werden sie bis auf 8,03% steigen, um daraufhin in t = 8 wieder auf 7,69% zu fallen. Für t = 9 wird eine Steigerung auf 8,30% erwartet, der wiederum ein Rückgang auf 7,62% folgt. Diese Zinsprognose kann kaum durch rationale ökonomische Erwartungen in t = 0 begründet sein, sondern ist Resultat von Zufälligkeiten und Unvollkommenheiten des Marktes.[67] Kein Marktteilnehmer wird ernsthaft mit solchen einjährigen Zinsschwankungen rechnen, da die Erfahrungen mit Zinsänderungen im Zeitablauf gegen derartig Zinsreaktionen sprechen.

Die Beispiele zeigen, daß die Marktzinsmethode in einem Dilemma steckt, da alle Zinsstrukturkurven mit nicht konstanten Zinssätzen zu chaotischen oder zumindest ungewöhnlichen Forward-Rates führen.

---

65 Im allgemeinen sind nur Laufzeiten bis zu 10 Jahren zu beobachten

66 Zinsstruktur am Markt für Pfandbriefe und Kommunalobligationen. Die Forward-Rates betragen: 5,54%, 5,60%, 6,08%, 6,52%, 6,25%, 7,10%, 8,03%, 7,69%, 8,30%, 7,62%. Vgl. Blick durch die Wirtschaft v. 05.03.1994, S. 4.

67 Derartige Unvollkommenheiten sind in der Realität relativ häufig. Ähnliche Verläufe waren z.B. am Markt für Pfandbriefe und Kommunalobligationen in der Zeit von Januar bis Juli 1994 an 30 von 144 Tagen zu beobachten.

5534 Zur Prognoseeigenschaft von Forward Rates

Das Marktzinsmodell unterstellt implizit, daß die aus der heutigen Zinsstruktur abgeleiteten Forward-Rates den künftigen Zinssätzen entsprechen. Gilt diese Voraussetzung, führt die Marktzinsfußmethode zur optimalen Investitionsentscheidung. In diesem Falle kann der Investor jedoch keinen Transformationserfolg realisieren, indem Forward-Geschäfte durch revolvierende Finanzierungen abgelöst werden. Nur wenn die Prämisse nicht gilt, sind für einen Anleger, der abweichend von der Durchschnittsmeinung der Finanzmärkte für die Zukunft andere Zinssätze als die Forward-Rates erwartet, derartige Transformationserfolge möglich, allerdings spekulativ. Wenn das Volumen dieser Finanztransaktionen entsprechend den Prämissen der Marktzinsmethode nicht beschränkt ist, kann dieses Verfahren theoretisch in unbeschränkter Höhe praktiziert werden,[68] so daß für den Investor ein unendlich hoher Transformationserfolg realisierbar ist. Kann er aber theoretisch einen unendlich hohen Erfolg durch bloße Finanzgeschäfte erzielen, erübrigt sich für ihn jede Realinvestition.[69]

Um diese Schwäche des Modells zu überwinden, muß zwingend von im Zeitablauf vollkommenen Kapitalmärkten ausgegangen werden. In diesem Falle hat eine fristenkongruente Geldanlage mit jährlich revolvierender Finanzierung zu den Forward-Zinssätzen einen Kapitalwert von null, so daß die Prämisse der Volumensbeschränkung im Marktzinsmodell vernachlässigt werden kann. Mit dieser für das Marktzinsmodell unverzichtbaren Prämisse wird jedoch zugleich ein Hauptbestandteil des Marktzinsmodells eliminiert: der Transformationserfolg; denn bei identischen Zinssätzen für Fristenkongruenz und -inkongruenz ist kein Erfolg durch Fristentransformation zu realisieren.

Die Marktzinsmethode ist damit in sich widersprüchlich: Die Erfolgsspaltung setzt unvollkommene Finanzmärkte voraus. Sind die Märkte jedoch unvollkommen, folgt aus der in der Marktzinsmethode unterstellten Unbeschränktheit der Finanzgeschäfte theoretisch ein unendlich hoher Transformationserfolg. Bei einer Beschränkung der Finanzgeschäfte sind Forward-Rates jedoch nicht die steuerungsrelevanten Lenkzinssätze.

Im folgenden soll empirisch untersucht werden, ob in der Realität von im Zeitablauf vollkommenen Märkten ausgegangen werden kann. Nur wenn sich diese Hypothese bestätigt, kann das Marktzinsmodell für eine Beurteilung von Investitionen sinnvoll sein, weil in diesem Falle keine zeitlich

---

68   Praktisch wird jeder vernünftig handelnde Investor sein Engagement in derartige Geschäfte begrenzen, da der Transformationserfolg unsicher ist.

69   Vgl. hierzu insbesondere Adam, Hering, Schlüchtermann (1993), S. 786 f.

vertikalen Interdependenzen zwischen Investition und Finanzierung existieren. Es stellt sich daher die Frage, wie gut implizite Terminzinssätze die zukünftigen Einjahreszinssätze prognostizieren.

Die Analyse wird am Beispiel des Kapitalmarktes für Anleihen von Bund, Bahn und Post durchgeführt. Aus den Zinsstrukturkurven dieses Kapitalmarktes wurden für die Jahre 1967 bis 1994 jeweils die Zinsstrukturen Ende Januar und Ende Juli für die Analyse ausgewählt. Die daraus ermittelten Forward-Rates $FR_{t-1,t}$ wurden den tatsächlich eingetretenen Einjahreszinssätzen $i_{t-1,t}$ der entsprechenden Periode gegenübergestellt, um Aussagen darüber machen zu können, inwieweit zukünftige Zinsentwicklungen durch Forward-Rates prognostiziert werden.

Die Daten wurden einer Abweichungsanalyse unterzogen, mit der untersucht werden soll, wie groß die Differenzen zwischen den Prognosen des Marktes (Forward-Rates) und den tatsächlich eingetretenen Zinssätzen ($i_{t-1,t}$) des entsprechenden Jahres sind. Anschließend wird mit einer Regressionsanalyse der Zusammenhang zwischen Forward-Rates und tatsächlichen späteren Zinssätzen untersucht.

Die Ergebnisse der Abweichungsanalyse sind in der folgenden Tabelle dargestellt:

FR	durchschnittl. Diff. (FR - i)	Standard- abweichung	Bandbreite der Diffe- renzen
$FR_{1,2}$	0,8481	1,8571	-4,7537 - +4,4916
$FR_{2,3}$	1,0453	2,5700	-4,6958 - +4,8603
$FR_{3,4}$	1,1269	2,8344	-5,6805 - +6,3395
$FR_{4,5}$	1,2025	2,9322	-5,8308 - +5,6005
$FR_{5,6}$	1,2949	2,6796	-2,9376 - +5,8703
$FR_{6,7}$	1,3038	2,3835	-2,9284 - +6,3621
$FR_{7,8}$	1,3811	1,9423	-2,2552 - +5,6788
$FR_{8,9}$	1,5475	1,8361	-3,0348 - +4,7150
$FR_{9,10}$	1,4861	2,2226	-4,8668 - +4,7853
alle	1,2254	2,3963	-5,8308 - +6,3621

Aus den Daten wird ersichtlich, daß die durchschnittlichen Differenzen ($FR_{t-1,t}$ - $i_{t-1,t}$) zwischen 0,8481 Prozentpunkten (bei den $FR_{1,2}$) und 1,5475 Prozentpunkten (bei den $FR_{8,9}$) lagen. Die Standardabweichungen betrugen 1,8361 bis 2,9322 Prozentpunkte. Dabei unterscheiden sich die Ergebnisse für die kurzfristigen Forward-Rates nicht wesentlich von denen der längerfristigen.[70] Damit ergibt sich als erstes Ergebnis: Forward-Rates können die Zinssätze der unmittelbaren Zukunft nicht besser prognostizieren als die der weiteren Zukunft. Daher soll im folgenden auf eine Differenzierung der Ergebnisse nach der Fristigkeit der Forward-Rates verzichtet werden.

Im Durchschnitt lagen alle betrachteten Forward-Rates bei einer Standardabweichung von 2,3963 Prozentpunkten um 1,2254 Prozentpunkte über den tatsächlich eingetretenen Zinssätzen, waren also tendenziell zu hoch. Zudem zeigt sich, daß die untersuchten Forward-Rates in einigen Fällen um bis zu 5,8308 Prozentpunkte unterhalb der real eingetretenen Zinssätze lagen, während sie in anderen Fällen die tatsächlichen Zinssätze um bis zu 6,3621 Prozentpunkte übertrafen. Die Differenzen lagen also in einem Korridor mit einer Breite von über 12 Prozentpunkten um den später tatsächlich eingetretenen Zinssatz.

Um Aussagen über die Prognosequalität impliziter Terminzinssätze machen zu können, soll im folgenden die Streuung der Abweichungen anhand einer Häufigkeitsverteilung näher untersucht werden. Dazu wurden die Abweichungen zunächst in Klassen eingeteilt: Während Abweichungen von ± 0,5 Prozentpunkten als tolerierbare Prognosefehler angesehen werden, muß die Güte der Prognose als um so schlechter eingestuft werden, je größer diese Differenzen sind. Die ermittelten Häufigkeiten für die einzelnen Klassen zeigt folgende Tabelle:

Differenz (FR - i) (in Prozentpunkten)	Klassen- mitte	Häufigkeit	
		absolut	relativ
< (-5,5)	-6	2	0,49%
(-5,5) - (-4,5)	-5	3	0,74%
(-4,5) - (-3,5)	-4	1	0,25%
(-3,5) - (-2,5)	-3	16	3,95%
(-2,5) - (-1,5)	-2	42	10,37%
(-1,5) - (-0,5)	-1	45	11,11%
(-0,5) - (+0,5)	0	44	10,86%
(+0,5) - (+1,5)	1	58	14,32%
(+1,5) - (+2,5)	2	54	13,33%
(+2,5) - (+3,5)	3	61	15,06%
(+3,5) - (+4,5)	4	47	11,60%
(+4,5) - (+5,5)	5	24	5,93%
> (+5,5)	6	8	1,98%

70   So ergaben sich z.B. schon bei den $FR_{1,2}$ Differenzen von über 4,4 Prozentpunkten, vgl. Adam, Hering, Johannwille (1994), S. 24.

In nur 10,86% der untersuchten Fälle wurde der tatsächlich eingetretene Zinssatz durch die Forward-Rates bis auf 0,5 Prozentpunkte genau prognostiziert. Wird die tolerierbare Abweichung auf ± 1,5 Prozentpunkte erhöht und so der Anspruch an die Prognosequalität stark reduziert, erfüllten trotzdem lediglich 36,29% der untersuchten Forward-Rates dieses Kriterium. Das heißt: In 63,71% der Fälle waren die Forward-Rates nicht in der Lage, den tatsächlichen Zinssatz bis auf 1,5 Prozentpunkte genau zu prognostizieren. Über 34% der Prognosezinssätze lagen sogar um mehr als 2,5 Prozentpunkte über den tatsächlichen Zinssätzen.

Diese Ergebnisse verdeutlicht folgende Abbildung:

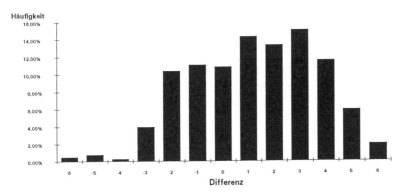

Besäßen die Forward-Rates eine akzeptable Prognosequalität, ergäbe sich eine Normalverteilung mit dem Mittelwert null und einer sehr geringen Streuung der Werte. Die empirische Verteilung ist jedoch weit entfernt von einer solchen Idealverteilung. Sie zeigt deutlich, daß die Forward-Rates zwar im Durchschnitt zu hoch waren, daß sie aber auch in 25% der Fälle zu niedrige zukünftige Zinsen prognostizierten. Zudem wird durch die annähernde Gleichverteilung der Differenzen deutlich, daß eine Übereinstimmung von Forward-Rate und tatsächlich eingetretenem Zinssatz als Zufall angesehen werden kann. Es muß daher davon ausgegangen werden, daß Forward-Rates nicht in der Lage sind, zukünftige Zinsentwicklungen auch nur annähernd zu prognostizieren. Sie sind damit für fundierte Zinsprognosen kaum geeignet.[71] Das liegt letztlich daran, daß in die Zinsprognose über Forward-Rates nur das heutige Wissen der am Markt zum Zuge kommenden Anbieter und Nachfrager eingeht und die Wertungen der Marktteilnehmer stark von Zufälligkeiten und reinen Spekulationen geprägt sind.

---

71 Zu diesem Ergebnis gelangt auch die empirische Untersuchung von Schmitz und Pesch. Vgl. Schmitz, Pesch (1994), S. 553.

Die schlechte Prognosequalität der Forward-Rates soll durch einen Vergleichsmaßstab transparenter gemacht werden: Dazu wurde den tatsächlich eingetretenen Zinssätzen statt der Forward-Rates eine konstante Zinserwartung von 6,8%[72] gegenübergestellt. Hierbei ergab sich eine durchschnittliche Differenz von nur 0,0042 Prozentpunkten bei einer Standardabweichung von 2,074 Prozentpunkten. Dieses Ergebnis ist deutlich besser als das der Forward-Rates, bei denen die durchschnittliche Differenz 1,23 Prozentpunkte betrug (Standardabweichung: 2,4 Prozentpunkte). Somit muß die Prognosequalität eines konstanten Zinssatzes von 6,8% deutlich höher eingeschätzt werden als die der Forward-Rates.

Um zu klären, ob überhaupt ein plausibler Zusammenhang zwischen Forward-Rates und tatsächlichen Zinssätzen besteht, wurde zusätzlich eine Regressionsanalyse durchgeführt. Die einzig plausible Beziehung zwischen den beiden Größen ist der linearer Zusammenhang: $i_{t-1,t} = 0 + 1 \cdot FR_{t-1,t}$. Daher wurde für die Forward-Rates - isoliert für jede Fristigkeit - jeweils eine lineare Einfachregression mit den Forward-Rates als unabhängiger Variable und den tatsächlichen späteren Zinssätzen als abhängiger Variable berechnet. Dabei mußte festgestellt werden, daß keine gravierenden Unterschiede in der Qualität der Ergebnisse auftraten,[73] so daß auch durch diese Analyse deutlich wird, daß die Prognosequalität der kurzfristigen Forward-Rates nicht besser ist als die der langfristigen. Aus diesem Grund wird im folgenden eine gemeinsame, nicht nach der Fristigkeit differenzierte Regressionsanalyse für alle Forward-Rates eingesetzt.

Das Resultat dieser Analyse ist recht eindeutig. Der Zusammenhang zwischen Forward-Rates und tatsächlich eingetretenen Zinssätzen wird am besten durch die Gerade: $i_{t-1,t} = 6,79556 + 0,00000427813 \cdot FR_{t-1,t}$ beschrieben. Diese Gerade verläuft nahezu parallel zur Abszisse; die Abhängigkeit der tatsächlichen Zinssätze von den Forward-Rates ist aufgrund der kaum meßbaren Steigung äußerst gering. Wegen des relativ hohen Signifikanzniveaus von 9,91% ist keineswegs gesichert, daß überhaupt eine Beziehung zwischen beiden Größen besteht. Zudem werden durch die Regressionsgerade nur 0,674% der Gesamtabweichungen der Zinssätze erklärt. Das aber ist keine Erklärung; ein Techniker würde lediglich von „Rauschen" sprechen.

---

72 Dieser Zinssatz entspricht dem Absolutglied der nachfolgenden Regressionsanalyse. Für die komplette Vergleichsanalyse vgl. Adam, Hering, Johannwille (1994), S. 25.

73 So ergab sich beispielsweise für die $FR_{3,4}$ folgende Regressionsgerade: $i_{3,4} = 13,318868 - 0,804531 \cdot FR_{3,4}$, die noch „übertroffen" wird durch die noch abwegigere Regressionsgerade der $FR_{4,5}$: $i_{4,5} = 15,478655 - 1,069858 \cdot FR_{4,5}$. Vgl. Adam, Hering, Johannwille (1994), S. 26.

Die Regressionsanalyse führt damit zu folgendem Ergebnis: Zwischen impliziten Terminzinssätzen und den in der Zukunft tatsächlich eintretenden Zinssätzen besteht kein Zusammenhang. Forward-Rates können daher nicht als sinnvolle Prognosewerte für die Zinssätze der Zukunft angesehen werden. Durch sie wird die künftige Zinsentwicklung vielmehr systematisch fehleingeschätzt. Es macht daher auch keinen Sinn, Investitionskalküle auf Basis von Forward-Rates aufzustellen.

Als zentrales Ergebnis der Analyse kann festgestellt werden: Implizite Terminzinssätze besitzen keinerlei Prognosequalität. Die durch sie prognostizierten Einjahreszinssätze treten in der Regel nicht einmal annähernd ein. Dieses Ergebnis zeigt, daß die realen Kapitalmärkte im Zeitablauf nicht vollkommen sind. Damit ist eine zentrale Voraussetzung des Marktzinsmodells in der Realität nicht erfüllt.

Das Marktzinsmodell entlastet den Investor damit nicht von eigenen Zinsprognosen. Diese werden, da sie nicht von den kurzfristigen Spekulationen und Zufälligkeiten des Marktes beeinflußt sind, in der Regel den Marktprognosen überlegen sein. Selbst wenn der Investor keine eigene Meinung über die zukünftige Zinsentwicklung hat, wird er mit einem konstanten Kalkulationszinsfuß[74] von 6,8% die Zinssätze der Zukunft mit hoher Wahrscheinlichkeit besser prognostizieren als durch Forward-Rates. Eine weitere Verbesserung der Prognose kann erreicht werden, wenn Informationen über die erwartete gesamtwirtschaftliche Entwicklung (Konjunkturzyklus), Informationen über internationale Kapitalströme usw. berücksichtigt werden. Es ist daher durchaus gerechtfertigt und auch rational, für Investitionsentscheidungen mit anderen Zinsentwicklungen zu rechnen, als sie vom Markt derzeit vorgegeben werden.[75] Dagegen gibt es keinen rationalen Grund, einer Investitionsentscheidung die heutigen Marktzinssätze auch für die Zukunft zugrunde zu legen.

5535 Differenzen zwischen Soll- und Habenzinsen[76]

In der bisherigen Analyse wurde ein Gesichtspunkt ausgespart, der allein schon ausreichend ist, um den von der Marktzinsmethode vertretenen Anspruch der pretialen Lenkung im Sinne Schmalenbachs zurückzuweisen. Sobald Soll- und Habenzinsen voneinander abweichen, ist logisch nicht zu entscheiden, welche von beiden Zinsstrukturen der Kalkulation nach der

---

74 Dieser Zinssatz entspricht dem konstanten Glied der Regressionsgeraden

75 Vgl. Adam, Schlüchtermann, Hering (1994), S. 116, Rolfes (1994), S. 124.

76 Adam, Hering, Schlüchtermann (1994), Abschnitt 6.

Marktzinsmethode zugrunde zu legen ist. Das wäre nur möglich, wenn bekannt wäre, ob eine Investition eigen- oder fremdfinanziert wird. Einer einzelnen Investition kann jedoch keine Finanzierungsform willkürfrei zugerechnet werden. Erst wenn aus einem Totalmodell das optimale Finanzierungsvolumen und die Aufteilung in Eigen- und Fremdfinanzierung bekannt sind, läßt sich ein richtiger Lenkzins aus dem Intervall zwischen Soll- und Habenzins bestimmen.[77]

Sobald Finanzierungsengpässe bestehen, gilt nicht einmal mehr diese Abschätzung. Denn nur diejenigen Soll- oder Habenzinsfüße der Zinsstruktur haben Lenkungsfunktion, die sich aus der Sicht des Gesamtunternehmes in einer bestimmten Entscheidungssituation als Grenzobjekte der Finanzierung oder der Finanzanlage darstellen. Diese Grenzobjekte sind jedoch nicht vor einem Investitionskalkül bekannt. Das Dilemma der Lenkpreistheorie betrifft somit alle Partialmodelle gleichermaßen, und die Marktzinsmethode leistet zu seiner Lösung keinen Beitrag.

5536 Fazit[78]

Bei jedem realen Entscheidungsproblem liegt die Situation eines zeitlich offenen Entscheidungsfeldes vor. Der Planende hat folglich im Planungszeitpunkt nur unvollkommene Informationen, er kennt die künftig geltenden Daten nur unzureichend und er ist auch über die sich künftig bietenden Entscheidungsalternativen nur unvollkommmen informiert. Jede Planung erfordert daher Annahmen, um diese Defizite zu überwinden. Der Planende geht z.B. für das Investitionsobjekt von einer ihm plausibel erscheinenen Zahlungsreihe aus, oder er legt dem Kalkül bestimmte Zinserwartungen zugrunde. Letztlich geht es bei der Diskussion der Marktzinsmethode um die Frage, welche Zinssätze für künftige Perioden in der Investitionsrechnung angesetzt werden sollen. Hinsichtlich der Zinserwartungen können zwei Standpunkte vertreten werden:

1) Der Planende glaubt daran, daß die auf der heutigen Marktzinsstruktur basierenden einjährigen Forward-Rates künftig auch eintreten. Dann ist das Kalkül der Marktzinsmethode richtig, d.h. die Methode führt zur gleichen Entscheidung wie ein Simultanmodell mit gleicher Annahme über die Zinsentwicklung. Nur gibt es in diesem Falle keinen Transformationserfolg, von dem die Methode ausgeht. Gelten also ihre Prämissen, dann ist das Kalkül mit einer Spaltung der Erfolgsbasen hinfällig.

---

77 Vgl. Hax (1985), S. 104 f.

78 Adam, Hering, Schlüchtermann (1994), Abschnitt 8.

2) Glaubt der Planende nicht daran, daß die heutige Zinsstruktur über die Forward-Rates die künftigen Zinsen determinieren - das ist letztlich der Standpunkt des Autors - dann ist es legitim, für die Investitionsrechnung für künfigte Zeitpunkte andere Zinserwartungen zu unterstellen als sie der heutigen Markteinschätzung entsprechen. Durch die empirische Untersuchung des Zusammenhang zwischen Forward-Rates und tatsächlich geltenden Zinssätzen wurde gezeigt, daß Forward-Rates überhaupt keine Prognosekraft für künftige Zinssätze haben. Wenn dem aber so ist, besteht für einen Investor überhaupt kein Grund, sich in der Investitionsbeurteilung an die heutige Zinsstruktur, bzw. die daraus resultierenden Forward-Rates zu binden. Die empirische Untersuchung zeigt, daß er fast immer schief liegt. Es ist dann besser - genau wie bei der Prognose der Zahlungsreihe der Investition -, sich eigene Vorstellungen von der langfristigen Zinsentwicklung zu machen und diese Erwartungen dem Kalkül zugrunde zu legen. Eine Garantie für die nur ex post zu beurteilende Richtigkeit des Kalküls ist das aber auch nicht.

Leider ist es bei offenen Entscheidungsfeldern generell unmöglich, ex ante die Lösung zu bestimmen, die sich ex post als optimal erwiesen hätte. Bei zeitlich offenen Entscheidungsfeldern macht es meines Erachtens aber keinen Sinn, das Problem von Zinserwartungen durch Forward-Rates einfach wegzudiskutieren, indem davon ausgegangen wird, daß die heutige Zinsstruktur die künftigen Zinsen determiniert. Die Erfahrung zeigt, daß die Realität anders aussieht, und eine plausible Hypothese zum Ausgleich der Informationsdefizite muß dem Rechnung tragen.

Zweiter Diskussionsgegenstand war der Prämissensatz der Marktzinsmethode, der für die Investitionsrechnung auch in industriellen Großunternehmen irreal ist. Selbst für Unternehmen wie Daimler oder Siemens gibt es für die Investionspolitik keine unbeschränkten Finanzmittel. Auch gleiche Soll- und Habenzinsen sind unzutreffend, wie Marktanalysen der Zinssätze dieser Gesellschaften im Vergleich zu Bundesanleihen zeigen. Obendrein noch zu unterstellen, daß nur die Finanzierungsseite nicht aber die Investitionsseite zum Grenzobjekt werden kann, das den endogenen Zins determiniert, ist auch wenig praxisgerecht. Diese Bedingungen mögen in einigen Fällen für Banken gelten, nicht jedoch für Industrieunternehmen. Es gibt bei realen Investitionsentscheidungen viele Situationen, in denen die Forward-Rates die Steuerungsfunktion endogener Zinssätze nicht erfüllen. Da hilft es auch wenig, wenn die Marktzinsvertreter ständig betonen, daß sie von anderen Prämissen ausgehen. Diese Prämissen sind leider für Investitionsentscheidungen unrealistisch, was dann auch für das Ergebnis dieser Rechnung gilt.

Die Marktzinsmethode teilt damit das Schicksal aller Partialmodelle. Die Abspaltung eines bestimmten Entscheidungsfeldes aus dem Totalproblem ist nur durch eine willkürliche Prämisse (Rechnen mit Forward-Rates) über die Zinsentwicklung möglich. Durch diese Prämisse werden alle real existierenden horizontalen und vertikalen Interdepenzen zwischen Investition und Finanzierung aus dem Entscheidungskalkül eliminiert. Das Kalkül wird dadurch einfach, da Investitionsobjekte dann isoliert beurteilt werden können, die Lösung muß aber nicht problemgerecht sein, da sie von real existierenden Interdependenzen abstrahiert. Fehlentscheidungen sind dann das Resultat einer derartigen, nicht zweckmäßigen Separation der Investitionsentscheidungen. Wegen der nicht zielsetzungsgerechten Prämisse fristenkongruenter Finanzierung genügt die Marktzinsmethode nicht den Anforderungen der Praxis. Die Marktzinsmethode kann bestenfalls als heuristisches Prinzip einer Modellbildung verstanden werden. Es ist somit zu fragen, unter welchen Bedingungen dieses Partialmodell zumindest plausibel ist und zu vertretbaren Entscheidungen führt.

Die Marktzinsmethode kommt nur dann als heuristisches Prinzip in Frage, wenn folgende Voraussetzungen weitgehend erfüllt sind:

- Soll- und Habenzinsfüße dürfen sich für das Wirtschaftssubjekt, das die Marktzinsmethode in der Investitionsrechnung einsetzen will, kaum unterscheiden, so daß die Forward-Rates für beide Zinsfüße fast gleiche Investitionsentscheidungen zur Folge haben.

- Kapital bestimmter Laufzeiten darf nicht knapp sein, da die Knappheit sonst dazu führt, daß nicht alle Zinssätze der Zinsstruktur steuerungsrelevant sind. Zudem führen Knappheitssituationen dazu, daß nicht für alle Investitionsobjekte eine fristenkongruente Finanzierung zu realisieren ist.

- Existieren aus der strategischen Steuerung eines Unternehmens einzuhaltende Bilanzrelationen oder Finanzierungsrelationen, wie sie das Kreditwesengesetz mit den Grundsätzen 1 und 2 verlangt, müssen die Lenkpreise dieser Restriktionen null sein (Restriktion greift noch nicht) oder gegen null streben (schwache Knappheit), da die Marktzinsmethode deren Wirkungen generell nicht erfaßt. Wer folglich auf Basis der Marktzinsmethode über Investitionen entscheidet, kann nicht garantieren, daß die vorgegebene Bilanzrelation auch eingehalten wird.

- Das Unternehmen muß sich zu den Konditionen des Kapitalmarktes verschulden oder Geld anlegen können, d.h., es muß Zutritt zum Kapitalmarkt haben. Ein Vergleich der Zinskonditionen großer Unternehmen mit den Konditionen von Staatspapieren zeigt jedoch: Der Staat kann sich am Kapitalmarkt zu günstigen Konditionen eindecken. Großunternehmen haben damit zwar Zutritt zum Kapitalmarkt aber zu schlechteren Konditionen. Aus der Sicht der Großunternehmen gelten damit für die eigene Geldbeschaffung und die Geldanlage andere Konditionen.[79]

- Die Forward-Rates müssen weitgehend der künftig erwarteten Entwicklung der Einjahreszinssätze entsprechen - schwache zeitlich vertikale Interdependenzen -, weil sonst die Prämisse fristenkongruenter Finanzierung nicht zielgerecht ist. Anders formuliert müßten die Forward-Rates gute Prognosewerte der künftigen Zinssätze sein.

- Es darf keine Lenkzinssätze geben, die sich aus Sachanlagen ableiten. Sachanlagen dürfen mithin nicht zu Grenzprojekten werden.

- Wegen der sonst möglichen unbegrenzten Arbitrage zugunsten der Kreditnehmer darf es zu keinen chaotischen Entwicklungen der Forward-Rates (extremen oder negativen Forward-Rates) kommen.

Dieser Satz von Bedingungen ist - genau betrachtet - nicht einmal für Banken erfüllt. Für Nicht-Banken (mittelständische Industrieunternehmen) sind die genannten Voraussetzungen generell nicht gegeben, so daß die Marktzinsmethode auch nicht als heuristisches Prinzip für die Investitionsrechnung zu akzeptieren ist. Selbst für Großunternehmen mit Zutritt zum Kapitalmarkt existieren keine unendlichen Arbitragemöglichkeiten, und es gibt Differenzen zwischen Soll- und Habenzinsen. Die Berechnung von Kapitalwerten mit Forward-Rates führt dann zu einer erheblichen Fehlsteuerung der Investitionsentscheidungen.

---

79 So wies z.B. am 8.8.1994 die 5,75%-Anleihe der Daimler-Benz AG mit einer Restlaufzeit von sieben Jahren eine Rendite von 6,70% auf, während eine Anleihe der Bundespost mit gleicher Nominalverzinsung und Restlaufzeit nur eine Rendite von 6,39% erzielte. Vgl. Handelsblatt Nr. 152 vom 9.8.1994, S.24.

6 Investitionsplanung bei unsicheren Daten

61 Struktur des Entscheidungsproblems

Bei sicheren künftigen Daten kann jeder einzelnen Investitionsentscheidung bzw. einem Bündel oder einer zeitlichen Kette von Investitionsentscheidungen ein eindeutiger Wert (bezogen auf eine bestimmte Zielsetzung, z.B. RoI, Gewinn, Endwert, Barwert, Entnahme) zugeordnet werden. Gesucht ist jene Entscheidung, die den Zielwert maximiert. Bei Unsicherheit erweitert sich der Problemkreis der Investitionsrechnung. Je nachdem, was unter Unsicherheit verstanden wird, verändert sich die Problemstruktur. Unterschieden werden sollen zwei Situationen:

■ Unsicherheit im Sinne der Entscheidungstheorie und
■ Entscheidungen bei offenem Entscheidungsfeld.

Unsichere Daten haben zur Folge, daß sich einer bestimmten Entscheidungsalternative kein bestimmter Zielwert mehr zuordnen läßt. Der mit einer Entscheidung oder einer Kette von Entscheidungen verbundene Erfolg hängt davon ab, welche von mehreren für möglich gehaltenen Datensituationen eintritt. Die Entscheidungstheorie geht gegenüber dem allgemeinen Sprachgebrauch von einem eingeschränkten Unsicherheitsbegriff aus. Unvollständige Kenntnis existiert nur darüber, welche von mehreren möglichen Datensituationen tatsächlich eintritt. Die Zahl der Datensituationen, die Anzahl von Entscheidungsalternativen und die Höhe des Erfolges einer Entscheidungsalternative in einer Datensituation sind hingegen mit Sicherheit bekannt.

Die Entscheidungstheorie hat für verschiedene Entscheidungssituationen Regeln für die Auswahl einer Alternative entwickelt. Die Entscheidungssituationen lassen sich nach zwei Kriterien klassifizieren:

■ Die Häufigkeit, mit der gleiche Entscheidungen zu treffen sind. Zu unterscheiden sind einmalige Entscheidungen und solche, die sich in gleicher Ausgangslage häufig wiederholen. Investitionsentscheidungen gehören üblicherweise zur Klasse einmaliger Entscheidungen.

■ Existieren Kenntnisse über die Eintrittswahrscheinlichkeiten der Datensituationen? Zu unterscheiden sind Fälle mit bekannten (**Risiko**) und unbekannten Eintrittswahrscheinlichkeiten (**Ungewißheit**). Für bekannte Wahrscheinlichkeiten kann nach der Qualität der Informationen zwischen statistisch ermittelbaren, objektiven Wahrscheinlichkeiten und subjektiven Erwartungen über den Eintritt von Datensituationen unterschieden werden. Die subjektive Wahrscheinlichkeit ist keine nachprüfbare Wahrscheinlichkeit, sondern lediglich eine psychologische Einschätzung der Situation. Sie sagt eigentlich weniger etwas über die Datensituation als vielmehr etwas über den die Situation beurteilenden Entscheidungsträger aus.

Durch Kombination beider Kriterien lassen sich theoretisch sechs Entscheidungssituationen bilden.[1] Für Investitionsentscheidungen kommt nur der Kombination einmaliger Entscheidungen ohne Wahrscheinlichkeiten (Ungewißheit) und der Kombination einmaliger Entscheidungen mit subjektiven Wahrscheinlichkeiten praktische Bedeutung zu. Die Entscheidungssituation Risiko (häufige Wiederholung von Entscheidungen bei objektiven Wahrscheinlichkeiten) ist für Investitionsentscheidungen im allgemeinen irrelevant. In der Theorie werden jedoch die für die Risikosituation entwikkelten, auf der Wahrscheinlichkeitsrechnung basierenden Methoden auch auf den Fall einmaliger Entscheidungen übertragen, d.h., die Entscheidungsalternativen werden z.B. mit dem Erwartungswert der Zielgröße bewertet. Hinter einer derartigen Bewertung verbirgt sich jedoch folgende Problematik:

Bei einmaligen Entscheidungen - gleichgültig, ob objektive oder nur subjektive Wahrscheinlichkeiten bekannt sind - stellt sich die grundsätzliche Frage, ob das mathematische Instrumentarium der Wahrscheinlichkeitstheorie und damit das Erwartungswertkriterium überhaupt zur Entscheidungsfindung geeignet sind.[2] Strenggenommen ist in dieser Situation die Maximierung des Erwartungswertes wenig zweckmäßig, da bei einmaligen Entscheidungen nicht der Erwartungswert des Erfolges, sondern ein beliebiger Wert aus der Dichtefunktion des Erfolges eintritt. Das Erwartungswertkriterium täuscht dann eine Sicherheit des Erfolges vor, die real nicht gegeben ist. Der zufällig eintretende Erfolg kann weit vom Erwartungswert entfernt liegen. In dieser Situation sind Informationen über die Spannweite des Erfolges bei extremen Datenlagen oder die Dichtefunktion bzw. Verteilung der Zielgröße besser für eine Abstützung der Entscheidungen geeignet als Informationen über den Erwartungswert. Für Einzelentscheidungen gibt es keinen Ausgleich von Erfolgen in guten und schlechten Situationen, wie es das Erwartungswertkriterium für eine große Anzahl gleicher Entscheidungen unterstellt. Wird die Einzelentscheidung dennoch auf der Basis des Erwartungswertes gefällt, wird damit die Gefahr nicht erfaßt, daß der Erfolg vom Erwartungswert abweichen kann. Es wird so getan, als gäbe es zwischen guten und schlech-

---

1   Vgl. Adam (1993a), S. 198.
2   Vgl. Wittmann (1959).

ten Situationen einen Risikoausgleich, obwohl die Entscheidung nur in einer einzigen Datensituation realisiert wird.

Unter Unsicherheit sind zwei Arten von Entscheidungen zu fällen:

■ Bei einem gegebenen Informationsstand sind Kriterien zu entwickeln, die es erlauben, Strategien als optimal zu identifizieren. Dabei kommt es darauf an, eine als vernünftig empfundene Gewichtung von Risiko und Gewinn zu finden.

■ Es kann geprüft werden, ob Möglichkeiten zur Verbesserung des Informationsstandes bestehen und ob diese Informationen zu anderen Entscheidungen führen. Z.B. können zusätzliche Informationen die Kenntnisse über subjektive Wahrscheinlichkeiten verbessern. In diesem Zusammenhang ist der Frage nachzugehen, ob sich eine Verbesserung des Informationsstandes lohnt. Das kann nur dann der Fall sein, wenn die zusätzlichen Informationskosten geringer sind als die Erfolgsverbesserung in der Planung aufgrund verbesserter Informationen.[3] Das Problem besteht jedoch darin, zunächst prognostizieren zu müssen, von welcher Qualität die eventuell noch zu beschaffenden Informationen sind. Ohne eine derartige Prognose über die zu erwartenden Veränderungen der subjektiven Wahrscheinlichkeit läßt sich die Frage nicht beantworten, ob der Nutzen die Kosten übersteigt.

Die Entscheidungstheorie geht von einem eingeschränkten Unsicherheitsbegriff aus; sie unterstellt ein geschlossenes Entscheidungsfeld, d.h., der Investor kennt alle heutigen und künftigen Entscheidungsalternativen. Diese Unterstellung ist unrealistisch, da insbesondere über die sich künftig bietenden Handlungsalternativen im Kalkulationszeitpunkt t=0 noch unvollständige Informationen vorliegen. Die Investitionsplanung kann jedoch nicht darauf warten, bis das Unternehmen über alle künftigen Handlungsmöglichkeiten, Wirkungszusammenhänge und Daten voll informiert ist. Es muß geplant werden, obwohl nur unvollständige Kenntnis über die Handlungsalternativen und die möglichen Datensituationen besteht. Entscheidungsfelder zeichnen sich mithin in der Realität durch Offenheit aus. In offenen Entscheidungsfeldern gibt es grundsätzlich keine Möglichkeit, die optimale Entscheidung zu bestimmen. Diese Möglichkeit besteht nur für geschlossene Entscheidungsfelder. Fehlen im Entscheidungsfeld Variable, werden die ökonomischen Wirkungen einer Entscheidung nur unvollständig beschrieben, und eine Optimierung im strengen Sinne ist unmöglich, da die Rückwirkungen der noch unbekannten Alternativen und Daten auf den bekannten Teil des Entschei-

---

3   Vgl. Adam (1993a), S. 248 ff.

dungsfeldes nicht erfaßt werden kann. Möglich ist es dann nur, für die Menge der bekannten Handlungsalternativen und Wirkungszusammenhänge die relativ beste Lösung zu suchen. Diese Entscheidung muß sich aber nachträglich, wenn weitere Handlungsalternativen in späteren Zeitpunkten hinzugetreten sind, nicht als optimal erweisen. Typisch für ein Entscheidungsproblem mit offenem Entscheidungsfeld ist die Eigenschaft, daß nur Teile der Planungsergebnisse - z.b. nur Entscheidungen, die sich auf die erste Teilperiode beziehen - realisiert werden. Z.B. werden von einem mehrjährigen Investitionsplan nur die Investitionsobjekte der ersten Periode durchgesetzt. Mit dem Zeitablauf wird dann das Entscheidungsfeld ergänzt; neue Investitionsobjekte, Produkte, Finanzierungsmöglichkeiten usw. treten hinzu. In offenen Entscheidungsfeldern lassen sich damit generell keine optimalen Entscheidungen für den gesamten Planungszeitraum ableiten,[4] d.h., bei offenem Entscheidungsfeld gibt es grundsätzlich keine Möglichkeit, ex ante eine optimale Politik für die gesamte Planungsperiode zu bestimmen. Optimiert werden kann immer nur die Lösung für die im Zeitpunkt der Planung bekannten Entscheidungsalternativen. Das Problem einer derartigen Planung besteht darin, Entscheidungskriterien zu finden, die die Probleme in den einzelnen Teilzeitpunkten so lösen, daß aus der Sicht des gesamten Problems aller Entscheidungszeitpunkte zusammen ein möglichst zielsetzungsgerechtes Verhalten gefunden wird.

Für Investitionsentscheidungen bedeutet die Offenheit des Entscheidungsfeldes z.b., daß von technischem Fortschritt auszugehen ist, die künftigen Produktionsanlagen als Investitionsalternativen aber heute noch unbekannt sind. In der Planung bei offenen Entscheidungsfeldern ist es dann allenfalls möglich, bei heutigen Entscheidungen von generellen Erwartungen über das Ausmaß und die ökonomischen Wirkungen (z.B. Kosten) des Fortschritts auszugehen. Konkrete Investitionsobjekte lassen sich für künftige Zeitpunkte noch nicht definieren. Bestenfalls können alternative Erwartungen (Datensituationen) für die Wirkungen des technischen Fortschritts zugrunde gelegt werden. Die Unwissenheit über künftige konkrete Handlungsalternativen ist dann lediglich in Form alternativer Datensituationen im Kalkül zu erfassen.

Eine denkbare Reaktion auf diese Offenheit des Entscheidungsfeldes besteht darin, bei den heute zu realisierenden Teilen von Entscheidungen für ein hinreichendes Ausmaß an Flexibilität[5] für eine künftig erforderliche Anpassung des Investitionsplans zu sorgen. Gesucht sind dann Investitionsalternativen, die sich an künftige Veränderungen des Entscheidungsfeldes gut anpassen

---

4   Vgl. Adam (1993a), S. 167.

5   Vgl. Jacob (1989).

lassen. Es kommt also nicht allein darauf an, die Entscheidung zu identifizieren, die für den Kalkulationszeitraum mit den bislang bekannten künftigen Entscheidungsalternativen zur besten Ausprägung der verfolgten Zielsetzung führt. Mit ausschlaggebend ist die Anpassungsfähigkeit des Betriebsmittelbestandes.

Die Bestands- und Entwicklungsflexibilität[6] eines Unternehmens läßt sich z.B. durch Investition in anpassungsfähige Technologien (Flexible Fertigungssysteme) statt in Spezialanlagen sicherstellen. Oder ein Unternehmen kann einen mehrjährigen Plan entwickeln, der dann optimal ist, wenn das Datenszenario 1 eintritt. Von dieser Entscheidung werden die das erste Jahr betreffenden Teile festgeschrieben. Dann wird analysiert, wie die Planung optimal anzupassen ist, wenn künftig ein anderes als das Szenario 1 eintritt und welche Gewinnabweichungen gegenüber der ursprünglichen Planung eintreten. Für jeden bei unterschiedlichen Datensituationen möglichen Mehrjahresplan kann auf diese Weise die Anpassungsfähigkeit des Plans an jeweils andere Datensituationen untersucht werden. Entscheidend ist dann nicht allein die Erfolgshöhe des Optimalplans, sondern auch die Erfolgsabweichung bei Eintritt anderer Datensituationen.

Für die Analyse der Anpassungsfähigkeit und der Zielwirkung der Anpassung sind Vorstellungen über das zu erwartende Ausmaß der künftigen Veränderungen des Entscheidungsfeldes erforderlich. Anpassungsfähigkeit kann kein Selbstzweck sein. Anpassungsfähigkeit kostet in der Regel etwas, d.h., sie reduziert das Ausmaß kurzfristig erzielbarer Gewinne und bringt langfristig nur dann etwas, wenn das geschaffene Anpassungspotential auch benötigt wird. Für die Beurteilung, welches Ausmaß an Anpassungsfähigkeit erforderlich ist, benötigt der Investor damit Informationen über die Stabilität oder Instabilität der Entscheidungssituation, d.h., der Investor muß Vorstellungen über den künftigen Wandel der Beschaffungs- und Absatzmärkte haben. Ist die Industriestabilität hoch, kommt dem Aspekt der Anpassungsfähigkeit eine nachrangige Bedeutung für die Sicherung des Unternehmensbestandes zu. Mit zunehmender Instabilität werden Flexibilitätsüberlegungen jedoch immer wichtiger.

Eine zweite Reaktion auf die Offenheit von Entscheidungsfeldern besteht darin, eine Investitionspolitik zu verfolgen, die künftig über hinreichende finanzielle Potentiale zur Anpassung des Unternehmens verfügt. Existieren für ein Unternehmen z.B. Finanzierungsgrenzen, stellt sich die Frage, ob diese Grenzen bereits heute voll ausgeschöpft und damit künftige Investitionsmöglichkeiten beschränkt werden oder ob Teile der finanziellen Poten-

---

6   Vgl. Jacob (1989).

tiale für künftige, bessere Investitions- und Anpassungschancen zurückgehalten werden. Eine derartige Investitionspolitik beläßt dem Unternehmen Liquiditätspotentiale (Kasse, Finanzanlagen), d.h., sie schöpft die Investitions- und Finanzierungsgrenzen nicht voll aus bzw. sorgt durch eine hohe Mindesteigenkapitalquote, die das heutige Fremdfinanzierungsvolumen und damit das derzeitige Investitionsvolumen begrenzt, dafür, daß künftige Finanzierungspotentiale verbleiben. Für die Unternehmensleitung gilt es somit in der strategischen Investitionsplanung abzuwägen, ob der langfristige Erfolgsbeitrag der Potentiale am größten ist, wenn sie bereits heute eingesetzt oder wenn sie zur Finanzierung derzeit schwer abschätzbarer Entwicklungen zurückgehalten werden.

62 Denkprinzipien der Investitionsplanung bei Unsicherheit

621 Komplexität und Abbildungsgenauigkeit

Die Methoden der Investitionsrechnung bei Unsicherheit bauen auf unterschiedlichen Denk- und Informationsverarbeitungsprinzipien auf. Bei der Auswahl der Denkprinzipien für die Strukturierung eines Modells zur Investitionsrechnung sind zwei Aspekte von Bedeutung:

- Das angewendete Prinzip kann zu einer Reduktion des Komplexitätsgrades der Planung führen.

- Mit der Reduktion des Komplexitätsgrades geht eine Einbuße an Abbildungsgenauigkeit einher. Das Modell ist dann zwar einfacher, aber es erfaßt die ökonomischen Wirkungen ungenauer.

Zwischen beiden Aspekten ist bei der Auswahl eines Modells ein Kompromiß zu schließen. Dabei ist zwischen folgenden Punkten abzuwägen:

- Soll die Planung auf den Fall quasi sicherer Information reduziert werden, oder sind alle alternativen Datenlagen im Modell abzubilden?

- In welcher Entscheidungssituation ist die Unsicherheit der Daten für die Entscheidungen relevant und

- wie ist der Unsicherheit dann im Modell Rechnung zu tragen? Soll von einer flexiblen oder starren Planungsmethode ausgegangen werden, oder reicht es aus, die starre Planung um einen rollierenden Planungsmodus zu erweitern, um dem Unsicherheitsproblem Genüge zu tun?

■ Wie verändert sich die Sichtweise der Planung, wenn die Möglichkeit besteht, durch eine Mischung von Investitionsstrategien einen Risikoausgleich zu erreichen?

Diesen unterschiedlichen für die Planung anzuwendenden Denkprinzipien soll im folgenden nachgegangen werden.

622 Quasi-Sicherheit contra Planung mit allen Datensituationen

Eine Planung bei mehreren alternativen Datensituationen ist sehr aufwendig, weil eine Strategie für alle möglichen Situationen auf ihre Zielwirkungen hin untersucht werden muß, um Informationen über die Wahrscheinlichkeitsverteilung oder den Erwartungswert einer Erfolgsgröße gewinnen zu können. Aus Vereinfachungsgründen werden die alternativen Datensituationen häufig zu einem Erwartungswert - z.B. mittlere Absatzmenge - verdichtet, und die Planung erfolgt auf der Basis dieses Erwartungswertes für die Daten in der Hoffnung, trotz der Verdichtung der Verteilung der Daten auf den Erwartungswert sinnvoll auf den Erfolg einer Strategie schließen zu können. Diese Art der Planungen abstrahiert vom Unsicherheitsproblem und plant praktisch wie in einer Entscheidungssituation unter Sicherheit. Bei einer derartigen Planung ist jedoch äußerste Vorsicht angeraten, da es bei mehrperiodigen Entscheidungsproblemen wie in der Investitionspolitik zu grob fehlerhaften Beschreibungen der ökonomischen Wirkungen und damit zu Fehlentscheidungen kommen kann.[7] Die Mängel dieser Planungsmethode liegen darin begründet, daß das Planungsmodell die stochastischen Wirkungen auf die Zustandsgrößen des Systems (Bestände an Maschinen, Lagerbestände, Fehlmengen) nicht abbildet, so daß es zu erheblichen Ungenauigkeiten bei der Beschreibung der ökonomischen Wirkungen von Entscheidungen kommen kann. Ob eine Planung unter Quasi-Sicherheit für die Investitionsrechnung sinnvoll ist, kann nur entschieden werden, wenn im Einzelfall vorab geklärt ist, ob es zu nachhaltigen Verzerrungen der Erfolgsgrößen kommt, wenn die stochastischen Abhängigkeiten der Zustandsgrößen nicht im Modell erfaßt werden.

623 Anpassungsfähigkeit der Entscheidungen

Die Unsicherheit von Daten allein ist für die Entscheidung noch nicht relevant. Beachtlich für die Unternehmenspolitik wird sie erst, wenn sie, bedingt

---

7   Vgl. Adam (1993a), S. 35 ff.

durch fehlende Elastizität der getroffenen Entscheidung, zur Verlustgefahr führt.[8] Kann ein Unternehmen seine Entscheidung jederzeit ohne Nachteil zurücknehmen (Planelastizität), könnte zu jedem Zeitpunkt die situationsabhängig günstigste Investitionsalternative ausgeführt werden. Erst die mangelnde Planelastizität führt dazu, daß u.U. eine für die tatsächlich eintreffende Datensituation nicht optimale Entscheidung gefällt wird. In der Regel dürfte die Unsicherheit über die eintreffende Datensituation stets mit Verlustgefahr verbunden sein, d.h., ein Unternehmen ist an eine einmal getroffene Investitionsentscheidung gebunden oder kann sie nur mit Zusatzkosten revidieren.

Die Elastizität wird dann zu einem für die Entscheidung wesentlichen Merkmal. Die Bewertung einer Investitionsalternative darf nicht mehr allein an der Erfolgsgröße anknüpfen. Die Bewertung muß auch die Erfolgsabweichungen als Maß für die Anpassungsfähigkeit des Planes zum Ausdruck bringen, wenn eine andere als die erwartete Datensituation eintritt. Gesucht sind mithin Investitionsalternativen, die nicht nur in einer bestimmten Datensituation zu hohen Erfolgen führen (z.B. starre Maschinenkonzepte), sondern vielmehr anpassungsfähige Alternativen. Elastizität der Pläne ist jedoch nicht zum Nulltarif zu haben; Elastizität ist vielmehr durch einen Verzicht an Gewinn zu erkaufen. Für die Investitionspolitik muß folglich eine "Trade-off"-Rate zwischen den Bewertungskriterien *Gewinn* und *Anpassungsfähigkeit* festgelegt werden.

624 Starre, flexible und rollierende Planungsmethoden

Bei der Planung von Entscheidungssequenzen unter Unsicherheit kann aus den unsicheren Informationen für künftige Zeitpunkte auch der Schluß gezogen werden, nicht bereits im Planungszeitpunkt für alle Teilperioden die optimale Verhaltensweise definitiv festzulegen, sondern mit bedingten Entscheidungen zu arbeiten. Für künftige Zeitpunkte werden dann optimale Eventualstrategien festgelegt. Welche dieser Strategien zum Zuge kommt, wird erst zu einem späteren Zeitpunkt entschieden, wenn bessere Informationen darüber vorliegen, mit welcher Datensituation künftig zu rechnen ist. Dieses Prinzip flexibler Planung[9] steht im Gegensatz zur starren Planung, bei der im Kalkulationszeitpunkt bereits das gesamte künftige Handeln festgeschrieben wird. Starre Planung erfaßt nicht die Möglichkeit, Entscheidungen für künftige Perioden auch aufschieben zu können.

---

8 Vgl. Jacob (1967).
9 Vgl. Hax (1985), S. 165 ff.

Bei einer mehrperiodigen Investitionsplanung kann sich ein Entscheidungsträger auf die Datenunsicherheit durch ein flexibles Entscheidungsverhalten einstellen. Flexibel heißt, zeitlich aufeinanderfolgende, im Erfolg aber interdependente Entscheidungen nicht als einstufige, sondern als mehrstufige Entscheidungen aufzufassen und für die in der Zukunft liegenden Stufen lediglich bedingte Entscheidungen zu treffen. Bei einer flexiblen Planung hält sich ein Unternehmen noch Entscheidungsfreiheiten für die Zukunft offen.

Der Unterschied zwischen starrer und flexibler Planung liegt darin, daß bei einer flexiblen Planung die für künftige Datensituationen möglichen bedingten Verhaltensweisen explizit formuliert und im Kalkül berücksichtigt werden, während eine starre Planung von dieser Art von Handlungsalternative abstrahiert. Eine starre Planung erfaßt damit grundsätzlich weniger Handlungsalternativen als eine flexible Planung. Als Folge der bei starrer Planung eingeschränkten Zahl an Entscheidungsalternativen kann sich ein anderer Plan als optimal erweisen als bei flexibler Planung. Eine flexible Planung ist generell sachlich richtiger als eine starre Planung, da sie von einem umfassenderen Entscheidungsfeld ausgeht. Die verbesserte Planungsgenauigkeit wird jedoch durch eine starke Ausweitung der zu berücksichtigenden Strategien erkauft, denn für jede Kombination zukünftiger Datensituationen müssen die bedingten Strategien formuliert und die optimalen Eventualpläne berechnet werden. Durch die Vielzahl möglicher Eventualstrategien steigt der Planungsaufwand sehr schnell in nicht mehr beherrschbare Größenordnungen an. Das Prinzip flexibler Planung bietet sich in der Realität daher grundsätzlich nur dann an, wenn die Zahl bedingter Strategien durch Vorüberlegungen klein gehalten werden kann. Andernfalls ist die flexible Planung kaum mehr zu handhaben. Flexible Planung ist somit mehr ein Denkprinzip als ein für praktische Planungsprobleme zu empfehlendes Verfahren.

Das Prinzip starrer und flexibler Investitionsplanung soll an einem bewußt einfach gehaltenen Beispiel näher erläutert werden. Ein Unternehmen kann in zwei Perioden ein bestimmtes Produkt verkaufen. Es ist bekannt, daß in jeder Periode entweder nur ein oder zwei Aufträge für das Produkt erteilt werden. Um eine Einheit des Produkts fertigen zu können, wird eine noch zu beschaffende Maschine benötigt. Jede Maschine hat eine Nutzungsdauer von zwei Jahren. Es stellt sich dann für das Unternehmen die Frage, wann wieviele Maschinen beschafft werden sollen. Für die Entscheidungssituation gelten folgende Daten:

- Der Kaufpreis einer Maschine beträgt $a_0 = 10$ GE, und zwar unabhängig davon, in welcher der beiden Perioden Maschinen beschafft werden.

- Maschinen, die nach nur einem Nutzungsjahr wieder verkauft werden, erbringen am Ende der ersten Periode einen Liquidationserlös L von 3 GE. Für die am Ende des zweiten Jahres veräußerten Maschinen ist nur ein Liquidationserlös von 2 GE zu erzielen.

- Für jeden produzierten und verkauften Auftrag erzielt das Unternehmen Einzahlungsüberschüsse in Höhe von 8 GE unabhängig davon, ob es sich um Aufträge in der ersten oder der zweiten Periode handelt.

Über die Absatzlage in den beiden Perioden liegen folgende Informationen vor:

- In der ersten Periode wird eine Absatzmenge von einem Produkt mit einer Wahrscheinlichkeit von 30% erwartet, d.h., die Wahrscheinlichkeit für zwei Aufträge beträgt 70%.

- Für die Absatzmenge der zweiten Periode wird angenommen, daß die erreichbare Menge an Aufträgen von der in der ersten Periode erreichten Absatzmenge abhängig ist. Wird in der ersten Periode nur ein Produkt verkauft, wird die Chance für zwei Aufträge in der zweiten Periode nur auf 20% geschätzt. Tritt in der ersten Periode jedoch die gute Absatzsituation ein, wird auch für die zweite Periode mit einer Wahrscheinlichkeit von 80% für zwei Aufträge gerechnet. Die Wahrscheinlichkeit für einen Auftrag beläuft sich dann nur auf 20%.

Die möglichen Abfolgen der Aufträge in den beiden Perioden sind in der folgenden Abbildung dargestellt.

Flexible Planung

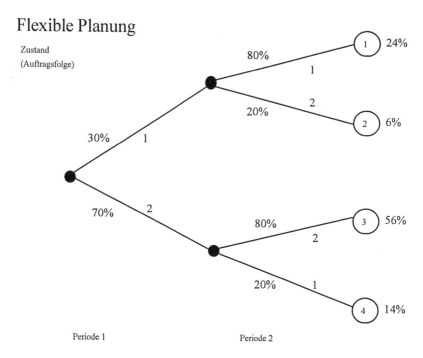

Zustand
(Auftragsfolge)

Periode 1   Periode 2

Aus diesem Zustandsbaum wird deutlich, daß es insgesamt vier Auftragsab-
folgen im Beispiel gibt. Für jede dieser Abfolgen ergibt sich eine bestimmte
Wahrscheinlichkeit. Abfolge 1 tritt mit einer Wahrscheinlichkeit von 0,3 ·
0,8 = 0,24 auf. Die Eintrittswahrscheinlichkeiten der anderen Abfolgen sind
dem Zustandsbaum zu entnehmen.

In der geschilderten Entscheidungssituation verfügt der Investor über acht
möglichweise sinnvolle Investitionsstrategien. Z.B. kann er zu Beginn der
ersten Periode eine Maschine kaufen und zu Beginn der zweiten Periode eine weitere, wenn für die erste Periode die gute Absatzsituation eingetreten
ist. Eine zweite, allerdings weniger plausible Strategie besteht darin, in der
ersten Periode eine Maschine zu beschaffen und in der zweiten Periode dann
eine weitere zu kaufen, wenn in der ersten Periode nur ein Auftrag erteilt
wurde. Bei der dritten Strategie wird in der ersten Periode eine Maschine
beschafft und unabhängig davon, wie der Absatz in der ersten Periode gelau-
fen ist, in der zweiten Periode eine weitere Maschine. Eine mit Nr. 6 in der
nachfolgenden Tabelle bezeichnete Strategie sieht vor, von den zwei zu Beginn der ersten Periode beschafften Maschinen eine am Anfang der zweiten
Periode zu verkaufen, wenn in der ersten Periode die schlechte Absatzsituation eingetreten ist. Die acht Strategien sind in der folgenden Tabelle zusammengestellt.

Strategie	Kauf am Anfang der ersten Periode	Kauf am Anfang der zweiten Periode bei gutem bzw. schlechtem Absatz in der ersten Periode	
1	1	1	
2	1		1
3	1	1	1
4	1		
5	2		
6	2		-1
7	2	-1	
8	2	-1	-1

Bei den acht formulierten Strategien handelt es sich grundsätzlich um sogenannte bedingte Strategien, d.h., das Verhalten in der zweiten Periode hängt
davon ab, welche Absatzsituation in der ersten Periode eingetreten ist. Unter
den acht Strategien gibt es jedoch vier, bei denen das Verhalten in der
zweiten Periode unbedingt ist, also nicht davon abhängt, welche Situation in
der ersten Periode eintritt (Strategie Nr. 3, 4, 5 und 8). Die flexible Planung
erfaßt im Planungskalkül alle 8 Strategien. Wird mit dem Instrument der
starren Planung gearbeitet, gehen nur die vier unbedingten Strategien in die
Modellbildung ein. Es wird damit deutlich, daß die starre Planung mit einem
eingeschränkten Entscheidungsfeld arbeitet.

Die acht Strategien müssen nun für die vier Datensituation, auf die sie treffen können, bewertet werden. Die Bewertung ist in der folgenden Tabelle
zusammengefaßt.

				Datensituation			
				1	2	3	4
				schlecht	schlecht	gut	gut
Strategie	T1	T2		1	1	2	2
Nr.		gut	schlecht	1	2	2	1
1	+1	+1	0	6	6	6	-2
2	+1	0	+1	-2	6	6	6
3	+1	+1	+1	-2	6	6	-2
4	+1	0	0	6	6	6	6
5	+2	0	0	-4	4	12	4
6	+2	0	-1	-1	-1	12	4
7	+2	-1	0	-4	4	7	7
8	+2	-1	-1	-1	-1	7	7
Wahrsch.				0,24	0,06	0,56	0,14

Für einige Felder der Matrix soll das Zustandekommen der Wertansätze durch Konstruktion der Zahlungsreihen erläutert werden.

Strategie/ Datensit.	Periode 1		Periode 2			Σ
	a_0	BZ	a_0	BZ	L	
1/1	-10	8		8		6
1/2	-10	8		8		6
1/3	-10	8	-10	16	2	6
1/4	-10	8	-10	8	2	-2

Bei der ersten Strategie erzielt das Unternehmen z.B. in der vierten Datensituation ein Defizit von 2 GE. Dieses setzt sich aus dem Kauf von je einer Maschine in beiden Perioden und je einem abgewickelten Auftrag in jeder Periode sowie einem Liquidationserlös am Ende der zweiten Periode von 2 GE zusammen. In der Datensituation 4 erhält das Unternehmen in der ersten Periode zwar zwei Aufträge. Es kann jedoch nur einen annehmen, weil bei dieser Strategie nur eine Maschine zu Beginn der ersten Periode beschafft wird.

Die weitere Berechnung der optimalen Strategie beruht auf zwei Vereinfachungen:

- Es soll nicht mit Zinsen gerechnet werden. Die Zahlungen beider Perioden können dann einfach addiert werden.

■ Es wird vereinfachend das Erwartungswertkriterium zur Verdichtung der Ergebnisinformationen angewendet, obwohl gegen dieses Kriterium bei Investitionsentscheidungen ernsthafte Bedenken gerechtfertigt sind.[10]

Die Ergebniswerte einer Strategie bei einer gegebenen Datensituation sind mit der Eintrittswahrscheinlichkeit der Datensituation zu gewichten, und alle gewichteten Bewertungen einer Strategie sind zu addieren. Es ergibt sich die folgende verdichtete Ergebnistabelle.

Strategie	Datensituation				
	1	2	3	4	Σ
1	1,44	0,36	3,36	-0,28	4,88
2	-0,48	0,36	3,36	0,84	4,08
3	-0,48	0,36	3,36	-0,28	2,96
4	1,44	0,36	3,36	0,84	6,00
5	-0,96	0,24	6,72	0,56	6,56
6	-0,24	-0,06	6,72	0,56	6,98
7	-0,96	0,24	3,92	0,98	4,18
8	-0,24	-0,06	3,92	0,98	4,60

Die sechste Strategie mit einem Erfolg von 6,98 ist damit in der gegebenen Entscheidungssituation optimal. Es sollen also zu Beginn der ersten Periode zwei Maschinen gekauft werden, von denen zu Beginn der zweiten Periode eine zu verkaufen ist, falls der Absatz in der ersten Periode schlecht läuft. Die starre Investitionsplanung, die nur die Strategien 3, 4, 5 und 8 analysiert, würde sich für die Strategie 5 mit einem Erfolg von nur 6,56 aussprechen. Es würden also auch zwei Maschinen in der ersten Periode anzuschaffen sein. Es wird aber keine Maschine in Abhängigkeit von der eingetretenen Absatzlage in der zweiten Periode verkauft.

Für eine näherungsweise Berücksichtigung aller zeitlich vertikalen Interdependenzen ist die rollierende oder auch überlappende Planung ein geeignetes Instrument. Bei der überlappenden Planung wird die gesamte Planungsperiode in mehrere Teilperioden untergliedert, und für jede Teilperiode werden die nötigen Entscheidungen gefällt. Realisiert wird aber nur die Entscheidung, die sich auf die erste Teilperiode bezieht. Für den nächsten, eine Teilperiode später durchzuführenden Planungsdurchgang wird der Planungshorizont um eine Teilperiode nach hinten verlagert. Verwirklicht wird erneut nur die Entscheidung der dann neuen ersten Teilperiode. Für die gleichen Zeit-

---

10 Vgl. Abschnitt 61.

räume wird somit mehrmals geplant. Diese Pläne unterscheiden sich dadurch, daß jeweils neuere, verbesserte Informationen über Handlungsalternativen und Daten in die Betrachtung eingehen.

Das Prinzip rollierender Planung bietet sich insbesondere dann an, wenn mit einer starren Planungsmethode gearbeitet wird, wenn also keine bedingten Investitionsstrategien im Modell erfaßt werden. Die Methode rollierender Planung ist ein Instrument, um Eventualverhaltensmöglichkeiten zumindest näherungsweise in das Kalkül einzubeziehen.

Wird das Instrument der rollierenden Planung auf das vorhergehende Beispiel angewendet, stellt der Investor zu Beginn der zweiten Periode die Frage, ob es sinnvoll ist, bei der bisherigen Strategie zu bleiben, die keinen Verkauf einer Maschine vorsieht. Im Beispiel kann der Investor seine Entscheidung auf Basis der neuen Informationen über die aufgrund des Absatzes in der ersten Periode zu erwartenden Absatzchancen in der zweiten Periode revidieren. Er kann sich dann nachträglich auch dafür aussprechen, eine Maschine zu verkaufen, wenn in der ersten Periode die schlechte Absatzlage eingetreten ist. Im Endeffekt würde der Investor dann bei rollierender, starrer Planung im Beispiel zum gleichen Ergebnis kommen wie bei flexibler Planung. Gleiche Strategien ergeben sich bei beiden Vorgehensweisen aber nur dann, wenn die optimale starre und die optimale flexible Strategie für die erste Periode das gleiche Investitionsverhalten vorsehen. Führen beide Konzepte schon in der ersten Periode zu unterschiedlichen Entscheidungen, ist der Fehler der starren Planung durch die rollierende Planung nicht mehr zu beseitigen.

625 Risikoausgleich

Ziel der Investitionsplanung unter Unsicherheit ist es nicht nur, den Erwartungswert als Ausdruck der Güte von Investitionsstrategien zu bestimmen. Es kommt insbesondere auch darauf an, die Risikowirkungen herauszuarbeiten. Eine isolierte Beurteilung einzelner Investitionen kann bei Unsicherheit nur das mit der einzelnen Investition verbundene Risiko abbilden. Es bestehen jedoch beim Risiko Verbundeffekte zwischen Investitionsobjekten, die es auch zu erfassen gilt. Werden gleichzeitig mehrere Investitionen durchgeführt, kann es zu einem Risikoausgleich zwischen den gleichzeitig zu realisierenden Investitionen kommen, d.h., das Gesamtrisiko ist kleiner als die Summe der Einzelrisiken.[11] Ziel der Investitionsrechnung ist es dann auch,

---

11   Vgl. Markowitz (1959).

diese risikokompensierenden Effekte neben den Erfolgswirkungen zu erfassen.

Ein Unternehmen steht z.b. vor der Frage, einen bestimmten Kapitalbetrag entweder in eine Maschine zu investieren oder diesen Betrag auf zwei kleinere Anlagen aufzuspalten, die Produkte für zwei unterschiedliche Märkte produzieren. Beide Investitionsalternativen mögen den gleichen Gewinnerwartungswert aufweisen. Die zweite Politik hat jedoch ein geringeres Risiko zur Folge (Diversifikation). Das Prinzip der Diversifikation besteht darin, daß durch die Aufteilung der Finanzmittel die Eintrittswahrscheinlichkeit extremer Datensituationen verringert wird. Bei einer Konzentration auf einen Markt mit z.b. drei Datensituationen möge für jede Situation eine Eintrittswahrscheinlichkeit von 1/3 gelten. Bei zwei unabhängigen Märkten mit jeweils drei Datensituationen gibt es insgesamt neun Datenkombinationen. Für jede Situation gilt dann z.b. eine Wahrscheinlichkeit von 1/9. Als Folge dieser veränderten Wahrscheinlichkeiten sinkt bei einer Verteilung der Investitionstätigkeit auf zwei Märkte die gesamte Streuung der Gewinne (Maß für das Risiko) im Vergleich zum Fall einer Konzentration der Investitionsmittel auf eine Anlage bzw. einen Absatzmarkt. In der Investitionspolitik kommt es dann darauf an, das Investitionsbudget so auf die Investitionsalternativen aufzuspalten, daß eine effiziente Lösung erreicht wird. Gesucht ist das Investitionsprogramm, bei dem ein bestimmter Gewinnerwartungswert mit minimaler Streuung der Gewinne erreicht werden kann. Eine optimale Lösung kann dann nur identifiziert werden, wenn aus den Zielkomponenten Gewinn und Risiko eine übergeordnete Zielfunktion entwickelt wird. Das Prinzip des Risikoausgleichs soll an einem einfachen Beispiel[12] näher erklärt werden.

Ein Unternehmen kann seine Investitionsaktivitäten auf einen Markt konzentrieren, oder es kann auf zwei unabhängigen Märkten tätig sein. Die Absatzmöglichkeiten sind unsicher, und auf jedem Markt werden drei Datensituationen für möglich gehalten. Ist das Unternehmen nur auf einem Markt engagiert, mögen folgende Datensituationen gelten:

---

12 Vgl. Jacob (1978), S. 24 ff.

Datensituation	Gewinn	Absolute Abweichung vom Erwartungswert
1	36	20
2	24	8
3	-12	28
Gewinnerwartungswert	48:3 = 16	56:3 = 18,$\overline{6}$

Alle drei Situationen sind gleich wahrscheinlich, so daß sich ein Erwartungswert des Gewinns von 16 GE errechnet. Als Maß für das Risiko wird der Erwartungswert der absoluten Gewinnabweichung (mittlere absolute Abweichung) vom Erwartungswert herangezogen, der sich im Beispiel auf 18 $2/3$ GE beläuft. Verteilt das Unternehmen seine Investitionsaktivitäten gleichmäßig auf beide Märkte, soll unterstellt werden, daß die Gewinne auf jedem Markt dann jeweils halb so groß sind. Für die Kombination der Datensituationen in zwei Märkten existieren somit folgende Gewinne:

Markt 1		Markt 2		Gesamt-gewinn	Absolute Abweich.
Situation	Gewinn	Situation	Gewinn		
1	18	1	18	36	20
1	18	2	12	30	14
1	18	3	-6	12	4
2	12	1	18	30	14
2	12	2	12	24	8
2	12	3	-6	6	10
3	-6	1	18	12	4
3	-6	2	12	6	10
3	-6	3	-6	-12	28
Erwartungswert				16	12,$\overline{4}$

Durch die Politik, auf zwei Märkten anzubieten, bleibt der Gewinnerwartungswert unverändert bei 16 GE. Das Risiko sinkt jedoch von 18 $2/3$ GE auf 12,44 GE. Dafür ist folgender Umstand ausschlaggebend: Die Wahrscheinlichkeit für den Eintritt der extremen Situationen mit einem Gewinn von 36 bzw. einem Verlust von 12 wird bei neun Datensituationen von 1/3 auf 1/9 reduziert, während die Eintrittswahrscheinlichkeit mittlerer Gewinnlagen größer wird. Die erweiterten Aktivitäten haben mithin eine Gewinnausgleichstendenz. Analysen dieser Art setzen stets eine Betrachtung der Aktivitäten des Gesamtunternehmens voraus. Partiale Betrachtungsweisen erlauben es nicht, den Risikoausgleichseffekt aufzuzeigen.

63 Zielproblematik bei Unsicherheit

Ein Unternehmen kann zwar nach Maximierung des Erfolges streben; es hat jedoch bei Unsicherheit keine Möglichkeit, dieses Ziel garantiert zu erreichen, da die Höhe des Erfolges auch von der zufällig eintretenden Datensituation abhängig ist. In diesem Falle ist jede Investitionsentscheidung mit zwei Maßgrößen zu bewerten: einer Maßgröße für den Erfolg (z.B. Gewinn, Barwert, Endwert, Entnahme) und einer zweiten Kenngröße für das Risiko.

Auf die Probleme, die mit der Formulierung der Maßgröße für den Erfolg verbunden sind, ist an früherer Stelle ausführlich eingegangen worden. Um Wiederholungen zu vermeiden, sei daher auf das Kapitel 21 verwiesen. Für die Quantifizierung einer Kenngröße des Risikos einer Investitionsentscheidung existieren grundsätzlich zwei Denkrichtungen. Einmal wird Risiko nur als Verlustgefahr definiert. In die Risikobewertung gehen dann nur Datensituationen ein, in denen eine Entscheidung zu Verlusten führt. Bei der zweiten Denkrichtung wird Risiko als Gefahr einer Abweichung von einer Gewinngröße - z.B. dem Erwartungswert - aufgefaßt. Unglücklich an dieser zweiten, in der Literatur vorherrschenden Risikodefinition ist, daß auch positive Abweichungen als Risiko interpretiert werden, was ökonomisch nur schwer verständlich ist. Diese zweite Denkrichtung mißt Risiko in zwei Formen. Einmal wird die mittlere Abweichung des Erfolges einer Strategie in allen Datensituationen - Streuung - bestimmt (horizontale Messung). Bei einer vertikalen Messung wird dagegen die Abweichung der Erfolge einer Entscheidung in einer bestimmten Datensituation im Vergleich zu anderen möglichen Entscheidungen beurteilt.

Ein Beispiel soll diese Messungsalternativen verdeutlichen. Betrachtet werden drei Strategien in vier Datensituationen. Für die Strategien ergeben sich in den einzelnen Datensituationen die nachstehenden Erfolge:

Strategie	Datensituation			
	1	2	3	4
A	-10	30	50	52
B	-5	20	40	54
C	25	27	52	59

Bei der ersten Messungsart sind nur die Strategien A und B mit Risiken behaftet, da nur bei ihnen ein Verlust entstehen kann. Bei der zweiten Messungsart gehen alle Erfolgsdaten in die Berechnung des Risikos ein. Bei horizontaler Messung wird z.B. die Spannweite der Erfolge einer Strategie als Ausdruck des Risikos benutzt. Bei der Strategie A streuen die Erfolge von

-10 GE bis 52 GE und bei B von -5 GE bis 54 GE. Das Risiko, ausgedrückt als Spannweite, ist dann bei der Strategie B mit 59 GE niedriger als bei A mit 62 GE. Bei vertikaler Risikomessung wird die Spannweite der Strategien bei einer Datensituation betrachtet. In der Datensituation 1 ist die Strategie C optimal, und mit B ist ein Risiko von 30 GE, mit A ein Risiko von 35 GE verbunden. In der Situation 2 ist A die optimale Entscheidung, und B (C) ist mit einem Risiko von 10 GE (3 GE) behaftet.

Die vertikale Form der Messung ist insoweit entscheidungslogisch proble-matisch, als Abweichungen von einer je nach Datensituation unterschiedli-chen Erfolgshöhe berechnet werden.[13] Eine Streuung von 10 GE um einen Gewinnwert von 50 GE wiegt aber schwerer als eine Streuung von 10 GE um einen Wert von 10.000 GE. Die Risikoangaben sind folglich nicht ver-gleichbar. Die Streuung um den optimalen Wert in einer Datensituation al-lein bringt nicht mehr zum Ausdruck, daß sie sich auf jeweils andere Basis-werte bezieht.

Unter Risikogesichtspunkten empfiehlt sich ein zweistufiges Vorgehen bei der Investitionsplanung. In einer ersten Stufe sollten Basisstrategien aus den Überlegungen ausgeklammert werden,

- die in bestimmten Datensituationen ein zu hohes Risiko - Konkursfall - nach sich ziehen oder

- die von anderen Strategien dominiert werden. Dominiert ist eine Strate-gie dann, wenn der Erfolgswert einer Strategie in allen Datensituationen gleich oder schlechter ist als der einer anderen. Dominierte Strategien können bei einem rationalen Entscheidungskriterium niemals optimal sein. Sie können daher für weitere Überlegungen ausgeklammert werden.

Nur auf die Teilmenge von Basisinvestitionen, die diesen doppelten Filter passiert haben, werden anschließend entscheidungstheoretische Methoden zur Bewertung von Investitionsprogrammen (Budgetierung) angewendet. Diese Methoden können vorsehen, die Risiko- und die Erfolgsbewertung zu einer gemeinsamen Kenngröße zu verdichten (Nutzenfunktionen). Es ist aber auch möglich, mit beiden Kenngrößen getrennt zu arbeiten. In diesem Falle kann aber keine optimale Strategie entwickelt werden. Es ist nur möglich, ein effizientes Investitionsbudget zusammenzustellen. Als effizient wird ein Budget bezeichnet, das bei einem bestimmten Endwert oder einer bestimm-

---

13   Vgl. Adam (1993a), S. 195 f.

ten Entnahme zur geringsten Streuung des Zielfunktionswertes führt (Risikoausgleich).

64 Methoden der Investitionsrechnung bei Unsicherheit

641 Methodischer Überblick

Die Methoden der Investitionsrechnung bei Unsicherheit sind danach zu differenzieren, welche Strukturmerkmale des Entscheidungsproblems sie abbilden. Die Spannweite der Methoden reicht von einfachen Korrekturverfahren, die lediglich bestimmte Daten dem Unsicherheitsfall anpassen, über Methoden, die die Erfolge einer Strategie in verschiedenen Datensituationen transparent machen, bis hin zu Verfahren der Entscheidungstheorie und mathematischen Programmierung. Die letzte Klasse von Methoden versucht die Struktur des Entscheidungsproblems möglichst umfassend abzubilden.

Eine zweite Differenzierung kann nach dem Einsatzzweck der Modelle vorgenommen werden. Aufgabe der ersten Klasse von Modellen ist es, die im Hinblick auf eine bestimmte Zielfunktion optimale Entscheidung zu identifizieren. Voraussetzung dieser Methoden ist es, die einzelnen Bewertungskriterien einer Investition (Erfolg, Risiko) zu einer Nutzenfunktion zu verdichten. Die zweite Modellklasse geht davon aus, daß dieses Vorhaben nicht gelingt. In diesem Fall sollen lediglich effiziente Entscheidungen bestimmt werden, bzw. es wird die Wirkung der Strategien auf einzelne Ziele aufgezeigt. Die Entscheidung für eine bestimmte Strategie ist nicht mehr als rechenhafter Vorgang aufzufassen, sondern unterliegt der individuellen Wertung des Entscheidungsträgers.

642 Korrekturverfahren

Korrekturverfahren[14] berücksichtigen die Unsicherheit durch pauschale **Risikoabschläge** oder **-zuschläge** bei den Daten (Zahlungen, Nutzungsdauer, Zinssatz). Z.B. wird der Abzinsungssatz um einen Risikozuschlag erhöht. Es können einzelne Daten oder auch gleichzeitig mehrere Daten risikokorrigiert sein. Mit den korrigierten Daten wird dann wie im Fall sicherer Daten gerechnet. Je größer die Unsicherheit ist, desto stärker werden die Daten korrigiert. Die Verfahren geben jedoch keinen inhaltlichen Hinweis, in welchem Ausmaß die Daten zu korrigieren sind. Die Korrekturverfahren bestimmen

---

14 Vgl. Blohm, Lüder (1991), S. 232 ff.

gewissermaßen den Investitionserfolg im schlechtesten Fall. Eine Investition wird mithin als vorteilhaft eingestuft, wenn sie auch noch im schlechtesten Fall dem angewandten Entscheidungskriterium (z.B. positiver Kapitalwert) genügt.

Die den Korrekturverfahren innewohnende Willkür bei der Datenkorrektur kann leicht zum "Totrechnen" von Projekten führen. Die resultierenden Zielwerte (z.B. Kapitalwerte) sind kaum sinnvoll interpretierbar, da das Risiko durch die meist nicht nachvollziehbaren individuellen Datenkorrekturen verdeckt wird. Eine Abwägung von Chancen und Risiken in unterschiedlichen Datensituationen unterbleibt. Korrekturverfahren sind daher als die einfachste, aber auch ungeeignetste Methode der Investitionsrechnung bei unsicheren Daten einzustufen.

In der Praxis finden derartige Vorgehensweisen häufig Anwendung, um das generelle Risiko einer Investition zu erfassen. Die Investitionen werden dann nach **Risikoklassen** eingeteilt, und für jede Klasse wird auf den Kalkulationszinsfuß ein unterschiedlich hoher Risikozuschlag verrechnet. Das Problem dieser Vorgehensweise liegt jedoch darin, daß Kapitalwerte auf der Basis unterschiedlicher Kalkulationszinssätze nicht mehr miteinander vergleichbar sind. Durch einen Vergleich der Kapitalwerte kann dann nicht entschieden werden, welche Investition besser ist. Diese Vorgehensweise vermengt die Erfolgs- und die Risikobewertung von Investitionen zu einer nicht mehr trennbaren Größe.

643 Sensitivitätsanalyse

Sensitivitätsanalysen[15] beantworten die Frage, ob Entscheidungen bei bestimmten Veränderungen von Daten stabil bleiben. Falls die Entscheidungen nur für bestimmte Bereiche aus dem Unsicherheitsintervall der Daten stabil sind, müssen die **kritischen Werte** ermittelt werden, bei denen sich die optimale Lösung ändert. Falls jede Veränderung der Daten eine Veränderung der Entscheidung bewirkt, ist zu untersuchen, wie stark die Lösung auf bestimmte Datenänderungen reagiert (**Sensibilität**). Analysiert werden kann z.B., wie sich Nutzungsdauer, Absatzmengen, Preise, Anschaffungsauszahlungen oder die laufenden Betriebsausgaben verändern dürfen, ohne daß die Vorteilhaftigkeit einer Investition in Frage gestellt wird.

Im einfachsten Fall beziehen sich Sensitivitätsanalysen nur auf ein unsicheres Datum. Hierzu ein Beispiel: Die Anschaffung einer Maschine führt zu

---

15 Vgl. Albach (1976); Blohm, Lüder (1991), S. 234 ff.

Auszahlungen von a_0=750.000 GE. Die Daten der Investition seien bis auf den Verkaufspreis der Produkte sicher. Es gilt eine Nutzungsdauer von n=3 Jahren. Die jährlichen beschäftigungsunabhängigen Ausgaben K_f belaufen sich auf 27.290 GE. Je produzierter Mengeneinheit fallen variable Ausgaben k_v von 25 GE an. Der Rechnung wird ein Kalkulationszinsfuß von i=0,1 zugrunde gelegt. Im 1. Jahr wird mit einer Absatzmenge x von 150.000 ME gerechnet, und der Investor geht davon aus, daß sich die Absatzmengen jährlich um z=12% (bezogen auf das Vorjahr) erhöhen. Für die Investition gilt dann die folgende Kapitalwertfunktion (mit RBF=Rentenbarwertfaktor):

$$C_0 = -a_0 + \sum_{t=1}^{n} x(1+z)^{t-1}(p - k_v)(1+i)^{-t} - K_f \cdot RBF$$

Zur Ermittlung des kritischen Verkaufspreises p wird C_0=0 gesetzt und die Formel nach p aufgelöst:

$$p = \frac{a_0 + K_f \cdot RBF}{\sum_{t=1}^{n} x(1+z)^{t-1}(1+i)^{-t}} + k_v$$

Der kritische Verkaufspreis beträgt 26,96 GE. Wird bei den geschätzten Absatzmengen ein Preis von 35 bis 40 GE für durchsetzbar gehalten, ist die Investitionsentscheidung gegenüber den Informationsdefiziten stabil. Kritische Werte geben damit einen Einblick in die Struktur und die Spielräume einer Entscheidung.

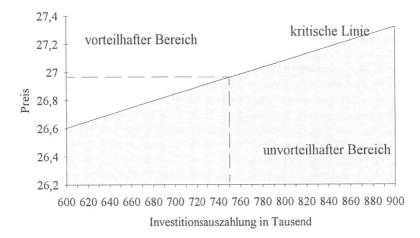

Umfaßt eine Analyse kritischer Werte mehrere unsichere Daten, ist der kritische Wert in bezug auf ein Datum jeweils als Funktion der Ausprägung eines anderen Datums zu formulieren. Es gibt folglich keine kritischen Werte im Sinne eines Punktes wie im obigen Beispiel, sondern es gilt eine Linie kritischer Wertkombinationen. Kennt der Investor z.b. die erforderlichen Investitionsauszahlungen nur ungenau, und hält er ein Intervall zwischen 600.000 und 900.000 GE für realistisch, kann für jede Ausprägung der Investitionszahlung der zugehörige kritische Verkaufspreis berechnet werden. Die Ergebnisse lassen sich dann in einem Diagramm zusammenfassen. Der folgenden Abbildung ist zu entnehmen, daß der kritische Preis ansteigt, wenn sich die Anschaffungszahlung erhöhen.

Vorteilhaft ist die Investition nur, wenn der Verkaufspreis die kritische Preislinie überschreitet.

644 Entscheidungstheoretische Bewertung von Investitionen

6441 Erwartungswertkriterium

Die am häufigsten angewandte Entscheidungsregel ist die Maximierung des Erwartungswertes - auch μ-Prinzip genannt.[16] Der Erwartungswert μ ist strenggenommen nur auf häufig wiederkehrende Entscheidungen anwendbar. Jede einzelne Entscheidung ist dann zwar noch mit Unsicherheit verbunden, der Erfolg der Gesamtheit aller Maßnahmen strebt jedoch einem Grenzwert zu; - dem mathematischen Erwartungswert μ des Erfolges. Wird der Erwartungswert des Erfolges als Effizienzmaß einer Strategie benutzt, bezieht sich dieses Maß auf die gesamte Kette identischer Entscheidungen. Die einzelnen Entscheidungen der Kette werden hingegen nicht beurteilt. Aus diesem Grunde ist das Erwartungswertkriterium für einmalige Entscheidungen auch skeptisch zu beurteilen. In der Investitionsrechnung ist dieses Kriterium daher eigentlich nur für die Wahl der Nutzungsdauer von Ketten identischer Investitionen anwendbar.

Der Erwartungswert EW der ökonomischen Vorteile V einer Investition i entspricht der Summe der mit den Wahrscheinlichkeiten w_j gewichteten Erfolge V_{ij} in den einzelnen Datensituationen j.

$$EW(V_i) = \sum_j w_j \cdot V_{ij}$$

---

16 Vgl. Bamberg, Coenenberg (1992), S. 70 ff.

Das Erwartungswertkriterium vernachlässigt Risikoaspekte - z.B. Standard-abweichungen - vollständig. Das aber bedeutet, daß ein Entscheidungsträger zwei Strategien mit gleichem Erwartungswert als gleichwertig einstuft und zwar unabhängig von der Streuung der Erfolge. Im Erwartungswertkriterium kommt damit eine indifferente Einstellung des Entscheidungsträgers gegen-über dem Risiko zum Ausdruck.

Einen formal ähnlichen Weg geht das Bernoulli-Prinzip. Es wird jedoch nicht der Erwartungswert der Erfolge, sondern der des Risikonutzens be-stimmt. Der Risikonutzen ist als Funktion der Erfolge definiert. Mit einer für jeden Entscheidungsträger individuell zu bestimmenden Risikonutzenfunkti-on ist jedem möglichen Ergebniswert V_{ij} einer Strategie i in einer Datensi-tuation j ein Nutzen $N(V_{ij})$ zugeordnet. Die Nutzenwerte $N(V_{ij})$ werden mit der Eintrittswahrscheinlichkeit w_j gewichtet und zum Erwartungswert des Nutzens $EW(N_i)$ summiert.

$$EW(N_i) = \sum_j w_j \cdot N\left(V_{ij}\right)$$

Die Art der Nutzenfunktion wird durch die individuelle Risikoneigung des Entscheidungsträgers bestimmt. Bei einer linearen Beziehung zwischen Nutzen und Gewinn besteht Risikoneutralität. Das Bernoulli-Prinzip geht dann in das Erwartungswertkonzept über. Wächst der Nutzen unterpropor-tional (überproportional) mit wachsendem Erfolg V_{ij}, wird von Risikoscheu (Risikofreude) gesprochen. Relevant sind insbesondere Nutzenfunktionen bei Risikoscheu.

Das Grundproblem des Bernoulli-Prinzips ist in der Quantifizierung einer konsistenten Nutzenfunktion zu sehen. Bei der Ermittlung der individuellen Nutzenfunktion ergeben sich z.B. Probleme, wenn die Anwendung einer ge-fundenen Funktion zu überraschenden und ungewollten Ergebnissen führt (z.B. Allais-Paradoxon[17]). Liegen in realen Planungssituationen viele Alter-nativen und viele mögliche Umweltsituationen vor, dürfte der Entschei-dungsträger überfordert sein, die Alternativen in eine eindeutige Reihenfolge der Vorziehenswürdigkeit zu bringen. Darüber hinaus sind Nutzenfunktio-nen in der Regel zeit- und situationsabhängig, so daß eine quantifizierte Nutzenfunktion nicht mit der in einer bestimmten Entscheidungssituation tat-sächlich empfundenen Präferenz übereinstimmen muß. Das Bernoulli-Prin-zip überzeugt zwar als formales Denkprinzip des Rationalverhaltens[18]; es ist

---

17 Vgl. Thießen (1993).

18 Vgl. Bitz (1981), S. 91 ff.

jedoch wegen der Einmaligkeit von Entscheidungen nur unter starken Vorbehalten für die Investitionsrechnung praktisch einsetzbar.

6442 μ-σ-Prinzip

Eine andere Möglichkeit, Risiko bei der Entscheidungsfindung zu berücksichtigen, besteht darin, neben dem **Erwartungswert** μ auch die **Standardabweichung** σ einzubeziehen. Jede Strategie wird dann durch zwei Kenngrößen bewertet. Nach dem μ-σ-Prinzip können Verhaltensweisen rational sein, die nach dem μ-Prinzip als unlogisch erscheinen, wie z.B. der Abschluß einer Versicherung.[19]

Das μ-σ-Prinzip kann in zwei Formen angewendet werden:

- ■ Einmal werden nur effiziente Lösungen identifiziert. Risikoscheues Verhalten des Entscheidungsträgers vorausgesetzt, ist eine Lösung dann effizient (nicht dominiert), wenn sie bei Gleichheit der Standardabweichungen den höchsten Erwartungswert besitzt. Anwendung findet dieses Vorgehen z.B. in der Portfolio Selection bei der Suche nach effizienten Finanzanlagen.

- ■ In einer zweiten Form des μ-σ-Prinzips wird zusätzlich mit Nutzenfunktionen gearbeitet, die aus den beiden Kenngrößen gebildet werden. Dadurch wird die Entscheidung unter Risiko formal in eine Entscheidung unter Sicherheit überführt. Mit Hilfe einer Nutzenfunktion, die das Austauschverhältnis zwischen μ und σ definiert, gelingt dann auch die Auswahl einer optimalen Strategie. Das um Nutzenfunktionen erweiterte μ-σ-Konzept wird z.B. in der **Kapitalmarkttheorie** beim **Capital Asset Pricing Model (CAPM)** angewendet.

Bei der **Portfolio Selection**[20] steht ein Investor vor der Aufgabe, einen bestimmten Kapitalbetrag in Wertpapiere zu investieren. Ziel ist es, jene Wertpapiermischung zu bestimmen, bei der die Varianz für alternativ vorgegebene Erwartungswerte EW der Gesamtrendite minimal ist. Aus diesen effizienten Strategien ist aber nicht abzuleiten, wie sich ein Anleger tatsächlich verhält, da eine Nutzenfunktion fehlt. Das Modell der **Kapitalmarktlinie** und das Capital Asset Pricing Model (CAPM/**Wertpapierlinie**)[21] bauen auf

---

19   Vgl. Bitz (1981), S. 98 ff.

20   Vgl. Markowitz (1959).

21   Vgl. Sharpe (1970).

den Ergebnissen der Portfolio Selection auf. Die Portfolio Selection geht noch von einzelnen Anlegern (Investoren) aus. Das Modell der Kapitalmarktlinie untersucht hingegen das Anlageverhalten einer Vielzahl von Anlegern mit homogenen Erwartungen und gleichem Informationsstand. Das CAPM schließlich will die Bewertung von Anlagemöglichkeiten (Investitionen) durch den Markt erklären.

Das Modell der Kapitalmarktlinie unterstellt, daß zusätzlich zu den mit Risiko behafteten effizienten Portefeuilles eine völlig risikolose Anlage zum fixen Zinssatz i_f existiert. Zu diesem Zinssatz kann ein Investor auch zusätzliches Kapital aufnehmen. Der Anleger wird dann je nach Risikobereitschaft einen Teil α seines Budgets in die risikobehafteten Papiere und den Rest (1-α) in die risikolose Anlage investieren. Weiterhin wird unterstellt, daß ein vollkommener Kapitalmarkt ohne Behinderungen durch Steuern, Transaktionskosten und Vorschriften vorliegt und daß alle am Markt tätigen Investoren homogene Erwartungen über die Renditen und das Risiko der Anlagemöglichkeiten haben. Die Existenz des Sicherheitszinsfußes bewirkt, daß von allen effizienten Portefeuilles (Portfolio Selection) nur eines effizient bleibt, nämlich dasjenige, bei dem die Gerade (Kapitalmarktlinie) zwischen i_f und der Effizienzkurve zur Tangente wird.

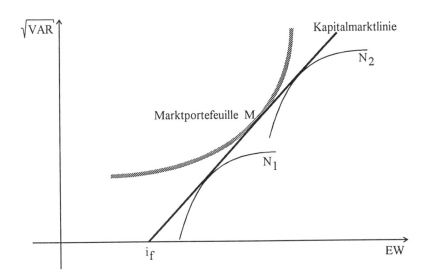

Das durch diesen Tangentialpunkt festgelegte Portefeuille M wird **Marktportefeuille** genannt. Im Punkt i_f (M) wird das gesamte Budget in die sichere (unsichere) Anlage investiert. Zwischen i_f und M sind beide Anlageformen gleichzeitig vertreten. In Punkten oberhalb von M nimmt der Investor zum risikolosen Zinssatz i_f zusätzlich Kredit am Markt auf und investiert diesen Betrag in das Marktportefeuille. Weil das Marktportefeuille eine höhere Verzinsung als der Kredit bietet, steigt die erwartete Rendite (Hebeleffekt). Rational handelnde Investoren wählen nur Lösungen, die auf der Kapitalmarktlinie liegen. Alle Anleger halten die risikobehafteten Papiere demnach in gleichen Mengenverhältnissen. Dieser Zusammenhang wird als Separationstheorem bezeichnet, weil sich die Zusammensetzung des Marktportefeuilles und die optimalen Portefeuilles einzelner Anleger getrennt voneinander bestimmen lassen.[22] Je nach Lage ihrer Nutzenfunktion (N_1, N_2), d.h. je nach dem Grad ihrer Risikoscheu, realisieren sie jedoch unterschiedliche Punkte auf der Kapitalmarktlinie. Auf dieser Linie existiert eine bestimmte Austauschrate zwischen dem Erwartungswert EW und dem Risikomaß (Varianz). Sie gibt an, um welchen Betrag die erwartete Marktrendite bei effizientem Verhalten zunehmen muß, wenn das Risiko steigt. Die Steigung der Kapitalmarktlinie kann als Preis für das einzugehende Risiko interpretiert werden. Dieser Preis hängt vom Zinssatz i_f, dem Erwartungswert EW_α sowie der Varianz VAR_α einer effizienten Aufteilung α in sichere und unsichere Anlagen ab. Für den Erwartungswert EW_α gilt:

$$EW_\alpha = \alpha \cdot EW_M + (1-\alpha) \cdot i_f = i_f + \alpha \cdot (EW_M - i_f)$$

Mit EW_M wird der Erwartungswert des Marktportefeuilles bezeichnet. Die Varianz VAR_α des Mischportefeuilles aus sicherer und unsicherer Anlage ergibt sich als:

$$VAR_\alpha = \alpha^2 \cdot VAR_M$$

(mit VAR_M = Varianz des Marktportefeuilles M). Es gilt dann:

$$EW_\alpha = i_f + \frac{EW_M - i_f}{\sqrt{VAR_M}} \cdot \sqrt{VAR_\alpha}$$

Der Faktor vor der Standardabweichung $\sqrt{VAR_\alpha}$ des Mischportefeuilles gibt die Steigung der Kapitalmarktlinie an. Investoren verlangen bei risikobehafteter Anlage mindestens die Rendite i_f und zusätzlich einen Risikozuschlag in Abhängigkeit von der Höhe des Risikos $\sqrt{VAR_\alpha}$.

Während die Kapitalmarktlinie Auskunft über die Renditeforderungen für Risikoübernahme und damit über die Kapitalmarktkosten unter Unsicherheit

---

22 Vgl. Perridon, Steiner (1993), S. 249 ff.

gibt, versucht das CAPM (Wertpapierlinie), den Preis einer einzelnen risikobehafteten Kapitalanlage (capital asset) als Bestandteil des Markt-portefeuilles M zu bestimmen. Das CAPM ist insofern ein Bewertungsmo-dell, mit dessen Hilfe u.a. die Eigenkapitalkosten (Renditeerwartung der Eigenkapitalgeber) bestimmt werden können. Da risikoscheue Investoren das effiziente Portefeuille M halten, bewerten sie die Aktien nicht isoliert, sondern als Bestandteile des Markportefeuilles. Der Erwartungswert einer einzelnen Aktie ist ihr Beitrag zum Gesamterwartungswert EW_M und ihr Risiko ein Beitrag zum Gesamtrisiko VAR_M. Durch Diversifikation (Wertpapiermischung) kann ein Teil des isolierten Risikos einer Aktie (unsystematisches Risiko) vermieden werden. Daher erhält ein Investor am Markt auch keine "Entschädigung" für die Übernahme dieses Risikos. Das unsystematische Risiko resultiert aus Zufälligkeiten, die sich durch Korrelationen zwischen Renditen von Wertpapieren nicht erkären lassen. Z.B. kann die Rendite eines Unternehmens zufallsbedingt durch eine Be-triebsunterbrechung bei einem Zulieferer vom Renditetrend am Markt ab-weichen. Ein Kapitalanleger schützt sich gegen vergleichbare Risiken durch Verteilung seiner Anlagen auf mehrere Wertpapiere. Der andere Teil des Gesamtrisikos ist das systematische Risiko. Es resultiert aus der Kursent-wicklung der Aktie im Verhältnis zum gesamten Kapitalmarkt und wird z.B. durch politische und volkswirtschaftliche Faktoren bestimmt. Gegen das systematische Risiko ist kein Schutz durch diversifizierende Strategien möglich. Als Maß für das systematische Risiko wird die Kovarianz $COV(r_i, r_M)$ oder kurz COV_{iM} zwischen der Rendite r_i des zu bewertenden Wert-papiers i und der Rendite r_M des Marktportefeuilles herangezogen. Die Renditeerwartung des Papiers i ergibt sich[23] zu:

$$\mu_i = i_f + (EW_M - i_f)\frac{COV_{iM}}{VAR_M}$$

Diese Gleichung wird als Wertpapierlinie bzw. CAPM bezeichnet. Sie besagt: Im Gleichgewicht muß die Renditeerwartung für eine Aktie der Summe aus risikolosem Zinssatz und einer Risikoprämie für jede übernom-mene systematische Risikoeinheit entsprechen.

Der Faktor $\beta_i = \dfrac{COV_{iM}}{VAR_M}$ wird Beta-Faktor genannt; durch ihn wird das sy-stematische Risiko β_i eines Wertpapiers i gemessen.

Im Rahmen der Investitionsrechnung (Kapitalwertmethode) kommt der Festlegung des Kalkulationszinsfußes für die Beurteilung der Vorteilhaftig-

---

23 Vgl. Perridon, Steiner (1993), S. 254 ff.

keit einer Investition eine entscheidende Bedeutung zu. Bei Unsicherheit könnte für die Investitionsrechung ein risikoadjustierter Zinssatz angesetzt werden, der der Gleichgewichtsrendite $\mu_i = i_f + (EW_M - i_f) \cdot \beta_i$ entspricht. Dazu müßte allerdings das systematische Risiko β_i der zu beurteilenden Investition i im Vergleich zum Marktportefeuille ermittelt werden können. Man erhält die folgende Entscheidungsregel: "Läßt eine Investition eine höhere Rendite erwarten als die Gleichgewichtsrendite μ_i des CAPM, dann führe sie durch!" Diese Entscheidungsregel ist allerdings in vielerlei Hinsicht angreifbar:

- Die Entscheidung, eine Investition durchzuführen, kann die Rendite einer Aktie beeinflussen, was Rückwirkungen auf das Marktportefeuille haben kann. Diese u.U. allerdings geringe Veränderung des Marktportefeuilles und damit des Preises für die Übernahme von Risiko ist in der einfachen Entscheidungsregel nicht abgebildet, weil eine Rückkopplung fehlt. Strenggenommen kann keine risikobehaftete Investition eine andere Renditeerwartung in Abhängigkeit vom übernommenen systematischen Risiko aufweisen, als im CAPM berechnet wird, da in die Berechnung des Marktportefeuilles als Gleichgewichtszustand per definitionem alle riskanten Anlagen (also auch die zu beurteilenden Sachinvestitionen) eingehen. Treten real Abweichungen auf, muß es sich um Ungleichgewichte oder **Informationsdefizite** handeln. Aussagen über Ungleichgewichtssituationen und mangelnde Informationseffizienz können aber mit Hilfe des CAPM voraussetzungsgemäß nicht gemacht werden.

- Den Modellen der Portfolio Selection und des CAPM liegen zudem **einperiodige Betrachtungsweisen** zugrunde. Theoretisch können daher auch nur einperiodige Investitionen anhand der Zinssätze des CAPM beurteilt werden. Die Anwendung der Modelle führt darüber hinaus zu erheblichen **Datenbeschaffungsproblemen** bei der Schätzung der Erwartungswerte, Varianzen und Kovarianzen der einzelnen Anlagen. Eine empirische Ermittlung der Kovarianz zwischen der Rendite einer einmaligen Investition und der Rendite des Marktportefeuilles ist theoretisch höchst fragwürdig. Die praktische Durchführung bleibt daher auf Anlagemöglichkeiten beschränkt, die am Kapitalmarkt gehandelt werden. Für solche Wertpapiere sind zumindest **Vergangenheitswerte** von Renditerealisationen bekannt, auf denen die Rechnungen aufbauen könnten. Ob vergangenheitsbezogene Informationen über Renditeverteilungen allerdings für Planungen relevant sind, hängt davon ab, ob die zukünftigen Verteilungsfunktionen der Renditen denen der Vergangenheit weitgehend ähneln, was bei starken Marktveränderungen anzuzweifeln ist.

- Investitionen unterschiedlicher Risikoklassen werden in der Investitionsrechnung mit **unterschiedlichen Zinssätzen** abgezinst. Es läßt sich dann nur die Frage beantworten, ob eine Investition mehr erwirtschaftet als der risikoadjustierte Zinssatz, ob sie mithin vorteilhaft ist. Die Kapitalwerte von Investitionen unterschiedlicher Risikoklassen sind jedoch wegen der unterschiedlichen Kalkulationszinssätze nicht miteinander vergleichbar. Damit eignet sich diese Vorgehensweise nicht zur Lösung eines echten Wahlproblems.

Der praktische Nutzen der Kapitalmarkttheorie für Sachinvestitionen ist skeptisch zu sehen. Die Leistung des CAPM besteht somit lediglich darin, für eine idealisierte Marktsituation einen plausiblen Marktpreis für die Übernahme von systematischem Risiko entwickelt zu haben. Diese Erklärung gelingt jedoch nur auf der Basis einer Reihe wirklichkeitsfremder, die Praktikabilität einschränkender **Prämissen**; z.B. wird vom vollkommenen Kapitalmarkt ausgegangen. Zinsunterschiede für unterschiedliche Laufzeiten existieren damit genausowenig wie Finanzierungsgrenzen und Unterschiede zwischen Soll- und Habenzinssätzen. Unrealistisch ist auch die Annahme, daß alle Anleger homogene Renditeerwartungen hegen. Diese Annahme widerspricht der offensichtlichen praktischen Erfahrung, daß Anleger am Kapitalmarkt eben keine Portefeuilles mit gleicher Relation der Wertpapiere halten. Das CAPM ist in seiner Standardkonzeption kein Entscheidungs-, sondern ein **Erklärungsmodell**. Seine grundlegende Aussage ist rein sachlogisch richtig, da diese analytisch abgeleitet wird. Obwohl diese Aussage in sich daher nicht falsch sein kann, hat sie dennoch nur einen geringen realen Informationsgehalt.[24] Insbesondere das analytische Konstrukt des optimalen Marktportefeuilles verhindert realitätsnahe Analysen. Zur Ableitung des Marktportefeuilles müßten alle existierenden unsicheren Anlagemöglichkeiten in die Analyse einbezogen werden. Dies ist in der Praxis völlig ausgeschlossen. Damit aber läßt sich die Gültigkeit der Grundaussage des CAPM als Hypothese nicht selbständig testen. Jeder empirische Test kann nur von einem Teilportefeuille für die Entwicklung des Marktportefeuilles ausgehen. Der Analytiker kann dann aber nicht die Frage beantworten, ob sich dieses Portefeuille gegenüber dem Hinzufügen weiterer Wertpapiere stabil verhält.

---

24 Vgl. Schmidt (1986), S. 262 ff.

6443 Risikoanalyse

Die Risikoanalyse[25] bietet die Möglichkeit, Investitionsobjekte durch Risikoprofile (kumulierte Wahrscheinlichkeiten für den Eintritt bestimmter Erfolge) zu beurteilen. Um das Risikoprofil einer Strategie bestimmen zu können, muß aus der Wahrscheinlichkeitsverteilung der Daten[26] eine Dichtefunktion der Erfolgsgröße (z.B. des Kapitalwerts) abgeleitet werden, die dann in das Profil transformiert wird. Das Profil sagt aus, mit welcher Wahrscheinlichkeit bei einer Investition ein Erfolg von x Geldeinheiten überschritten wird. Auf der Basis des für einzelne Investitionen bestimmten Profils kann anschließend eine Entscheidung gefällt werden; z.B. ist die Investition zu wählen, bei der ein bestimmter Mindestkapitalwert mit der höchsten Wahrscheinlichkeit realisiert wird.

Für nur einen mit Unsicherheit behafteten Modellparameter und nur wenige Datensituationen läßt sich das Risikoprofil einfach auf der Basis einer Ergebnismatrix entwickeln. Ein Unternehmen verkauft ein Produkt zu einem bestimmten Preis. Für den zu erzielenden Absatz ist eine Dichtefunktion bekannt. Es werden sieben Datensituationen für denkbar gehalten. Der Gewinn steigt zunächst linear mit der Absatzmenge. Ab einer Menge von 900 muß der Betrieb jedoch ein teureres Produktionsverfahren einsetzen, so daß sich geringere Deckungsspannen je Erzeugniseinheit ergeben. Die Gewinnentwicklung in den sieben Datensituationen ist der folgenden Tabelle zu entnehmen.

	Datensituationen						
	1	2	3	4	5	6	7
Absatzmenge [ME]	300	600	900	1200	1500	1800	2100
Wahrscheinlichkeiten	0,1	0,1	0,2	0,2	0,2	0,1	0,1
Gewinn [GE]	200	400	600	700	750	700	600

Aus dieser Datensituation ist folgendes **Risikoprofil** der Investition abzuleiten: Mit Sicherheit wird ein Gewinn von 200 GE erreicht. Die Wahrscheinlichkeit, exakt 750 GE zu erreichen, ist gleich 0,2. Ein Gewinn von wenigstens 700 tritt mit einer Wahrscheinlichkeit von 0,5 auf (Summe der Wahrscheinlichkeiten der Situationen 4 bis 7). Mit einem Gewinn von 600 ist mit 80 %iger Wahrscheinlichkeit zu rechnen (Summe der Wahr-

---

25   Vgl. Hertz (1964), S. 157 ff.

26   Vgl. Busse von Colbe (1990), S. 130.

scheinlichkeiten der Situationen 3 bis 7). Das Risikoprofil kann damit idealisiert durch nachfolgende Abbildung dargestellt werden.

Existieren viele unsichere Daten, kann die Verteilungsfunktion der Erfolgsgröße nicht durch Vollenumeration aller Datenkonstellationen bestimmt werden. Nach dem methodischen Vorgehen zur Ableitung des Risikoprofils kann zwischen der **analytischen** und der **simulativen Risikoanalyse** unterschieden werden. Eine analytische Entwicklung des Risikoprofils gelingt nur in Ausnahmefällen. Die Verdichtung der verschiedenen Verteilungen der unsicheren Inputgrößen zu einer Verteilung der Outputgröße ist z.B. dann möglich, wenn bekannt ist, daß die unsicheren Parameter normalverteilt sind. Die analytische Ableitung der gemeinsamen Verteilungsfunktion der Zielgröße bereitet fast unlösbare Probleme, wenn die Verteilungen der einzelnen Inputgrößen statistisch nicht unabhängig voneinander sind. Die simulative Risikoanalyse ist an weit weniger restriktive Prämissen gebunden.[27] Sie ist i.d.R. der einzig mögliche Weg zur Schätzung des Risikoprofils.

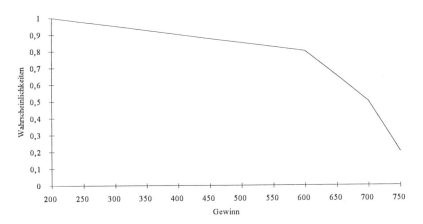

Die Anwendung der Risikoanalyse auf einen konkreten Fall setzt zwei Schritte zur **Vorstrukturierung** der Entscheidung voraus: Erstens muß die **Erfolgsgröße** (Kapitalwert, Gewinn usw.) bekannt sein, anhand derer die Entscheidung gefällt werden soll. Zweitens muß ein **Modell** zur Berechnung der gewählten Erfolgsgröße existieren.[28] Die Risikoanalyse untergliedert sich in sechs Schritte:.[29]

---

27   Vgl. Kruschwitz (1980), S. 805 f.

28   Kruschwitz (1980) sieht hierin bereits die beiden ersten Schritte der Risikoanalyse.

29   Die Anzahl der Schritte wird in der Literatur unterschiedlich dargestellt. Vgl. Busse von Colbe, Laßmann (1990), S. 174 ff.; Kruschwitz (1980); Blohm, Lüder (1991), S. 247; Kruschwitz (1993), S. 271 ff.

1. Auswahl der unsicheren Inputgrößen,
2. Schätzung der Wahrscheinlichkeitsverteilung der Inputgrößen,
3. Generierung von Inputdaten aus den Verteilungen durch Ziehen von Zufallszahlen,
4. Berechnung der Outputgröße,
5. Ableitung des Risikoprofils,
6. Entscheidung auf der Basis des Profils.

Die Berechnung des Risikoprofils mittels der **simulativen Risikoanalyse** geht von einer Vielzahl von unterschiedlichen Ziehungen für die Daten aus. Für jede gezogene Datenkonstellation wird der Kapitalwert berechnet. Werden z.B. 3300 derartiger Berechnungsexperimente durchgeführt, sind die 3300 berechneten Kapitalwerte in einem **Histogramm** zu ordnen,

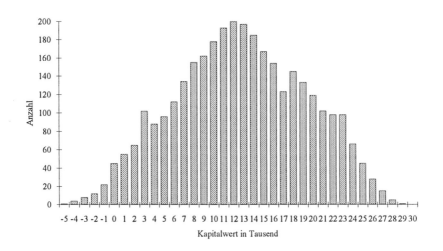

und das Histogramm ist in eine idealisierte **Dichtefunktion** für den Kapital-wert umzusetzten.

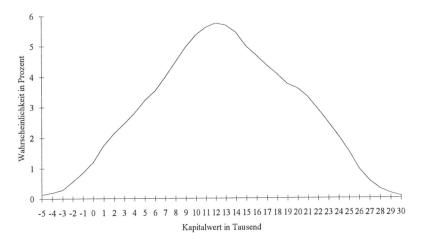

Das **Risikoprofil** ergibt sich, wenn die Verteilungsfunktion gebildet und diese Funktion von 1 abgezogen wird. Ein idealisiertes Risikoprofil hat dann folgendes Aussehen:

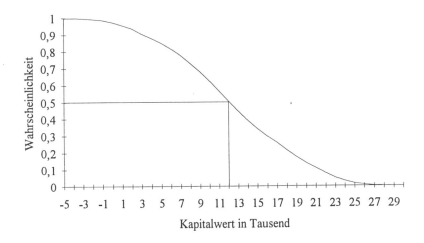

Aus der Zeichnung ist zu erkennen, daß mit der Investition ein Kapitalwert von ca. 12.000 GE mit einer Wahrscheinlichkeit von 50% erreicht wird. Eine Entscheidung zwischen verschiedenen sich ausschließenden Investitionen ist dann durch Vergleich der Profile möglich. Leicht ist die Entscheidung, wenn es eine Investition gibt, die alle anderen dominiert. In diesem Fall ist die Wahrscheinlichkeit für einen bestimmten Kapitalwert bei allen möglichen Kapitalwerten höher als bei den konkurrierenden Investitionen. In einer Graphik verläuft dann das betreffende Risikoprofil vollständig oberhalb aller anderen Profile. Schwieriger wird es, wenn sich die Risikoprofile der Investitionen schneiden. In diesem Falle können **Mindestkriterien** aufgestellt werden, die die Investitionen erfüllen müssen. Z.B. werden nur solche Investitionen weiter analysiert, deren Wahrscheinlichkeit für einen bestimmten Kapitalwert höher als x ist. Mit diesen Kriterien gelingt es jedoch meistens nicht, das Feld möglicher Investitionen auf nur eine optimale Alternative einzuengen. Es können dann z.b. zwei Kriterien vorgegeben werden, um das Untersuchungsfeld enger zu schnüren. Verlangt werden kann z.B. daß ein Kapitalwert von null GE mit einer Wahrscheinlichkeit von 90% und ein Kapitalwert von 10.000 GE mit einer Wahrscheinlichkeit von 60% erreicht werden muß.

Im vorliegenden Beispiel erfüllt das Risikoprofil B z.b. nicht die geforderten Mindestbedingungen. Die Investition B scheidet daher aus den weiteren Überlegungen als unvorteilhaft aus.

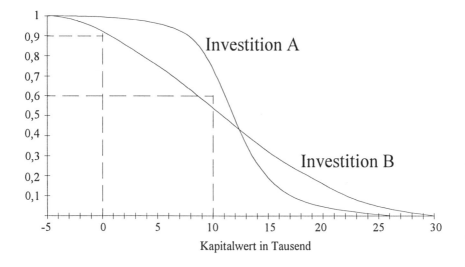

Die Risikoanalyse bietet einige **Vorteile**, ist aber auch nicht frei von Problemen. Zu den Vorteilen sind zu rechnen: Es werden Informationen bereitgestellt, die auch für Entscheidungen nach klassischen Prinzipien wie μ und μ-σ erforderlich sind, denn ohne Kenntnis der Wahrscheinlichkeitsverteilung für die Erfolgsgrößen lassen sich weder der Erwartungswert μ noch die Standardabweichung σ bestimmen. Die Risikoanalyse ermöglicht es, eine große Anzahl unsicherer Inputinformationen und sich daraus ergebender alternativer Zukunftslagen in die Entscheidungsfindung einzubeziehen. Dem stehen die folgenden **Probleme** gegenüber: Einige der Inputgrößen eines Problems sind nicht im strengen Sinne des Wortes zufallsabhängig, sondern es handelt sind um Aktionsparameter. Das gilt z.b. für Absatzpreise und -mengen. Existieren zwischen den Ausprägungen verschiedener Inputgrößen z.b. stochastische Abhängigkeiten, müssen diese bei der Erzeugung alternativer Kombinationen der Inputgrößen berücksichtigt werden. Voraussetzung dafür ist die Kenntnis bedingter Wahrscheinlichkeiten. Entscheidungsträger sind jedoch u.u. überfordert, diese Verteilungen zu bestimmen.[30]

Da der Berechnungsaufwand der Risikoanalyse i.a. sehr hoch ist, wird in der Praxis meistens eine künstliche Beschränkung der zu analysierenden Datensituationen vorgenommen. Für jede Inputgröße werden z.b. nur drei Ausprägungen zugelassen: Ein pessimistischer, ein optimistischer und der wahrscheinlichste Wert (Dreipunkt-Analyse). Die Simulation liefert dann nur einen groben Schätzwert für das Risikoprofil.

645 Mathematische Programmierung

Die Verfahren der stochastischen Optimierung versuchen, deterministische Ansätze der simultanen Investitions- und Finanzplanung auf den Unsicherheitsfall zu übertragen.

■ Das **Schlupfverfahren**[31] ähnelt sehr stark den beschriebenen Korrekturverfahren. Die Daten werden so pessimistisch geschätzt, daß der zur optimalen Lösung gehörende Zielwert nahezu mit Sicherheit überschritten wird. Dieses Vorgehen kann dazu führen, daß jegliche Investition unterbleibt. Es gelten die gleichen Kritikpunkte wie bei den Korrekturverfahren.

■ Beim **Chance-Constrained Programming**[32] erfolgt eine Maximierung des Erwartungswerts der Zielgröße unter einem Satz von Nebenbedingungen, die mit einer jeweils vorzugebenden Wahrscheinlichkeit eingehalten werden müssen. Zur Lösung sind die Wahrscheinlichkeitsrestriktionen in deterministische Äquivalente umzuformen. Gegen den Einsatz dieses Verfahrens spricht: Es bleibt völlig offen, welche Folgen eine mögliche Verletzung der Nebenbedingungen hat und wie die Wahrscheinlichkeiten für ihre Einhaltung gewählt werden sollen.[33]

---

30   Vgl. Blohm, Lüder (1991), S. 250; Kruschwitz (1980), S. 803 f.

31   Vgl. Kruschwitz (1978).

32   Vgl. Charnes, Cooper (1960).

33   Vgl. Blohm, Lüder (1991), S. 308 ff.

- Ein dritter Ansatz zur Optimierung unter Unsicherheit setzt in der Ziel-funktion **Strafkosten** für die Verletzung bestimmter Restriktionsniveaus an. Das zentrale Problem besteht dann in der zielsetzungsgerechten Bemessung der Strafkostensätze.

Auf diese Verfahren soll nicht näher eingegangen werden, da ihnen aus-schließlich theoretische, aber keine praktische Bedeutung zukommt.

646 Entscheidungskriterien bei fehlenden Wahrscheinlichkeiten

Es soll noch kurz auf einige Kriterien der Entscheidungsfindung für Investi-tionen eingegangen werden, wenn für den Eintritt der Datensituationen keine Wahrscheinlichkeiten bekannt sind (Ungewißheit).[34]

- Das **Minimax-Kriterium** geht davon aus, daß für jede Strategie jeweils die schlechteste Datensituation zutrifft. Ausgewählt wird die Strategie, bei der in der schlechtesten Situation der höchste Erfolg erzielt wird. Diese Regel führt zu einer eindeutigen Übergewichtung des Risikos. Sie setzt geradezu pathologischen Pessimismus voraus.

- Das **Maximax-Kriterium** geht davon aus, daß für eine Strategie jeweils die bestmögliche Datensituation eintrifft. Bei diesem Kriterium liegt eine eindeutige Unterbewertung des Risikos vor; praktisch wird auf Risiko-überlegungen überhaupt keine Rücksicht genommen.

- Das **Hurwicz-Kriterium** ist eine Mischung aus beiden zuvor genannten Kriterien; für jede Strategie werden lediglich die beste und die schlech-teste Datensituation analysiert. Aus den Gewinnwerten dieser beiden Situationen wird ein gewichteter Mittelwert gebildet, wobei sich das Gewicht aus dem subjektiven Risikobewußtsein ableitet. Bei dieser Re-gel bleibt offen, wie der Investor den Risikofaktor ansetzen soll.

- Die **Laplace-Regel** geht davon aus, daß von keiner Umweltsituation anzunehmen ist, daß sie mit größerer Wahrscheinlichkeit als eine andere eintreten wird. Gütemaß einer Handlungsalternative ist die Summe der Erfolge in allen Datensituationen.

---

34 Vgl. Adam (1993a), S. 205 ff.

Jede dieser Regeln führt im Zweifel zu einer anderen als optimal zu bezeichnenden Strategie, d.h., jede dieser Regeln basiert auf einer anderen Nutzenfunktion.

647 Mehrzielentscheidungen ohne Nutzenfunktion

Die meisten behandelten Kriterien arbeiten mit einer eindimensionalen Nutzenfunktion, in der die Einstellung des Entscheidungsträgers zum Gewinn und zum Risiko zum Ausdruck kommt. Ob dieser Weg sinnvoll ist, hängt davon ab, ob es gelingt, eine Nutzenfunktion zu quantifizieren, die das Entscheidungsverhalten richtig widerspiegelt. Werden willkürlich irgendwelche Entscheidungsregeln angewendet, kommt es leicht dazu, daß sich der Entscheidungsträger mit den daraus resultierenden Entscheidungen nicht identifiziert. Die Entscheidungstheorie leistet dann keinen Beitrag bei der Suche nach optimalen Strategien.

Eine grundsätzlich andere Vorgehensweise basiert auf der Erkenntnis, daß die Gewichtung von Risiko und Gewinn höchst subjektiv bzw. rational nicht begründbar ist und es nicht gelingt, eine konsistente Nutzenfunktion zu quantifizieren. Auf die Ableitung einer eindimensionalen Zielfunktion wird daher völlig verzichtet. Aufgabe der Planung ist es dann lediglich, die Konsequenzen nicht dominierter Strategien für unterschiedliche Ziele herauszuarbeiten. Die Ableitung optimaler Entscheidungen ist nicht mehr möglich; vielmehr muß der Entscheidungsträger durch inhaltliche Argumentation Strategien eliminieren, die bei bestimmten Zielen zu einem Zielniveau führen, das er nicht hinzunehmen bereit ist. Der Vorteil dieser Vorgehensweise besteht darin, die Unsicherheit nicht schematisch "wegzurechnen", sondern daß durch sachliche Argumentation die Vorzüge und Nachteile bestimmter Strategien abgewogen werden müssen. Meistens wird es bei diesem Vorgehen aber nur gelingen, das Entscheidungsfeld zu verengen. Die Planung bricht dann zu einem früheren Zeitpunkt ab als beim Einsatz von Nutzenfunktionen. Dieser Weg wird häufig als "Notlösung" bezeichnet. Angesichts der Komplexität und strategischen Bedeutung von Investitionsplanungen erscheint es andererseits sogar höchst zweckmäßig, die letzte Entscheidung nicht einem schematischen, für qualitative Faktoren "blinden" Algorithmus zu überlassen.

7 Steuerung und Kontrolle von Investitionen

71 Grundsätzliche Anforderungen an die Projektsteuerung

Die bislang diskutierten Investitionskalküle gingen von gegebenen Zahlungsreihen mit folgenden Merkmalen aus:

■ Die Investitionsauszahlungen sind bekannt und fallen im Zeitpunkt des
Investitionskalküls in einer Summe an.

■ Ab der ersten Teilperiode des Planungszeitraums fallen bis zum Ende
der Nutzungsdauer Überschüsse aus Produktion und Verkauf der mit
dem Investitionsobjekt (z.B. einer Maschine) erstellten Produkte an. Die
Höhe der jährlichen Überschüsse hängt von den geplanten Absatz- und
Produktionsmengen ab.

■ Mit dem Abbruch und Verkauf der Anlage kann am Ende der Nutzungsdauer ein Liquidationserlös erzielt werden, oder es sind Auszahlungen
für die Entsorgung der Altanlage erforderlich.

Dieses Vorstellungsbild von der Zahlungsreihe einer Investition ist gegenüber der Realität stark idealisiert. Real kann ein Unternehmen in vielfältiger
Weise gestaltend auf die Zahlungsreihe Einfluß nehmen. Infolgedessen hängt
die Vorteilhaftigkeit einer Investition nicht von einer *gegebenen* Zahlungsreihe, sondern vielmehr von der *Gestaltung* derselben ab.

Das skizzierte Idealbild der Zahlungsreihe geht von einigen Vereinfachungen aus. Es wird z.B. ein Realisationszeitraum der Investitionen von null
unterstellt. Die Investitionen sind gewissermaßen auf Knopfdruck fertig.
Gleich nach dem Kalkulationszeitpunkt (t=0) kann mit der Produktion
begonnen werden, und es treten die ersten Einzahlungsüberschüsse auf. In
der Realität ist jedoch ein mehr oder weniger langer Zeitraum erforderlich,
bis Investitionen - z.B. Investitionen in Maschinen oder F&E-Projekte für
neue Produkte - so weit gediehen sind, daß sie in Produktion gehen können.
Die Entwicklung der Produkte oder Verfahren, die Beschaffungsvorgänge,
die Genehmigungsverfahren, die Arbeiten für die Installation der Anlagen
usw. erfordern häufig einen Zeitraum über viele Jahre, ehe die ersten
Einzahlungen aus einer Investition fließen. Oftmals müssen Investitionen
sogar in der Entwicklungsphase abgebrochen werden, weil die Entwicklung
zu keinem Ergebnis führt oder so lange dauert, daß für das Produkt keine
Marktchancen mehr bestehen.

Durch eine sinnvolle Steuerung des Realisationszeitraums von Investitionen können sowohl die Höhe der erforderlichen Auszahlungen als auch deren zeitliche Verteilung beeinflußt werden. Von der Art der Steuerung hängt es auch ab, wann die Investitionsobjekte fertig sind und Zahlungsüberschüsse erwirtschaftet werden können. Selbst auf die Höhe der jährlichen Überschüsse kann über den Markteintrittszeitpunkt und den damit verbundenen realisierten Absatzmengen ein erheblicher Einfluß ausgehen. Von derartigen Einflüssen der Projektsteuerung auf die Zahlungsreihen und die Vorteilhaftigkeit von Investitionen wird in der klassischen Investitionsrechnung abstrahiert.

Während in den vorangegangenen Kapiteln die unterschiedlichen Verfahren der Investitionsrechnung auf der Grundlage *gegebener Zahlungsreihen* diskutiert worden sind, soll nunmehr das grundsätzliche Problem der *Gestaltbarkeit von Zahlungsreihen* erörtert werden. In den Mittelpunkt der folgenden Darstellung soll jedoch nur der Teil des Gestaltungspotentials gestellt werden, der sich auf die Projektsteuerung bezieht. Das Schwergewicht der Ausführungen liegt damit auf Aspekten der zeitlichen und organisatorischen Strukturierung des Ablaufs von Investitionen. Andere, für die Gestaltung von Zahlungsreihen relevante Aspekte - wie z.B. die Absatzplanung - bleiben damit unberücksichtigt. Kern der folgenden Darstellung ist das **Zeitmanagement** für Investitionen als *originärer Bestandteil des Investitionscontrolling*.

Entscheidungen in der Realisationsphase von Investitionen und die Art der Organisation des Realisationsprozesses können in vielfältiger Weise Einfluß auf die Zahlungsreihe ausüben:

■ Durch die Steuerung und Organisation der Entwicklungsphase von Investitionen kann der erforderliche Zeitraum für die Realisation nachhaltig beeinflußt werden. Von der Steuerung hängt es somit ab, wann innerhalb der Realisationsphase welche Anteile der Anschaffungsauszahlungen anfallen.

■ Durch die Kontrolle der Budgets für die Entwicklung der Investitionsprojekte kann auf die Höhe der Auszahlungen für noch folgende Entwicklungsschritte Einfluß genommen werden, wenn dadurch eine Veränderung des kostenwirksamen Verhaltens erreicht wird. Bei vernünftiger Planung der Entwicklung lassen sich u.U. bestimmte Entwicklungsaktivitäten vermeiden oder zeitlich verlagern.

■ Von der Entwicklungsdauer hängt der Zeitpunkt der Markteinführung ab. Dauert die Entwicklung zu lange und ist das Unternehmen mit seiner Produktidee am Markt nur zweiter oder dritter Sieger, wird es bei der heute schnelleren Diffusion (kürzer werdender Zeitraum zwischen Einführung und starker Verbreitung von Produkten) und den relativ kurzen Marktanwesenheitszeiten von Produkten wesentlich weniger Absatzmengen realisieren und u.U. auch noch geringere Preise als die Konkurrenz erzielen.[1] Damit können über eine effiziente Projektsteuerung die möglichen Einzahlungen nachhaltig beeinflußt werden.

Die Vorteilhaftigkeit einer Investition ist um so geringer, je länger die Realisationsphase dauert, und sie hängt ganz entscheidend davon ab, ob es gelingt, als erster am Markt zu sein. Die Steuerung und die laufende Kontrolle der Aktivitäten zur Realisierung einer Investition haben daher ausschlaggebende Bedeutung für den Erfolg derselben. Von der Effizienz dieser Steuerungsmaßnahmen, die die zeitliche Koordination der Teilarbeiten und die Abstimmung des Informationsflusses zwischen allen Beteiligten umfassen, wird die Dauer und der finanzielle Aufwand zur Realisation einer Investition entscheidend beeinflußt. Mißlingt eine effiziente Projektsteuerung, werden die Auszahlungen für die Investition über die ursprünglichen Planansätze steigen. Kommt die Konkurrenz mit vergleichbaren Produkten früher auf den Markt, können ursprünglich als vorteilhaft eingestufte Investitionen nachträglich weniger vorteilhaft oder sogar unvorteilhaft werden. Die Industriegeschichte ist voll von Beispielen guter Produkt- oder Verfahrensideen, die den Zeitpunkt des sinnvollen Markteintritts verpaßten. Sie waren nur deshalb nicht erfolgreich, weil die Steuerung der Realisationsphase nicht gelang, viel zu viel Zeit erforderlich war und kostentreibende Organisationsformen für den Ablauf gewählt wurden.

Da der Realisationszeitraum von Investitionen in der Praxis im allgemeinen immer länger wird, gewinnt diese Phase zunehmend an Bedeutung. Dabei treten erhebliche Defizite auf, die zu gravierenden Zeitüberschreitungen und erheblichen Überschreitungen der ursprünglich budgetierten Auszahlungen führen. Investitionssteuerung ist damit ein zentrales Problem des Investitionscontrolling.

Die Steuerung der Investitions- bzw. F&E-Projekte muß sich auf vier miteinander verbundene Teilaufgaben erstrecken:

■ Das Controlling muß für ein einheitliches Verständnis über die jeweilige Entwicklungsaufgabe und eine gemeinsame Prioritätenordnung bei allen an der Realisation beteiligten Personen und Abteilungen sorgen. Nur so kann eine nachhaltige Bindung (Commitment) aller Beteiligten an das jeweilige Projekt gefördert und gewährleistet werden. Das einheitliche

---

1   Vgl. Adam (1993a), S. 273.

Verständnis ist zwingend erforderlich, wenn nicht im Entwicklungsprozeß die Interessen bestimmter Fachabteilungen dominieren und infolgedessen lange Abwicklungsdauern auftreten sollen,[2] die eine Investition unvorteilhaft werden lassen. Zu diesem einheitlichen Verständnis gehört es, sich zu Beginn des Projektes über Spezifikationen, die Art der Konstruktion und die Art der Projektabwicklung sowie über Prioritäten bei der Ressourcenzuteilung zu einigen. Nur durch ein gemeinsames Verständnis ist für das Entwicklungsprojekt ein klares Zeit- und Kostenziel zu erreichen, an das sich alle gebunden fühlen. Erforderlich ist es zudem, geeignete Formen der Struktur- und Ablauforganisation sowie der Personalführung zu wählen, um nicht die Interessen von Fachabteilungen, sondern die des *gesamten* investierenden Unternehmens in den Vordergrund zu stellen.

■ Für die logische Abfolge der für ein Projekt erforderlichen Teilaktivitäten ist ein sinnvoller Arbeitsplan zu erstellen. Im Zeitalter des Lean Management und des Simultaneous Engineering[3] wird ein Unternehmen bestrebt sein, möglichst viele Aktivitäten zur Realisierung einer Investition zeitlich parallel anzuordnen, um eine kurze Realisationsphase zu erreichen. Dazu ist es zunächst erforderlich, das Gesamtprojekt in abgrenzbare Teilaktivitäten aufzuteilen und die Aktivitäten logisch sinnvoll in einer Abfolge anzuordnen. Von der Gestaltung der Arbeitspläne gehen ganz erhebliche Wirkungen auf die Gesamtdauer der Projektabwicklung und die erforderlichen Auszahlungen aus. Die verschiedenen Aktivitäten in der Realisationsphase müssen zeitlich so durch einen Netzplan koordiniert werden, daß der vorgesehene Zeitpunkt der Inbetriebnahme eines Investitionsobjektes bzw. der Neuprodukteinführung eingehalten und nicht überschritten wird.

Mit zunehmender Parallelschaltung von Aktivitäten - vernetzte Arbeitspläne - steigt der Koordinationsaufwand zwischen den beteiligten Personen und/oder Abteilungen. Insbesondere kommt es darauf an, verstärkt Informationen auszutauschen, um über den Entwicklungsstand des Projektes in anderen Abteilung zu informieren. Aktuelle Informationen sind die Voraussetzung, um rechtzeitig Implikationen für die eigenen Aktivitäten erkennen zu können.

---

2   Zur Projektorganisation vgl. auch Womack, Jones, Roos (1992), Kapitel 5, S. 109 ff.

3   Zum Lean Management vgl. Bösenberg, Metzen (1993); Wildemann (Hrsg.) (1993). Zum Simultaneous Engineering vgl. Töpfer, Mehdorn (1993), S. 80 ff. und Bösenberg, Metzen (1993), S. 166 ff.

■ Die Ausführungsdauer einzelner Teilaktivitäten eines Projektes hängt nachhaltig vom Ressourceneinsatz ab. Wieviel Personal bereitgestellt wird und zu welchen Zeiten das Personal verfügbar ist determiniert, wann bestimmte Aktivitäten des Arbeitsplans fertig sein können und wann frühestens mit nachfolgenden Aktivitäten begonnen werden kann. Diese eigentliche Projektsteuerung hat große Ähnlichkeit mit der Fertigungssteuerung,[4] in der es darauf ankommt, durch Termin- und Ressourcenplanung für die Aktivitäten eines Auftrags kurze Durchlaufzeiten der Aufträge zu erreichen und sicherzustellen, daß Aufträge zum geplanten Liefertermin auch fertig sind.

Durch die Ressourceneinteilung kann meistens die Dauer für die Abwicklung einzelner Aktivitäten des Investitionsprojektes verändert werden. Reduzierte Zeiten einzelner Aktivitäten sind in der Regel mit steigenden aktivitätsbezogenen Auszahlungen verbunden. Gelingt es jedoch, durch den Abbau der Ausführungsdauer bestimmter Aktivitäten den Zeitraum für die Gesamtabwicklung der Investition zu verkürzen, nimmt die Kapitalbindungsdauer ab, da z.B. früher Einzahlungen aus dem Projekt zu erzielen sind. Innerhalb der Projektabwicklung ergibt sich damit ein neues Investitionsproblem. Dieses Problem besteht darin, die ökonomischen Wirkungen einer Projektbeschleunigung abzuschätzen und eine Form der zeitlichen Koordination der Aktivitäten zu finden, die möglichst vorteilhaft ist.[5]

■ In der Projektsteuerungsphase müssen die ursprünglich geplanten Budgets für einzelne Entwicklungsstufen laufend überwacht werden, um die Auszahlungen im Griff zu haben. Die Budgets dürfen dabei nicht im Sinne einer Fortschreibung von Auszahlungen für ähnliche Projekte oder Teilaktivitäten in der Vergangenheit entwickelt werden. Sie müssen vielmehr künftig erwartete oder für möglich gehaltene Rationalisierungen durch Innovationen antizipieren. Nicht Fortschreibung der Auszahlungen der Vergangenheit, sondern Orientierung der Auszahlungen an Marktnotwendigkeiten - Target Costing[6] - ist verlangt, um nicht mit unnötig hohen Budgets arbeiten zu müssen.

Häufig sind Investitionsobjekte nach der eigentlichen Investitionsentscheidung noch nicht ausreichend spezifiziert und konkretisiert. Es kommt dann in der Realisationsphase zu laufenden Nachbesserungen der Projektspezifikationen mit der Folge zusätzlicher Auszahlungen oder

---

4   Vgl. Adam (1993b), S. 391 ff.

5   Vgl. ebenda, S. 431 ff.

6   Vgl. Horváth (Hrsg.) (1993); Sakurai (1989); Seidenschwarz (1991) und (1993).

einer längeren als erwarteten Realisationsphase. Insbesondere bei sehr langen Entwicklungsdauern wird es erforderlich, die in Entwicklung befindlichen Projekte an neue gesetzliche Vorschriften und Auflagen - z.b. für den Umweltschutz - anzupassen oder einen unerwarteten technischen Fortschritt noch in das Projekt mit einzubeziehen. Gerade derartige Nachbesserungen von Projekten führen in der Praxis zu erheblichen Verzögerungen und zu zusätzlichen Kosten.

Bei der Steuerung der Budgets ergeben sich damit ständig neue kleinere Investitionsüberlegungen. Z.B. muß entschieden werden, ob eine technische Weiterentwicklung, die zum Zeitpunkt der grundsätzlichen Investitionsentscheidung noch gar nicht abzusehen war, berücksichtigt werden soll oder nicht. Es ist abzuwägen, ob zwischen dem Nutzen und den zusätzlichen Auszahlungen ein angemessenes Verhältnis besteht.

In der Realität ergeben sich bei der Steuerung und Überwachung des Budgets für ein Investitionsobjekt weitere Fragestellungen, die ihre Ursache in der häufig langen Zeitdifferenz zwischen Entschluß und Realisation und den in dieser Zeitspanne neu gewonnenen Informationen über ein Investitionsprojekt haben. Erstreckt sich dieser Zeitraum über viele Jahre, ist es in der Entscheidungsphase meistens sehr schwierig, der Entscheidung fundierte Informationen zugrunde zu legen. Es kann daher sein, daß die Erwartungen über Auszahlungen und Einzahlungen revidiert werden müssen. Tritt z.B. ein unerwarteter technischer Fortschritt ein (neue Produkte oder Verfahren), können die Einzahlungen aus einer Investition erheblich hinter den Erwartungen zurückbleiben. Verzögert sich die Realisation des Investitionsobjektes, treten zusätzlich ursprünglich nicht erwartete Auszahlungen auf. Diese Datenunsicherheit kann dazu führen, daß in der ursprünglichen Investitionsrechnung eine nachträglich als nicht sinnvoll erscheinende Zahlungsreihe für die Vorteilhaftigkeitsanalyse und/oder die Nutzungsdauerentscheidung zugrunde gelegt wurde. Durch die verbesserten Informationen veraltet die ursprüngliche Investitionsrechnung; - sie muß daher laufend aktualisiert werden, um beurteilen zu können, ob die Weiterführung der Entwicklungsarbeiten für eine Investition ökonomisch sinnvoll ist oder ob es aufgrund der verbesserten Erkenntnisse zweckmäßiger ist, ein Investitionsprojekt abzubrechen. Während der Realisationsphase müssen mithin laufend begleitende Investitionsrechnungen durchgeführt werden.

Auf die skizzierten vier Hauptansatzpunkte zur Gestaltung der Zahlungsreihe einer Investition innerhalb der Projektsteuerung soll im weiteren näher eingegangen werden.

72 Effiziente Organisation der Projektentwicklung

Im Rahmen der für die Projektsteuerung relevanten Organisationsentscheidungen sind drei Teilprobleme zu lösen:

■ Für die Projektentwicklung sind interdisziplinäre Teams und Unterteams mit Mitarbeitern aus den unterschiedlichsten Fachabteilungen zu bilden. Sodann ist die Stellung dieser Teams im Entscheidungsprozeß zu definieren.

■ Für die Leitung der Teammitglieder ist ein geeignetes Führungsmodell auszuwählen, das eine effiziente Projektsteuerung erlaubt.

■ Die Kommunikation zwischen den Unterteams, Teams und Fachabteilungen ist zu organisieren.

Die Analysen zum Lean Management haben gezeigt, daß diesen Fragen für die Entwicklungsdauer neuer Produkte, aber auch für den erforderlichen Konstruktionsaufwand erhebliche Bedeutung zukommt. Im Lean Management werden andere Organisationsformen gewählt, als das bei der klassischen, am Taylorismus orientierten Massenfertigung der Fall ist. Als Konsequenz veränderter Organisations- und Führungformen ist z.B. die Entwicklungsdauer neuer japanischer Automobile um ca. 1/3 geringer als die europäischer und amerikanischer Automobilhersteller. Gleichzeitig liegt der erforderliche Konstruktionsaufwand, gemessen in Arbeitsstunden von Ingenieuren, nur bei etwa der Hälfte im Vergleich zu klassischen Massenproduzenten.[7] Die Unterschiede in der Entwicklungsdauer haben verschiedene, im folgenden beschriebene Ursachen.

Die gebildeten Teams und die Teamleiter haben in der klassischen Massenfertigung und im Rahmen des Lean Management eine unterschiedliche Stellung. Bei den Massenfertigern bleibt die Entscheidungskompetenz über die Durchführung des Projektes und die Zuteilung von Ressourcen in der Linie, d.h., die wesentlichen Entscheidungen fallen in den Fachabteilungen. Das Team unterbreitet nur Entscheidungsvorschläge. Die Stellung des Teamleiters ist dementsprechend relativ schwach. Er fungiert nur als Koordinator, kann selbst aber keine Entscheidungen treffen. Vorschläge über die Art und Weise der Projektabwicklung durchwandern im Entscheidungsprozeß somit die entsprechenden Fachabteilungen. Damit aber dominieren deren Interessen, und es kommt zu stellenegoistischen Verhaltensmustern. Nicht das schnelle Fortkommen des Projektes, sondern die Interessen der

---

7   Vgl. Womack, Jones, Roos (1992).

einzelnen Abteilungen stehen im Vordergrund. Die Leistungen der Teammitglieder werden durch die jeweiligen Fachabteilungen und nicht durch den
Teamleiter beurteilt. Deshalb ist das Engagement der Teammitglieder in der
Gruppe vergleichsweise schwach ausgeprägt, denn für die Personalbeurteilung zählt in erster Linie, wie gut es den Teammitgliedern gelingt, die Interessen der Fachabteilung zu vertreten.

Bei dieser Organisationsform fehlt es zu Beginn des Entwicklungsprozesses
auch meist an klaren Absprachen zwischen den Beteiligten über die Entwicklungsziele eines Projektes. Beim Start des Entwicklungsprojektes wird
das Problem nicht genau spezifiziert, und die Konflikte über die Ressourcenzuteilung für ein Projekt werden zwischen den Fachabteilungen nicht
ausgetragen. Dieser schlechte Definitionszustand der Projekte beim Start
führt dazu, daß erst *während* der Entwicklungszeit die Konflikte zwischen
den Fachabteilungen auftreten. Die Konfliktlösung, d.h. der Interessenaus-
gleich zwischen den Fachabteilungen, wird zeitlich nach hinten verlagert.

Typisches Anzeichen für dieses Phänomen ist es, daß der Personaleinsatz in
den Projekten mit fortschreitender Entwicklungszeit ständig zunimmt. Die
Teams werden im Laufe der Zeit immer größer und schwerfälliger, und die
Konfliktbewältigung zwischen den Fachabteilungen erfordert viel Zeit und
beschert große Frustration, da klare Ziele für die Projektentwicklung fehlen.
Es mangelt damit aber insgesamt auch an einem vorausschauenden Denken,
das Konflikte zu vermeiden hilft. Probleme werden statt dessen erst gelöst,
nachdem sie aufgetreten sind.

Die dargestellten Merkmale des Entscheidungs- und Realisationsprozesses
für Entwicklungsvorhaben beschreiben den Kern dessen, weshalb es zu
ständig steigenden Realisationsdauern von F&E-Projekten und Investitionsvorhaben bei typischen Massenfertigern kommt, warum Zeitziele und
Budgets nicht eingehalten werden.

Das Lean Management geht einen anderen Weg. Am Anfang des Entwicklungsprozesses steht ein klares, schriftliches Versprechen der Teammitglieder hinsichtlich des zu entwickelnden Objektes. Mit der Unternehmensleitung ist abgeklärt, welche Ressourcen wann zur Verfügung stehen und
welche Auszahlungs- und Zeitziele zu erreichen sind. Durch diese klaren
Vereinbarungen werden die ständigen Konflikte mit den Fachabteilungen
stark reduziert. Der Teamleiter ist nicht nur Koordinator, sondern er hat die
Entscheidungskompetenz für alle das Projekt betreffenden Aktivitäten. Er
allein entscheidet, wie die ihm zur Verfügung gestellten Ressourcen eingesetzt werden. Auch die Personalbeurteilung der Teammitglieder liegt in
seiner Hand. Damit dominieren auch nicht mehr die Interessen der Fachabteilungen. Im Vordergrund steht das zu erledigende Projekt. Da die Leistung

der Teammitglieder und des Teamleiters am Erfolg des Projektes gemessen wird, ist die Motivation ungleich höher. Insbesondere wird die Leitung des Teams nicht mehr als undankbare Aufgabe empfunden, weil die Aufstiegschancen des Leiters, aber auch die der Teammitglieder vom Gruppenerfolg abhängen. Die Teams sind beim Start der Projekte vergleichsweise stark mit Personal besetzt, um die nötigen Absprachen treffen zu können, die im nachhinein für das nötige "Commitment" sorgen und Konflikte so weit wie möglich zu reduzieren helfen. Da die Konflikte über Ressourcen und Ziele am Anfang ausgetragen werden, entfällt der nachträgliche Machtkampf, der sich bei den Massenproduzenten abspielt. Der Personalumfang der Teams kann daher im Lean Management mit voranschreitender Zeit schrumpfen.

73 Ablaufstrukturierung der Arbeitspläne von Projekten

Ein Projekt muß in abgrenzbare Teilaktivitäten zerlegt werden, die danach in eine sinnvolle logische Abfolge zu bringen sind. Die Abwicklungsdauer eines Projektes hängt ganz entscheidend davon ab, in wie viele Aktivitäten es zerlegt und welche zeitliche Anordnung der einzelnen Aktivitäten gewählt wird.

In der Regel gibt es nicht nur eine Möglichkeit der Projektzerlegung und auch nicht nur eine Form der zeitlichen Anordnung der Aktivitäten. Für die Zerlegung und die zeitliche Anordnung sind zwei Aspekte von Bedeutung:

- Die Arbeitsinhalte sollten nicht auf zu viele Teams verteilt bzw. in zu viele Aktivitäten aufgespalten werden, die von unterschiedlichen Stellen auszuführen sind. Mit der Anzahl der beteiligten Teams bzw. Stellen nimmt die Zahl der zu koordinierenden Schnittstellen zu, was zu steigendem Koordinationsaufwand und zu wachsenden Übergangs- bzw. Wartezeiten der Projekte führt. Im Sinne einer Prozeßorganisation von Projekten sollten daher möglichst weitreichende Kompetenzen über die gesamte Wertschöpfungskette eines Unternehmens an die Teams delegiert werden.

Dazu ein kleines Beispiel: Die Bearbeitung eines Antrags auf Betriebsgenehmigung einer Anlage wird im zuständigen Amt in 20 aufeinanderfolgende Bearbeitungsgänge zerlegt, die jeweils eine Stunde Arbeit erfordern. Hat eine Stelle ihre Arbeiten erledigt, müssen die entsprechenden Unterlagen der nachfolgenden Stelle zugeleitet werden. Da die interne Post aber nur einmal täglich befördert wird, sind allein schon für die erforderlichen neunzehn Postbeförderungen neunzehn Tage zu veranschlagen. Wenn nur noch fünf Stellen nacheinander tätig werden müßten, wären lediglich vier Tage für die Übergangszeiten erforderlich.

Die gesamten Übergangszeiten eines Projektes sind heute häufig weit höher als die reinen Bearbeitungszeiten. Das Beispiel verdeutlicht jedoch, daß durch größer geschnittene Arbeitsinhalte die gesamte Abwicklungszeit eines Projektes erheblich sinken könnte, obwohl u.U. durch den Abbau der Spezialisierung der Arbeitskräfte die reine Bearbeitungszeit etwas anwächst.

■ Die Abwicklungsdauer eines Projektes hängt auch nachhaltig von der zeitlichen Anordnung der gebildeten Aktivitäten ab. Gelingt es, viele Aktivitäten zeitlich parallel- statt hintereinanderzuschalten, sinkt die Abwicklungsdauer. Werden von den fünf Aktivitäten für den obigen Antrag z.B. die ersten vier parallel abgewickelt, kann der Antrag bereits nach einem Tag in der für den fünften Arbeitsgang zuständigen Stelle sein, und eine Übergangszeit von *nur einem Tag* ist erforderlich. Bei dieser parallelen Organisation des Arbeitsablaufs ist jedoch eine gute Koordination der Termine unumgänglich. Die kurze Abwicklungszeit für den Antrag wird nur erreicht, wenn die ersten vier Arbeiten am gleichen Tag durchgeführt werden. Bleibt der Antrag auch nur an einer der beteiligten Stellen für längere Zeit hängen, verlängert sich die Abwicklungsdauer entsprechend. Das Kernproblem derart vernetzter Arbeitspläne ist folglich das Erreichen einer guten zeitlichen Koordination der parallellaufenden und hintereinandergeschalteten Arbeitsoperationen. Es sind leistungsfähige Instrumente der zeitlichen Projektsteuerung erforderlich, die den steigenden Koordinationsaufwand bewältigen müssen.

Mit der Vernetzung bzw. Parallelisierung von Aktivitäten steigt neben dem Koordinations- auch der Informationsaufwand zwischen den beteiligten Stellen. Läuft beispielsweise die Entwicklung eines Produktes und der für das Produkt erforderliche Werkzeugbau z.T. parallel, sind die jeweils neuen Daten der Produkte, die für die Weiterentwicklung der Werkzeuge benötigt werden, zügig bereitzustellen. Die Parallelschaltung derartiger Aktivitäten wird auch nur gelingen, wenn Werkzeugbau und die für die Produktentwicklung zuständigen Abteilungen ein gemeinsames Grundverständnis von dem zu bewältigenden Problem haben. Sie müssen sich gewissermaßen "blind" verstehen, d.h., durch vorausschauendes Denken erkennen, welche Anforderungen von der Produktentwicklung auf den Werkzeugbau zukommen werden. Diese Situation ist mit einem eingespielten Fußballteam vergleichbar, in dem der Außenstürmer seine Flanken blind schießt, weil er sich vorausschauend denken kann, wo der Torjäger stehen wird. Das Prinzip der "Traumflanken" ist auf die Vernetzung von Arbeitsplänen nur anwendbar, wenn sich auch die Teammitglieder der Produktentwicklung und des Werkzeugbaus "blind" verstehen.

Die Wirkungen einer Vernetzung bzw. einer Parallelschaltung von Arbeitsgängen sollen anhand des Aufbauprojektes eines neuen Studiengangs an der wirtschaftswissenschaftlichen Fakultät der Westfälischen Wilhelms-Universität Münster veranschaulicht werden, wo es letztlich nur durch "Simultaneous Engineering" gelungen ist, die in so kurzer Zeit eigentlich unlösbare Aufgabe zu bewältigen.

Situationsbeschreibung

Die Ausgangssituation war einfach. Die wirtschaftswissenschaftliche Fakultät erwartete im Laufe des Jahres 1989 einen Erlaß, der die Einrichtung eines neuen Studiengangs "Wirtschaftsinformatik" vorsah. Der Studiengang sollte mit vier neuen Lehrstühlen - d.h. Mittelausstattung in Millionenhöhe - möglichst zum Sommersemester 1990 seinen Studienbetrieb aufnehmen. Mit den Arbeiten konnte im Juli 1989 (07/1989) gestartet werden. Das Problem bestand darin, daß für den neuen Studiengang weder Personal oder Räume noch Mobiliar, Computer, Software oder Bücher vorhanden waren. Die auf das Jahr 1989 bezogenen Haushaltsmittel mußten jedoch im gleichen Jahr verausgabt werden, wenn sie nicht verfallen sollten. Die Besonderheit dieser Haushaltsmittel bestand in der gegenseitigen Deckungsfähigkeit der Titel: Nicht verausgabte Personalmittel konnten voll zur Sachausstattung des Studiengangs eingesetzt werden. Der Markt für Hochschullehrer der Wirtschaftsinformatik war ausgesprochen eng. Mehrere Hochschulen in Nordrhein-Westfalen befanden sich in direkter Konkurrenz um die knappen Professoren, da sie gleichzeitig einen entsprechenden Studiengang aufbauen sollten.

Ausstattungsmerkmale des vollständigen Studienbetriebs waren:

1. Vier Professoren
2. Räume (mit adäquatem Mobiliar)
3. Computer (d.h. modernste Hard- und Software)
4. Bücher

Für die Planung und die darauf aufbauende Umsetzung boten sich grundsätzlich die im weiteren beschriebenen Ablaufvarianten an.

Variante 1: Das weitgehend lineare Bürokratenmodell

Eine Möglichkeit zur Strukturierung des Problems besteht darin, zwei weitgehend unabhängige und linear ablaufende Teilprojekte zu bilden:

- Teilprojekt 1 umfaßt zunächst die Berufungsverfahren, anschließend die Beschaffung von Computern und die Entwicklung eines Studienverlaufsplans durch die berufenen Hochschullehrer.

- Teilprojekt 2 beschäftigt sich mit den Anmiet-, Umbau- und Ausstattungsproblemen des Gebäudes und schließlich mit der Bücherbeschaffung.

Beide Teilprojekte sind nahezu unvernetzt. Es muß nur sichergestellt werden, daß das neue Gebäude bezugsfertig ist, wenn im Teilprojekt 1 die Berufungsverfahren abgeschlossen sind.

Teil-projekt	Aktivität	Bezeichnung	Dauer (Monate)	Vor-gänger
1	A	Stellenausschreibung	3	-
1	B	Bewerbungsvorträge/Berufungsliste	1 - 2	A
1	C	Rufe durch Ministerium	3 - 4	B
1	D	Verhandlungen mit Hochschullehrern	1 - 6	C
2	E	Anmietung des Gebäudes	2 - 5	-
2	F	Genehmigung der Anmietung	3 - 5	E
2	G	Ausbau bzw. Umbau des Gebäudes	4 - 6	F
2	H	Einzug	1	G
1	I	Entwicklung eines Studienverlaufsplans	3 - 5	D
2	K	Ausschreibung Möbel	1	H
2	L	Bestellung/Lieferung der Möbel	2	K
1	M	Ausschreibung Computer	2	I
1	N	Bestellung/Lieferung der Computer	2 - 3	M
2	O	Bücherauswahl und -beschaffung	3	L

Wesentliches Merkmal dieses Modells ist das übersichtliche, schrittweise Vorgehen bei der Schaffung der Ausstattungsmerkmale. Für die Planung werden die Ausstattungsmerkmale in einzelne Aktivitäten transformiert, die mit ihrer Dauer und ihren Vorrangbeziehungen in der folgenden Tabelle abgebildet sind. Für die Dauer einiger Aktivitäten lassen sich nur grobe Schätzwerte angeben wie z.B. für die Dauer der Verhandlungen mit den Professoren oder für die der Baumaßnahmen. In diesen Fällen wird mit einer optimistischen und einer pessimistischen Zeitangabe gearbeitet. Zudem ist die logische Abfolge der Aktivitäten vorzugeben. Eine mögliche, sinnvolle Abfolge ist der Tabelle auf der vorigen Seite zu entnehmen.

Diese Struktur des Projektes führt bei den unterstellten optimistischen Zeiten für die einzelnen Teilaktivitäten zu folgendem Ablaufplan.

Jahr	1 9 8 9						1 9 9 0									
Monat	07	08	09	10	11	12	01	02	03	04	05	06	07	08	09	10
Aktivität Tp 1	A	A	A	B	C	C	C	D	I	I	I	M	M	N	N	
Aktivität Tp 2	E	E	F	F	F	G	G	G	G	H	K	L	L	O	O	O

Das Projekt würde bei dieser Strukturierung eine Mindestdauer von 16 Monaten haben. Konsequenz dieser Verfahrensweise ist die klare Verfehlung des Ziels, den Studienbetrieb zum Sommersemester 1990 - d.h. 04/1990 - aufnehmen zu können. Nachteilig bei diesem Modell ist auch, daß 1989 nur ein geringer Teil der zugewiesenen Haushaltsmittel ausgegeben werden kann und damit die spätere Ausstattung mit Computern, Möbeln usw. wesentlich dürftiger ausfällt als bei Ausschöpfung der Mittel für 1989.

Die Defizite der beschriebenen Projektstrukturierung lassen eine andere Vorgehensweisen zur erfolgreichen Realisierung der Aufbauarbeiten notwendig erscheinen.

Variante 2:   Das vernetzte Simultanmodell - "Simultaneous Engineering"

Die zweite Variante erfordert eine grundsätzliche Modifikation der Ablaufstruktur des Projektes. Es werden neue Aktivitäten - in der nachfolgenden Tabelle mit einem Stern gekennzeichnet - eingefügt, die beim ersten Prozeßablauf nicht erforderlich waren. Durch diese koordinierenden Zusatzaktivitäten ist es möglich, sonst sequentiell ablaufende Vorgänge parallelzuschalten. Diese schnelle und unbürokratische Variante schafft gleichzeitig das "Prinzip der in die Beschaffung einzubeziehenden neuen Hochschullehrer" ab. Der neue Plan sieht eine Parallelschaltung der Berufungsverfahren, der Bau- und Anmietungsaktivitäten, der Beschaffungsvorgänge und der Entwicklung des Studienverlaufsplans vor.

Eine wesentliche Beschleunigung könnte noch erzielt werden, indem der Beginn der Aktivität G (Aus- bzw. Umbau des Gebäudes) nicht mehr an die Genehmigung des Mietvertrages durch das Ministerium geknüpft wird. Bei einer positiv verlaufenden Voranfrage kann mit großer Sicherheit von einer Genehmigung ausgegangen werden.

Aktivität	Bezeichnung	Dauer (Monate)	Vorgänger
A	Stellenausschreibung	3	-
B	Bewerbungsvorträge/Berufungsliste	1 - 2	A
C	Rufe durch Ministerium	3 - 4	B
D	Verhandlungen mit Hochschullehrern	1 - 6	C
E	Anmietung des Gebäudes	2 - 5	-
F	Genehmigung der Anmietung	3 - 5	E
G	Ausbau bzw. Umbau des Gebäudes	4 - 6	F
H	Einzug	1	G
I	Entwicklung eines Studienver-laufsplans	3 - 5	-
K	Ausschreibung Möbel	1	-
L	Bestellung/Lieferung der Möbel	2	K
M	Ausschreibung Computer	2	-
N	Bestellung/Lieferung der Computer	2 - 3	M
O	Bücherauswahl und -beschaffung	3	-
P*	Zwischenlager für Möbel	unbefristet	N
Q*	Zwischenlager für Computer	unbefristet	L
R*	Zwischenlager für Bücher	unbefristet	O

Durch diese weitgehende Parallelisierung aller Aktivitäten ist unter den optimistischen Zeitvorstellungen der folgende Ablaufplan realisierbar:

Jahr	1	9	8	9		1	9	9	0
Monat	07	08	09	10	11	12	01	02	03	04
	A	A	A	B	C	C	C	D		
	E	E	F	F	F	G	G	G	G	H
	I	I	I							
	K	L	L	P	P	P	P	P	P	
	M	M	N	N	Q	Q	Q	Q	Q	
	O	O	O	R	R	R	R	R	R	

Durch die Vernetzung der Aktivitäten kann der Projektdurchlauf stark beschleunigt und das zeitliche Ziel erreicht werden. Pünktlich zum Sommersemester 1990 kann nach dieser Strukturierung der vollständig eingerichtete Studienbetrieb aufgenommen werden. Der Vorzug dieser Vorgehensweise besteht auch darin, die Haushaltmittel für 1989 komplett nutzen zu können, was der Computer- und Softwareausstattung des neuen Studiengangs sehr zugute kommt, da im Vergleich zum vorherigen Plan mehr Finanzmittel zur Verfügung stehen.

Die Vorverlagerung von Aktivitäten ist im zweiten Modell nur möglich, weil keine prohibitiven Zusatzkosten anfallen. Computer und Möbel können in Kellerräumen zwischengelagert werden. Mit ausschlaggebend für den Erfolg sind aber auch Aktivitäten, die in dem Ablaufplan nicht zum Ausdruck kommen. Die potentiell zu berufenden Hochschullehrer werden in die inhaltliche Gestaltung des Studienplans und die Beschaffungsvorgänge bereits mit eingebunden, ohne daß ein Ruf vorliegt. Dieses Vorgehen fördert zudem die Motivation, nach Münster zu kommen. Die zweite Variante des Projektablaufs hat natürlich auch einen Nachteil. Die Aufbaukommission hat eine erheblich größere Koordinationsaufgabe zu bewältigen.

74 Ablaufsteuerung von Projekten mit Hilfe der Retrograden Terminierung (RT)

Liegt die Ablaufstruktur, d.h. das Netz der Aktivitäten, fest, schließt sich im Rahmen der Ablaufsteuerung ein zweites Problem an, das im vorigen Kapitel ausgeklammert wurde. Wie lange bestimmte Aktivitäten des Netzes dauern liegt nicht fest. Z.B. läßt sich die Umbauzeit der Räume dadurch verkürzen, daß mehr Ressourcen zur Verfügung gestellt werden. Im allgemeinen konkurrieren in einem Unternehmen mehrere Entwicklungsprojekte um die knappen Ressourcen, und es ist erforderlich, z.B. das knappe Personal so auf die Projekte aufzuteilen, daß die Zeit- und Auszahlungsziele möglichst bei allen Projekten erreicht werden. Für dieses Problem ist ein Steuerungsmechanismus erforderlich, der die Beziehungen zwischen den einzelnen Entwicklungsprojekten erfaßt und eine zielgerechte Aufteilung der Ressourcen vornimmt. Diese Aufgabe ist in der Realität so komplex, daß keine optimierenden Algorithmen eingesetzt werden können. Es ist lediglich möglich, heuristische Prinzipien der Fertigungssteuerung auf die Projektsteuerung zu übertragen. Ein heuristisches Steuerungsinstrument, das der skizzierten Aufgabe gerecht wird, ist z.B. die Retrograde Terminierung (RT).[8]

Bei der RT handelt es sich um ein Modul zur Zeit- und Kapazitätsplanung, das zur Steuerung des Ablaufs komplexer Projekte bei zeitlicher Konkurrenz um Kapazitäten eingesetzt werden kann. Zweck des Programms ist es, dem

---

8   Vgl. Adam (1993b), S. 496 ff.

Disponenten ein Instrumentarium an die Hand zu geben, das ihm erlaubt, die Konsequenzen einer Steuerung hinsichtlich der Ziele

- Abwicklungszeit
- Kapazitätsauslastung
- Termineinhaltung

zu analysieren. Das Ziel der RT besteht darin, einen Vorschlag für die Steuerung unter Berücksichtigung der verfolgten Ziele zu entwickeln und den betroffenen Organisationseinheiten einen Überblick über den geplanten Arbeitsfortschritt der Projekte zu geben. Wesentlich ist die integrierte Sicht aller Arbeitsvorgänge eines Projekts und die sinnvolle Abstimmung der allen Projekten zuzuordnenden Kapazitäten (Personal).

Der RT liegt folgende Philosophie zugrunde:

- Es handelt sich um ein System einer kombinierten zentralen und dezentralen Planung. Zentral werden Ecktermine für den Sollfortschritt der Projekte in allen betroffenen Organisationseinheiten geplant. Den Einheiten werden die Kapazitäten (Personal) zugeordnet, und es wird zentral ein Vorschlag für die Reihenfolge der abzuwickelnden Projekte und Arbeitsschritte unterbreitet. Von diesen Vorschlägen kann durch dezentrale Entscheidungen abgewichen werden, wenn dadurch die Ecktermine der Projekte nicht in Gefahr geraten. Die Organisationseinheiten dürfen nach dieser Maßgabe auch selbstverantwortlich das ihnen zugeteilte Personal auf die Projektgruppen aufteilen.

- Die RT ist ein System zur terminlichen Grobplanung, bei dem die generellen Einflüsse der Projektreihenfolge auf die Qualität der Steuerung erfaßt werden. Die Planung und Steuerung wird nicht auf einzelne Arbeitsplätze heruntergebrochen. Betrachtet werden vielmehr Organisationseinheiten (Abteilungen), in denen vergleichbare Arbeitsplätze zusammengefaßt werden (organisatorische Grobstrukturierung).

- Entsprechend der groben organisatorischen Gliederung wird auf der Grundlage eines groben Zeitrasters (z.B. Woche als kleinste Zeiteinheit) geplant.

- Gewählt wird ein umfassender Planungshorizont. Das Projekt mit dem spätesten Endtermin bestimmt die Länge des Planungszeitraums.

- Für die RT gilt ein rollierender Planungsmodus. Nach einer frei bestimmbaren Zeit (Tag, Woche, Monat) wird der Ist-Projektfortschritt ermittelt, neue Projekte werden in das System eingelastet, und die

Planung wird auf Basis des veränderten Informationsstandes fortgeschrieben.

■ Für die Projekte ist ein Arbeitsplan (Netz der logischen Abfolge der Arbeitsoperationen) vorzugeben.

■ Der Disponent verfügt über eine bestimmte Anzahl von Steuerparametern (Art der Personalzuordnung, Prioritätsregeln, Zahl der rückgekoppelten Planungsrunden usw.), über die er auf das Ergebnis der Steuerung Einfluß nehmen kann. Das System bietet dazu eine effiziente Simulationsunterstützung.

■ Für die Personalzuordnung wird von flexiblen Kapazitäten mit unterschiedlichen Effizienzgraden der Mitarbeiter in den einzelnen Organisationseinheiten ausgegangen. Damit besteht die Möglichkeit, Mitarbeiter in unterschiedlichen Abteilungen einzusetzen.

■ Neue Projekte können probeweise mit bestimmten Endterminen in das System eingelastet werden. Im Simulationsmodell ist dann die Rückwirkung dieser Projekte auf die Termine der bisherigen Projekte zu erkennen.

■ Das System zeigt, zu welchen Zeiten die Kapazitäten unterbeschäftigt sind. Erkennbar sind auch jene Zeiten mit Engpässen, in denen es zur Projektbeschleunigung vorteilhaft sein kann, durch Überstunden oder Leiharbeitskräfte eine zeitweilige Ausdehnung der Kapazitäten anzustreben.

Bei der RT handelt es sich um ein dreistufiges, rückgekoppeltes Planungssystem, das der Disponent zur Verbesserung der Steuerungsziele mehrfach durchlaufen kann. Das Prinzip soll für fest vorgegebene Kapazitäten in den Organisationseinheiten beschrieben werden.[9]

Erste Stufe: Wunschterminierung

In der ersten Stufe wird für jedes Projekt retrograd vom gewünschten Endtermin ausgehend ein Wunschtermin für den Projektstart ermittelt. Dieser Termin dient als Prioritätszahl für die Abarbeitung von Warteschlangen. Die Terminierung geht davon aus, daß keine Kapazitätsengpässe bestehen. Bestimmt werden die Zeitpunkte, zu denen ein Projekt in den einzelnen Organisationseinheiten starten muß, wenn es weder zu Wartezeiten vor

---

9   Diese Einschränkung dient nur zur Vereinfachung der folgenden Darstellung.

Organisationseinheiten noch zu Überschreitungen des gewünschten Endtermins kommen soll. Sinn der berechneten Prioritätszahl ist es, die Projekte zunächst in eine provisorische Reihenfolge bringen zu können.

Zweite Stufe: Erste Kapazitätsbelegung

Auf der Basis des in der ersten Stufe ausgewählten Prioritätskriteriums wird eine erste provisorische Belegung der Kapazitäten der Organisationseinheiten vorgenommen. Die Planung erfolgt chronologisch im Tages- oder Wochenrhythmus. Wird eine Organisationseinheit frei, muß von den vor ihr wartenden Projekten eines nach dem gewählten Prioritätskriterium für die nächste Belegung bestimmt werden. In der 2. Stufe werden auf diese Weise alle Projekte entsprechend ihrer gewählten logischen Struktur der Arbeitsoperationen (Arbeitsplan) eingeplant. Es ergibt sich ein erster zulässiger "Kapazitätsbelegungsplan" für die Organisationseinheiten.

Dieser provisorische Belegungsplan hat einen Vorteil und zwei Nachteile:

- Der Vorteil ist darin zu sehen, daß der Belegungsplan bei ausreichender Beschäftigungslage (Warteschlangen vor den Organisationseinheiten) sehr dicht ist. Es treten geringe ablaufbedingte "Stillstandszeiten" der Kapazitäten auf.

- Nachteil ist zum einen, daß eine erneute Belegung immer dann erfolgt, wenn eine Organisationseinheit frei wird. Deshalb können die geplanten und die eigentlich gewünschten Endtermine der Projekte bestenfalls per Zufall sinnvoll koordiniert sein. Es kommt zu "Endlagerzeiten" oder zu Verzugszeiten. Zum anderen sind an den Knotenpunkten des Arbeitsplanes die Teilzweige des Netzes nicht ausreichend zeitlich koordiniert. Es kommt zu "Zwischenlägern" einzelner Aktivitäten, wenn ein paralleler Zweig des Netzes vor einem anderen abgearbeitet ist, d.h., sie sind zu früh fertig und können in der nachfolgenden Stufe noch nicht bearbeitet werden.

Dritte Stufe: Anpassung des provisorischen Belegungsplans

Sinn der dritten Stufe der RT ist es, die Nachteile der zweiten Stufe zu beseitigen. Nach der zweiten Stufe kann generell zwischen zwei Klassen von Projekten, den

- rechtzeitig oder verfrüht fertig werdenden und
- den verspäteten Projekten,

unterschieden werden. In allen Rückkopplungsrunden zwischen der zweiten und dritten Stufe der RT - bis auf die letzte - werden die Kapazitäten, die in der zweiten Stufe zunächst für verspätete Projekte vorgesehen wurden, wieder freigegeben. Für die übrigen Projekte wird sodann versucht, alle oder einzelne Arbeitsoperationen so weit in die Zukunft zu verschieben, daß das geplante Projektende und der eigentlich gewünschte Endtermin übereinstimmen. Durch diese Verschiebung werden die Abwicklungszeiten reduziert (Abbau der "Koordinationsläger" an den Knotenpunkten des Netzes), und die Termineinhaltung wird verbessert (Abbau von "Endlagerzeiten"). Durch eine Verschiebung von Arbeitsschritten in die Zukunft entstehen jedoch im Kapazitätsbelegungsplan Auslastungslücken, die durch die Rückkopplungsschleifen zwischen der dritten und zweiten Stufe wieder geschlossen werden. Die Kapazitäten und Zeiten für die rechtzeitig fertig werdenden Projekte werden nach der dritten Planungsstufe festgeschrieben, und die Planung wird in die zweite Stufe zurückverwiesen. In einem zweiten Durchlauf der 2. Stufe werden dann die bislang verspäteten Projekte mit den verbliebenen Kapazitäten neu geplant. Der erneute Durchlauf der zweiten Stufe führt zu zusätzlichen rechtzeitig fertig werdenden Projekten, die im zweiten Durchlauf der dritten Stufe wiederum zeitlich in die Zukunft verschoben werden. Durch die Streichung der geplanten Belegungen der verspäteten Projekte und die Rückkopplungsschleifen wird letztlich die ursprünglich durch die erste Stufe gebildete Reihenfolge der Projekte nochmals verändert.

Bei der durch Personalzuordnung ergänzten Planungsphilosophie wird für jede Organisationseinheit vorgegeben, wie viele Arbeitskräfte dort maximal beschäftigt werden dürfen. Zusätzlich kann auch die Zahl der je Arbeitsgang eines Projektes einzusetzenden Arbeitskräfte nach oben beschränkt sein.

Die Personalzuordnung erfolgt so, daß eine möglichst hohe Geschwindigkeit des Arbeitsfortschritts erwartet werden kann. Dazu wird z.B. wöchentlich der Kapazitätsbedarf - gemessen in Vorgabezeiteinheiten - für die unmittelbar in einer Organisationseinheit befindlichen und die direkt vor ihr wartenden Projekte bestimmt.

In einem ersten Schritt kann der Disponent den Organisationseinheiten bestimmte Personalkapazitäten frei zuordnen. Im zweiten Schritt wird durch den Quotienten aus Kapazitätsbedarf für eine Woche und bereits für diese Woche zugeordneten Kapazitäten für jede Organisationseinheit ein Bedürftigkeitskoeffizient bestimmt. Die am stärksten unterversorgte Organisationseinheit erhält die erste Personalzuordnung nach folgendem heuristischen Prinzip: Von allen noch nicht zugeordneten Personen wird diejenige Arbeitskraft zugeteilt, die in der betrachteten Woche auf Grund der Anwesenheitszeit und der persönlichen Effizienz in der Lage ist, am meisten Vorgabezeit abzuarbeiten. Dann werden die Bedürftigkeitsziffern der Organisationseinheiten neu berechnet, und es erfolgt die nächste Zuteilung. Dieses Verfahren wird fortgesetzt, bis alle Arbeitskräfte verteilt sind oder keine Warteschlangen an Projekten mehr bestehen.

Im dritten Schritt werden die Kapazitäten je Organisationseinheit entsprechend der gewählten Prioritätsregel - erste Stufe der RT - den zu bearbeitenden Projekten zugeordnet. Dadurch wird der "Sollprojektfortschritt" festgelegt. Diese drei Schritte der Personalzuordnung werden in einem Planungslauf für alle Wochen des Planungszeitraums chronologisch durchgeführt. Die Personalzuordnung wird zunächst in der zweiten Stufe der RT durchgeführt. Ergeben sich durch die Terminverschiebungen in der dritten Stufe und durch die Rückkopplung zwischen der zweiten und dritten Stufe neue Termine für die Projekte, wird die Personalzuordnung entsprechend angepaßt.

Der Algorithmus arbeitet sehr effizient: Bei ca. 40 Projekten, 15 Arbeitsgängen je Projekt, 50 Mitarbeitern und 15 Abteilungen genügen Laufzeiten von weniger als 25 Sekunden, wenn der verwendete Personalcomputer mit einem 486er Prozessor und einer Taktfrequenz von 25 MHz ausgestattet ist.

75 Budgetsteuerung

Die Budgetsteuerung baut auf

- der geplanten Netzstruktur,
- dem durch die Steuerung ermittelten Zeitgerüst und
- den einem Projekt zugewiesenen Ressourcen

für die Ausführung der Aktivitäten auf. Die Steuerung gibt damit das Mengen- und Zeitgerüst für den Faktorverbrauch und folglich auch die zeitliche und mengenmäßige Struktur der Auszahlungen vor.

Durch die Einarbeitung neuer Informationen in die Steuerung oder auch durch eine Veränderung der Ablaufstruktur - Netz - kommt es im Zeitablauf zu Veränderungen der Auszahlungshöhe oder der zeitlichen Verteilung der Auszahlungen im Vergleich zu den ursprünglich geplanten Budgets. Diese Veränderungen können darin bestehen, daß zusätzliche Netzaktivitäten erforderlich werden; - wenn z.B. bei der Entwicklung von Produkten Versuchsserien fehlschlagen. Bestimmte Aktivitäten haben also nicht den gewünschten Erfolg, und es ist notwendig, weitere, zunächst nicht geplante Versuche zu starten. Das Grundproblem der Steuerung und Budgetierung liegt damit in der mangelnden Vorhersehbarkeit der für ein Investitionsprojekt erforderlichen Aktivitäten. Die Netze sind vielmehr stochastischer

Natur, und es kann vorab nicht die Frage beantwortet werden, ob bestimmte Aktivitäten notwendig sein werden oder nicht.[10]

Die Analysen zur Netzstruktur- und zur Zeit- und Ressourcenplanung gingen bislang von deterministischen Netzen und bekannter Aktivitätenzahl aus. Tatsächlich müssen aber die Aktivitätenzahl und die Netzstruktur im Verlauf eines Entwicklungsprozesses laufend angepaßt und verändert werden. Diese Veränderungen sind notwendig, obwohl beim Projektstart ein "Commitment" zustande gekommen ist und das Projekt nach dem damals vorliegenden Informationsstand in bester Art und Weise strukturiert wurde. Also selbst bei ausgeprägtem vorausschauenden Denken kann die Prognose einer Projektabwicklung nicht alle Eventualitäten vorhersehen. Der Anpassungsbedarf der Projektabwicklung wird daher durch eine sorgfältige Planung des Projektablaufs nur kleiner, die Anpassungen werden aber nicht überflüssig.

Die Budgetierung hat somit eine doppelte Aufgabe:

- Sie muß die Einhaltung der Budgets für das Gesamtprojekt und für einzelne Aktivitäten auf der Basis der einmal gewählten Netz-, Zeit- und Personalstruktur überwachen, um sicherzugehen, daß nicht ungeplante Umstände zu außergewöhnlichem Ressourcenverbrauch führen.

- Sie muß für den Anpassungsbedarf der gewählten Netz-, Zeit- und Ressourcenstruktur Analysen erstellen, um die Frage beantworten zu können, welche Auszahlungen durch derartige Anpassungen entstehen, welche zeitlichen Veränderungen des Projektes zu erwarten sind und ob sich die Investitionsobjekte auch mit diesen erforderlichen Anpassungen noch lohnen. Zu diesem Zweck sind für die wesentlichen Anpassungsmaßnahmen begleitende Investitionsrechnungen erforderlich. Diese haben die gleiche Grundstruktur wie Vorteilhaftigkeitsrechnungen für Investitionsobjekte in der Phase der Entscheidung für oder gegen ein Projekt und sollen lediglich aufzeigen, wie sich z.B. der Kapitalwert einer Investition verändert, wenn sich die Höhe der Auszahlungen ändert, wenn die zeitliche Struktur der Auszahlungen anders als ursprünglich angenommen ist oder wenn Überschüsse erst später als geplant fließen, weil sich die Fertigstellung des Projektes verzögert. Insbesondere sollen derartige Rechnungen deutlich machen, ob es ökonomisch vertretbar ist, begonnene Projekte in einer bestimmten zeitlichen Strukturierung der Aktivitäten fortzuführen.

---

10   Vgl. Koenigsberg (1982); Jackson (1963).

Das Problem der Budgetsteuerung liegt darin, daß jede der begleitenden Rechnungen wieder von einem nur unvollständigen, wenn auch verbesserten Informationsstand ausgeht. Über die Teile eines Projektes, die aus der Sicht der jeweiligen Rechnung in der Vergangenheit liegen, existieren exakte Informationen. Über den künftigen Teil des Projektes liegen jedoch wiederum nur unvollständige Erkenntnisse vor. Die in die Rechnung einfließenden Erwartungen über die Projektentwicklung müssen daher nicht zutreffen. Auch sie müssen u.U. wiederum angepaßt werden und ziehen einen erneuten Berechnungsbedarf nach sich. Keine der Rechnungen kann daher mit Sicherheit die Frage beantworten, mit welchem Kapitalwert eine Investition schließlich tatsächlich verbunden sein wird.

Die Begleitrechnungen sollten daher dem Unsicherheitsproblem der Informationen Rechnung tragen, d.h., die Rechnungen sollten nicht von nur *einer* künftigen Datenentwicklung ausgehen, sondern mehrere Datenszenarien umfassen. Auf der Basis der Erfahrungen mit einem Projekt und den Erwartungen für den künftigen Fortgang können z.B. extreme (optimistische oder pessimistische) und mittlere Szenarien entwickelt werden, für die die Investitionsprojekte getrennt zu analysieren sind.[11] Aus diesen Szenarien ist dann ein Korridor für den Kapitalwert abzuleiten, oder die Ergebnisse sind zu einem Risikoprofil[12] einer Investition zu verdichten.

Die für die Budgetierung[13] einzusetzenden Methoden sollten sich grundsätzlich *nicht* an der Vergangenheit orientieren, indem sie Auszahlungen vergleichbarer Projekte und Aktivitäten in die Zukunft fortschreiben. Derartige fortschreibende Verfahrenstechniken führen zu einer Fortpflanzung von Unwirtschaftlichkeiten der Vergangenheit, erfassen den Fortschritt nicht und nehmen keine Rücksicht darauf, daß sich Auszahlungen einsparen lassen, wenn Projekte anders als in der Vergangenheit abgewickelt werden. Als "Instrument gegen die Fortschreibung der Vergangenheit" darf die Budgetierung also nicht von gewohnten Trampelpfaden ausgehen, sondern muß gerade die gewohnten Wege in Frage stellen, von der Basis null ausgehen (Zero-Base-Budgeting[14]) und ständig nach Verbesserungspotentialen (Möglichkeiten zur Ausgabensenkung) in der Konstruktion von Produkten sowie hinsichtlich des Ablaufs von Entwicklungsprojekten suchen (Continuous Improvement). Insbesondere muß sie hinterfragen, ob bestimmte Spezifikationen für die zu entwickelnden Produkte (Projekte) überhaupt den Kundenbedürfnissen entsprechen, ob sie marktgerecht sind oder ob sich

---

11 Vgl. Scherm (1992).

12 Vgl. Abschnitt 6443.

13 Vgl. auch Kapitel 1.

14 Vgl. Küpper (1990), S. 860.

der Betrieb bzw. die Entwicklungsabteilung mit ihren Produktentwicklungen ohne Rücksicht auf Marktchancen nur selbstverwirklicht.

Die Idee des Zero-Base-Budgeting, alles in Frage zu stellen, muß für die Budgetierung der Auszahlungen eines Investitionsprojektes Hand in Hand mit der Philosophie des Target Costing[15] als Instrument der strategischen Kosten- und Ausgabenplanung gehen. Dieser ursprünglich dem japanischen Kostenmanagement zugehörige Ansatz verlangt, bei der Bestimmung der Projektspezifikationen grundsätzlich von den Anforderungen des Marktes auszugehen und danach zu fragen, welche Kosten (Auszahlungen) sich der Betrieb erlauben darf, um mit seiner Entwicklung am Markt erfolgreich sein zu können. Dieses für die "Kalkulation" neuer Produkte entworfene Instrument ist auf die Ausgabenplanung bei Investitionsobjekten zu übertragen.

Nach der Philosophie des Target Costing sind zunächst Marktinformationen zu beschaffen, die die Frage beantworten, was eine konkurrenzfähige, von Kunden gewünschte Problemlösung auf dem Markt kosten darf. Von diesem Zielpreis ist sodann der angestrebte Zielgewinn zu subtrahieren, um die vom Markt erlaubten Zielkosten zu ermitteln.[16] Diese Zielkosten sind aber in der Regel nicht mit den bekannten Konstruktions- und Produktionsmethoden realisierbar. Es ist deshalb notwendig, nach Potentialen zur Kostenreduzierung zu suchen. Dazu ist es bereits in der Konzeptions- und Entwicklungsphase erforderlich, den technischen mit dem betriebswirtschaftlichen Planungsprozeß zu koppeln, um marktgerechte Produkte, die die funktionalen und preislichen Anforderungen der Kunden erfüllen, entwickeln zu können. Diese frühzeitige Kopplung der technischen mit der ökonomischen Planung der Entwicklungsprojekte geht von der Erkenntnis aus, daß in der Entwicklungsphase von Produkten noch zwischen 80% und 85% der Kosten beeinflußbar sind.[17] Die Auswahl von technischen Prinzipien zur Realisierung von Produktideen darf daher nicht allein nach technischen Kriterien erfolgen. Vielmehr muß das Unternehmen frühzeitig eine Abschätzung der Kosten- bzw. Auszahlungswirkungen bestimmter technischer Prinzipien vornehmen, um den Zielpreis realisieren zu können. Konsequenterweise muß die Gewinn- und Kostenplanung daher bereits in diese Phasen des Entwicklungsprozesses integriert werden, anstatt, wie in westlichen Unternehmen üblich, bis zum Beginn der Produktionsphase damit zu warten. Der interdisziplinäre Planungsprozeß ermöglicht letztlich eine effektive *und*

---

15 Vgl. Horváth (Hrsg.) (1993); Sakurai (1989); Seidenschwarz (1991) und (1993).

16 Vgl. Horváth (1993), S. 12.

17 Vgl. ebenda, S. 23.

effiziente Ausschöpfung der technischen Potentiale zur Kostenreduzierung und damit auch die Einhaltung der vom Markt erzwungenen Kostenziele.[18]

Allerdings wäre es fatal, diesen Prozeß als ausschließlich betriebsintern aufzufassen. Es ist vielmehr erforderlich, auch die Systemzulieferer im Rahmen des Simultaneous Engineering so früh wie möglich in die Entwicklungsteams und die Kostenplanung zu integrieren, um eine optimale Abstimmung der fremderstellten kritischen Bauteile mit den angestrebten Kostenzielen zu gewährleisten.[19]

Zero-Base-Budgeting und die Philosophie des Target Costing sind damit im Sinne eines strategischen *Kosten- bzw. Auszahlungsmanagements* zu verstehen. Vor diesem Hintergrund haben beide Instrumente auch für die Projektsteuerung im Rahmen des Investitionscontrolling hohe Relevanz. Wie der Preis eines Produktes nicht das Ergebnis der Entwicklungs- und Konstruktionsphase sein darf, so darf auch die Auszahlungshöhe für ein Investitionsprojekt und seine verschiedenen Arbeitsschritte nicht Ergebnis der Budgetierung sein. Der marktgerechte "Preis" bzw. die Auszahlungshöhe, die ein Investitionsobjekt bei gegebenen Marktmöglichkeiten erst vorteilhaft werden lassen, sind damit der *Ausgangspunkt* der Budgetierung. Die Budgetierung muß letztlich ständig nach Verbesserungspotentialen für die Vorteilhaftigkeit von Investitionen sowie nach Möglichkeiten zur Senkung der erforderlichen Investitionsauszahlungen suchen.

Für die Budgetierung der Investitionsauszahlungen ist damit ein Paradigmenwechsel im Management erforderlich. Budgets dürfen nicht aus Erkenntnissen der Vergangenheit abgeleitet werden, sondern müssen von den Anforderungen des Kunden sowie den am Markt durchsetzbaren Preisen ausgehen. Deshalb sind konsequent alle Möglichkeiten zur Auszahlungssenkung zu analysieren. Budgetierung ist somit ein Instrument zur zielgerichteten Investitionsauszahlungsgestaltung.

---

18 Vgl. Horváth (1993), S. 7.
19 Vgl. ebenda, S. 20.

8 Fallstudien zur Investitionsrechnung

Fallstudie 1: Wahlproblem zwischen zwei Maschinen

Das Fotolabor der Imke OHG beabsichtigt, Großposter und Fototapeten in seine Produktpalette aufzunehmen. Zur Erstellung der Großformate ist eine Spezialanlage erforderlich. Aus technischen Gründen sind von den in Frage kommenden Anlagen Verfahren A und B in die engere Wahl gelangt.

Verfahren A hat einen Anschaffungspreis von 8.200 GE. Die neben dem Kapitaldienst zusätzlich anfallenden beschäftigungsunabhängigen Kosten für Anlage A betragen 2.800 GE pro Monat. Ist die Anlage in Betrieb, entstehen pro Woche variable Kosten von 7.200 GE bei Vollauslastung der Kapazität. Bei Verwendung der Anlage A können maximal 320 m² pro Tag erstellt werden.

Anlage B hat einen Anschaffungspreis von 3.200 GE und zusätzlich monatliche beschäftigungsunabhängige Kosten in Höhe von 605 GE. Der konstante Grenzplankostensatz für B beträgt 1.750 GE pro Tag. Die Produktionsgeschwindigkeit der Anlage B ist 43,75 m² pro Stunde.

Dem Unternehmer ist aufgrund einer Marktanalyse bekannt, daß er in den nächsten Jahren jeweils 72.000 m² Großformate zu einem Quadratmeterpreis von 5,20 GE absetzen kann.

Die Nutzungsdauer jedes der beiden Verfahren beträgt 50 Monate (Perioden). Es entstehen keine Lagerkosten, da die Ware nach Fertigstellung sofort ausgeliefert wird. Bei einer 5-Tage-Woche bestehe der Monat aus 20 Arbeitstagen zu je 8 Std. Es ist mit einer Verzinsung des in der Maschine gebundenen Kapitals von 12% p.a. zu rechnen. Das Unternehmen geht zunächst davon aus, daß am Ende der Nutzungsdauer bei beiden Anlagen kein Liquidationserlös erzielt werden kann.

Aufgabe 1:

Das Unternehmen setzt für die Entscheidungsfindung ein auf der Annuitätenmethode basierendes, statisches Modell der Investitionsrechnung ein. Welche Anlage soll angeschafft werden? Von welcher Unterstellung geht das Unternehmen aus, wenn es sich für eine der Anlagen entscheidet?

Lösungshinweise:

Zunächst werden die relevanten Daten aus der Problemstellung zusammengestellt. Die in der Aufgabenstellung angegebenen Daten sind auf einen Monat zu normieren. Dabei ist zu berücksichtigen, daß gilt:

1 Arbeitstag = 8 Stunden,
1 Woche = 5 Arbeitstage = 40 Stunden,
1 Monat = 4 Wochen = 20 Arbeitstage = 160 Stunden.

1. Die Anschaffungsauszahlungen a_0 betragen

$$a_{0A} = 8.200 \ [GE],$$
$$a_{0B} = 3.200 \ [GE].$$

2. Aus dem angegebenen Zinssatz für das gebundene Kapital errechnet sich der Zinssatz i - unter Vernachlässigung von unterjährigen Zinseszinsen - pro Periode (Monat) zu:

$$i = \frac{0,12}{12} = 0,01.$$

3. Als Kapitaldienst KD pro Monat ergibt sich auf der Basis linearer Abschreibungen und der durchschnittlichen Kapitalbindung je Verfahren:

$$KD_A = \frac{a_{0A}}{n} + \frac{a_{0A}}{2}i = \frac{8.200}{50} + \frac{8.200}{2}0,01 = 205 \left[\frac{GE}{Monat}\right] \text{ und}$$

$$KD_B = \frac{a_{0B}}{n} + \frac{a_{0B}}{2}i = \frac{3.200}{50} + \frac{3.200}{2}0,01 = 80 \left[\frac{GE}{Monat}\right].$$

4. Gemäß Problemstellung existieren zusätzliche beschäftigungsunabhängige Kosten K_f in Höhe von:

$$K_{fA} = 2.800 \left[\frac{GE}{Monat}\right] \quad \text{und}$$

$$K_{fB} = 605 \left[\frac{GE}{Monat}\right].$$

5. Ferner fallen beschäftigungsabhängige Kosten K_v umgerechnet auf einen Monat in Höhe von

$$K_{vA} = 7.200 \cdot 4 = 28.800 \left[\frac{GE}{Monat} \right] \quad \text{und}$$

$$K_{vB} = 1.750 \cdot 20 = 35.000 \left[\frac{GE}{Monat} \right]$$

an.

6. Die alternativen Verfahren erreichen eine Produktionsgeschwindigkeit M je Periode von

$$M_A = 320 \cdot 20 = 6.400 \left[\frac{m^2}{Monat} \right],$$

$$M_B = 43,75 \cdot 160 = 7.000 \left[\frac{m^2}{Monat} \right].$$

7. Bei einem Absatzpreis von 5,20 ist eine maximale Absatzmenge von

$$\frac{72.000}{12} = 6.000 \left[\frac{m^2}{Monat} \right]$$

realisierbar.

8. Die variablen Stückkosten k_v sind bestimmt durch

$$k_{vA} = \frac{K_{vA}}{M_A} = \frac{28.800}{6.400} = 4,50 \left[\frac{GE}{m^2} \right] \quad \text{und}$$

$$k_{vB} = \frac{K_{vB}}{M_B} = \frac{35.000}{7.000} = 5,00 \left[\frac{GE}{m^2} \right].$$

Mit Hilfe dieser Daten läßt sich eine Kapazitätsprüfung vornehmen. Für beide Anlagen ist die maximale Kapazität größer als der maximale Absatz. Es kann demnach vom Ziel Kostenminimierung statt von Gewinnmaximierung ausgegangen werden, weil durch die Lösung des Problems die Erlöse nicht berührt werden. (Folglich sind beide Ziele äquivalent.)

Die kritische Produktionsmenge x_{krit1} (m^2 pro Monat), die bei beiden Anlagen zu gleichen Produktionskosten führt, ist zu bestimmen (Verfahrensvergleich):

Ansatz: $KD_A + K_{fA} + k_{vA} x_{kritl} = KD_B + K_{fB} + k_{vB} x_{kritl}$

$$x_{kritl} = \frac{KD_A - KD_B + K_{fA} - K_{fB}}{k_{vB} - k_{vA}}$$

$$x_{kritl} = \frac{205 - 80 + 2.800 - 605}{5,00 - 4,50} = 4.640 \left[\frac{m^2}{Monat} \right].$$

Da sich der monatliche Absatz auf 6000 m² beläuft, ist der Kauf von Anlage A sinnvoll. Bei dieser Entscheidung unterstellt das Unternehmen implizit, daß die Differenz der Anschaffungsauszahlungen für die beiden Anlagen eine Verzinsung von 12% erwirtschaftet, der Kapitalwert der Differenzinvestition also gleich null ist.

Aufgabe 2:

Der Unternehmer hat die Maschine A der Aufgabe 1 bereits gekauft. 10 Monate nach der Inbetriebnahme der Anlage erfährt er auf einer Fachmesse, daß eine neue Anlage C auf den Markt gekommen ist.

Bedingt durch den hohen Anschaffungspreis von 19.500 GE hat das Verfahren C einen hohen Kapitaldienst. Zusätzlich fallen für diese Anlage beschäftigungsunabhängige Kosten von 1.170 GE pro Woche an. Bei der Produktion mit der Anlage C entstehen pro m² variable Kosten in Höhe von 3,90 GE. Die Kapazität der Anlage beträgt 6.500 m² pro Monat.

Nach einer Nutzungsdauer von 40 Monaten deckt der Restverkaufserlös für Anlage C in Höhe von 250 GE die erforderlichen Abbruchkosten. Die installierte Anlage A kann der Unternehmer zum Kalkulationszeitpunkt zu einem Preis von 3.500 GE verkaufen.

Die zusätzlichen, nicht durch den Kapitaldienst bedingten, beschäftigungsunabhängigen Kosten der Anlage A in Höhe von 2.800 GE pro Monat können zu 60% nicht abgebaut werden, wenn diese Anlage verkauft wird. Zu diesen nicht abbaufähigen Kosten gehören auch Lohnzahlungen von monatlich 1.400 GE für einen Arbeitnehmer. Dieser Arbeitnehmer könnte zur Bedienung der Maschine C eingesetzt werden. Diese Lohnkosten sind in den oben angegebenen beschäftigungsunabhängigen Kosten für Anlage C - 1.170 GE pro Woche - enthalten.

Soll das Verfahren A durch die neue Anlage im Kalkulationszeitpunkt ersetzt werden, wenn auch weiterhin pro Jahr 72.000 m² zu 5,20 GE pro m² abgesetzt werden können?

Lösungshinweise:

Als zusätzliche Daten sind gegeben:

1. Die Anschaffungsauszahlung für C $a_{0C} = 19.500$ [GE].

2. Die Nutzungsdauer der Anlage C ist n = 40 Monate mit einem Liquidationserlös von $L_C = 0$ [GE].

3. Der Restverkaufserlös der Altanlage A liegt bei $L_A = 3.500$ [GE].

4. Der Kapitaldienst von C beläuft sich auf

$$KD_C = \frac{19.500 - 3.500}{40} + \frac{19.500 - 3.500}{2} \cdot 0{,}01 = 480 \left[\frac{GE}{Monat} \right].$$

Bei der Bestimmung des Kapitaldienstes wurde unterstellt, daß der Restverkaufserlös der Altanlage A auf die Nutzungsdauer der Neuanlage verteilt wird.[1]

Die Kapazitätsprüfung offenbart: Mit 6.400 m²/Monat bzw. 6.500 m²/Monat ist bei Anlage A bzw. C die Kapazität größer als der maximale Absatz von 6.000 m²/Monat. Also kann weiterhin mit einem Kostenminimierungsansatz gearbeitet werden.

5. Die gesamten beschäftigungsunabhängigen Kosten der Anlage C belaufen sich auf:

$$K_{fC} = 1.170 \cdot 4 = 4.680 \left[\frac{GE}{Monat} \right].$$

Da in das Kriterium des Ersatzvergleichs aber nur die zusätzlichen beschäftigungsunabhängigen Kosten eingehen, ist der Kostensatz K_{fC} um die nicht disponiblen Lohnzahlungen für den Arbeitnehmer - 1.400 GE - zu kürzen, so daß nur 4.680 GE - 1.400 GE = 3.280 GE entscheidungsrelevant sind.

---

[1]   Zur Berücksichtigung des Liquidationserlöses vgl. Kapitel 32.

6. Die beschäftigungsunabhängigen Kosten der Anlage A belaufen sich auf 2.800 GE pro Monat. Es können 60% dieser Kosten nicht abgebaut werden. Demzufolge sind in den Ansatz zum Ersatzvergleich nur die verbleibenden disponiblen 40% der beschäftigungsunabhängigen Kosten, also 1.120 GE, die mit $\overline{K_{fA}}$ bezeichnet werden, aufzunehmen.

7. Die variablen Stückkosten sind angegeben mit $k_{vC} = 3,90 \left[\dfrac{GE}{m^2} \right]$.

Der Ansatz zum Ersatzvergleich beruht wiederum auf der Berechnung der Produktionsmenge x_{krit2}, bei der beide Anlagen zu gleichen totalen Stückkosten produzieren. Dabei sind aber nur die entscheidungsrelevanten Anteile der Kosten zu berücksichtigen (jeweils durch einen Querstrich über den Symbolen angedeutet):

Ansatz: $\quad \overline{K_{fA}} + k_{vA}\, x_{krit2} = KD_C + \overline{K_{fC}} + k_{vC}\, x_{krit2}$

$$x_{krit2} = \frac{\overline{K_{fA}} - \overline{K_{fC}} - KD_C}{k_{vC} - k_{vA}}$$

$$x_{krit2} = \frac{1.120 - 3.280 - 480}{3,9 - 4,5} = 4.400 \left[\frac{m^2}{Monat} \right].$$

Da der monatliche Absatz 6000 m² (72000 m² pro Jahr) beträgt, ist es sinnvoll, Anlage C zu installieren.

Aufgabe 3:

Fragestellung 2) ist dahin gehend abzuwandeln, daß dem Unternehmer folgende Absatzschwankungen im Zeitablauf bekannt sind:

Zeitraum	Monat	Bedarf in m^2 pro Monat
I	1 - 5	4.500
II	6 - 11	3.800
III	12 - 15	6.600
IV	16 - 23	4.400
V	24 - 29	5.800
VI	30 - 40	3.150

Eine Emanzipation der Fertigung ist nicht möglich, da die Fertigung nach speziellen Kundenwünschen erfolgt. Der Verkaufspreis bleibt weiterhin bei 5,20 GE pro m^2! Soll die Anlage C gekauft werden?

Lösungshinweise:

Die Kapazität der Anlage C (A) von 6.500 (6.400) wird durch die Nachfrage im 12. bis 15. Monat (Zeitraum III) um 100 (200) m^2 überschritten. In allen anderen Zeiträumen, in denen kein Kapazitätsengpaß auftritt, können die Vorteile bzw. Nachteile einer Anlage durch Kostendifferenzen ermittelt werden. Im Zeitraum III muß der zusätzliche Vorteil der Anlage C - bedingt durch die höhere Kapazitätsgrenze - erfaßt werden.

Für den Vergleich sind folgende Kostenfunktionen der Verfahren bei einem monatlichen Absatz von höchstens 6.400 m^2 relevant:

$$K_A(x) = 1.120 + 4,50\, x \quad \text{bzw.}$$

$$K_C(x) = 3.280 + 480 + 3,90\, x = 3.760 + 3,90\, x.$$

Die Kostendifferenzfunktion $K_D(x)$ beider Anlagen lautet:

$$K_D(x) = K_C(x) - K_A(x) = (3.760 + 3,9\,x) - (1.120 + 4,5\,x) = 2.640 - 0,6\,x.$$

Diese Funktion ist dann positiv, wenn Anlage A günstiger ist.

Für die Zeiträume ergeben sich aus obiger Formel folgende Kostendifferenzen:

■ Zeitraum I: Monat 1-5

$$K_D(4.500) = 2.640 - 0,6 \cdot 4.500 = -60$$

Für 5 Perioden resultiert also ein Kostenvorteil von 300 GE für Anlage C.

- Zeitraum II: Monat 6-11

$K_D(3.800) = 2.640 - 0,6 \cdot 3.800 = 360$

Für 6 Perioden resultiert also ein Kostenvorteil von 2.160 GE für Anlage A im Zeitraum II.

- Zeitraum III: Monat 12-15

Obwohl die Nachfrage für Zeitraum III 6.600 m² beträgt, ist für die Kostendifferenz beider Anlagen nur die maximal mit der Kapazität zu erreichende Absatzmenge von 6.400 m² pro Monat relevant:

$K_D(6.400) = 2.640 - 0,6 \cdot 6.400 = -1.200$ (d.h. Vorteil für Anlage C).

Außer den Kostendifferenzen ist für diesen Zeitraum zu berücksichtigen, daß die Anlage C 6.500 m² pro Monat fertigen kann. Sie erzielt daher eine um 100 m² höhere Produktions- und Absatzmenge und einen zusätzlichen Deckungsbeitrag von 130 = (5,20 - 3,90)·100 GE. Der gesamte Vorteil für C beläuft sich dann für vier Monate auf:

$(1.200 + 130) \cdot 4 = 5.320$ GE.

- Zeitraum IV: Monat 16-23

In diesem Zeitraum gibt es weder für A noch für C einen Vorteil, da genau die kritische Menge (vgl. Aufgabe 3) von 4.400 m² pro Monat nachgefragt wird.

- Zeitraum V: Monat 24-29

$K_D(5.800) = 2.640 - 0,6 \cdot 5.800 = -840$

Für 6 Perioden resultiert also ein Kostenvorteil von 5.040 GE für Anlage C.

- Zeitraum VI: Monat 30-40

$K_D(3.150) = 2.640 - 0,6 \cdot 3.150 = 750$

Für 11 Perioden ergibt sich ein Kostenvorteil von 8.250 GE für Anlage A.

Zusammen betragen nun die gesamten Vorteile in allen Zeiträumen je Anlage:

Zeitraum:	Vorteil Anlage A:	Vorteil Anlage C:
I		300 GE
II	2.160 GE	
III		5.320 GE
IV	0 GE	0 GE
V		5.040 GE
VI	8.250 GE	
Summe:	10.410 GE	10.660 GE

Wird der Vergleich der Vorteile ohne Berücksichtigung von Zinseszinsen durchgeführt, ergibt sich folgendes Ergebnis: Da 10.660 > 10.410 ist, wird die Anlage C installiert. Es wäre jedoch noch zu prüfen, ob der Kalkulationszeitpunkt der optimale Ersatzzeitpunkt ist oder ob die Vorteile durch Aufschub des Ersatzes noch vergrößert werden könnten.

Aufgabe 4:

Auszugehen ist im folgenden von der Datensituation der Aufgabe 2, d.h., Anlage A ist installiert, und Anlage C ist als Neuerscheinung auf den Markt gekommen. Bisher wurden alle Großformate in der Oberflächengraduierung "Matt" hergestellt. Das Großlabor der Imke OHG hat sich entschlossen, die inzwischen beim Kunden sehr beliebten Oberflächen "Raster", "Effekt" und "Samt" ebenfalls zu fertigen. Dazu muß sowohl Anlage A als auch die gegebenenfalls noch zu beschaffende Anlage C nach der Fertigung des Loses einer Sorte auf die Erfordernisse der neuen Sorte umgerüstet werden. Es ist davon auszugehen, daß auch weiterhin nicht auf Lager produziert wird.

Jede Sorte hat sowohl die gleichen Produktions- und Rüstzeiten als auch die gleichen Produktions- und Rüstkosten auf der jeweiligen Maschine. Weiterhin gilt für jede Sorte die gleiche Auflagenhöhe. Die Rüstzeit tr_A pro Umrüstung für Verfahren A beträgt 2 Stunden mit Rüstkosten von $Cr_A = 12{,}50$ GE pro Stunde. Für Verfahren C sind bei einer Umrüstzeit von $tr_C = 1$ Stunde pro Umrüstung Rüstkosten in Höhe von $Cr_C = 16$ GE pro Stunde anzusetzen.

a) Wie hoch ist die maximale monatliche Gesamtausbringung bestehend aus den Sorten "Matt", "Raster", "Effekt" und "Samt" für Verfahren A bzw. C unter Berücksichtigung der erforderlichen Umrüstungen?

b) Im folgenden sei bekannt, daß im Monat von jeder Sorte $x_s = 1.000$ m² produziert werden. Bestimmen Sie die verfahrenskritische Auflagenhöhe für eine Gesamtausbringung aller 4 Sorten von zusammen $x = 4.000$ m²!

c) Entwickeln Sie eine Beziehung, die unterschiedlichen Auflagenhöhen y die jeweilige verfahrenskritische Gesamtausbringung x zuordnet!

d) Aus absatzpolitischen Gründen entschließt sich der Laborleiter mit einer Losgröße von $y = 200$ m² zu arbeiten. Mit welcher Anlage soll gefertigt werden, wenn monatlich 600 m² von jeder Sorte abgesetzt werden?

Lösungshinweise:

a) Aufgrund der in der Aufgabenstellung genannten Prämissen:

- jede Sorte hat die gleiche Auflagenhöhe,
- jede Sorte hat die gleichen Produktions- und Rüstzeiten,
- jede Sorte hat die gleichen Produktions- und Rüstkosten,

lassen sich alle vier Sorten zu einer Einheitssorte mit der Auflagenhöhe (Losgröße) y zusammenfassen. Da durch die Umrüstung Maschinenzeiten verloren gehen, hat die Anzahl der Lose, die in einer Periode aufgelegt wird, Einfluß auf die maximal mögliche Ausbringung. Weiterhin ist die erforderliche Anzahl von Umrüstungen in der Planungsperiode von der Losgröße abhängig, so daß ein direkter Zusammenhang zwischen der Kapazität und der Losgröße besteht. Der Zusammenhang zwischen der Losgröße und der maximal erreichbaren Ausbringungsmenge aller Sorten AM_{max} kann durch folgende Formel beschrieben werden:

$$AM_{max} = \text{Kapazität} - 4 \frac{AM_{max}}{y} \cdot tr \cdot M.$$

Der zweite Term auf der rechten Seite entspricht dem Kapazitätsverlust durch Umrüstungen (Anzahl Rüstvorgänge $4 \cdot AM_{max}/y$ multipliziert mit der Ausbringungsmenge pro Rüstvorgang $tr \cdot M$), wenn für jede Sorte *eine* Umrüstung vorgenommen wird. M bezeichnet die Ausbringungsmenge pro Zeiteinheit (Stunde) der jeweiligen Anlage. Für Verfahren A gilt dann:

$$AM_{A\,max} = 6.400 - 4 \cdot \frac{AM_{A\,max}}{y} \cdot 2 \cdot 40.$$

Bei einer Umrüstung pro Monat und Sorte (d.h. $AM_{Amax}/y = 1$) geht folglich eine Ausbringung von $2 \cdot 40 = 80$ m^2 je Sorte, insgesamt also $4 \cdot 80 = 320$ m^2 verloren. Die Gesamtkapazität pro Monat beträgt damit für Anlage A bei je einer Umrüstung pro Sorte $6.400 - 320 = 6.080$ m^2.

Für Anlage C ergibt sich

$$AM_{C\,max} = 6.500 - 4 \cdot \frac{AM_{C\,max}}{y} \cdot 1 \cdot 40,625,$$

also $6.500 - (4 \cdot 40,625) = 6.337,5$ m^2, wenn von jeder Sorte ein Los aufgelegt wird.

b) Es ist eine Losgröße y^* gesucht, bei der für eine Ausbringung von $x_s = 1.000$ m^2 pro Sorte die Produktion auf beiden Anlagen zu gleich hohen Kosten führt. Im Ersatzkriterium sind für eine Gesamtausbringung von $x = 4 \cdot x_s = 4.000$ m^2 auch die Umrüstkosten zu berücksichtigen:

$$\overline{K_{fA}} + \left(k_{vA} + \frac{Cr_A \cdot tr_A}{y^*} \right) \cdot x = KD_C + \overline{K_{fC}} + \left(k_{vC} + \frac{Cr_C \cdot tr_C}{y^*} \right) \cdot x.$$

Mit den Werten des Beispiels errechnet sich dann aus

$$1.120 + \left(4,50 + \frac{12,5 \cdot 2}{y^*} \right) \cdot 4.000 = 480 + 3.280 + \left(3,90 + \frac{16 \cdot 1}{y^*} \right) \cdot 4.000$$

$$\left(4,50 - 3,90 + \frac{25 - 16}{y^*} \right) \cdot 4.000 = 2.640$$

die gesuchte Losgröße zu $y^* = 150$ m^2.

Bei einer monatlichen Ausbringung von 1.000 m^2 pro Sorte - zusammen 4000 m^2 für alle 4 Sorten - sind die Kosten auf beiden Anlagen gleich hoch, wenn eine Losgröße von 150 m^2 für jede Sorte gewählt wird.

c) Das unter Aufgabe 4b entwickelte Kriterium ist nach x aufzulösen:

$$\overline{K_{fA}} + \left(k_{vA} + \frac{Cr_A \cdot tr_A}{y} \right) \cdot x = KD_C + \overline{K_{fC}} + \left(k_{vC} + \frac{Cr_C \cdot tr_C}{y} \right) \cdot x, \text{ d.h.}$$

$$x = \frac{2.640}{0,6 + \dfrac{9}{y}} \cdot$$

Diese Formel gibt diejenigen Kombinationen von y und x an, die auf den beiden Aggregaten zu gleichen Kosten führen.

d) In die unter c) entwickelte Beziehung ist y = 200 einzusetzen und das zugehörige x zu bestimmen:

$$x = \frac{2.640}{0,6 + \dfrac{9}{200}} = 4.093.$$

Die kritische monatliche Gesamtfertigungsmenge für eine Losgröße von y = 200 m² beträgt damit 4.093 m². Da mit einem monatlichen Gesamtabsatz von (4·600) = 2.400 m² gerechnet wird, ist es sinnvoll, mit der bereits installierten Anlage A weiter zu fertigen. Bei einer Auflagenhöhe von y = 200 m² ist für alle Gesamtausbringungsmengen unter der kritischen Ausbringungsmenge von 4.093 m² pro Monat immer die Anlage A kostengünstiger, da für A geringere beschäftigungsunabhängige Kosten bei höheren Rüstkosten sowie höheren variablen Kosten im Vergleich zu C anfallen.

Fallstudie 2: Optimaler Ersatzzeitpunkt

Der Manager eines weltbekannten süddeutschen Unternehmens Uli H. beauftragt seinen Mitarbeiter Olaf T., Daten zur Bestimmung des Ersatzzeitpunktes eines Omnibusses zu ermitteln. In mühevoller Arbeit hat Olaf T. folgende Kapitalwertreihe für unterschiedliche Nutzungsdauern des Omnibusses ermittelt:

Ersatz in t=	1	2	3	4	5	6	7	8	9	10
C_0=	-70	65	225	390	765	873	942	981	900	861

Die Berechnungen basieren auf einem Kalkulationszinsfuß i = 0,10.

Aufgabe 1:

Skizzieren Sie ein Verfahren mit dem der optimale Ersatzzeitpunkt einer Einzelinvestition bestimmt werden kann, ohne die Kapitalwertreihe berechnen zu müssen. Gehen Sie dabei davon aus, daß im Zeitablauf sinkende Liquidationserlöse für den Omnibus zu berücksichtigen sind.

Lösungshinweise:

Um den optimalen Ersatzzeitpunkt einer einzelnen Investition zu bestimmen ist es nicht nötig, die alternativen Kapitalwerte zu berechnen. Lediglich die Konsequenzen einer Verlängerung der Nutzungsdauer um ein weiteres Jahr sind zu untersuchen. Für die Entscheidung zwischen der Nutzungsdauer n und n+1 sind generell drei Determinanten relevant:

- Wird die Nutzungsdauer um ein Jahr verlängert, erzielt das Unternehmen zusätzlich den Überschuß g_{n+1}.

- Wird die Nutzungsdauer auf n+1 ausgedehnt, kann das Unternehmen am Ende von n den dann möglichen Liquidationserlös nicht vereinnahmen. Dieser Betrag kann dann auch nicht in Finanzanlagen verzinslich angelegt werden, so daß ein Zinsverlust entsteht.

- Am Ende der Periode n+1 fällt ein um ΔL geringerer Liquidationserlös an.

Bei einer Verlängerung der Nutzungsdauer um ein Jahr ist dann zu überprüfen, ob die Summe dieser Veränderungen insgesamt positiv ist. In diesem
Falle steigt das Endvermögen einer Investition mit der verlängerten
Nutzungsdauer, und auch der Kapitalwert nimmt zu. Für die Frage einer
Verlängerung der Nutzungsdauer einer Einzelinvestition ist es im Beispiel
nicht erforderlich, die Veränderung des Endvermögens abzuzinsen, da jede
positive Veränderung des Endwertes einer Investition grundsätzlich bei
positivem Abzinsungsfaktor auch zu einer positiven Veränderung des
Kapitalwertes führt. Damit muß lediglich überprüft werden, ob die Summe
der drei Determinanten positiv ist. Die optimale Nutzungsdauer einer Investitionskette kann jedoch nur dann bestimmt werden, wenn der Kapitalwert der nachfolgenden Investition bei optimaler Nutzungdauer bekannt ist.
Wenn der Ersatz um eine Periode verschoben wird, müssen auf den
Kapitalwert der nachfolgenden Investition Zinsen verrechnet werden, die die
alte Anlage tragen muß.

Aufgabe 2:

Helfen Sie Olaf T. und bestimmen Sie die optimale Nutzungsdauer des
Omnibusses aus den obigen Daten für folgende Alternativen:

a) Es handelt sich um eine einmaligen Investition ohne Nachfolger!
b) Bestimmen Sie den optimalen Ersatzzeitpunkt der Investition für den
    Fall, daß die Investition einmal identisch wiederholt wird!
c) Wann soll der Omnibus ersetzt werden, wenn es sich um eine unendliche
    Investitionskette handelt, die aus identisch zu wiederholenden Investi-
    tionsobjekten besteht?
d) Wie verändern sich die Überlegungen bei einer aus zwei Kettengliedern
    bestehenden Investition, wenn auf dem Markt ein neuer, rationellerer
    Bustyp angeboten wird? Läßt sich das in Aufgabe 2c entwickelte Vor-
    gehen für eine unendliche Kette auch auf diesen Fall anwenden?

Lösungshinweise:

Zu Aufgabe 2a)

Die in der Aufgabenstellung gegebene Kapitalwertfolge gibt den Kapitalwert
(C_0) in Abhängigkeit von den Ersatzzeitpunkten bei einmaliger Investition
an. Dieser Kapitalwert ist zu maximieren. Die optimale Entscheidung für
eine Einzelinvestition kann damit der Folge der Kapitalwerte unmittelbar
entnommen werden, da C_0 bei einer Nutzungsdauer von 8 Jahren mit 981
[GE] maximal ist.

Zu Aufgabe 2b)

Für den Fall der einmaligen identischen Wiederholung wird der optimale Ersatzzeitpunkt des ersten und zweiten Kettengliedes gesucht. Der optimale Ersatzzeitpunkt des ersten Kettengliedes ist dabei vom Kapitalwert des zweiten Kettengliedes abhängig. Diese Abhängigkeit besteht, da die erste Investition die Zinsen auf den Kapitalwert des zweiten Kettengliedes bei optimaler Nutzungsdauer des zweiten Kettengliedes tragen muß, denn bei einer Verlängerung der Nutzungsdauer des ersten Kettengliedes um ein Jahr werden die Zahlungswirkungen des zweiten Kettengliedes um ein Jahr aufgeschoben, so daß ein Zinsverlust entsteht. Die optimale Nutzungsdauer des zweiten Kettengliedes entspricht ceteris paribus der optimalen Nutzungdauer einer einmaligen Investition, da dem zweiten Kettenglied keine weiteren Investitionsobjekte folgen. Das zweite Kettenglied wird also 8 Jahre genutzt und wirft einen Kapitalwert von 981 [GE] ab. Der Kapitalwert der Kette aus zwei Investitionen kann durch die Addition des zweiten Kettengliedes zum bekannten Kapitalwert des ersten Kettengliedes ermittelt werden. Dazu ist es erforderlich, den Kapitalwert des zweiten Kettengliedes von 981 [GE] mit alternativen Zinsfaktoren $(1+i)^{-n}$ für unterschiedliche Nutzungsdauern des ersten Kettengliedes auf den Kalkulationszeitpunkt t=0 abzuzinsen.

Nutzungsdauer der 1. Investition	Kapitalwert des 2. Kettengliedes	Zinsfaktor $(1+i)^{-n}$	Kapitalwert des 1. Kettengliedes	Kapitalwert der Kette
1	981	0,909	-70	821,73
2	981	0,826	65	875,31
3	981	0,751	225	961,73
4	981	0,683	390	1060,02
5	981	0,621	765	1374,20
6	981	0,564	873	1426,28
7	981	0,513	942	**1445,25**
8	981	0,467	981	1439,13
9	981	0,424	900	1315,94
10	981	0,386	861	1239,67

Die letzte Spalte der Tabelle enthält die Summe der Kapitalwerte beider Kettenglieder. Sie ergibt sich für n = 1 z.B. aus $981 \cdot 1{,}1^{-1} - 70 = 821{,}73$ [GE]. Wie der letzten Spalte entnommen werden kann, ist der maximale Gesamtkapitalwert beider Kettenglieder von 1445,25 [GE] bei einem optimalen Ersatzzeitpunkt des ersten Gliedes von 7 Jahren erreicht. Wird die Investition einmal wiederholt, verringert sich die optimale Nutzungsdauer des 1. Kettengliedes auf 7 Jahre gegenüber 8 Jahre bei einmaliger Investition.

Zu Aufgabe 2c)

Wird die Investition unendlich oft wiederholt, ist der Gesamtkapitalwert der unendlichen identischen Investitionskette die Summe der Barwerte der einzelnen Kapitalwerte der einzelnen Kettenglieder:

$$C_{0\infty} = C_0 + C_0 \cdot q^{-1n} + C_0 \cdot q^{-2n} + C_0 \cdot q^{-3n} + \ldots + C_0 \cdot q^{-\infty n}$$

$$C_{0\infty} = \frac{C_0}{1-q^{-n}} = \frac{C_0}{1-\dfrac{1}{(1+i)^n}}$$

Der Bruch wird mit $(1+i)^n$ erweitert

$$C_{0\infty} = C_0 \frac{(1+i)^n}{(1+i)^n - 1}$$

Dieser Ausdruck entspricht der Annuität des Kapitalwertes eines einzelnen Kettengliedes dividiert durch den Kalkulationszinssatz i. Die Annuität errechnet sich, indem der Kapitalwert C_0 eines Kettengliedes mit dem Wiedergewinnungsfaktor (WGF) multipliziert wird.

$$WGF = \frac{i \cdot (1+i)^n}{(1+i)^n - 1}$$

Es gilt demnach:

$$C_{0\infty} = C_0 \cdot \frac{WGF}{i}$$

Um die optimale Nutzungsdauer bestimmen zu können, ist von den Kapitalwerten eines Kettengliedes bei unterschiedlicher Nutzungsdauer auszugehen. Für alternative Nutzungszeiten ergeben sich dann für die Kette die folgenden Kapitalwerte:

Nutzungs-dauer	C_0 eines Gliedes	WGF/i bei n Jahren	C_0 der Kette
1	-70	11	-770
2	65	5,76	374,5
3	225	4,02	904,8
4	390	3,15	1230,3
5	**765**	**2,64**	**2018,1**
6	873	2,30	2004,5
7	942	2,05	1934,9
8	981	1,87	1838,8
9	900	1,74	1562,8
10	861	1,63	1401,2

Der optimale Ersatzzeitpunkt eines jeden Kettengliedes der unendlichen identischen Investitionskette beträgt damit 5 Jahre. Der maximale Kapitalwert der gesamten Kette beträgt: $C_{0\infty} = 2018{,}1$ [GE].

Zu Aufgabe 2d)

Gibt es auf dem Markt bei einer Investition aus zwei Kettengliedern für den bisherigen Omnibus ein rationelleres Modell, muß der Kapitalwert dieses Nachfolgetyps für unterschiedliche Nutzungsdauern bestimmt werden. Aus diesen Berechnungen ist dann die optimale Nutzungsdauer des zweiten Kettengliedes mit dem zugehörigen Kapitalwert zu entnehmen. Für die Optimierung des Kapitalwertes der gesamten Kette ist der Kapitalwert des zweiten Kettengliedes bei optimaler Nutzungsdauer auf den Zeitpunkt t=0 abzuzinsen und zum Kapitalwert des ersten Busses für unterschiedliche Nutzungsdauern zu addieren. Die optimale Nutzungsdauer des ersten Busses liegt dann an der Stelle, an der der maximale Kapitalwert beider Kettenglieder erreicht ist.

Problematisch wird ein derartiges Vorgehen, wenn von einer unendlichen Investitionskette ausgegangen wird. Die Berechnungen für eine unendliche Investitionskette basieren auf der Erkenntnis, daß in einer derartigen Kette alle Nutzungsdauern der Kettenglieder identisch sind und damit auch alle Kettenglieder den gleichen Kapitalwert aufweisen. Diese Voraussetzung ist nun aber nicht mehr erfüllt, denn das erste Kettenglied hat bei nicht identischen Nachfolgern einen anderen Kapitalwert als alle Nachfolger. Wird in der für den Kapitalwert der unendlichen Kette entwickelten Formel daher der Kapitalwert eines nachfolgenden Kettengliedes angesetzt, ist dieses Vorgehen nicht korrekt.

Fallstudie 3: Investitionsrechnung mit Ertragsteuern

Die Flocken AG - ein führendes Unternehmen der Kosmetikbranche - steht vor der Entscheidung, ob sie die Investitionen A und/oder B tätigen soll. Der Vorstand macht die Entscheidung für oder gegen die Investitionen von deren Kapitalwerten abhängig. Da die Flocken AG eine auf Expansion gerichtete Politik betreibt, werden grundsätzlich alle nicht branchenfremden Investitionen mit positivem Kapitalwert verwirklicht. Als Kalkulationszinsfuß wird die Verzinsung von kurz- bis mittelfristig auf dem Kapitalmarkt angelegten Geldern gewählt. Zur Zeit beträgt dieser Marktzinssatz $i^M = 0,10\%$.

Für die Investitionen gelten folgende Daten:

	Investition	
	A	B
Anschaffungsauszahlung [GE]	60.000	50.000
Periodenüberschuß [GE]	20.000	15.000
Nutzungsdauer [Perioden]	4	4

Der nach Ablauf der vorgegebenen Nutzungsdauer für A bzw. B zu erzielende Restverkaufserlös reicht gerade aus, um die Abbruchkosten zu decken. Die Planungsabteilung errechnet für A und B einen Kapitalwert von:

$$C_{0A} = -60.000 + 20.000 \cdot \left(1,1^{-1} + 1,1^{-2} + 1,1^{-3} + 1,1^{-4}\right) = -60.000 + 20.000 \cdot RBF$$

$$C_{0A} = -60.000 + 20.000 \cdot 3,1699 = 3397,3 \ [GE]$$

$$C_{0B} = -50.000 + 15.000 \cdot \left(1,1^{-1} + 1,1^{-2} + 1,1^{-3} + 1,1^{-4}\right) = -50.000 + 15.000 \cdot RBF$$

$$C_{0B} = -50.000 + 15.000 \cdot 3,1699 = -2452 \ [GE]$$

Die Planungsabteilung rät dem Vorstand folgerichtig nur zur Durchführung der Investition A. Der junge Vorstandsassistent M.J. Chaos gibt zu bedenken, daß die Ertragsteuerwirkung bei der Beurteilung der beiden Investitionen mit in das Entscheidungskalkül einzubeziehen ist, da ein Kalkül ohne diese Steuern zu Fehlentscheidungen führen kann. Er argumentiert wie folgt:

Offenbar halte der Vorstand eine Investition dann für vorteilhaft, wenn diese eine höhere Verzinsung vor Ertragsteuern verspricht als eine nicht versteuerte Finanzinvestition. Sinnvoller wäre es aber, nur die Investitionen zu tätigen, die nach Abzug von Ertragsteuern eine höhere Verzinsung versprechen als die alternative Finanzinvestition nach Steuern. Es sind folglich die Investitionen durchzuführen, die auch unter Berücksichtigung der Ertragsteuerwirkung positive Kapitalwerte aufweisen!

Da dem Vorstand die Argumentation ihres Assistenten Chaos einleuchtet, beauftragt sie die Planungsabteilung mit der Ermittlung der Kapitalwerte von A und B nach Steuern.

Der Körperschaftsteuersatz beträgt für ausgeschüttete Gewinne s_a = 36% und für einbehaltene Gewinne s_e = 50%. Der Gewerbeertragsteuer liegt eine Steuermeßzahl m = 5% und ein Hebesatz h = 644,7% zugrunde. Das Unternehmen schüttet einen Anteil der Gewinne nach Steuern von a = 25% aus. Für die Berechnung des Gewerbeertrags kann vereinfachend davon ausgegangen werden, daß die jährlichen Gewinne dem Gewerbeertrag entsprechen. Bei der Gewerbeertragsteuer zu beachtende Hinzurechnungen (z.B. Dauerschuldzinsen) und Kürzungen (z.B. Grundbesitz-Abzüge) gleichen sich annähernd aus.

Aufgabe 1:

a) Bestimmen Sie den Gewerbeertragsteuersatz s_g, der angibt, wieviel % des Gewerbeertrages vor Abzug der Gewerbeertragsteuer als Gewerbeertragsteuer zu entrichten sind! Beachten Sie dabei, daß die Gewerbesteuer als "Betriebsausgabe" von der eigenen Bemessungsgrundlage abzugsfähig ist.

b) Bestimmen Sie den Körperschaftsteuersatz s_k, der angibt, welchen Anteil des körperschaftsteuerpflichtigen Gewinns nach Abzug der Gewerbeertragsteuer als Körperschaftsteuer zu entrichten ist!

c) Fassen Sie die Körperschaftsteuer und die Gewerbeertragsteuer zu einem einheitlichen Ertragsteuersatz s zusammen, der die effektive Ertragsteuerbelastung in % des körperschaftsteuerpflichtigen Gewinns vor Abzug der Gewerbeertragsteuer zum Ausdruck bringt! Runden Sie für die weiteren Berechnungen diesen Ertragsteuersatz s auf volle Prozente ab!

Lösungshinweise:

Zu Aufgabe 1a)

Die Gewerbeertragsteuer GES ist definiert als:

$$GES = \underbrace{m}_{\text{Steuermeßzahl}} \cdot \underbrace{h}_{\text{Hebesatz}} \cdot \underbrace{GK}_{\text{Gewerbeertrag}}$$

Der Gewerbeertrag GK ist aber ebenso unbekannt wie die Gewerbeertragsteuer GES. Bekannt ist nur der Gewerbeertrag GK' <u>vor</u> Abzug der Gewerbeertragsteuer.

Es gilt:

$$\underbrace{GK}_{\substack{\text{Gewerbeertrag}}} = \underbrace{GK'}_{\substack{\text{Gewerbeertrag} \\ \text{vor Steuerabzug}}} - \underbrace{GES}_{\substack{\text{Gewerbeertrag-} \\ \text{steuer}}}$$

Die zweite Gleichung wird in die erste eingesetzt:

$$GES = m \cdot h \cdot (GK' - GES)$$

Auflösung nach GES:

$$GES = m \cdot h \cdot GK' - m \cdot h \cdot GES$$

$$GES \cdot (1 + m \cdot h) = m \cdot h \cdot GK'$$

$$GES = \frac{m \cdot h}{1 + m \cdot h} \cdot GK' = s_g \cdot GK' \qquad \text{mit } s_g = \frac{m \cdot h}{1 + m \cdot h}$$

Der Gewerbeertragsteuersatz ergibt sich für die Steuermeßzahl $m = 0,05$ und den Hebesatz $h = 6,447$ zu

$$s_g = \frac{m \cdot h}{1 + m \cdot h} = \frac{0,05 \cdot 6,447}{1 + 0,05 \cdot 6,447} = 0,2438$$

Der gesuchte Gewerbeertragsteuersatz beträgt $s_g = 24,38\%$, d.h., 24,38% des Gewerbeertrages <u>vor</u> Steuern ist als Gewerbeertragsteuer zu entrichten.

Zu Aufgabe 1b)

Bestimmung des Körperschaftsteuersatzes s_k:

Da im deutschen Steuerrecht ein gespaltener Tarif existiert, ist die effektive Körperschaftsteuerzahlung von der Ausschüttungspolitik der Unternehmung abhängig.

Wird der zur Ausschüttung vorgesehene Gewinn <u>vor</u> Körperschaftsteuerabzug mit A bezeichnet, ist die Körperschaftsteuer definiert als

$$KST = \underbrace{s_a \cdot A}_{\substack{\text{Steuer auf den zur} \\ \text{Ausschüttung vor-} \\ \text{gesehenen Gewinn}}} + \underbrace{s_e \cdot (GK - A)}_{\substack{\text{einbehaltener} \\ \text{Gewinn}}}$$

Laut Aufgabenstellung ist bekannt, daß der Anteil der Ausschüttung am gesamten Gewinn <u>nach</u> Steuern a = 25% beträgt. Es gilt nun folgender Zusammenhang zwischen dem zur Ausschüttung vorgesehenen Gewinn A und der Ausschüttungsquote a nach Steuern:

$$\underbrace{A - \underbrace{A \cdot s_a}_{\substack{\text{Steuern auf} \\ \text{Ausschüttungen}}}}_{\substack{\text{Ausschüttung nach Körper-} \\ \text{schaftsteuer}}} = a \cdot \underbrace{\underbrace{(GK - KST)}_{\substack{\text{Gewinn nach Körper-} \\ \text{schaftsteuer}}}}_{\substack{\text{Ausschüttung nach Körper-} \\ \text{schaftsteuer}}}$$

oder

$$A = \frac{a \cdot (GK - KST)}{1 - s_a}$$

Werden die beiden Gleichungen ineinander eingesetzt, läßt sich die Gesamtbelastung mit Körperschaftsteuern ausdrücken als:

$$KST = s_a \cdot \frac{a \cdot (GK - KST)}{1 - s_a} + s_e \cdot \left(GK - \frac{a \cdot (GK - KST)}{1 - s_a} \right)$$

Durch Ausklammern und Auflösen nach KST ergibt sich:

$$KST = \frac{s_e - (s_e - s_a) \cdot \dfrac{a}{(1 - s_a)}}{1 - (s_e - s_a) \cdot \dfrac{a}{(1 - s_a)}} \cdot GK = s_k \cdot GK$$

Der Körperschaftsteuersatz beträgt für $s_e = 50\%$, $s_a = 36\%$ und $a = 25\%$
$s_k = 47,11\%$.

Zu Aufgabe 1c)

Zusammenfassung des Gewerbeertragsteuersatzes s_g und des Körperschaftsteuersatzes s_k zu einem einheitlichen Ertragsteuersatz s:

Eine Addition von s_k und s_g ist nicht ohne weiteres möglich, da der Körperschaftsteuersatz s_k auf den körperschaftsteuerpflichtigen Gewinn GK und der Gewerbeertragsteuersatz s_g auf den körperschaftsteuerpflichtigen Gewinn vor Abzug der Gewerbeertragsteuer GK' bezogen ist.

Als Basisgröße des einheitlichen Ertragsteuersatzes s wird sinnvollerweise der körperschaftsteuerpflichtige Gewinn vor Abzug der Gewerbeertragsteuer GK' gewählt.

$$GK = GK' - GES$$

$$KST = s_k \cdot GK$$

Damit ergibt sich die Körperschaftsteuer zu:

$$KST = s_k \cdot \left(GK' - s_g \cdot GK'\right) = \underbrace{s_k \cdot \left(1 - s_g\right)}_{\substack{\text{Ertragsteuersatz } s_k \text{ bezogen} \\ \text{auf den Gewinn vor Abzug der} \\ \text{Gewerbeertragsteuer}}} \cdot GK'$$

Die Gesamtbelastung des körperschaftsteuerpflichtigen Gewinns vor Abzug der Gewerbeertragsteuer GK' sowohl mit Gewerbe- als auch mit Körperschaftsteuer lautet also:

$$s = \underbrace{s_g}_{\substack{\text{Gewerbeertrag-} \\ \text{steuersatz}}} + \underbrace{s_k \cdot \left(1 - s_g\right)}_{\substack{\text{modifizierter Er-} \\ \text{tragsteuersatz}}}$$

Für die Flocken AG resultiert ein s von:

$$s = 0,2438 + 0,4711 \, (1 - 0,2438) = 0,6$$

D.h., auf volle Prozentsätze gerundet ergibt sich für die Investitionsrechnung ein Ertragsteuersatz von $s = 60\%$.

Aufgabe 2:

Diskutieren Sie, in welcher Höhe der Kalkulationszinsfuß i^{St} anzusetzen ist, mit dem die Einzahlungsüberschüsse nach Steuern abgezinst werden (steuerkorrigierter Zinsfuß)! Wie lautet allgemein die formale Beziehung zwischen dem Marktzinsfuß i^M und diesem Nettokalkulationszinsfuß i^{St}? Belegen Sie die Gültigkeit dieser Beziehung, indem Sie die Verzinsung nach Steuern einer ein- und zweiperiodigen Geldanlage von 100 GE zu $i^M = 0{,}10$ bei einem Ertragsteuersatz von s = 60% anhand der konkreten Zahlungsreihen ermitteln! Für die zwei Perioden umfassende Geldanlage ist zu unterstellen, daß die Zinsen in jedem Jahr gezahlt werden und der Steuer unterliegen.

Lösungshinweise:

Allgemein läßt sich der unternehmensbezogene Kalkulationszinsfuß nach Steuern i^{St} - Nettokalkulationszinsfuß - aus dem Marktzinsfuß wie folgt herleiten:

$$\underbrace{i_M}_{\substack{\text{Rendite auf dem}\\\text{Kapitalmarkt}}} - \underbrace{s \cdot i_M}_{\substack{\text{Ertragsteuer auf}\\\text{die Rendite}}} = \underbrace{i^{St}}_{\substack{\text{Rendite nach}\\\text{Steuern}}}$$

oder

$$i^{St} = (1-s) \cdot i_M$$

Die Flocken AG muß also mit einem Nettokalkulationszinsfuß von $i^{St} = (1 - 0{,}6) \cdot 0{,}10 = 0{,}04$ oder 4% rechnen.

Zahlenbeispiele

Zeitpunkte	t=0	t=1
Bruttozahlungen	-100	+110
- Steuern		$-0{,}6 \cdot 10 = -6$
Nettozahlungen	-100	+104

Die Nettoverzinsung zu 4% ist aus dieser Tabelle sofort ersichtlich.

Bei zweiperiodiger Geldanlage von 100 GE zu $i^M = 0{,}10$ und s = 60% gilt:

a) Die gezahlten Zinsen werden aus der Geldanlage entnommen:

Zeitpunkte	t=0	t=1	t=2
Bruttozahlungen	-100	+10	+110
- Steuern		-6	-6
Nettozahlungen	-100	+4	+104

Die interne Verzinsung dieser Nettozahlungsreihe ergibt sich aus der Gleichung

$$-100 + 4 \cdot q^{-1} + 104 \cdot q^{-2} = 0$$

$q = 1{,}04$ und damit $i_s = 4\%$[2]

b) Die gezahlten Zinsen bleiben in der Geldanlage; steuerlich ist aber faktische Verfügbarkeit unterstellt:

Zeitpunkte	t=0	t=1	t=2
Bruttozahlungen	-100	-	+121
- Steuern		-6	-6,6
Nettozahlungen	-100	-6	+114,4

Die interne Verzinsung dieser Nettozahlungsreihe ergibt sich aus der Gleichung

$$-100 - 6 \cdot q^{-1} + 114{,}4 \cdot q^{-2} = 0$$

$q = 1{,}04$ und damit $i_s = 4\%$.[3]

Wie die beiden Zahlenbeispiele zeigen, ist es unerheblich, ob die Zinsen verbleiben oder nicht. Wichtig ist allein, daß in jeder Periode Steuern auf diese Zinsen zu zahlen sind, also faktische Verfügbarkeit unterstellt wird. Erfolgt die Rückzahlung und Verzinsung einer mehrperiodigen Geldanlage

---

2   Die Gleichung ist auch für q = -1 erfüllt. Diese Lösung ist jedoch ökonomisch nicht sinnvoll.

3   Auch für diese Gleichung wird die Lösung q = -1 nicht weiter berücksichtigt.

z.B. erst in der letzten Periode und wird keine faktische Verfügbarkeit unterstellt, so verliert die Formel $i^{St} = (1\text{-}s) \cdot i^M$ ihre Gültigkeit!

Zeitpunkte	t=0	t=1	t=2
Bruttozahlungen	-100	-	+121
- Steuern		-	-12,6
Nettozahlungen	-100	-	+108,4

Die interne Verzinsung errechnet sich in diesem Fall gemäß der Gleichung

$$-100 + 108,4 \cdot q^{-2} = 0$$

$$q = 1,0412$$

Die Verzinsung nach Steuern beträgt 4,12%, was nicht mit dem Ergebnis nach der Umwandlungsformel übereinstimmt! Eine Finanzanlage hätte dann bei vollkommenem Kapitalmarkt sinnwidrig einen positiven Kapitalwert.

Aufgabe 3:

Bei vollkommenem Kapitalmarkt ohne Berücksichtigung von Ertragsteuern ist der Kapitalwert der Finanzierungsmaßnahme grundsätzlich gleich Null, wodurch die Zahlungen für Fremdkapitalaufnahme, Tilgung und Verzinsung nicht explizit in die Rechnung aufgenommen werden müssen. Diskutieren Sie, in welchen Fällen der Kapitalwert der Finanzierungsmaßnahme auch bei der Berücksichtigung von Ertragsteuern gleich Null ist, also die durch die Finanzierung bedingten Zahlungen nicht beachtet werden brauchen! Gehen Sie von der Annahme aus, daß Fremdkapitalzinsen in voller Höhe von der Bemessungsgrundlage der Ertragsteuer abzugsfähig sind!

Lösungshinweise:

Der Kapitalwert einer Finanzierungsmaßnahme setzt sich allgemein aus den Barwerten folgender Terme zusammen:

- Fremdkapitalaufnahme
- Fremdkapitaltilgung und -verzinsung
- Steuermindernde Wirkung der Fremdkapitalzinsen

Wie diese Terme konkret aussehen, hängt von den jeweiligen betrieblichen Gegebenheiten ab. Generell müssen sie mit in die Rechnung aufgenommen werden, da die Summe ihrer Barwerte i.d.R. ungleich null ist. Für den Fall eines vollkommenen Kapitalmarktes und faktischer Verfügbarkeit der Zinsen ergibt sich für die Finanzierungsmaßnahmen aber grundsätzlich ein Kapitalwert von null, so daß diese Zahlungen für die Investitionsrechnung irrelevant sind. Der Nettokalkulationszinsfuß i^{St} ist gerade so aus dem Marktzinsfuß i^M abgeleitet worden, daß der Kapitalwert einer Finanzinvestition nach Steuern den Wert Null ergibt (siehe Beispiele der Aufgabe 2b). Nur wenn der Zinssatz für aufgenommene Kredite ebenfalls gleich i^M ist und die auf eine Periode entfallenden Zinszahlungen in genau dieser Periode steuerlich abzugsfähig sind, stimmt die effektive Verzinsung nach Steuern mit dem ermittelten Zinssatz $i^{St} = (1\text{-}s) \cdot i^M$ überein.

Beispiel:

Zeitpunkte	t=0	t=1
Bruttozahlungen	+100	-110
Steuerersparnis		+6
Nettozahlungen	+100	-104

In diesem Fall hat die Finanzierungsmaßnahme offensichtlich einen Kapitalwert von Null:

$$C_0^F = \underbrace{+100}_{\substack{\text{Fremdkapital-}\\\text{aufnahme}}} - \underbrace{100 \cdot (1+0,10)^1 \cdot (1+0,04)^{-1}}_{\substack{\text{Barwert der Tilgung und}\\\text{Verzinsung}}} + \underbrace{6 \cdot (1+0,04)^{-1}}_{\substack{\text{Barwert der durch die}\\\text{Fremdkapitalzinsen be-}\\\text{dingten Steuerersparnisse}}}$$

$$C_0^F = 100 - 104 \cdot (1+0,04)^{-1} = 0$$

Für einen Kredit von 100 GE mit $i^M = 0,10$ und einem Steuersatz von s = 60% ergibt sich bei endfälliger Tilgung und Zinszahlung nach 4 Jahren ein negativer Kapitalwert, wenn die Zinsen erst im 4. Jahr steuerlich geltend gemacht werden.

$$C_0^F = \underbrace{100}_{\substack{\text{Fremdkapital-}\\\text{aufnahme}}} - \underbrace{100 \cdot (1+0,10)^4 \cdot (1+0,04)^{-4}}_{\substack{\text{Barwert der Tilgung und}\\\text{Verzinsung}}} + \underbrace{0,6 \cdot (100 \cdot 1,1^4 - 100) \cdot 1,04^{-4}}_{\substack{\text{Barwert der durch die}\\\text{Fremdkapitalzinsen be -}\\\text{dingten Steuerersparnisse}}}$$

$$C_0^F = 100 - 125,15 + 23,80 = -1,35$$

Der Kapitalwert der Finanzierungsmaßnahme ist negativ, obwohl von einem vollkommenen Kapitalmarkt ausgegangen wurde. Der Grund dafür ist darin zu sehen, daß für diesen Fall die Transformation des Marktzinssatzes i^M in den steuerkorrigierten Zins i^{St} nicht mehr stimmig ist.

Aufgabe 4:

a) Ermitteln Sie für die Investition A und B die Kapitalwerte nach Steuern! Gehen Sie davon aus, daß die Kapitalwerte der mit beiden Investitionen verbundenen Finanzierungsmaßnahmen null sind! Als Bemessungsgrundlage der Ertragsteuern gelten unter der obigen Annahme grundsätzlich die Einzahlungsüberschüsse g_t abzüglich der auf das Investitionsobjekt entfallenden linearen Abschreibungen (AfA). Die Abschreibungsdauer ist mit der Nutzungsdauer identisch. Zu welchem Investitionsvorhaben würden Sie dem Vorstand raten?

b) Wie sähe Ihre Empfehlung aus, wenn aus konjunkturpolitischen Gründen Abschreibungserleichterungen in Kraft treten, die es gestatten, alle Investitionsobjekte bereits nach der Hälfte ihrer tatsächlichen Nutzungsdauer vollständig linear abzuschreiben?

Lösungshinweise:

Zu Aufgabe 4a)

Die Periodenüberschüsse nach Steuern (Nettoperiodenüberschüsse) betragen bei einem Ertragsteuersatz von s und linearer Abschreibung

$$g_t - s \cdot \left(g_t - \frac{a_0}{t_{AfA}} \right) = (1 - s) \cdot g_t + s \cdot \frac{a_0}{t_{AfA}}$$

Der Kapitalwert eines Investitionsobjektes nach Steuern ergibt sich allgemein gemäß der Formel

$$C_0^N = -a_0 + \underbrace{(1 - s) \cdot \sum_{t=1}^{n} g_t \cdot q^{-t}}_{\substack{\text{Barwert der um den Steuer-} \\ \text{satz s gekürzten Ein-} \\ \text{zahlungsüberschüsse}}} + \underbrace{s \cdot \sum_{t=1}^{t_{AfA}} \frac{a_0}{t_{AfA}} \cdot q^{-t}}_{\substack{\text{Barwert der durch die} \\ \text{AfA bedingten Steuer-} \\ \text{ersparnisse}}}$$

Bei konstanten Periodenüberschüssen g läßt sich der Kapitalwert mit Hilfe des Barwertfaktors vereinfachen:

$$C_0^N = -a_0 + (1-s) \cdot g \cdot \frac{q^n - 1}{q^n \cdot i} + s \cdot \frac{a_0}{t_{AfA}} \cdot \frac{q^{t_{AfA}} - 1}{q^{t_{AfA}} \cdot i}$$

Für die Investitionen A bzw. B ergeben sich Kapitalwerte in folgender Höhe

$$C_{0A}^N = -60.000 + (1 - 0,6) \cdot 20.000 \cdot \underbrace{3,630}_{\substack{\text{Barwertfaktor für} \\ \text{i=0,04 und n=4}}} + 0,6 \cdot \frac{60.000}{4} \cdot 3,630$$

$$C_{0A}^N = -60.000 + 29.040 + 32.670 = 1.710$$

$$C_{0B}^N = -50.000 + (1 - 0,6) \cdot 15.000 \cdot 3,630 + 0,6 \cdot \frac{50.000}{4} \cdot 3,630$$

$$C_{0B}^N = -50.000 + 21.780 + 27.225 = -995$$

Auch bei der Berücksichtigung von Ertragsteuern ist der Kapitalwert von Investition A positiv und der der Investition B negativ. Gemessen an der Finanzanlage ist nur Investition A vorteilhaft!

Zu Aufgabe 4b)

Ermittlung der Kapitalwerte für eine Abschreibungsdauer von $t_{AfA} = 2$ Perioden:

$$C_{0A}^N = -60.000 + \underbrace{29.040}_{\substack{\text{Barwert der um den Steuer-} \\ \text{satz s gekürzten Einzahlungs-} \\ \text{überschüsse (vgl. a)}}} + 0,6 \cdot \frac{60.000}{2} \cdot \underbrace{1,886}_{\substack{\text{Barwertfaktor} \\ \text{für i=0,04 und} \\ t_{AfA} = 2}}$$

$$C_{0A}^N = -60.000 + 29.040 + 33.948 = +2988$$

$$C_{0B}^N = -50.000 + 21.780 + 28.290 = +70$$

Falls die Investitionen schon nach zwei Perioden vollständig abgeschrieben werden dürfen, ist auch zur Durchführung der Investition B zu raten, da diese dann eine höhere Verzinsung nach Steuern erwirtschaftet als die zum Vergleich herangezogene Finanzinvestition. An diesem Beispiel wird speziell der Einfluß der Abschreibungspolitik auf den Kapitalwert nach Steuern deutlich.

Fallstudie 4: Kapitalbudgetierung nach dem Dean-Modell

Die betriebswirtschaftliche Abteilung der Denex-AG ist mit der Planung des optimalen Investitions- und Finanzierungsprogramms für das kommende Jahr beschäftigt. Es stehen vier Projekte (P1, P2, P3, P4) mit einjähriger Nutzungsdauer zur Auswahl, für die folgende Anschaffungsausgabe in t=0 und Einzahlungsüberschüsse am Jahresende (t=1) geschätzt werden:

Projekt	Anschaffungsausgabe t=0	Einzahlung t=1
P1	4.000	4.240
P2	6.000	6.240
P3	3.000	3.300
P4	2.000	2.140

Für Investitionszwecke stehen 5.000 GE an Eigenkapital zur Verfügung, die, falls sie nicht für Investitionen genutzt werden, zu 3% angelegt werden können. Ferner besteht die Möglichkeit, zwei einjährige Kredite (K1, K2) in einer Höhe von jeweils bis zu 5.000 GE aufzunehmen, wobei für K1 (K2) ein Jahreszins von 5% (8%) zu entrichten ist.

Aufgabe 1:

a) Erläutern Sie allgemein, wie mit Hilfe des Dean-Modells das optimale Investitions- und Finanzierungsprogramm ermittelt werden kann! Gehen Sie dabei auch auf die Voraussetzungen des Dean-Modells ein!

b) Ermitteln Sie für die obige Situation das optimale Investitions- und Finanzierungsprogramm nach dem Dean-Modell.

Lösungshinweise:

Zu Aufgabe 1a)

Die Methode des Capital-Budgeting nach Dean dient der simultanen Bestimmung des optimalen Investitions- und Finanzierungsprogramms. Es können dabei explizit verschiedene Investitions- und Finanzierungsstrategien mit zugehörigen Renditen und Soll-Zinsen berücksichtigt werden.

Vorgehen:

■ Bestimmung der Kapitalnachfragefunktion der Investitionsobjekte: Es
  wird die interne Verzinsung jedes Investitionsobjektes ermittelt und die
  Investitionsobjekte werden nach der Höhe ihrer internen Zinsfüße abfal-
  lend geordnet.

■ Bestimmung der Kapitalangebotsfunktion: Die Finanzierungsobjekte
  werden nach der Höhe ihres Effektivzinses i aufsteigend geordnet.

■ Ermittlung der Schnittpunktlösung: Kapitalnachfrage- und Kapitalangebotsfunktion werden in einem Koordinatenkreuz dargestellt, auf dessen
  Abszisse das "Kapital" und auf dessen Ordinate "Rendite" und "Soll-
  Zins" abgetragen werden. Alle Objekte **links** vom Schnittpunkt der beiden Funktionen sind im Optimalprogramm enthalten.

Nur unter den folgenden Prämissen ist gewährleistet, daß mit dem Dean-
Modell tatsächlich das optimale Investitions- und Finanzierungsprogramm
ermittelt wird:

■ Unabhängigkeit der Investitions- und Finanzierungsobjekte, d.h., es dürfen keine wechselseitigen Ausschlüsse oder sonstige Kopplungen zwischen den Objekten existieren.

■ Einperiodigkeit, d.h., alle Investitions- und Finanzierungsobjekte sind
  nach einer Periode vollständig abgewickelt, ohne daß Auswirkungen auf
  spätere Perioden existieren.

■ Beliebige Teilbarkeit der Investitions- und Finanzierungsobjekte.

■ Reine Fremdfinanzierung.

Zu Aufgabe 1b)

■ Bestimmung der Kapitalnachfragefunktion:
  Die interne Verzinsung eines Investitionsobjektes bestimmt sich bei
  einjähriger Nutzungsdauer nach der Formel:

$$r = \frac{\text{Einzahlung in t=1} - \text{Auszahlung in t=0}}{\text{Auszahlung in t=0}}$$

Für die Zahlen der Fallstudie ergibt sich:

Projekt	Auszahlung in t=0	Einzahlung in t=1	Differenz	r
P1	4.000	4.240	240	6%
P2	6.000	6.240	240	4%
P3	3.000	3.300	300	10%
P4	2.000	2.140	140	7%

Geordnet nach abfallendem internen Zinsfuß gilt folgende Rangfolge:

Projekt	r	Kapitalbedarf in t=0	kum. Kapitalbedarf in t=0
P3	10%	3.000	3.000
P4	7%	2.000	5.000
P1	6%	4.000	9.000
P2	4%	6.000	15.000

■ Bestimmung der Kapitalangebotsfunktion:
Das Dean-Modell wurde ursprünglich für reine Fremdfinanzierung entwickelt. Zur Berücksichtigung des Eigenkapitals gibt es verschiedene Vorschläge:

- Das Eigenkapital wird als Finanzierungsobjekt behandelt und in der Kapitalangebotsfunktion mit dem Habenzins angesetzt.

- Das Eigenkapital wird in der Kapitalangebotsfunktion mit Finanzierungskosten von null und in die Kapitalnachfragefunktion mit einer internen Verzinsung in Höhe der Habenzinsen angesetzt.

Da in der Aufgabenstellung der Habenzins mit 3% kleiner als der kleinste Sollzins mit 5% ist, ist es unschädlich, das Eigenkapital nur als Finanzierungsobjekt zu behandeln und in die Kapitalangebotsfunktion mit dem Habenzinssatz von 3% anzusetzen. Es ergibt sich damit folgende Kapitalangebotsfunktion:

Finanz-objekt	i	Kapitalbetrag in t=0	kumulierter Kapitalbetrag
EK	3%	5.000	5.000
K1	5%	5.000	10.000
K2	8%	5.000	15.000

- Ermittlung der Schnittpunktlösung:

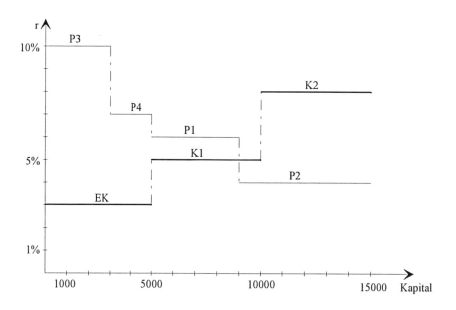

Es ist optimal, die Investitionsprojekte P1, P3 und P4 zu verwirklichen. Dazu werden das gesamte Eigenkapital sowie 4.000 GE von K1 eingesetzt.

Aufgabe 2:

Kurz vor Beendigung der Planung stellt sich heraus, daß für Projekt P1 zwei Alternativen, P1a und P1b, bestehen, für die folgende Zahlungen geschätzt werden:

Projekt	Auszahlung in t=0	Einzahlung in t=1
P1a	3.500	3.696
P1b	5.000	5.295

Es kann nur P1 oder P1a oder P1b durchgeführt werden!

a) Erläutern Sie, wie sich ausschließende Investitionsprojekte im Dean-Modell berücksichtigt werden können! Unter welchen Voraussetzungen sind derartige Überlegungen sinnvoll?

b) Ermitteln Sie für die vorliegende Situation das optimale Investitions- und Finanzierungsprogramm!

Lösungshinweise:

Zu Aufgabe 2a)

Schließen sich zwei Investitionsobjekte gegenseitig aus, dürfen nicht beide Projekte gleichzeitig in die Kapitalnachfragefunktion aufgenommen werden.

Wenn bei wechselseitigem Ausschluß von Investitionsobjekten das Objekt mit dem größeren Kapitaleinsatz:

a) den höheren internen Zins hat, scheidet das andere Investitionsobjekt aus der Betrachtung aus und wird nicht in die Kapitalnachfragefunktion einbezogen.

b) den niedrigeren internen Zins hat, wird zunächst das Investitionsobjekt mit dem kleineren Kapitaleinsatz in die Nachfragekurve eingestellt. Die Möglichkeit des Übergangs vom kleineren zum größeren Kapitaleinsatz muß dann durch eine Differenzinvestition berücksichtigt werden, die ebenfalls in die Kapitalnachfragekurve eingeht. Mit Hilfe dieser Differenzinvestition werden die alternativen Investitionsprojekte in sich ergänzende Objekte transformiert.

Das Arbeiten mit Differenzinvestitionen ist nur sinnvoll, wenn:

- das Investitionsobjekt mit dem geringeren Kapitaleinsatz den höheren internen Zinsfuß hat,

- das Investitionsobjekt mit dem größeren Kapitaleinsatz, aber geringeren internen Zinsfuß einen absolut höheren Gewinn aufweist.

Für die Differenzinvestition ist der interne Zinsfuß zu bestimmen. Dazu ist zunächst die Zahlungsreihe der Differenzinvestition abzuleiten. Es gilt:

  Zahlungsreihe mit dem größeren Kapitaleinsatz
- Zahlungsreihe mit dem kleineren Kapitaleinsatz
  _____

= Zahlungsreihe der Differenzinvestition

Mit dieser Zahlungsreihe ist der interne Zinsfuß zu bestimmen. Bei dieser Berechnung wird unterstellt, daß die Differenzinvestition voll realisiert wird, falls sie überhaupt in das Programm aufgenommen wird. Für eine nur teilweise Realisierung gilt der berechnete interne Zinsfuß nicht. Bei diesem Zinsfuß handelt es sich folglich um eine Durchschnittsgröße und nicht um eine Grenzgröße wie bei den übrigen Investitionsobjekten.

Liegt die Differenzinvestition:

- rechts vom Schnittpunkt, wird das Investitionsobjekt mit dem kleineren Kapitaleinsatz realisiert.

- links vom Schnittpunkt, wird das Investitionsobjekt mit dem größeren Kapitaleinsatz realisiert.

- nur teilweise in der Lösung, ist Vorsicht bei der Lösung angebracht, da der interne Zinsfuß der Differenzinvestition eine Durchschnitts- und keine Grenzgröße ist, d.h., falls die Differenzinvestition nicht vollständig in dem optimalen Programm ist, wird sie überschätzt. Es sind dann zusätzlich Überlegungen erforderlich, z.B. ist zu prüfen, ob sich eine Substitution von Investitionsobjekten lohnt.

Zu Aufgabe 2b)

Zunächst sind die internen Zinsfüße der alternativen Projekte P1a und P1b zu ermitteln:

Projekt	Auszahlung in t=0	Einzahlung in t=1	Differenz	r
P1a	3.500	3.696	196	5,6%
P1b	5.000	5.295	295	5,9%

Da P1 sowohl einen höheren Kapitaleinsatz als auch eine höhere interne Verzinsung als P1a hat, wird P1a durch P1 dominiert und scheidet aus der Betrachtung aus.

Werden P1 und P1b verglichen, stellt sich heraus, daß P1 einen geringeren Kapitaleinsatz und einen höheren internen Zinsfuß als P1b hat. P1b wirft jedoch bei vollständiger Durchführung einen höheren absoluten Gewinn ab. In diesem Fall müssen sowohl P1 als auch P1b in der Kapitalnachfragekurve durch die Differenzinvestition P1b - P1 berücksichtigt werden.

Für die Differenzinvestition (D) ergibt sich eine Auszahlung in t=0 von 5.000 - 4.000 = 1000 GE und eine Einzahlung in t=1 von 5.295 - 4.240 = 1.055 GE. Die Differenzinvestition besitzt dann einen internen Zinsfuß in Höhe von 55/1.000 = 0,055.

Somit ergibt sich die folgende Kapitalnachfragefunktion:

Projekt	r	Kapitalbedarf in t=0	Kum. Kapitalbedarf in t=0
P3	10%	3.000	3.000
P4	7%	2.000	5.000
P1	6%	4.000	9.000
P1b - P1	5,5%	1.000	10.000
P2	4%	6.000	16.000

Die Kapitalangebotsfunktion hat sich nicht verändert, es ergibt sich dann folgende Schnittpunktlösung:

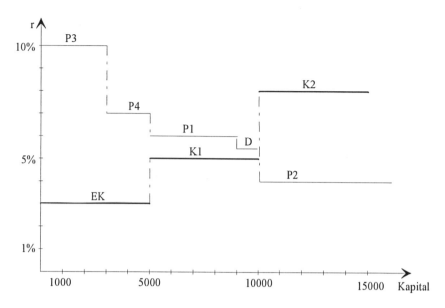

Es gilt dann die folgende optimale Lösung. Verwirklicht werden die Investitionsprojekte P1b, P3 und P4, eingesetzt wird das gesamte Eigenkapital sowie der gesamte Kredit K1.

Aufgabe 3:

In der Unternehmung ist zu einem anderen Zeitpunkt über zwei Projekte (PI, PII) mit zweijähriger Laufzeit zu entscheiden. Es werden folgende Zahlungen geschätzt:

Projekt	Auszahlung in t=0	Einzahlung in t=1	Einzahlung in t=2
PI	10.000	10.500	1.150
PII	8.000	3.200	6.160

Die Projekte müssen fremdfinanziert werden, es stehen zwei Kredite (FKI, FKII) in Höhe von jeweils bis zu 10.000 GE zur Verfügung, deren Jahreszins 6% für FKI und 12% für FKII beträgt.

a) Ermitteln Sie für die geschilderte Situation das nach dem Dean-Modell optimale Investitions- und Finanzierungsprogramm!

b) Welches Investitions- und Finanzierungsprogramm ergibt sich, wenn auf Basis von vollständigen Finanzplänen (Vofi) entschieden wird?

c) Interpretieren Sie die Ergebnisse von a) und b)!

Lösungshinweise:

Zu Aufgabe 3a)

■ Bestimmung der internen Zinsfüße der Investitionsprojekte:

PI:
$$-10.000 + 10.500 \cdot (r+i)^{-1} + 1.150 \cdot (r+i)^{-2} = 0$$
$$\Rightarrow r = 0,15$$

PII:
$$-8.000 + 3.200 \cdot (r+i)^{-1} + 6.160 \cdot (r+i)^{-2} = 0$$
$$\Rightarrow r = 0,1$$

■ Ermittlung der Kapitalnachfragefunktion:

Projekt	r	Kapitalbetrag	Kum. Kapitalbetrag
PI	15%	10.000	10.000
PII	10%	8.000	18.000

■ Ermittlung der Kapitalangebotsfunktion:

Projekt	r	Kapitalbetrag	Kum. Kapitalbetrag
KI	6%	10.000	10.000
KII	12%	10.000	20.000

■ Ermittlung der Schnittpunktlösung:

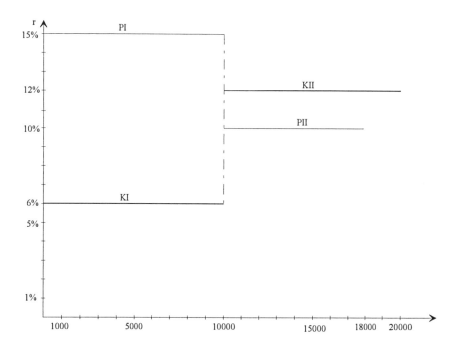

Nach dem Dean-Modell ist es optimal, nur Projekt PI zu verwirklichen und dazu Kredit KI zur Finanzierung heranzuziehen.

Zu Aufgabe 3b)

Für alle drei Alternativen (PI, PII, PI und PII) ist ein Vofi aufzustellen. Es ergeben sich die folgenden Endvermögenswerte:

1) nur PI wird durchgeführt:

	t=0	t=1	t=2
direkte Zahlungen	-10.000	+10.500	+1.150
Kreditaufnahme	+10.000	-	-
Zinsen	-	-600	-6
Tilgung	-	-9.900	-100
Endvermögen	0	0	1.044

2)   nur PII wird durchgeführt:

	t=0	t=1	t=2
direkte Zahlungen	-8.000	+3.200	+6.160,0
Kreditaufnahme	+8.000	-	-
Zinsen	-	-480	-316,8
Tilgung	-	-2.720	-5.280,0
Endvermögen	0	0	563,2

3)   PI und PII werden durchgeführt:

	t=0	t=1	t=2
direkte Zahlungen	-18.000	+13.700	+7.310,0
Kreditaufnahme	+18.000	-	-
Zinsen	-	-1.560	-351,6
Tilgung	-	-12.140	-5.860,0
Endvermögen	0	0	1.098,4

Wird auf der Basis von Vofis entschieden, ist es optimal, die Projekte PI und PII durchzuführen und dazu den Kredit K1 mit 10.000 GE voll auszuschöpfen sowie von Kredit K2 noch 8.000 GE aufzunehmen.

Zu Aufgabe 3c)

Warum führt das Dean-Modell im vorliegenden Fall nicht zur optimalen Lösung?

Im Dean-Modell wird implizit unterstellt, daß die Einzahlungsüberschüsse der Investitionsobjekte in t=1 zum internen Zinsfuß der Investitionsobjekte angelegt werden können, dies ist real aber nicht der Fall. Wird diese Implikation des Dean-Modells berücksichtigt, ergeben sich folgende Vofis:

- nur PI wird durchgeführt:

	t=0	t=1	t=2
direkte Zahlungen	-10.000	+10.500	+1.1500
Kreditaufnahme	+10.000	-	-
Zinsen und Tilgung	-	0	-11.236
Finanzinvestition	-	-10.5000	+12.075
Endvermögen	0	0	1.989

- PI und PII wird durchgeführt:

	t=0	t=1	t=2
direkte Zahlungen	-10.000	+10.500	+1.150,0
	-8.000	+3.200	+6.160,0
Kreditaufnahme	+10.000	-	-
	+8.000		-
Zinsen und Tilgung	-	-	-11.236,0
			-10.035,2
Finanzinvestition	-	-10.500	12.075,0
	-	-3.200	+3.520,0
Endvermögen	0	0	1.633,8

Im Dean-Modell werden die in diesen Vofis dargestellten Zahlungsvorgänge unterstellt, diese entsprechen aber nicht der Realität. Einzahlungsüberschüsse in t=1 können nicht zum internen Zinsfuß des betrachteten Investitionsobjektes angelegt werden, vielmehr werden sie zu Zinszahlungen und zur Kredittilgung herangezogen.

Fallstudie 5: Kritische Werte

Aufgabe 1: Kritische Nutzungsdauer

Eine Investition ist mit einer Anschaffungsauszahlung in Höhe von a_0 = 3.000.000 GE verbunden. Während der Nutzungsdauer kann mit jährlichen Einzahlungsüberschüssen in Höhe von g = 772.400 GE gerechnet werden. Wie lange muß die Anlage mindestens genutzt werden, damit die Investition sinnvoll ist? Der Kalkulationszinsfuß i beträgt 9%!

Lösungshinweise:

Es ist der kritische Wert für die Nutzungsdauer n gesucht. Auszugehen ist von der Gleichung des Kapitalwerts bei gleichbleibenden Einzahlungsüberschüssen. Der Kapitalwert ist dabei gleich null zu setzen.

$$C_0 = -a_0 + g \cdot RBF = -a_0 + g \cdot \frac{(1+i)^n - 1}{(1+i)^n \cdot i} \overset{!}{=} 0$$

Aufgelöst nach dem Rentenbarwertfaktor ergibt sich mit q = 1+i:

$$RBF = \frac{q^n - 1}{q^n \cdot i} = \frac{a_0}{g}.$$

Mit den Werten der Aufgabe folgt:

$$RBF = \frac{a_0}{g} = \frac{3.000.000}{772.400} = 3{,}884.$$

D.h. die Mindestnutzungsdauer der Anlage muß bei einem Zinssatz von i = 9% so bestimmt werden, daß der Barwertfaktor gerade den Wert 3,884 annimmt. Aus der Tabelle der Barwertfaktoren ist der gesuchte kritische Wert näherungsweise mit n = 5 Jahren zu entnehmen.

Aufgabe 2: Kritischer Verkaufspreis von Fertigprodukten

Ein kunststoffverarbeitendes Unternehmen erwägt die Anschaffung einer Spritzgußanlage zur Herstellung von Gehäusen. Die Daten der Investition sind bis auf den Verkaufspreis der Gehäuse sicher:

- Anschaffungsauszahlung a_0 = 800.000 GE,
- Nutzungsdauer n = 4 Jahre,
- jährliche, neben dem Kapitaldienst anfallende beschäftigungsunabhängige Kosten K_f = 32.340 GE,
- variable Kosten von k_v = 25 GE/ME,
- Kalkulationszinsfuß i = 10%,
- geplanter Verkaufspreis p = 32 GE/ME.

Es wird unterstellt, daß sämtlich Kostengrößen in der gleichen Periode als Auszahlungen anfallen.

Der Absatz an Gehäusen beträgt x = 200.000 ME pro Jahr. Wie hoch darf für die geplante Absatzmenge der Preiseinbruch (in Prozent vom geplanten Stückpreis) sein, damit die Investition noch vorteilhaft ist?

Lösungshinweise:

Für den Kapitalwert C_0 der Investition gilt allgemein:

$$C_0 = -a_0 + \sum_{t=1}^{n}\left[x \cdot (p - k_v) \cdot (1+i)^{-t}\right] - K_f \cdot RBF.$$

Zur Ermittlung des kritischen Verkaufspreises p_c wird C_0 = 0 gesetzt, und der Ausdruck mit dem Wiedergewinnungsfaktor WGF (Kehrwert des RBF) multipliziert:

$$\underbrace{a_0 \cdot WGF + K_f}_{\text{Auszahlungsannuität}} = \underbrace{WGF \cdot \sum_{t=1}^{n} x \cdot (p_c - k_v) \cdot (1+i)^{-t}}_{\text{Einzahlungsannuität}}.$$

Die Gleichung ist nach p_c aufzulösen:

$$a_0 \cdot WGF + K_f = WGF \cdot (p_c - k_v) \cdot \sum_{t=1}^{n} x \cdot (1+i)^{-t}, \quad \text{d.h.}$$

$$p_c = \frac{a_0 \cdot WGF + K_f}{WGF \cdot \sum_{t=1}^{n} x \cdot (1+i)^{-t}} + k_v.$$

Für eine Nutzungsdauer von n = 4 Jahren gilt mit WGF = 0,315:

$$p_c = \frac{800.000 \cdot 0,315 + 32.340}{0,315 \cdot (181818,18 + 165289,26 + 150262,96 + 136602,69)} + 25 = 26,42 \ .$$

Das kritische Preisniveau beträgt p_c = 26,42 GE. Der maximal zulässige Preiseinbruch, um die Investition an die Grenze der Wirtschaftlichkeit zu bringen, beläuft sich dann auf:

$$\frac{35 - 26,42}{\frac{35}{100}} = 24,51\%$$

vom geplanten Stückpreis in Höhe von 35 GE.

Aufgabe 3: Monopolpreis

Das Unternehmen aus Aufgabe 2a ist ein Monopolunternehmen. Der Verkaufspreis der Gehäuse ist noch nicht festgelegt, ebenso sind die entsprechenden Absatzmengen unbekannt. Weiterhin ist es dem Monopolisten nicht möglich, den exakten Verlauf seiner Preisabsatzfunktion (p = a-b·x) für die folgenden Jahre anzugeben. Bekannt sind nur die Intervallgrenzen der Parameter der Preisabsatzfunktion mit:

$80 \leq a \leq 100$ und
$0,001 \geq b \geq 0,0004$.

Geben Sie die Preis-Mengen-Kombinationen an, bei denen die Investition der Spritzgußanlage für den günstigsten bzw. ungünstigsten Verlauf der Preisabsatzfunktion einen positiven Kapitalwert hat!

Lösungshinweise:

Die ungünstigste Preisabsatzfunktion (PAF) ist:

p = 80 - 0,001·x,

da bei jeder anderen möglichen PAF zum gleichen Preis mehr Mengeneinheiten abgesetzt werden können, was einen höheren Deckungsbeitrag zur Folge hat.

Die günstigste PAF hingegen lautet:

$p = 100 - 0{,}0004 \cdot x,$

da bei keiner anderen möglichen Preisabsatzfunktion zum gleichen Preis mehr Mengeneinheiten abgesetzt werden können.

Zunächst werden die Intervallgrenzen für den ungünstigsten Fall bestimmt:

$$C_0 = -a_0 + x \cdot (p - k_v) \cdot RBF - K_f \cdot RBF \overset{!}{=} 0,$$

$$a_0 \cdot WGF + K_f = x \cdot (p - k_v) \qquad \text{mit} \qquad p = 80 - 0{,}001 \cdot x,$$

$$750.000 \cdot 0{,}402 + 27.290 = x(80 - 0{,}001 \cdot x - 25),$$

$$x^2 - 55.000x + 3{,}2879 \cdot 10^8 = 0,$$

$$x_1 \approx 48.175 \text{ und } \quad x_2 \approx 6.825.$$

Die Investition hat einen positiven Kapitalwert bei ungünstigstem Verlauf der PAF ($p = 80 - 0{,}001 \cdot x$), wenn die Produktionsmenge in folgendem Intervall liegt:

$$6.825 \le x \le 48.175.$$

Die jeweiligen, aus der PAF zugehörigen Preise liegen dann in dem Intervall:

$$31{,}83 \le p \le 73{,}18.$$

Für den günstigsten Verlauf der PAF folgt aus:

$$a_0 \cdot WGF + K_f = x(p - k_v) \qquad \text{mit} \qquad p = 100 - 0{,}0004 \cdot x$$

durch Einsetzen der Werte:

$$328.790 = 75x - 0{,}0004x^2,$$

$$x_1 \approx 183.009 \quad \text{und} \quad x_2 \approx 4.491.$$

Die Investition hat einen positiven Kapitalwert bei günstigstem Verlauf der PAF ($p = 100 - 0{,}0004 \cdot x$), wenn Preise und zugehörige Mengen in folgenden Intervallen liegen:

$$4.491 \leq x \leq 183.009,$$
$$26{,}80 \leq p \leq 98{,}20.$$

Aufgabe 4: Verfahrensvergleich

Zur Lösung einer bestimmten Produktionsaufgabe stehen zwei Verfahren zur Auswahl, die sich hinsichtlich ihrer Anschaffungsauszahlung, der Nutzungsdauer sowie der pro Erzeugniseinheit erforderlichen Zwischenlagerzeit unterscheiden.

Verfahren I ist hoch automatisiert und erfordert eine vergleichsweise hohe Anschaffungsauszahlung a_0^I in Höhe von 110.000 GE. Die Lebensdauer der Anlage beträgt $n^I = 5$ Jahre.

Verfahren II ist weniger automatisiert, die Anschaffungsauszahlung a_0^{II} beträgt lediglich 63.000 GE bei einer Lebensdauer n^{II} von 7 Jahren.

Die Zwischenlagerzeit für jedes auf Anlage I (II) herzustellende Erzeugnis beläuft sich auf 3 (5) Tage. Die pro Erzeugniseinheit benötigte Lagerfläche beträgt 0,25 m². Das Unternehmen verfügt über keine eigenen Lagerhallen, d.h. jede benötigte Lagerfläche muß angemietet werden. Es ist aber nicht genau bekannt, wieviel Mengeneinheiten x pro Jahr produziert werden und wie hoch der Mietkostensatz Cl pro m² und Tag für die Zwischenlagerung sein wird.

Für einen Kalkulationszinsfuß von $i = 10\%$ möchte der Investor wissen, welchen Wert die jährlichen Mietkosten annehmen dürfen, damit das Verfahren I dem Verfahren II vorzuziehen ist.

Lösungshinweise:

Da die Zahlungsseite von der Wahl des Verfahrens nicht beeinflußt wird, sind lediglich die Ausgaben zu betrachten. Es empfiehlt sich, die Annuitätsmethode heranzuziehen, obwohl gegen dieses Vorgehen wegen der Laufzeitunterschiede der Verfahren Bedenken zu erheben sind. Die kritische Wertekombination von Cl und x ergibt sich, indem die durchschnittlichen jährlichen Ausgaben beider Verfahren gleichgesetzt werden:

$$a_0^I \cdot WGF^I + 3 \cdot 0{,}25 \cdot Cl \cdot x = a_0^{II} \cdot WGF^{II} + 5 \cdot 0{,}25 \cdot Cl \cdot x \; [GE/Jahr],$$

$$0{,}5 \cdot Cl \cdot x = a_0^I \cdot WGF^I - a_0^{II} \cdot WGF^{II}.$$

Das Einsetzen der Werte ergibt:

$$0{,}5 \cdot Cl \cdot x = 110.000 \cdot 0{,}2638 - 63.000 \cdot 0{,}2054 = 16.078.$$

Bei 32.156 GE liegt Indifferenz zwischen beiden Verfahren vor. Liegen die jährlichen Mietkosten über 32.156 GE, ist das Verfahren I dem Verfahren II vorzuziehen.

Aufgabe 5: Kritische Faktorpreise

Ein Betrieb, der als Zulieferant Teile zum Einbau in Automaten herstellt, erwägt die Anschaffung einer neuen Maschine. Die Anlage hat einen Anschaffungspreis von a_0 = 900.000 GE. Der jährliche Umsatz, der der Neuinvestition zugerechnet werden kann, beträgt 7.620.000 GE. Die Nutzungsdauer der Anlage wird mit 6 Jahren angesetzt. Der Kalkulationszinsfuß beläuft sich auf 10%. Die neben dem Kapitaldienst anzusetzenden beschäftigungsunabhängigen Kosten (Auszahlungen) betragen 11.000 GE pro Monat.

Zur Fertigung des Produktes, das zu einem Preis von 12,70 GE pro Stück verkauft wird, werden neben dem Aggregat vier Produktionsfaktoren eingesetzt. Drei der Produktionsfaktoren haben einen im Zeitablauf konstanten Preis. Da der Preis des vierten Einsatzfaktors äußerst unsicher ist, gilt es, das kritische Preisniveau dieses Faktors zu berechnen, zu dem die Investition gerade noch sinnvoll ist! Dabei sei die Höhe der variablen Kosten nur durch die Faktorpreise q_1 bis q_4 determiniert. Es gelten folgende Daten:

Faktor j	Produktions-koeffizient r_j	Faktorpreis q_j
1	0,5	1,11
2	4	0,40
3	1	0,90
4	4	q_4

Lösungshinweise:

Der Kapitalwert der Anlage läßt sich durch folgenden Ausdruck wiedergeben:

$$C_0 = -a_0 + \sum_{t=1}^{n} \left[x_t (p - k_v) - K_f \right] (1 + i)^{-t}.$$

Für den Fall, daß die Verkaufspreise, die variablen Kosten (deren Höhe nur durch die Faktorpreise der Faktoren 1 bis 4 determiniert wird), das Absatzniveau und die beschäftigungsunabhängigen Kosten unabhängig von der Periode sind, kann der Kapitalwert wie folgt formuliert werden:

$$C_0 = -a_0 + \left[x (p - k_v) - K_f \right] \cdot \frac{q^n - 1}{q^n \cdot i}.$$

Um den kritischen Faktorpreis q_4 zu ermitteln, ist dieser Ausdruck gleich null zu setzen, und die Faktorpreise der Faktoren $j = 1$ bis 4 sind explizit in den Ansatz aufzunehmen:

$$a_0 \cdot WGF - K_f = x \left(p - q_4 \cdot r_4 - \sum_{j=1}^{3} q_j \cdot r_j \right).$$

Diese Gleichung ist nach q_4 aufzulösen:

$$q_4 = \frac{1}{r_4} \left(p - \frac{a_0 \cdot WGF + K_f}{x} - \sum_{j=1}^{3} q_j \cdot r_j \right).$$

Wird die Jahresproduktionsmenge:

$$x = \frac{7.620.000 \ (\text{Jahresumsatz})}{12,70 \ (\text{Stückpreis})} = 600.000 \ [\text{ME}]$$

eingesetzt, ergibt sich:

$$q_4 = \frac{1}{4} \left(12,70 - \frac{900.000 \cdot 0,23 + 132.000}{600.000} - 0,5 \cdot 1,11 - 4 \cdot 0,4 - 1 \cdot 0,9 \right) = 2,27.$$

Das kritische Preisniveau für den Produktionsfaktor q_4 beträgt 2,27 GE pro ME.

Aufgabe 6: Kritische Ausfallwahrscheinlichkeit

Eine Maschine muß repariert werden. Die Reparatur kostet 50.000 GE. Die Wahrscheinlichkeit, daß die Maschine während des Planungszeitraumes trotz Reparatur ausfällt, wird auf $\alpha = 5\%$ geschätzt. Ein solcher Ausfall verursacht Kosten von 7.000.000 GE. Eine Erneuerung der Maschine anstelle ihrer Reparatur kostet 300.000 GE.

a) Unter der Bedingung, daß während des Planungszeitraums die Ausfallwahrscheinlichkeit bei Erneuerung $\beta = 0\%$ ist, sind folgende Fragen zu beantworten:

   1) Fällen Sie eine Entscheidung zwischen "Reparatur" und "Erneuerung" anhand von Erwartungswerten!

   2) Welchen Wert muß die Ausfallwahrscheinlichkeit α bei Reparatur der Maschine annehmen, damit der Investor den Möglichkeiten "Reparatur" und "Erneuerung" indifferent gegenübersteht?

b) Im folgenden sei unterstellt, daß die Wahrscheinlichkeit β für den Ausfall bei Erneuerung $\beta = 1\%$ ist:

   1) Fällen Sie eine Entscheidung zwischen "Reparatur" und "Erneuerung" anhand von Erwartungswerten!

   2) Fällen Sie eine Entscheidung zwischen "Reparatur" und "Erneuerung" durch Anwendung der Minimaxregel!

   3) Bestimmen Sie die kritische Differenz zwischen der Ausfallwahrscheinlichkeit bei Reparatur und der Ausfallwahrscheinlichkeit bei Erneuerung!

Lösungshinweise:

a1) Es ergeben sich folgende Erwartungswerte der Kosten für die beiden Handlungsalternativen:

- für Reparatur: $(50.000 \cdot 0{,}95) + (7.050.000 \cdot 0{,}05) = 400.000$ GE,
- für Erneuerung: 300.000 GE.

Die Erneuerung ist damit günstiger als die Reparatur.

a2) Die kritische Ausfallwahrscheinlichkeit trotz Reparatur α ist genau dann erreicht, wenn der Erwartungswert der Kosten bei Erneuerung gleich dem Erwartungswert der Kosten bei Reparatur ist.

Die Wahrscheinlichkeit, daß die Maschine bei Reparatur nicht ausfällt, beträgt $(1-\alpha)$. Die Gleichung:

$$300.000 = (1 - \alpha) \cdot 50.000 + \alpha \cdot 7.050.000$$

führt zu:

$$\alpha = \frac{250.000}{7.000.000} = 0,0357 = 3,57\%.$$

Bei einer Ausfallwahrscheinlichkeit von $\alpha > 3,57\%$ im Reparaturfall ist es vorteilhaft zu erneuern. Wer sich gegen (für) die Reparatur entscheidet, schätzt automatisch die Ausfallwahrscheinlichkeit im Reparaturfall größer (kleiner) als 3,57% ein.

b1) Es ergeben sich folgende Erwartungswerte der Kosten für die beiden Handlungsalternativen:

- für Reparatur: $(50.000 \cdot 0,95) + (7.050.000 \cdot 0,05) = 400.000$,
- für Erneuerung: $(300.000 \cdot 0,99) + (7.300.000 \cdot 0,01) = 370.000$.

Auch in diesem Fall ist die Erneuerung vorzuziehen, da $400.000 > 370.000$ ist.

b2) Die Minimaxregel ist auf die folgende Ergebnismatrix anzuwenden:

Entscheidung:	Ereignis:	
	Anlage hält durch	Anlage fällt aus
Reparatur	50.000 GE	7.050.000 GE
Erneuerung	300.000 GE	7.300.000 GE

Das Minimax- oder Pessimismuskriterium geht davon aus, daß für jede Strategie jeweils die schlechteste Datensituation zutrifft. Für die Strategie "Reparatur" bzw. "Erneuerung" wäre das jeweils die Datensituation "fällt aus" mit 7.050.000 GE bzw. 7.300.000 GE. Beim Minimax-Kriterium wählt der Entscheidungsträger diejenige Strategie, die die niedrigsten Kosten im schlechtesten Fall aufweist, also im Beispiel die Strategie "Reparatur".

Nach der Minimaxregel wird die Wahrscheinlichkeit, daß die Maschine aus-
fällt, mit 100% angenommen, also der ungünstigste Fall als sicher unterstellt
(Wahrscheinlichkeit = 100%), und der günstigste Fall als unmöglich
(Wahrscheinlichkeit = 0%) angenommen.

Das Minimax-Kriterium kommt zu einem anderen Ergebnis als die vorherigen Analysen, da bei der Minimaxregel eine Überbewertung des Risikos
vorliegt.

b3) Für die kritischen Wahrscheinlichkeiten α bei Reparatur und β bei Erneuerung gilt:

$$\underbrace{50.000 \cdot (1 - \alpha) + 7.050.000 \cdot \alpha}_{\text{Erwartungswert bei Reparatur}} = \underbrace{300.000 \cdot (1 - \beta) + 7.300.000 \cdot \beta}_{\text{Erwartungswert bei Erneuerung}} \text{, d.h.}$$

$$250.000 = 7.000.000 \cdot (\alpha - \beta),$$

$$(\alpha - \beta) = 0,0357.$$

D.h. eine Erneuerung ist der Reparatur vorzuziehen, wenn die Differenz
zwischen der Ausfallwahrscheinlichkeit bei Reparatur α und der Ausfallwahrscheinlichkeit bei Erneuerung β größer als 3,57% ist. Wer sich für die
Erneuerung entscheidet, schätzt automatisch die Differenz zwischen der
Ausfallwahrscheinlichkeit bei Reparatur und der Ausfallwahrscheinlichkeit
bei Erneuerung (α - β) größer als 3,57% ein.

Fallstudie 6: Statischer Vorteilhaftigkeitsvergleich bei Unsicherheit

Eine Maschinenfabrik hat die Wahl, ein neues Erzeugnis mit Hilfe von Werkstattfertigung oder Linienfertigung zu produzieren. Die Werkstätten sind vorhanden, die Linienfertigung kann für 1,12 Mio GE installiert werden. Wird bei der Linienfertigung auf eine automatische Förderanlage verzichtet, reduziert sich das Investitionsvolumen auf 0,72 Mio GE. Folglich ist zwischen den drei Investitionsalternativen

- Werkstattfertigung
- Linienfertigung ohne automatische Förderanlage (Gabelstaplertransport)
- Linienfertigung mit automatischer Förderanlage

zu entscheiden.

Die Linienfertigung würde für einen Planungszeitraum von 24 Monaten installiert. Restwerte und Verzinsungen sind zu vernachlässigen. Bei Linienfertigung ohne automatische Förderanlage erfolgen die Transporte zwischen den einzelnen Stationen per Gabelstapler und verursachen höhere variable Kosten. Bei automatischer Förderung fallen für drei Einheiten des neuen Erzeugnisses 1.000 GE variable Kosten an, bei Gabelstaplertransport können für 1.000 GE nur zwei Einheiten des Produktes hergestellt werden. Die Kalkulation bei Werkstattfertigung ergibt variable Kosten in Höhe von 1.100 GE pro Stück.

Aufgabe 1:

Bei welchen Ausbringungsmengen M pro Monat ist welche Produktionsweise aus Kostengesichtspunkten vorteilhaft? Ermitteln Sie die kritischen Mengen für die Vorteilhaftigkeit!

Lösungshinweise:

Werkstattfertigung:
Entscheidungsrelevante fixe Kosten fallen bei diesem Fertigungstyp nicht an; die Abschreibungen auf die bestehenden Werkstätten sind bei der Entscheidung zu vernachlässigen, da sie nicht mehr verändert werden können. Die variablen Kosten betragen 1.100 GE pro Stück, so daß sich insgesamt Kosten für Werkstattfertigung in Höhe von $K_W = 1.100\,M$ ergeben.

Symbole:
K_W Kosten pro Monat bei Werkstattfertigung
M monatliche Produktionsmenge

Linienfertigung mit Gabelstaplertransport:
Das Investitionsvolumen von 720.000 GE wird für den statischen Kostenvergleich auf die 24 Monate der Nutzung verteilt (lineare Abschreibung). Es
ergeben sich 30.000 GE/Monat als Fixkostenblock. Einschließlich der variablen Kosten in Höhe von 500 GE/Stück ergibt sich die Gesamtkosten-
funktion für die Linienfertigung mit Gabelstaplertransport zu:

$$K_{LG} = 30.000 + 500\,M$$

Symbol:
K_{LG} Kosten pro Monat bei Linienfertigung mit
          Gabelstaplertransport

Linienfertigung mit automatischer Förderanlage:
Auch in diesem Fall wird das Investitionsvolumen auf 24 Monate verteilt. Es
ergibt sich eine Fixkostenbelastung von 1.120.000/24 = 46.666 2/3 GE pro
Monat. Bei variablen Kosten von 333 1/3 GE/Stück ergeben sich folgende
Gesamtkosten:

$$K_{LA} = 46.666\ 2/3 + 333\ 1/3\,M$$

Symbol:
K_{LA} Kosten pro Monat bei Linienfertigung mit automatischer
          Förderanlage

Bei den drei unterschiedlichen Produktionsprinzipien nehmen die Fixkosten
sukzessive zu und die variablen Kosten pro Stück ab. Folglich ist es vorteilhaft, für geringe Produktionsmengen die Werkstattfertigung, dann die Linienfertigung mit Gabelstaplertransport und für große Mengen die Linienfertigung mit automatischer Förderung einzusetzen. Dieser Zusammenhang
wird auch in folgender Abbildung deutlich:

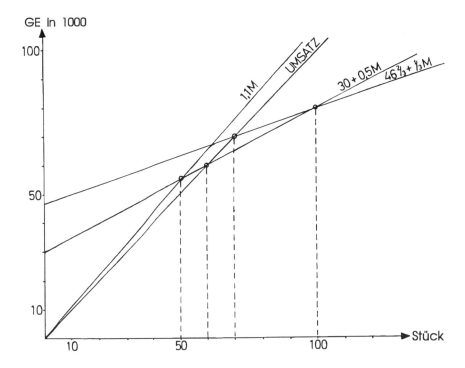

Die kritischen Ausbringungsmengen entsprechen in der Abbildung den Schnittpunkten der Kostengeraden. Analytisch ergeben sie sich im paarweisen Vergleich durch Gleichsetzen der Kosten zweier Produktionsmethoden:

■ Vergleich von Werkstattfertigung und Linienfertigung mit Gabelstaplern

$$1.100 \, M = 30.000 + 500 \, M$$
$$600 \, M = 30.000$$
$$M^*_{W/LG} = 50$$

Die kritische Menge $M^*_{W/LG}$ beträgt 50 Stück/Monat. Unterhalb dieser Ausbringung ist die Werkstattfertigung weiterhin sinnvoll. Bei einer Ausbringung oberhalb von 50 Stück/Monat ist die Linienfertigung mit Gabelstaplern kostengünstiger.

■ Vergleich von Linienfertigung mit Gabelstaplern und Linienfertigung mit automatischer Förderung

$$30.000 + 500 \, M = 46.666 \, 2/3 + 333 \, 1/3 \, M$$
$$166 \, 2/3 \, M = 16.666 \, 2/3$$
$$M^*_{LG/LA} = 100$$

Die kritische Menge $M^*_{LG/LA}$ beträgt 100 Stück/Monat. Unterhalb dieser Ausbringung ist die Linienfertigung mit Gabelstaplern sinnvoll. Bei einer Ausbringung oberhalb von 100 Stück/Monat ist die Linienfertigung mit automatischer Förderung kostengünstiger.

Die drei Fertigungsprinzipien sind damit in folgenden Mengenintervallen am günstigsten:

- Werkstattfertigung für $M \le 50$
- Linienfertigung mit Gabelstaplern für $50 \le M \le 100$
- Linienfertigung mit automatischer Förderung für $100 \le M$

Aufgabe 2:

Inwiefern können kritische Mengen für die Auswahlentscheidung interessant sein?

Lösungshinweise:

Kritische Mengen sind von Interesse, wenn die prognostizierten Absatzmengen in der Nähe dieser Mengen liegen. In diesem Fall ist die Entscheidung für die eine oder andere Produktionsweise mit einem größeren Risiko verbunden, "falsch" zu sein. Geringe Fehlschätzungen führen dann bereits zu einer anderen Entscheidung. Es kann dann z.B. sinnvoll sein, zusätzliche Informationen zur genaueren Prognose einzuholen, auf die verzichtet werden kann, wenn die erwarteten Absatzmengen weit von den verfahrenskritischen Punkten entfernt liegen.

Aufgabe 3:

Welche Kostenauswirkungen (%-Abweichung vom jeweils teureren Verfahren) hat, ausgehend von den kritischen Ausbringungsmengen, eine 20 %ige Fehlschätzung der Absatzmengen?

Lösungshinweise:

Die folgende Tabelle zeigt die Kostenkonsequenzen (absolut und in %) einer 20 %igen Unter- und Überschätzung der kritischen Mengen von 50 bzw. 100 auf:

		Kritische Mengen (Ausgangsbasis)	
		$M^*_{W/LG} = 50$	$M^*_{LG/LA} = 100$
Fehl-schät-zung	**-20 %**	Menge	40	80
		Kostenkon-sequenz	$K_W(40)=44.000$ $K_{LG}(40)=50.000$	$K_{LG}(80)=70.000$ $K_{LA}(80)\approx73.334$
		Abweichung (bei Wahl der ungünstigen Alternative)	12 %	5 %
	+20 %	Menge	60	120
		Kostenkon-sequenz	$K_W(60)=66.000$ $K_{LG}(60)=60.000$	$K_{LG}(80)=90.000$ $K_{LA}(80)\approx86.667$
		Abweichung (bei Wahl der ungünstigen Alternative)	9 %	4 %

Die Ergebnisse der Abweichungsanalyse lassen erkennen, daß im Bereich um 50 Stück/Monat eine Fehlentscheidung relativ stärkere Kostenkonse-quenzen hat als im Bereich um 100 Stück/Monat. Entscheidet sich der Pla-nende z.B. auf Basis einer Absatzprognose von 50 Stück/Monat für die Linienfertigung mit Gabelstaplern (Indifferenz gegenüber Werkstattferti-gung), dann trifft er eine Fehlentscheidung für den Fall, daß tatsächlich eine Menge von nur 40 Stück realisiert wird. Die Opportunitätskosten dieser Entscheidung betragen 6.000 GE/Monat, was einer Abweichung von 12 % bezüglich der Ausgangsbasis (50.000 GE/Monat) entspricht.

Aufgabe 4:

Bei einem Absatzpreis von p = 1.000 GE/Stück werden folgende monatliche Absatzmengen M für möglich gehalten:

Absatzmenge M	≤ 20	≤ 40	≤ 50	≤ 60	≤ 70	≤ 80	≤ 90	≤ 100
Wahrscheinlichkeit	0,0	0,1	0,3	0,5	0,6	0,7	0,8	0,9

Nach dieser Prognose tritt z.B. eine Absatzmenge bis einschließlich 50 Stück mit einer kumulierten Wahrscheinlichkeit von 0,3 ein. Die Wahr-scheinlichkeit, daß der Absatz bis zu 90 Stück erreicht, wird auf 0,8 ge-schätzt. D.h., Absatzmengen oberhalb von 90 Stück haben eine Gegenwahrscheinlichkeit von nur 20 %. Der Erwartungswert der Absatzmenge beträgt EW(M) = 55,5[1].

Wie hoch sind die Wahrscheinlichkeiten dafür, daß entweder Werkstattfertigung, Linienfertigung ohne automatische Förderanlage oder Linienfertigung mit automatischer Förderanlage kostenminimal ist?

Lösungshinweise:

In Aufgabe 1 wurden die Mengenbereiche (Optimalitätsintervalle) ermittelt, in denen jeweils einer der Produktionstypen kostenminimal ist. Um die Wahrscheinlichkeit angeben zu können, mit der ein Produktionstyp kostenminimal ist, muß die Wahrscheinlichkeit dafür bestimmt werden, daß die Absatzmenge in das Intervall fällt, in dem ein Produktionstyp kostenminimal ist. Dazu ist auf die angegebene Verteilungsfunktion der Nachfrage zurückzugreifen:

- Die Wahrscheinlichkeit dafür, daß Werkstattfertigung kostenoptimal ist, beträgt

$$w(M \leq 50) = 0,3,$$

da die verfahrenskritische Menge von 50 mit einer Wahrscheinlichkeit von 0,3 unterschritten oder erreicht wird. Mit einer Wahrscheinlichkeit von 0,7 werden 50 Stück überschritten, so daß die Werkstattfertigung mit einer Wahrscheinlichkeit von 0,7 nicht optimal ist.

- Die Wahrscheinlichkeit, daß Linienfertigung mit Gabelstaplern kostenoptimal ist, beläuft sich auf

$$w(50 < M \leq 100) = 0,9 - 0,3 = 0,6.$$

- Die Wahrscheinlichkeit, daß Linienfertigung mit automatischer Förderanlage kostenoptimal ist, beträgt nur

$$w(M > 100) = 0,1.$$

---

1   Der Erwartungswert kann nicht direkt aus den Zahlen ermittelt werden.

Aufgabe 5:

Wie hoch ist bei dieser Preissetzung die Wahrscheinlichkeit, bei einer bestimmten Produktionsweise einen Verlust zu erwirtschaften?

Lösungshinweise:

Die Vorgehensweise bei der Beantwortung dieser Frage ist ähnlich wie bei Aufgabe 4. Zunächst muß für jede der drei Produktionsweisen ermittelt werden, in welchen Mengenbereichen Verluste entstehen. Verluste liegen in der Abbildung zu Aufgabe 1 vor, wenn die Gesamtkostengeraden oberhalb der Umsatzgeraden verlaufen. Analytisch können wiederum kritische Mengen (Break-Even-Mengen) bestimmt werden, bei denen Umsatz = Kosten gilt.

Im folgenden werden diese Break-Even-Mengen M^{BE} und die Verlustwahrscheinlichkeiten bestimmt:

- Werkstattfertigung

  $1.000\ M = 1.100\ M \implies M^{BE}_W = 0$

  Die Gleichung ist nur für $M = 0$ erfüllt. Sobald mit diesem Fertigungsprinzip produziert wird, entsteht ein Verlust. Daher beträgt die Wahrscheinlichkeit für einen Verlust 100% ($w(M \geq 0) = 1$).

- Linienfertigung mit Gabelstaplern

  $1.000\ M = 30.000 + 500\ M \implies M^{BE}_{LG} = 60$

  Unterhalb von 60 Stück/Monat werden Verluste realisiert. Auf Grund der Absatzwahrscheinlichkeiten beträgt damit die Wahrscheinlichkeit für Verluste $w(M \leq 60) = 0,5$.

- Linienfertigung mit automatischer Förderung

  $1.000\ M = 46.666\ 2/3 \implies M^{BE}_{LA} = 70$

  Unterhalb von 70 Stück/Monat werden Verluste realisiert. Die Wahrscheinlichkeit für Verluste beträgt daher $w(M \leq 70) = 0,6$.

Aufgabe 6:

Wie hoch ist der erwartete Gewinn bei den unterschiedlichen Produktionsweisen, wenn die Nachfrage voll befriedigt wird?

Lösungshinweise:

Symbole:
$EW(G) =$ Erwartungswert des Gewinns
w_S $=$ Wahrscheinlichkeit, daß Absatzsituation s eintritt
M_S $=$ Absatzmenge in Absatzsituation s
G_S $=$ Gewinn in der Absatzsituation s

Der Gewinn ermittelt sich wie folgt:

$G_S =$ Umsatz in Situation s - Kosten in Situation s.

Für einen Preis von 1.000 GE/Stück gilt dann allgemein

$G_S = (1.000 -$ var. Stückkosten$) \cdot M_S -$ Fixkosten.

Der Erwartungswert des Gewinns ist für diskrete Absatzmengen und Eintrittswahrscheinlichkeiten w definiert als

$$EW(G) = \sum_s w_s \cdot G_s .$$

Wird die Gewinnfunktion in diese Definitionsgleichung eingesetzt, ergibt
sich die Funktion des Erwartungswertes des Gewinns:

$$EW(G) = \sum_s w_s \cdot \left((1.000 - \text{var.Stückkosten}) \cdot M_s - \text{Fixkosten}\right)$$

$$EW(G) = (1.000 - \text{var.Stückkosten}) \cdot \sum_s w_s \cdot M_s - \text{Fixkosten}$$

$$EW(G) = (1.000 - \text{var.Stückkosten}) \cdot EW(M) - \text{Fixkosten}$$

$$EW(G) = (1.000 - \text{var.Stückkosten}) \cdot 55,5 - \text{Fixkosten}$$

Der Gewinnerwartungswert entspricht damit dem Gewinn, der für den
Erwartungswert des Absatzes von 55,5 ME eintritt. Für die drei Produktionstypen ergeben sich dann folgende Gewinnerwartungswerte:

	Erwartungswert des Gewinns
Werkstattfertigung	$(1.000 - 1.100) \cdot 55,5 = $ **-5.550**
Linienfertigung mit Gabel- staplern	$(1.000 - 500) \cdot 55,5 - 30.000 = $ **-2.250**
Linienfertigung mit automat. Förderung	$(1.000 - 333\ 1/3) \cdot 55,5 = $ **-9.666 2/3**

Alle drei Produktionstypen weisen negative Gewinnerwartungswerte auf. Der vergleichsweise geringste erwartete Verlust tritt bei einer Linienfertigung mit Gabelstaplern auf. D.h., der Absatzpreis von 1.000 GE/Stück erlaubt es nicht, mit Gewinn zu produzieren. Es stellt sich die Frage, welchen Preis das Unternehmen bei den drei Produktionsprinzipien anstreben müßte, um Verluste zu vermeiden. Dieser Frage wird in Aufgabe 7 nachgegangen.

Aufgabe 7:

Wie hoch müssen bei den einzelnen Produktionsweisen die Preise p in Abhängigkeit von der erwarteten Absatzmenge EW(M) mindestens sein, damit die Gewinnerwartung gleich Null ist (Break-Even-Preis-Funktionen)?

Lösungshinweise:

Der Gewinnerwartungswert ist gleich Null, wenn der erwartete Umsatz den erwarteten Kosten entspricht. Die Gleichungen EW(U) = EW(K) für die verschiedenen Produktionsweisen sind dann nach dem Break-Even-Preis aufzulösen. Es ergeben sich folgende Funktionen:

■   Werkstattfertigung

$$p \cdot EW(M) = 1.100 \cdot EW(M)$$
$$\Rightarrow p = 1.100$$

Bei Werkstattfertigung kann nur für einen Preis oberhalb von 1.100 GE/Stück Gewinn erwirtschaftet werden. Dieser Preis ist unabhängig von der Absatzmenge.

■ Linienfertigung mit Gabelstaplern

$$p \cdot EW(M) = 30.000 + 500 \cdot EW(M)$$

$$\Rightarrow p = 500 + \frac{30.000}{EW(M)}$$

In diesem Fall hängt der Break-Even-Preis von der erwarteten Absatzmenge ab. Je größer diese Menge ist, um so niedriger fällt der kritsche Preis aus.

■ Linienfertigung mit automatischer Förderanlage

$$p \cdot EW(M) = 46.666\,\tfrac{2}{3} + 333\,\tfrac{1}{3} \cdot EW(M)$$

$$\Rightarrow p = 333\,\tfrac{1}{3} + \frac{46.666\,\tfrac{2}{3}}{EW(M)}$$

Auch in dieser Situation hängt der Break-Even-Preis von der erwarteten Absatzmenge ab, d.h. der kritische Preis sinkt mit steigenden Absatzerwartungen.

Aufgabe 8:

Tragen Sie die in Aufgabe 7 ermittelten Break-Even-Preis-Funktionen in ein p-EW(M)-Koordinatensystem (Abszisse = Absatzerwartung EW(M), Ordinate = Absatzpreis p) ein! Zeichnen Sie zusätzlich die Absatzsituation aus Aufgabe 4 als Punkt im Koordinatensystem ein!

Lösungshinweise:

Die folgende Abbildung zeigt die verschiedenen Funktionsverläufe in Abhängigkeit von EW(M):

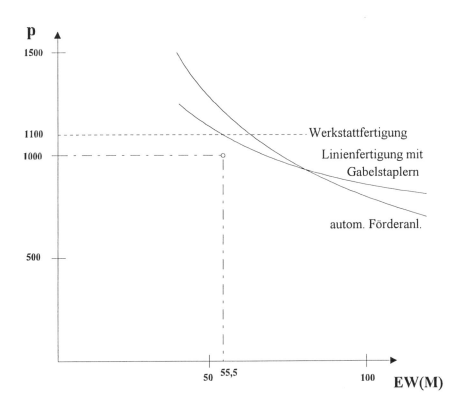

Aufgabe 9:

Unter welchen Voraussetzungen ist es sinnvoll, einen Preis von 1.000 GE/Stück zu über- bzw. zu unterschreiten?

Lösungshinweise:

Eine Reduzierung des Preises von 1.000 GE/Stück ist bei

■ Werkstattfertigung niemals sinnvoll, da der Verlust dann immer zunimmt.

■ Linienfertigung nur dann sinnvoll, wenn die Preiselastizität der Nachfrage *so groß* ist, daß die Break-Even-Funktionen durchbrochen werden können (bei EW(M)>55,5). In diesem Falle führt dann der Mengeneffekt der Preisreduzierung zu einer Verbesserung der Erfolgslage. Werden die

Break-Even-Funktionen rechts von EW(M) = 100 von der Preisabsatz-funktion geschnitten, ist die Linienfertigung mit automatischer Förderan-lage sinnvoll, ansonsten die mit Gabelstaplern.

Eine Preiserhöhung ist bei

- Werkstattfertigung immer sinnvoll, da der Verlust abgebaut wird, sofern zum gestiegenen Preis noch etwas abgesetzt werden kann.

- Linienfertigung nur dann sinnvoll, wenn die Preiselastizität der Nach-frage *so klein* ist, daß die Break-Even-Funktionen bei EW(M)<55,5 durchbrochen werden können; dies setzt eine sehr steile Preisabsatz-funktion voraus. In jedem Fall ist die Linienfertigung mit Gabelstaplern von Vorteil; für M<50 kommt allerdings die Werkstattfertigung zum Zu-ge. Der Spielraum ist deshalb für die Linienfertigung bei einer Preiser-höhung sehr klein.

Diese Aussagen gelten nur, wenn die Gewinnerwartung das einzige Ziel der Investitionsrechnung ist und bei den Werkstätten ausreichende Kapazitäten vorhanden sind.

Fallstudie 7: Investitionsentscheidungen auf Basis des Bernoulli-, des μ- und des μ-σ-Prinzips

Der Unternehmer Karl Scheu steht vor einer schwierigen Entscheidung. Ihm stehen drei Investitionsalternativen zur Verfügung. Aufgrund seiner unvollständigen Informationen über die Zukunft kann er nur vier grobe Umfeldszenarien S_j unterscheiden. Für diese Szenarien kann er subjektive Eintrittswahrscheinlichkeiten w_j angeben. Mit Hilfe von vollständigen Finanzplänen ermittelt Karl Scheu, zu welchen Endvermögen EV [Mio DM] die Investitionsalternativen A_1, A_2 und A_3 unter den jeweiligen Datenszenarien führen. Alle Informationen stellt er in folgender Tabelle zusammen:

	Szenarien S_j mit Eintrittswahrscheinlichkeiten w_j			
	0,1	0,4	0,4	0,1
A_1	0	10	20	30
A_2	15	15	15	15
A_3	15	15	15	40

Bisher hat Karl Scheu seinen Entscheidungen immer aufgrund des reinen Erwartungswertes μ getroffen (μ-Prinzip). Im Grunde ist Scheu aber ein risikoaverser Mensch. Sein Unternehmensberater rät ihm, bei diesem Planungsproblem einmal andere Entscheidungskriterien "auszuprobieren", die das Risiko der Planungssituation berücksichtigen können. Der Berater ermittelt über einen Befragungstest Scheus individuelle Risikonutzenfunktion:

$$N = EV - 0,01 \cdot EV^2$$

Aufgabe 1:

Ermitteln Sie die Rangfolge der Investitionsalternativen nach dem Bernoulli-Prinzip und dem Erwartungswertkriterium (μ-Prinzip)! Vergleichen Sie die Lösungen und interpretieren Sie diese!

Lösungshinweise:

Der Erwartungswert des Endvermögens einer Investitionsalternative ergibt sich zu:

$$\mu = \sum_j w_j \cdot EV_j$$

Das μ-Prinzip fordert die Maximierung des Erwartungswertes.

Nach dem Bernoulli-Prinzip ist die Alternative mit dem größten Erwartungswert des Risikonutzens auszuwählen. Dieser ist über die Formel

$$EW(N) = \sum_j w_j \cdot N_j$$

zu berechnen. Für die unterstellte Risikonutzenfunktion wird der Erwartungswert einer Alternative folgendermaßen ermittelt:

$$EW(N) = \sum_j w_j \cdot \left(EV_j - 0,01 \cdot EV_j^2\right)$$

Mit diesen Berechnungvorschriften können die Zielwerte für die beiden Entscheidungsprinzipien ermittelt werden:

	μ-Prinzip		**Bernoulli-Prinzip**	
	EW(EV)=μ	Rang	EW(N)	Rang
A_1	15,00	(2)	12,10	(3)
A_2	15,00	(2)	12,75	(2)
A_3	17,50	(1)	13,88	(1)

Bei beiden Entscheidungskriterien weist Alternative A_3 den höchsten Zielwert auf. Unterschiede ergeben sich hinsichtlich der Rangfolge der beiden anderen Alternativen. Bei Anwendung des Erwartungswertprinzips sind Alternative A_1 und A_2 gleichwertig; die unterstellte Risikonutzenfunktion weist hingegen Alternative A_2 einen höheren Erwartungswert des Nutzens zu als A_3. Dieses Ergebnis ist dadurch zu erklären, daß die unterstellte Risikonutzenfunktion die risikoreichere Alternative abwertet. Risikoreicher ist Alternative A_1, da bei ihr die Endvermögensrealisationen bei Eintritt der einzelnen Umfeldszenarien stark um den Erwartungswert von 15,00 [Mio DM] schwanken. Bei A_2 streuen die Werte gar nicht; in jeder Situation erzielt Karl Scheu ein Endvermögen von 15,00 [Mio DM].

Aufgabe 2:

Der Unternehmensberater behauptet, das es "wurscht" sei, ob Karl Scheu nach dem Bernoulli-Prinzip mit der angegebenen Funktion entscheide oder auf Basis der Kenngrößen μ und σ (μ-σ-Prinzip), vorausgesetzt, es gelte die folgende Nutzenfunktion:

$$N = \mu - 0,01 \cdot \left(\mu^2 + \sigma^2\right)$$

σ bezeichnet die Standardabweichung des Endvermögens vom Erwartungswert.

Trifft die Behauptung des Beraters zu? Führen beide angegebenen Funktionen wirklich zum gleichen Ergebnis? Überprüfen Sie dieses anhand der konkreten Daten des Planungsproblems! Untersuchen Sie, ob es einen allgemeinen Zusammenhang gibt?

Lösungshinweise:

Znächst werden die Nutzenwerte für die Präferenzfunktion $N = \mu - 0,01 \cdot \left(\mu^2 + \sigma^2\right)$ ermittelt und den Erwartungswerten des Nutzens aus der Bernoulli-Risikonutzenfunktion gegenübergestellt. Die Erwartungswerte μ der Alternativen wurden bereits in Aufgabe 1 berechnet; es fehlen noch die Berechnungen der Standardabweichungen σ. Allgemein ist die Standardabweichung als Wurzel der Varianz definiert:

$$\sigma = \sqrt{VAR} = \sqrt{\sum_j \left(EV_j - \mu\right)^2 \cdot w_j}$$

Die Varianz VAR ist der Erwartungswert der quadrierten Abweichungen vom Erwartungswert des Endvermögens.

Für die Daten des Beispiels ergeben sich folgende Werte:

	σ	μ-σ-Prinzip $N = \mu - 0,01 \cdot \left(\mu^2 + \sigma^2\right)$		Bernoulli-Prinzip $EW(N) = \sum_j w_j \cdot \left(EV_j - 0,01 \cdot EV_j^2\right)$	
		$N(\mu;\sigma)$	Rang	$EW(N)$	Rang
A_1	8,06	12,10	(3)	12,10	(3)
A_2	0,00	12,75	(2)	12,75	(2)
A_3	7,50	13,88	(1)	13,88	(1)

Für die konkreten Zahlen der Fallstudie führen beide Prinzipien zu identischen Nutzenwerten. Dieses Ergebnis legt die Vermutung nahe, daß zwischen den beiden Funktionen ein direkter allgemeiner Zusammenhang besteht. Dieses ist in der Tat der Fall, denn die Funktionen lassen sich ineinander überführen, wie der folgende Beweis zeigt. Daher stellt die allgemeine μ-σ-Präferenzfunktion $N = \mu - a \cdot \left(\mu^2 + \sigma^2\right)$ nichts anderes dar als eine zweite Schreibweise für den Nutzenerwartungswert $EW(N) = \sum_j w_j \cdot \left(EV_j - a \cdot EV_j^2\right)$, nur auf Basis der Kenngrößen μ und σ.

Der Faktor 0,01 wird im Beweis durch das allgemeine Symbol a ersetzt. Zu zeigen ist:

$$\sum_j w_j \cdot \left(EV_j - a \cdot EV_j^2\right) = \mu - a \cdot \left(\mu^2 + \sigma^2\right)$$

Der Nachweis geht vom Erwartungswert des Nutzens aus:

$$EW(N) = \sum_j w_j \cdot \left(EV_j - a \cdot EV_j^2\right) = \sum_j w_j \cdot EV_j - a \cdot \sum_j w_j \cdot EV_j^2$$

EW(N) läßt sich durch Umformung der Terme in die μ-σ-Funktion überführen. Dazu sind eine Reihe von Schritten notwendig. Die beiden Summenterme können durch folgende Ausdrücke ersetzt werden:

(1) $\sum_j w_j \cdot EV_j = \mu$ (Erwartungswert)

(2)   Bei der Umformung des letzten Terms wird folgende Beziehung genutzt:

$$\sigma^2 = \sum_j \left(EV_j - \mu\right)^2 \cdot w_j$$

$$\sigma^2 = \sum_j \left(EV_j^2 - 2 \cdot EV_j \cdot \mu + \mu^2\right) \cdot w_j$$

$$\sigma^2 = \sum_j EV_j^2 \cdot w_j - \sum_j 2 \cdot EV_j \cdot \mu \cdot w_j + \sum_j \mu^2 \cdot w_j$$

$$\sigma^2 = \sum_j EV_j^2 \cdot w_j - 2 \cdot \mu \sum_j EV_j \cdot w_j + \mu^2 \cdot \sum_j w_j$$

Nunmehr kann genutzt werden, daß $\sum_j w_j \cdot EV_j = \mu$ und $\sum_j w_j = 1$ gilt. Es ergibt sich:

$$\sigma^2 = \sum_j EV_j^2 \cdot w_j - 2 \cdot \mu^2 + \mu^2$$

$$\sigma^2 = \sum_j EV_j^2 \cdot w_j - \mu^2$$

Diese Beziehung wir umgestellt:

$$\sum_j EV_j^2 \cdot w_j = \mu^2 + \sigma^2$$

Die unter (1) und (2) hergeleiteten Beziehungen werden dann zur Umformung von EW(N) genutzt.

$$EW(N) = \sum_j w_j \cdot EV_j - a \cdot \sum_j w_j \cdot EV_j^2 \text{ wird umgeformt zu:}$$

$$EW(N) = \mu - a \cdot (\mu^2 + \sigma^2)$$

Damit ist der Nachweis geführt, daß der Unternehmensberater - allerdings nur für diesen speziellen Funktionstyp der Risikoscheu (quadratische Risikonutzenfunktion) - mit seiner Behauptung Recht hat.

Aufgabe 3:

Zu welchen Problemen kann es bei Entscheidungen nach dem μ-σ-Prinzip kommen, wenn andere Funktionstypen zur Abbildung von Risikoscheu unterstellt werden? Untersuchen sie zur Beantwortung dieser Frage beispielhaft, welche Entscheidung für das Investitionsproblem zu treffen ist, wenn folgende Nutzenfunktion unterstellt wird:

$$N = \mu - 0,05 \cdot \sigma^2$$

Lösungshinweise:

Bei Verwendung anderer Funktionstypen zur Abbildung der μ-σ-Präferenzen eines Entscheidungsträgers kann es zu Verstößen gegen das Dominanzprinzip kommen. Dieses Prinzip ist eines der zentralen Axiome, die dem Bernoulli-Prinzip zugrunde liegen. Nach dem Dominanzprinzip ist eine Alternative einer zweiten vorzuziehen, wenn sie in allen bekannten Datensituationen mindestens gleichwertig zur zweiten ist und der zweiten Alternative in mindestens einer der Datensituationen überlegen ist.

Die Funktion $N = \mu - 0,05 \cdot \sigma^2$ führt in dieser Datensituation zu einem Verstoß gegen das Dominanzprinzip. Diese Nutzenfunktion drückt, wie die Funktion $N = \mu - a \cdot (\mu^2 + \sigma^2)$, ebenfalls Risikoscheu aus, denn mit steigendem σ sinkt ceteris paribus der Nutzen einer Alternative. Die Anwendung von $N = \mu - 0,05 \cdot \sigma^2$ ergibt folgende Nutzenwerte:

	σ	μ-σ-Prinzip $N = \mu - 0,05 \cdot \sigma^2$	
		$N(\mu;\sigma)$	Rang
A_1	8,06	11,75	(3)
A_2	0,00	15,00	(1)
A_3	7,50	14,69	(2)

Die Alternativen A_2 und A_3 tauschen bei der Nutzenfunktion $N = \mu - 0,05 \cdot \sigma^2$ die Rangplätze. Nunmehr ist A_2 der Alternative A_3 überlegen. Dieses Resultat ist jedoch einen klarer Verstoß gegen das Dominanzprinzip. A_3 weist in den ersten drei Szenarien den gleichen Ergebniswert von 15 [Mio DM] auf wie A_2. In der vierten möglichen Datensituation führt A_3 jedoch zu einem deutlich besseren Ergebnis als A_2. Ein rationales Entscheidungskriterium darf daher A_2 nicht A_3 vorziehen. Folglich liegt ein Verstoß gegen das Dominanzprinzip vor. Er ist durch die Übergewichtung des Risikos σ in der Nutzenfunktion $N = \mu - 0,05 \cdot \sigma^2$ zu erklären.

Anhand dieses Beispiels wird deutlich, daß das μ-σ-Prinzip in einigen Fällen zu schwerwiegenden Verstößen gegen ein Grundprinzip rationalen Handelns - das Dominanzprinzip - führen kann. Es ist daher Vorsicht bei seiner Anwendung geboten. Die Konformität zu den Axiomen rationalen Handelns nach dem Bernoulli-Prinzip sollten immer überprüft werden. Das μ-σ-Prinzip ist daher nur dann sinnvoll anzuwenden, wenn zuvor alle dominierten Strategien ausgesondert wurden und nur noch die effizienten (nicht dominierten) Strategien in die weitere Analyse eingehen.

Fallstudie 8: Kauf von Geschäftsanteilen

Problemsituation:

Geschäftsführer S. ist vor 15 Jahren von der Funktion eines Werkmeisters in die Geschäftsführung eines Maschinenbauunternehmens in der Rechtsform einer GmbH aufgestiegen. Gleichzeitig hat er seinerzeit als stiller Gesellschafter 20.000 GE in das Unternehmen eingezahlt. Sein Geschäftsführervertrag sieht ein Jahresgehalt von 80.000 GE und eine Erfolgsbeteiligung von 10% am Gewinn nach Steuern sowie eine feste Verzinsung seines Geschäftsanteils von 20.000 GE zu 6% vor. Am Vermögenszuwachs des Unternehmens ist er nicht beteiligt. Die Steuerbilanz des Unternehmens weist ein Eigenkapital von 800.000 GE aus, das entspricht einer Eigenkapitalquote von 20%. Der Kapitalumschlag beläuft sich seit Jahren konstant auf 2. Die Umsatzrentabilität vor Steuern erreicht recht konstant 4%. Im Mittel konnte das Unternehmen in den letzten Jahren ein Umsatzwachstum von 3% erreichen, wovon auch für die Zukunft ausgegangen wird. Die Abschreibungen belaufen sich seit Jahren im Mittel auf 25% des Gewinns vor Steuern. Bei einem Gewinn vor Steuern von 320.000 GE werden derzeit finanzielle Überschüsse von 400.000 GE erzielt. Sowohl das Geschäftsführergehalt als auch die feste Verzinsung der stillen Einlage sind dabei bereits berücksichtigt.

Die Erben des in der Zwischenzeit verstorbenen Firmengründers haben Interesse gezeigt, ihre Geschäftsanteile zu verkaufen, da sie nicht in der Lage sind zu überblicken, ob ihr Vermögen in dem Unternehmen sicher ist. Ihnen fehlt jede betriebswirtschaftliche Kenntnis und sie sind an der Leitung des Unternehmens nur formell beteiligt. Der Geschäftsführer S. ist unter bestimmten Bedingungen durchaus bereit, die Geschäftsanteile zu übernehmen, er ist jedoch in den Methoden zur Investitionsrechnung nur unzureichend bewandert. Er möchte daher ein Instrumentarium entwickelt haben, mit dessen Hilfe er beurteilen kann, ob für ihn die Auszahlung der Erben zu einem Kaufpreis von 800.000 GE vorteilhaft ist. Werden die Erben ausgezahlt, müßte das Unternehmen zumindest Teile der Abfindung über einen Kredit zu 10% finanzieren. Die Kreditkonditionen können so flexibel gestaltet werden, daß eine jährliche Tilgung in Höhe der finanziellen Möglichkeiten des Unternehmens erfolgt.

Aufgabenstellung:

Entwickeln Sie einen Modellvorschlag, auf dessen Basis zu beurteilen ist, ob der Kauf der Anteile zweckmäßig ist.

Der Geschäftsführer möchte drei Fragen geklärt haben:

■ Von welcher Zielsetzung soll er bei seinen Überlegungen ausgehen?

■ Welche Größen sind für die Entscheidung relevant, und wie sollen diese Größen in einem Modell abgebildet werden?

■ Wie kann der Unsicherheit der Informationen angemessen Rechnung getragen werden?

Lösungshinweise:

Kriterium für die Beurteilung des Falles könnte die Endvermögensverbesserung sein, die der Geschäftsführer beim Kauf der Anteile im Vergleich zur Unterlassensalternative erwarten kann. Es ergeben sich jedoch Bewertungsprobleme, weil zunächst ein offener Planungszeitraum vorliegt. Erst mit einer willkürlichen Beschränkung des Planungszeitraums kann eine sinnvolle Berechnung einer Endvermögensänderung erfolgen. Der Geschäftsführer plant gegenwärtig, seine berufliche Tätigkeit mit 65 Jahren zu beenden. Zur Zeit ist er 58 Jahre alt. Als Kriterium für die Beurteilung des Falles könnte daher die erwartete Endvermögensänderung zum 65. Lebensjahr herangezogen werden. Eine in diesem Fall geeignete Methode ist ein vollständiger Finanzplan. Die Rechnung kann so ausgestaltet werden, daß lediglich ein Finanzplan aufzustellen ist, da die Vermögensänderung der Unterlassensalternative gleich null ist.

Die mit Hilfe des Vofis zu berechnende Endvermögensänderung des Geschäftsführers setzt sich aus zwei Bestandteilen zusammen:

■ Übernimmt er die Anteile, erhöhen sich seine jährlichen Entnahmen, da ihm die Anteile an den Entnahmen zufließen, die sonst den Erben zustehen.

■ Teile der Gewinne verbleiben im Unternehmen und verbessern die Eigenkapitalsituation. Der Zuwachs des Eigenkapitals kann als Quasi-Einnahme am Ende des Kalkulationszeitraums dem privaten Endvermögen des Geschäftsführers zugebucht werden.

Um diesen privaten Vofi aufstellen zu können, ist auf einen Vofi der GmbH zurückzugreifen. Der Vofi der GmbH spaltet die finanziellen Überschüsse eines Jahres in einen Teil auf, der entnommen wird und damit direkt in den privaten Vofi eingeht. Der zweite Teil des Vofis der GmbH bildet ab, wie sich das Endvermögen der GmbH bei dieser Entnahmepolitik und der erwarteten Geschäftspolitik bis zum 65. Lebensjahr entwickelt.

Die Determinanten der aus beiden Teilen bestehenden gesamten Endvermögensänderung sind:

■ Die zusätzlichen jährlichen Überschüsse, die beim Kauf der Anteile auf den Geschäftsführer S. entfallen. Derzeit werden immer 50% des Gewinns nach Steuern durch die Erben entnommen, 10% fließen an den Geschäftsführer als Erfolgsbeteiligung und die restlichen 40% werden verwendet, um die Eigenkapitalbasis des Unternehmens zu stärken (thesauriert). An dieser Ausschüttungspolitik will der Geschäftsführer auch künftig festhalten, wenn er die Anteile übernimmt.

■ Für die Teile der jährlichen finanziellen Überschüsse, die nicht entnommen werden, läßt sich deren Endvermögenswirkung nur bestimmen, wenn auch die Frage beantwortet wird, wie diese Beträge im Unternehmen angelegt werden können, welchen Beitrag sie zum Endvermögen der GmbH leisten. Es ist mithin eine Annahme über die Verzinsung dieser Differenzinvestition erforderlich. In den Anfangsjahren wird es zwar zu keinen finanziellen Überschüssen kommen, da zunächst der aufzunehmende Kredit für die Abfindung der Erben bezahlt werden muß. Wenn der Kredit aber beglichen ist, werden anzulegende finanzielle Überschüsse auftreten. Für die Rechnung ist es relativ schwierig, für diese Reinvestitionen von sinnvollen Annahmen über die Zahlungsreihen auszugehen. Vereinfachend soll unterstellt werden, die Beträge werden am Kapitalmarkt zum Habenzins von 6% angelegt. Alternativ könnte eine rentierliche Anlage innerhalb des Unternehmens unterstellt werden. Es ist allerdings schwierig für diesen Fall sinnvolle Verzinsungshypothesen zu entwickeln.

■ Um die Frage beantworten zu können, wie hoch die zusätzlichen jährlichen Entnahmen für den Geschäftsführer nach einer Übernahme der Anteile sind, müssen die künftigen Gewinne des Unternehmens nach Steuern bis zum 65. Lebensjahr des Geschäftsführers geschätzt werden, da die Entnahmen als Prozentsatz des Gewinns berechnet werden. Relevant für die Entscheidung sind nur die zusätzlichen, auf den Geschäftsführer entfallenden Entnahmeanteile von 50% des Gewinns. Irrelevant sind mithin diejenigen Teile, die er bereits derzeit als Vergütung für seine Tätigkeit erhält. Der Vofi wird als Netto-Rechnung bzw. Differenzrechnung zur Unterlassensalternative gestaltet.

■ Für eine sinnvolle Rechnung ist es zudem notwendig, eine Annahme darüber zu machen, was der Geschäftsführer mit den zusätzlichen Entnahmen macht. Diese Beträge kann er außerhalb des Unternehmens in Finanzanlagen investieren, woraus ihm Habenzinsen zufließen. Es ist nicht sinnvoll, für die Rechnung davon auszugehen, daß der Geschäftsführer seine Konsumausgaben aufgrund höherer Entnahmen steigern wird. In diesem Falle sind die beiden Alternativen "Kauf der Anteile" und die Unterlassensalternative nicht mehr miteinander vergleichbar, weil von unterschiedlichen Konsumentnahmen in beiden Fällen ausgegangen wird.

■ Die Berechnung des privaten Endvermögens muß auch die privat vom Geschäftsführer zu zahlende Einkommensteuer berücksichtigen. Dabei ist das körperschaftsteuerliche Anrechnungsverfahren zu beachten, da die Entnahmen und der Eigenkapitalzuwachs bereits versteuerte Größen sind. Auf diese Größen ist nur dann noch zusätzlich Einkommensteuer zu zahlen, wenn der persönliche Grenzsteuersatz des Geschäftsführeres höher ist als die von der GmbH gezahlte Körperschaftsteuer.

Unter Berücksichtigung der Gewerbeertragsteuer (Meßzahl 5%, Hebesatz 500%), einem Körperschaftsteuersatz von 36% auf ausgeschüttete und 50% auf einbehaltene Gewinne und einer Ausschüttungsquote von 60% ergibt sich ein Steuermultifaktor der GmbH in Höhe von 54%.[4] Ferner wird davon ausgegangen, daß der Geschäftsführer sowohl bei Ankauf der Anteile als auch bei der Unterlassensalternative einem konstanten Spitzensteuersatz von 53% unterliegt. Da der Grenzsteuersatz des Geschäftsführers höher ist als die Belastung der GmbH mit Körperschaftsteuer müssen die vereinnahmten Beträge noch nachversteuert werden. Entsprechendes gilt für die Beträge, die dem Geschäftsführer am Ende des Kalkulationszeitraums aus dem versteuerten Vermögen der GmbH zufließen.

Mit diesen Angaben lassen sich folgende Vofis aufstellen:

---

4   Hierbei ist zu beachten, daß sich die Ausschüttungsquote auf den Gewinn nach Steuern bezieht. Zur Herleitung des Multifaktors vgl. Kapitel 34 und Drees-Behrens (1990), S. 52.

Vofi der GmbH

Zeitpunkt		0	1	2	3
Umsatz	3%	8.000.000,00	8.240.000,00	8.487.200,00	8.741.816,00
Ausschüttung		-88.320,00	-72.722,69	-79.064,11	-85.672,32
Basiszahlungsreihe					
Investitionsausgabe		-800.000,00			
Einn.überschuß	4%	400.000,00	412.000,00	424.360,00	437.090,80
Steuerzahlung		-172.800,00	-142.283,52	-154.690,66	-167.619,76
Finanzanlage					
Anlage		0,00	0,00	0,00	0,00
Rückzahlung			0,00	0,00	0,00
Habenzinsen	6%		0,00	0,00	0,00
Kreditaufnahme					
Kreditbetrag		661.120,00	530.238,21	392.656,80	248.123,76
Tilgung			-661.120,00	-530.238,21	-392.656,80
Sollzinsen	10%		-66.112,00	-53.023,82	-39.265,68
Endvermögen					
Anlage		0,00	0,00	0,00	0,00
Kreditbetrag		-661.120,00	-530.238,21	-392.656,80	-248.123,76

Steuerberechnung der GmbH

Zeitpunkt		0	1	2	3
Jährl. Überschuß		400.000,00	412.000,00	424.360,00	437.090,80
Habenzinsen		0,00	0,00	0,00	0,00
Sollzinsen		0,00	-66.112,00	-53.023,82	-39.265,68
Abschreibungen		80.000,00	82.400,00	84.872,00	87.418,16
Gewinn vor St.		320.000,00	263.488,00	286.464,18	310.406,96
Steuerzahlung	54%	172.800,00	142.283,52	154.690,66	167.619,76
Gewinn nach St.		147.200,00	121.204,48	131.773,52	142.787,20
Ausschüttung	60%	88.320,00	72.722,69	79.064,11	85.672,32
Thesaurierung	40%	58.880,00	48.481,79	52.709,41	57.114,88

Privat-Vofi des Herrn S.

Zeitpunkt		0	1	2	3
zus. Ausschüttung		73.600,00	60.602,24	65.886,76	71.393,60
KSt korrig. Aussch.		115.000,00	94.691,00	102.948,06	111.552,50
Finanzanlage					
Anlage		-54.050,00	-100.078,98	-151.286,80	-207.982,76
Rückzahlung			54.050,00	100.078,98	151.286,80
Habenzinsen	6%		3.243,00	6.004,74	9.077,21
Gewinn vor St.		115.000,00	97.934,00	108.952,80	120.629,71
Steuern	53%	19.550,00	17.816,26	20.683,68	23.774,85
Gewinn nach St.		54.050,00	46.028,98	51.207,82	56.695,96
Endvermögen		54.050,00	100.078,98	151.286,80	207.982,76

4	5	6	7
9.004.070,48	9.274.192,59	9.552.418,37	9.838.990,92
-92.556,72	-99.727,04	-106.499,46	-112.420,86
450.203,52	463.709,63	477.620,92	491.949,55
-181.089,24	-195.118,12	-208.368,51	-219.953,85
0,00	-62.848,05	-229.371,87	-402.709,02
0,00	0,00	62.848,05	229.371,87
0,00	0,00	3.770,88	13.762,31
96.378,57	0,00	0,00	0,00
-248.123,76	-96.378,57	0,00	0,00
-24.812,38	-9.637,86	0,00	0,00
0,00	62.848,05	229.371,87	402.709,02
-96.378,57	0,00	0,00	0,00

4	5	6	7
450.203,52	463.709,63	477.620,92	491.949,55
0,00	0,00	3.770,88	13.762,31
-24.812,38	-9.637,86	0,00	0,00
90.040,70	92.741,93	95.524,18	98.389,91
335.350,44	361.329,85	385.867,62	407.321,95
181.089,24	195.118,12	208.368,51	219.953,85
154.261,20	166.211,73	177.499,10	187.368,10
92.556,72	99.727,04	106.499,46	112.420,86
61.704,48	66.484,69	70.999,64	74.947,24

4	5	6	7
77.130,60	83.105,86	88.749,55	496.393,07
120.516,57	129.852,91	138.671,18	775.614,17
-270.490,66	-339.149,37	-413.888,83	-790.099,15
207.982,76	270.490,66	339.149,37	413.888,83
12.478,97	16.229,44	20.348,96	24.833,33
132.995,53	146.082,35	159.020,14	800.447,50
27.101,67	30.676,60	34.359,05	145.016,07
62.507,90	68.658,71	74.739,46	376.210,32
270.490,66	339.149,37	413.888,83	**790.099,15**

Erläuterungen:

Die oberste Zeile des GmbH-Vofis gibt die erwartete Umsatzentwicklung wieder. Bei einem Eigenkapital in Höhe von 800.000 GE, einer Eigenkapitalquote von 20% und einem Kapitalumschlag von 2 ergibt sich ein Umsatz von 8.000.000 GE in der Ausgangssituation. Von diesem wird angenommen, daß er jedes Jahr um 3% ansteigt. Bei einer durchschnittlichen Umsatzrentabilität von 4% läßt sich aus dem Umsatz ein Gewinn nach Abschreibungen von 320.000 GE errechnen. Da die Abschreibungen stets 25% davon betragen sollen, ergibt sich in t=0 ein Einnahmenüberschuß von 400.000 und eine Steuerzahlung von 172.800 GE. Die Steuerzahlung wird jeweils gesondert im mittleren Teil der Tabelle berechnet. Die Ertragsteuerzahlung ergibt sich durch Multiplikation des Steuermultifaktors (0,54) mit dem Gewinn vor Steuern. Letzterer besteht aus den Einnahmeüberschüssen und den Habenzinsen abzüglich der Abschreibungen und der Sollzinsen. Der Gewinn nach Steuern in Höhe von 147.200 GE wird zu 60% ausgeschüttet (88.320 GE) und zu 40% einbehalten (58.880 GE).

Um die Ausschüttungen, die Steuerzahlung und die Investitionsausgaben für die Gechäftsanteile finanzieren zu können, ergibt sich in t=0 ein Defizit von 661.120 GE, das über einen Kredit gedeckt werden muß. Die Zahlen der übrigen Perioden werden nach der gleichen Grundstruktur berechnet. In den ersten Jahren wird zunächst der Kredit getilgt, später können die überschüssigen Mittel wie oben erläutert zu 6% angelegt werden. Beide Vorgänge sind im Unternehmen steuerwirksam. Nach 7 Jahren hat sich dann im Unternehmen ein Endvermögen in Höhe von 402.709 GE angesammelt.

Im Privat-Vofi des Herrn S. ist zunächst zu beachten, daß eine Differenzrechnung aufgestellt werden soll, die den Vorteil der Alternative "Kauf der Geschäftsanteile" gegenüber der Unterlassensalternative ausweist. Demzufolge werden nicht die gesamten Ausschüttungen von 60% als Einnahmen angesetzt, sondern nur 50% des GmbH-Gewinns nach Steuern, weil dem Geschäftsführer auch bei der Unterlassensalternative 10% zufließen. Ferner wird vereinfachend angenommen, daß die Summe seiner Einkünfte unabhängig von der Entscheidung so hoch sind, daß auf ihn der Spitzensteuersatz von 53% Anwendung findet. Damit liegt sein Grenzsteuersatz konstant bei 53% und ist größer als der Körperschaftsteuersatz der GmbH, d.h., die zusätzlichen Entnahmen müssen nachversteuert werden.

Um die private Einkommensteuerzahlung zu ermitteln, ist von den gesamten Entnahmen von 88.320 GE auf den für die Differenzrechnung relevanten Bruttogewinn zu schließen, der dem Geschäftsführer zusätzlich zufließt. Dieser Bruttogewinn ergibt sich, wenn die relevante Nettoentnahme - 5/6 von 88.320 GE = 73.600 GE - mit (1+9/16) multipliziert wird. Der relevante Gewinn vor Abzug der Körperschaftsteuer beläuft sich damit auf (115.000 GE). Auf diesen Betrag erfolgt eine Nachversteuerung von 17% (Grenzsteuersatz von 53% abzüglich der bereits auf den ausgeschütteten Gewinn entrichteten Steuer von 36%). Es ist damit ein Betrag von 115.00·0,17 = 19.550 GE nachzuversteuern. Die um die Steuerzahlung verminderte zusätzliche Ausschüttung kann Herr S. zum Habenzinssatz anlegen[5].

Die Folgejahre werden in gleicher Weise berechnet, wobei auch die Habenzinsen zu versteuern sind. Am Planungshorizont fließt dem Geschäftsführer noch das versteuerte Endvermögen des GmbH-Vofis in Höhe von 402.709 GE als einmalige Sonderentnahme zu. Auch dieser Betrag ist dann in der oberen beschriebenen Weise noch mit 17% nachzuversteuern.

Mit den Daten des Beispiels kann der Geschäftsführer insgesamt mit einer privaten Endvermögensmehrung von 790.099 GE rechnen, wenn er sich dazu entscheidet, die Erben auszuzahlen. Die Investition ist demnach aus seiner Sicht im Vergleich zur Unterlassensalternative vorteilhaft.

Das Ergebnis dieser Rechnung hängt von vielen unsicheren Faktoren, wie der Schätzung der Umsatzrentabilität, der verwendeten Zinssätze usw. ab. In die Überlegungen soll daher das folgende Erwartungsspektrum einbezogen werden:

1) Umsatzrentabilitäten zwischen 3 und 5%
2) Umsatzsteigerungen von 2 bis 4% jährlich
4) Sollzins 8 - 12%
5) Habenzins 4 - 8%

Innerhalb der Bandbreiten wird mit einer gleichen Wahrscheinlichkeit für den Eintritt der Datensituationen gerechnet. Zwischen den beiden Zinsgrößen besteht eine vollständige statistische Abhängigkeit in der Form, daß der Sollzinssatz immer 4% über dem Habenzinssatz liegt. Alle übrigen Daten werden vereinfachend als statistisch unabhängig betrachtet.

Um den Einfluß dieser Unsicherheiten auf das Ergebnis testen zu können, . sind aus dem Erwartungsspektrum der Daten alternative Wertekombinationen zu bestimmen und für jede dieser Kombinationen kann dann der private Endvermögenszuwachs in der beschriebenen Weise errechnet werden. Aus einer Vielzahl von Berechnungsexperimenten kann dann ein Risikoprofil für

---

5   Es soll hier angenommen werden, daß der Geschäftsführer aus "Sicherheitsgründen" seine Entnahmen außerhalb der GmbH anlegt. Es wird daher nicht hinterfragt, ob eine "Schütt-aus-hol-zurück"-Politik vorteilhafter ist.

die Investition entwickelt werden.[6] Aus 1.000 Berechnungsexperimenten mit alternativen Datensätzen ergibt sich beispielsweise folgendes Risikoprofil der Investition:

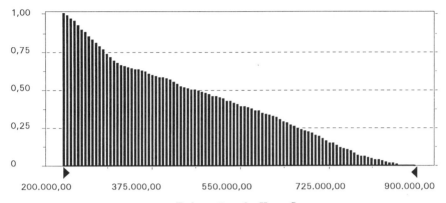

Endvermögen des Herrn S.

Dieses umgekehrte Summenhistogramm ist wie folgt zu interpretieren. Das in der ungünstigsten Datensituation zu erzielende private Endvermögen liegt bei knapp 200.000 GE, d.h. die Wahrscheinlichkeit für ein Endvermögen von mindestens 200.000 GE beträgt 1. Auch in der ungünstigsten Konstellation ist die Investition damit letztlich vorteilhaft. Mit dieser Investition ist folglich unter den für realistisch erachteten Intervallen der Daten keine Verlustgefahr verbunden. Der höchste mögliche Wert liegt bei gut knapp 900.000 GE. Für Zwischenwerte können Wahrscheinlichkeiten angegeben werden. So zeigt die Risikosimulation beispielsweise, daß mit einer Wahrscheinlichkeit von 50% ein zusätzlicher Endwert von mindestens 460.000 GE erzielt wird, oder daß ein Endvermögenszuwachs von mindestens 375.000 GE mit einer Wahrscheinlichkeit von etwa 60% erzielt werden wird. Die Risikoanalyse erlaubt damit eine fundierte Abstützung der Entscheidung gegen Unsicherheiten.

---

6   Vgl. Kapitel 6443.

Fallstudie 9: Leasing aus der Sicht des Leasinggebers

Die engagierte Studentin der Betriebswirtschaft Teresa V. absolviert ein Praktikum bei der Maschinek AG, einem Unternehmen des Sondermaschinenbaus, das u.a. Flexo-Rotationsdruckmaschinen herstellt. Das Unternehmen bietet seinen Kunden die Möglichkeit, für diese Maschinen zwischen Kauf und Leasing zu wählen. Die Aufgabe von Teresa V. besteht darin, der Unternehmensleitung die ökonomischen Auswirkungen des Hersteller-Leasings zu verdeutlichen. Sie kann für ihre Analysen von folgenden Daten ausgehen:

Die Herstellungskosten (HK) der betrachteten Maschine werden mit 800.000 GE kalkuliert, der Verkaufpreis (p) beträgt 1 Mio GE. Es wird von einer Nutzungsdauer von n = 10 Jahren ausgegangen. Bei einem Verkauf der Maschine wird der Gewinn im Jahre des Verkaufs realisiert und ist mit einen Multifaktor von 50% (s = 0,5) zu versteuern. Verleast die Maschinek AG die Maschine - Grundmietzeit N = 8 Jahre -, kann das Unternehmen während dieser Zeit jährlich bei linearer Abschreibung 80.000 GE Abschreibungen geltend machen und muß die Leasingraten x als jährlichen Umsatz verbuchen.[7]

Teresa V. weiß, daß die Beurteilung derartiger Fragen auch von der Finanzierungssituation des Unternehmens abhängig ist. Oberbuchhalter Kurt G. Eizig gibt folgenden Bericht: Eigene Mittel stehen derzeit nicht zur Verfügung; das Unternehmen verfügt aber über eine größere, nicht ausgenutzte Kreditlinie. Die Hausbank wäre bereit, zu einem Effektivzins von 10% hinreichend Mittel für das Leasinggeschäft bereitzustellen. Da das Unternehmen letztlich Geld durch den Maschinenbau, nicht aber durch die Finanzierung verdienen will, könnte man die Leasingraten auf der Basis des Soll-Zinssatzes von 10% berechnen. Verwaltungsaufwendungen für das Leasinggeschäft mögen nicht anfallen. Würde das Unternehmen für Sachinvestitionen Teile der Kreditlinie in Anspruch nehmen, stehen nur unrentable Investitionen zur Disposition (Effektivzins unter 10%). Durch das Leasinggeschäft werden mithin keine vorteilhaften Opportunitäten verdrängt. Teresa V. unterstellt daher für ihre Modellrechnung den vollkommenen Kapitalmarkt und geht für ihre Analyse vom Standardmodell aus. Sie analysiert folgende Fragen:

---

7   Das Leasingobjekt wird während der Vertragslaufzeit beim Leasinggeber bilanziert, da die Grundmietzeit zwischen 40% und 90% der gewöhnlichen Nutzungsdauer liegt.

Aufgabe 1:

Mit welchen jährlichen Leasingraten x kann die Maschinek rechnen, wenn Verkauf und Leasing zum gleichen Kapitalwert führen sollen? Für das Leasing ist zu beachten, daß die verleaste Maschine am Ende der Grundmietzeit einen Liquidationserlös (L) in Höhe des Restbuchwertes von 160.000 GE erzielt. Die Herstellungskosten fallen in t=0 als Auszahlung an. Bestimmen Sie zudem y als Barwert der Leasingraten im Zeitpunkt t=0.

Lösungshinsweise:

■ Berechnung des Kapitalwertes für die Alternative "Verkauf":

$$C_0{}^V = (1-s) \cdot (p - HK)$$

Mit den Zahlen des Beispiels erhält man:

$$C_0{}^V = (1-0,5) \cdot (1.000.000 - 800.000) = 100.000$$

■ Berechnung des Kapitalwertes Leasing mit jährlicher Ratenzahlung x:

$$C_0(x) = -HK + \sum_{t=1}^{N} x \cdot \left(1 + i^{St}\right)^{-t} - s \cdot \sum_{t=1}^{N} \left(x - \frac{HK}{n}\right) \cdot \left(1 + i^{St}\right)^{-t} + L \cdot \left(1 + i^{St}\right)^{-N}$$

Für die Berechnung des Kapitalwertes sind die Leasingraten und die Steuerzahlungen für die Grundmietzeit N zu erfassen. Zusätzlich ist der Liquidationserlös im Zeitpunkt N in die Rechnung einzubeziehen. Aus diesem Liquidationserlös resultieren jedoch keine Steuerzahlungen, da der Restverkaufserlös L und der Buchwert gleich hoch sind.

Da die Leasingrate x im Zeitablauf konstant ist, kann die Kapitalwertformel mit Hilfe des Rentenbarwertfaktors (RBF) für einen steuerkorrigierten Zinssatz von 5% [$i^{St} = (1-s) \cdot i$] und eine Laufzeit N von 8 Jahren vereinfacht werden.

$$\text{mit} \sum_{t=1}^{N} \left(1 + i^{St}\right)^{-t} = RBF \quad \text{(Rentenbarwertfaktor)} \quad [RBF = 6,463]$$

$$C_0{}^{Ll}(x) = -HK + (1-s) \cdot x \cdot RBF + s \cdot \frac{HK}{n} \cdot RBF + L \cdot \left(1 + i^{St}\right)^{-N}$$

Mit den Zahlen des Beispiels:

$$C_0^{L1}(x) = -800.000 + (1 - 0,5) \cdot x \cdot 6,463 + 0,5 \cdot 80.000 \cdot 6,463 + 160.000 \cdot 1,05^{-8}$$

Wenn Gleichheit der Alternativen gelten soll, sind die beiden Kapitalwerte gleichzusetzten.

$$C_0^{L1}(x) = C_0^{V}$$

Es errechnet sich dann eine jährliche Leasingrate x von:

$$100.000 = -433.160 + 3,2315 \cdot x$$

$$x = 164.988,39$$

Äquivalent sind die beiden Alternativen aus der Sicht des Leasinggebers, wenn der Kunde beim Kauf einen Einmalbetrag von 1 Mio GE oder bei Leasing acht Raten von jährlich 164.988,39 GE zahlt. Die acht Leasingraten haben einen Kapitalwert von:

$$y = 164.988,39 \cdot RBF = 164.988,39 \cdot 6,463 = 1.066.320$$

Die Maschinek müßte also für die Berechnung der Leasingrate von einem Wert der Maschine von 1.066.320 GE ausgehen.

Aufgabe 2:

Alternativ kann der Leasing-Vertrag so gestaltet werden, daß alle Leasingraten für die Grundmietzeit abgezinst in einem Betrag z in t_0 zu entrichten sind (Barwert der Leasingraten). Für die Errechnung der Ertragsteuer muß der Leasinggeber diese Einmalzahlung linear auf acht Perioden als "Umsatz" verteilen. Wie hoch muß diese Einmalzahlung z angesetzt werden, wenn wiederum Indifferenz zwischen Verkauf und dieser Variante des Leasing herrschen soll?

Lösungshinweise:

- Berechnung des Kapitalwertes bei einmaliger Leasingzahlung

$$C_0^{L2}(z) = -HK + z - s \cdot \underbrace{\sum_{t=1}^{N}\left(\frac{z}{N} - \frac{HK}{n}\right) \cdot \left(1 + i^{St}\right)^{-t}}_{\text{abgezinste Steuerzahlungen}} + \underbrace{L \cdot \left(1 + i^{St}\right)^{-N}}_{\substack{\text{abgezinster} \\ \text{Liquidationserlös}}}$$

$$C_0^{L2}(z) = -HK + z - s \cdot \frac{z}{N} \cdot RBF + s \cdot \frac{HK}{n} \cdot RBF + L \cdot \left(1 + i^{St}\right)^{-N}$$

$$C_0^{L2}(z) = -800.000 + z - 0,5 \cdot 6,463 \cdot \left(\frac{z}{8} - 80.000\right) + 160.000 \cdot 1,05^{-8}$$

$$C_0^{L2}(z) = -433.160 + 0,59606 \cdot z$$

Kauf und diese Variante des Leasing sind gleichwertig, wenn gilt:

$$C_0^{L2}(z) = C_0^{V}$$

Wird für C_0^V der berechnete Betrag von 100.000 eingesetzt, folgt daraus für die einmalige Leasingrate z in t=0

$$z = 894.469,96$$

Damit beträgt die fiktive jährliche Leasingrate:

$$z \cdot \frac{1}{RBF} = 138.398,6$$

Aufgabe 3:

Beurteilen Sie diese beiden Leasingstrategien aus Sicht des Herstellers!

a) Wie läßt sich die Differenz zwischen dem Barwert der Leasingraten bei jährlicher Zahlung (y) und dem Verkaufspreis (p) erklären?

b) Wodurch entsteht die Differenz zwischen den Barwerten der Leasingraten bei Einmalzahlung (z) und bei jährlicher Zahlung (y)?

c) Welche Form des Leasings wird der Hersteller wählen?

Lösungshinsweise:

Die bisherigen Berechnungsergebnisse lassen sich zu folgender Ergebnismatrix verdichten:

	C_0	Leasingrate	Barwert der Leasingraten
Verkauf	100.000	-	-
Leasing L1 jährliche Zahlung	100.000	x = 164.988,4	y = 1.066.320
Leasing L2 Einmalzahlung	100.000	x_2 = 138.398,6	z = 894.469,96

Zu Aufgabe 3a)

Die Differenz zwischen dem Barwert der Leasingraten (1.066.320) und dem Verkaufspreis (1.000.000) beläuft sich auf 66.320. Diese Differenz hat ihre Ursache allein in den unterschiedlichen Steuerwirkungen der Alternativen. Die Alternativen unterscheiden sich in den Abschreibungswirkungen und den daraus resultierenden Steuerzahlungen und dem Restverkaufserlös:

■ Steuerwirkung bei Verkauf:

   Durch den Ansatz der Herstellkosten in t=0 als einmalige Betriebsausgabe ergibt sich ein Steuervorteil von s·HK.

   $0,5 \cdot 800.000 = 400.000$

■ Steuerwirkung bei Leasing:

   Bei Leasing wirken die jährlichen Abschreibungsbeträge vermindernd auf die Steuerzahlungen. Die jährliche Steuerminderung beträgt $s \cdot \dfrac{HK}{n}$.

   Das entspricht einem Barwert von $RBF \cdot s \cdot \dfrac{HK}{n}$:

   $$6,463 \cdot 0,5 \cdot \frac{800.000}{10} = 258.520$$

Weiterhin ist der Restverkaufserlös mit einem Barwert in t=0 von $L \cdot (1+i^{St})^{-N}$ zu beachten. Da der Restverkaufserlös gleich dem Restbuchwert ist, fallen durch den Verkauf keine Ertragsteuern an. Bei linearer Abschreibung ergibt sich der Restbuchwert bzw. der Liquidationserlös des Leasingobjektes zu: $L = (n - N) \cdot \dfrac{HK}{n}$. Der Barwert des Liquidationserlöses beträgt:

$$1{,}05^{-8} \cdot (10 - 8) \cdot \frac{800.000}{10} = 108.320$$

Die Differenz von 66.320 zwischen den Barwerten der beiden Alternativen entspricht dem Saldo der Vor- und Nachteile der Strategien. Die Summe der Vorteile beider Alternativen beträgt nach Steuern:

$$s \cdot HK - s \cdot \frac{HK}{n} \cdot RBF - L \cdot \left(1 + i^{St}\right)^{-N}$$

$$400.000 - 258.520 - 108.320 = 33.160$$

Vor Steuern muß der Barwert der Leasingraten somit um folgenden Betrag über dem Verkaufspreis liegen:

$$\underbrace{\frac{s \cdot HK - s \cdot \dfrac{HK}{n} \cdot RBF - L \cdot \left(1 + i^{St}\right)^{-N}}{(1 - s)}}_{\text{Vorteil Kauf gegenüber Leasing}} = \underbrace{x \cdot RBF - p}_{\substack{\text{zusätzlicher Barwert} \\ \text{der Leasingraten}}}$$

$$\frac{33.160}{1 - 0{,}5} = 66.320$$

Zu Aufgabe 3b)

Die Differenz zwischen der Leasingrate bei Einmalzahlung (894.469,96) und dem Barwert der Leasingraten bei periodischer Zahlung (1.066.320) beträgt: x·RBF - z oder in Zahlen ausgedrückt:

$$1.066.320 - 894.469{,}96 = 171.850{,}04.$$

Auch diese Differenz läßt sich allein auf die unterschiedlichen Steuerwirkungen der Alternativen zurückführen. In beiden Leasingvarianten sind die Abschreibungsmodalitäten identisch (vgl. Kapitalwertformel):

$$C_0^{L1}(x) = -HK + (1-s) \cdot x \cdot RBF + s \cdot \frac{HK}{n} \cdot RBF + L \cdot \left(1 + i^{St}\right)^{-N}$$

$$C_0^{L2}(z) = -HK + z - s \cdot \frac{z}{N} \cdot RBF + s \cdot \frac{HK}{n} \cdot RBF + L \cdot \left(1 + i^{St}\right)^{-N}$$

Mit $C_0^{L1}(x) = C_0^{L2}(z)$ läßt sich die Differenz damit allein auf die unterschiedliche steuerliche Behandlung der jährlichen Leasingraten x und des linear auf die Laufzeit verteilten Betrages z erklären:

$$x \cdot RBF - s \cdot x \cdot RBF = z - s \cdot \frac{z}{N} \cdot RBF$$

$$\underbrace{x \cdot RBF - z}_{\substack{\text{gesuchte} \\ \text{Differenz}}} = \underbrace{s \cdot x \cdot RBF}_{\substack{\text{abgezinste Steuern} \\ \text{auf eingenommene} \\ \text{Leasingraten}}} - \underbrace{s \cdot \frac{z}{N} \cdot RBF}_{\substack{\text{abgezinste Steuern} \\ \text{auf linear verteilte} \\ \text{Leasingzahlungen}}}$$

$$171.850,04 = 533.160 - 0,5 \cdot 6,463 \cdot \frac{894.469,96}{8}$$

Da der Barwert der Leasingrate bei Einmalzahlung geringer ist als die Summe der periodisch eingezahlten Leasingraten, ist die Steuerbemessungsgrundlage bei Einmalzahlung kleiner als bei periodisch eingezahlten Leasingraten. Der dann zusätzlich anfallende Barwert wird vollständig als Steuer gezahlt.

Ergänzung:

Die Differenz zwischen dem Verkaufspreis p (1.000.000) und der Leasingrate bei Einmalzahlung z (894.469,96) setzt sich entsprechend aus den beiden oben analysierten Differenzen zusammen:

$$p - z = \underbrace{x \cdot RBF - z}_{\text{Differenz b}} - \underbrace{x \cdot RBF - p}_{\text{Differenz a}}$$

$$105.530,04 = 171.850,04 - 66.320$$

Zu Aufgabe 3c)

Für den Hersteller führen alle drei Strategien zum selben Barwert von 100.000 GE. Somit liegt von seiner Seite Indifferenz der Alternativen vor. Er wird sich dann für die Alternative entscheiden, die bei Rationalverhalten des Kunden durchzusetzen ist. Die Alternative bei Einmalzahlung hat einen steuerlichen Vorteil für den Leasinggeber. Diesen Steuervorteil kann der Hersteller in zweifacher Weise nutzen:

- Er kann seine eigenen Steuervorteile voll an den Kunden weitergeben und damit seine Wettbewerbsposition verbessern. In diesem Fall hat der Kunde bei der Variante der einmaligen Leasingzahlung im Vergleich zur anderen Leasingvariante eine geringere finanzielle Belastung zu tragen, da der "Kaufpreis" von 1.066.320 um 171.850,04 auf 894.469,96 gesenkt wird.

- Er kann die Steuervorteile selbst nutzen indem er die einmalig zu zahlende Leasingrate soweit anhebt, bis beim Käufer bzw. Leasingnehmer Indifferenz zwischen Kauf und Leasing bei Einmalzahlung besteht. In diesem Falle sind die Kapitalwerte der Alternativen Kauf und Leasing beim Leasingnehmer bzw. Käufer gleich hoch. Aus der Sicht des Leasinggebers ist jedoch das Leasing mit der einmaligen Rate attraktiver als die beiden übrigen Alternativen, da deren Kapitalwert nunmehr größer ist. Das Problem bei der Berechnung des Kapitalwertes aus Sicht des Leasingnehmers besteht jedoch darin, daß die Maschinek AG eine Vorstellung vom relevanten Zinssatz und der Steuerbelastung des Leasingnehmers bzw. Käufers haben muß.

Fallstudie 10: Leasing aus der Sicht des Leasingnehmers

Teresa V. hat ihren Bericht aus der Fallstudie 9 dem Vorstand der Maschinek AG vorgetragen. Insbesondere die letzte Analyse aus dem Fall 9 stößt auf großes Interesse. Der Vorstand möchte daher wissen, wie denn bei einer Teilung der Steuervorteile zwischen der Maschinek und seinen Kunden vorzugehen ist. Teresa V. soll daher untersuchen, wie die Einmal-Leasingrate z verändert werden kann, damit diese Alternative sowohl für die Maschinek als auch den Kunden gegenüber den anderen Investitionsalternativen vorziehenswürdig erscheint.

Die Studentin Teresa V. versetzt sich für ihre weiteren Analysen in die Rolle eines Käufers bzw. Leasingnehmers und untersucht den Kapitalwert der drei Investitionsstrategien. Um die Kapitalwerte der Handlungsalternativen aus der Sicht der Kunden berechnen zu können, werden zusätzlich Informationen über den Steuersatz s der Kunden, den für den Kunden relevanten Zinssatz und die mit der Maschine erzielbaren Einzahlungen benötigt.

- Sowohl die Zinssätze als auch die Steuersätze der Kunden müssen nicht mit den aus dem Fall 9 bekannten Sätzen der Maschinek übereinstimmen. Zudem können für jeden Kunden individuelle Sätze Gültigkeit haben. Vereinfachend entschließt sich Teresa V. daher mit einem Steuersatz von 50% und einem Marktzinsfuß von 10% zu rechnen, um erste Anhaltspunkte für den Spielraum der Einmal-Leasingrate z gewinnen zu können.

- Für die Berechnung der Kapitalwerte der Strategien sind weiterhin die Einzahlungen erforderlich, die Kunden mit der Maschine erzielen können. Diese Einzahlungen sind jedoch unabhängig davon, welche der drei Investitionstrategien realisiert wird. Geht die Analyse wiederum vereinfachend von den Voraussetzungen des vollkommenen Kapitalmarktes aus, d.h. es wird ein einheitlicher Zinssatz von 10% unterstellt, dann können die Einzahlungen der Basisinvestition und die daraus resultierenden Einzahlungen der Ergänzungsinvestition aus der Analyse eliminiert werden. Der Barwert der Einzahlungen der Basisinvestition ist in allen drei Fällen identisch, beeinflußt also die Entscheidung nicht. Der Barwert der Differenzinvestitionen ist gleich null und somit auch ohne Einfluß auf die Entscheidung. Teresa V. entschließt sich, die vereinfachenden Annahmen des vollkommenen Kapitalmarktes beizubehalten, da sie über keine besseren Informationen verfügt.

Aufgabe 1:

Betrachtet wird zunächst die Alternative "Kauf" der Maschine. Um die drei bekannten Strategien sinnvoll miteinander vergleichen zu können, wird für den Kauf von einer Nutzungszeit von 8 Jahren ausgegangen, die der Grundleasingzeit N entspricht. Nach Ablauf dieser Zeit möge der Käufer die Anlage zum Restbuchwert von 160.000 GE veräußern. Berechnen Sie den Kapitalwert aus der Sicht des Kunden.

Lösungshinweise:

Weil die Einzahlungen aus der Investition und den Ergänzungsinvestitionen vernachlässigt werden können, ist nur der Kapitalwert der Auszahlungen zu bestimmen. Die Kapitalwerte der Alternativen sind somit stets negativ. Aussagen über die Vorteilhaftigkeit der Alternativen gegenüber der Unterlassungsalternative können deshalb nicht gemacht werden. Das ist erst möglich, wenn auch der Kapitalwert der Einzahlungen erfaßt wird. Die Kapitalwerte der Auszahlungen eignen sich daher nur für die Frage, welche der drei sich ausschließenden Alternativen vorzuziehen ist (echtes Wahlproblem).

Die Weiterveräußerung der Anlage in t=8 zum Restverkaufserlös von 160.000 führt zu einer Sonderabschreibung, die steuerlich geltend zu machen ist. Die Höhe der Sonderabschreibung errechnet sich bei einem Kaufpreis von 1.000.000, einer Nutzungsdauer von n = 10 Jahren und linearer Abschreibung wie folgt:

$$\text{Sonderabschreibung} = \underbrace{p \cdot \left(1 - \frac{N}{n}\right)}_{\substack{\text{Restbuchwert} \\ \text{in t=8}}} - L$$

Das entspricht im Beispiel einem Betrag von 40.000.

$$1.000.000 \cdot \left(1 - \frac{8}{10}\right) - 160.000 = 40.000$$

Der Kapitalwert ergibt sich beim Kauf aus 4 Determinanten: Dem Preis als Anschaffungsbetrag, den Steuerersparnissen auf die Abschreibungen, dem abgezinsten Liquidationserlös und der abgezinsten Sonderabschreibung:

$$C_0^{\ K} = -p + \underbrace{s \cdot \frac{p}{n} \cdot RBF}_{\substack{\text{abgezinste Steuer-}\\\text{gutschrift}}} + \underbrace{L \cdot \left(1 + i^{St}\right)^{-N}}_{\substack{\text{abgezinster}\\\text{Liquidationserlös}}} + \underbrace{s \cdot \left[\frac{n - N}{n} \cdot p - L\right] \cdot \left(1 + i^{St}\right)^{-N}}_{\substack{\text{abgezinste Steuergutschrift auf}\\\text{Sonderabschreibung in t =N}}}$$

$$C_0^{\ K} = -1.000.000 + 0,5 \cdot 100.000 \cdot 6,463 + 160.000 \cdot 0,677 + 0,5 \cdot 40.000 \cdot 0,677$$
$$= -554.990$$

Der Kapitalwert für den Kauf beläuft sich damit auf -554.990.[8]

Aufgabe 2:

Teresa V. untersucht nun die beiden Alternativen des Leasing, aus der Sicht des Leasingnehmers. Die Leasingzahlungen sind jeweils so zu berechnen, daß für den Leasingnehmer Indifferenz zwischen Leasing und Kauf besteht. Sie analysiert daher, welche kritische jährlich Leasingrate x, bzw. welche Einmal-Rate z gelten müssen, damit Leasing und Kauf aus der Sicht der Kunden gleichwertig sind!

Lösungshinweise:

Für den Kapitalwert des Leasing mit laufenden jährlichen Zahlungen x ergibt sich ein Kapitalwert von:

$$C_0^{\ L1}(x) = \underbrace{-x \cdot RBF}_{\substack{\text{abgezinste}\\\text{Leasingzahlung}}} + \underbrace{s \cdot x \cdot RBF}_{\substack{\text{abgezinste Steuergut-}\\\text{schrift auf Leasingzahlung}}} = -(1 - s) \cdot x \cdot RBF$$

Für den Käufer bzw. Leasingnehmer besteht Indifferenz zwischen Kauf und Leasing, wenn gilt:

$$C_0^K = C_0^{L1}(x)$$

Für C_0^K muß dann gelten:

$$C_0^{\ K} = -(1 - s) \cdot x \cdot RBF$$

Daraus ergibt sich die kritische Leasingrate x mit:

---

8   Die konkreten Ergebnisse werden mit den gerundeten Barwert- bzw. Abzinsungs-
    faktoren ermittelt.

$$x = \frac{-C_0^K}{(1-s)\cdot RBF}$$

Wird der bekannte Kapitalwert des Kaufs von -554.990 eingesetzt, errechnet sich eine Leasingrate x von:

$$x = \frac{-554.990}{(1-0,5)\cdot 6,463} = -171.743,7722$$

Der Barwert x_0 der acht Leasingraten x beträgt:

$$x_0 = x\cdot RBF = -1.109.980$$

Für die einmalige Leasingzahlung z gilt eine Kapitalwertformel von:

$$C_0^{L2}(x) = \underbrace{-z}_{\substack{\text{Einmalzahlung}\\\text{in } t=0}} + \underbrace{s\cdot \frac{z}{N}\cdot RBF}_{\substack{\text{abgezinste Steuergut-}\\\text{schrift auf Leasingzahlung}}}$$

Auch dieser Kapitalwert muß wiederum dem bei Kauf entsprechen:

$$C_0^K = -z + s\cdot \frac{z}{N}\cdot RBF$$

$$C_0^K = z\cdot \left(s\cdot \frac{RBF}{N} - 1\right)$$

daraus folgt für z:

$$z = \frac{C_0^K}{s\cdot \dfrac{RBF}{N} - 1}$$

Wird für den Kapitalwert bei Kauf wiederum der Wert von -554.990 eingesetzt, resultiert ein Betrag für z von:

$$z = \frac{-554.990}{0,5\cdot \dfrac{6,463}{8} - 1} = 931.093,6353$$

Diese Leasingzahlung kann (fiktiv) in eine jährliche Zahlung umgerechnet werden:

$$\frac{z}{RBF} = 144.065,2383$$

Aufgabe 3:

Erstellen Sie eine Ergebnismatrix für die drei Investitionsalternativen aus der Sicht der Kunden. Geben Sie auch den Barwert der Auszahlungen an. Untersuchen Sie die Ursachen für die Differenzen der Zahlungen bzw. Kapitalwerte!

Lösungshinweise:

Strategie	$C_0 = -554.990$	Leasingrate	Barwert der Auszahlungen
Kauf	$C_0^K = C_0^{L1} = C_0^{L2}$	-	$p = 1.000.000$
L1	$C_0^K = C_0^{L1} = C_0^{L2}$	$x = 171.743,8$	$x \cdot RBF = 1.109.980$
L2	$C_0^K = C_0^{L1} = C_0^{L2}$	$z \cdot WGF = 144.065,2$	$z = 931.093,64$

Die Differenz zwischen dem Barwert der Leasingraten (1.109.980) und dem Kaufspreis (1.000.000) beträgt:

$$x \cdot RBF - p = 109.980$$

Diese Differenz entsteht durch die unterschiedlichen Steuerwirkungen und dem bei Kauf anfallenden Liquidationserlös:

- Die Vorteile beim Kauf sind auf die drei Determinanten laufende Abschreibung, Sonderabschreibung und den Liquidationserlös zurückzuführen:

$$s \cdot \frac{p}{n} \cdot RBF + s \cdot \left(\frac{n-N}{n} \cdot p - L \right) \cdot \left(1 + i^{St} \right)^{-N} + L \cdot \left(1 + i^{St} \right)^{-N}$$

$$0,5 \cdot 100.000 \cdot 6,463 + 0,5 \cdot 40.000 \cdot 0,677 + 160.000 \cdot 0,677 = 445.010$$

- Bei Leasing L1 gibt es nur Steuervorteile durch die Abzugfähigkeit der Leasingrate x:

$s \cdot x \cdot RBF$ Steuergutschrift auf die Leasingraten

$$0,5 \cdot 6,463 \cdot 171.743,7722 = 554.990$$

Die Differenz beider Vorteile entspricht dem gesuchten Betrag von 109.980 (554.990 - 445.010 = 109.980).

Die Differenz zwischen der Leasingrate z bei Einmalzahlung und dem Barwert der Leasingraten bei periodischer Zahlung:

$$x \cdot RBF - z = 1.109.980 - 931.093,64 = 178.886,36$$

ergibt sich auf analoge Weise wie in der Fallstudie 9. Dieser Betrag ist aus der unterschiedlichen Steuerbemessungsgrundlage für die beiden Leasingformen L1 und L2 zu erklären.

$$C_0^{L1}(x) = C_0^{L2}(x) \quad \text{oder} \quad -(1-s) \cdot x \cdot RBF = -z + s \cdot \frac{z}{N} \cdot RBF$$

daraus folgt:

$$x \cdot RBF - z = s \cdot \left(x - \frac{z}{N} \right) \cdot RBF$$

Mit Zahlen:

$$178.886,36 = 0,5 \cdot \left(171.743,8 - \frac{931.093,64}{8} \right) \cdot 6,463$$

Aufgabe 4:

Bestimmen Sie aus der Sichtweise der Maschinek und der Kunden ein Verhandlungsintervall für die einmalige Leasingzahlung z, indem Sie die Obergrenze von z für den Leasingnehmer und die Untergrenze für den Leasinggeber bestimmen! Nehmen Sie kritisch zu dieser Berechnungsart Stellung!

Lösungshinweise:

Die Einmalzahlung z der Leasingrate muß aus der Sicht der Maschinek mindestens z_{min} betragen, damit diese Alternative keinen geringeren Kapitalwert hat als der Verkauf.

$$\text{Untergrenze Maschinek } z_{min} = \frac{C_0^V + HK - s \cdot RBF \cdot HK \big/ n - L \cdot \left(1 + i^{St}\right)^{-N}}{1 - s \cdot RBF \big/ N}$$

Aus Sicht der Kunden darf die Einmal-Rate höchsten z_{max} [GE] betragen; nur dann ist Leasing nicht schlechter als Kauf.

$$\text{Obergrenze für die Kunden } z_{max} = \frac{C_0^K}{s \cdot \dfrac{RBF}{N} - 1}$$

Damit ergibt sich ein Intervall für z von:

$$894.469,96 \le z \le 931.093,64$$

Liegt die Einmalzahlung der Leasingvariante L2 im Intervall $z_{min} \le z \le z_{max}$, erzielen beide Vertragspartner einen Steuervorteil im Vergleich zum Kauf. Je dichter die Leasingzahlung z bei z_{max} (z_{min}) liegt, desto größer ist der Steuervorteil für den Leasinggeber (Leasingnehmer).

Das Intervall für z ist unter einer Reihe von groben Vereinfachungen bestimmt worden, die die Anwendung dieser Berechnungsart in der Praxis wenig sinnvoll erscheinen lassen. Das Ergebnis gilt nur unter folgenden einschränkenden Prämissen:

(1) Leasinggeber und Leasingnehmer gehen vom gleichen Marktzinsfuß von 10% aus.
(2) Für beide gilt dergleiche Steuersatz von 50%.
(3) Es gibt keinen Unterschied von Soll- und Habenzinsätzen, so daß Ergänzungsinvestitionen für die Analyse unerheblich sind.

Voraussetzung (1) und (2) lassen sich leicht aufheben. In diesem Fall sind für die Berechnung des Intervalls für z die jeweils geltenden Werte der beiden Vertragsparteien anzusetzen. Das Problem besteht nur darin, daß Teresa V. die entsprechenden Konditionen des Leasingnehmers nicht kennt.

Damit kann die Berechnung des Intervalls für z nur von Hypothesen ausgehen, die sich nicht als stimmig erweisen müssen. Weichen Soll- und Habenzinssätze voneinander ab, ist die ganze Analysemethode unzureichend. Die Auswirkungen der Strategien können nicht mehr mit dem Kapitalwertkriterium ermittelt werden, vielmehr ist eine Analyse auf der Basis von Vofis durchzuführen. Zusätzlich sind dann die Einzahlungen des Leasingnehmers relevant, da von diesen Einzahlungen die jährlichen Überschüsse und damit die Höhe der Ergänzungsinvestitionen abhängig sind.

Fallstudie 11: Umbau eines alten oder Betrieb eines neuen LKW

Die Controlling-Abteilung der Holy Moly GmbH steht 1993 vor der Frage, ob es wirtschaftlicher ist, einen der alten Lastkraftwagen des Unternehmens wieder instand zu setzen und mit einer zweiten Schlafkabine auszustatten oder eben diesen LKW durch eine neue Seitenzugmaschine zu ersetzen.

Die Holy Moly GmbH ist eine traditionsreiche Spedition, die ihrer konservativen Überzeugung insbesondere mit einem überalterten Fuhrpark Ausdruck verleiht: Alle LKW des Unternehmens sind mindestens acht Jahre alt; die Mehrzahl ist bereits zwischen zehn und 14 Jahren auf der Straße.

In dieser Situation kann das Unternehmen zwischen drei Investitionsstrategien wählen.

Alternative 1: Reparatur, Instandsetzung und Umbau

Die im Mittelpunkt des Interesses stehende Seitenzugmaschine Hell Trucker ist zwölf Jahre alt und muß unbedingt wieder instand gesetzt sowie mit einer zweiten Schlafkabine ausgestattet werden. Im Rahmen einer mitarbeiterbezogenen Neuorientierung der Holy Moly GmbH hatte die Unternehmensleitung schon vor Jahren die Ausstattung aller LKW mit einem zweiten Schlafplatz garantiert. Lediglich der Umbau des Hell Trucker wurde aus unerfindlichen Gründen immer wieder versäumt. Die Controlling-Abteilung geht davon aus, daß Reparatur, Instandsetzung und Umbau 111.000 GE verschlingen werden, der LKW danach aber noch weitere acht Jahre der Spedition nutzbringend zur Verfügung stehen wird. Obgleich sich der Buchwert der Zugmaschine auf 30.000 GE beläuft, würde ihr sofortiger Verkauf lediglich 19.000 GE erbringen.

Vor zwei Jahren wurde ein LKW der GmbH in einen tragischen Unfall verwickelt und erlitt einen Totalschaden. Seitdem steht das Wrack in einem verlassenen Winkel der Reparaturhalle zur Ausschlachtung bereit. Problemlos könnten Ersatzteile und einige Komponenten der Schlafkabine ausgebaut werden und für den Hell Trucker Verwendung finden. Während der Buchwert der relevanten Teile 33.000 GE beträgt, könnten bei einem sofortigen Verkauf lediglich 22.000 GE erzielt werden. Bei Einsatz der Ersatzteile aus dem Wrack würden die Kosten für Reparatur, Instandsetzung und Umbau um ebenfalls 33.000 GE sinken. Die Ersatzteile sind für alle anderen Lastwagen der Spedition unbrauchbar.

Die jährlichen Betriebskosten des Hell Trucker setzen sich folgendermaßen zusammen:

Personalkosten	98.775 GE
Reparaturen und Instandhaltung	6.225 GE
Treibstoff	70.000 GE
Sonstige Kosten	15.000 GE
Summe:	**190.000 GE**

Der Leiter der Controlling-Abteilung, Dr. O. Medar, geht davon aus, daß die Verschrottungskosten des Hell Trucker am Ende der Nutzungszeit nach Wiederinstandsetzung dem Restverkaufserlös der noch verwertbaren Teile entsprechen.

Alternative 2: Neuanschaffung einer Seitenzugmaschine

Anstatt den alten LKW wieder instand zu setzen und umzubauen, könnte auch eine neue Seitenzugmaschine angeschafft werden. Der Preis eines modernen Achtzehntonners mit zwei Schlafplätzen beträgt 240.000 GE. Die Nutzungsdauer eines derartigen LKW wird auf zwölf Jahre geschätzt. Danach würde die Zugmaschine entweder verschrottet oder zu den Kosten eines neuen LKW vollständig wieder instand gesetzt werden. Alle vier Jahre ist eine Generalüberholung zu ca. 42.000 GE fällig.

Unter Berücksichtigung der Angaben des Geschäftsführers der Lastwagen-vertriebsgesellschaft Cut-Throat KG konnten die zu erwartenden jährlichen Betriebskosten der anvisierten Seitenzugmaschine in folgende Einzelpositionen aufgegliedert werden:

Personalkosten	98.775 GE
Reparaturen und Instandhaltung ohne Generalüberholungen	4.000 GE
Treibstoff	64.225 GE
Sonstige Kosten	13.000 GE
Summe:	**180.000 GE**

Nach acht Jahren hat der LKW einen Verkaufswert von 44.000 GE.

Alternative 3: Mieten einer Seitenzugmaschine

Die Lastwagenvertriebsgesellschaft bietet der Holy Moly GmbH für besag-
ten LKW auch einen Leasing-Vertrag mit Mietverlängerungsoption
(Vollamortisationsvertrag) an. Dieser Vertrag erfordert über einen Zeitraum
von sechs Jahren eine jährliche Grundmiete von 44.000 GE. Nach sechs
Jahren würde sich der LKW dann für die Cut-Throat KG amortisiert haben.
Die für die Zeit nach dem Amortisationszeitpunkt zu zahlende jährliche
Miete soll lediglich 3.000 GE betragen. Die oben erwähnten Generalüber-
holungen hat grundsätzlich die Holy Moly GmbH zu tragen.

Zusatzinformationen

Eine EG-Richtlinie zur Reduzierung des Schadstoffausstoßes von Lastkraftwagen, die 1989 unterzeichnet worden ist und 1995 in Kraft treten soll,
erfordert eine Umrüstung aller Motoren, die die spezifizierten Anforderungen noch nicht erfüllen. Auch der Motor des Hell Trucker wird der neuen
Richtlinie nicht gerecht. Eine Anpassung des Motors an die erlaubte Schad-
stoffhöchstmenge kostet in Zusammenhang mit der vollständigen Instandsetzung des LKW zusätzliche 20.000 GE. Sollte das Unternehmen jetzt lediglich 111.000 GE für die Instandsetzung ausgeben und die Umrüstung des
Motors zu einem späteren Zeitpunkt vornehmen, so würden statt der oben
erwähnten 20.000 GE nunmehr 35.000 GE anfallen.

Die Umrüstung des Motors führt zu einer Reduzierung des Treibstoffver-
brauchs und z.T. auch der sonstigen Kosten, so daß die jährlichen Betriebskosten des Hell Trucker nach der Anpassung an die EG-Richtlinie insgesamt
niedriger ausfallen:

Personalkosten	98.775 GE
Reparaturen und Instandhaltung	6.225 GE
Treibstoff	67.500 GE
Sonstige Kosten	14.500 GE
Summe:	**187.000 GE**

Obgleich die zuvor diskutierte EG-Richtlinie erst in zwei Jahren in Kraft
treten soll, wird bereits über weitere Maßnahmen zur Reduzierung des
Schadstoffausstoßes von Lastkraftwagen nachgedacht. Ob und wann sich
diese Überlegungen in einer greifbaren EG-Richtlinie manifestieren werden
ist allerdings vollkommen ungewiß. Sicher ist nur, daß eine derartige zweite

EG-Richtlinie erneut eine Umrüstung der Motoren zur Folge hätte. Ein Rechtsexperte versicherte, daß alte Fahrzeuge, die aus technischen Gründen nicht an die Erfordernisse der zweiten Richtlinie angepaßt werden können, von dieser Regelung ausgeschlossen sein werden. Folglich braucht der Hell Trucker keine weiteren Umrüstungen zu befürchten. Der von der Cut-Throat KG angebotene Achtzehntonner kann dagegen problemlos umgerüstet werden, ohne daß der Holy Moly GmbH dadurch zusätzliche Kosten entstehen. Sollte tatsächlich eine zusätzliche EG-Richtlinie zur Reduzierung des Schadstoffausstoßes von Lastkraftwagen realisiert werden, dann muß sich jeder von einer Umrüstung betroffene Lastwagen einer jährlichen Inspektion zu 400 GE unterziehen.

Die Holy Moly GmbH verfügt über ausreichende Kapitalmittel für die drei Investitionsalternativen, so daß sie nicht auf Fremdmittel zurückgreifen muß. Eine Untersuchung alternativer Kapitalanlagemöglichkeiten ergab, daß sich andere Projekte zu mindestens 10% nach Steuerabzug verzinsen. Der Einkommensteuersatz beträgt 50%.

Aufgabe:

Führen Sie auf der Grundlage der angegebenen Daten eine Wirtschaftlichkeitsanalyse durch, und beantworten Sie die Frage, ob es vorteilhafter ist, den alten LKW instand zu setzen und umzubauen oder einen modernen Lastwagen zu kaufen bzw. zu mieten!

Lösungshinweise:

Zunächst soll ein **Entscheidungsbaum** die möglichen Entscheidungsalternativen systematisieren. Das Unternehmen hat zwischen den beiden Grundentscheidungen "Umbau des alten LKW" (Alternative A) und "Einsatz eines neuen LKW" (Alternative B) zu wählen. Wird Alternative A realisiert, muß sich die GmbH entscheiden, ob die Umrüstung des Motors gemäß der 1995 in Kraft tretenden EG-Richtlinie sofort erfolgen (C) oder auf einen späteren Zeitpunkt verschoben werden soll (D). Bei Einsatz eines neuen LKW muß zwischen Kauf (E) und Miete (F) unterschieden werden. Bei diesen beiden Unteralternativen droht dann später u.U. noch ein Umbau entsprechend der zweiten EG-Richtlinie. Der Entscheidungsbaum enthält bereits die Ergebnisse der nachfolgenden Wirtschaftlichkeitsanalyse.

A   = Reparatur, Instandsetzung und Umbau des alten LKW
B   = Einsatz eines modernen Achtzehntonners und damit Verkauf des
      alten LKW sowie der Ersatzteile aus dem Wrack
C   = Sofortige Umrüstung des Hell Trucker
D   = Spätere Umrüstung des Hell Trucker
E   = Kauf eines modernen Achtzehntonners
F   = Miete eines modernen Achtzehntonners
G / H = Umrüstung des modernen Achtzehntonners ab einem bestimmten
      Zeitpunkt

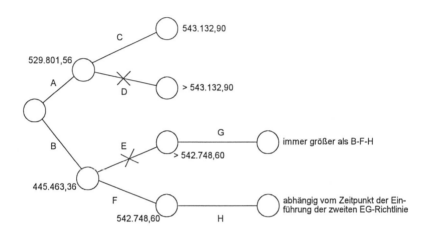

Für die Analyse gelten folgende **Prämissen und Folgerungen**:

Es kann davon ausgegangen werden, daß die Investitionsalternativen lediglich die Auszahlungen beeinflussen. Infolgedessen ist die Minimierung des
Barwertes der Auszahlungen anzustreben. Angewendet wird das Standardmodell; es wird also der Kapitalwert der Auszahlungen unter Berücksichtigung der Steuerwirkungen im Vergleich zu einer versteuerten Finanzanlage
bestimmt. Der Zinssatz i für die Abzinsung beträgt 10% nach Steuerabzug,
da diese Verzinsung durch alternative Finanzanlagen erzielt werden kann.
Der Planungshorizont wird auf acht Perioden (Nutzungsdauer des Hell
Trucker nach Instandsetzung) festgelegt. Damit die Ergebnisse der Entscheidungsalternativen vergleichbar sind, muß bei Kauf eines neuen LKW
eine Bewertung des vorhandenen Sachvermögens am Ende des Planungshorizonts durchgeführt werden. Als Bewertungshypothese wird von einem
Verkauf des Achtzehntonners am Ende des Planungshorizonts ausgegangen.

Der Barwert einer sich über n Perioden wiederholenden Zahlung wird mit dem Barwertfaktor $\dfrac{q^n - 1}{q^n \cdot i}$ ermittelt. Es gilt:

n=8	i=0,1	BWF=5,334926198
n=6	i=0,1	BWF=4,355260699

Weiterhin wird unterstellt, daß das Unternehmen insgesamt rentabel ist; d.h., es fallen für das Unternehmen als Ganzes Gewinnsteuern an. Die durch die jeweilige Investition verursachte Steuererstattung ergibt sich über die Anwendung des Steuersatzes von 50% auf die zugehörigen Betriebsausgaben und Abschreibungen.

Die Analyse wird so durchgeführt, daß für jeden Teilast des entwickelten Entscheidungsbaums der jeweilige Barwert berechnet wird. Die Berechnungen für den Teilast A erfassen beispielsweise alle Barwertelemente, die bei Reparatur und Umbau des alten LKW unabhängig davon anfallen, ob die Umrüstung des Motors gemäß der ersten EG-Richtlinie sofort oder erst später durchgeführt wird. Der Kapitalwert der Auszahlungen beträgt dann für Teilast A bei einem Planungshorizont von acht Jahren und einem Zins von 10% 529.801,56 GE.

Die Tabellen sind jeweils so angelegt, daß zusätzliche Erklärungen weitgehend entfallen können.

Bewertung von Teilast A	Betrag	Barwert
Reparatur, Instandsetzung, Umbau zu 111.000 GE abzüglich der verfügbaren Ersatzteile im Wert von 33.000 GE	78.000,00	78.000,00
Jährliche Abschreibung in acht Perioden vom Buchwert des wieder instand gesetzten LKW (30.000+111.000=141.000)	17.625,00	
Steuerwirkung der Abschreibung (50%)	-8.812,50	-47.014,04
Jährliche Betriebskosten	187.000,00	997.631,20
Steuerwirkung der Betriebskosten	-93.500,00	-498.815,60
Summe der Barwerte		**529.801,56**

Auf den ersten Blick scheinen die Buchwerte des alten LKW und der Ersatzteile nicht entscheidungsrelevant zu sein, weil Abschreibungen von diesen

Beträgen auch dann anfallen, wenn die Ersatzteile bzw. der alte LKW nicht
weiter verwendet, sondern veräußert werden. In beiden Fällen ergeben sich
aus den Abschreibungen jedoch unterschiedliche steuerliche Wirkungen.
Wird der alte LKW wieder instand gesetzt, werden die Buchwerte über acht
Jahre abgeschrieben. Die Abschreibungen zeitigen damit aber auch eine
achtjährige Steuerwirkung. Bei Kauf eines neuen LKW und Verkauf des
alten inklusive der Ersatzteile wird dagegen nur in t=0 eine außerplanmäßige
Abschreibung neben dem Verkaufserlös steuerlich wirksam.

Bei sofortiger Umrüstung des Motors (C) ergeben sich folgende Zusatz-
wirkungen:

Bewertung von Teilast C	Betrag	Barwert
Sofortige Umrüstung des Motors	20.000	20.000,00
Abschreibung der Umrüstung	2.500	
Steuerwirkung der Abschreibung	-1.250	-6.668,66
Summe der Barwerte		**13.331,34**

Wird der Motor zu einem späteren Zeitpunkt umgerüstet (D), fallen um
15.000 GE höhere Umbaukosten an. Der Zeitpunkt der Umrüstung determiniert allerdings den Barwert der Umrüstkosten: Je später umgerüstet wird,
desto niedriger ist der Barwert. Bis zum Umbau fallen ein höherer Treib-
stoffverbrauch und höhere sonstige Kosten an. Deshalb muß der kritische
Zeitpunkt des Umbaus berechnet werden.

+ Zusätzliche Betriebskosten (190.000-187.000)   =   3.000 GE
- Steuerwirkung der Betriebskosten   =   -1.500 GE
                                                     1.500 GE

Unter Berücksichtigung der relevanten Umrüst- und Betriebskosten kann der
kritische Zeitpunkt j bestimmt werden, an dem die Barwerte von C und D
identisch sind:

$$\sum_{t=1}^{j}\frac{1.500}{1,1^{t}}+\frac{35.000}{1,1^{j}}-\sum_{t=j+1}^{8}\frac{\frac{35.000}{8-j}\cdot 0,5}{1,1^{t}}=13.331,34$$

Der erste Term erfaßt die vor dem Umbau höheren Betriebskosten. Im
zweiten Term werden die Umrüstungskosten auf den Kalkulationszeitpunkt
abgezinst. Der letzte Term der Gleichung erfaßt die Steuerwirkung der
Umbau-Abschreibungen vom Umrüstungszeitpunkt j bis zur achten Periode.

Dabei wird unterstellt, daß die erforderlichen Nachrüstungsausgaben bis zum Zeitpunkt acht vollständig abzuschreiben sind. Folglich müssen die Umbauausgaben auf einen kürzeren Zeitraum verteilt werden, wenn der Umbau später erfolgt.

Werden für j Werte zwischen eins und acht eingesetzt, läßt sich folgende Tabelle für die drei Terme der Gleichung und den Barwert von Teilast D unter Berücksichtigung des Umrüstzeitpunktes j aufstellen:

j	1. Term	2. Term	3. Term	Barwert D
1	1.363,64	31.818,18	11.064,59	22.117,23
2	2.603,31	28.925,62	10.498,22	21.030,71
3	3.730,28	26.296,02	9.968,26	20.058,04
4	4.754,80	23.905,47	9.472,14	19.188,13
5	5.686,18	21.732,25	9.007,48	18.410,95
6	6.532,89	19.756,59	8.572,07	17.717,41
7	7.302,63	17.960,53	8.163,88	17.099,28

Weil der Barwert von D im relevanten Bereich von j stets größer ist als der von C (rechte Seite der Gleichung), ist die Alternative D der Alternative C grundsätzlich unterlegen. Ein späterer Umbau kann daher generell als unvorteilhaft aus der weiteren Betrachtung ausgeschlossen werden.

Der Teilast B erfaßt alle Einflüsse, die beim Betrieb eines neuen LKW unabhängig davon anfallen, ob gemietet oder gekauft wird.

Bewertung von Teilast B	Betrag	Barwert
Verkaufserlös des Hell Trucker	-19.000	-19.000,00
Buchverlust bzgl. des Hell Trucker (30.000-19.000)	11.000	
Steuerwirkung des Buchverlustes	-5.500	-5.500,00
Verkauf der Ersatzteile	-22.000	-22.000,00
Buchverlust bzgl. der Ersatzteile (33.000-22.000)	11.000	
Steuerwirkung des Buchverlustes	-5.500	-5.500,00
Generalüberholung nach vier Jahren	42.000	28.686,57
Abschreibung der Generalüberholung in Periode fünf bis acht	10.500	
Steuerwirkung der Abschreibung	-5.250	-11.366,57
Jährliche Betriebskosten	180.000	960.286,72
Steuerwirkung der Betriebskosten	-90.000	-480.143,36
Summe der Barwerte		**445.463,36**

Die Bewertung im Teilast E (Kauf eines neuen LKW) hängt von der der Rechnung zugrunde gelegten Abschreibungsform ab. Denkbar sind drei lineare Abschreibungsvarianten:

- E_1: Die Seitenzugmaschine wird in den zu betrachtenden acht Perioden von 240.000 GE auf 0 GE abgeschrieben.

- E_2: Die Seitenzugmaschine wird in den Perioden eins bis zwölf von 240.000 GE auf 0 GE abgeschrieben; in den ersten acht Perioden der Nutzungsdauer erfolgt also lediglich die Abschreibung von 240.000 GE auf 80.000 GE.

- E_3: Die Seitenzugmaschine wird in den zu betrachtenden acht Perioden von 240.000 GE auf den geschätzten Wiederverkaufswert von 44.000 GE abgeschrieben.

In der folgenden Tabelle wird z.T. mit gerundeten Werten gearbeitet:

	Betrag			Barwert		
	E_1	E_2	E_3	E_1	E_2	E_3
Kaufpreis des LKW	240.000	240.000	240.000	240.000	240.000	240.000
Abschreibung	30.000	20.000	24.500			
Steuerwirkung	-15.000	-10.000	-12.250	-80.024	-53.349	-65.353
Verkaufserlös des LKW nach 8 Jahren	-44.000	-44.000	-44.000	-20.526	-20.526	-20.526
Buchgewinn beim Verkauf	44.000	-36.000	0			
Steuerwirkung des Buchgewinns	22.000	-18.000	0	10.263	-8.397	0
Summe der Barwerte				**149.713**	**157.728**	**154.121**

Nunmehr ist der Barwert des Teilastes F (Miete) zu berechnen:

Bewertung von Teilast F	Betrag	Barwert
Mietzahlung in den Perioden 1 bis 6	44.000	191.631,47
Steuerwirkung der Mietzahlung	-22.000	-95.815,73
Mietzahlung in den Perioden 7 und 8	3.000	2.939,00
Steuerwirkung der Mietzahlung	-1.500	-1.469,50
Summe der Barwerte		97.285,24

G und H sind gleichwertige Teiläste. Folglich wird die Entscheidungsalternative "Kauf eines neuen LKW" von der Alternative "Mieten eines neuen LKW" stets dominiert.

Damit sind nur noch die Vergleichsalternativen A-C und B-F-H für die weitere Analyse relevant. Um zwischen diesen Alternativen wählen zu können, muß noch Teilast H bewertet werden. Der Wert dieses Astes hängt davon ab, wann die zweite EG-Richtlinie umgesetzt wird. Der kritische Zeitpunkt ist erreicht, wenn die Barwerte der Vergleichsalternativen A-C und B-F-H identisch sind.

Zunächst muß die Differenz der Barwerte A-C und B-F berechnet werden:

$$(529.801,56+13.331,34) - (445.463,36+97.285,24) =$$
$$543.132,90 \quad - \quad 542.748,60 \quad = \mathbf{384,30\ GE}$$

Vom Zeitpunkt der Umsetzung der zweiten EG-Richtlinie an sind jährlich 400 GE Inspektionsausgaben fällig:

Kosten durch zusätzliche jährliche Inspektion:	400 GE
Steuerwirkung der Inspektion:	- 200 GE
Jährliche Zusatzkosten:	200 GE

Der kritische Zeitpunkt ergibt sich aus folgender Überlegung: Erfolgt die Umsetzung zum Zeitpunkt j, fallen von j bis acht jährlich zusätzliche Betriebskosten in Höhe von 200 GE an. Für diese Auszahlungen ist der Barwert zum Zeitpunkt der Umsetzung der EG-Richtlinie zu bestimmen (Zähler des nachfolgenden Bruches). Der Barwert zum Zeitpunkt j ist dann auf den Zeitpunkt t=0 für j Jahre abzuzinsen. Gefragt ist danach, wie j gesetzt werden muß, damit der Barwert der Zusatzausgaben für die Inspektion im Kalkulationszeitpunkt der Differenz der Barwerte von A-C und B-F entspricht.

$$384,30 = \frac{200 \cdot \dfrac{1,1^{(8-j)} - 1}{1,1^{(8-j)} \cdot 0,1}}{1,1^{j}} = \frac{200 \cdot (1,1^{(8-j)} - 1)}{1,1^{8} \cdot 0,1} \Leftrightarrow$$

$$384,30 = \frac{200 \cdot 1,1^{(8-j)} - 200}{0,214358881} \Rightarrow \quad 1,1^{(8-j)} = \frac{282,38}{200} \Rightarrow$$

$$(8 - j) = \frac{\log 1,41189059}{\log 1,1} = 3,619 \Rightarrow$$

$$j = 8 - 3,619 = 4,38 \text{ Jahre}$$

Mit steigendem j sinkt der Kapitalwert der Zusatzkosten für die Inspektion entsprechend der folgenden Abbildung:

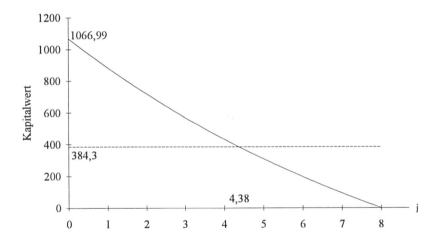

Der Kapitalwert der Zusatzkosten für die Inspektion des neuen LKW ist zunächst höher als die Differenz der Barwerte der Vergleichsalternativen A-C und B-F. Es ist daher vorteilhafter, die alte Seitenzugmaschine Hell Trucker zu reparieren und umzubauen, wenn innerhalb der nächsten 4,38 Jahre mit der zweiten EG-Richtlinie zu rechnen ist. Eine moderne Seiten-zugmaschine sollte folglich nur dann gemietet werden, wenn die zweite EG-Richtlinie erst *nach* 4,38 Jahren erwartet wird.

Fallstudie 12: Standortverlagerung einer Fabrik

Ein international tätiges Unternehmen produziert in zwei Werken (Deutschland und USA) Ausrüstungsteile für Spinnmaschinen. Die Produktion dieser Verschleißteile erfolgt in zwei Produktionsstufen. Zunächst werden Rohlinge aus einer Gummimischung und Metall bzw. Kunststoff erstellt. Die beiden Werke wenden dabei unterschiedliche technische Prinzipien an. Anschließend werden die Oberflächen der Rohlinge bearbeitet (Schleifen und Polieren), um gute Laufeigenschaften der Ausrüstungsteile zu erreichen. Das Werk in Deutschland ist in der Vorproduktion zu etwa 80% ausgelastet. In der Oberflächenbehandlung sind kaum Kapazitäten frei. Das amerikanische Werk erreicht Auslastungsgrade von 60% in der ersten Stufe und 80% in der zweiten Produktionsstufe. Derzeit schließt das deutsche Werk mit Gewinnen ab, während das amerikanische Werk Verluste einfährt, da es trotz mehrfacher Versuche nicht gelungen ist, das Produktionsverfahren technisch vollständig zu beherrschen.

Das Management überlegt deshalb, die Produktionsstrategie zu verändern. In einer Konferenz hat man sich darauf geeinigt zu untersuchen, ob die Konzentration der Vorproduktion an einem Standort zu einer Verbesserung der Unternehmenssituation beitragen kann. Erste Überlegungen sprechen für den Standort in Deutschland. Positive Aspekte für das deutsche Werk sind höhere Produktivität, bessere Qualität der Erzeugnisse, Nähe zu den OEM[9] für Spinnmaschinen und zu künftigen Märkten in Osteuropa sowie die positive Erfolgslage. Das amerikanische Werk kann auf der positiven Seite geringere Stücklohnkosten bei gleichzeitig längeren Arbeitszeiten verbuchen. Außerdem wird vermutet, daß die erforderlichen Umstrukturierungsausgaben (z.B. Sozialplan für den Personalaufbau und -abbau) und die erforderlichen Investitionausgaben zur Erweiterung der Kapazitäten bzw. zum Transfer vorhandener Kapazitäten in den USA geringer ausfallen werden. Es wird beschlossen, das Controlling mit einer Studie zu beauftragen, in der zu klären ist, ob eine Konzentration der Vorproduktion an einem Standort sinnvoll ist und welcher Standort gewählt werden soll.

Für diese Studie hat das Controlling folgende Informationen zusammengestellt:

---

9   **O**riginal **E**quipment **M**anufacturer (hier: Fabriken für Spinnmaschinen)

Absatz und Logistik:

- Auf dem Markt für Ausrüstungsteile arbeiten etwa zehn Mitbewerber mit z.T. sehr preisgünstigen, aber qualitativ schlechteren Produkten. Die Produkte der Konkurrenten sind gekennzeichnet durch kürzere Standzeiten sowie durch geringere Produktivität (häufiger Fadenriß bei den mit diesen Ausrüstungsteilen arbeitenden Spinnmaschinen). Auf dem Absatzmarkt kommt es auf eine hohe Lieferbereitschaft an. Die Spinnereien halten von den Verschleißteilen kaum Lagerbestände vor. Wenn die Spinnmaschinen mit einem neuen Satz an Teilen ausgerüstet werden müssen, erhält der Mitbewerber den Zuschlag, der am schnellsten liefern kann. Die Lieferbereitschaft des betrachteten Unternehmens ist im Vergleich zu den Mitbewerbern als schlecht zu bezeichnen, außerdem liegen die Preise der Teile erheblich über denen der Konkurrenz. Da der Preisnachteil der eigenen Produkte kaum durch die bessere Produktqualität aufgewogen wird, sind in der Vergangenheit bereits nennenswerte Marktanteile an die Mitbewerber verloren gegangen.

- Das US-Werk beliefert hauptsächlich den nord- und südamerikanischen Markt und in gewissem Umfang auch den Markt in England und der iberischen Halbinsel. Prognosen über die zukünftige Absatzsituation sagen ein Schrumpfen dieser Märkte voraus. Im wachsenden Markt Fernost sind die Amerikaner kaum vertreten.

- Das deutsche Werk beliefert Westeuropa, in geringem Umfang auch Osteuropa und Afrika. Kern des Geschäftes ist der Markt Fernost (Hongkong, Thailand). Der Markt Fernost hatte in der Vergangenheit starke Wachstumsraten, was auch für die Zukunft erwartet wird, während der Markt in Westeuropa stark schrumpft. Das Wachstumspotential für den osteuropäischen Markt läßt sich schwer einschätzen.

- Bei einer geographischen Umstrukturierung der Produktion kommt es auf der Beschaffungsseite zu einer Veränderung der Verkehrsströme mit Rückwirkungen auf die Transportkosten, die Transportdauer und damit auf die Durchlaufzeiten der Produkte durch beide Produktionsstufen. Die Durchlaufzeiten werden im Mittel um zehn zusätzliche Transporttage für die Vorprodukte steigen, was eine Zunahme der Kapitalbindungsdauer zur Folge hat. Das amerikanische Werk bezieht derzeit die für die Produktion der Rohlinge einzusetzenden Gummimischungen in vollem Umfang von einem deutschen Hersteller. Dieser Transport der Rohstoffe würde bei einer Konzentration der Produktion in Deutschland entfallen, dafür wären dann die Rohlinge zu befördern. Bei einer Konzentration der Produktion in den USA müßten zunächst die Rohstoffe in die USA und anschließend die Rohlinge zurück nach Deutschland transportiert werden. Der Bedarf pro Ausrüstungsteil bzw. pro Mengeneinheit (ME) an Gummimischung beträgt 0,05 kg/ME. Die Transportkosten pro kg dieser Mischung belaufen sich auf DM 1,05 bzw. $ 0,7. Die Transportkosten einschließlich der Kapitalbindungskosten (Zinsen) für die Transportzeit betragen für einen Rohling 0,06 DM/ME bzw. 0,04 $/ME. Sämtliche Transportkosten sind sofort auszahlungswirksam.

- Die mit der Standortverlagerung in USA (US) bzw. Deutschland (D) anfallenden Gewinne hängen von den Verkaufspreisen ab, die das deutsche bzw. amerkanische Werk für die von ihnen produzierten Rohlinge von dem jeweils anderen Unternehmen fordert. Auf Grund der Kalkulation wird von einem Preis von DM 0,6 bzw. $ 0,4 pro Rohling ausgegangen, wenn in Deutschland produziert wird. Der Verkaufspreis für US-Rohlinge beläuft sich auf $ 0,36 bzw. DM 0,54 pro Rohling.

- Die Produkte werden zum Preis von 1,20 DM/ME bzw. von 0,66 $/ME verkauft.

Produktion:

- Die Produktion ist an den beiden Standorten mit folgenden Kosten verbunden:

	Variable Kosten pro ME		Versicherungsprämien pro Jahr	Lohnkosten pro Jahr	Fixe Gemeinkosten pro Jahr
	Stufe 1	Stufe 2			
D	0,40 DM/ME	0,10 DM/ME	200.000 DM	6.300.000 DM	2.000.000 DM
US	0,25 $/ME	0,03 $/ME	50.000 $	2.500.000 $	1.000.000 $

Variable Kosten und Löhne sowie Versicherungsprämien führen in der gleichen Periode zu Auszahlungen. Die variablen Kosten pro ME umfassen u.a. Rohstoffkosten (also auch Kosten der Gummimischung), aber keine Löhne. Bei den fixen Gemeinkosten handelt es sich im wesentlichen um Abschreibungen.

- Das Produktions- und Absatzvolumen beträgt in Deutschland (USA) z.Zt. 15.000.000 ME bzw. 10.000.000 ME pro Jahr. Für die Analyse wird zunächst vereinfachend unterstellt, daß in der Zukunft die gleichen Mengen gelten.

- Wird die Produktion in die USA verlagert, sind am Standort Deutschland 16 Arbeitsplätze in der Produktion der Ausrüstungsteile abzubauen. Abfindungskosten fallen nicht an, da davon ausgegangen wird, daß die Arbeitskräfte in anderen Betriebsteilen eingesetzt oder zu den Regelterminen gekündigt werden können. In den USA wären umgekehrt 25 Arbeitsplätze zu streichen. Aufgrund der Produktivitätsunterschiede - höhere Maschinisierung der Produktion und beherrschter Produktionsprozeß im deutschen Werk - ist bei einer Verlagerung der Rohlingproduktion nach Deutschland nur ein zusätzlicher Arbeitskräftebedarf von 6 Mitarbeitern erforderlich, während bei einem Ausbau der US-Produktion 26 zusätzliche Arbeitskräfte einzustellen sind. Der Stundenlohn einer Arbeitskraft beträgt in Deutschland 35 DM/h, in den USA 20 $/h. Pro Jahr wird in beiden Ländern 50 Wochen gearbeitet. Die Wochenarbeitszeit in Deutschland beläuft sich auf 38 h/Woche, während in den USA zwei Stunden länger gearbeitet wird. Außer den Löhnen fällt kein weiterer Personalaufwand an.

Kapazitäten und Investitionen:

- Wird die Produktion nach Deutschland verlagert, lassen sich Teile des amerikanischen Equipments einsetzen. Dafür ist mit Demontage- und Transportkosten von $ 60.000 und zusätzlich ab deutschem Freihafen mit Transportkosten und Wiederaufbaukosten von DM 150.000 zu rechnen. Zusätzlich müssen DM 1.000.000 für Anschaffungsauszahlungen zur Erweiterung der Kapazitäten investiert werden. Die neuen Maschinen werden über 10 Jahre linear abgeschrieben.

- Bei einer Verlagerung der Produktion in die USA fallen für Demontage nutzbarer deutscher Maschinen DM 55.000 an. Für den Transport bis zum Seehafen entstehen Kosten in Höhe von DM 15.000. Die Transport- und Wiederaufbaukosten betragen $ 50.000. Zusätzlich sind für die Entsorgung der nicht mehr in Deutschland einzusetzenden Maschinen DM 50.000 zu veranschlagen. Die Kapazitäten müssen in den USA wegen der derzeit schlechten Auslastung nur geringfügig erhöht werden. Die Anschaffungsauszahlung für die Erweiterung beläuft sich auf $ 300.000. Hinsichtlich der Nutzungsdauer der Neuanlagen gilt obige Aussage.

- Die uminstallierten Anlagen bzw. Altanlagen werden noch weitere fünf Jahre abgeschrieben. Danach ist eine fünfjährige Weiternutzung (ohne Abschreibung) der Maschinen möglich.

Finanzlage und Steuern:

- Die Konzernspitze verfügt zur Finanzierung des Vorhabens über ausreichend liquide Mittel, die aufgrund des höheren Zinsniveaus derzeit in

Deutschland in 10%ige, kurzfristige Finanzanlagen investiert sind. Wegen der sehr günstigen Finanzlage wird die Aufnahme von Krediten ausgeschlossen. Der Finanzierungsbedarf kann generell aus der Auflösung von Finanzanlagen gedeckt werden. Für das durchzuführende Investitionskalkül wird vereinfachend ein im Zeitablauf gleichbleibender Habenzinssatz von 10% unterstellt.

- Für das Werk in Deutschland ist mit einem Ertragsteuermultifaktor (im folgenden auch einfach Steuersatz genannt) von 50% zu rechnen. Die entsprechende Steuerbelastung beläuft sich in den USA nur auf 30%. Zu beachten ist, daß aufgrund der unterschiedlichen Steuersysteme Kosten für die Demontage, den Transport und den Wiederaufbau der Anlagen in den USA aktiviert werden, während sie in Deutschland zu den laufenden Betriebsausgaben zählen. Gewinne aus den Finanzanlagen, die in Deutschland zu 10% angelegt werden, unterliegen aufgrund des Doppelbesteuerungsabkommens letztlich dem US-Steuersatz.[10] Für die Investitionsanalyse ist davon auszugehen, daß die in den einzelnen Ländern erwirtschafteten, versteuerten Gewinne nicht zwischen den Ländern transferiert werden.

- Der Wechselkurs beträgt z.Zt. 1,50 DM/$. Für die Analyse wird vereinfachend unterstellt, daß diese Währungsrelation auch für die Zukunft gilt, da die Entwicklung der Wechselkurse im allgemeinen nicht exakt, eventuell nur der Tendenz nach vorhersehbar ist.

Aufgabe:

Strukturieren sie das Entscheidungsproblem und entwickeln Sie ein geeignetes Planungsmodell! Arbeiten Sie die Probleme für die Lösung dieses Falles heraus und machen Sie sinnvolle Unterstellungen zu deren Lösung!

Lösungshinweise:

Dem Unternehmen stehen insgesamt drei Strategien zur Verfügung, die miteinander zu vergleichen sind. Zum einen kann die alte Konstellation beibehalten werden. Die beiden anderen Möglichkeiten bestehen darin, die Vorproduktion (erste Produktionsstufe) entweder nach Deutschland (D) oder in die USA (US) zu verlagern. Für das Investitionskalkül reicht eine reine Gewinnvergleichsrechnung der drei Strategien nicht aus, da durch die Investitionsentscheidung mehrperiodische Zahlungswirkungen ausgelöst werden.

---

10   Vgl. Vogel (1992), Kommentierung zum Artikel 11 des OECD-Musterabkommens, Anmerkung 21. Dort heißt es, daß Quellenbesteuerung ausgeschlossen wird.

In Frage kommt nur eine Gesamtrechnung auf Basis von Barwerten oder Endvermögenswerten.

Im Rahmen einer derartigen Gesamtrechnung sind zunächst für jede der drei Strategien zwei Zahlungsreihen - Zahlungsreihe USA in $ und Zahlungsreihe D in DM - zu ermitteln, da bestimmte Wirkungen der Investitionsentscheidung im DM- und andere im $-Buchungskreis des Gesamtunternehmens anfallen. Da für beide Länder unterschiedliche Ertragsteuersätze gelten, sind die Kapitalwerte der beiden Zahlungsreihen (DM und $) nicht unmittelbar miteinander vergleichbar. Der Grund hierfür liegt in den unterschiedlich hohen steuerkorrigierten Zinssätzen, mit denen die Zahlungen nach dem Standardmodell zur Berechnung der Kapitalwertes abgezinst werden. Deshalb wird im folgenden eine Endvermögensrechnung zugrunde gelegt. Dabei wird eine Planungsdauer von zehn Jahren - entsprechend der Nutzungsdauer der Neuinvestitionen - unterstellt. Für jede Strategie existiert dann ein Betrag der Endvermögenswirkungen im $- und DM-Buchungskreis. Diese beiden Endvermögensbeträge am Ende des zehnten Jahres werden über die Währungsrelation zu einem Gesamtausdruck für das gesamte Endvermögen zusammengefaßt. Dieses Vorgehen erlaubt auch eine Sensitivitätsanalyse der Ergebnisse gegen Änderungen der Wechselkurse.

In der skizzierten Entscheidungssituation sind die Bedingungen des vollkommenen Kapitalmarktes nahezu erfüllt. Es existiert ein einziger Kalkulationszinsfuß von 10%, zu dem "beliebig" viel Geld aufgenommen - Auflösung der Finanzanlagen - bzw. angelegt werden kann - Erhöhung der Finanzanlagen. Aus diesem Grund kann die Aufstellung von vollständigen Finanzplänen unterbleiben. Die Berechnung des Endvermögens wird im folgenden mit Hilfe der Formeln des Standardmodells durchgeführt. Das einzige Problem, das mit dieser Vorgehensweise verbunden ist, sind die in beiden Ländern unterschiedlich hohen steuerkorrigierten Zinsfüße, die zu nicht vergleichbaren Kapitalwerten in beiden Ländern führen. Aus diesem Grund wird der Formelapparat des Standardmodells nicht benutzt, um Kapitalwerte zu berechnen, sondern die Berechnungsrichtung wird umgedreht, und es werden Endvermögenswerte in beiden Ländern bestimmt, die sich auch ergeben würden, wenn das Instrument des Vofis herangezogen würde.

Die nachfolgende Tabelle zeigt die Grundstruktur der Zahlungswirkungen der drei Strategien:

Basisstrategie ist die alte Produktionsaufteilung auf die beiden Standorte mit den jährlichen Ergebnissen BE_D und BE_{US}. Wird die Vorproduktion nach Deutschland verlagert, ergibt sich in jedem Jahr eine positive Wirkung auf den Buchungskreis in DM - ΔDB_D - und eine negative Wirkung auf den

Dollarbuchungskreis - ΔDB_{US}. Diese jährlichen Differenzbeträge gehen auf mengenabhängige Produktionskosten und Transportkosten, periodenbezogene Kosten des Personalauf- und -abbaus sowie mengenabhängige Erlöse für den Verkauf der Rohlinge in das jeweils andere Land zurück. In Deutschland fallen weiterhin für die Investitionsmaßnahmen einmalige zusätzliche Ausgaben - INV_D - an, während in den USA einmalige Ausgaben - ES_{US} - für den Abbau, den Abbruch oder die Entsorgung des Equipments entstehen. Entsprechende Wirkungen mit umgekehrten Vorzeichen treten bei der Verlagerung der Vorproduktion in die USA auf.

	Ergebnisbeiträge D in DM	Ergebnisbeiträge US in $
1. Alte Konstellation	BE_D	BE_{US}
2. Vorproduktion nur in D	$BE_D + \Delta DB_D - INV_D$	$BE_{US} + \Delta DB_{US} - ES_{US}$
3. Vorproduktion nur in US	$BE_D + \Delta DB_D - ES_D$	$BE_{US} + \Delta DB_{US} - INV_{US}$

Für alle drei Strategien ist die Wirkung dieser Zahlungsvorgänge auf das gesamte Endvermögen nach zehn Jahren zu bestimmen. Am günstigten ist die Alternative mit dem höchsten Endvermögen.

Die Problemanalyse geht von einigen vereinfachenden Voraussetzungen aus, um den Komplexitätsgrad der Berechnungen zu begrenzen. Zu diesen Vereinfachungen zählen:

■ Konstante Zinsen im Zeitablauf.

■ Konstanz der Währungsrelation.

■ Konstanz der Mengen, Kosten und Verkaufspreise im Zeitablauf. Verschiebungen der Nachfrage zwischen den regionalen Märkten wird daher zunächst nicht Rechnung getragen.

■ Weiterhin wird angenommen, daß während der Umstrukturierungsphase keine Produktionsausfälle auftreten. Das Personal kann problemlos umgesetzt bzw. entlassen werden, d.h., es sind keine Abfindungen zu zahlen. Die Personalkosten sind damit kurzfristig voll abbaufähig.

■ Für das von dem einen in das andere Land zu verlagernde Equipment werden vereinfachend Verkaufspreise von null angesetzt.

Änderungen dieser vereinfachenden Voraussetzungen können problemlos in das Modell integriert werden. Der Berechnungsaufwand steigt dann allerdings.

Zunächst sollen sämtliche für die Lösung des Problems unter den oben genannten Prämissen notwendigen Daten tabellarisch zusammengestellt werden. Die Angaben werden den beiden Buchungskreisen zugeordnet.

	DEUTSCHLAND	USA
Absatz/Logistik		
Rohstoffbedarf in kg pro ME	0,05 kg/ME	0,05 kg/ME
Transportkosten für den Rohstoff pro kg	1,05 DM/kg	0,7 $/kg
Transportkosten für Rohlinge	0,06 DM/ME	0,04 $/ME
Verkaufspreis pro Rohling (Roh)	0,60 DM/Roh bzw. 0,40 $/Roh	0,36 $/Roh bzw. 0,54 DM/Roh
Verkaufspreis pro ME	1,20 DM/ME	0,66 $/ME
Produktion		
Kosten		
■ variable Kosten je ME	0,50 DM/ME	0,28 $/ME
- davon Stufe 1	0,40 DM/ME	0,25 $/ME
- davon Stufe 2	0,10 DM/ME	0,03 $/ME
■ Löhne pro Periode	6.300.000 DM	2.500.000 $
■ Versicherungsprämien	200.000 DM	50.000 $
■ fixe Gemeinkosten (AfA)	2.000.000 DM	1.000.000 $
Produktions-, Absatzvolumen	15.000.000 ME	10.000.000 ME
Arbeitsplatzabbau bei Verlagerung ins andere Land	- 16 Arbeitskräfte	- 25 Arbeitskräfte
Zusätzlicher Arbeitskräftebedarf bei Verlagerung ins eigene Land	+ 6 Arbeitskräfte	+ 26 Arbeitskräfte
Kosten einer Arbeitskraft pro h	35 DM/h	20 $/h
Wochenarbeitszeit	38 h/Woche	40 h/Woche
Kapazitäten/Investitionen		
Bei Verlagerung ins eigene Land:		
■ Transport- und Wiederaufbaukosten	150.000 DM	50.000 $
■ Investitionsauszahlungen	1.000.000 DM	300.000 $
Bei Verlagerung ins andere Land:		
■ Demontage- und Transportkosten	55.000 DM + 15.000 DM = 70.000 DM	60.000 $
■ Kosten für Entsorgung	50.000 DM	-

Alle aufgeführten Kosten - mit Ausnahme der Abschreibungen - führen in der gleichen Periode zu Auszahlungen.

Für jede Vergleichsalternative werden dann die Größen BE, ΔDB, INV und ES bestimmt, die in die nachfolgenden Berechnungen eingehen. Die Berechnung erfolgt getrennt für die drei Entscheidungsalternativen.

Alternative 1: Alte Konstellation

Zunächst werden für die alte Standort-Konstellation die jährlichen Einzahlungsüberschüsse und darauf aufbauend die Betriebsergebnisse berechnet. Mit Ausnahme der Abschreibungen handelt es sich in den Tabellen bei allen Angaben um Zahlungsgrößen.

	DEUTSCHLAND (in DM)	USA (in $)
Erlöse	1,2·15.000.000 = 18.000.000	0,66·10.000.000 = 6.600.000
./. variable Kosten	- 0,50·15.000.000 = - 7.500.000	- 0,28·10.000.000 = - 2.800.000
./. Versicherungsprämien	- 200.000	- 50.000
./. Löhne	- 6.300.000	- 2.500.000
./. Transportkosten für die Gummimischung	-	- 0,05·10.000.000·0,7 = - 50.000
= Einzahlungsüberschuß EZÜ	4.000.000	900.000
./. Abschreibungen (fixe Gemeinkosten)	- 2.000.000	- 1.000.000
= Betriebsergebnis	2.000.000	- 100.000

Für beide Buchungskreise werden im folgenden zunächst die Zahlungsreihen nach Ertragsteuern bestimmt. Der Multisteuersatz s beträgt in Deutschland 50% und in den USA 30%.

Die Daten der nachfolgenden Tabellen sind in TDM (tausend DM) bzw. T$ (tausend $) notiert. BZ_D und BZ_{US} bezeichnen die Zahlungsreihen der Basisinvestitionen, also die Einzahlungsüberschüsse (EZÜ) der beiden Werke. AfA_D und AfA_{US} bezeichnen die Abschreibungsbeträge (fixe Gemeinkosten der Ausgangstabelle). Die alten Maschinen werden noch über fünf Jahre abgeschrieben. Die Zeile (3) gibt die Steuerzahlungen an. Sie werden auf die oben ermittelten Betriebsergebnisse (EZÜ - Abschreibungsbeträge) berechnet. Ist die Steuerbemessungsgrundlage negativ, werden Steuerzahlungen erstattet, bei positiver Bemessungsgrundlage muß das Unternehmen Steuern zahlen.

Für das deutsche Unternehmen ergibt sich die folgende Zahlungsreihe in TDM nach Ertragsteuern:

t =	0	1···5	6···10
(1) BZ_D		4.000	4.000
(2) AfA_D		2.000	
(3) - $0,5 \cdot (BZ_D - AfA_D)$		-1.000	-2.000
(4) Gesamte Zahlungs- reihe nach Steuern (1)+(3)		3.000	2.000

Für das amerikanische Werk gilt in T$:

t =	0	1···5	6···10
(1) BZ_{US}		900	900
(2) AfA_{US}		1.000	
(3) - $0,3 \cdot (BZ_{US} - AfA_{US})$		30	-270
(4) Gesamte Zahlungs- reihe nach Steuern (1)+(3)		930	630

Um beide Zahlungsreihen aggregieren zu können, werden die einzelnen Zahlungen zunächst auf einen Zeitpunkt verdichtet.

Aufgrund der ausreichenden liquiden Mittel der in Deutschland ansässigen Konzernspitze existiert nur ein Kalkulationszinssatz i von 10%. Es ist deshalb nicht notwendig die Endvermögensänderungen über einen Vofi zu berechnen. Unabhängig in welchem Buchungskreis Defizite oder Überschüsse anfallen, wird von einer Aufstockung oder einem Abbau der Finanzanlagen zu 10% ausgegangen.

Somit kann das Endvermögen auf der Basis des Formelapparates des Standardmodells berechnet werden. Das Standardmodell arbeitet mit einem steuerkorrigierten Zinssatz i^{St}, der sich für Deutschland bzw. für die USA wie folgt ermittelt:

$$i_D^{St} = i - s \cdot i = 0,1 - 0,5 \cdot 0,1 = 0,05 \equiv 5\%$$

bzw.

$$i_{US}^{St} = i - s \cdot i = 0,1 - 0,3 \cdot 0,1 = 0,07 \equiv 7\%$$

Diese Vorgehensweise zur Berechnung des Zinssatzes für die Opportunität der Finanzanlagen beinhaltet allerdings eine Vereinfachung. Es wird unterstellt, daß eine Geldeinheit Zinsen aus Finanzinvestitionen des deutschen Werkes nach Steuern 5% erbringt, während eine Geldeinheit Zinsen aus dem US-Buchungskreis 7% nach Steuern erwirtschaftet. Diese Annahme ist nur richtig, wenn jedes Werk für sich Finanzanlagen seiner Überschüsse zu 10% in Deutschland tätigt und das Doppelbesteuerungsabkommen nur für die US-Finanzanlagen in Deutschland gilt.

Die beiden Zahlungsreihen werden mit dem jeweiligen steuerkorrigierten Zinssatz auf den Zeitpunkt t=10 aufgezinst. Dazu kann auf Rentenbarwertfaktoren zurückgegriffen werden. Für die beiden Länder errechnen sich folgende Endvermögen.

$$EV_D = 3.000 \cdot \frac{1,05^5 - 1}{1,05^5 \cdot 0,05} \cdot 1,05^{10} + 2.000 \cdot \frac{1,05^5 - 1}{1,05^5 \cdot 0,05} \cdot 1,05^5 = 32.208,04631 \ \ TDM$$

$$EV_{US} = 930 \cdot \frac{1,07^5 - 1}{1,07^5 \cdot 0,07} \cdot 1,07^{10} + 630 \cdot \frac{1,07^5 - 1}{1,07^5 \cdot 0,07} \cdot 1,07^5 = 11.124,07491 \ \ T\$$$

Diese Beträge erfassen die Netto-Wirkung der Zahlungsreihe der Basisinvestition und die Netto-Zahlungswirkung von zusätzlichen Finanzanlagen der Überschüsse.[11]

Zur Aggregation der Endvermögen werden beide Werte mit Hilfe der angegebenen Währungsrelation in eine einheitliche Währung (z.B. in DM) umgerechnet und addiert:

$$EV = 32.208.046,31 + 11.124.074,91 \cdot 1,5 = 48.894.158,68 \ \ DM$$

Das gesamte Endvermögen der Basisstrategie einschließlich der zusätzlichen möglichen Finanzanlagen beläuft sich somit auf 48.894.158,68 DM.

---

11 Genaugenommen handelt es sich bei den Größen EV_D und EV_{US} um Endvermögensänderungen. Im folgenden wird aber weiterhin der Begriff Endvermögen benutzt.

Alternative 2: Verlagerung der Vorproduktion nach Deutschland

Für diese Alternative müssen zunächst die zusätzlichen Deckungsbeiträge ΔDB sowie die Größen INV und ES berechnet werden:

	DEUTSCHLAND (in DM)	USA (in $)
ΔDB		
■ Transportkosten für die Gummimischung		$+ 0,05 \cdot 10.000.000 \cdot 0,7 = 350.000$
■ variable Kosten	$- 0,4 \cdot 10.000.000 = - 4.000.000$	$+ 0,25 \cdot 10.000.000 = 2.500.000$
■ Transportkosten für Rohlinge		$- 0,04 \cdot 10.000.000 = - 400.000$
■ Erlöse/Kosten durch (Ver-)Kauf von Rohlingen	$+ 0,6 \cdot 10.000.000 = 6.000.000$	$- 0,4 \cdot 10.000.000 = - 4.000.000$
■ Kosten des Personalauf- bzw. -abbaus	$- 6 \cdot 38 \cdot 50 \cdot 35 = - 399.000$	$+ 25 \cdot 40 \cdot 50 \cdot 20 = 1.000.000$
■ **Summe**	**+ 1.601.000**	**- 550.000**
ES		
■ Kosten für Entsorgung		
■ Demontage- und Transportkosten		60.000
■ **Summe**	**0**	**60.000**
INV		
■ Transport- und Wiederaufbaukosten	150.000	
■ Investitionsauszahlungen a_0	1.000.000	
■ **Summe**	**1.150.000**	**0**

Im nächsten Schritt werden für jedes Unternehmen die Zahlungsreihen nach Ertragsteuern gebildet.

$\overline{BZ}$ entspricht dabei jeweils dem um ΔDB modifizierten Einzahlungsüberschuß BZ der Basisstrategie:

$$\overline{BZ} = BZ + \Delta DB$$

bzw.

$$\overline{BZ}_D = 4.000 + 1.601 = 5.601 \quad TDM \quad \text{und}$$

$$\overline{BZ}_{US} = 900 - 550 = 350 \quad T\$$$

Für das deutsche Werk entsteht folgende Zahlungsreihe nach Steuern, angegeben in TDM:

t =	0	1	2···5	6···10
(1) $\overline{BZ}_D$		5.601	5.601	5.601
(2) AfA_D		2.000	2.000	
(3) TW-Kosten	-150			
(4) - 0,5·$(\overline{BZ}_D-AfA_D+TW)$		-1.725,5	-1.800,5	-2.800,5
(5) - a_0 der Neuanlagen	-1.000			
(6) $AfA_{neu} = a_0$:10		100	100	100
(7) 0,5·AfA_{neu}		50	50	50
(8) Gesamte D-Zahlungs-reihe nach Steuern (1)+(3)+(4)+(5)+(7)	-1.150	3.925,5	3.850,5	2.850,5

Die Zahlungsreihe in T$ nach Steuern für das amerikanische Unternehmen lautet:

t =	0	1···5	6···10
(1) $\overline{BZ}_{US}$		350	350
(2) AfA_{US}		1.000	
(3) - 0,3·$(\overline{BZ}_{US}-AfA_{US})$		195	-105
(4) - ES	-60		
(5) $AfA_{ES} = ES$:10		6	6
(6) 0,3·AfA_{ES}		1,8	1,8
(5) Gesamte US-Zahlungs-reihe nach Steuern (1)+(3)+(4)+(6)	-60	546,8	246,8

In den beiden Tabellen werden mit den Kosten-Abkürzungen D, T, W die *D*emontage-, *T*ransport- und *W*iederaufbaukosten bezeichnet. Diese Kosten fallen sofort, also zum Zeitpunkt t=0, als Ausgaben an. Laut Aufgabenstellung zählen diese Auszahlungen in Deutschland zu den laufenden Betriebsausgaben. Steuerrückerstattungen auf diese Ausgaben erfolgen damit am Ende des Jahres, also in t=1. In den USA sind diese Auszahlungen (mit ES bezeichnet) zu aktivieren. Sie werden über zehn Jahre - entsprechend der Nutzungsdauer der neuen Anlagen - linear abgeschrieben.

Die Zeile (5) des Berechnungsschemas für das deutsche Werk umfaßt die Auszahlungen für Neuanschaffungen (a_0 = 1.000 TDM). Die neuen Anlagen werden ebenfalls über zehn Jahre linear abgeschrieben. Auch durch diese Abschreibungsbeträge verringert sich künftig die Steuerzahlung.

Die jeweiligen Zahlungsreihen nach Steuern werden auf den Zeitpunkt t=10 aufgezinst, um deren Endvermögenswirkung zu erfassen:

$$EV_D = -1.150 \cdot 1,05^{10} + (3.925,5 - 3.850,5) \cdot 1,05^9 + 3.850,5 \cdot \frac{1,05^5 - 1}{1,05^5 \cdot 0,05} \cdot 1,05^{10}$$

$$+ 2.850,5 \cdot \frac{1,05^5 - 1}{1,05^5 \cdot 0,05} \cdot 1,05^5 = 41.148,66468 \quad TDM$$

bzw.

$$EV_{US} = -60 \cdot 1,07^{10} + 546,8 \cdot \frac{1,07^5 - 1}{1,07^5 \cdot 0,07} \cdot 1,07^{10} + 246,8 \cdot \frac{1,07^5 - 1}{1,07^5 \cdot 0,07} \cdot 1,07^5$$

$$= 5.711,582963 \quad T\$$$

Das gesamte Endvermögen beläuft sich damit für die zweite Strategie im DM umgerechnet auf:

$$EV = 41.148.664,68 + 5.711.582,963 \cdot 1,5 = 49.716.039,12 \quad DM$$

Da die Endvermögensänderung der zweiten Entscheidungsalternative größer ist als die der Basisstrategie, führt die Verlagerung der ersten Produktionsstufe nach Deutschland zu einer Verbesserung der Lage des Gesamtunternehmens. Allerdings verschlechtert sich in diesem Fall das Endvermögen des US-Buchungskreises. Diese Verschlechterung wird jedoch durch die Verbesserung im DM-Buchungskreis mehr als kompensiert. Zu untersuchen ist allerdings noch, ob eine Verlagerung der Vorproduktion in die USA zu einem noch besseren Endvermögen führt.

Alternative 3: Verlagerung der Vorproduktion in die USA

Analog zur Alternative 2 müssen wiederum die Deckungsbeitragsdifferenzen ΔDB sowie die Größen INV und ES ermittelt werden:

	DEUTSCHLAND (in DM)	USA (in $)
ΔDB		
■ Transportkosten für die Gummimischung	- 0,05·15.000.000·1,05 = - 787.500	
■ variable Kosten	+ 0,4·15.000.000 = 6.000.000	- 0,25·15.000.000 = - 3.750.000
■ Transportkosten für Rohlinge	- 0,06·15.000.000 = - 900.000	
■ Erlöse/Kosten durch (Ver-)Kauf von Rohlingen	- 0,54·15.000.000 = - 8.100.000	+ 0,36·15.000.000 = 5.400.000
■ Kosten des Personalaufbzw. -abbaus	+ 16·38·50·35 = 1.064.000	- 26·40·50·20 = - 1.040.000
■ Summe	**- 2.723.500**	**+ 610.000**
ES		
■ Kosten für Entsorgung	50.000	
■ Demontage- und Transportkosten	70.000	
■ Summe	**120.000**	**0**
INV		
■ Transport- und Wiederaufbaukosten		50.000
■ Investitionsauszahlungen		300.000
■ Summe	**0**	**350.000**

Aus dieser Tabelle ist schon erkennbar, daß die dritte Alternative nicht sinnvoll sein kann. Sie wird von der alten Konstellation dominiert. Der Deckungsbeitragsverlust in dem deutschen Werk sowie die ES- und INV-Kosten sind so groß, daß sie durch den geringfügigen positiven Deckungsbeitrag im US-Unternehmen nicht aufgewogen werden können. Auch der geringere Multisteuersatz kann die negativen Aspekte nicht aufheben.

Die Zahlungsreihe in TDM für das deutsche Unternehmen unter Berücksichtigung von Ertragsteuern lautet:

t =	0	1	2···5	6···10
(1) $\overline{BZ}_D$		1.276,5	1.276,5	1.276,5
(2) AfA_D		2.000	2.000	
(3) - $\overline{ES}_D$	-120			
(4) - $0,5·(\overline{BZ}_D - AfA_D + DT)$		421,75	361,75	-638,25
(5) Gesamte D-Zahlungsreihe nach Steuern (1)+(3)+(4)	-120	1.698,25	1.638,25	638,25

Das amerikanische Werk hat folgende Zahlungsreihe (T$) nach Steuern auf-
zuweisen:

t =	0	1···5	6···10
(1) $\overline{BZ}_{US}$		1.510	1.510
(2) AfA$_{US}$		1.000	
(4) - $0,3 \cdot (\overline{BZ}_{US} - $ AfA$_{US})$		-153	-453
(5) - INV	-350		
(6) AfA$_{INV}$ = INV:10		35	35
(7) $0,3 \cdot$AfA$_{INV}$		10,5	10,5
(8) Gesamte US-Zahlungs- reihe nach Steuern (1)+(4)+(5)+(7)	-350	1.367,5	1.067,5

In diesem Fall ergeben sich nach der Verlagerung folgende neuen jährlichen
Zahlungsüberschüsse:

$$\overline{BZ}_D = 4.000 - 2.723,5 = 1.276,5 \quad \text{TDM} \quad \text{und}$$

$$\overline{BZ}_{US} = 900 + 610 = 1.510 \quad \text{T\$}$$

Auch für diese Strategie gilt, daß Demontage- und Transportkosten sowie
Entsorgungskosten in Deutschland zu den laufenden Betriebsausgaben zählen. Diese Kosten kürzen damit in t=1 die Steuerzahlungen. In den USA
werden wiederum Transport- und Wiederaufbaukosten aktiviert und mit den
Anschaffungsauszahlungen der neuen Maschinen (a_0) über zehn Jahre abgeschrieben (INV umfaßt TW-Kosten und die Anschaffungsausgaben a_0).

Beide Zahlungsreihen nach Steuern werden wiederum auf den Zeitpunkt
t=10 aufgezinst:

$$EV_D = -120 \cdot 1,05^{10} + (1.698,25 - 1.638,25) \cdot 1,05^9 + 1.638,25 \cdot \frac{1,05^5 - 1}{1,05^5 \cdot 0,05} \cdot 1,05^{10}$$

$$+ 638,25 \cdot \frac{1,05^5 - 1}{1,05^5 \cdot 0,05} \cdot 1,05^5 = 14.977,71351 \quad \text{TDM}$$

bzw.

$$EV_{US} = -350 \cdot 1,07^{10} + 1.367,5 \cdot \frac{1,07^5 - 1}{1,07^5 \cdot 0,07} \cdot 1,07^{10} + 1.067,5 \cdot \frac{1,07^5 - 1}{1,07^5 \cdot 0,07} \cdot 1,07^5$$

$$= 16.480,26792 \quad T\$$$

Somit beträgt das gesamte Endvermögen der dritten Strategie:

$$EV = 14.977.713,51 + 16.480.267,92 \cdot 1,5 = 39.698.115,39 \quad DM$$

Die dritte Alternative ist damit schlechter als die beiden anderen. Die Vorproduktion ist also nach Deutschland zu verlagern.

Ergänzende Überlegungen:

Das entwickelte Modell geht von einigen Vereinfachungen der realen Entscheidungssituation aus. Es kann jedoch für eingehendere Überlegungen um bislang eliminierte Aspekte erweitert werden:

- Die in der Problemdarstellung erwähnten zeitlichen Verschiebungen der Absatzmengen auf den internationalen Märkten lassen sich recht problemlos berücksichtigen. In diesem Fall sind lediglich die Größen ΔDB in jede der zehn Perioden auf einem anderen Niveau anzusetzen. Voraussetzung dafür ist allein, daß sich die Volumenveränderungen und die Preisveränderungen sinnvoll quantifizieren lassen.

- Im Zeitablauf variable Habenzinssätze können - ohne einen vollständigen Finanzplan aufstellen zu müssen - in das Modell integriert werden. Beträgt z.B. der Marktzinssatz der ersten Periode 10% und der der zweiten Periode 9%, ist eine Zahlung in t=0 steuerkorrigiert in Deutschland mit 1,05 und anschließend in der zweiten Periode mit 1,045 ($i^{St} = 0,09 - 0,09 \cdot 0,5$) aufzuzinsen, um die Endvermögenswirkung der Zahlung in t=2 zu berechnen.

- Bei Wechselkursänderungen sind die einzelnen Einzahlungsüberschüsse nach Steuern der US-Zahlungsreihe isoliert auf das Ende des Planungshorizontes aufzuzinsen und mit der entsprechenden veränderten Währungsrelation zu multiplizieren. Somit kann die Wirkung von Wechselkursänderungen auf das Planungsergebnis analysiert werden.

Anhang: Ausgewählte Zinsfaktoren

Zins: i

Laufzeit: n

Zinsfaktor q: $q = 1+i$

Aufzinsungsfaktor: q^{n}

Abzinsungsfaktor: q^{-n}

Rentenbarwertfaktor (RBF): $RBF_{i,n} = \dfrac{q^{n}-1}{i \cdot q^{n}}$

Rentenendwertfaktor (REF): $REF_{i,n} = \dfrac{q^{n}-1}{i}$

Tilgungsfaktor (TGF): $TGF_{i,n} = \dfrac{i}{q^{n}-1}$

Wiedergewinnungsfaktor (WGF): $WGF_{i,n} = \dfrac{i \cdot q^{n}}{q^{n}-1}$

Zins i	Fak- toren	\multicolumn{7}{c}{Laufzeit n}						
		1	2	3	4	5	6	7
1%	q^n	1,01000	1,02010	1,03030	1,04060	1,05101	1,06152	1,07214
	q^{-n}	0,99010	0,98030	0,97059	0,96098	0,95147	0,94205	0,93272
	RBF	0,99010	1,97040	2,94099	3,90197	4,85343	5,79548	6,72819
	REF	1,00000	2,01000	3,03010	4,06040	5,10101	6,15202	7,21354
	TF	1,00000	0,49751	0,33002	0,24628	0,19604	0,16255	0,13863
	WGF	1,01000	0,50751	0,34002	0,25628	0,20604	0,17255	0,14863
2%	q^n	1,02000	1,04040	1,06121	1,08243	1,10408	1,12616	1,14869
	q^{-n}	0,98039	0,96117	0,94232	0,92385	0,90573	0,88797	0,87056
	RBF	0,98039	1,94156	2,88388	3,80773	4,71346	5,60143	6,47199
	REF	1,00000	2,02000	3,06040	4,12161	5,20404	6,30812	7,43428
	TF	1,00000	0,49505	0,32675	0,24262	0,19216	0,15853	0,13451
	WGF	1,02000	0,51505	0,34675	0,26262	0,21216	0,17853	0,15451
3%	q^n	1,03000	1,06090	1,09273	1,12551	1,15927	1,19405	1,22987
	q^{-n}	0,97087	0,94260	0,91514	0,88849	0,86261	0,83748	0,81309
	RBF	0,97087	1,91347	2,82861	3,71710	4,57971	5,41719	6,23028
	REF	1,00000	2,03000	3,09090	4,18363	5,30914	6,46841	7,66246
	TF	1,00000	0,49261	0,32353	0,23903	0,18835	0,15460	0,13051
	WGF	1,03000	0,52261	0,35353	0,26903	0,21835	0,18460	0,16051
4%	q^n	1,04000	1,08160	1,12486	1,16986	1,21665	1,26532	1,31593
	q^{-n}	0,96154	0,92456	0,88900	0,85480	0,82193	0,79031	0,75992
	RBF	0,96154	1,88609	2,77509	3,62990	4,45182	5,24214	6,00205
	REF	1,00000	2,04000	3,12160	4,24646	5,41632	6,63298	7,89829
	TF	1,00000	0,49020	0,32035	0,23549	0,18463	0,15076	0,12661
	WGF	1,04000	0,53020	0,36035	0,27549	0,22463	0,19076	0,16661
5%	q^n	1,05000	1,10250	1,15763	1,21551	1,27628	1,34010	1,40710
	q^{-n}	0,95238	0,90703	0,86384	0,82270	0,78353	0,74622	0,71068
	RBF	0,95238	1,85941	2,72325	3,54595	4,32948	5,07569	5,78637
	REF	1,00000	2,05000	3,15250	4,31013	5,52563	6,80191	8,14201
	TF	1,00000	0,48780	0,31721	0,23201	0,18097	0,14702	0,12282
	WGF	1,05000	0,53780	0,36721	0,28201	0,23097	0,19702	0,17282
6%	q^n	1,06000	1,12360	1,19102	1,26248	1,33823	1,41852	1,50363
	q^{-n}	0,94340	0,89000	0,83962	0,79209	0,74726	0,70496	0,66506
	RBF	0,94340	1,83339	2,67301	3,46511	4,21236	4,91732	5,58238
	REF	1,00000	2,06000	3,18360	4,37462	5,63709	6,97532	8,39384
	TF	1,00000	0,48544	0,31411	0,22859	0,17740	0,14336	0,11914
	WGF	1,06000	0,54544	0,37411	0,28859	0,23740	0,20336	0,17914

Zins i	Fak-toren	Laufzeit n						
		1	2	3	4	5	6	7
7%	q^n	1,07000	11,4490	1,22504	1,31080	1,40255	1,50073	1,60578
	q^{-n}	0,93458	0,87344	0,81630	0,76290	0,71299	0,66634	0,62275
	RBF	0,93458	1,80802	2,62432	3,38721	4,10020	4,76654	5,38929
	REF	1,00000	2,07000	3,21490	4,43994	5,75074	7,15329	8,65402
	TF	1,00000	0,48309	0,31105	0,22523	0,17389	0,13980	0,11555
	WGF	1,07000	0,55309	0,38105	0,29523	0,24389	0,20980	0,18555
8%	q^n	1,08000	1,16640	1,25971	1,36049	1,46933	1,58687	1,71382
	q^{-n}	0,92593	0,85734	0,79383	0,73503	0,68058	0,63017	0,58349
	RBF	0,92593	1,78326	2,57710	3,31213	3,99271	4,62288	5,20637
	REF	1,00000	2,08000	3,24640	4,50611	5,86660	7,33593	8,92280
	TF	1,00000	0,48077	0,30803	0,22192	0,17046	0,13632	0,11207
	WGF	1,08000	0,56077	0,38803	0,30192	0,25046	0,21632	0,19207
9%	q^n	1,09000	1,18810	1,29503	1,41158	1,53862	1,67710	1,82804
	q^{-n}	0,91743	0,84168	0,77218	0,70843	0,64993	0,59627	0,54703
	RBF	0,91743	1,75911	2,53129	3,23972	3,88965	4,48592	5,03295
	REF	1,00000	2,09000	3,27810	4,57313	5,98471	7,52333	9,20043
	TF	1,00000	0,47847	0,30505	0,21867	0,16709	0,13292	0,10869
	WGF	1,09000	0,56847	0,39505	0,30867	0,25709	0,22292	0,19869
10%	q^n	1,10000	1,21000	1,33100	1,46410	1,61051	1,77156	1,94872
	q^{-n}	0,90909	0,82645	0,75131	0,68301	0,62092	0,56447	0,51316
	RBF	0,90909	1,73554	2,48685	3,16987	3,79079	4,35526	4,86842
	REF	1,00000	2,10000	3,31000	4,64100	6,10510	7,71561	9,48717
	TF	1,00000	0,47619	0,30211	0,21547	0,16380	0,12961	0,10541
	WGF	1,10000	0,57619	0,40211	0,31547	0,26380	0,22961	0,20541
11%	q^n	1,11000	1,23210	1,36763	1,51807	1,68506	1,87041	2,07616
	q^{-n}	0,90090	0,81162	0,73119	0,65873	0,59345	0,53464	0,48166
	RBF	0,90090	1,71252	2,44371	3,10245	3,69590	4,23054	4,71220
	REF	1,00000	2,11000	3,34210	4,70973	6,22780	7,91286	9,78327
	TF	1,00000	0,47393	0,29921	0,21233	0,16057	0,12638	0,10222
	WGF	1,11000	0,58393	0,40921	0,32233	0,27057	0,23638	0,21222
12%	q^n	1,12000	1,25440	1,40493	1,57352	1,76234	1,97382	2,21068
	q^{-n}	0,89286	0,79719	0,71178	0,63552	0,56743	0,50663	0,45235
	RBF	0,89286	1,69005	2,40183	3,03735	3,60478	4,11141	4,56376
	REF	1,00000	2,12000	3,37440	4,77933	6,35285	8,11519	10,08901
	TF	1,00000	0,47170	0,29635	0,20923	0,15741	0,12323	0,09912
	WGF	1,12000	0,59170	0,41635	0,32923	0,27741	0,24323	0,21912

Zins i	Fak-toren	Laufzeit n						
		1	2	3	4	5	6	7
13%	q^n	1,13000	1,27690	1,44290	1,63047	1,84244	2,08195	2,35261
	q^{-n}	0,88496	0,78315	0,69305	0,61332	0,54276	0,48032	0,42506
	RBF	0,88496	1,66810	2,36115	2,97447	3,51723	3,99755	4,42261
	REF	1,00000	2,13000	3,40690	4,84980	6,48027	8,32271	10,40466
	TF	1,00000	0,46948	0,29352	0,20619	0,15431	0,12015	0,09611
	WGF	1,13000	0,59948	0,42352	0,33619	0,28431	0,25015	0,22611
14%	q^n	1,14000	1,29960	1,48154	1,68896	1,92541	2,19497	2,50227
	q^{-n}	0,87719	0,76947	0,67497	0,59208	0,51937	0,45559	0,39964
	RBF	0,87719	1,64666	2,32163	2,91371	3,43308	3,88867	4,28830
	REF	1,00000	2,14000	3,43960	4,92114	6,61010	8,53552	10,73049
	TF	1,00000	0,46729	0,29073	0,20320	0,15128	0,11716	0,09319
	WGF	1,14000	0,60729	0,43073	0,34320	0,29128	0,25716	0,23319
15%	q^n	1,15000	1,32250	1,52088	1,74901	2,01136	2,31306	2,66002
	q^{-n}	0,86957	0,75614	0,65752	0,57175	0,49718	0,43233	0,37594
	RBF	0,86957	1,62571	2,28323	2,85498	3,35216	3,78448	4,16042
	REF	1,00000	2,15000	3,47250	4,99338	6,74238	8,75374	11,06680
	TF	1,00000	0,46512	0,28798	0,20027	0,14832	0,11424	0,09036
	WGF	1,15000	0,61512	0,43798	0,35027	0,29832	0,26424	0,24036
16%	q^n	1,16000	1,34560	1,56090	1,81064	2,10034	2,43640	2,82622
	q^{-n}	0,86207	0,74316	0,64066	0,55229	0,47611	0,41044	0,35383
	RBF	0,86207	1,60523	2,24589	2,79818	3,27429	3,68474	4,03857
	REF	1,00000	2,16000	3,50560	5,06650	6,87714	8,97748	11,41387
	TF	1,00000	0,46296	0,28526	0,19738	0,14541	0,11139	0,08761
	WGF	1,16000	0,62296	0,44526	0,35738	0,30541	0,27139	0,24761
17%	q^n	1,17000	1,36890	1,60161	1,87389	2,19245	2,56516	3,00124
	q^{-n}	0,85470	0,73051	0,62437	0,53365	0,45611	0,38984	0,33320
	RBF	0,85470	1,58521	2,20958	2,74324	3,19935	3,58918	3,92238
	REF	1,00000	2,17000	3,53890	5,14051	7,01440	9,20685	11,77201
	TF	1,00000	0,46083	0,28257	0,19453	0,14256	0,10861	0,08495
	WGF	1,17000	0,63083	0,45257	0,36453	0,31256	0,27861	0,25495
18%	q^n	1,18000	1,39240	1,64303	1,93878	2,28776	2,69955	3,18547
	q^{-n}	0,84746	0,71818	0,60863	0,51579	0,43711	0,37043	0,31393
	RBF	0,84746	1,56564	2,17427	2,69006	3,12717	3,49760	3,81153
	REF	1,00000	2,18000	3,57240	5,21543	7,15421	9,44197	12,14152
	TF	1,00000	0,45872	0,27992	0,19174	0,13978	0,10591	0,08236
	WGF	1,18000	0,63872	0,45992	0,37174	0,31978	0,28591	0,26236

Zins i	Fak-toren	Laufzeit n						
		8	9	10	11	12	13	14
1%	q^n	1,08286	1,09369	1,10462	1,11567	1,12683	1,13809	1,14947
	q^{-n}	0,92348	0,91434	0,90529	0,89632	0,88745	0,87866	0,86996
	RBF	7,65168	8,56602	9,47130	10,36763	11,25508	12,13374	13,00370
	REF	8,28567	9,36853	10,46221	11,56683	12,68250	13,80933	14,94742
	TF	0,12069	0,10674	0,09558	0,08645	0,07885	0,07241	0,06690
	WGF	0,13069	0,11674	0,10558	0,09645	0,08885	0,08241	0,07690
2%	q^n	1,17166	1,19509	1,21899	1,24337	1,26824	1,29361	1,31948
	q^{-n}	0,85349	0,83676	0,82035	0,80426	0,78849	0,77303	0,75788
	RBF	7,32548	8,16224	8,98259	9,78685	10,57534	11,34837	12,10625
	REF	8,58297	9,75463	10,94972	12,16872	13,41209	14,68033	15,97394
	TF	0,11651	0,10252	0,09133	0,08218	0,07456	0,06812	0,06260
	WGF	0,13651	0,12252	0,11133	0,10218	0,09456	0,08812	0,08260
3%	q^n	1,26677	1,30477	1,34392	1,38423	1,42576	1,46853	1,51259
	q^{-n}	0,78941	0,76642	0,74409	0,72242	0,70138	0,68095	0,66112
	RBF	7,01969	7,78611	8,53020	9,25262	9,95400	10,63496	11,29607
	REF	8,89234	10,15911	11,46388	12,80780	14,19203	15,61779	17,08632
	TF	0,11246	0,09843	0,08723	0,07808	0,07046	0,06403	0,05853
	WGF	0,14246	0,12843	0,11723	0,10808	0,10046	0,09403	0,08853
4%	q^n	1,36857	1,42331	1,48024	1,53945	1,60103	1,66507	1,73168
	q^{-n}	0,73069	0,70259	0,67556	0,64958	0,62460	0,60057	0,57748
	RBF	6,73274	7,43533	8,11090	8,76048	9,38507	9,98565	10,56312
	REF	9,21423	10,58280	12,00611	13,48635	15,02581	16,62684	18,29191
	TF	0,10853	0,09449	0,08329	0,07415	0,06655	0,06014	0,05467
	WGF	0,14853	0,13449	0,12329	0,11415	0,10655	0,10014	0,09467
5%	q^n	1,47746	1,55133	1,62889	1,71034	1,79586	1,88565	1,97993
	q^{-n}	0,67684	0,64461	0,61391	0,58468	0,55684	0,53032	0,50507
	RBF	6,46321	7,10782	7,72173	8,30641	8,86325	9,39357	9,89864
	REF	9,54911	11,02656	12,57789	14,20679	15,91713	17,71298	19,59863
	TF	0,10472	0,09069	0,07950	0,07039	0,06283	0,05646	0,05102
	WGF	0,15472	0,14069	0,12950	0,12039	0,11283	0,10646	0,10102
6%	q^n	1,59385	1,68948	1,79085	1,89830	2,01220	2,13293	2,26090
	q^{-n}	0,62741	0,59190	0,55839	0,52679	0,49697	0,46884	0,44230
	RBF	6,20979	6,80169	7,36009	7,88687	8,38384	8,85268	9,29498
	REF	9,89747	11,49132	13,18079	14,97164	16,86994	18,88214	21,01507
	TF	0,10104	0,08702	0,07587	0,06679	0,05928	0,05296	0,04758
	WGF	0,16104	0,14702	0,13587	0,12679	0,11928	0,11296	0,10758

Zins i	Fak- toren	Laufzeit n						
		8	9	10	11	12	13	14
7%	q^n	1,71819	1,83846	1,96715	2,10485	2,25219	2,40985	2,57853
	q^{-n}	0,58201	0,54393	0,50835	0,47509	0,44401	0,41496	0,38782
	RBF	5,97130	6,51523	7,02358	7,49867	7,94269	8,35765	8,74547
	REF	10,25980	11,97799	13,81645	15,78360	17,88845	20,14064	22,55049
	TF	0,09747	0,08349	0,07238	0,06336	0,05590	0,04965	0,04434
	WGF	0,16747	0,15349	0,14238	0,13336	0,12590	0,11965	0,11434
8%	q^n	1,85093	1,99900	2,15892	2,33164	2,51817	2,71962	2,93719
	q^{-n}	0,54027	0,50025	0,46319	0,42888	0,39711	0,36770	0,34046
	RBF	5,74664	6,24689	6,71008	7,13896	7,53608	7,90378	8,24424
	REF	10,63663	12,48756	14,48656	16,64549	18,97713	21,49530	24,21492
	TF	0,09401	0,08008	0,06903	0,06008	0,05270	0,04652	0,04130
	WGF	0,17401	0,16008	0,14903	0,14008	0,13270	0,12652	0,12130
9%	q^n	1,99256	2,17189	2,36736	2,58043	2,81266	3,06580	3,34173
	q^{-n}	0,50187	0,46043	0,42241	0,38753	0,35553	0,32618	0,29925
	RBF	5,53482	5,99525	6,41766	6,80519	7,16073	7,48690	7,78615
	REF	11,02847	13,02104	15,19293	17,56029	20,14072	22,95338	26,01919
	TF	0,09067	0,07680	0,06582	0,05695	0,04965	0,04357	0,03843
	WGF	0,18067	0,16680	0,15582	0,14695	0,13965	0,13357	0,12843
10%	q^n	2,14359	2,35795	2,59374	2,85312	3,13843	3,45227	3,79750
	q^{-n}	0,46651	0,42410	0,38554	0,35049	0,31863	0,28966	0,26333
	RBF	5,33493	5,75902	6,14457	6,49506	6,81369	7,10336	7,36669
	REF	11,43589	13,57948	15,93742	18,53117	21,38428	24,52271	27,97498
	TF	0,08744	0,07364	0,06275	0,05396	0,04676	0,04078	0,03575
	WGF	0,18744	0,17364	0,16275	0,15396	0,14676	0,14078	0,13575
11%	q^n	2,30454	2,55804	2,83942	3,15176	3,49845	3,88328	4,31044
	q^{-n}	0,43393	0,39092	0,35218	0,31728	0,28584	0,25751	0,23199
	RBF	5,14612	5,53705	5,88923	6,20652	6,49236	6,74987	6,98187
	REF	11,85943	14,16397	16,72201	19,56143	22,71319	26,21164	30,09492
	TF	0,08432	0,07060	0,05980	0,05112	0,04403	0,03815	0,03323
	WGF	0,19432	0,18060	0,16980	0,16112	0,15403	0,14815	0,14323
12%	q^n	2,47596	2,77308	3,10585	3,47855	3,89598	4,36349	4,88711
	q^{-n}	0,40388	0,36061	0,32197	0,28748	0,25668	0,22917	0,20462
	RBF	4,96764	5,32825	5,65022	5,93770	6,19437	6,42355	6,62817
	REF	12,29969	14,77566	17,54874	20,65458	24,13313	28,02911	32,39260
	TF	0,08130	0,06768	0,05698	0,04842	0,04144	0,03568	0,03087
	WGF	0,20130	0,18768	0,17698	0,16842	0,16144	0,15568	0,15087

Zins i	Fak-toren	Laufzeit n						
		8	9	10	11	12	13	14
13%	q^n	2,65844	3,00404	3,39457	3,83586	4,33452	4,89801	5,53475
	q^{-n}	0,37616	0,33288	0,29459	0,26070	0,23071	0,20416	0,18068
	RBF	4,79877	5,13166	5,42624	5,68694	5,91765	6,12181	6,30249
	REF	12,75726	15,41571	18,41975	21,81432	25,65018	29,98470	34,88271
	TF	0,07839	0,06487	0,05429	0,04584	0,03899	0,03335	0,02867
	WGF	0,20839	0,19487	0,18429	0,17584	0,16899	0,16335	0,15867
14%	q^n	2,85259	3,25195	3,70722	4,22623	4,81790	5,49241	6,26135
	q^{-n}	0,35056	0,30751	0,26974	0,23662	0,20756	0,18207	0,15971
	RBF	4,63886	4,94637	5,21612	5,45273	5,66029	5,84236	6,00207
	REF	13,23276	16,08535	19,33730	23,04452	27,27075	32,08865	37,58107
	TF	0,07557	0,06217	0,05171	0,04339	0,03667	0,03116	0,02661
	WGF	0,21557	0,20217	0,19171	0,18339	0,17667	0,17116	0,16661
15%	q^n	3,05902	3,51788	4,04556	4,65239	5,35025	6,15279	7,07571
	q^{-n}	0,32690	0,28426	0,24718	0,21494	0,18691	0,16253	0,14133
	RBF	4,48732	4,77158	5,01877	5,23371	5,42062	5,58315	5,72448
	REF	13,72682	16,78584	20,30372	24,34928	29,00167	34,35192	40,50471
	TF	0,07285	0,05957	0,04925	0,04107	0,03448	0,02911	0,02469
	WGF	0,22285	0,20957	0,19925	0,19107	0,18448	0,17911	0,17469
16%	q^n	3,27841	3,80296	4,41144	5,11726	5,93603	6,88579	7,98752
	q^{-n}	0,30503	0,26295	0,22668	0,19542	0,16846	0,14523	0,12520
	RBF	4,34359	4,60654	4,83323	5,02864	5,19711	5,34233	5,46753
	REF	14,24009	17,51851	21,32147	25,73290	30,85017	36,78620	43,67199
	TF	0,07022	0,05708	0,04690	0,03886	0,03241	0,02718	0,02290
	WGF	0,23022	0,21708	0,20690	0,19886	0,19241	0,18718	0,18290
17%	q^n	3,51145	4,10840	4,80683	5,62399	6,58007	7,69868	9,00745
	q^{-n}	0,28478	0,24340	0,20804	0,17781	0,15197	0,12989	0,11102
	RBF	4,20716	4,45057	4,65860	4,83641	4,98839	5,11828	5,22930
	REF	14,77325	18,28471	22,39311	27,19994	32,82393	39,40399	47,10267
	TF	0,06769	0,05469	0,04466	0,03676	0,03047	0,02538	0,02123
	WGF	0,23769	0,22469	0,21466	0,20676	0,20047	0,19538	0,19123
18%	q^n	3,75886	4,43545	5,23384	6,17593	7,28759	8,59936	10,14724
	q^{-n}	0,26604	0,22546	0,19106	0,16192	0,13722	0,11629	0,09855
	RBF	4,07757	4,30302	4,49409	4,65601	4,79322	4,90951	5,00806
	REF	15,32700	19,08585	23,52131	28,75514	34,93107	42,21866	50,81802
	TF	0,06524	0,05239	0,04251	0,03478	0,02863	0,02369	0,01968
	WGF	0,24524	0,23239	0,22251	0,21478	0,20863	0,20369	0,19968

Zins i	Fak-toren	Laufzeit n					
		15	16	17	18	19	20
1%	q^n	1,16097	1,17258	1,18430	1,19615	1,20811	1,22019
	q^{-n}	0,86135	0,85282	0,84438	0,83602	0,82774	0,81954
	RBF	13,86505	14,71787	15,56225	16,39827	17,22601	18,04555
	REF	16,09690	17,25786	18,43044	19,61475	20,81090	22,01900
	TF	0,06212	0,05794	0,05426	0,05098	0,04805	0,04542
	WGF	0,07212	0,06794	0,06426	0,06098	0,05805	0,05542
2%	q^n	1,34587	1,37279	1,40024	1,42825	1,45681	1,48595
	q^{-n}	0,74301	0,72845	0,71416	0,70016	0,68643	0,67297
	RBF	12,84926	13,57771	14,29187	14,99203	15,67846	16,35143
	REF	17,29342	18,63929	20,01207	21,41231	22,84056	24,29737
	TF	0,05783	0,05365	0,04997	0,04670	0,04378	0,04116
	WGF	0,07783	0,07365	0,06997	0,06670	0,06378	0,06116
3%	q^n	1,55797	1,60471	1,65285	1,70243	1,75351	1,80611
	q^{-n}	0,64186	0,62317	0,60502	0,58739	0,57029	0,55368
	RBF	11,93794	12,56110	13,16612	13,75351	14,32380	14,87747
	REF	18,59891	20,15688	21,76159	23,41444	25,11687	26,87037
	TF	0,05377	0,04961	0,04595	0,04271	0,03981	0,03722
	WGF	0,08377	0,07961	0,07595	0,07271	0,06981	0,06722
4%	q^n	1,80094	1,87298	1,94790	2,02582	2,10685	2,19112
	q^{-n}	0,55526	0,53391	0,51337	0,49363	0,47464	0,45639
	RBF	11,11839	11,65230	12,16567	12,65930	13,13394	13,59033
	REF	20,02359	21,82453	23,69751	25,64541	27,67123	29,77808
	TF	0,04994	0,04582	0,04220	0,03899	0,03614	0,03358
	WGF	0,08994	0,08582	0,08220	0,07899	0,07614	0,07358
5%	q^n	2,07893	2,18287	2,29202	2,40662	2,52695	2,65330
	q^{-n}	0,48102	0,45811	0,43630	0,41552	0,39573	0,37689
	RBF	10,37966	10,83777	11,27407	11,68959	12,08532	12,46221
	REF	21,57856	23,65749	25,84037	28,13238	30,53900	33,06595
	TF	0,04634	0,04227	0,03870	0,03555	0,03275	0,03024
	WGF	0,09634	0,09227	0,08870	0,08555	0,08275	0,08024
6%	q^n	2,39656	2,54035	2,69277	2,85434	3,02560	3,20714
	q^{-n}	0,41727	0,39365	0,37136	0,35034	0,33051	0,31180
	RBF	9,71225	10,10590	10,47726	10,82760	11,15812	11,46992
	REF	23,27597	25,67253	28,21288	30,90565	33,75999	36,78559
	TF	0,04296	0,03895	0,03544	0,03236	0,02962	0,02718
	WGF	0,10296	0,09895	0,09544	0,09236	0,08962	0,08718

Zins i	Fak-toren	Laufzeit n					
		15	16	17	18	19	20
7%	q^n	2,75903	2,95216	3,15882	3,37993	3,61653	3,86968
	q^{-n}	0,36245	0,33873	0,31657	0,29586	0,27651	0,25842
	RBF	9,10791	9,44665	9,76322	10,05909	10,33560	10,59401
	REF	25,12902	27,88805	30,84022	33,99903	37,37896	40,99549
	TF	0,03979	0,03586	0,03243	0,02941	0,02675	0,02439
	WGF	0,10979	0,10586	0,10243	0,09941	0,09675	0,09439
8%	q^n	3,17217	3,42594	3,70002	3,99602	4,31570	4,66096
	q^{-n}	0,31524	0,29189	0,27027	0,25025	0,23171	0,21455
	RBF	8,55948	8,85137	9,12164	9,37189	9,60360	9,81815
	REF	27,15211	30,32428	33,75023	37,45024	41,44626	45,76196
	TF	0,03683	0,03298	0,02963	0,02670	0,02413	0,02185
	WGF	0,11683	0,11298	0,10963	0,10670	0,10413	0,10185
9%	q^n	3,64248	3,97031	4,32763	4,71712	5,14166	5,60441
	q^{-n}	0,27454	0,25187	0,23107	0,21199	0,19449	0,17843
	RBF	8,06069	8,31256	8,54363	8,75563	8,95011	9,12855
	REF	29,36092	33,00340	36,97370	41,30134	46,01846	51,16012
	TF	0,03406	0,03030	0,02705	0,02421	0,02173	0,01955
	WGF	0,12406	0,12030	0,11705	0,11421	0,11173	0,10955
10%	q^n	4,17725	4,59497	5,05447	5,55992	6,11591	6,72750
	q^{-n}	0,23939	0,21763	0,19784	0,17986	0,16351	0,14864
	RBF	7,60608	7,82371	8,02155	8,20141	8,36492	8,51356
	REF	31,77248	35,94973	40,54470	45,59917	51,15909	57,27500
	TF	0,03147	0,02782	0,02466	0,02193	0,01955	0,01746
	WGF	0,13147	0,12782	0,12466	0,12193	0,11955	0,11746
11%	q^n	4,78459	5,31089	5,89509	6,54355	7,26334	8,06231
	q^{-n}	0,20900	0,18829	0,16963	0,15282	0,13768	0,12403
	RBF	7,19087	7,37916	7,54879	7,70162	7,83929	7,96333
	REF	34,40536	39,18995	44,50084	50,39594	56,93949	64,20283
	TF	0,02907	0,02552	0,02247	0,01984	0,01756	0,01558
	WGF	0,13907	0,13552	0,13247	0,12984	0,12756	0,12558
12%	q^n	5,47357	6,13039	6,86604	7,68997	8,61276	9,64629
	q^{-n}	0,18270	0,16312	0,14564	0,13004	0,11611	0,10367
	RBF	6,81086	6,97399	7,11963	7,24967	7,36578	7,46944
	REF	37,27971	42,75328	48,88367	55,74971	63,43968	72,05244
	TF	0,02682	0,02339	0,02046	0,01794	0,01576	0,01388
	WGF	0,14682	0,14339	0,14046	0,13794	0,13576	0,13388

Zins i	Fak- toren	Laufzeit n					
		15	16	17	18	19	20
13%	q^n	6,25427	7,06733	7,98608	9,02427	10,19742	11,52309
	q^{-n}	0,15989	0,14150	0,12522	0,11081	0,09806	0,08678
	RBF	6,46238	6,60388	6,72909	6,83991	6,93797	7,02475
	REF	40,41746	46,67173	53,73906	61,72514	70,74941	80,94683
	TF	0,02474	0,02143	0,01861	0,01620	0,01413	0,01235
	WGF	0,15474	0,15143	0,14861	0,14620	0,14413	0,14235
14%	q^n	7,13794	8,13725	9,27646	10,57517	12,05569	13,74349
	q^{-n}	0,14010	0,12289	0,10780	0,09456	0,08295	0,07276
	RBF	6,14217	6,26506	6,37286	6,46742	6,55037	6,62313
	REF	43,84241	50,98035	59,11760	68,39407	78,96923	91,02493
	TF	0,02281	0,01962	0,01692	0,01462	0,01266	0,01099
	WGF	0,16281	0,15962	0,15692	0,15462	0,15266	0,15099
15%	q^n	8,13706	9,35762	10,76126	12,37545	14,23177	16,36654
	q^{-n}	0,12289	0,10686	0,09293	0,08081	0,07027	0,06110
	RBF	5,84737	5,95423	6,04716	6,12797	6,19823	6,25933
	REF	47,58041	55,71747	65,07509	75,83636	88,21181	102,44358
	TF	0,02102	0,01795	0,01537	0,01319	0,01134	0,00976
	WGF	0,17102	0,16795	0,16537	0,16319	0,16134	0,15976
16%	q^n	9,26552	10,74800	12,46768	14,46251	16,77652	19,46076
	q^{-n}	0,10793	0,09304	0,08021	0,06914	0,05961	0,05139
	RBF	5,57546	5,66850	5,74870	5,81785	5,87746	5,92884
	REF	51,65951	60,92503	71,67303	84,14072	98,60323	115,37975
	TF	0,01936	0,01641	0,01395	0,01188	0,01014	0,00867
	WGF	0,17936	0,17641	0,17395	0,17188	0,17014	0,16867
17%	q^n	10,53872	12,33030	14,42646	16,87895	19,74838	23,10560
	q^{-n}	0,09489	0,08110	0,06932	0,05925	0,05064	0,04328
	RBF	5,32419	5,40529	5,47461	5,53385	5,58449	5,62777
	REF	56,11013	66,64885	78,97915	93,40561	110,28456	130,03294
	TF	0,01782	0,01500	0,01266	0,01071	0,00907	0,00769
	WGF	0,18782	0,18500	0,18266	0,18071	0,17907	0,17769
18%	q^n	11,97375	14,12902	16,67225	19,67325	23,21444	27,39303
	q^{-n}	0,08352	0,07078	0,05998	0,05083	0,04308	0,03651
	RBF	5,09158	5,16235	5,22233	5,27316	5,31624	5,35275
	REF	60,96527	72,93901	87,06804	103,74028	123,41353	146,62797
	TF	0,01640	0,01371	0,01149	0,00964	0,00810	0,00682
	WGF	0,19640	0,19371	0,19149	0,18964	0,18810	0,18682

Literaturverzeichnis

Adam, D. (1968):
Die Bedeutung der Restwerte von Investitionsobjekten für die Investitionsplanung in Teilperioden, in: ZfB, 38. Jg. (1968), S. 391-408.

Adam, D. (1979):
Äquivalente Zielfunktionen in Modellen zur simultanen Investitions- und Finanzplanung, in: WISU, 8. Jg. (1979), S. 179-183, 233-237, 285-287.

Adam, D. (1993a):
Planung und Entscheidung. Modelle - Ziele - Methoden, 3. Auflage, Wiesbaden 1993.

Adam, D. (1993b):
Produktions-Management, 7. Auflage, Wiesbaden 1993.

Adam, D., Brauckschulze, U. (1984):
Probleme der Kapitalbudgetierung mit Hilfe der Schnittpunktlösung nach Dean, Veröffentlichungen des Instituts für industrielle Unternehmensforschung der Westfälischen Wilhelms-Universität Münster, Hrsg. D. Adam, Nr. 7, Münster 1984.

Adam, D., Hering, T., Johannwille, U. (1994):
Analyse der Prognosequalität impliziter Terminzinssätze, Veröffentlichungen des Instituts für Industrie- und Krankenhausbetriebslehre der Westfälischen Wilhelms-Universität Münster, Hrsg. D. Adam, Nr. 38, Münster 1994.

Adam, D., Hering, T., Schlüchtermann, J. (1993):
Marktzinsmethode, Lenkpreistheorie und klassische Investitionsrechnung, in: ZfbF, 45. Jg. (1993), S. 786-790.

Adam, D., Hering, T., Schlüchtermann, J. (1994):
Die Eignung der Marktzinsmethode als Partialmodell zur Beurteilung der Vorteilhaftigkeit von Investitionen, in: DBW, 54. Jg. (1994), S. 775-786.

Adam, D., Schlüchtermann, J., Hering, T. (1994):
Zur Verwendung marktorientierter Kalkulationszinsfüße in der Investitionsrechnung, in: ZfB, 64. Jg. (1994), S. 115-119.

Adam, D., Schlüchtermann, J., Utzel, C. (1993):
Zur Eignung der Marktzinsmethode für Investitionsentscheidungen, in: ZfbF, 45. Jg. (1993), S. 3-18.

Albach, H. (1962):
Investition und Liquidität, Wiesbaden 1962.

Albach, H. (1964):
Das optimale Investitionsbudget. Eine Erwiderung, in: ZfbF, 16. Jg. (1964), S. 456-470.

Albach, H. (1976):
Investitionsrechnungen bei Unsicherheit, in: Büschgen, H.E. (Hrsg.): Handwörterbuch der Finanzwirtschaft, Stuttgart 1976, Sp 893-908.

Altrogge, G. (1973):
Zur Beurteilung einzelner Investitionen durch Rentabilitätskennziffern und Volumenangaben, in: ZfB, 43. Jg. (1973), S. 663-680.

Andritzky, K. (1976):
Der Einsatz von Scoring-Modellen für die Produktbewertung, in: Die Unternehmung 1976, S. 21-37.

Ansoff, H.J. (1965):
Corporate Strategy, New York u.a. 1965.

Aurich, W., Schroeder, H.-U. (1972):
System der Wachstumsplanung im Unternehmen, München 1972.

Baldwin, R.H. (1959):
How to Assess Investment Proposals, in: Harvard Business Review, 37. Jg. (1959), S. 98-104.

Bamberg, G, Coenenberg, A. G. (1992):
Betriebswirtschaftliche Entscheidungslehre, 7. Auflage München 1992.

Berens, W. (1991):
Die Beurteilung von Heuristiken, Habilitationsschrift, Münster 1991.

Bircher, B. (1976):
Langfristige Unternehmensplanung, Bern, Stuttgart 1976.

Bitz, M. (1980):
Investition und Finanzierung, Vorlesung der Fernuniversität Hagen 1980.

Bitz, M. (1981):
Entscheidungstheorie, München 1981.

Blohm, H., Lüder, K. (1991):
Investition. Schwachstellen im Investitionsbereich des Industriebetriebes und Wege zu ihrer Beseitigung, 7. Auflage, München 1991.

Bösenberg, D., Metzen, H. (1993):
Lean Management. Vorsprung durch schlanke Konzepte, 2. Auflage, Landsberg/Lech 1993.

Brandt, H. (1970):
Investitionspolitik des Industriebetriebes, 3. Auflage, Wiesbaden 1970.

Brauckschulze, U. (1983):
Die Produktelimination, Münster 1983.

Busse von Colbe, W. (1990):
Lexikon des Rechnungswesens, München, Wien 1990.

Busse von Colbe, W., Laßmann, G. (1990):
Betriebswirtschaftstheorie, Band 3. Investitionstheorie, 3. Auflage, Berlin u.a. 1990.

Buzzell, R. D., Gale, B. T. (1989):
Das PIMS-Programm. Strategien und Unternehmenserfolg, Wiesbaden 1989.

Charnes, A., Cooper, W. W. (1960):
Chance-constrained programming, in: Management Science 1960, S. 73-79.

Coenenberg, A. G. (1973):
Verrechnungspreise zur Steuerung divisionalisierter Unternehmen, in: WiSt, 2. Jg. (1973), S. 373-382.

Coenenberg, A. G. (1992):
Jahresabschluß und Jahresabschlußanalyse, 13. Auflage, Landsberg/Lech 1992.

Dean, J. (1969):
Capital Budgeting, 8. Auflage, New York, London 1969.

Drees-Behrens, C. (1990):
Der Einfluß von Investitionsfördermaßnahmen auf betriebliche investitionsentscheidungen. Eine Analyse aus betriebswirtschaftlicher Sicht, Bergisch Gladbach, Köln 1990.

Dreyer, A. (1974):
Scoring-Modelle bei Mehrfachzielsetzungen. Eine Analyse des Entwicklungsstandes von Scoring-Modellen, in: ZfB 1974, S. 255-274.

Fisher, I. (1930):
The Theory of Interest, New York 1930 (Neuauflage 1965).

Franke, G., Laux, H. (1968):
Die Ermittlung der Kalkulationszinsfüße für investitionstheoretische Partialmodelle, in: ZfbF, 20. Jg. (1968), S. 740-759.

Gälweiler, A. (1986):
Unternehmensplanung, Frankfurt am Main, New York 1986.

Gans, B., Looss, W., Zickler, D. (1977):
Investitions- und Finanzierungstheorie, 3. Auflage, München 1977.

Götze, U., Bloech, J. (1993):
Investitionsrechnung, Modelle und Analysen zur Beurteilung von Investitionsvorhaben, Berlin u.a. 1993.

Grabbe, H.-W. (1976):
Investitionsrechnung in der Praxis, Köln 1976.

Grob, H.L. (1982):
Übungsfälle zur Betriebswirtschaftslehre, München 1982.

Grob, H.L. (1989):
Investitionsrechnung mit vollständigen Finanzplänen, München 1989.

Grob, H.L. (1990a):
Das System der VOFI-Rentabilitätskennzahlen bei Investitionsentscheidungen, in: ZfB, 60. Jg. (1990), S. 179-192.

Grob, H.L. (1990b):
Einführung in die Investitionsrechnung, Hamburg u.a. 1990.

Grob, H.L. (1990c):
Investitionsrechnung für Informations- und Kommunikationssysteme auf der Grundlage von Preis-Leistungs-Modellen, in: Adam, D., Backhaus, K., Meffert, H., Wagner, H. (Hrsg.): Integration und Flexibilität. Eine Herausforderung an die Allgemeine Betriebswirtschaftslehre, Wiesbaden 1990, S. 335-352.

Haberstock, L. (1989):
Einführung in die Betriebswirtschaftliche Steuerlehre, 7. Auflage, Hamburg 1989.

Hax, H. (1964):
Investitions- und Finanzplanung mit Hilfe der linearen Programmierung, in: ZfbF, 16. Jg. (1964), S. 430-446.

Hax, H. (1965):
Die Koordination von Entscheidungen, Köln u.a. 1965.

Hax, H. (1985):
Investitionstheorie, 5. Auflage, Würzburg, Wien 1985.

Heinen, E. (1957):
Zum Begriff und Wesen der betriebswirtschaftlichen Investition, in: BFuP, 9. Jg. (1957), S. 16-31 und S. 85-98.

Heinen, E. (1971):
Grundlagen betriebswirtschaftlicher Entscheidungen, 2. Auflage, Wiesbaden 1971.

Henke, M. (1973):
Vermögensrentabilität - ein einfaches dynamisches Investitionskalkül, in: ZfB, 43. Jg. (1973), S. 177-198.

Hering, T. (1992):
Zur Berechnung und Interpretation endogener Grenzzinsfüße bei Endwert- und Entnahmemaximierung, Veröffentlichungen des Instituts für Industrie- und Krankenhausbetriebslehre der Westfälischen Wilhelms-Universität Münster, Hrsg. D. Adam, Nr. 33, Münster 1992.

Hering, T. (1995):
Investitionstheorie aus der Sicht des Zinses, Wiesbaden 1995.

Hertz, D. B. (1964):
Risk Analysis in Capital Investment, in: Harvard Business Review 1964, S. 95-106.

Hinterhuber, H.H. (1992):
Strategische Unternehmensführung, 5. Auflage, Band 1, Berlin, New York 1992.

Hopfenbeck, W. (1990):
Umweltorientiertes Management und Marketing, Landsberg/Lech 1990.

Horváth, P. (Hrsg.) (1993):
Target Costing - Marktorientierte Zielkosten in der deutschen Praxis, Stuttgart 1993.

Horváth, P. (1993):
Target Costing - State of the Art, in: Target Costing - Marktorientierte Zielkosten in der deutschen Praxis, Stuttgart 1993, S. 1-27.

Jackson, J.R. (1963)
Jobshop-Like Queueing Systems, in: Management Science, 10 (1963), S. 131-142.

Jacob, H. (1962):
Investitionsplanung auf der Grundlage linearer Optimierung, in: ZfB, 32. Jg. (1962), S. 651-655.

Jacob, H. (1964):
Neuere Entwicklungen in der Investitionsrechnung, in: ZfB, 34. Jg. (1964), S. 487-507, 551-594.

Jacob, H. (1967):
Zum Problem der Unsicherheit bei Investitionsentscheidungen, in: ZfB, 37. Jg. (1967), S. 153-187.

Jacob, H. (1978):
Diversifikation - Möglichkeiten und Grenzen, in: Wolfsburger Fachgespräche, Bd. 1, Wolfsburg 1978, S. 11-41.

Jacob, H. (1989):
Flexibilität und ihre Bedeutung für die Betriebspolitik, in: Integration und Flexibilität, Hrsg. D. Adam, K. Backhaus, H. Meffert, H. Wagner, Wiesbaden 1989, S. 15-60.

Kern, W. (1971):
Kennzahlensysteme als Niederschlag interdependenter Unternehmungsplanung, in: ZfbF, 23. Jg. (1971), S. 701-718.

Kern, W. (1974):
Investitionsrechnung, Stuttgart 1974.

Knigge, R. (1975):
Von der Cost-Benefit-Analyse zur Nutzwert-Analyse, in: WISU, 4. Jg. (1975), S. 123-129

Kobelt, H., Schulte, P. (1987):
Finanzmathematik: Methoden, betriebswirtschaftliche Anwendungen und Aufgaben mit Lösungen, 5. Auflage, Herne, Berlin 1991.

Koch, H. (1958):
Zur Diskussion über den Kostenbegriff, in: Zeitschrift für handelswissenschaftliche Forschung, 10. Jg. (1958), S. 355-399.

Koch, H. (1959):
Zur Frage des pagatorischen Kostenbegriffs, in: ZfB, 29. Jg. (1959), S. 8-17.

Koenigsberg, E. (1982)
Twenty-five Years of Cyclical Queues and Closed Queue Networks: A Review, in: Journal of the Operational Research Society, 33 (1982), S. 605-619.

Kreikebaum, H. (1991):
Strategische Unternehmensplanung, 4. Aufl, Stuttgart, Berlin 1991.

Kruschwitz, L. (1976):
Finanzmathematische Endwert- und Zinsfußmodelle, in: ZfB, 46. Jg. (1976), S. 245-262.

Kruschwitz, L. (1978):
Investitionsrechnung, 1. Auflage, Berlin, New York 1978.

Kruschwitz, L. (1980):
Bemerkungen zur Risikoanalyse aus theoretischer Sicht, in: ZfB, 50. Jg. (1980), S. 800-808.

Kruschwitz, L. (1993):
Investitionsrechnung, 5. Auflage, Berlin, New York 1993.

Kruschwitz, L., Röhrs, M. (1994):
Debreu, Arrow und die marktzinsorientierte Investitionsrechnung, in: ZfB, 64. Jg. (1994), S. 655-665.

Küpper, H.-U. (1990):
Industrielles Controlling, in: Schweitzer, M. (Hrsg.), Industriebetriebslehre, München 1990, S. 781-891.

Lücke, W. (1955):
Investitionsrechnungen auf der Grundlage von Ausgaben oder Kosten?, in: ZfhF, 7. Jg. (1955), S. 310-324.

Mandelbrot, B.B. (1987):
Die fraktale Geometrie der Natur, Basel, Boston 1987.

Markowitz, H.M. (1959):
Portfolio Selection, New York 1959.

Marusev, A.W., Schierenbeck, H. (1990):
Margenkalkulation von Bankprodukten im Marktzinsmodell, in: ZfB, 60. Jg. (1990), S. 789-813.

Massé, P., Gibrat, R. (1957):
Application of Linear Programming to Investments in the Electric Power Industry, in: Management Science, Bd. 3 (1957), S. 149.

Meffert, H. (1986):
Marketing, 7. Auflage, Wiesbaden 1986.

Müller-Merbach, H. (1973):
Operations Research, 3. Auflage, München 1973.

O'Meara, J.T. (1961):
Selecting profitable products, in: Harvard Business Review 1961, S. 83-89.

Peemöller, V. H. (1992):
Controlling. Grundlagen und Einsatzgebiete, 2. Auflage, Herne, Berlin 1992.

Perridon, L., Steiner, M. (1993):
Finanzwirtschaft der Unternehmung, 7. Auflage, München 1993.

Pfohl, H.-C., Zettelmeyer, B. (1987):
Strategisches Controlling?, in: ZfB, 57. Jg. (1987), S. 145-175.

Priewasser, E. (1972):
Betriebliche Investitionsentscheidungen, Berlin, New York 1972.

REFA (Hrsg.) (1974):
Methodenlehre der Planung und Steuerung, Teil 2: Planung, München 1974.

Röhrs, M. (1991):
Empirischer Vergleich von Zinsstrukturfunktionen anhand öffentlicher Anleihen der Bundesrepublik Deutschland, in: ZfB, 61. Jg. (1991), S. 919-940.

Rolfes, B. (1992):
Moderne Investitionsrechnung, München, Wien 1992.

Rolfes, B. (1993):
Marktzinsorientierte Investitionsrechnung, in: ZfB, 63. Jg. (1993), S. 691-713.

Rolfes, B. (1994):
Marktzinsorientierte Investitionsrechnung, in: ZfB, 64. Jg. (1994), S. 121-125.

Rose, G. (1991):
Betrieb und Steuer, 1. Buch, Ertragsteuern, 12. Auflage, Wiesbaden 1991.

Rudolph, B. (1988):
Grundlagen einer kapitalmarktbezogenen Ermittlung bankgeschäftlicher Perioden- und Spartenergebnisse, in: Rudolph, B., Wilhelm, J. (Hrsg.), Bankpolitik. Finanzielle Unternehmensführung und die Theorie der Finanzmärkte, Berlin 1988.

Sakurai, M. (1989):
Target Costing and How to Use it, in: Journal of Cost Management, 3 (1989) 2, S. 39-50.

Scherm, E. (1992)
Die Szenario-Technik - Grundlage effektiver strategischer Planung, in: WISU, 21. Jg. (1992), S. 95-97.

Schierenbeck, H. (1993):
Grundzüge der Betriebswirtschaftslehre, 11. Auflage, München 1993.

Schmalenbach, E. (1947):
Pretiale Wirtschaftslenkung, Band 1: Die optimale Geltungszahl, Bremen 1947.

Schmalenbach, E. (1948):
Pretiale Wirtschaftslenkung, Band 2: Pretiale Lenkung des Betriebes, Bremen 1948.

Schmidt, R. H. (1986):
Grundzüge der Investitions- und Finanzierungstheorie, 2. Auflage, Wiesbaden 1986.

Schmitz, E., Pesch, A. (1994):
Abweichungsanalyse für Zinsstruktur-Kurven, in: Die Bank, Nr. 9, 1994, S. 550-553.

Schneeweiß, C. (1990):
Kostenwirksamkeitsanalyse, Nutzwertanalyse und Multi-Attributive Nutzentheorie, in: WISU, 19. Jg. (1990), S. 13-18.

Schneider, D. (1992)
Investition, Finanzierung und Besteuerung, 7. Auflage, Wiesbaden 1992.

Schneider, E. (1973):
Wirtschaftlichkeitsrechnung. Theorie der Investition, 8. Auflage, Tübingen, Zürich 1973.

Schwarz, H. (1967):
Optimale Investitionsentscheidungen, München 1967.

Seidenschwarz, W. (1991):
Target Costing - ein japanischer Ansatz für das Kostenmanagement, in: Controlling, 3. Jg. (1991), S. 198-203.

Seidenschwarz, W. (1993):
Target Costing. Marktorientiertes Zielkostenmanagement, München 1993.

Sharpe, W.F. (1970):
Portfolio Theory and Capital Markets, New York u.a. 1970.

Siegel, T. (1988):
Arbeitsbuch Steuerrecht, 2. Auflage, München 1988.

Staehle, W. H. (1973):
Kennzahlensysteme als Instrumente der Unternehmensführung, in: WiSt, 2. Jg. (1973), S. 222-228.

Steiner, J. (1980):
Gewinnsteuern in Partialmodellen für Investitionsentscheidungen. Barwert und Endwert als Instrumente zur Steuerwirkungsanalyse, Berlin 1980.

Strebel, H. (1978):
Scoring-Modelle im Lichte neuer Gesichtspunkte zur Konstruktion praxisorientierter Entscheidungsmodelle, in: Der Betrieb, 31. Jg. (1978), S. 2181-2186.

Strebel, H. (1980):
Umwelt und Betriebswirtschaft, Berlin 1980.

Swoboda, P. (1991):
Betriebliche Finanzierung, 2. Auflage, Heidelberg 1991.

Thießen, F. (1993):
Das Paradoxon von Maurice Allais. Zeigt es die Notwendigkeit einer zu erneuernden Verhaltenstheorie? in: ZfbF, 45. Jg. (1993), S. 157-174.

Töpfer, A., Mehdorn, H. (1993):
Total Quality Management. Anforderungen und Umsetzung im Unternehmen, 2. Auflage, Neuwied, Kriftel, Berlin 1993.

Vogel, K. (1992):
DBA. Doppelbesteuerungsabkommen. Kommentar, 2. Auflage, München 1992.

Weingartner, H.M. (1963):
Mathematical Programming and the Analysis of Capital Budgeting Problems, Englewood Cliffs 1963.

Wildemann, H. (Hrsg.) (1993):
Lean Management. Strategien zur Erreichung wettbewerbsfähiger Unternehmen, Frankfurt am Main 1993.

Wimmer, K. (1993):
Marktzinsmethode und klassische Investitionsrechnung - ein Vergleich, in: ZfbF, 45. Jg. (1993), S. 780-785.

Witte, T., Deppe, J.F., Born, A. (1975):
Lineare Programmierung, Wiesbaden 1975.

Wittmann, W. (1959):
Unternehmung und unvollkommene Information, Köln, Opladen 1959.

Womack, J. P., Jones, D. T., Roos, D. (1992):
Die zweite Revolution in der Autoindustrie, 4. Auflage, Frankfurt am Main, New York 1992.

Zangemeister, C. (1971):
Nutzwertanalyse von Projektalternativen, in: Industrielle Organisation 1971, S. 159-168.

Zangemeister, C. (1976):
Nutzwertanalyse in der Systemtechnik, 4. Auflage, München 1976.

Zwehl, W. von, Schmidt-Ewig, W. (1981):
    Wirtschaftlichkeitsrechnung bei öffentlichen Investitionen, Wiesbaden
    1981.

Stichwortverzeichnis

A

Ablaufsteuerung 368 ff.
Ablaufstrukturierung 362 ff.
Absatzschwankungen 383
Abschreibung 144, 201 f.
Abweichungsanalyse 433
Abzinsungsfaktor 115, 500 ff.
Alternativplanung 209
Amortisationsdauer 100 f.
Amortisationsrechnung 100 f.
Analyse, isolierte 44 f.
Annuität 128 ff., 195
Annuitätenfaktor
  siehe Wiedergewinnungsfaktor
Annuitätenmethode 101, 129 f., 423
Anpassungsfähigkeit 320, 322 f.
Anpassungsfunktion 13 f.
Arbeitspläne
- Ablaufstrukturierung der 362 ff.
- vernetzte 357, 363 ff.
Arbitrage, unendliche 301
Arbitragefreie Bewertung 277
Auflagengröße 94 ff.
Aufzinsungsfaktor 500 ff.
Ausfallwahrscheinlichkeit, kritische
  426
Ausschüttungspolitik 151
Auszahlung 1

B

Barvermögen 202
Barwertfaktor 119, 128, 130 f., 194
Basismodell 157
Bernoulli-Prinzip 338 f., 441 ff.
Beta-Faktor 343
Bilanzstrukturregeln 267 ff.
Break-Even-Mengen 435
Break-Even-Preis 437 ff.
Breitendiskrepanz 130
Bruttomethode 156 f.
Budget 24 ff., 217, 358 f., 373 ff.

Budgetierung 24 ff., 373 ff.
Budgetierungsproblem 207 ff.
Budgetsteuerung 26, 373 ff.

C

CAPM 340 ff.
Chance-Constrained Programming 351
Chaostheorie 301 ff.
Checklisten 72 f., 73 ff.
Commitment 356
Continous Improvement 14
Controlling
- Begriff des 9 ff.
- Funktionen des 10 ff.
- Instrumente des 27 f.
- operatives 18 ff., 21
- strategisches 17 ff., 21

D

Daten 49
- metrische 22 f.
- pseudometrische 22 f.
- qualitative 22 f.
Dean-Modell 220 ff., 407
Differenzstrategien 231 ff.
Dilemma der Lenkpreistheorie 304
Dilemma der Lenkzinssätze 259
Diversifikation 330
Dominanz 52 ff., 333
Dominanzprinzip 446
Doppelbesteuerungsabkommen 477
Dualwert 256 ff., 262, 265, 268, 272,
  275, 292, 294
Durchschnittsgewinn, zeitlicher 204 f.

E

Effektivzins 456
Effizienz 334
Eigenfinanzierung 172 ff.

Eigenkapitalrentabilität 99
- dynamische 142 f.
Eigenmittel 59 f.
Eignungsprofile 86 f.
Einkommensteuer 450
Einzahlungsüberschuß 2
Elastizität 323
Emanzipation 384
Endvermögen 103, 114 f.
- zusätzliches 117
Endvermögensdifferenz 112 f.
Endvermögensmaximierung 29 ff.,
    38 ff., 243 ff., 249, 253 ff.
Endwertfaktor 128
Entnahme 59 f.
Entnahmeformel 128
Entnahmemaximierung 102 f., 124,
    248, 260 ff.
Entnahmestrom 30 ff., 124 ff.
Entscheidungen
- bedingte 323 ff.
- einmalige 317
- mehrstufige 324
Entscheidungsbaum 475
Entscheidungsfeld
- geschlossenes 318
- mengenmäßige Ausdehnung 44 ff.
- offenes 24 ff, 29, 312 f., 316,
    318 ff., 181 f.
- zeitliche Ausdehnung 46 ff.
Entscheidungsphase 6
Entscheidungsprozeß 13 f.
Entscheidungstheorie 316
Entsorgungsausgaben 101
Erfolgsziele 13, 19
Ersatzkriterium 388
Ersatzproblem 195 ff.
Ersatzvergleich 90, 92 ff., 383
Ersatzzeitpunkt, optimaler 180 f., 390
Ertragsteuermultifaktor 147 ff., 200,
    450, 487 ff.
Ertragsteuern 200 ff., 395
Erwartungswert 317 ff., 337
Eventualstrategien 323 ff.

F
Faktorpreise, kritische 424
Fertigungssteuerung 358, 368
F&E-Projekt 354 ff.
Finanzierung 2 f., 113
- Eigen- 172 ff.
- Fremd- 171 f.
Finanzierungsbedingung 105 ff.
Finanzrestriktionen 244, 250
Flexibilität 319 f.
Forward-Rate 284 ff., 288
- Prognose der 306 ff.
Fristenkongruenz 279
Fristentransformation 291
Fristentransformationserfolg 292
Führungssystem 9 f.

G
General law of replacement 189, 193
Gesamtausbringung 387
Gesamtkapitalrentabilität 99
Gewerbeertragsteuer 148 ff., 396
Gewichtung 81 ff.
Gewinn 31 f.
Gewinnvergleichsrechnung 88 ff., 99
Gewinnmaximierung 38 ff., 380
- dynamische 102 f., 122 ff.
Gewinnrückkopplung 122
Gewinnsprung 233 ff.
Gleichgewicht, finanzwirtschaftliches
    244
Grenzgewinn, zeitlicher 204 f.
Grenzobjekt 219, 259, 266
Grenzzinsfüße, endogene 70, 252 ff.

H
Hurwicz-Kriterium 352

I
Inflation 174 ff.
Inflationsrate, kumulierte 176

Informationsbedarf, Bestimmungs-
  größen 15
Informationsbeschaffung 15 f.
Informationsstand 318
Initialverzinsung 141 f., 275, 299
Innovationsfunktion 13 f.
Interdependenzen 20 f., ff., 207,
  231 ff., 247
- horizontale 197 f.
- zeitlich vertikale 47
- zeitübergreifende 212
Interner Zins 133 ff., 217, 401
Interne Zinsfuß-Methode 55, 101,
  138 f.
Investition 1
- Basis- 51 ff.
- Begriff der 1 ff.
- Differenz- 51 ff., 102, 411 ff.
- Diversifizierungs- 5
- Ergänzungs- 53 ff.
- Erhaltungs- 5
- Errichtungs- 4 f.
- Ersatz- 5
- Erweiterungs- 5, 47 f.
- Finanz- 2
- Gründungs- 4 f.
- Neu- 4 f.
- Rationalisierungs- 5, 181
- Real- 2
- Sach- 2
- Veränderungs- 5
Investition mit Entscheidungsfreiheit
  4
Investition ohne Entscheidungsfreiheit
  3 f.
Investitionsalternativen
- sich vollständig ausschließende 59
- vollständige 56
Investitionsbudget 133, 207 ff.
Investitionserfolg 280
Investitionscontrolling 1 ff., 355 ff.
Investitionskette
- endliche 184, 189 ff.
- unendliche 184, 193 ff., 203, 391
Investitionsplanung, strategische 72 ff.

Investitionsprozeß 6 ff.

Investitionsrechnung 1 ff., 27
- begleitende 374
- dynamische 101 ff.
- klassische 20 f., 101 ff., 355
- statische 88 ff.
Investitionssteuerung 7 f., 356 ff.
Investitionstypen 3 ff.
Investitions- und Finanzplanung,
  simultane 238 ff.
Investitions-, Finanz- und Programmplanung, simultane 248 ff.

K
Kalkulationszinsfüße
- negative 301
- periodenspezifische 258
Kalkulationszinssatz 68 ff.
Kapazität 246
Kapazitätsengpaß 384
Kapazitätsprüfung 380
Kapitalangebotsfunktion 408 ff.
Kapitalbindung 63 ff.
Kapitaldienst 91 ff.
Kapitalmarkt
- vollkommener 3, 60 ff., 67, 115 ff.,
  127 ff.,136, 154 ff., 185, 278
- unvollkommener 68 f., 104 ff.,
  124 ff., 151
Kapitalmarktlinie 330 f.
Kapitalnachfragefunktion 408 ff.
Kapitalrendite 35 ff.
Kapitalumschlagshäufigkeit 24
Kapitalwert 103, 114 f., 117, 133 ff.,
  141, 390, 472 ff.
Kapitalwertmethode 55, 101, 114 f.,
  118 ff., 129 f., 258 ff., 472 ff.
Kapitalwertrate 218
Kaufkraft 174 ff.
Kennzahlen 23 f.
Kennzahlensysteme 23 f.
- definitionslogische 24
- empirisch-induktive 24

Ketteneffekt 189, 193

Knappheit
- absolute 207
- relative 207
Knappheitspreise 243
Kontenausgleichsgebot 140
Kontenausgleichsverbot 140
Kontrollphase 8
Koordination
- horizontale 12
- in zeitlicher Hinsicht 12
- laufende 12
- strukturelle 12
- systembildende 12
- systemkoppelnde 12
- vertikale 12
Koordinationsaufwand 357, 363
Koordinationsfunktion 11 ff.
Korrekturverfahren 335
Körperschaftsteuer 148 ff., 396, 450
Kostendifferenzfunktion 384
Kostenfunktion 384
Kostenminimierung 380
Kostenvergleich, statischer 88 ff.,
    430 ff.
Kreativitätstechniken 27 f.
Kredit 59 f.
Kritische Ausfallwahrscheinlichkeit
426
Kritische Faktorpreise 424
Kritische Mengen 429 ff.
Kritische Nutzungsdauer 419
Kritische Werte 336
Kritischer Verkaufspreis 419
Kritischer Sollzinssatz 139

L
Laplace-Regel 352
Lean Management 7, 357, 360 ff.
Leasing 456, 457
Leasingzahlung
- einmalige 459
- jährliche 457

- Verhandlungsintervall 469
Lenkpreise 26 f., 243 ff.
Lenkpreistheorie, 252 ff., 276, 297 f.
- Sonderfälle der 263
Lenkzins 219
Leverage-Effekt 36 f.
Lineare Optimierung 239 ff.
Liquidationserlös 93 f., 390, 457
Liquiditätsbedingungen 105 ff.
Liquiditätspotentiale 320 f.
Losgröße 387
Lücke-Theorem 63 ff., 103, 122

M
μ-Prinzip 337 ff., 431 ff.
μ-σ-Prinzip 339 ff., 431 ff.
Marginalprinzip 214
Marktportefeuille 341
Marktzinsmethode 277 ff.
- heuristisches Prinzip 314 f.
- Unzulänglichkeiten 289 ff.
Massenfertigung 360 f.
Maximierung
- des Endvermögens 29 ff., 38 ff.,
    243 ff., 249, 253 ff.
- des Entnahmestroms 38 ff.
- des Gewinnes 38 ff., 102 f., 122 ff.,
    380
- der Rentabilität 38 ff., 102
Maximax-Kriterium 352
Mengen, kritische 429 ff.
Mietkostensatz 423
Minimax-Kriterium 352
Minimaxregel 427
Monopolpreis 421
Multifaktor 147 ff., 200, 450, 487 ff.

N
Nachbesserungsphase 8 f.
Nutzungsdauer 391
- kritische 419
- optimale 180 ff.
- technische 180

Nutzwert 77 f.
Nutzwertanalyse 20, 72 f., 76 ff.

O
Opportunität 110, 112
Optimierung, lineare 239 ff.

P
Paarvergleich 81
Partialmodelle 67 ff., 280
Pay-off-Periode 100 f.
Personalzuordnung 370, 372 f.
PIMS 24
Planung
- flexible 323 ff.
- rollierende 323 ff., 329
- starre 323 ff.
Planungshorizont 200
Planungsperiode 30 f.
Planungsprozeß 13 f.
Planungsverfahren
- qualitative 22 ff., 72 ff.
- quantitative 22 ff.
Portfolio Selection 340
Präferenzfunktion 443
Preis-Leistungsmodelle 73, 87 f.
Preisabsatzfunktion 421
Preisindex 176
Pretiale Lenkung 26, 278 ff., 300
Produktionsprogrammplanung 240 ff.
Prognoseverfahren 27 f.
Programmanalysen 43 ff.
Programmierung
- lineare 239 ff.
- mathematische 238 ff., 351
Projekt, F&E- 354 ff.
Projektzerlegung 362 ff.
Projektsteuerung 354 ff.
Punktbewertungsmodell 72 f., 77 ff.

Q
Quasi-Sicherheit 322
Qualitative Verfahren 20, 22, 72
Quantitative Verfahren 20, 22

R
Rationalisierungsinvestition 5, 181
Realisationsphase 6 f., 21, 355 ff.
Realvermögen 175 ff.
Realverzinsung 139 ff.
Rekursionsformel 288, 302
Rentabilität
- Eigenkapital- 99
- Gesamtkapital- 99
- Umsatz- 24
- Vermögens- 133f., 139 ff.
- Vofi- 142 f.
Rentabilitätskennziffern 23, 132 ff.
Rentabilitätsmaximierung 38 ff., 102 f.
Rentabilitätsrechnung, statische 88 ff., 98 ff.
Rentenbarwertfaktor (RBF) 500 ff.
Rentenendwertfaktor (REF) 500 ff.
Restbuchwert 202
Retrograde Terminierung 368 ff.
Risiko 316 f., ff.
- systematisches 343 f.
- unsystematisches 343
Risikoanalyse 345 ff., 455
Risikoausgleich 330 ff.
Risikoklassen 335
Risikomessung 332 f.
Risikonutzenfunktion 441
Risikoprofil 346 ff., 375
Risikosimulation 455
RoI 24, 33 ff., 99 ff.
- dynamischer 142 f.
Rüstkosten 94 ff.
Rüstzeit 94 f.

S
Sachvermögen 202
Schlupfverfahren 351
Schnittpunktlösung 222
Schwiegermutter, Alter der 115
Scoringmodell 72 f., 77 ff.
Sensibilität 336
Sensitivitätsanalyse 335 ff.

Separationstheorem 118
Servicefunktion 15 ff.
Simultaneous Engineering 7, 357,
    366 ff.
Sollzinssatz, kritischer 139
Spinnmaschinen 483 ff.
Standardabweichung 339 ff.
Standardfall 253 ff.
Standardmodell 157 ff., 456, 492 ff.
Standortverlagerung 483 ff.
Statisches Modell, Annuitätenmethode
    378
Steuer 143 ff.
- Ertrag- 144 ff.
- Kosten- 144 f.
Steuerbemessungsgrundlagen 145 ff.
Steuereffekt 144 ff., 165 f.
Steuermultifaktor 147 ff., 200, 450
Steuerparadoxon 164 ff.
Steuersatz 146 ff.
Steuerzahlung 146 ff., 457
Strafkosten 351
Strategien
- Differenz- 231 ff.
- Eventual- 323 ff.
- explizit formulierte 208 f.
- implizit formulierte 209
Strukturdefekte 22

T
Target Costing 16, 358, 376 f.
Taylorismus 360 f.
Team 360 ff.
Teamleiter 360 ff.
Technischer Fortschritt 181
Teilbarkeit 60
Teilnutzwerte 85
Tilgungsfaktor (TGF) 500 ff.
Tranchen 283
Transformationserfolg 280

U
Umrüstkosten 94 ff.

Umrüstungen 387
Umsatzrentabilität 24
Ungewißheit 316
Unsicherheit 316 ff., 359, 375,
    429 ff.,454 ff.
Unsicherheit bei Zielproblematik
    332 ff.
Unteilbarkeit 225 ff.

V
Verfahren
- qualitative 20, 22, 72
- quantitative 20, 22
Verfahrenskritische
- Auflagenhöhe 387
- Linie 95 ff.
- Menge 91 ff., 95 ff.
Verfahrensvergleich 90 ff., 423
- kritische Produktionsmenge 381
Verfügbarkeit, faktische 401
Vergleichbarkeit von Investitions-
    alternativen 50 ff.
Verkaufspreis, kritischer 419
Vermögensmaximierung 102 f.,
    104 ff., 124, 125, 127 ff., 132, 180
Vermögensrentabilität 133 f., 139 ff.
Vernetzung 363 ff.
Verrechnungspreise 26 f.
Verteilungsfunktion 434
Verzinsung, interne 133 ff., 217, 401
Verzinsungsmodell 132 ff.
Vofi-Rentabilitäten 142 f.
Vollständiger Finanzplan (Vofi) 54,
    56 ff., 101 ff., 105, 109 ff., 125 ff.,
    143, 199 ff., 448
- erweiterter 209
Vorteilhaftigkeitsanalysen 40 ff.
Vorteilhaftigkeitsvergleich, statischer
    429 ff.
Vorteilhaftigkeit von Investitionen
    144 ff.

W

Wahlproblem 42 ff., 112 f., 129 ff.,
138, f., 214 f., 231 ff., 378
Wahrscheinlichkeit
- objektive 316
- subjektive 317
Warenkorb 175 ff.
Wechselkurs 489
Werte, kritische 336
Wertpapierlinie 340 ff.
Wiederanlageprämisse 130 f., 137 f.,
140
Wiedergewinnungsfaktor (WGF) 194,
262, 500 ff.
Wirtschaftlichkeitsvergleich 90 ff.

Z

Zahlungsreihe 2 f., 103, 105, 354 f.
Zahlungsstrom 103
Zeitdiskrepanz 130
Zeitmanagement 7 f., 355 ff.
Zeitpräferenzen 67 ff.
Zero-Base-Budgeting 25, 375 ff.
Zerobondabzinsungsfaktoren (ZBAF)
281, 287
Zerobond-Verzinsung (ZBV) 282
Ziele
- absolute 33 ff
- relative 33 ff., 217
Zielgewinn 376
Zielhierarchie 79
Zielkosten 376
Zielorientierung 13
Zielpreis 376
Zinseffekt 165 ff.
Zinsen, kalkulatorische 63 ff.
Zinserwartungen 296
Zinsfaktor 258
Zinsmodell 157, 169 ff.
Zins
- endogener Grenz- 70, 252 ff.
- interner 133 ff., 217, 401
- kritischer 119, 133 f.

- Lenk- 219
- realer 174, 178
- steuerkorrigierter 158 ff., 478 ff.
Zinsstruktur
- inverse 277
- normale 277
Zinsstrukturkurve
- flache 277
- nicht-flache 277 ff.